U0480218

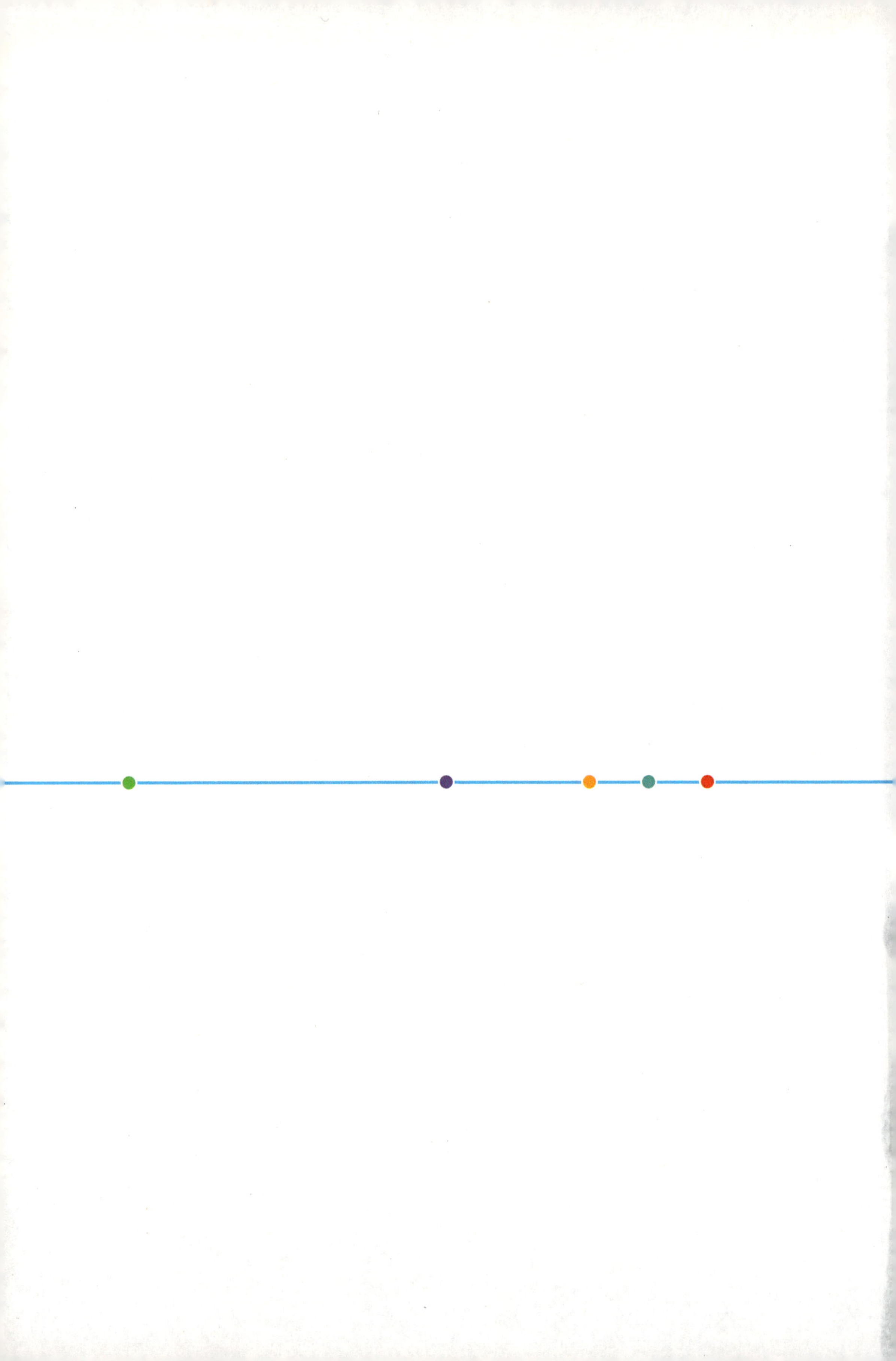

依存关系与语言网络

Dependency Relation & Language Networks

刘海涛 著

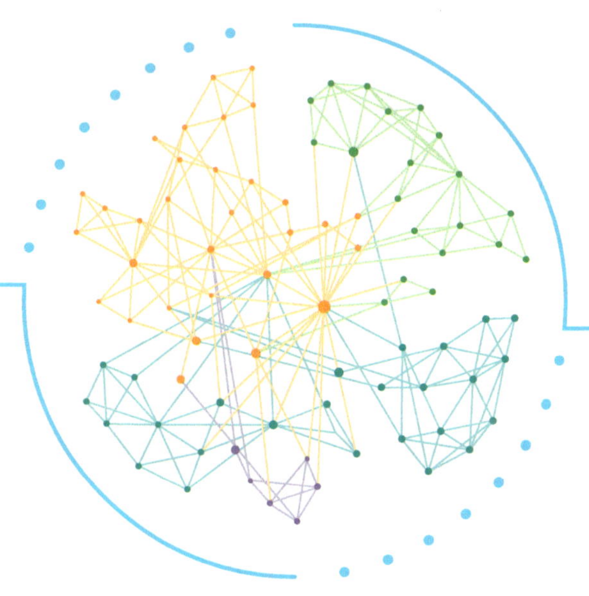

科 学 出 版 社

北 京

内 容 简 介

借助大规模真实语料探究人类语言的本质规律及其机制，是数智时代语言学家的主要任务之一。本书精选了作者及合作者近年来的研究成果，较为系统、全面地展示了以大规模依存树库为基础，围绕语言的线性结构和网络结构对语言这一“人驱复杂适应系统”所做的探索，其中包括已在相关领域得到广泛认可的“依存距离最小化”和“依存方向连续统”等。全书内容丰富、结构明晰、友好易读，较好地回答了“什么是数据驱动的语言研究”、“为什么要开展相关研究”，以及“应该如何开展”等问题。

本书不仅适合作为语言学相关专业的教学用书，也可作为人工智能、自然语言处理、认知科学、网络科学等领域研究者的参考读物。

图书在版编目（CIP）数据

依存关系与语言网络 / 刘海涛著. —北京：科学出版社，2022.8
ISBN 978-7-03-072783-1

I. ①依… II. ①刘… III. ①计算语言学–研究 IV. ①H087

中国版本图书馆 CIP 数据核字（2022）第 139557 号

责任编辑：张 宁 宋 丽 / 责任校对：贾伟娟
责任印制：徐晓晨 / 封面设计：蓝正设计

科 学 出 版 社 出版
北京东黄城根北街 16 号
邮政编码：100717
http://www.sciencep.com
北京建宏印刷有限公司 印刷
科学出版社发行 各地新华书店经销
*
2022 年 8 月第 一 版 开本：720×1000 1/16
2022 年 8 月第一次印刷 印张：25 3/4
字数：510 000
定价：98.00 元
（如有印装质量问题，我社负责调换）

从无序中寻找有序

在我与刘老师相遇的第二十个年头，听闻刘老师要出版一部总结过去十几年研究成果的书，并邀请我为新书《依存关系与语言网络》作序，我十分欣喜。一是因为老师喜欢读书、藏书丰富，但他自己很少出书。他的成果多是实证性的文章，虽然每篇论文从理论假设、文献综述到方法支撑都涉及多学科、多语言背景，完全可以形成一部长篇巨著，但是老师总是偏爱以论文这种方式与国内外同行交流。二是因为老师的经历传奇，为老师作序更让我受宠若惊。2000 年，刘老师从中国铝业跳槽到了北京广播学院（今中国传媒大学）当一名教师，说是“跳槽”有些不恰当，因为别人跳槽多是为了追逐更大的物质财富而随波沉浮，刘老师却是载着他前半生的精神食粮蜗居到荒凉的东五环定福庄一隅，彻底转行到播音学院的应用语言学系，开始面对一群文理皆有、参差不齐的本科生。

我在学术的起步阶段与刘老师相识，并且二十年来的学习与科研一直在老师的指导下进行，研究主线从基于规则的语法与自动分析发展到基于依存树库的自动分析，从依存关系的线性统计指标研究发展到语言网络多层级的复杂系统研究。尤其是刘老师 2007 年就在语言学界使用网络科学方法来研究人类语言的句法结构，不仅深刻地影响了我的研究方向，而且在大数据研究成为趋势的今天，他的语言网络计量研究仍处于语言网络研究的前沿。

《依存关系与语言网络》一书从微观解析与宏观重构两个角度归纳了刘老师的团队近年来的主要研究内容，涵盖了他在依存语法这一普适语言学理论基础上近二十年来从计算到计量的语言学思想与实践精华。在受教于团队巨大研究成果的同时，我似乎看到了刘老师引领着一个学文科的孩子走出迷茫的步步脚印。正如袁隆平院士所说，“人就像一粒种子，要做一粒好种子”。一个人要做一粒好种子，只需要给他注入一个梦想。刘老师将依存语法与计量充分结合在一起的研究就是开启这个梦想的原点。

2002 年在北京广播学院应用语言学基地机房中的一堂语言学专业课上，刘老师讲授的“Prolog 程序语言与自然语言的计算机处理”课程，让我第一次体会到了语言背后蕴含的人类智能的确是惊人的。当时，我们尝试用语法结构简单描述能力强大的 Prolog 语言“教会”计算机自动查找逻辑关系并给出题解的过程。在这个过程中人类所做的只是用一种元语言充分描述事实与规则。那时候，利用计算机技术构建的主流语言资源库是基于短语结构语法的，我们传统的语文教育也多使用注重整体与部分关系的层次分析法进行语言分析，所以我最早的实验是使用基于 Prolog 语言的图形接口哥本哈根树跟踪器进行汉语短语结构的上下文自由文法（Context-Free Grammar，CFG）形式化自动分析。通过这个实验，我切实认识到了语法规则在机器理解自然语言过程中的重要作用，并进一步利用更复杂的特征结构来定义范畴，以实现对名词语义特征的表示，进而限制 CFG 过度的生成能力。刘老师对我的引导无疑是超前的，以至于这项 2005 年之前的研究在修改后被 2014 年的 EI 会议亚洲语言处理国际大会（International Conference on Asian Language Processing，IALP）录用为口头报告。后来，此事被老师津津乐道，多次提及。现在想想，老师除了调侃我的神操作，还是因为这些让我彼时饶有兴致的形式化分析在老师眼中已然是精美的人工花园、脱离现实世界的空中楼阁了。

充分描述规则不能脱离充分的事实，而“依存关系”是语言学研究从“花园”走向“灌木丛”的普遍规则。相比于短语结构语法，依存分析具有更强大的自然语言分析能力。在遵循依存关系三要素——“二元”“非对称”“有标记”的条件下，依存关系已经可以分析数百种语言的多种语言单位之间的相互关系。因此在攻读硕士学位阶段，我开始转向构建汉语并列结构依存树库。这个树库中的句子不再是“咬死了猎人的狗”式的精心设计，而是大量来自现实世界的语言事实。仰赖依存关系作为词间二元分析的标准，我再也不用担心长句子中突然插入的成分与那些文本里人为隔开的各种标点符号了。

当然基于依存关系分析文本并非没有挑战，二元依存关系如何表示并列结构就是一个棘手的问题。在一个有至少两个并列体与一个并列连词的结构中谁来做支配者，以及如何支配，并不是分析者拍拍脑袋就能说了算的。我们先假设并列结构的多种可行分析策略，构建了不同的训练模型，利用基于依存的图分析算法测试语料，找出精度更高的分析策略，因为在充分描述规则与事实的基础上，计算机会给出最真诚的解答。也正因为经历了从假设到数据再到验证的科学研究范式的训练，我才深刻地体会到语言研究科学化是脚踏实地的存在。计算机在训练中不仅能学会依存关系规则，还能形成自己的“习惯”。这些以精度与错例为表现的习惯，反映出依存关系与计算机处理方式间的隐含联系。比如依存距离较短的并列结构标注策略与依存方向倾向一致的并列结构分析策略会得到较高的测试精度，而这些规律完全浮现于依存关系对事实的充分描述的基础之上。后来，这项研究作为汉语依存句法分析的补充部分被发表在 2009 年第 1 期《模式识别与人工智能》上。论文发表为我硕士阶段的研究做了一个完美注脚，而依存分析直面真实文本挑战的各种尝试才刚刚开始。《依存关系与语言网络》的第一部分"依存关系计量研究"以依存距离和依存方向为轴心由浅入深地展示了依存计量指标的可用之地。

第一章依存距离和依存方向用数学语言描述了依存关系的基本要素，在用依存句法描述词间关系的过程中，提出了依存距离、依存方向是两个衡量语言特性的计量指标。平均依存距离与人脑处理信息 7±2 的组块不谋而合，成为衡量语言理解难度的指标，依存方向可以作为语序类型学的计量指标分类语言间的亲属关系。

第二章参照影响依存距离和依存方向的因素——句长、语体、标注方式，分别设计了以英汉平行语料库递增句长的句子集、BNC 语料库十类语体子集、UD 和 SUD 两种方式标注的多语子集为语料库的实验，论证了三类因素对依存距离与方向的差异化影响：长句是长依存距离的必要非充分条件；各类语体的依存距离和依存方向整体分布不存在显著差异；标注方式的研究显示，有利于更小平均依存距离的标注方式在语言学研究中更具有适用性。

第三章将人类语言置于更广阔的符号信息领域，从符号串的角度利用随机方法探查依存树的概率特点，深入挖掘自然语言依存距离最小化的形成机制。自然语言、投影性随机语言、随机语言三者的平均依存距离逐次递增，说明投影性随机语言无交叉弧的投影限制与自然语言的句法机制是最小化依存距离的重要原因。其中句法机制是人脑语言处理更待剥茧抽丝的研究对象。

如何研究句法机制？当然还是要从语言数据入手。30 种语言的依存距离分布表明，在会话双方的博弈下，支配词与从属词间的依存关系的前后出现过程力求满足"约束长依存关系，增加短依存关系"的原则，最终使依存距离的分布达到一种可以描述为指数和幂律混合函数的平衡状态，而这种会话双方的博弈也反映了乔治·齐普夫（George Zipf）提出的"省力原则"。即便交叉依存结构的理论占比远高于真实语言树库的统计数据，但人类语言倾向于选择不交叉的依存结构来降低句法复杂性，不交叉意味着更多的相邻结构，组块化是人类处理长句时启动的一种自适应的调节机制。

第四章依存结构的计量特征及其应用从上一章与随机语言的比较研究回归到人类语言的结构性计量上，在汉语句法类型特征的研究前提下，依存距离在数值上为潜在歧义结构的心理实现提供了解释依据，依存方向在概率上为亲属语言分类提供了量化支持。依存距离最小化的倾向与句长、词动态价的互动关系在英汉语料库的统计参数中存在差异。虽然动态价是加大特定语言平均依存距离的因素，但是汉语的平均依存距离大于英语，汉语的动态价均值却不高于英语，这又催生了其他因素诸如依存结构层级距离、跨度与句长之间协同关系的研究。

在依存分析的加持下，以上四章围绕依存距离与依存方向两个重要指标展开，面向真实的语言材料，对语言的线性结构与层次结构、依存关系形成的动态机制、协同机制进行了广泛的探讨，不仅验证了依存距离与方向在多种语言测度中的普遍价值，也揭示了人类语言系统静态线性表象下涌动的复杂适应性。这为该书的第二部分“语言复杂网络研究”埋下了伏笔。

在数据驱动的研究范式越来越重要的今天，语言资源建设朝着充分描述事实的方向迈进。很多开源短语结构语法资源开始踏上向依存关系资源转化的道路，大量语言的依存树库被建立起来。此时刘老师已经不满足于仅仅与机器交互的目标，对人类语言能力的探究才是语言学家的终极目标。在充分被解构的语言事实面前，进行复杂网络的重构，就像找到了一种新工具，用更贴近人脑生理结构的方式来分析语言系统。当然，新方法的使用并非要彻底颠覆传统，老师反复叮嘱我们语言网络团队一定要立足以往语言学各层面研究的成果，用网络科学的方法对模糊概念、分类、问题进行考证，这样的语言网络研究才更有价值。正因为有了这样的定位，语言网络区别于人工神经网络的通信定义，区别于神经网络的生物学定义，因此我们所达成的语言网络研究的基本假设是：网络结构是人类语言知识储存和表示的基础，人类语言能力的实现是句法网络、语义网络、概念网络相互联结作用的结果。在这样的共识之上，语言网络的研究开辟了一个全新的语言学领域，可以说是一个更加包容、多元的语言研究范式。

正如该书第五章第一节的标题所说，“语言是一个复杂网络”，它是一种复杂动态系统。语言要素可以在各个层级表现出高度的复杂网络结构，这些语言符号的相互联系和演变体现出人类语言系统的复杂性。语言网络分析从宏观层面重构了语言系统的整体性，各类语言尤其是汉语的句法网络、语义网络、音素网络、汉字部件网络等子网络在依存分析的支撑下被可靠地建立起来。第五章语言网络的整体特征重点求证了现代汉语句法、语义等复杂网络的全局参数均符合复杂网络小世界、无尺度的基本特性，同时兼具社会网络负相关和层级组织的特性。

与此同时，语言网络各层级间的关系更是语言网络团队的研究焦点与难点。第六章尝试使用复杂网络这一潜在方法从“意义（深层）—形式（浅层）”维度上描述语义结构、句法结构、句子线性、汉字线性四个子系统间的分层联系。四个汉语子系统在宏观特征上的共同点反映了汉语系统的高效组织方式，而其宏观特征差异则反映了汉语的四个子系统之间的关系与不同。这一关系主要表现为：语义结构子系统的聚类独特性证明它是更能反映人类语言普遍特点的层级。按照功能语言学家泰尔米·吉翁（Talmy Givón）对人类交际系统的两大分类，语义结构属于认知表征子系统，而其他三个子系统都属于交际编码子系统。第六章在现代汉语多层级复杂网络研究上取得的突破让我尤为激动，因为这一章提供了语言网络整体特征与局部特征之间的研究线索，是语言网络研究从网络科学的宏观走向中观层次与微观结构的开始。这个路径涵盖了人脑语言处理音、意、形的全过程，也无疑包含语言演化的规律，是一个更具挑战的语言网络研究方向。只有将语言置于各子系统内部协同的层级关系中才能洞悉语言处理的机制，最大限度地发挥语言网络这一工具的价值。

《语言网络：隐喻，还是利器？》是刘老师十年前的一篇论文。十年来，随着大数据、脑科学新技术的驱动，语言网络的利器作用越发显著。第七章的研究显示，刘老师的团队在语言网络方向的研究用网络科学新方法证明了传统语法一贯强调的句法研究的必要性，并为其提供了更为宏观、数据化的支撑。句法在语言网络连通的高效性上起到的关键作用，重点表现为虚词作为网络中枢节点在维持全局结构完整性上的显著作用，但同时虚词剔除实验也提示：在中枢节点缺失的条件下，系统鲁棒性（robustness）并不会导致大面积信息传输的失败。

语言网络的整体参数可以应用于语言类型学分类：词形网络可以更好地反映语言的形态复杂度，可以更好地解决语序不敏感的斯拉夫语族语言的分类问题。句法、语义网络是语体分类的有效知识源。在翻译、语言教学领域，语言网络开始作为一种手段对中介语进行分类、分层研究，以观察语言习得的程度与规律。这些应用研究见于该书的第八章，都是“君子生非异也，善假于物也”，使用语言网络这一利器披荆斩棘而带来的收获。

作为刘老师最早的学生之一，我从北京广播学院应用语言学系的一名本科生一步步成长为一名中文系的教师。作为一名曾经的文科学生与现今的文科教师，我依然饶有兴致、颇有收获地参与到语言理论与应用的跨学科研究中，并且越发意识到在桥接电脑与人脑的联系中语言所起到的阐释智能的关键性作用。在语言网络方向上，2014 年我以“基于同一文本的句法网络语义网络关系研究”为题申请到了国家社会科学基金青年项目，2019 年以良好的成绩顺利结项。在一份成绩为“优秀”的专家鉴定意见上，评委写了这样一句话：“可以看出作者是一位计算语言学研究的深耕者。”其实，我是“一粒种子”，只不过发芽有点慢而已。

如果你是一位对语言研究有兴趣的学习者，无论目前是何种学习背景与学习程度，都别犹豫，赶紧干起来！前人的脚印就在这本书里，它会引导你走上面向智能、适应变化的语言学道路，而且你可能比任何人都更加幸运，因为在这条路上，你前行已久的同伴们正要拉起你的手。

赵怿怡
2021 年 12 月于厦大凌峰

写在前面的话

人类正在步入人工智能时代，这可能是一个最需要语言学家的时代，但语言学理论却似乎与这个时代渐行渐远。当然，也不是没有例外，依存语法就是一个值得注意的例外。2009 年，笔者的《依存语法的理论与实践》由科学出版社出版，这是一部重点关注依存语法的历史与传统、追寻依存关系作为人类语言系统基本构成要素、探究依存关系作为自然语言处理基础的著作。十多年来，这本书不仅受到语言学研究者的欢迎，在自然语言处理领域也获得了好评，成为相关领域从业者的必读书，重印多次，仍供不应求。坊间亲切地称其为“蓝皮书”。2020 年新冠肺炎疫情期间，“科学文库”数据库免费开放阅读电子图书后，“蓝皮书”在几万种专业图书中脱颖而出，获得了阅读量第四的好成绩，是前十名中唯一的文科专业书籍。为满足市场需求，出版社随即推出了该书的典藏版。

在典藏版的重印说明中，有这样一段话：“人类已经进入 AI（人工智能）时代。在与 AI 密切相关的学科中，语言学是唯一属于传统文科的学科。就目前来看，依存语法可能是语言学与 AI 之间的一个为数不多且具有可操作性的接口。”我们之所以这样说，是因为在目前的人工智能领域中，还需要语言学家参与的应用项目已所剩无几，但一个有名的例外可能是通用依存关系标注（Universal Dependencies，UD）语言资源项目。截至 2021 年 11 月，该项目已包括 122 种语言的 217 个可供 AI 领域使用的依存句法标注语料库（树库）。这一特例将我们的目光引向了基于简单的二元词间句法关系的依存句法。这一句法体系有我们此前在“蓝皮书”里面细说过的悠久历史，也有其中说过的“五更”优势（即更有利于自然语言处理应用、更便于从句法到语义的映射、更宜于处理灵活语序语言、更好的心理现实性及更易于构造面向应用的高精度句法分析程序）。更为重要的是，依存关系以及在此基础上所形成的语言网络有望帮助我们揭示人类语言复杂系统的隐秘规律，帮助我们打开人类智能的“黑匣子”。

如果想要更深刻地理解 UD 这一如火如荼的“植树造林”运动背后的意义，我们首先可能要回到“语言学是什么”的这个老问题上。《现代汉语词典》前四版将语言学定义为一门“研究语言的本质、结构和发展规律的科学”。早在一百多年前，尼古拉·克鲁舍夫斯基（Nikolay Krushevsky）就明确提出，语言学的任务是研究语言的自然发展过程，揭示语言在形式和功能层面的发展规律。如果是这样，那么语言学家也就需要采用现代科学的一般方法来发现语言的结构与演化规律。考虑到研究方法及研究对象的不同，现代科学可分为形式科学和实证科学（也称经验科学）。毫无疑问，我们可以借助形式的方法来研究语言，但这并不意味着语言就是一个形式逻辑系统，也不能简单地将语言学归为形式科学。关于这一点，朱晓农在《语音答问》一书的结语中说得很到位："语言学不是形式科学，它是经验科学！我从没见过哪门经验科学胆大到自称或萎缩到自认和数学、逻辑学、电脑程序一样是形式科学。"[①]戴维·艾丁顿（David Eddington）在一篇题为《语言学和科学方法》（"Linguistics and the Scientific Method"）的文章中说到[②]，如果要对真实的语言现象做出有效的解释，就必须采用科学的方法，也就是实证的方法。我同意以上二位的说法，但也清楚地知道，由于研究目的不同，并不是每一位语言学研究者都同意这种说法。这种方法或学科的归属之争，实际上可能是学界对语言学的研究目标的理解不同而造成的。如果按照《现代汉语词典》的定义，语言学最可能或只能是实证科学。关于这一点，克鲁舍夫斯基说得很明白："我们不知道任何能够借助于演绎法研究语言科学的一般性的真理或者公理。从这个意义而言，我们的科学是纯归纳式的……"[③]但如果我们认为语言学的宗旨是通过研究假设的先天语法结构来构拟精确的人类语言处理模型，那么采用形式方法可能就是一个合理的选择。研究目标不同，适合采用的方法就难以一样，得到的成果形式也会不同。这些争论在学界是一种普遍现象，很难在短时间内分出高下。那怎么办？我们可以先回到"语言是什么（系统）"的问题上来。

语言是一个符号系统，也是一个复杂系统，还是一个复杂适应系统，更是一个人驱复杂适应系统。强调"人驱"的意义在于，无论是结构模式还是演化规律，驱动语言系统存在和发展的原始动力都是人，而人本身有两个特点：其一，人所具有的生物学意义的普遍性决定了语言的共性；其二，人处于社会的多样性之中，生理之外的时空等因素也会影响到语言，并成为人类语言多样性的一个源头。从系统的角度研究语言，大多从以下两方面展开：一是研究语言系统内部各个组成要素之间的关系以及子系统之间的协同关系；二是研究语言系统的整体或涌现特征。前者是现代计量语言学的主要目标，后者则是网络科学方法擅长的方

---

① 朱晓农. 2018. 语音答问. 上海：学林出版社：192.

② Eddington, D. 2008. Linguistics and the Scientific Method. *Southwest Journal of Linguistics*, 27(2): 1-16.

③ 尼古拉·克鲁舍夫斯基. 2021. 尼古拉·克鲁舍夫斯基语言学选集. 杨衍春，穆新华选译. 长春：吉林大学出版社：121.

面。但无论是现代计量语言学，还是网络科学方法，对研究对象特征进行定量分析都是必不可少的。也就是说，对语言这种灰色概率系统的研究很难离开经验数据而进行，对其运作规律的探求也很难脱离数据驱动的方法而展开。

我们正处于一个大数据时代以及由大数据催生的智能时代，而大数据之所以能改变人类生活，最重要的原因是它为人类的生活创造了前所未有的可量化的维度。从这个意义上说，数据驱动的语言研究不仅符合大数据时代的基本精神，可能也是语言学走向光明未来的一条必由之路。如果语言学的主要任务是探求人类语言系统运作的隐秘规律，那么语言学与数据之间应该有一种天然的联系。但遗憾的是，任何学过用各种语言所写成的《语言学概论》的人都知道，这种天然的联系在现在所谓的主流语言学中并没有呈现出来。因此，数据驱动说起来容易，找点数据也不难，但对于任何传统研究中缺少量化手段和数据的学科而言，首先要面对的是有没有需要数据解决的问题。如果有的话，需要什么样的数据？这也是任何想将自己的学科与这个时代挂钩的学人们应该思考的基本问题。

当然，如果你的语言学词典里还没有“科学、系统、概率、数据”这些词语，那也没有关系，让我们再回到现实世界，回到“实践是检验真理的唯一标准”上来。自然语言处理实践为我们反思和检验语言学研究中的各种猜测、臆想和假说提供了一种可参考的路径。具体而言，与此前采用形式规则的研究相比，为什么基于深度学习的自然语言处理技术所取得的结果普遍会更好一些呢？简单来说，为什么语言学家绞尽脑汁发现的所谓规律或形式化的计算模型，一旦放到计算机里面就不灵了呢？是因为这些规律压根不是真正的规律，还是表示规律或知识的形式不适合？抑或是计算机的智商还比较低，把握不了这些规律的玄妙之处？但我们又怎么解释百度、谷歌等所具有的上百种语言互译的能力呢？尽管我们可以抱怨这些翻译的质量不怎么样，但这世界上又有几个人能达到这样的水平呢？当然，我们可以对这些与人类语言和智能有关的奇迹视而不见，把这当成另一个“瞎猫碰上死耗子”的故事。但是，这“猫”真的瞎了吗？这“耗子”是真的跑不动了，在那儿等着“瞎猫”来抓它吗？如果我们深入了解一下，实际情况可能反倒是“猫”的视力很好，“耗子”的腿力也不错，但“猫”确实能比以前更快地抓住“耗子”。这个令人尴尬的场景和事实，如同智能时代的计算语言学（或自然语言处理）对语言学理论研究的挑战一般——虽然致命，但又充满了诱惑。

如果语言学家们不愿意在 AI 时代的沙滩上坐以待毙，那可能就需要进行全方位的反思，特别是在研究方法、语言材料和知识表征上进行反思，否则，迎接挑战就是一句空话。要反思“为什么人工智能不用语言学的方法反而会更好”的问题，可能还得回到“语言学要寻求的规律是哪类语言规律”这个基本问题上，即我们应该寻找的是人类日常使用语言的规律，还是基于语言学家自己造出来的语句的“自圆其说”的规律？就目前需要语言学知识的应用领域而言，如计算语言学和语言教学等，人们更需要的是能够反映日常语言使用的规律。尽管自然语言处理专家弗雷德·贾里尼克（Fred Jelinek）曾经说过，“每当我解雇一位语言学家，语音识别系统的性能就能提高一些”[①]，但他后来也说过，“语言学家研究语言现象可能最像物理学家研究物理现象。如同工程师可以从物理学得到启示那样，我们的任务就是要想办法从语言学研究中得到启示”[②]。这段话表明，在贾里尼克眼里，语言学应该像物理学一样，是一种能解释与预测现实世界的实证科学。换言之，自然语言处理的研究者们需要规律，但更需要的是能够反映现实语言世界的规律。否则，他们也就只能解雇那些理应最懂语言规律的语言学家了。当然，那些被解雇的语言学家也很无辜，因为他们的目标是通过分析精心挑选或千方百计构造出来的语句来破解人类心智的秘密，哪会管普罗大众说的这些日常语言呢？在某些语言学家的眼里，还有什么是“一把把把把住”和“鸡不吃了”搞不定的呢？如果“一把”把不住，那就来“两把”。在这种情况下，计算语言学就只能走自己的路了，因为社会需要它来解决信息爆炸引发的语言问题。计算语言学家需要面对的是大千世界里人们每天都要用的真实语言，没有时间和闲情雅致跟坐在扶手椅上的语言学家一起在精耕细作的“语言花园”里猜人类说话的机理。因此，语言学迎接挑战的首要任务是将一部分语言学家关注的重点吸引到真实文本上来，让他们尽早走出“花园”，到“灌木丛”里去。这是因为真实文本不仅是人们每天打交道的东西，也是我们希望计算机帮助人们处理的东西。于是，贾里尼克资助了世界上最早的句法树库的建设，也就有了后来“每当你雇到一个受过良好训练的语言学家，你的树库就会更好一些”的说法。

更好的树库与 AI 有什么关系？为什么树库在智能时代如此有用？简单说来，这是因为，如果把树库标注视为一种人类语言知识外化或显化的过程，那么，树库便成了一种结构化的人类语言知识库和机器学习人类语言知识的资源。如果是这样，那么树库不仅可以作为人类教计算机掌握人类语言的知识库，也许还可以用来应对计算语言学对语言学理论研究的挑战。这是因为，语言本身不是一个非黑即白的二元系统，更像是一个灰色多阶的概率系统。使用树库，我们可以更好地探求语言系统运作的真实规律，即概率性规律，而概率性本身就是语言系统的一个基本特征，也是语言学家从“花园”走向“灌木丛”遇到的最大挑战。

借助树库或其他形式的人类语言真实语料探求语言的概率性特征，意味着我们需要使用实证方法。实证方法的三要素是观察、假设、验证。拿语言来说，我们看到的、听到的、说的、写的，都是线性的符号串。如果我们这些语言学家希望像科学家一样琢磨自己的研究对象，那么首先要考虑的是如何通过观察各种语

① https://en.wikipedia.org/wiki/Frederick_Jelinek.

② Jelinek, F. 2005. Some of my best friends are linguists. *Language Resources and Evaluation*, 39(1): 33.

言的符号串来发现人类语言的线性规律。严格说来，在这个过程中，我们不一定需要掌握某种语言才能研究这种语言。如果我们从未看到其他领域的科学家在研究蚂蚁时变成蚂蚁，那为什么语言学家就非得变成“蚂蚁”，甚至还得是“土生土长的蚂蚁”呢？对此，我们需要反思。只有意识到这种数据驱动带来的研究范式的根本转变，我们才有可能更好地迎接计算语言学的挑战。基于深度学习的计算语言学实践，已经在一定程度上证明了，不懂外语、不会翻译也可以搞出来上百种语言的翻译系统，而我们自己还停留在只能由“土生土长的蚂蚁”研究“本地蚂蚁”的阶段，这似乎有点说不过去。

但只有线性规律是不够的，人们也需要含有更多人类语言结构信息的资源，依存树库就是这样一种资源。从这个意义上讲，依存关系不仅是构成依存结构的基础，也是进一步深入研究语言系统的线索。大量研究表明，语言是一个多层级的系统，各个层级均呈现出幂律特征。这种幂律特征也广泛存在于自然界和人类社会的各种复杂系统中，在一定程度上体现了系统内元素间的“竞争”关系与选择“偏好”关系，从而被认为是复杂系统的重要特征。因此，语言作为一种人驱复杂适应系统，具有这样的特点也不难理解。但需要注意的是，系统内的元素不仅有竞争，也有合作，还有协同。协同使（语言）系统产生了涌现特征，而研究系统的涌现问题只用频率统计是不够的。

除此之外，现代认知科学的研究也表明，支撑人类大脑正常运作的是一种网络结构。换言之，包括语言知识在内的各种知识，大概率是以网络的形式存在于我们的大脑之中。有趣的是，基于深度学习的人工智能，包括我们此前提到的那些对语言理论研究形成挑战的计算语言学应用，大多也把我们从现实世界的大数据中学来的结果表示为网络的形式。遗憾的是，所谓的主流语言学几乎对语言网络的规律一无所知，而这种无知必然会阻碍计算语言学的进展和我们对语言系统本质特征的理解，更谈不上迎接计算语言学的挑战了。因此，我们需要采用网络科学（复杂网络）的方法来探求语言作为一种网络的规律。当然，从线性（语言产出）到网络（语言理解）和从网络到线性的规律同样也值得深究，但前提是，我们先得想办法搞清楚真实的人类语言的线性和网络的结构规律。如何发现这些语言系统的运作规律？除了语言学家习惯采用的内省法，我们可能还需要脚踏实地，回到智能时代的现实中，回到能帮助计算机理解人类语言的真实语料上，回到更具普遍性的依存关系中。也许只有这样，我们才能发现真正反映语言现实世界的规律，语言学才能服务于需要语言规律的其他领域，服务于这个“百年未有之大变局”的时代。

“蓝皮书”最后一章的标题是“基于依存树库的汉语计量研究”，最后一节的标题是“从句法树到语言网”。那时，还没有 UD，树库还只是少数计算语言学家手里的玩物。所以，我们只能谦逊地说，这一章开辟了语言定量研究的一条新路子。这些年来，我们一直走在这条路上，从开始时的孤独前行，到现在的略有拥堵，也许是做一个小结的时候了。

过去十多年来，基于依存树库等真实语言资源，我们的团队用多种语言在数十种国内外刊物发表了涉及数十种语言的上百篇文章。这些成果发表后，得到了同行的认可与引用。其中，有 12 项研究获得了教育部与省级社会科学奖，多篇论文入选了 ESI 热点论文与高被引论文。笔者本人也连续七年入选爱思唯尔（Elsevier）“中国高被引学者”（Highly Cited Chinese Researchers）榜单。这些引用不仅来自 *Language*、*Computational Linguistics*、*Cognitive Linguistics*、*Linguistic Typology*、*Annual Review of Linguistics*、*Journal of Linguistics* 等语言学名刊，也多次见于 *PNAS*、*Nature Communications*、*Trends in Cognitive Sciences*、*Behavioral and Brain Sciences*、*Psychological Review*、*Cognitive Science*、*Cognition*、*Psychonomic Bulletin & Review*、*Brain and Language* 等认知科学领域的重要期刊，以及与计算语言学密切相关的 ACL（Annual Meetings of the Association for Computational Linguistics）、COLING（International Conference on Computational Linguistics）、EMNLP（Empirical Methods in Natural Language Processing）等国际会议上。我们在 *Glottometrics*、*Journal of Cognitive Science*、*Journal of Chinese Linguistics*、*Language Sciences* 等期刊上发表的文章①，在 Web of Science 上的被引数目前均在期刊相应年份之后刊发的全部文章中位列首位。由于这些研究成果大多是用英文在国际期刊上发表的，因此在这里有必要先简要介绍一下这些研究的情况。

句法结构可从层级性和线性两方面进行研究。层级性是人类语言的重要特性。句子由词组成，但词在句中的重要性是不一样的，是分层次的。通过对多种语言句法标注语料库的分析，我们发现人类语言句子中各个层级的词语的出现频率是有规律的，这些分布函数中的参数可能反映了人类语言结构或类型的差别。随着层级数的增大，上一层词支配下一层词的数量存在逐渐降低的趋势。在此基础上，我们也提出了衡量句子结构树层级复杂度的指标，并对依存结构树的树宽、树高和句长之间的协同关系进行了考察。从句子的线性特征看，我们不仅创新性地提出了一些数据驱动的语言研究方法和计量指标，而且也用这些方法与指标对数十种语言进行了研究。

具体说来，我们提出了一种基于依存句法树库计算依存距离的方法，并采用 20 种语言的真实语料验证了以下三个假设：第一，人类语言分析机制偏好能将句子平均依存距离最小化；第二，人类语言存在一个平均依存距离的阈值；第三，语法与认知的协作使得语言的依存距离保持在此阈值内。研究发现，在所研

① 相关研究的详情可参看文献 Liu（2007b）、Liu（2008a）、Liu 和 Cong（2014）以及 Jiang 和 Liu（2015）。

究的 20 种语言中，汉语的依存距离最大。一种语言的平均依存距离可能也与语言的类型有关。该研究不仅在世界上首次使用数十种语言的真实语料验证了依存距离最小化是人类语言句子结构的一个普遍模式，而且也用大量多语种语料证实了认知机制影响语言结构模式或认知本身隐于语法之中的观点，将语言普遍性与认知普遍性通过数据联系在了一起。研究提出了一种基于依存树库的语言类型学研究方法，并进行了相应的实证研究，发现语序类型是连续的，而不是离散的，开辟了用大数据进行语言类型研究的新路子。这种基于真实的标注语料研究语言类型的方法被麻省理工学院（Massachusetts Institute of Technology，MIT）等机构的学者称为“刘-有向性”（Liu-Directionalities）指标，这种方法不仅是一种新的探索句法参数的概率方法，也是一种新颖的、先进的现代语言类型学方法。

其中，依存距离可被视为一种计算认知科学的指标，而依存方向则为基于真实语料的语言类型研究提供了可量化的手段。为了使这两个指标更坚实，我们调查了影响依存距离和依存方向的三大因素：句长、语体、标注方式。研究表明，依存距离的概率分布不受句长、语体和标注方式的影响，依存方向是一种比依存距离更可靠的语言分类指标。拿句长来说，无论句子长短，汉语的平均依存距离总是高于英语，虽然两种语言中相邻依存关系的数量总体相当，但随句长变化的趋势是有差别的。句子越长，其平均依存距离也越大，但增长速度非常缓慢，这是因为依存距离同时受工作记忆与语法的约束，不可能无限制增长。

我们也创新性地采用了标注方式和语料类型均不同的句法树库研究一种语言的计量研究方法，发现汉语的依存距离均值约为 2.84，汉语中 40%～50%的依存关系不是在相邻的词之间形成的，汉语是一种支配词置后略占优势的混合型语言；汉语支配词居前的依存距离均值明显大于支配词置后的依存距离均值。除此之外，汉语也是我们研究配价与依存距离、组块与句子复杂度、语言多层级分布规律的主要语言资源，我们也用依存距离最小化更好地解释了人在处理诸如“咬死猎人的狗”之类的歧义句时的心理偏好。

在探寻依存距离最小化的形成机理以及语言系统内部各子系统间的复杂关系方面，我们采用多种语言语料对相关问题进行了量化实证研究，不仅对依存距离最小化这一人类语言普遍特征的形成机理进行了多角度的探索，也发现了一些新的规律。例如，在对比研究自然语言与随机语言的依存距离分布时，发现自然语言符合右截尾 Zeta 分布，随机语言则没有这样的特点；自然语言的平均依存距离最小；依存句法树的投影性特征能够有效缩减依存距离。我们还研究了依存关系、支配词与从属词、动词作为支配词、名词作为从属词、语篇关系、语义角色关系等的概率分布，发现它们大多符合 Zipf-Alekseev 分布规律。这些语言计量研究表明，人类语言在多种层级上均展现出了自适应系统的特征与规律。

同时，我们考察了 30 余种人类语言真实语料，发现短句依存距离分布一般符合指数分布（exponential distribution，ED），而长句则更倾向于幂律分布（power law distribution，PLD）。这说明当句子变长时，在使用者的认知机制驱动下，语言系统会启动一种自适应机制，使得句子的依存距离尽可能变小，从而实现依存距离最小化这个人类语言系统运作的小目标。计算机仿真和真实语言结合的研究显示，组块就是人们在处理长句时，提高交际效率、降低句子难度的一种动态结构或自适应机制。本书有关研究得到了几位审稿人的高度评价，评语中不乏“创新的想法”“重要的一步”“原创的工作”“开拓性的研究”等表述。

以上这些研究与发现，一方面扩大了我们对人类语言线性结构模式和规律的认识，而且对于发现人类语言的结构与演化规律、探索语言作为一种复杂适应系统的运行机制也都具有较大的科学价值；另一方面也有助于构建更好的自然语言处理系统和解决某些应用语言学的关键问题。这些规律也为探索语言与认知、语言与思维的关系提供了更加坚实的实证基础，对从语言行为结果中发现人类的认知规律以及从人类认知的角度解释语言行为均具有启示意义。我们受邀为国际权威学术刊物《生命物理学评论》（*Physics of Life Reviews*）（JCR 影响因子为 13.84）所撰写的题为《依存距离：自然语言句子模式的新视角》（“Dependency Distance: A New Perspective on Syntactic Patterns in Natural Languages”）的长文（2017）刊出不久后，便进入 ESI 热点及高被引论文榜单，成为国际计算认知科学领域的重要参考文献，目前在 Scopus 引文数据库中已被人文社会科学、理工农医等 18 个学科的研究所引用。

当然，依存距离从来都不是一个简单的距离问题，也不是一个纯粹的学术问题。2018 年，揭春雨和刘美君在其主编的《实证和语料库语言学前沿》中，提到 MIT 团队 2015 年在 *PNAS* 上发表的有关依存距离的论文“因没有引用刘海涛更早发表的基于 20 种语言的语料库的类似发现而一时闹得沸沸扬扬，名声大噪。后来，*PNAS* 非常罕有地提出更正、补引刘文”①。有趣的是，时间都过去好多年了，这个问题前些日子又在推特上被爆出来，让人闻到了一点“炸药”的味道。为什么依存距离的多语实证研究会和“炸药奖”（诺贝尔奖）有联系呢？回到 2015 年，在 MIT 的依存距离文章在线发表的当天，*Science* 杂志网站便推出了相关报道。随后，又有许多知名媒体跟进报道，其中一家报道的标题颇为诱人——“一种语言共性为富有争议的乔姆斯基理论带来证据”。人们激动的原因在于，这可能是第一个支持普遍语法的、涉及数十种语言的实证研究。诺姆·乔姆斯基（Noam Chomsky）是目前在世的被引率最高的学者之一，很多人认为如果其普遍语法可以得到实证支持，那他大概率是有机会获得诺贝尔奖的。按照诺

① 揭春雨，刘美君. 2018. 实证和语料库语言学前沿. 北京：中国社会科学出版社：6.

贝尔奖的一般原则，验证理论的学者也是有机会一起获奖的。因此，MIT 团队的依存距离研究引起如此轰动，也不难理解。然而，这一研究的主要发现几乎在我们2008 年的文章中都可找到，但文中却没有提及我们的研究。这当然从哪一个角度都是说不过去的，于是就有了延续至今的故事。欲知详情，且看附录分解。

说到诺贝尔奖，今年的物理学奖颁给了研究复杂系统的三位学者后，各种有关复杂系统的微信公众号便极为活跃，其中有两篇推文的标题是“他们破译了地球气候及其他复杂系统的隐秘规律”和“复杂系统分析利器——网络科学”。把这两个标题连起来看会更有意思，一是复杂系统研究的目的是探求系统的隐秘规律；二是分析复杂系统需要工具，而网络科学便是这样的利器。如果语言是一个复杂系统，那网络科学或许就是发现语言系统隐秘规律的利器。这一点使笔者想起了自己十年前的一篇文章的标题——“语言网络：隐喻，还是利器？”因此，无论从哪一方面看，采用网络科学的方法研究语言可能都是必要的。

我们对语言网络的研究大致可分为以下三类：第一，语言网络的整体特征，这也是网络科学作为研究复杂系统利器的主要应用场景；第二，语言网络的局部特征，重点关注局部与整体的关系，特别是局部变化如何影响整体特征的问题；第三，语言网络的应用，主要探寻用网络科学的方法能否解决语言学的基本问题。

在语言网络整体特征方面，我们研究了多种语言的音素、字同现、词同现、句法、语义角色网络，提出了复杂网络对于语言学家而言是手段，而不是目标的观点；构造并研究了两种语体的句法复杂网络，开辟了用复杂网络方法研究语体和类型的新路向；发现句法对语言网络有一定的影响，但在判断一个网络是不是句法网络时，无尺度只是必要条件，而非充分条件；构建并研究了语义角色复杂网络，发现语义网络与句法网络在层级结构和节点度相关性方面存在明显不同。

在语言网络的整体与局部关系的探索中，以现代汉语为例，我们研究了作为多层级系统的人类语言的结构特征，发现各个层级的网络模型反映了各层级系统的共性与联系，并表明语言的多种特征与人类认知之间存在着密切联系。这项研究是世界上最早的多层级（multilayer）复杂网络研究之一，不仅有助于我们从多层级的角度来理解人类语言系统，也丰富了网络科学理论。复杂网络注重整体的特质，使得它非常适宜于研究某些词（类）对语言系统的影响。我们对汉语主要虚词在汉语句法网络中的作用进行了研究。结果表明，汉语缺乏形态并不意味着它没有句法，也不意味着就能给它贴上“意合语言”的标签，因为在正常人的世界里又有多少非“意合”的语言呢？

在运用网络科学方法解决传统语言方面，我们构造了 15 种语言的句法复杂网络，并采用复杂网络研究了语言类型（分类）问题，发现句法复杂网络可以反映语言的形态变化程度，该方法弥补了语序类型学在处理语序相对灵活的语言时的不足，有助于解决语序灵活语言的分类问题。我们构建了 12 种斯拉夫语族语言和2种非斯拉夫语族语言的平行词同现网络，并对这些网络的主要参数进行了分析。研究发现，平行词同现网络可用于同一语族内部语言的精细分类，而且文字形式并不会影响到语言的类型特征以及分类结果。通过对 15 种语言真实语料构建的依存树库与句法网络的计量分析，我们研究并回答了以下两个问题：从历时的角度看，拉丁语是否与其他六种主要的罗曼语族语言在句法上有明显的不同？从共时的角度看，六种主要的罗曼语族语言是否具有某些共同的句法特征，以至可将它们归为同一个语族？通过研究过去 2000 多年来各个时期的汉语词同现网络，我们考察了语言作为一种复杂适应系统的演化路径。与传统方法相比，复杂网络方法有助于通过宏观与微观结合的科学方法，更客观地探求语言演化的规律及其背后的动因。

我们采用复杂网络方法研究了二语习得中的句法涌现现象。结果发现，与母语习得不同，二语习得过程中没有出现句法涌现。这样的结果是可以被理解的，母语习得如同在白纸上画画，而二语习得是在已有的母语基础上的再创作。这一研究从复杂系统的角度验证了母语与二语的句法形成机制是不一样的。为什么不一样？二语句法结构为什么会受母语的影响？是语言习得关键期在起作用，还是由于学习者的模仿类比机制更成熟，省力原则开始起作用了？这些问题已经触及了现代语言学的根本问题。

由于复杂网络与目前人工智能深度学习所采用的方法的同构性，我们采用复杂网络方法的多项研究也已被多个人工智能分支学科的学者所引用。这些研究不但加深了我们对人类语言网络结构规律的理解，拓展了复杂网络在人文、社会与生命科学等领域的应用，而且将语言研究与自然科学中的研究前沿联系在了一起，从而有助于从更广阔的视域理解人类及其语言，丰富了语言研究的方法，推动了语言研究的科学化进程。我们在 2014 年发表了《采用复杂网络研究人类语言》（“Approaching Human Language with Complex Networks”），这篇文章目前已成为语言复杂网络研究领域的重要参考文献。国际知名语言复杂网络研究者拉蒙·费雷·坎乔（Ramon Ferrer-i-Cancho）博士在评价我们的研究时说：“基于网络方法，丛与刘正在定义未来的语言学，这种方法正孵育、更新并统一理论语言学。”①当然，他说的理论语言学一定不是语言学家口中的那个理论语言学，而是一个科学家的有感而发。

实事求是地讲，这些研究具有鲜明的大数据、人工智能、新文科、数字人文、交叉学科等时代特征，也充分展现了我们团队的学术特点：多语种大规模真实语料、交叉（跨）学科研究方法、人类语言普遍规律的探寻、学术成果的国际化。所有这些听起来不错的元素使我们认为，这些大多发表在国外的成果，也许

---

① Ferrer-i-Cancho, R. 2014. Beyond description. *Physics of Life Reviews*, 11(4): 622.

会对其他有志于在国际舞台上展现中国语言学家的风姿、有志于站在祖国大地向世界发出中国声音的同行，具有一定的参考价值。

显而易见的是，我们刚才列举的这些研究成果与发现，可能与我们在语言学的出版物中常看到的东西有很大的不同。我们还很难说这就是 21 世纪的语言学该有的样子，但这些发现无疑能更好地把系统、概率、数据、定律、模式和科学等反映人类语言系统特征的元素联系在一起，不仅有助于我们理解语言这个人驱复杂适应系统的运作规律，也有益于破解人类在知识获得与表征方面“获得不足，验证来补”的困局。因此，我们决定将我们过去十多年来在依存句法计量研究和语言复杂网络领域的主要成果整理成书，希望能为有缘的读者打开一扇通向语言科学的未来之门和一扇探索人类语言系统隐秘规律的智慧之窗。如果说 2009 年的“蓝皮书”关注的重点是数千年来人类语言研究的历史和传统，本书则是在继承传统的基础上，立足国内、走向世界、面向未来、与时俱进的创新与发展之作。限于篇幅，本书主要聚焦于对语言规律的探索与发现，而对于使用这些规律更多的应用研究，只能留待以后再丰富、补充了。

李国杰院士在为《可视化未来：数据透视下的人文大趋势》所写的序言中认为：“数据密集型科学研究已上升到与科学实验、理论分析、计算模拟并列的科学研究‘第四范式’……大数据……对社会科学的变革意义，与伽利略首次将望远镜指向太空对天文学的意义一样重大。”[①]我们十多年来的实践也表明，用数据密集型（数据驱动）的范式来研究语言，不但有益于从各种相关中追寻因果，加深对语言与认知关系的认识，进而更好地发现语言的结构模式与演化规律，也有助于推进语言学研究的科学化与国际化。

霍金说：“智能，就是适应变化的能力。”在人工智能时代，具有自然智能的人可能得更努力一些；否则，机器为什么要服务于不如自己的物种呢？从某种意义上讲，本书就是我们适应社会变化和应对数智时代对语言理论研究提出挑战的产物。

本书内容繁杂，涉及领域广泛。正如“写在后面的话”部分所言，我们已竭尽全力，但按照出版规律来说，仍难免存在不足之处，还请大家不吝赐教。

刘海涛

2021 年 12 月 02 日

https://person.zju.edu.cn/lht

---

① 埃雷兹·艾登，让-巴蒂斯特·米歇尔. 2015. 可视化未来：数据透视下的人文大趋势. 王彤彤等译. 杭州：浙江人民出版社：I.

目　录

依存关系计量研究

语言复杂网络研究

依存关系计量研究

第一章

依存距离和依存方向

第一节　依存关系的基本概念

依存语法的基本要素是依存关系（刘海涛，2009；Tesnière，1959；Hudson，2010）。（句法）依存关系具有以下基本属性：

（1）它是两个词之间的二元关系；

（2）它通常是**不对称**的，在构成依存关系的两个词中，一个是支配词，另一个是从属词；

（3）它是有标记的。

基于这三种属性，我们可以构建一个句法依存树或有向依存图来表示句子的句法结构。在本书中，我们一般使用有向非循环图来表示句子的依存结构。图 1-1 为汉语句子“他有三本书”的依存句法分析。

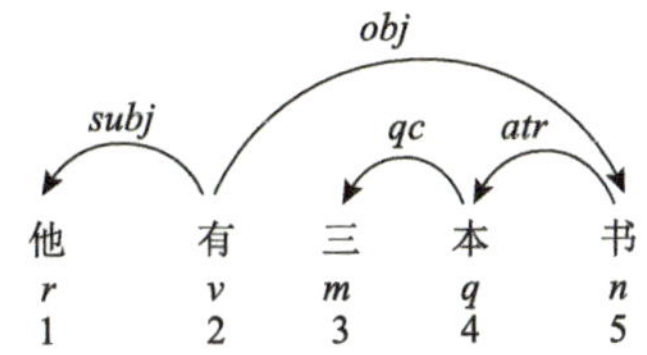

图 1-1　句子“他有三本书”的依存句法结构有向图

从图 1-1 可以看出，句子中的所有单词都由句法依存关系连接在了一起。例如，在这个句子中，“他”（代词，*r*）通过 *subj*（主语）和“有”（动词，*v*）形成一个依存关系，“有”也与“书”（名词，*n*）形成了 *obj*（宾语）的依存关系。构成依存关系的两个词之间用带有箭头的弧线连接，连接弧从支配词指向从属词。在一个句子中，只有一个词没有支配词，其他词都有支配词。

主语和宾语依存于主动词，而介词（图 1-1 中没有举例说明）依存于它们所修饰的名词或动词。在每对连接的词语中，一个被称为**从属词**，另一个被称为**支配词**。标记弧从支配词指向从属词。

为了便于计算机处理图 1-1 中的句法信息，我们一般将依存句法图或树转换成表 1-1 的形式。

表 1-1 句子“他有三本书”的句法分析

从属词			支配词			依存类型
词序	词	词性	词序	词	词性	
1	他	*r*	2	有	*v*	*subj*
2	有	*v*	—	—	—	—
3	三	*m*	4	本	*q*	*qc*
4	本	*q*	5	书	*n*	*atr*
5	书	*n*	2	有	*v*	*obj*

在表 1-1 中，每一行都清楚地表示了一个依存关系的构成要素，包括从属词、支配词、依存类型，以及词语在句中的位置信息。

值得注意的是，与传统的依存结构表示不同，图 1-1、表 1-1 均包含词语在句子中的位置信息。这样做的原因主要是传统依存句法结构图大多是作为一种句子理解的结果而存在的，而现代的依存句法图除具备原有的表征功能之外，也是计算机处理自然语言的重要知识源，因此，需要更多有关词语位置的信息，以便获得更可靠的句子理解模型。

从依存结构图作为自然语言处理知识源的角度看，只有一个句子显然是不够的。因此，从 20 世纪 90 年代开始，世界上许多国家都兴起了采用依存句法标注自然语料的热潮。Witkam（2005：93）把这种现象称为“Francaj arboj revivas, usonaj sekiĝas”（法国树正在重生，美国树正在干枯）。从短语结构转向依存结构的原因，可能是“PSG（短语结构——笔者注）树好比牛顿的经典力学，DG（依存结构——笔者注）图好比爱因斯坦的相对论。后者涵盖并升华了前者”（李维、郭进，2020：120）。

如果一个经过句法分析或标注的句子会形成一个如图 1-1 的图（树），那么多个句子就会形成多个图（树）。一个含有成千上万个句子的语料库，经过句法标注，就会形成一个句法结构树的仓库，这就是“树库”（treebank）这个词的由来。树库是现代计算语言学研究中的重要语言资源。例如，由全世界众多语言学家与自然语言处理研究者联合推出的 UD 语言资源项目的最新版本（2.9 版本）

（Nivre et al.，2016，2020）已包括 122 种语言的 217 个依存句法标注树库。

当然，这些资源理论上也有益于语言学家从真实的语料中发现语言系统的运作规律，有助于应对语言研究从“花园”走向“灌木丛”时遇到的最大挑战——人类语言的概率性问题。但是，开展数据驱动的语言研究只有数据是不够的，我们首先需要寻找可以用数据解决的语言学问题，并需要可以用来解决这些问题的可操作与可计量的指标，还需要挖掘这些指标与人类语言结构模式与演化规律之间的联系。只有这样，我们所发现的语言规律和有关语言的知识才会更可靠，也才能更好地服务于那些需要语言规律的学科，进而构拟 21 世纪的语言理论。

为了方便后续讨论，我们先对依存结构图进行一个简要的形式描述。

一、依存结构图的形式化和随机语言

语言 L 中的一个句子 S 可以看作是若干个词语的有序序列。设句子的长度（即句子中包含的词语个数）为 n（$n \geqslant 1$），则句子 S 可以表示为一个 n 元组：

$$S = (x_1, \ x_2, \ \cdots, \ x_n)$$

其中，x_i（$1 \leqslant i \leqslant n$）表示句子的第 i 个词语；相应地，i 被称为词语 x_i 在句子 S 中的词序。

对句子 S 进行依存句法分析后，可以得到如图 1-1 的依存句法结构图。句子 S 的依存结构图与三个因素有关：①每一个位置上的词语；②词语类型（Part of Speech，POS）；③词语之间的依存关系，包括支配词、从属词和依存关系。前两个因素可视为关于词序的函数，后一个因素可视为关于词序的二元有序对的函数。

在语言 L 中，当给定一种依存句法体系之后，该语言的词语表、词语类型表和依存关系表都随之固定了，并不会随着所分析句子的不同而变化。每当给定一个句子 $S = (x_1, \ x_2, \ \cdots, \ x_n)$，句子中的各个词语及其相对位置便确定了，于是词语可以看作是词序的一元函数：

$$x_i = f_{\text{word}}(i), \ 1 \leqslant i \leqslant n \text{。}$$

经过词法分析可以得到该句子的词语类型序列（POS_1，POS_2，…，POS_n），于是词语类型也可以看作是词序的一元函数：

$$\text{POS}_i = f_{\text{tag}}(i), \ 1 \leqslant i \leqslant n \text{。}$$

词语之间的依存关系则可以归结为若干个具有如下形式的有序三元组：

$$<\text{支配词序号}\ i\text{，从属词序号}\ j\text{，依存关系的名称}\ \text{rname}_{ij}>\text{。}$$

其中，依存关系的名称 rname_{ij} 完全可以由支配词序号 i 和从属词序号 j 来确定。因此，依存关系的名称可被认为是关于二元有序对<支配词序号 i，从属词序号 j>的一元函数：

$$\mathrm{rname}_{ij} = f_{\mathrm{relation}}(\langle i,\ j\rangle)，1 \leqslant i,\ j \leqslant n \text{ 而且 } x_i \text{ 支配 } x_j 。$$

基于此，我们可以给出语言 L 中句子的依存结构图的形式描述。

在语言 L 中给定一个长度为 n（$n \geqslant 1$）的句子 S，它的依存结构图是一个满足一定条件的有向图 $D=(V,\ E,\ f_{\mathrm{word}},\ f_{\mathrm{tag}},\ f_{\mathrm{relation}})$：

$$V = \{1,\ 2,\ \cdots,\ n\}，\text{是 } D \text{ 的顶点集；}$$

$$E \subseteq V^2，\text{是 } D \text{ 中所有有向边的集合；}$$

$$f_{\mathrm{word}}：V \to W；$$

$$f_{\mathrm{tag}}：V \to T；$$

$$f_{\mathrm{relation}}：E \to R；$$

$$W = \{w_1,\ w_2,\ \cdots,\ w_{\mathrm{MAXW}}\}，\mathrm{MAXW} \geqslant 1，W \text{ 是语言 } L \text{ 的词语表；}$$

$$T = \{t_1,\ t_2,\ \cdots,\ t_{\mathrm{MAXT}}\}，\mathrm{MAXT} \geqslant 1，T \text{ 是语言 } L \text{ 的词语类型表；}$$

$$R = \{r_1,\ r_2,\ \cdots,\ r_{\mathrm{MAXR}}\}，\mathrm{MAXR} \geqslant 1，R \text{ 是语言 } L \text{ 的依存关系名称表。}$$

其中，集合 W、T 和 R 只与语言 L 及其依存句法体系有关，与具体句子无关，因此，它们不是依存结构图的构成要素。如果我们的目的只是考察依存结构图的形式特征，那么，唯一需要考察的就是哪些位置上的词语之间存在依存关系，这只需要在集合 V 上来考察其边集 E 的性质即可。D 是依存结构图，当且仅当其边集 E 满足如下条件（1）～（4）（Mel'čuk，1988；Nivre，2006）。

（1）单支配词（single-governor）：

$$(\forall x \in V)(\langle x,x\rangle \notin E \wedge ((\exists y,z \in V)(\langle y,x\rangle \in E \wedge \langle z,x\rangle \in E)) \Rightarrow (y=z))$$

即每一个词的支配词至多有一个且不能是自身。

（2）单根（single-root）：

$$(\exists x \in V)((\forall y \in V)(\langle y,x\rangle \notin E) \wedge ((\exists z \in V)(\forall w \in V)(\langle w,z\rangle \notin E) \Rightarrow (z=x)))$$

即一个句子的依存结构图有且只有一个根。我们把满足这个条件的唯一的 x 记为依存关系图的 root（根）。

（3）连通性（connectedness）：

$$\forall(x\in V)(\exists v_1,v_2,\cdots,v_k\in V)(\langle \mathrm{root},v_1\rangle\in E\wedge\langle v_1,v_2\rangle\in E\wedge\cdots\langle v_k,y\rangle\in E),0\leqslant k\leqslant n-2$$

“连通性”说的是一个句子的依存结构图当中，从根到每一个非根顶点都存在一条有向通路。按照上述三个条件生成的依存结构图有可能出现如图 1-2 所示的依存弧交叉现象。

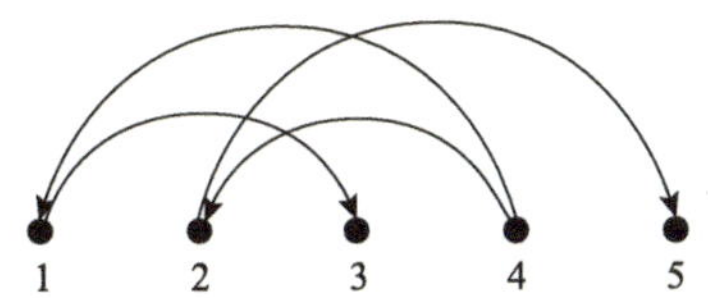

图 1-2　带有交叉弧的依存关系图

在自然语言中确有图 1-2 所示的交叉依存结构。一般认为，不交叉的依存结构更容易分析，因此，我们需要引入一个限制交叉的条件。按照经验，在不含交叉的依存结构图中，从某顶点 i（$i\in V$）出发沿着有向边所能到达的所有顶点（含顶点 i 自身）的编号应该是连续的。这个条件可以称为连续性条件。为了更好地描述连续性条件，我们引入一个新的概念——顶点的可达域，即从某顶点顺着有向边所能到达的所有顶点连同该顶点自身所构成的集合。顶点 x 的可达域记为 A_x：

$$A_x=\{x\}\cup\{y\mid x\xrightarrow{*}y\},x\in V$$

有了可达域的概念之后，我们就可以给出依存结构图的第四个限制条件。

（4）连续性（continuity）：

$$(\forall x\in V)\quad(|A_x|=\max(A_x)-\min(A_x)+1)$$

这里，$|A_x|$ 表示顶点 x 的可达域 A_x 中包含的元素个数，$\max(A_x)$ 和 $\min(A_x)$ 分别表示 A_x 中的最大值和最小值。连续性，也称投影性（projectivity），最早由 Lecerf（1960）和 Hays（1964）提出，但具体表述与我们有些不同。图 1-2 中的节点 1 和节点 2 违反了连续性条件，因此出现了交叉弧。

对依存结构图进行以上形式化描述的主要目的是生成随机依存结构图。通过与符合依存句法的自然语言的比较，这些随机结构图有助于我们更好地探求自然语言依存结构的规律。在本书随后的章节中，我们常用的随机依存结构有两种，分别为满足条件（1）～（2）和条件（1）～（4）的依存结构图。

下面是生成这两种随机依存结构的具体算法。假设句子共有 n（$n \geq 1$）个词语，序号分别为 1、2、…、n，本算法求出每一个词语的支配词序号，依存结构图的根节点没有支配词，其支配词序号设为 0。

算法 1：随机生成满足条件（1）～（2）的依存图。首先，随机选择一个从 1 到 n 的数字作为根节点；然后，将 1 到 n 之间的一个随机生成的数字，分配给句中其他单词作为其支配词序号。这样生成的依存结构图类似于图 1-2。本书中我们将满足这两个条件的随机依存结构语言称为第一种随机语言，简称为 RL1。

算法 2：随机生成满足条件（1）～（4）的依存图。本算法采取滚雪球式的方法来逐渐扩大依存结构图。首先，随机产生一个 1 到 n 之间的数作为根节点；然后将根节点作为起点，从未被指定支配词序号的词语中随机选取一个，在不违背连续性条件的前提下为其随机指定当前依存结构图中的某个顶点作为其支配词序号，并将该节点加入依存结构图中；如此反复，直到所有词语都被指定了支配词为止。这样生成的依存结构图不含交叉弧，如图 1-3 所示。本书中我们将满足这四个条件的随机依存结构语言称为第二种随机语言，简称为 RL2。

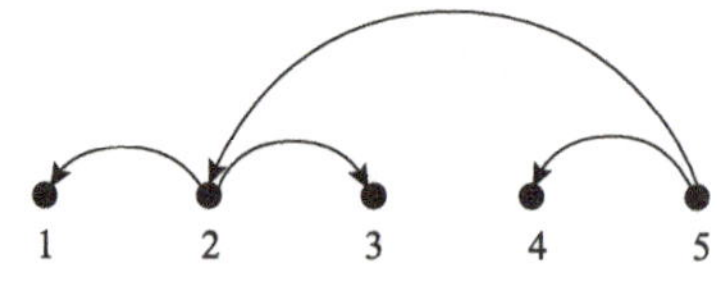

图 1-3 无交叉弧的随机依存图

采用这种方法，我们可以获得一个句子的三种依存结构图。就拿“他有三本书”这个例子来说，这个句子中有 5 个词，图 1-1 是其符合汉语依存句法的结构图，图 1-2 是满足两个条件的随机依存结构图，图 1-3 是满足四个条件的随机依存结构图。图 1-1、图 1-3、图 1-2 合乎语法的程度是递减的。

现在假设我们有了很多采用依存句法标注的树库和相应的随机树库，我们能研究些什么问题呢？首先可能需要一些基于树库的指标，这些指标应该能反映语言的某种特性，并且是直观的、便于操作和计算的。依存距离和依存方向就是这样两种指标。

二、依存距离和依存方向的定义与计算

依存距离指的是一个句子中形成依存关系的支配词与从属词之间的线性距离。这个概念首先出现在 Heringer 等（1980）的论述中，他们从 Yngve 关于短语结构语法的深度假说中提炼了这一想法（Yngve，1960，1996），并用德语词

Abstand（距离、间隔）来表示这个概念。依存距离（dependency distance，DD）这一术语本身是理查德·哈德森（Richard Hudson）在1995年引入的，他将依存距离定义为支配词和从属词之间的距离，用二者之间的词数来量度，即两个相邻的词之间的依存距离为0，隔一个词的依存距离为1。他的这一定义虽然反映出了依存距离的本质属性，但在进行较大规模的自动统计时，会略显不便。

Hudson（1995）、Hiranuma（1999）和Eppler（2005）用人工标注的方式计算了英语、日语和德语文本的依存距离。Liu等（2009a）提出了一种测量平均依存距离（Mean Dependency Distance，MDD）的方法，它可以用来测量一个句子、树库样本或整个树库中特定依存类型的依存距离。下面我们来介绍一下这种方法。

形式上，设 $W_1 \cdots W_i \cdots W_n$ 为一个词串。对于 W_a 和 W_b 之间的任何依存关系，如果 W_a 是一个支配词，W_b 是其从属词，则两者之间的依存距离可以定义为 a 与 b 的差值；按照这种方法，相邻单词的DD为1（而不是按照中间单词的数量计算，即DD为0）。当 a 大于 b 时，DD为正数，此时支配词位于从属词之后；当 a 小于 b 时，DD为负数，此时支配词位于从属词之前。但在计算依存距离时，这个差值需取绝对值，否则，正负抵消，计算就进行不下去了。

例如，在上面的例句“他有三本书”中，“有—他”的依存距离为|2–1|=1；“本—三”的依存距离为|4–3|=1；“有—书”的依存距离为|2–5|=3；“书—本”的依存距离为|5–4|=1。如果我们采用表1-1的形式表示句子的依存结构，这个计算就更简单了，只需用支配词序号减去从属词序号即可。

我们也可以使用式（1-1）来计算一个句子的MDD，其中 n 是句子中的单词数，$|DD_i|$ 是句子中第 i 个句法关系的依存距离。根据此公式，以上示例的MDD为：（1 +1 + 1 + 3）/4=1.5。

$$\text{MDD(句子)} = \frac{1}{n-1}\sum_{i=1}^{n-1}|\text{DD}_i| \quad (1\text{-}1)$$

式（1-1）也可以拓展到计算较大的句子集合（如树库）的MDD，如式（1-2）所示。其中，n 是树库中的单词总数，s 是树库中的句子总数。$|DD_i|$ 是样本的第 i 个句法关系的依存距离。

$$\text{MDD(树库)} = \frac{1}{n-s}\sum_{i=1}^{n-s}|\text{DD}_i| \quad (1\text{-}2)$$

式（1-3）可用来计算树库中特定类型的依存关系的MDD，如主语、宾语的MDD等。

$$\text{MDD(依存关系类型)} = \frac{1}{n-1}\sum_{i=1}^{n}|\text{DD}_i| \quad (1\text{-}3)$$

其中，n 是树库中该依存关系的数量；$|DD_i|$是该依存关系类型集合中的第 i 个句法关系的依存距离。

如果我们将依存距离定义为支配词序号与从属词序号之差，由于支配词可能位于从属词的前面或后面，所以这个差值是有正负之分的。依存距离的正负表示依存关系的方向，简称依存方向。我们将依存距离为负的依存关系称为支配词居前的依存关系，将依存距离为正的称为支配词居后的依存关系。例如，在例句“他有三本书”中，“有—他”的依存距离为 1，“本—三”的依存距离为 1，“书—本”的依存距离为 1，都为正数，而‘有—书’的依存距离为–3，是一个负数。因此，我们可以说，这个句子包含三个**支配词居后**的依存关系，以及一个**支配词居前**的依存关系。显然，采用表 1-1 的形式，也很容易算出句子或整个树库的依存方向。

接下来，我们来探究一下依存距离和依存方向对语言研究的意义和价值。

第二节 依存距离作为衡量语言理解难度的计量指标

一、引言

心理语言学为语言理解难度的研究提供了实证基础（Jay，2004），但对于形式计算学家和认知语言学家来说，确定测量这一难度的指标则是一个挑战。

Yngve（1960）提出的深度假说是应对该挑战的一个重要尝试。他研究了我们现在所说的句子理解难度，将句子的深度定义为在构建一个给定句子的过程中所需要存储的最大符号数量。以下是他关于深度假说的一些论述：“（a）尽管所有语言都拥有一个基于组分结构的语法，（b）但对于口语中使用的句子，其深度不会超过一定的数值。（c）它等于或几乎等于瞬时记忆的范围（目前认为是 7±2）。（d）所有语言的语法都包括限制逆结构（regressive constructions）的方法，以使大多数句子不会超过这个深度……”（Yngve，1996：52）从以上引文中，我们可以提炼出下列观点：Yngve 的假说是基于短语结构的；即使理论上语法允许更深层的句子存在，但实际上一个句子的深度不会超过一定的阈值，这个阈值几乎等于人类工作记忆（working memory）的最大容量（Miller，1956；Cowan，2001，2005）；所有语言的语法都有办法使大多数句子保持在这个阈值以内。Yngve 的深度假说并非十全十美（Frazier，1985），但该假说的重要性在于他尝试建立一个对于语言理解难度的普适度量标准。我们使用“普适”这个词，是因为他的度量标准与认知结构有着密切联系，而人类的认知结构一般被认为大致是相似的。

为了验证 Yngve 的假说，我们必须在尽可能多的语言里探索这种阈值是否真实存在于语言理解中。如果存在，这个阈值是多少？是什么机制限制了句子结构，使其难以跨越这个阈值？同时，我们也可以提出一个合理的假设：该阈值是一个统计平均值或连续统。虽然目前我们还不知道这个阈值是多大（Hawkins，1994），但寻找这个阈值是衡量语言理解难度的一项任务。此外，一旦确定了阈值，还可能有助于我们进一步找到能够表示工作记忆容量的一个常数，因为如果能找到这样一个常数，那么它将大大简化人类语言运用的理论（Cowan，2005）。

Miller 和 Chomsky（1963）在他们的经典论文中提出了一个衡量句法复杂度的指标，即句法结构树中非终端节点和终端节点的比值。为使这一指标的测算结果更为精确，Frazier（1985）提出使用局部计算来代替 Miller 和 Chomsky 的全局计算。

Hawkins（1994）认为语法和语序之间存在密切关系。在测量和预测句法难度方面，他提出了“直接成分尽早确立”（Early Immediate Constituents，EIC）原则。该原则指出，人类句法分析机制在处理成分域内直接成分与非直接成分的比值时，倾向于选择可以使该比值最大化的线性排序。在后续的研究中，Hawkins（2004）更新了 EIC 并提出了一个新的原则，即“域最小化”（Minimize Domain，MiD）原则：人类语言分析机制在处理组合和（或）依存关系时，倾向于最小化语言形式序列及相关的句法和语义属性。显然，这些原则均认为线性顺序和人类语言处理之间存在着相对直接和明显的联系。

当前，认知科学领域已就线性顺序和理解难度进行了不少研究（Gibson，1998，2000；Gibson & Pearlmutter，1998；Grodner & Gibson，2005）。Gibson（2000）提出了一种基于距离的语言复杂性理论——依存局部性理论（Dependency Locality Theory，DLT）。DLT 中有两个关键的思考：①语言理解需要两方面的资源，即当前已构建的语言结构的存储和将新增的词语与已构建的语言结构的结合；②结构整合的复杂性取决于两个元素之间的距离或位置。Grodner 和 Gibson（2005）的研究表明，整合一个新输入项的难度在很大程度上取决于输入项和其目标从属词位置之间插入的词汇的数量。

上述研究展示了近来学界对语言复杂性衡量的兴趣，包括线性顺序和句法难度之间的关系，以及不同语言单位之间的依存关系在复杂性衡量中的作用。其背后的原因是：如果人类的认知结构是网状的（Hudson，2007），那么从网络的角度对人类语言的句法结构进行分析则是迈向概念网络的重要一步。显然，与广受关注的短语结构相比，依存结构在认知结构和语言网络上的映射效果会更好（Liu，2008b）。前面提到的研究大多使用了短语结构来研究句法。当然，我们可以构建一个结合依存和短语结构的框架，但这么做的理由并不充分。如果我们的目标是研究出一个合理的语言复杂度衡量指标，那么重点是要在句法分析策略的语境中去考虑句法的结构与模式。从长远来看，鉴于网络概念化在认知科学、深度学习、自然语言处理中的广泛应用，我们认为依存语法可能比短语结构更具优势。因此，我们认为采用依存关系来分析句法结构，并在此基础上提出一种理解难度衡量指标，具有可行性和必要性。

二、依存句法分析策略与依存距离最小化假设

衡量理解难度必须要考虑句子分析的策略或算法。换言之，为了分析一个句子，生成如图 1-1 所示的依存结构图，我们首先需要一个分析算法，用来进行从句子的线性结构到依存句法结构图的转换。基于依存语法的分析算法有很多（Covington，2001，2003；Hellwig，2006；Nivre，2006）。在模拟人类处理句子时，增量分析策略是一种比较具有心理现实性的策略。下面我们来介绍一个改编自 Covington（2003）的增量分析策略。

在该分析算法的指导下，句中的单词被逐个接收，并存储在两个列表中：一个是 Word List（词列表），包含到目前为止读取的所有单词；另一个是 Head List（支配词列表），包含所有目前仍没有找到支配词的单词。每当从输入列表中接收到一个单词 W 时，分析器都会执行以下操作：

（1）在词库中查找 W 并为它创建一个节点。

（2）通过 Head List 查找 W 所有的从属词；二者建立关系，然后将所有从属词从 Head List 中删除。

（3）在 Word List 中查找可以使 W 作为其从属词的单词。如果找到这样一个单词，则将 W 作为其从属词；否则就将 W 添加到 Head List 中。

（4）将 W 添加到 Word List 中。

注意，步骤（2）和步骤（3）可以同时进行。也就是说，当前单词可以在步骤（2）中获得从属词，也可以在步骤（3）中获得一个支配词。当流程完成，并且输入列表中的所有单词都已处理完毕时，Head List 中应该只剩下一个元素，即主动词。在这个分析模型中，Head List 相当于人的工作记忆。

以 “I actually live in Beijing.”（我目前住在北京）为例。当分析器实时读取单词 live 时，Head List 中包含两个单词 I 和 actually；分析器处理完单词 live 后，Head List 中就只剩动词 live 了。我们假设 Head List 是人类句子分析模型中的工作记忆，为了确保分析成功，Head List 应处理从属词与其支配词之间的所有单词。因此，这种分析算法可以看作是基于记忆的。它为 Gibson（1998）的观点提供了一个相对直接的解释，Gibson 认为输入的单词与其支配词或最近的

从属词之间的距离越大，整合成本就越高。从目前心理语言学的研究来看，采用基于工作记忆的算法是合理的，因为基于工作记忆来构建人类句子分析模型的目标是：能够描述该模型的解析过程，也可以用来解释为什么有些句法结构比其他的更难以理解（Jay，2004）。

如果将上述分析算法与本章第一节中提到的 MDD 的计算公式联系起来看，在分析一个句子时，我们可以根据 Head List 在某一时刻包含的单词数来计算依存距离。在例句“I actually live in Beijing.”中，最大的依存距离是单词 I 和 live 之间的距离，如果我们用上文提出的算法来分析这句话，Head List 中所含的词的数量确实可以反映这一点。

结合第一节中提到的分析算法和式（1-1）、式（1-2），我们有理由认为，一个句子的 MDD 越大，其难度就越大。将这一结论扩展到一个文本（或一种语言，可视为一组文本）上可知，文本的 MDD 越大，文本（或语言）的难度就越大。

研究表明，当人需要记忆的词语超出一个固定的容量界限时，往往会导致理解困难（Cowan，2001，2005）。因此，我们可以通过句中依存距离的最大值来衡量该句的难度，这在理论上看似是可行的，但遗憾的是，我们很难在真实语料中发现依存距离最大值的范围，也就是说，很难把句中依存距离的单位最大值作为语言理解难度的一个稳定指标。因此，我们倾向于提出一种新的度量方法，这种方法可以把依存距离和需要存储在分析器列表中的开放依存关系的数量联系在一起。所谓开放依存关系，就是指那些还未找到支配词，不得不暂存于工作记忆中的单词。在前述分析算法中，一个依存关系在从被存在分析器的 Head List 中到被从中移除的这段时间里都是开放的。Hudson（1995）提出了一种简单的方法来测量处理开放依存关系所需的工作量：对每个开放依存关系进行加权，在每个单词进入 Head List 后，对句中现存的开放依存关系数量进行求和。例如，在例句“I actually live in Beijing.”中，I 进入 Head List 之后，句中存在一个开放依存关系，actually 进入之后有两个，live 进入之后有一个，in 进入之后有一个，Beijing 进入之后则变为零。Hudson 将这些数值称为一个单词 W_i 的依存密度。因此，对于这个例句，我们可以创建一组依存密度 1+2+1+1+0，相对应的依存距离是 2+1+0+1+1。由此不难看出，在分析过程中，MDD 与 Head List（相当于工作记忆）中保存的项的平均数量呈正相关。因此，我们可以使用 MDD 来测量一个句子的相对难度。虽然，MDD 与依存距离最大值在测量绝对难度的精确度上可能并没有太大差别，但是 MDD 更易被应用于语料库和真实文本中，且结果真实有效。

依存距离能够反映处理依存关系的认知负荷，因此依存距离是依存关系的一个重要属性。同样，文本的 MDD 在一定程度上能反映不同语言在认知需求方面的差别，因此它也是一个重要的可比指标。以上论点均基于这样一种假设：我们可以对文本中单词的依存距离取平均值，这就为比较单一语言中的不同文本，甚至是不同语言中的文本提供了基础。如果两种不同语言的文本在其他方面是可比较的，那么，从依存距离的角度出发，它们也应该具有可比较性。

现在，我们结合依存句法分析策略和 Hawkins（1994）的 EIC（或 MiD）以及 Gibson（2000）提出的 DLT[①]，提出我们自己的假设：

（1）人类语言分析机制倾向于这样一种线性顺序——它能最小化所识别的句子或文本的 MDD；

（2）人类语言中，大多数句子或文本的 MDD 不会超过一个阈值；

（3）语法与认知因素的共同作用使得依存距离保持在阈值之内。

这些假设的要点是人类语言的 MDD 具有最小化倾向，它受人类认知结构（工作记忆容量）和语法的约束。从复杂性的角度看，在足够长的句子中，依存距离的最小化可以被视为一种涌现现象（Ferrer-i-Cancho，2008）。

为了检验和验证这些假设，我们需要使用尽可能大、尽可能多样的多种语言的样本对其进行验证。Temperley（2007）也强调了跨语言语料库数据的重要性，加之我们的基本假设是依存距离与人类的认知结构密切相关，因此这种方法应该是具有跨语言普适性的，这就更需要采用多语种的语言材料。此外，研究应以真实文本语料库为基础，它比人造语料更能反映语言的实际使用情况，更能反映语言系统的运作规律。

Jurafsky（2003）认为使用语料库研究心理语言学存在着一定的问题，即如果语料库是语言产出的一个实例，那么从语料库中得出的频率为何能够得出关于语言理解的结论呢？然而，我们的目的是检验能否使用 MDD 作为处理复杂度的指标。这种情况下，树库便是非常有用的资源，因为它是语言使用实例的集合。除此之外，此前的分析算法也已明确了依存距离和工作记忆的关系。Temperley（2007）的研究表明，Gibson 提出的 DLT 在语言生成方面也是有效的。因此，利用树库作为我们实验的资源具有合理性。除此之外，现代计量语言学研究也认为，真实的语言材料实际上是一种说者与听者之间平衡的产物。

已有一些基于树库的研究探讨了句子或文本的 MDD 最小化问题。Ferrer-i-Cancho（2004）在罗马尼亚依存树库的基础上，假设并证明了句子平均距离的最小化和有限性。Liu（2007b）使用一个句法语料库和两个随机语料库表明，右截断的 Zeta 分布可以很好地反映依存距离的概率分布，并且自然语言的 MDD 比两个随机树库要小。Kromann（2006）在一项基于丹麦语依存树库的研究中发

① 注意，他们二位所依据的句法结构均为短语结构。

现，44%的从属词直接紧随它们的支配词之后，88%的从属词与它们的支配词之间的距离少于 5 个单词。因此，他认为人类的语法倾向于尽量缩短一个词与其支配词之间的距离。

与早期的研究（Ferrer-i-Cancho，2004）不同，我们的假设是建立在单个依存关系上的，而不是基于句子的，我们认为这更适合构建一个普遍适用的、基于网络的理论。例如，如果想要知道样本（可视为整个语言的典型案例）中相邻单词之间的依存关系的比例，那么只能通过考虑样本中所有的依存关系来获得。因此，尽管在计算一个句子的 MDD 时可以使用式（1-1），但是式（1-2）更适用于整个树库的 MDD 的计算。值得注意的是，我们用一个句子的 MDD 来衡量复杂度，这与 Temperley（2007）以及后续众多美国学者（如 Futrell et al.，2015）的方法不同，他们更倾向于使用句子中所有依存关系的总长度来测量复杂性。我们希望本书中 MDD 的计算方法可以避免出现“长句必然具有更高复杂性”的错误结论，也可以解决不同句长的句子的比较问题。需要注意的是，尽管为了便于比较，我们采用了平均值，但从引起理解困难的角度来看，导致理解困难的往往是一个句子中的某个（些）长距离的依存关系。

通过研究上述假设，我们试图回答以下问题：MDD 是否存在阈值？如果存在，它是否小于工作记忆容量？是什么决定了一种语言（树库）的句法复杂度（MDD）？两种随机语言与真实语言的 MDD 的关系是什么？此外，如果依存距离最小化不是一种随机语言的特征，那它是语言使用者考虑句子长短以后做出的自由选择吗？或者语言使用者也会受制于语言本身的语法和语体吗？

基于以上讨论，我们认为，理论上将依存距离、依存增量分析算法和工作记忆相结合，是有可能构拟一个具有普适意义的语言理解难度指标的。然而，在进一步采用这一指标分析真实语料之前，我们需要用这一指标（依存距离）分析一些已经被认知实验验证过的难以理解的句子。接下来，我们使用式（1-1）分析几个例子。

心理语言学的研究发现，人们对中心嵌入结构的理解比对右分支结构的理解要差（Miller & Chomsky，1963；Weckerly & Elman，1992；Hudson，1996）。具体来说，包含右分支结构的句子（1a）比包含中心嵌入结构的句子（1b）更容易处理。

（1a）The woman saw the boy that heard the man that left.
（那个女人看见了听到那个男人离开的那个男孩。）

（1b）The man the boy the woman saw heard left.
（那个女人看见的那个男孩听见的那个男人离开了。）

那么，式（1-1）是否能识别这两句话的复杂度呢？图 1-4 为这两个句子的依存结构分析和 MDD。

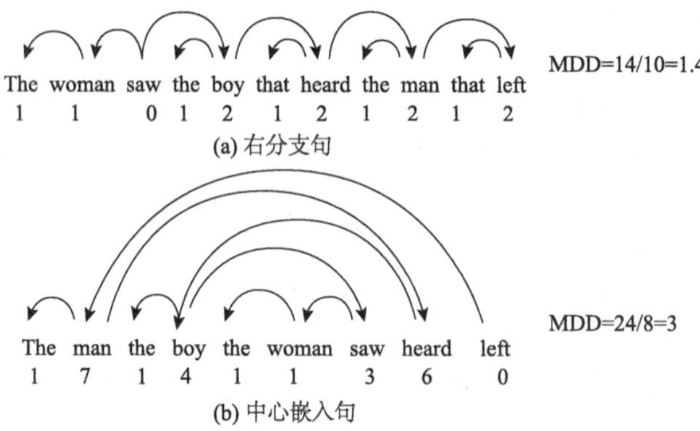

图 1-4 右分支句和中心嵌入句的依存结构和 MDD

如图 1-4 所示，例（1b）的 MDD 大于例（1a）。相应地，例（1b）比例（1a）更难理解。因此，MDD 能够预测上述句子的复杂程度。

当然，某些类型的中心嵌入句比其他类型的中心嵌入句更容易理解。例如，主语关系句例（2a）比宾语关系句例（2b）更易于处理（Jay，2004；King & Just，1991）。

（2a）The reporter who attacked the senator admitted the error.

（那个袭击了参议员的记者承认了错误。）

（2b）The reporter who the senator attacked admitted the error.

（那个被参议员袭击了的记者承认了错误。）

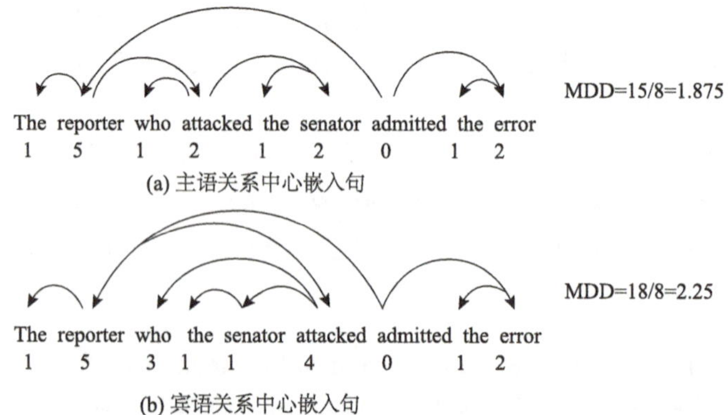

图 1-5 主语关系和宾语关系中心嵌入句的依存结构和 MDD

同样，图 1-5 中的 MDD 也给出了正确的结果，1.875<2.25，即例（2a）比

例（2b）更容易处理。以上讨论表明，MDD 也可以用来衡量长距离依存句和中心嵌入句的处理难度。然而，我们还可以更进一步考虑另一典型的难以理解的句子类型，即花园小径句（garden-path sentence），例如：

（3）After the student moved the chair broke.
（那个学生搬动后，椅子就坏了。）

在例（3）中，名词短语 the chair 最初被解释为动词 moved 的宾语，后来又被重新分析为动词 broke 的主语，从而导致理解困难。这一解释符合 Frazier（1978）提出的迟关闭原则（Late Closure Principle），即在可能的情况下，将待处理的词汇项附加到目前正在处理的从句或短语中。Frazier（1978）相信迟关闭与工作记忆有着密切的联系，并认为这是一个被充分证实的关于人类记忆的事实，即需要记忆的材料越有条理，瞬时记忆的负担就越轻。因此，通过对实时传入的材料条理化，迟关闭可以减少分析器的记忆负担（Frazier，1978）。我们认为，人类句法分析机制青睐迟关闭原则的原因在于，这一原则有助于将人正在处理的句子的 MDD 最小化。图 1-6 展示了例（3）的依存关系分析，并计算了该句的 MDD。

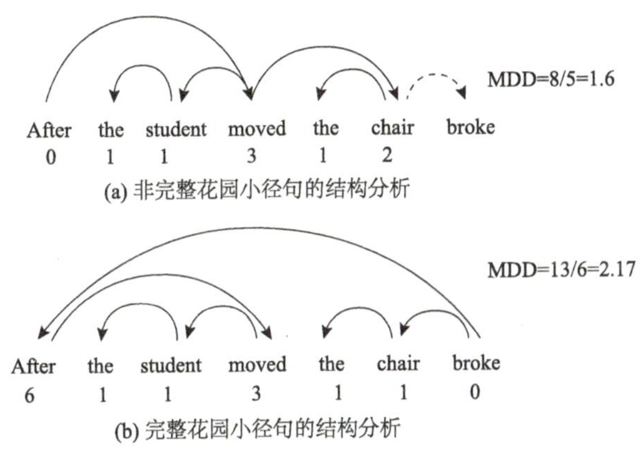

图 1-6　花园小径句的依存结构和 MDD

在遇到单词 broke 之前，上文所分析句子的 MDD 是 1.6。当单词 broke 出现后，分析器须打破 moved 和 chair 之间已建立的联系，将 chair 作为 broke 的主语以及将 after 作为 broke 的状语重新分析。这些操作在增加 MDD 的同时，也增加了句子的处理难度。这个例子表明，MDD 可以较好地感知并检测花园小径句的处理难度。以上分析说明，MDD 这个计量指标可以较好地反映已被认知实验证实的长难句的处理难度。接下来，我们首先使用式（1-2）来计算 20 种语言的 MDD，并结合此前提出的问题进行分析讨论。

三、20 种语言的依存距离分布

我们分析的 20 种语言是[①]：汉语（chi）、日语（jpn）、德语（ger）、捷克语（cze）、丹麦语（dan）、瑞典语（swe）、荷兰语（dut）、阿拉伯语（ara）、土耳其语（tur）、西班牙语（spa）、葡萄牙语（por）、保加利亚语（bul）、斯洛文尼亚语（slv）、意大利语（ita）、英语（eng）、罗马尼亚语（rum）、巴斯克语（eus）、加泰罗尼亚语（cat）、希腊语（ell）和匈牙利语（hun）。研究使用的树库大多来自 CoNLL-X "多语言依存分析共享任务"（Shared Task on Multilingual Dependency Parsing）（Buchholz & Marsi，2006；Nivre et al.，2007）的训练集。这些树库的原有标注方法不尽相同，我们使用的是由 CoNLL-X 2006 和 2007 的组织者转换后的依存格式。

对于所有 20 种语言，我们都建立了依存距离的 Pareto 图，以探究累积值与依存距离之间的关系。为了确定依存距离与其他因素之间的关系，我们还按照本章第一节中给出的算法建了两个随机依存树库（RL1 和 RL2）；然后，采用式（1-2）计算了三种树库的 MDD，结果如表 1-2 所示。表 1-2 列出了所研究的 20 种语言的相关信息。其中，size 为该语言在样本中的依存关系数量；MSL 是平均句长（mean sentence length）[②]；1dd 是相邻单词之间依存关系的百分比；MDD 是用式（1-2）计算出的真实树库（NL）的 MDD；mddr1 为 RL1 的 MDD；mddr2 为 RL2 的 MDD；genre 表示树库的语体，其中，混合（mixed）表示树库包含不同的语体；type 表示树库的原始标注方式，其中 D 表示原始标注方式为依存结构，C 为短语结构，CF 表示具有短语和语法功能的混合结构。

表 1-2 20 种语言的依存距离[③]

语言	size	MSL	1dd/%	MDD	mddr1	mddr2	genre	type
罗马尼亚语（rum）	32 108	8.9	67.5	**1.798**	5.036	2.840	新闻	D
日语（jpn）	108 977	7.9	80.2	**1.805**	6.726	3.212	对话	CF
丹麦语（dan）	38 120	15.9	62.3	**2.136**	10.500	3.948	混合	D
意大利语（ita）	33 690	24.4	72.4	**2.190**	12.251	4.659	混合	D
保加利亚语（bul）	147 071	12.5	57.5	**2.245**	5.542	2.876	混合	C
土耳其语（tur）	38 706	9.3	64.2	**2.322**	3.356	3.071	混合	D

① 语言代码采用 ISO 639-2-1998 "语种名称代码"。

② 除非特别说明，本书中表示句长的单位均为 "词"（word），后文不再逐一标示。

③ 表 1-2 中语言的排序是按照 MDD 的值从小到大排的。

续表

语言	size	MSL	1dd/%	MDD	mddr1	mddr2	genre	type
瑞典语（swe）	160 273	15.5	51.4	**2.382**	8.243	3.754	混合	D
捷克语（cze）	992 651	14.8	53.0	**2.441**	7.953	3.671	新闻	D
希腊语（ell）	55 953	24.2	51.9	**2.449**	11.395	4.347	混合	D
葡萄牙语（por）	168 522	19.6	55.3	**2.506**	12.824	4.626	新闻	CF
荷兰语（dut）	479 677	12.6	51.4	**2.524**	6.451	3.187	混合	CF
英语（eng）	152 882	20.9	51.3	**2.543**	9.915	4.093	新闻	C
巴斯克语（eus）	47 498	15.8	55.5	**2.552**	7.130	3.384	混合	C
斯洛文尼亚语（slv）	22 380	15.5	49.8	**2.590**	9.501	3.904	小说	D
阿拉伯语（ara）	50 097	35.3	64.5	**2.595**	18.474	5.479	新闻	D
加泰罗尼亚语（cat）	365 530	28.8	55.2	**2.645**	13.126	4.683	混合	C
西班牙语（spa）	75 571	24.0	55.2	**2.665**	13.050	4.758	混合	CF
德语（ger）	564 549	15.4	44.4	**3.353**	8.935	3.793	新闻	CF
匈牙利语（hun）	105 430	21.8	46.7	**3.446**	11.311	4.356	新闻	C
汉语（chi）	412 191	22.9	47.9	**3.662**	15.851	5.044	新闻	C

那么，这些数据能回答本节提出的几个研究问题吗？能在多大程度上验证我们提出的三个假设呢？对此我们进行了简要讨论。

我们最关心的问题之一是，这些实证数据是否支持 MDD 阈值的存在？考虑到依存距离与人类的认知能力密切相关，特别是与工作记忆容量相关（Miller，1956；Cowan，2001，2005），我们假设人类语言的 MDD 应该保持在一个阈值以内，且这个阈值预计小于 4（Cowan，2001，2005）。为了便于讨论，我们将表 1-2 中 20 种语言的 MDD 绘制为柱状图，如图 1-7 所示。

图 1-7　20 种语言的 MDD

图 1-7 表明，尽管我们所调查的 20 种语言样本在语体与语言类型方面存在差异，但是它们的 MDD 值均在一个小范围内波动（1.5～4）。其中，汉语的 MDD 最大。这一发现与 Liu 等（2009a）使用其他完全不同的语言样本所得出的研究结果一致（参照本书第四章第一节）。

此外，根据图 1-7，我们可以合理推断：人类语言的 MDD 具有一个阈值，并且该阈值处于工作记忆容量之内（Cowan，2001，2005）。基于此推断，我们认为如果 MDD 存在阈值是人类语言的一种特性，那么随机语言应该比自然语言具有更大的 MDD。为了验证该推断，我们比较了图 1-8 中自然语言和两种随机语言的 MDD。图 1-8 显示，20 种语言的两种随机树库（RL1 和 RL2）的 MDD 都比相应的符合句法的自然语言（natural language，NL）的 MDD 要大得多。

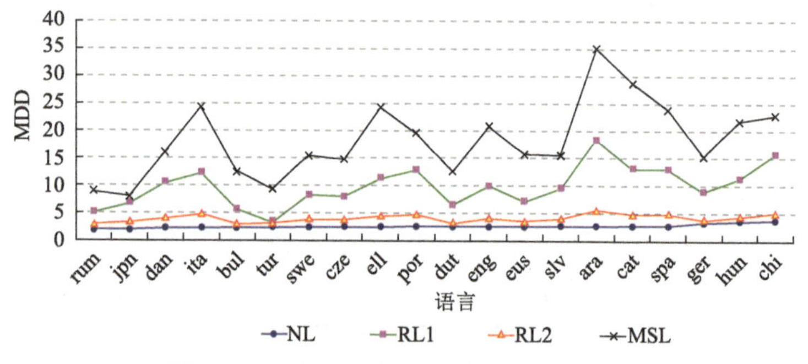

图 1-8 NL、RL1 与 RL2 的 MDD 和 MSL

除此之外，在这两种随机语言中，RL2 的 MDD 小于 RL1。原因是什么？交叉弧是否在这一过程中起到了一定作用？这些都是值得我们研究的问题。

事实上，RL2 的 MDD 小于 RL1 的结果支持了 Ferrer-i-Cancho（2006）的观点，即依存树中不常见的交叉可能会影响两个具有句法关系的词语之间的距离最小化。图 1-8 证实了这一点，因为 20 种语言的 RL2 的 MDD 始终都小于相应的 RL1 的 MDD，而且 RL2 的 MDD 变化没有大幅超出 NL 的变化（两者分别为 2.8～5.5 和 1.8～3.7）。这也证实了交叉弧对降低 MDD 的有效性。同时，NL 和 RL2 的 MDD 小于同一语料库的随机结构版本（RL1）是否在一定程度上说明了一个句子中的单词之间的依存句法连接不是随机的？如果是这样，那么它们是语言使用者只考虑句子长短以后自由选择的结果吗？为了回答这个问题，图 1-8 中添加了 20 种语言的 MSL。

表 1-3 表明，MSL 与随机语言的 MDD 密切相关。这一结果不难理解：句子越长，产生长距离依存的可能性也就越大。值得注意的是，尽管表 1-3 中 NL 的 MDD 与 MSL 的相关性很低，但这并不意味着二者之间没有关系。NL 的 MDD 与 MSL 的相关性在数值上远低于两种随机语言，这也可能表明，语言系统的语

法模式和其他因素在减小 MDD 方面也起了作用。换言之，图 1-8 为句法语序限制提供了一种功能解释，即句法语序限制的好处之一是减小句子的 MDD。无交叉弧和语法共同发挥作用，或许可以使我们既能使用长句，又不会大幅增加 MDD。

表 1-3　NL、RL1 与 RL2 的 MSL 和 MDD 的相关系数

项目	NL	RL1	RL2
相关系数	0.408	0.914	0.924
p 值	0.074	0.000	0.000

如果句长并不是影响 NL 的 MDD 的唯一因素，那么语言的类型是否对此也产生了作用？对比图 1-8 中 MSL 与 NL 的 MDD 曲线，我们可以看到不同语言的相关性差异很大。例如，阿拉伯语的 MSL 很大，但 MDD 相当小，而德语的情况则恰好相反。研究 MDD 与 MSL 之间的相关性的一个重要原因是，我们可以厘清究竟有多少跨语言差异可以用 MSL 来解释。为了解释图 1-8 中某些超乎预期的情况，以及进一步探索 MSL 与 MDD 之间的关系，我们将语言分为两种类型——低 MDD 组语言和高 MDD 组语言，并分别研究了每种类型的语言与 MSL 的相关性。低 MDD 组语言有丹麦语、意大利语、葡萄牙语、英语、阿拉伯语、希腊语、加泰罗尼亚语和西班牙语。将这 8 种语言分为一组，是因为它们的 MSL 与 MDD 的关系与其他组的语言相比并没有那么密切。相较而言，另外 12 种高 MDD 组语言（罗马尼亚语、日语、保加利亚语、土耳其语、瑞典语、捷克语、荷兰语、斯洛文尼亚语、德语、匈牙利语、巴斯克语和汉语）的 MSL 和 MDD 之间的联系更密切。表 1-4 显示，在高 MDD 组语言中，一些语言甚至与它们的随机组具有差不多高的相关系数。

表 1-4　高、低 MDD 组语言的 MSL 和 MDD 的相关性

项目	低 MDD 组语言			高 MDD 组语言		
	NL	RL1	RL2	NL	RL1	RL2
相关系数	0.537	0.853	0.876	0.894	0.891	0.905
p 值	0.170	0.007	0.004	0.000	0.000	0.000

此外，表 1-4 还显示，所有语言的 MSL 与 MDD 都呈正相关；但是，对于某些语言来说，MSL 的影响更大一些。鉴于本节所讨论的语言类型具有多样性，MSL 和 MDD 之间的关系也可能与语言的类型有关。例如，尽管大多数罗曼语族语言属于低 MDD 组，但我们仍需在同一语族中用更多的树库来探索语言的类型学特征如何影响 MSL 和 MDD 之间的关系。

通过比较 NL、RL1 和 RL2 三者的 MDD 可以看出，除了 MSL 和无交叉弧外，语法对减少句子（语言）的 MDD 也起着重要作用。虽然对这个问题的探讨并不是本节的首要任务，但这里仍有必要做一点相关的讨论。

Temperley（2008）基于宾州树库（Penn Treebank）的《华尔街日报》（*The Wall Street Journal*）部分，研究了语法和依存距离之间的关系，并在语法中引入了依存长度最小化的三个原则：①依存关系应该始终是右分支或左分支的；②较短的从属短语应更靠近支配词；③一些单个词短语的"对生分支"（opposite-branching）是可取的。他的计算实验表明，这三个原则都能有效地缩短依存距离。他的发现对于理解"语法规则如何参与减少句子的 MDD"具有重要意义。

另一种探讨 MDD 和语言之间关系的方法是—— 一种语言是否拥有符合根据其语法特征推测的预期 MDD。有趣的是，不同的语言采用不同的策略以减小 MDD。例如，日语是支配词居后的语言，它的 MDD 应该更高，因为与英语这样从属词分布在支配词两边的语言相比，日语的支配词分离出来的从属词更多。但是，令人困惑的是，我们的结果表明，与英语相比，日语中有大量相邻依存关系，MDD 也更低。仅用目前的样本，我们很难回答这个问题，因为我们使用的是具有不同语体和不同标注方式的树库。关于这个问题，Hiranuma（1999）的研究提供了一种可能的解释。Hiranuma 测量了英语会话和日语会话的 MDD，发现日语会话实际上与相同类型的英语会话有相似的 MDD，并解释说，这是因为日语的从属词比英语少，而且允许省略更多的从属词。

在我们调查的 20 种语言中，汉语的 MDD 最大。这可以从语法的角度来解释。例如，英语介词短语一般位于被修饰名词之后，而汉语介词短语则常在被修饰名词之前，这就意味着介词的补语会把介词与被修饰的名词分开。此外，英语中的一些句法功能是通过屈折变化来实现的，但在汉语中，同样的功能往往是由虚词来承担的，虚词可以把从属词和它的支配词分开。以英语句子"I saw the film."为例，其对应的汉语句子为"我看过这部电影"。英语句子中动词 saw 和宾语 film 之间的 DD 是 2，但汉语句子中"看"和"电影"的 DD 是 4。图 1-9 能够直观地展示这两种语言间的差异。

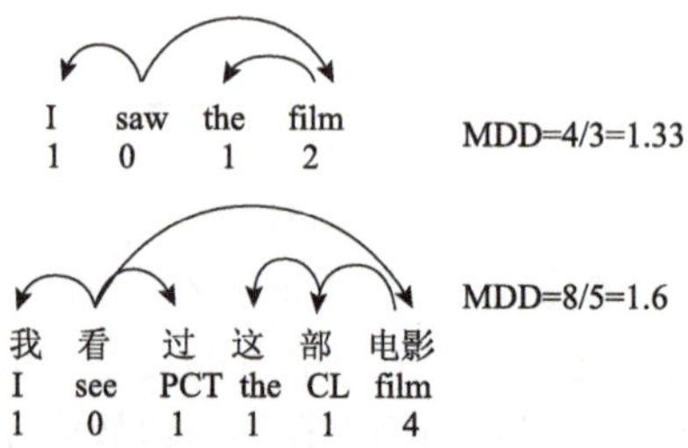

图 1-9 "I saw the film."和"我看过这部电影"的依存结构

图 1-9 中的例子表明，我们需要进一步探索语法如何影响一种语言的 MDD。此类研究有助于厘清句法在最小化 MDD 中的作用。人类语言中另一个可能降低 MDD 的特性是依存关系往往建立于相邻的单词之间。我们很难说它是属于认知的、语法的还是类型的特征，但它确实在降低 MDD 中起到了重要作用。

依存语法中的依存关系不一定都是相邻单词之间的关系。这是依存关系的一个本质属性，如 Schubert（1987）就把依存关系定义为“有向的同现”，这里的同现不仅包括相邻的依存连接，还包括不相邻的依存连接。因此，相邻单词之间的依存关系数量会影响语言的 MDD。如果一种语言包含较多相邻依存关系，那么它的 MDD 就比较低。

图 1-10 显示，在所研究的大多数语言中，相邻依存关系的比例高于非相邻依存关系，有些语言的相邻依存关系比例甚至高于 50%。尽管这一数据可以解释日语、阿拉伯语和土耳其语的情况，但是无法解释意大利语和罗马尼亚语为什么比同一语系的其他语言具有更高比例的相邻依存关系。此外，该统计数据还表明，完全基于相邻同现来构建人类语言的复杂句法网络（如 Ke & Yao，2008）是有问题的，相应的语言学理论也很难完整、准确地描述自然语言。但从另一个角度看，如果每一种语言的相邻依存关系都在 50%以上，采用同现的方法来研究语言的统计特征所得到的结果也是有一定道理的。

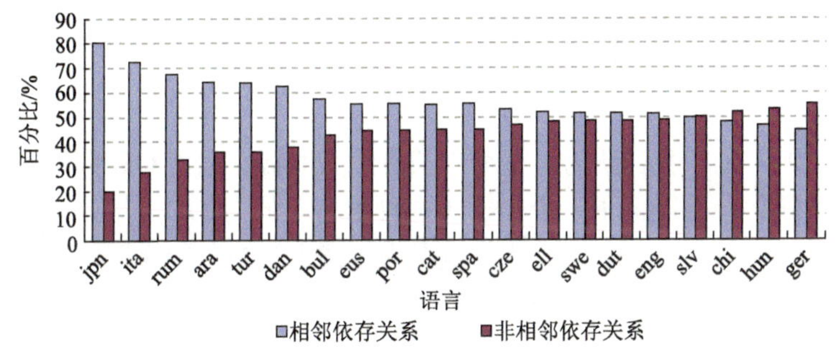

图 1-10　20 种语言的相邻与非相邻依存关系分布

通过树库所含的所有依存关系的时间序列图，我们也可以更清楚地看到自然语言所具有的密集的相邻词间的依存关系和依存距离最小化分布的特点。图 1-11 为斯洛文尼亚语、土耳其语和阿拉伯语树库的依存关系时序分布。

从图 1-11 可见，依存距离在树库中的分布以 0 为中心，具有明显的最小化倾向。这三种语言的依存距离分布在 0 以上和 0 以下是不平衡的，这种偏差似乎与语言的类型有关。换句话说，图 1-11 不仅有助于我们了解一个句子、一个文本或一种语言的依存距离最小化倾向，而且还可以让我们直观地观察到一种语言支配词居后、支配词居前或两种方向共同作用的效果。例如，图 1-11（b）显示，尽管土耳其语有一小部分（在 0 以下）为支配词居前的依存关系，但它仍是一种典型的支配词居后的语言。

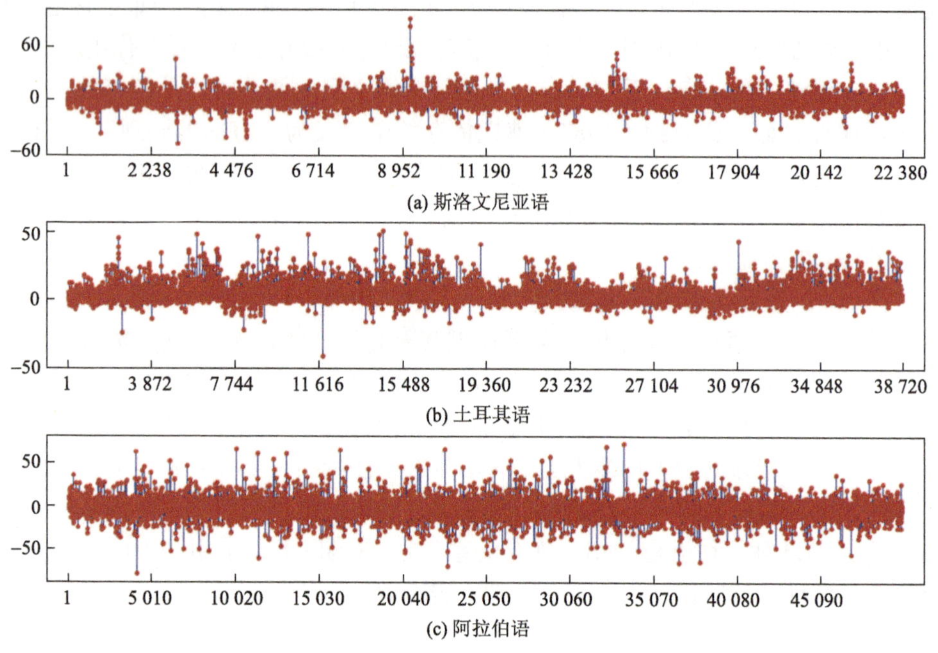

图 1-11 三种语言的树库依存关系时间序列图

注：横轴是树库中依存关系的排序，纵轴是依存距离

根据以上讨论，我们认为，平均句长、无交叉弧、语法和相邻依存关系的比例等因素共同影响并降低了一个句子（一种语言）的 MDD。然而，依存语法并不是一种统一的句法理论，因此我们应考虑标注方法对 MDD 可能产生的影响。需考量的重点是，依存关系的跨语言的有效性与统一，即由同样两类词构成的句法关系在不同的树库中的标注方式可能会不一样。比如，在一个名词短语中，是限定词依存于名词，还是名词依存于限定词呢？在依存语法中，这两种分析方法均被广泛运用（Hudson，2004）。在本研究使用的 20 个树库中，仅在丹麦语和意大利语中，限定词作为名词的支配词，而在其他语言中，名词则作为限定词的支配词。事实上，如何在名词短语中确定支配词（包括限定词和名词）是依存语法中为数不多的分歧之一。这种不确定性即使在依存语法中也很少见，还会影响相关树库的 MDD，进而使跨语言比较的结论变得不可靠。因此，我们有必要在这里先简单讨论一下标注方式对本节研究结论的影响。正如表 1-2 中的“type”列所示，在我们所用的树库中，有 9 个树库是按照依存结构标注的，5 个树库最初是按照功能和短语结构标注的，6 个树库是按照短语结构标注的。不过，本研

究使用的所有非依存树库都被转换成了依存树库。也就是说，所有的树库都符合本章第一节中提到的依存关系的三个特点以及依存结构图应该满足的形式条件。我们假设使用相同的标注方式，有可能获得更可靠的结论。在这些树库中，使用布拉格依存树库标注方案的树库有 4 个，即捷克语、阿拉伯语、希腊语和斯洛文尼亚语；2 个树库使用宾州树库标注方式，并通过类似的算法转换为依存树库，即英语和汉语。如果标注方式对上述特征有重要影响，则捷克语、阿拉伯语、希腊语和斯洛文尼亚语与英语和汉语相比应该具有相似的特征，但数据显示，这些语言并不相似。

另一种研究标注方式与 MDD 等句法特征间关系的方法是：使用几个具有不同标注方式和语体的树库作为研究一种语言的资源。例如，Liu 等（2009a）基于与本节相同的方法，使用 5 个树库来计算汉语的 MDD 和其他句法特征。结果表明，虽然标注方式确实对 MDD 有一定的影响，但通过这 5 个树库得出的结论是相似的（参照本书第四章第一节）。

基于上述讨论和实验，我们认为标注方式对 MDD 确有影响，但这种影响还不足以严重到影响我们的结论。在使用语料库的研究中，句子的一些局部属性不足以改变语言的整体特征。因此，一种语言的 MDD 更依赖于语言结构和人类认知结构的普遍性，而不是树库中使用的具体标注方式。当然，无论是句长、文本类型、标注方式，还是依存弧的交叉程度对依存距离和依存方向的影响，均值得更深入的研究。

四、本节小结

本节提出将依存距离作为衡量语言复杂度或语言理解难度的指标，并在 20 种语言树库的基础上探究了其可行性。如果语言理解难度与人类的认知结构或工作记忆容量密切相关，那么这个度量指标应该具有普适性；同样，该指标也应经得起不同人类语言真实文本的检验，具有跨语言有效性。这也是本研究选择基于语料库方法的理由。

为了确定一种客观衡量语言理解难度的方法，我们从静态和动态两方面进行了研究。我们使用静态方法处理句法结构的表征，而使用动态方法处理分析算法或考虑将线性句子转换成句法结构所消耗的认知负荷。静态和动态是密切相关的，而不是独立的。我们认为，如果测度指标是基于距离的，那么依存结构和增量分析算法更合适。

在本节中，我们测量了 20 种语言的 MDD 和其他相关特征。结果发现，所有语言的 MDD 均在 1.798～3.662 的范围内，远远低于随机分析语料库的 MDD。在所研究的三种语言树库的依存关系时间序列图中，我们也可以明显观察到依存距离具有最小化分布的倾向。数据显示，人类语言分析程序倾向于将句子、文本或语言的 MDD 最小化。在 20 种语言中，汉语的 MDD 最大，为 3.662。这意味着即使是在汉语中，我们处理句子需要记住的单词的平均数量也不到 3 个。对于其他语言而言，这个值则更小。有趣的是，最大的 MDD（3.662）也小于 Cowan 提出的阈值 4，这可能不是仅仅用“巧合”二字就可以解释的。

因为 MDD 与句子分析过程中 Head List（记忆）中保存词语的平均数量呈正相关，所以我们可以将 MDD 与工作记忆容量联系起来，其值大约为 7±2（Miller，1956）或 4（Cowan，2001，2005）。通过比较自然语言和两个随机版本树库的 MDD，我们可以认为，语法、形式约束（投影性或不交叉）和认知（工作记忆容量）共同作用，使语言的 MDD 保持在阈值之内。

本节的研究为语言经济性和依存距离最小化研究（Roelcke，2002）提供了新的借鉴与参考。然而，本研究也同样留下了许多有待解决的问题。例如，我们如何确保最终得到的每种语言的 MDD 比原本期望的 MDD 要小呢？什么样的语法约束有助于降低句子（或语言）的 MDD？这些语法限制是与具体语言相关的，还是具有普适性的？如何减少标注方式对依存距离的干扰？如何通过使用更统一、更规范的语料库来使结果更精确？句长和语体对依存距离的大小到底有多大影响？依存弧不交叉可在多大程度上相当于符合句法？依存距离最小化背后的数理规律是什么？如何将我们的模型与一般认知理论更紧密地联系起来？如果 MDD 与工作记忆容量有密切联系，为什么中文的 MDD 比其他语言的更大？如果语法是降低 MDD 的一种手段，那么为什么汉语语法跟其他语言的语法不一样？

在本书的其他章节中，我们将就其中一些问题进行更深入的研究。接下来，我们再回到图 1-11，从这个时序图中，我们不难看出，依存方向可能与语言的类型密切相关。那么，我们是不是可以将依存方向作为一种语言类型的指标呢？

第三节　依存方向作为面向语序类型研究的计量指标

一、引言

在语序类型学研究中，句子中语法单位的线性顺序通常被用作区分不同语言的主要方法。约瑟夫·格林伯格（Joseph Greenberg）是该领域公认的奠基人[①]。

① 根据 Tesnière（1959）的说法，Schmidt（1926）率先使用了句子的基本成分及其相互关系作为语言分类的指标。

Greenberg（1963）提出了 45 条语言共性。其中 28 条涉及语法单位的顺序或位置，如主语、宾语和动词的基本语序。Dryer（1992）在 625 种语言样本的基础上报告了语序相关性的研究结果。Dryer（1992：87）对相关对（correlation pair）做了如下定义："如果一对元素 X 和 Y 在 VO 语言中使用 XY 语序的频率比在 OV 语言中高得多，则（X，Y）是相关对，其中 X 是动词对应者，而 Y 是宾语对应者。"据他考察，动词和宾语有 17 个相关对和 5 个非相关对（Dryer，1992）。Dryer（1997）又认为，基于两个二元参数 OV/VO 和 SV/VS 的分类法更有用。这些研究表明，句子中两个语法单位的线性顺序和二元关系是捕捉人类语言类型学特征的重要手段。

值得注意的是，尽管类型学家使用 S/V/O 的可能顺序来考察一个语言的基本语序，但为了在实践中更容易操作，这种三元关系通常会简化为二元关系对。另一方面，Greenberg 的大多数共性都是统计性的，因为在他关于语言共性的陈述中，对"除了偶然出现的情况外""优势""在远远超过随机频率的多数情况下"这些表述的使用频率远大于"偶然概率"。Dryer（1998）提供了许多论据来回答"为什么统计共性比绝对共性更好"这一问题。因此，统计共性不仅是有用的，而且还是研究语言类型学的必要手段。

如果二元语法关系对的统计及其之间的相关性研究是研究语序类型学的主要任务之一，那么选择适宜的方法来构建具有语法对信息的语料库，并从中提取此类信息就很重要。与以前的方法相比，基于语料库的方法可以提供更完整、更精确的类型学分析，而以前的方法通常只侧重所谓的基本语序①。如此一来，类型学结论将建立在实际语言样本的基础上，而非只是为了研究而从语法书中收集或自己创制的一些简单句子。基于语料库的方法还可以减轻判断基本语序的任务，这对于任何从事语序类型学研究的语言学家来说都是必要的（Song，2001）。

在这些思想的基础上，本节提出一种基于树库的语序类型研究方法，将依存方向用作类型学的计量指标，并报告了其在 20 种语言中的测量结果。我们也将介绍如何从依存树库中提取类型学关系对（SV/VS、VO/OV、AN/NA）的方法，并测试不同成分的语序对之间的统计相关性。

二、依存方向的计算和有向性的形式化

本章第一节中已经介绍过依存关系的一些基本知识。第二节中的图 1-11 也

① 小句层面的基本语序是指"在语体中立、独立的陈述小句中带有完整的名词短语参与者，其中主语是有定的、施动的和有生的，宾语是有定的语义受事，动词表示一个动作，而不是状态或事件"（Siewierska，1988：8）。但是否所有的语言都有这样的基本语序，仍然是一个有争议的问题（Mithun，1987）。

直观地展示了依存方向与语言类型之间可能存在的关系。下面，我们再回到构成依存关系的基本要素上来。如图 1-12 所示，一个依存关系是由一个支配词、一个从属词，再加上二者之间的依存类型构成的。

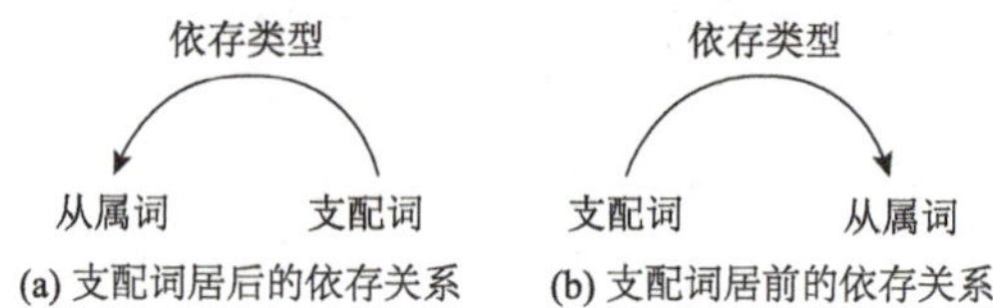

图 1-12 依存关系的三要素

除了三要素之外，图 1-12 也显示出，在句子的线性顺序上，从属词既可以在支配词之前，也可以在支配词之后。我们将此现象定义为依存关系的**依存方向**（dependency direction）。如果支配词在从属词之后，则是**支配词居后**（head-final）的依存关系[图 1-12（a）]；如果支配词在从属词之前，则该依存关系被称为**支配词居前**（head-initial）的依存关系[图 1-12（b）]。

根据形成依存关系的两个词在句中的相对位置来区分依存关系，这个想法至少可追溯到 Tesnière（1959）的现代依存语法奠基性著作。Tesnière（1959）认为，假设 X_1 和 X_2 是句子中的两个词，且 X_1 支配 X_2，如果它们在句子中的顺序为 X_1X_2，则会得到图 1-13 左侧所示的支配词居前的语序；如果顺序为 X_2X_1，则会得到图 1-13 右侧所示的支配词居后的语序。Tesnière 使用“离心”（centrifugal）表示支配词居前的依存关系，使用“向心”（centripetal）表示支配词居后的依存关系。

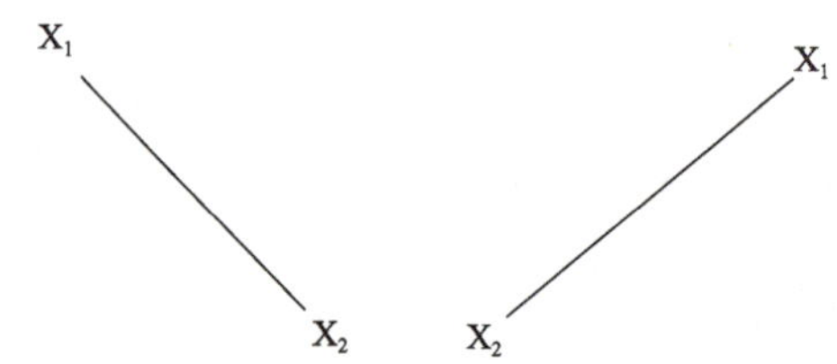

图 1-13 支配词和从属词之间的线性和结构关系

支配词居前和支配词居后的区别对于语言分类可能非常重要。按照 Tesnière（1959）的说法，某些语言更倾向于使用支配词居后的结构，另一些语言则更多地使用支配词居前的结构。

有趣的是，Tesnière 和 Greenberg 在关于形成语法关系的两个单词的线性顺序上的看法大致相同，但二者看法的差别也很明显。Greenberg 只关心句子中的某些语法关系，而 Tesnière 则希望基于二元语法关系对句子进行全面的分析。另外，Tesnière 其实也将基于支配词居前和支配词居后关系的语言分类视为一种统计方法，从他使用法语单词 préférence（倾向、偏好）来描述一种语言使用支配词居前还是支配词居后语序的趋向便可看出这一点。

根据图 1-12，我们可以将依存关系分为支配词居后和支配词居前两种类型。就目前我们所关心的类型学特征而言，前者是 OV 类型，后者是 VO 类型。在本书中，我们也将支配词居前或居后称为依存关系的依存方向。

在确定了两种依存关系的区别之后，我们的任务是从树库中统计两种依存关系的比例分布，来检验一种语言是趋于支配词居后还是支配词居前，然后汇总不同语言的结果，以判断该方法是否可用于类型学目的。为了探究一种语言究竟是倾向于使用支配词居前还是支配词居后的依存关系，我们需要构建形如表 1-1 且数量足够大的依存树库。基于表 1-1 格式的树库，我们可以很容易地判断树库中每个依存关系是支配词居前还是支配词居后，如果支配词的序号减去从属词的序号结果为正数，则该依存项是支配词居后，反之便是支配词居前。通过这种简单的数学运算，我们可以得出一个句子或整个语言样本（树库）中支配词居后和支配词居前的频率分布。表 1-5 为我们根据日语树库统计出来的日语依存方向的分布情况。

表 1-5　日语树库中不同依存方向的频数和百分比

项目	支配词居后	支配词居前	合计
频数	97 040	11 937	108 977
百分比/%	0.89	0.11	1

接下来，我们用下列公式计算上一节中提及的 20 种语言的依存方向分布：

$$\text{支配词居后依存关系百分比} = \frac{\text{支配词居后依存关系的频数}}{\text{树库中依存关系总数}} \times 100\% \quad (1\text{-}4)$$

$$\text{支配词居前依存关系百分比} = \frac{\text{支配词居前依存关系的频数}}{\text{树库中依存关系总数}} \times 100\% \quad (1\text{-}5)$$

鉴于这 20 个树库的规模差异较大，我们采用相对频率（百分比）来进行语言之间的比较。从类型学的角度看，显然这 20 种语言的样本是偏向于印欧语系的（20 种语言中的 14 种），而在印欧语系中则偏向于日耳曼语族、罗曼语族和斯拉夫语族。它也明显偏向于欧洲语言（20 种语言中的 18 种），甚至完全偏向于欧亚语言（20 种语言中的全部）。但在本研究进行时（2006 年），我们没法像 Dryer（1992）那样涵盖更多的语言，因为与传统的类型学数据库相比，建立树库是一项更耗时的任务。考虑到我们的主要目的是提出一种方法，并检查该方法对语言进行分类的可行性，因此目前的抽样应该是可以接受的。

在下一部分，我们将分析讨论 20 种语言中依存方向分布的情况。

三、20 种语言的依存方向分布

按照上一部分提出的依存方向的计算方法，我们得到了 20 种语言中支配词居后与居前的分布情况（表 1-6）。因为表 1-6 所用的树库与此前计算依存距离的树库一致，所以表中我们只标出了与本部分密切相关的信息。

表 1-6 20 种语言依存方向的统计 单位：%

语言	所属语系和语族	HF	HI	%n.p.
阿拉伯语（ara）	亚非语系，闪语族	13.3	86.7	0.4
保加利亚语（bul）	印欧语系，斯拉夫语族	31.9	68.1	0.4
加泰罗尼亚语（cat）	印欧语系，罗曼语族	38.7	61.3	0.1
汉语（chi）	汉藏语系	68.5	31.5	0.0
捷克语（cze）	印欧语系，斯拉夫语族	45.5	54.5	1.9
丹麦语（dan）	印欧语系，日耳曼语族	19.6	80.4	1.0
荷兰语（dut）	印欧语系，日耳曼语族	48.5	51.5	5.4
希腊语（ell）	印欧语系，希腊语族	50.5	49.5	1.1
英语（eng）	印欧语系，日耳曼语族	51.2	48.8	0.3
巴斯克语（eus）	未定	60.8	39.2	2.9
德语（ger）	印欧语系，日耳曼语族	45.8	54.2	2.3
匈牙利语（hun）	乌拉尔语系，乌戈尔语族	78.1	21.9	2.9
意大利语（ita）	印欧语系，罗曼语族	35.2	64.8	0.5
日语（jpn）	未定	89	11	1.1
葡萄牙语（por）	印欧语系，罗曼语族	36.5	63.5	1.3
罗马尼亚语（rum）	印欧语系，罗曼语族	33.5	66.5	0.0
斯洛文尼亚语（slv）	印欧语系，斯拉夫语族	49.8	50.2	1.9
西班牙语（spa）	印欧语系，罗曼语族	36.4	63.6	0.1
瑞典语（swe）	印欧语系，日耳曼语族	43.5	56.5	1.0
土耳其语（tur）	阿尔泰语系，西南语族	94.1	5.9	1.5

注：HF 是支配词居后的百分比；HI 是支配词居前的百分比；%n.p.是非投影依存关系的百分比

表 1-6 中，非投影依存关系指的是句子依存图中的交叉弧。该列数据主要来自 Buchholz 和 Marsi（2006），以及 Nivre 等（2007）的研究。

图 1-14 显示，某些语言比其他语言更倾向于支配词居前或支配词居后。样

本中没有百分之百的支配词居前或支配词居后的语言。每种语言或多或少都含有两种语序成分。尽管我们与 Dryer（1992）采用了不同的方法，但结果与其相似。图 1-14 也表明，大多数语言都偏好依存方向的均衡分布。这是因为如果一个支配词有两个从属词，这两个从属词既不明显倾向于支配词居前，也不倾向于支配词居后，而是处于一种支配词居中（head-medial）的状态。这种平衡性可以直观地从图 1-14 中两种依存方向之间的开口大小看出来。

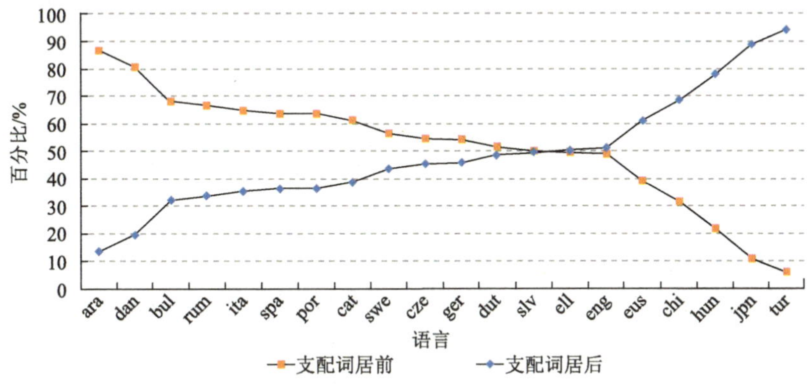

图 1-14　20 种语言中依存方向的分布情况

如果我们从语言类型或分类的角度观察图 1-14 中语言的排列顺序，就不难发现，依存方向，即一种语言树库中支配词居前或居后的百分比，应该可以作为语言类型的计量指标。Tesnière（1959）给出了一种基于依存方向的语言分类方案。根据他的近似分类，我们可以将所考察的 20 种语言排列在一个轴上，如图 1-15 所示。轴的两端分别是支配词居前和支配词居后。由于 Tesnière 的分类表中没有包含我们样本中的所有语言，因此，我们不得不根据所属的语族来大致给出几种语言（如斯拉夫语）在图 1-15 中的位置。

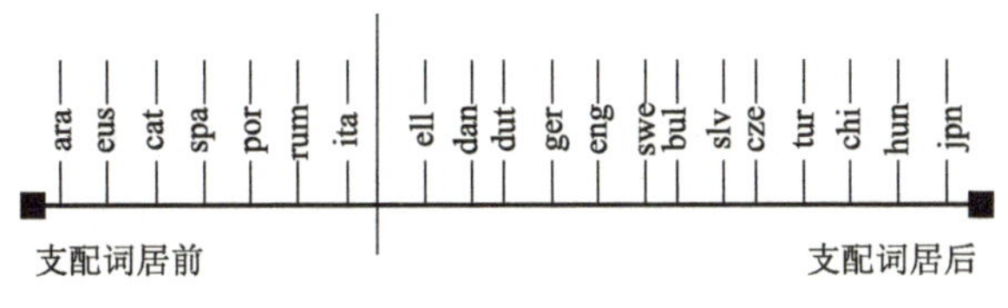

图 1-15　20 种语言在 Tesnière 的分类系统中的位置

比较图 1-14 和图 1-15，我们发现阿拉伯语、日语、土耳其语、汉语和罗曼语族语言与 Tesnière 的假设几乎完全一致，但是日耳曼语族和斯拉夫语族有一些差异，特别是保加利亚语和丹麦语的表现比较反常。

从语序类型角度看，保加利亚语不是典型的斯拉夫语族语言，而与罗曼语族语言更接近。这反映了保加利亚语所具有的巴尔干语言类型的特点，而传统的语序类型学并不能很好地把握这一点。丹麦语的错误定位则是由于其树库采用了比较另类的标注方案，下文将对其进行详细说明。

至此，我们基于 20 种语言的树库，通过实证研究支持了 Tesnière 的语言分类思想，这是一种更具鲁棒性和更易操作的方法。相比之下，Tesnière 通过少量的句子建立了他的分类，而我们的方法不但可以基于大规模真实语料来探究语言的类型特征，而且也可以更适用于语言的自动处理领域，这也是自然语言处理领域研究者将我们这里提出的方法称为“刘-有向性”的原因之一。当然，这种分类本质上还是一种基于语序的分类，因此也无法较好地从根本上解决像斯拉夫语族这类语序较灵活的语言的分类问题。鉴于语序的灵活性与形态的丰富性一般具有较强的相关性（Yan & Liu，2021），我们将在本书第二章采用网络科学（复杂网络）的方法来尝试解决斯拉夫语族语言的分类问题。

图 1-14 展示了一个以支配词居前和支配词居后为两端的语序（或有向性）连续统。任何语言都可以在这个连续统中找到自己的位置。数据也表明支配词居前和支配词居后只是程度问题。换言之，我们说一种语言是 VO 语言，可能只是因为它比别的语言“更 VO”而已。这意味着语言可以被“连续地分类”或根据连续统中的相近程度对其进行聚类，而传统的语言类型学只是将语言分为少数离散的类型。因此，在此基础上，我们可以构拟一种基于概率的有关有向性的句法参项指标。

具体来说，我们不应将特定的句法参项看作非此即彼的二分变量（如 0 和 1），而应将其视为一个二元的概率的集合，即$\{P, 1-P\}$。其中，P 为“某种句法参项”的概率，$1-P$ 为“非某种句法参项”的概率。尽管存在 $P=0$ 和 $P=1$ 的极端情况，但大多数语言的句法参项应在 $0 \leqslant P \leqslant 1$ 这一区间内。该量化指标，即“某种句法参项”的概率与“非某种句法参项”的概率所构成的集合，可称为“依存方向连续统”或“刘-有向性”（Fisch et al.，2019）。作为语序类型学指标，“刘-有向性”不但表明语言的语序类型是一种概率倾向、一个连续统，而且也有助于更好地编码句法参项的语序组合情况，进而对语言内部的变异进行建模（Siva et al.，2017；Fisch et al.，2019）。因为，该指标反映了人类语言的一个本质特性——概率性。

此外，我们的方法还提供了一种基于真实文本来测量优势语序的方法。确定优势语序是一项非常困难的任务，特别是当要区分唯一可能的语序和更频繁使用的语序的时候（Dryer，2008a，2008b）。

为了与当前类型学中通常基于几个特殊语法对的语序研究比较，我们从 20 个树库中提取了以下依存关系的百分比，包括主语（S）—动词（V）、宾语（O）—动词（V）和形容词（A）—名词（N），结果如表 1-7 所示。

表 1-7　20 种语言中几种特定依存关系的统计

语言	VS	SV	VO	OV	NA	AN	WALS
阿拉伯语（ara）	61.4	38.6	91	9	95.9	4.1	VS/VO/NA
保加利亚语（bul）	18.5	81.5	90.1	9.9	1.6	98.4	?/VO/AN
加泰罗尼亚语（cat）	18.5	81.5	85.5	14.5	99.2	0.8	?/VO/NA
汉语（chi）	1.3	98.7	98	2	0.4	99.6	SV/VO/AN
捷克语（cze）	27.4	72.6	72.9	27.1	8.6	91.4	SV/VO/AN
丹麦语（dan）	19.8	80.2	99.1	0.9	60	40	SV/VO/AN
荷兰语（dut）	28.7	71.3	82.5	17.5	7.4	92.6	SV/?/AN
希腊语（ell）	34.7	65.3	80.5	19.5	8.4	91.6	?/VO/AN
英语（eng）	3.2	96.8	93.5	6.5	2.6	97.4	SV/VO/AN
巴斯克语（eus）	20.4	79.6	12.8	87.2	78	22	SV/OV/NA
德语（ger）	33.2	66.8	36.8	63.2	37.1	62.9	SV/?/AN
匈牙利语（hun）	26.6	73.4	47.8	52.2	2.3	97.7	SV/?/AN
意大利语（ita）	24.5	75.5	82.3	17.7	60.9	39.1	?/VO/NA
日语（jpn）	0	100	0	100	0	100	SV/OV/AN
葡萄牙语（por）	15.7	84.3	85.1	14.9	70.1	29.9	SV/VO/NA
罗马尼亚语（rum）	21.9	78.1	88.3	11.7	66.9	33.1	SV/VO/NA
斯洛文尼亚语（slv）	38.9	61.1	74.5	25.5	11	89	SV/VO/AN
西班牙语（spa）	21.5	78.5	77.3	22.7	98	2	?/VO/NA
瑞典语（swe）	22.7	77.3	94.6	5.4	0.4	99.6	SV/VO/AN
土耳其语（tur）	8.1	91.9	4	96	0.3	99.7	SV/OV/AN

注：VS、SV、VO、OV、NA 和 AN 分别代表相应特征在该语言中的百分比；WALS 表示在 Haspelmath 等（2005）的研究中该语言的优势语序；WALS 列中的问号（？）表明该语言就该特征而言没有优势语序

表 1-7 表明，这里提出的方法可以用作一种分类手段，因为判断出来的优势语序与 Haspelmath 等（2005）（WALS）的结果非常相似。因此，我们有理由考虑将依存树库用作语言类型学研究的数据库，将依存方向作为一种类型计量指标，它不仅能更精确、更可靠地确定哪种语序在语言中使用更频繁，也有助于我们更客观地探究真实或日常语言的语言类型。

值得注意的是，丹麦语在 AN 和 NA（$p<0.01$）特征上与 WALS 的结果相反。这是丹麦语树库中的特殊标注方案所致。例如，一个英语介词短语采用丹麦语树库标注方案标注的结果如图 1-16 左半边所示，而右半边则是更常用的标注方案（Kromann，2006）。

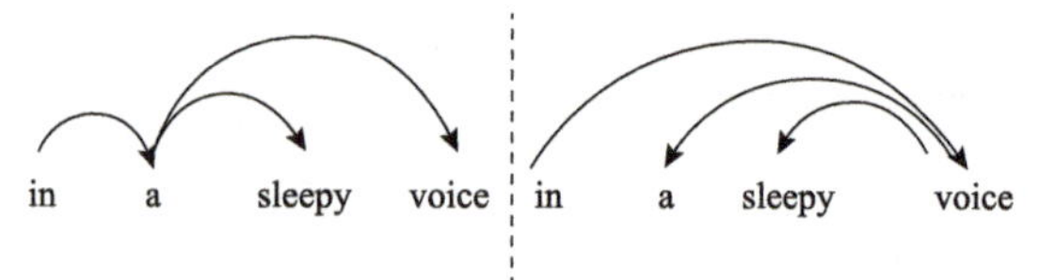

图 1-16 采用丹麦语树库标注方案标注的一个英语介词短语

这种另类的标注方案也使得丹麦语与日耳曼语族中的其他语言相距甚远，进而导致在图 1-14 的语序连续统上被错误定位。这说明依存方向这个计量指标可能会受到标注方式的较大影响。因此，有必要专门对此进行更深入的研究。

接下来，我们讨论优势语序的问题。WALS 显示五种语言（保加利亚语、加泰罗尼亚语、西班牙语、意大利语和希腊语）就 SV/VS 特征而言没有优势语序。但是，表 1-7 的计算表明，它们在统计上显著倾向于采用 SV 语序（$p<0.01$）。图 1-17 表明除阿拉伯语外的其他 19 种语言都青睐 SV 语序。

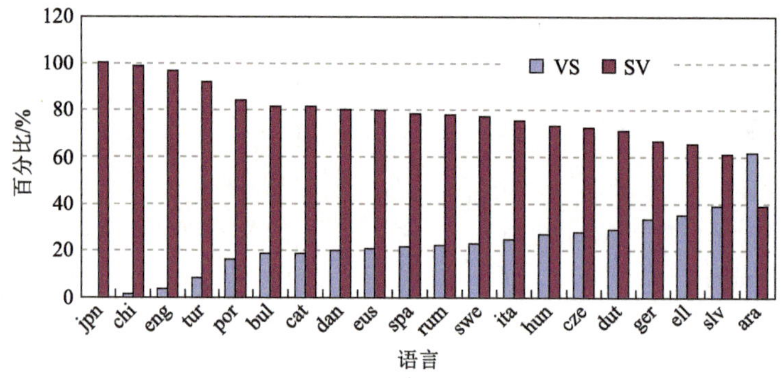

图 1-17 SV 和 VS 在 20 种语言中的分布

图 1-18 为 VO 和 OV 在 20 种语言中的分布情况。对于 OV 和 VO，WALS 显示有三种语言（匈牙利语、德语和荷兰语）没有优势语序。但从表 1-7 中可以

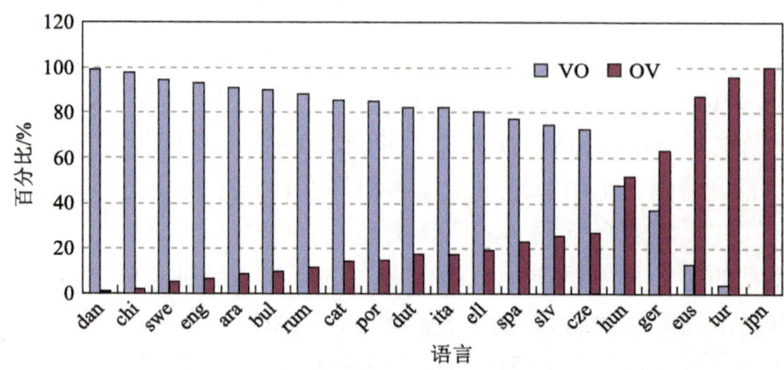

图 1-18 VO 和 OV 在 20 种语言中的分布

看出，荷兰语倾向于 VO（$p<0.01$），德语倾向于 OV（$p<0.01$），而匈牙利语确实在 VO/OV 上没有统计学意义上的倾向性（$p=0.553$）。因此，与 WALS 显示的结果一样，它在此特征上不存在优势语序。造成 WALS 与我们的方法结果不同的原因，也值得我们进一步探索。

尽管德语和荷兰语在图 1-17（SV/VS）中相邻，但在图 1-18（VO/OV）中却相距甚远，甚至可以归为两种不同的类型。在类型学文献中，学者倾向于把有 S+Aux+O+V_{part} 结构语序的句子当作 SVO 句子，即将助动词 Aux 而非实义动词 V_{part} 当作句子的主动词。但在德语和荷兰语的依存树库中，该结构却被分析为如图 1-19 所示的依存关系。

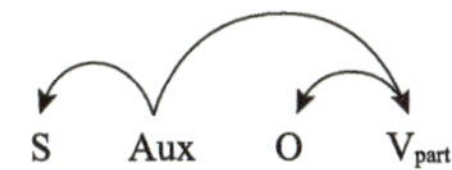

图 1-19　一个典型句子结构在荷兰语和德语中的依存图

这大大影响了 VO/OV 在两种语言中的比例，但图 1-19 依旧无法解释为什么荷兰语是 VO 优势的，而德语是 OV 优势的，因为图 1-19 很容易导致我们将这两种语言判为 OV 语言。有两种因素可能使荷兰语成为 VO 语言：①荷兰语树库含有许多未经人工纠正的句法分析，这造成了荷兰语和德语之间的差异；②德语树库仅使用新闻语体，而荷兰语树库用的是包括不同语体的混合材料，这也会对结果造成影响（Roland et al.，2007）。

德语和荷兰语的情况还对我们的研究提出了以下问题：如果该方法旨在对所有语言进行测量，那么如何处理某些个别语言中的特殊结构？例如，在德语和荷兰语中，关于语序最重要的一个现象是主句中的动词第二位和非主句中的动词末位语序，我们是否应该以及如何在标注方案中区分它们？为了更好地回答这个问题，似乎有必要引入两个不同的依存关系来区分顺序。但是，即便如此，还有一个新问题——我们如何将一种语言的个性与其他没有这些特殊性的语言进行比较？也许我们应该寻找一些新方法来平衡这些关系。

其他两种日耳曼语族语言（如英语和德语）之间的某些差异可能是由英语更为固定的语序引起的。英语的这一特性很好地体现在比德语更高的 VO/OV 和 SV/VS 的非平衡比例上。在我们的这种方法中，灵活语序（free word order）也许可以通过支配词居后和支配词居前之间更平衡的百分比来揭示，这也有待进一步研究。

对于语序类型学来说，不同成分的语序之间蕴含的相关性问题（是否存在和谐相关性）是一个主要议题。因此，我们能否基于依存树库继续探索这项相关性研究是一件有趣的事情。下面是一些关于“宾语—动词”语序与“形容词—名词”语序之间关系的相关性测试（Dryer，2008b）。

日耳曼语族 OV/VO 依存关系中支配词居后语序与“形容词—名词”依存关系中支配词居后语序之间的相关性测试表明，如果不考虑丹麦语，则四种日耳曼语族语言具有很好的相关性（VO 和 AN 的皮尔逊相关系数 $r=0.999$，$p<0.001$），但当丹麦语被包括在内时，这些语言中的特征对便不再相关（VO 和 AN 的皮尔逊相关系数 $r=0.201$，$p=0.746$）。

接下来对混合了不同语族语言的子样本（汉语、捷克语、瑞典语、保加利亚语、斯洛文尼亚语和希腊语）进行皮尔逊相关检验。该子样本既包含 VO 语言，又包含 AN 语言，它们的这两种特征没有争议。结果表明，VO 依存关系中支配词居后（即 OV）的语序与 AN 依存关系密切相关（皮尔逊相关系数 $r=0.958$，$p<0.003$）。因此，我们可以通过本节提出的方法寻找或探索和谐相关性。

为了将本节提出的方法与其他方法进行比较，我们又进行了一些聚类实验。我们应用统计软件 R 中的聚集嵌套（Agglomerative Nesting，AGNES）功能，采用欧几里得距离（Euclidean Distance）和平均聚类方法执行聚集层次聚类分析（Kaufman & Rousseeuw，1990）。图 1-20 为基于 SV–OV–AN 特征的 20 种语言的聚类树。

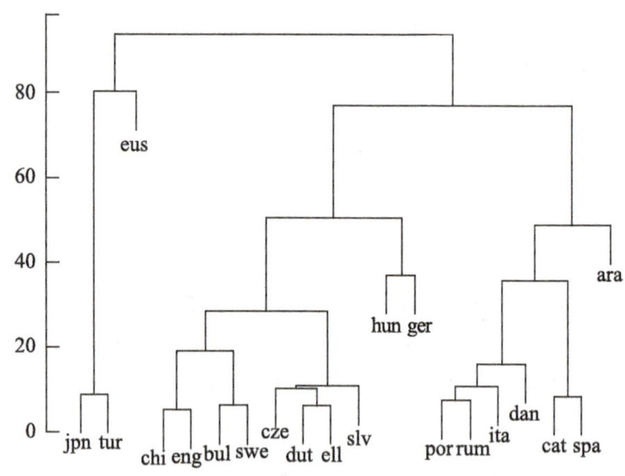

图 1-20　基于主要句法关系的语言聚类树

图 1-20 中聚类的聚集系数（agglomerative coefficient，AC）高达 0.82，表明聚类结构良好。其他特征组合的聚集系数也可以通过相同的方法和距离测量进行评估。结果表明，HF（支配词居后）特征具有最高的聚集系数（0.92），其余特征包括 HF–VS–VO–NA 特征（0.79）、SV–OV 特征（0.97）和 SV 特征（0.90）。

有趣的是图 1-14 和图 1-20 中亲属语言的位置。我们仍然以日耳曼语族语言为例。在图 1-14 中，除了由于上述标注问题而找不到自己的正确位置的丹麦语外，其他语言（瑞典语、德语、荷兰语和英语）都位于彼此非常接近的位置。但在图 1-20 中，后四种语言分布在不同的聚类中。我们无法解释为什么单个因素（HI 或 HF 的百分比）比三个参数（SV/VO/AN）给出的结果更好，也许仅使用类型学中所习惯的所谓主要句法关系是不够的，该问题也值得进一步考察。

另一个可用于区分树库中不同语言的特征是投影性（projectivity），该特征在依存语法研究界备受关注。投影结构的形式化描述我们已经在本章第一节中介绍过，简单说来，即在投影依存图中，不允许有交叉弧。但在自然语言特别是语序较为灵活的语言中，很难将交叉弧消灭干净。图 1-21 为本章研究的 20 种语言中交叉弧（非投影依存关系）的分布情况。

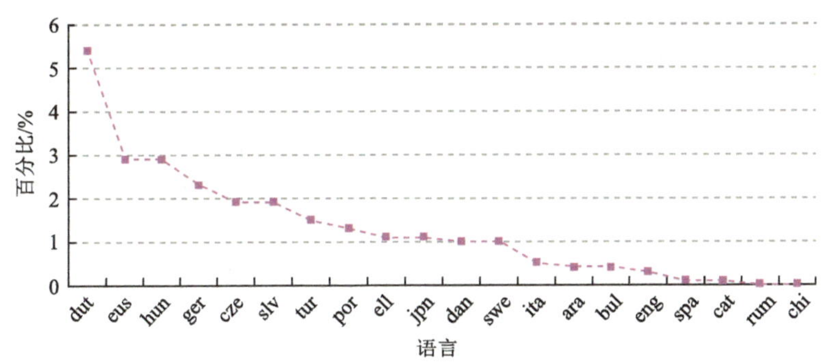

图 1-21　20 种语言中的非投影依存关系

我们很难在当前样本中考察非投影依存关系在多大程度上可以用作类型学特征的衡量指标，因为通常可以通过修改句法标注方案将非投影结构变成投影结构。但是，如果我们使用相同的标注方案来标注不同语言的语料库，则会发现一些有趣的结果。例如，捷克语、阿拉伯语、希腊语和斯洛文尼亚语采用了相同的标注方案，但是捷克语和斯洛文尼亚语具有相同的百分比，而阿拉伯语和希腊语则有很大不同。顺着这个思路，如果我们有足够的用同一种标注体系标注的多种语言的语料库，也许我们就可以研究非投影依存关系与语序自由度的相关性。

四、本节小结

与以前的类型学定量方法（Cysouw，2005）相比，我们的方法具有以下优点和创新性：①是基于统计和语料库的；②具有鲁棒性且不离散；③更精细；④是一种更全面的语言类型学指标；⑤可以与计算语言学共享语言资源。Courtin（2018）认为我们提出的方法具有两个优点：一是避开了颇有争议的“基本语序”的问题（Mithun，1987），可直接获得每一种逻辑上可能出现的语序的真实频率；二是通过可重用自然语言处理领域的资源与工具，类型学研究可以得益于大量标注语料，进而从多个维度发现新的规律。

然而，我们也清楚地知道，本节所用样本并不是完美的类型学样本，但就当前研究的目的而言是可行的，因为我们的目的主要是引入一种基于真实语料的类型学研究方法，而不是从频数、分布等方面得出精确的分类结论。因此，仍有许多问题需要被进一步研究。例如，我们不知道为什么某些同源关系上相近的语言在聚类上相距甚远，以及获得可靠的结果需要的树库规模最小是多少。

当然，未来可以从以下几个方面对本节提出的方法进行发展与完善：①为不同的语言构建平行语料库并采用相同的依存语法标注；②对一种语言的不同语体使用相同的标注方案；③尝试寻找一些能够解释无亲缘关系的语言被归入同一组的特征，即与依存方向相关的特征；④建立一个更大、设计更精良的语言样本，并深入解决一些类型学问题，如不同程度的支配词居前和居后的跨语言频率、不同大陆的语言的差异、语言的区域性和扩散性、语系内部的差异、语言的历时趋势、语法中其他部分的相关性等。我们相信这些未来的研究将有助于更好地捕捉人类语言的异同，而这也是现代类型学的主要任务之一（Bickel，2007）。

千里之行始于足下。尽管这些问题以及在上一节最后提出的问题都是值得研究的，但影响依存距离和依存方向的三大因素是句长、语体和标注方式，因此，为了让依存方向和依存距离这两种计量指标更可靠，我们需要更深入地探讨这三大因素对于它们的影响，这是本书第二章的主要任务。

第二章

影响依存距离和依存方向的因素

第一节 句　长

一、引言

上一章引出了基于依存关系的语言研究可用的两个可操作的指标——依存距离和依存方向，并用 20 种语言的树库讨论了它们作为衡量语言理解难度和语序类型学研究计量指标的可能性。为了让这两个计量指标更加可靠，本章将对影响依存距离和依存方向的三大因素进行探讨。

本节首先从句长入手。在此之前，我们有必要对相关概念进行再次梳理。依存距离又称依存长度，是句中两个具有句法关系的语言单位之间的线性距离（Heringer et al.，1980；Hudson，1995）。如果理解和分析句子相当于将线性词串转换成依存树（或者图），那么当一个词遇到其支配词并形成依存关系（或者更为复杂的概念）时，该词才可以从我们的工作记忆中移除（Ferrer-i-Cancho，2004；Hudson，2010；Liu，2008a）。因此，两个有句法关系的词之间的线性距离受到人类工作记忆容量的限制。依存距离过大可能会使工作记忆超载，使得句子难以理解。句子的依存距离反映了句子在句法层面的理解难度。依存距离越大，分析句子结构的难度就越大（Gibson，1998；Gibson & Pearlmutter，1998；Hiranuma，1999；Liu，2008a）。

对依存距离的分析有助于我们理解人类认知语言过程中的共性与特性，以及语言本身。如果依存距离和人类工作记忆容量相关，那么它在人类语言中的分布应当符合某些一般规律。一方面，人类工作记忆容量被认为是相似且有限的（Miller，1956；Cowan，2001），因此，依存距离能够体现出人类语言的共性；

另一方面，通过支配词与从属词之间的相对位置，依存距离也可反映句中有句法关系的语言单位的语序特征，而语序是现代语言类型学的重要指标（Song，2012），因此依存距离也能反映语言的某些类型特征。

深度假设（Yngve，1960）是有关工作记忆容量和语言结构理解复杂度关系的假设。该假设被 Heringer 等（1980）引入依存语法，这使得在依存句法框架下研究语言结构理解复杂度和工作记忆容量的关系变为可能。一般认为，人类采用增量的分析策略理解句子，没有形成句法结构的词暂时储存在工作记忆中。但是，由于工作记忆容量有限，如果储存的词超过了工作记忆的负荷，就可能会造成理解问题（Covington，2003）。

从心理语言学的角度来看，基于工作记忆的句法分析模型是具有充分依据的（Jay，2004；Levy et al.，2013）。但是，认知科学领域普遍认为，句子结构的难度通常是由具有句法关系的词的线性顺序（依存语法框架下的依存距离）决定的（Gibson，1998，2000；Gibson & Pearlmutter，1998；Grodner & Gibson，2005；Temperley，2007；Liu，2008a；Gildea & Temperley，2010；Fedorenko et al.，2013）。学界提出了一些基于记忆或距离的理论，包括 EIC（Hawkins，1994）、MiD（Hawkins，2004）、DLT（Gibson，2000）等。尽管这些理论不是在依存语法框架下提出的，但大多隐含了一种“线性距离越长，处理难度就越高”的假设。其中，一些具有操作性的理论成了 Köhler（2012）提出的句法协同模型的组成部分，从而有助于我们从系统论的角度理解和分析人类语言。

通过对心理语言学实验中具有句法难度的句子进行依存距离分析，Liu（2008a）和 Hudson（1996）发现，MDD 能够很好地预测句法难度。同样地，对语言中包含特殊结构的句子的分析也得出了相似结论，比如英语、德语、荷兰语（Lin，1996）和日语（Hiranuma，1999）。人类语言具有 MDD 最小化的普遍倾向（Ferrer-i-Cancho，2004，2006；Liu，2007b，2008b），但这种规律在随机语言中却不存在（Ferrer-i-Cancho，2004；Liu，2007b，2008b；Gildea & Temperley，2010）。MDD 也在多种语言中被证明小于随机值（Ferrer-i-Cancho & Liu，2014）。

大量研究表明依存距离具有某些普遍特征，其中一个特征是依存距离的概率分布符合特定模型（Liu，2007b；Ferrer-i-Cancho & Liu，2014）。虽然不同语言的依存距离受到人类相似认知机制的限制，但是它们仍有差异（Ferrer-i-Cancho，2004；Liu，2008a；Gildea & Temperley，2010）。这些差异是否能表明不同语言对工作记忆的需求不一样？也就是说，因为语言在依存距离这个层面上有差异，所以某些语言对工作记忆的需求会更高吗？比如，研究发现汉语的 MDD 至少是英语的两倍（Liu，2008a；Liu et al.，2009a）。汉语和英语的其他树库是否也表现出相同的差异？如果是，那么是由于使用两种语言的人的工作记忆不同（Hudson，2009），还是由于两种语言各自在句长和句法依存上具有某些特征，抑或两者兼有？为了回答这些问题，本节将研究汉语和英语的依存距离相关属性，并讨论其启示。

依存距离会受句长、语体以及标注方式的影响。在计算依存距离时，一些研究会混合不同长度的句子（Hudson，1995；Hiranuma，1999；Temperley，2007；Liu，2007b，2008b；Gildea & Temperley，2010）；一些研究控制了句长，但不控制文本的语体或风格（Ferrer-i-Cancho，2004）；还有一些研究对句长和语体均未控制（Liu，2008a；Gildea & Temperley，2010）。这些因素都可能造成结果偏差，导致数据失真，进而影响与依存距离相关的发现的可靠性：首先，通过混合句长计算出的整体 MDD 可能不够精确，无法反映语言的个性；其次，从网络科学的角度来看，句子的 MDD 应当和句长有关（Ferrer-i-Cancho，2013）；再次，MDD 的不同（即使在控制句长的情况下）可能仅仅是由被研究语言的语体或句法标注方案的不同所引起的。因此，为了深入比较英语和汉语中与依存距离、依存方向有关的特征，更加理想的选择是采用平行树库来控制句长、语体和标注体系。

对于上一段提到的问题，本节将从以下四个具体问题来进行研究：①不同句长的英语和汉语两种自然文本中，依存距离是如何分布的？遵循什么规律或模型？②英汉两种语言中，相邻依存的数量会随句长的增加而变化吗？③英汉两种语言中，MDD 会随句长的增加而增加吗？④英汉两种语言中，依存方向会随句长的增加而变化吗？

第一个问题旨在发现两种语言的共性，而其他三个问题的目标是发现两种语言可能存在的差异。对于这四个问题的研究不仅有助于理解语言类型和依存距离、依存方向之间的关系，也可以加深我们对句长与依存距离、依存方向关系的理解。

二、树库、句长分布和语料的选取

为了避免混合句长、不同语体和标注体系对结果的影响，本节选取了一个小型英汉语平行依存树库（李雯雯，2012）。选取英语和汉语作为研究对象的原因有两个：①出于便利；②英语和汉语属于不同语系（英语属于印欧语系，汉语属于汉藏语系），因此，在这两种语言中发现的（受认知约束的）共性可能更可信。此外，这样做也有助于发现更多（受语言约束的）特性。树库的文本选自《中国日报》的新闻，其英文版由英语母语者直接编写，或先由中国记者起草，再由英语母语者编辑。树库的文本所对应的汉语版由汉语母语者从英文版翻译而来。因此，无论是英语文本还是汉语文本，语言都较为地道和自然。该树库英语版包含 763 个英语句子，20 067 个词，平均句长为 26.3；汉语版包含 882 个句子，21 172 个词，平均句长为 24。

为了消除标注体系的影响，我们在句法标注前对英语和汉语的标注体系进行了一次彻底的比较和校对。英汉平行树库的句长分布以及每个句长的句子数量见图 2-1。

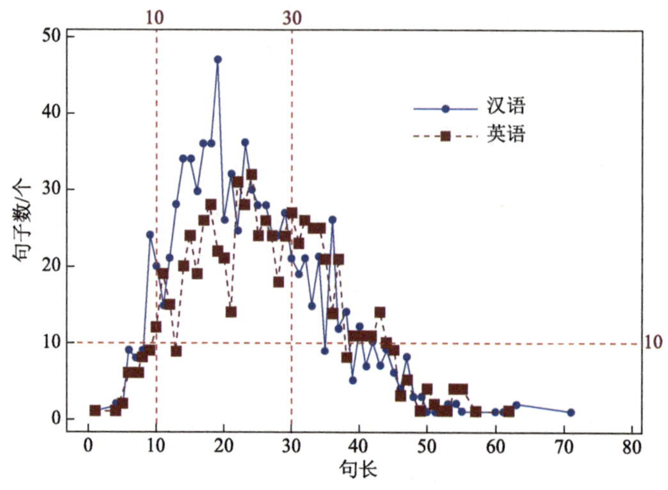

图 2-1 英汉平行树库句长分布

由图 2-1 可见，在我们采用的平行树库中，句长为 20 左右的句子占大多数。为了使所有被研究的句长具有充足的样本量，且使每个句长具有相同的句子数，我们先剔除了句长小于 10 或大于 30 的句子，然后从句长为 10～30 的句子中各随机选取 10 句，最终共得到 420 个句子（210 个英语句子，210 个汉语句子）。这 420 个句子构成了 42 组句长从 10 到 30 递增的数据集（每一组都包括句长相同的 10 个汉语或英语句子）。这些句长逐渐增加的样本使我们得以对依存距离进行更精确、更动态的研究，也有助于我们对句长和依存距离的动态关系有一个更清晰的解释。例如，如果一组句子的句长比另一组短，那么这一差异对依存距离（句法复杂度）的计量指标有何影响？句长分别为 10 和 30 的两组句子，是否具有相同的 MDD？在相同的句长下，两种语言的依存距离的计量指标有何异同？

基于第一章介绍的依存距离及其计算方法，我们将聚焦这 42 组句子，分析并讨论本节引言中提到的四个研究问题。

三、依存距离的概率分布

如果依存距离可以反映人类工作记忆如何制约语言的理解和产出，且大部分人的工作记忆容量相似，那么人类语言依存距离的分布很可能是有规律的。自然文本中依存距离的概率分布有助于理解依存距离的一般特征。

我们使用计量语言学软件 Altmann-Fitter 来计算每个数据集中与依存距离相关的各依存关系的数量，以确定每个数据集依存距离的概率分布模型。从决定系数 R^2 的值来看，英汉 42 组数据集的依存距离服从如下概率分布[①]：右截尾 Kemp2 分布（缩写为 K2）、右截尾 Salvia-Bolinger 分布（缩写为 S-B）、右截尾 Waring 分布（缩写为 W）、右截尾 Zeta 分布（缩写为 Z）、右截尾负二项分布（缩写为 NB）、右截尾 Zipf-Alekseev 分布（缩写为 MZA）。符合上述分布的 42 组句子集的 R^2 均值如表 2-1 所示。

表 2-1　英汉依存距离与不同分布模型的拟合结果

语言	MZA	S-B	NB	K2	W	Z
英语	0.949	0.991	0.993	0.991	0.994	0.994
汉语	0.995	0.992	0.994	0.992	0.992	0.988

表 2-1 中的数据表明，依存距离的概率分布呈现出一些明显不受句长和语言类型影响的规律。值得指出的是，所有这些分布都属于幂律的变体。虽然在所有分布数据中，右截尾 Zeta 模型的指标不是最好的，但也与最好的差不了多少。这些结果和 Liu（2007b）的结果相似，即使 Liu（2007b）使用的是混合句长的数据。Ferrer-i-Cancho（2004）指出句长固定的句子的依存距离呈指数分布，因此我们将 42 组数据集与指数函数进行拟合。结果（汉语 R^2=0.979，英语 R^2=0.989）与 Ferrer-i-Cancho 的发现一致，即指数分布也可以很好地拟合依存距离的分布。

因此，我们可以得出结论，依存距离的分布模型与句长无关（10≤句长≤30），且英汉各 21 组句长递增的句子集符合相同的依存距离分布模型。在所研究的句长范围内，我们很难区分固定句长和混合句长的依存距离分布模型。不可否认的是，如果我们将句长范围扩大或缩小，依存距离的分布也许会更接近 Ferrer-i-Cancho（2004）提出的指数分布，但这需要更大规模的树库和更多语言来验证。本书将在第三章第二节中对这些问题进行更深入的研究。因为我们在这里关注的是不同语言和不同句长的依存距离分布的相似之处，而不是最适合样本的某一分布模型，所以本节将从这些分布模型的形式上来研究为何不同句长、不同语言的依存距离分布具有如此高的相似性。

---

① 为便于阅读，我们删除了这些分布的参数。更多有关概率模型的信息，可参考 Wimmer 和 Altmann（1999）、Altmann-Fitter（2013）。

图 2-2 为右截尾 Zeta 分布与句长为 20 的句子的依存距离的拟合结果，其中英语、汉语各有 10 个句子。

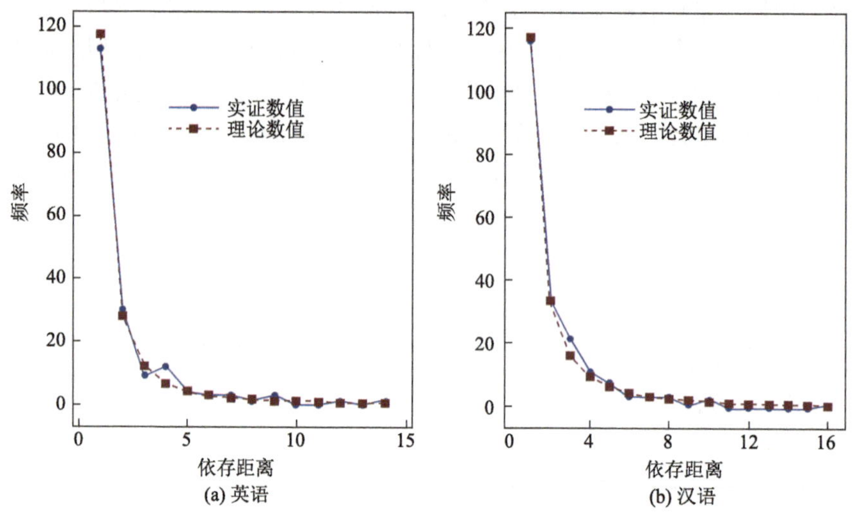

图 2-2 英汉句长为 20 的句子的依存距离与右截尾 Zeta 分布的拟合结果

表 2-1 表明，所选语言样本同时适合多个概率分布模型。那么，这些模型在形式上有显著不同吗？图 2-3 为这些概率分布（参照表 2-1）与句长为 20 的英语句子的依存距离的拟合图。

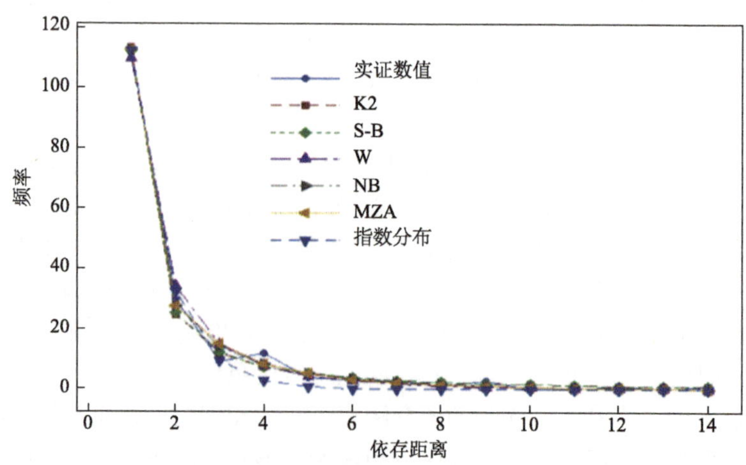

图 2-3 英语句长为 20 的句子的依存距离与不同分布模型的拟合结果

图 2-2 和图 2-3 表明，分布模型在形式上具有较高的相似度，无论是不同语言相同句长的同一模型，还是同一语言的不同模型，所有分布均表现出显著的长

尾属性。无论是哪种分布，相邻词之间的依存关系（依存距离为 1）的数量都是最多的。依存距离为 1 的依存关系在构成这种不对称的分布中起到了关键作用。相邻依存的数量是影响一个句子或一个文本的 MDD 的重要因素之一（Liu，2008a）。那么，相邻依存的数量和句长有何关系？相邻依存的数量会随着句长的增加而增加吗？对该问题的探究有助于解释为何英语和汉语的数据有着相似的概率分布模型。

四、相邻依存数量和句长的关系

Liu（2008a，参照本书第一章第二节）基于 20 种语言的研究发现，人类语言近半的依存关系都是在相邻的词之间形成的。此外，Collins（1996）发现，英语中相邻依存数量占比是 74.2%。Kromann（2006）基于丹麦依存树库的研究发现，44%的从属词都紧随其中心词之后，且 88%的从属词和其中心词相隔不超过 5 个词。Ferrer-i-Cancho（2004）发现罗马尼亚语和捷克语树库中有 50%～67%的句中联系都是在相邻词之间形成的，而依存距离为 2 的依存关系占 16%～25%。另外，Liu 等（2009b）通过 5 个标注体系、语体和平均句长都不同的树库发现汉语相邻依存的百分比为 47.9%～56.6%，均值为 53.06%。出现这一结果的原因可能是在相邻词之间形成依存关系产生的认知负荷最小。这一点不仅得到了前人实证研究的验证（Ferrer-i-Cancho，2004；Liu，2008a），也得到了理论分析的支持（Ferrer-i-Cancho，2004，2013）。我们认为，这也是人类语言倾向于依存距离最小化的主要原因之一。

使用本节所用的语料，我们发现英语的相邻依存占比均值为 61.7%，汉语为 59.6%，不存在显著差异。对英语来说，这一比率在 55%～67%的范围内变化，而汉语为 55%～64%。这有助于解释为何汉语和英语的依存距离具有相似的概率分布模型。同时，研究结果还显示工作记忆容量可能在限制依存距离上起到关键作用。图 2-4 表明，虽然两种语言的相邻依存比率均值没有显著差别，但其与句长的关系呈现出较大差别。本节采用的递增句长有助于观察到相邻依存比率随句长增加而逐渐产生的变化。随着句长的增加，汉语的相邻依存比率仅在一定范围内波动，并没有与句长同步变化，而在英语中，相邻依存占比呈明显的下降趋势。这表明相邻依存数量不仅随句长变化，且随语言类型变化。这一发现与 Liu（2008a）、Liu 和 Xu（2012）使用混合句长句子的观察结果一致，可被视为语言的特性。这些结果再次表明，混合句长至少不会对本节所考察的句长范围内的整体相邻依存占比产生显著影响。但是，对于其他句长和语言的相邻依存占比来说，混合句长可能会带来问题，因为它可能会模糊不同语言的相邻依存占比随句长变化的动态特征。

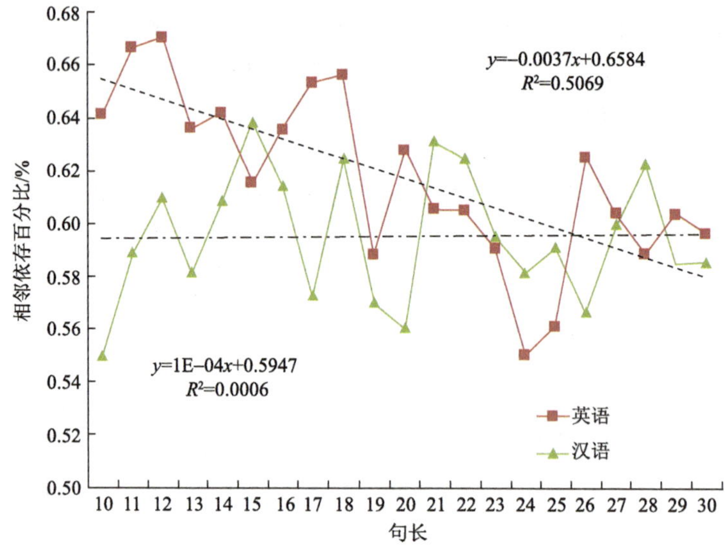

图 2-4 英汉不同句长的相邻依存百分比对比

由于相邻依存数与句长相关，因此句子的 MDD 就一定与句长相关。那么，这一关系究竟是怎样的呢？

五、句长和 MDD 的关系

因为长句中有可能出现更大的依存距离，所以其也可能拥有更长的 MDD。虽然可能存在依存关系都短的长句，但直觉上，长的依存距离要求长句，长句是长的依存距离的先决条件。随机语言的依存距离不遵循句法规则，更容易受到句长影响，而自然语言受到语法和认知机制的限制，依存距离会尽可能地短（最小化）（Liu，2007b，2008b；Gildea & Temperley，2010）。假设句长和依存距离的关系是线性的，即 y=a+bx，其中 x 代表句长，y 代表相应的 MDD。那么，这一理论假设是否符合实际的语言使用呢？英语和汉语的 MDD 和句长的关系如图 2-5 所示。

在本研究所选句长范围内，汉语每组句子集的 MDD 都大于英语，且两种语言的 MDD 都随句长的增加而增加。英语的线性拟合方程是 $y=0.0365x+1.6521$（$R^2=0.793$，皮尔逊相关系数 $r=0.891$，$p=0$），汉语的则是 $y=0.0361x+2.0078$（$R^2=0.5625$，皮尔逊相关系数 $r=0.752$，$p=0$）。这里我们可结合 Ferrer-i-Cancho（2004）的结果一并讨论。Ferrer-i-Cancho（2004）基于罗马尼亚语树库，在没有排除句长小于 10 或大于 30 的句子的情况下，得到的线性方程为 $\langle d\rangle=1.163+0.039n$（其中 $\langle d\rangle$ 代表 MDD，n 是句长）。我们可以看到，在这三种语言的线性方程 $y=a+bx$ 中，斜率 b 几乎是相同、平行的，但 a 的值有明显差别。

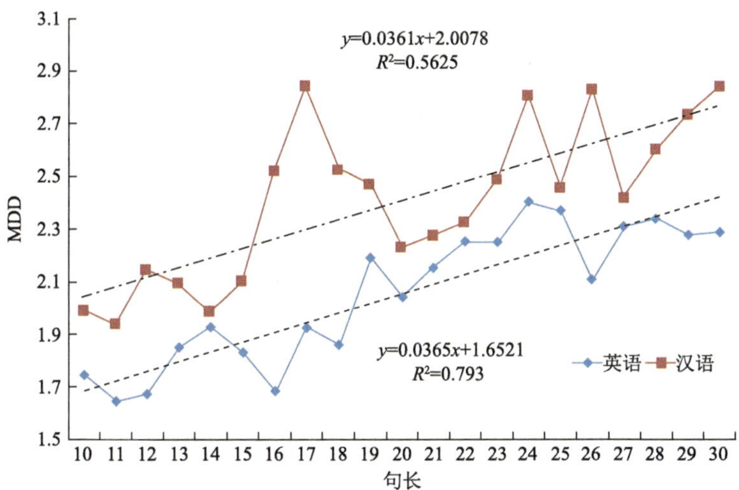

图 2-5　英汉 MDD 和句长关系的线性拟合

a 的差别是造成不同语言 MDD 差异的主要原因。*b* 的相似性表明，虽然英语和汉语的 MDD 随句长增加，但增速基本一致；*b* 的值较小，表明两种语言的 MDD 都在较小的范围内变化。

虽然线性方程 $y=a+bx$ 可以反映 MDD 和句长的关系，但是考虑到 MDD 仅随句长缓慢增加，使用非线性函数研究混合句长的句子可能更为有效。Ferrer-i-Cancho 和 Liu（2014）基于四个语料库（巴斯克语、加泰罗尼亚语、西班牙语和捷克语），研究了不同句长的句子的依存距离和句长关系的变化。显然，与该研究的数据相比，本节选取的句长范围能够相对集中地反映出 MDD 的变化，也就更有助于发现新的语言规律。在该研究的四个语料库中，随着句子数量的减少，某些句子的依存距离出现较大幅度的波动，这对发现语言规律不利，应尽量避免。较大的波动也使得整个树库与线性函数的拟合结果不够理想。Ferrer-i-Cancho 和 Arias（2013）在加泰罗尼亚语的树库上进行了几种非线性函数的拟合，结果显示 MDD 和句长的关系接近幂律。我们将样本与幂函数 $y=ax^b$ 进行拟合，结果如图 2-6 所示。与图 2-5 相比，英语和汉语 *a* 值的差别依然明显，但 *b* 值的相似性与线性方程相比略有下降。

与图 2-5 相比，图 2-6 中汉语的决定系数 R^2 略有上升，而英语的 R^2 略有下降。除了图 2-5 中的线性拟合和图 2-6 中的幂律拟合函数结果，我们也将样本与指数函数进行了拟合，结果如图 2-7 所示。

图 2-7 中汉语的决定系数 R^2 低于图 2-5 和图 2-6。图 2-7 中英语的决定系数 R^2 处在图 2-5 和图 2-6 的数值之间，与汉语略有不同。目前的样本很难确定这三个函数哪个最符合句长和 MDD 的关系。不过，图 2-5 到图 2-7 都表明英语和汉语的 MDD 均随句长缓慢增加。

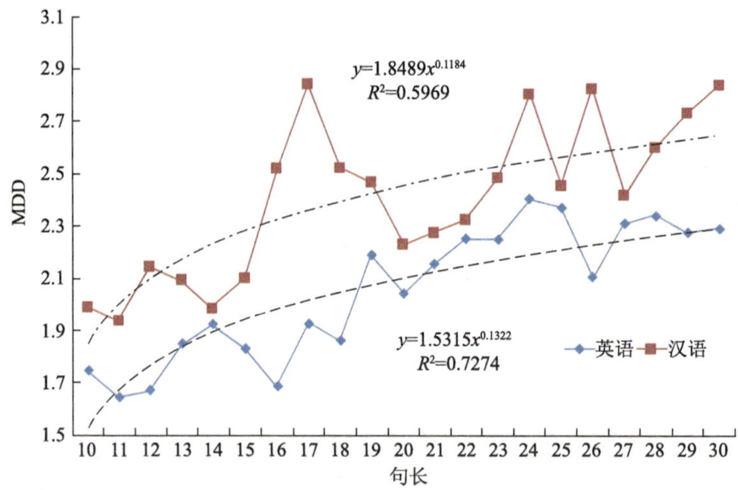

图 2-6　英汉 MDD 和句长关系的幂律拟合

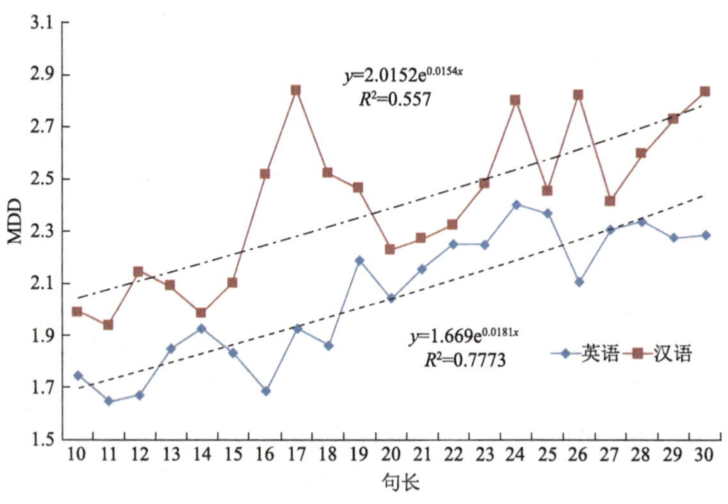

图 2-7　英汉 MDD 和句长关系的指数拟合

那么，是哪些因素导致了英汉 MDD 的缓慢变化和二者的相似性呢？此前我们发现，无论英汉句子多长，半数以上的依存关系都是在相邻词间形成的。因为相邻词之间的依存距离是 1，这降低了 MDD，进而减轻了人类的工作记忆负担。Ferrer-i-Cancho（2004）指出，在随机语序的句子中，MDD=（SL+1）/3。基于此公式，我们计算了这 21 种句长的句子的基准 MDD，发现它们处在 3.67～10.33 范围内，均值为 7。显然，随机树库中句子的基准 MDD 比本节中英语和汉语的 MDD 都大得多，这反映了人类语言的实际 MDD 是受到工作记忆或语法的制约或优化的。工作记忆容量的约束和依存距离最小化效应使得

MDD 在很小的范围内波动。这些因素共同促成了 MDD 随句长缓慢增加的结果。

本节中英语和汉语（每种语言 21 组数据）的 MDD 不同，英语为 2.053，汉语为 2.406。根据图 2-5 至图 2-7 中 MDD 的变化轨迹，可以看出，英语中 MDD 的最高值和汉语中 MDD 的最低值几乎相等，这说明作为句长的函数，21 组汉语句子的 MDD 都比英语的大。此外，尽管汉语的 MDD 已经比英语大，但它仍然随句长增加。由于我们使用的是平行树库，这些在 MDD 层面上的差异不能归因于语体和标注方式。因此，这些数据表明：①汉语比英语对工作记忆的要求更高；②在依存距离这个层面，英语的优化程度比汉语更高；③相同的依存距离可能对两种语言具有不同的意义，因为汉语的平均词长比英语短。这些结论的前提是不同语言使用者的工作记忆容量大致相同。更加大胆的推测是，汉语和英语使用者的认知机制存在一定差异，说汉语的人可能比说英语的人更擅长处理长距离依存。然而，本节的数据不足以支持这一有趣的假设，未来我们可能需要心理语言学家和神经语言学家的共同努力才能为该假设提供进一步的证据。

通过仔细比较图 2-4 到图 2-7，我们发现了一些值得进一步讨论的有趣现象。数据表明，英语和汉语的 MDD 的优化机制有所不同。一方面，无论句长如何变化，汉语的相邻依存百分比基本都保持在 60%，而英语的这一比率则随句长增加而下降。另一方面，两种语言的 MDD 都随句长而缓慢增加。简言之，英语中相邻依存的数据符合依存关系的整体模式。英语中相邻依存比率高自然会导致其 MDD 比汉语更低；随着句长的增加，相邻依存百分比下降，导致 MDD 随句长的增加而增加，这是符合逻辑的。但汉语相邻依存的数据却不像英语那样不言自明。汉语整体的相邻依存占比较英语更低，且随着句长的增加，该比率保持相对稳定。这就预示了汉语的 MDD 比英语高，这一点已经得到证明。按照预期，汉语的 MDD 应当随句长的增加而保持稳定，但其 MDD 为何也随句长的增加缓慢增加呢？这些结果表明，不同语言调节 MDD 的机制可能不同，而某些语言（汉语）倾向于拥有更高的基础依存距离，如图 2-5 到图 2-7 的参数 *a* 所示。

这些差异可能暗示了使用依存距离区分语言的可能性。换句话说，线性或幂律函数中的参数 *a* 是否可以作为划分语言类型的指标？理论上来说，形态更丰富的语言（英语）的 MDD 可能更小。然而，基于 20 种语言的研究已经发现使用依存距离作为语言分类的指标并不可行（Liu，2008a；Liu & Xu，2012）（参照本书第一章第二节）。相反地，使用依存方向作为语言分类指标的可行性已被 Liu（2010；参照本书第一章第三节）通过 20 种语言的自然语言材料所验证。如果依存方向是比依存距离更可信的语言分类指标，那么它与句长的关系又是怎样的呢？

六、依存方向和句长的关系

依存方向指的是句中两个有依存关系的语言单位（支配词及从属词）之间的相对位置。使用本书第一章中给出的依存方向的计算方法，我们可以得到两种依存方向在 42 个不同句长的句子集中的百分比。在实际操作中，只需要计算一种依存方向的百分比即可，因为两种依存方向占比之和永远等于 1。图 2-8 为支配词居后的依存关系的占比和句长的关系。

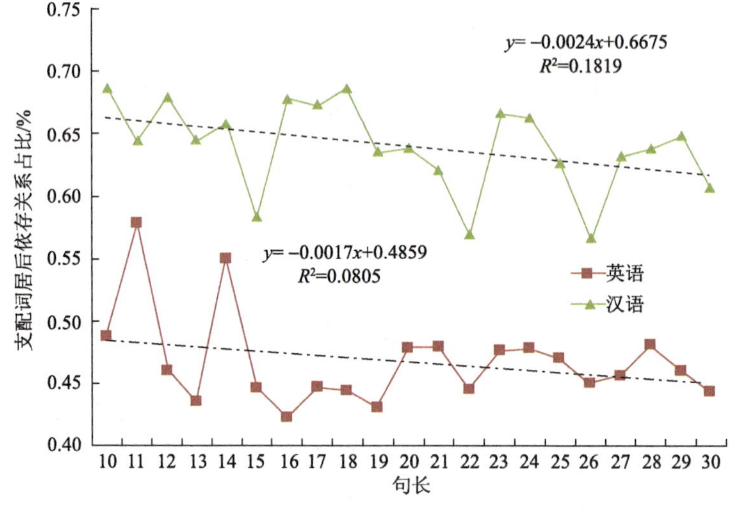

图 2-8　支配词居后的依存关系的占比和句长的关系

图 2-8 表明，无论是英语还是汉语，支配词居后依存关系的比例都随句长的增加而整体上逐渐降低，但是这两者之间的相关关系不具有统计学上的显著性。其中，英语的线性方程为 $y=-0.0017x+0.4859$（$R^2=0.0805$，皮尔逊相关系数 $r=-0.284$，$p=0.213$），汉语的线性方程为 $y=-0.0024x+0.6675$（$R^2=0.1819$，皮尔逊相关系数 $r=-0.422$，$p=0.057$）。这表明与依存距离相比，依存方向受句长变化的影响更小。此外，英语和汉语中支配词居后的依存关系占比有显著差异，英语为 0.467，汉语为 0.641。据此，依存方向比依存距离更适合作为语言分类和语体判别的指标。另一发现是长句倾向于有更大的依存距离，且长句中支配词居前的占比也更高，因此逻辑上长句中的长依存更倾向于支配词居前而非支配词居后。换句话说，依存方向和依存距离存在关联。但值得注意的是，这一关联并不明显，可能只是一种视觉关联，因为图 2-8 表明句长与依存方向不具有统计上的相关性。

我们为何在这里将语体判别与语言分类相提并论？因为从文本计量分析的角度来看，二者具有诸多相似之处。当所研究的文本属于同种语言的不同语体时，我们做的是语体判别；当所研究的文本属于不同语言时，我们是在研究语言分类或语言类型。Liu 等（2009b）在对五个不同的汉语树库进行计量研究之后，发现依存方向更适合作为区分语体的指标。基于美国国家语料库，Oya（2013）发现英语的不同语体的 MDD 不同。然而，当我们在分析从 Oya（2013）中提取出来的不同语体文本的平均句长和对应的 MDD 时，却发现两者之间具有极高的相关性（r=0.985）。这表明，与依存方向相比，句长在区分语体中可能起到了相似甚至更大的作用，因为基于句长来比较语体几乎已经成为学界的共识（Sherman，1888；Yule，1939；Kelih et al.，2006）。

七、本节小结

我们基于英汉平行树库的研究显示，在所选句长范围内，依存距离的概率分布模型不受语言类型或句长影响，即 42 组句长递增的句子集的依存距离分布符合特定的分布模型，这反映出依存距离分布的规律性。造成这一规律的主要原因是人类语言的依存距离最小化倾向，在这一过程中，持续较高的相邻依存占比起到了关键作用。

相邻依存数量不仅随句长增加而变化，也随语言类型而变化。对汉语来说，相邻依存占比仅在一定范围内波动，不与句长同步变化。对于英语而言，相邻依存占比随句长增加呈下降趋势。这些变化和特征受到语言类型的影响，英语的变化范围在 55%～67%，汉语在 55%～64%。

随着句长的增加，两种语言的 MDD 均呈现略微上升的趋势，且汉语每个句子集的 MDD 都大于英语。鉴于汉语不同句长句子的 MDD 总是大于英语，且随句长增加，原本就大的 MDD 仍缓慢增加，我们也许可以得出汉语比英语对工作记忆要求更高的结论。但是，这是否说明汉语使用者比英语使用者更擅长处理长距离依存仍需进一步验证。随着句长的增加，相邻依存百分比逐渐下降，MDD 逐渐增加，这表明英语中也有挑战使用者工作记忆的长句，但因为汉语的 MDD 总是大于英语，所以仍然是汉语的长句对工作记忆的挑战更大。就依存方向而言，汉语中每种句长的句子集支配词居后的依存关系占比都比英语高。随着句长的增加，两种语言中支配词居后的依存关系的占比都呈下降趋势，但与句长并不显著相关。我们还发现依存方向和依存距离之间存在微弱的联系，即长句中的长依存倾向于支配词居前而非支配词居后。与依存距离相比，依存方向更适合作为语言和语体分类的依据。

这两种分属不同语系的语言之间的异同值得我们进一步关注，这也很可能为我们带来更为深远的启示。对于这些相似性的解释，其中一部分可能需要语言学之外学科的参与。本节的发现表明，尽管与语言相关的因素可能会影响依存距离的某些特征，但认知仍是影响依存距离的主要因素，因为依存距离受到认知容量的影响。此外，在省力原则的作用下，相邻依存的占比超过 50%，这导致随着句长的增加，MDD 仍然仅在较小范围内波动。这些结果不仅对理解这两种语言以及依存距离和人类语言认知机制之间的关系有益，也有助于建立更具心理现实性的人类语言句法协同子系统。然而，我们也不能忽视语言本身的个性与特点，因为它们可能展现了不同语言在句子处理上的差异。

方法上，本节探索了不通过心理学实验，而是通过对自然语言进行计量分析，来探求语言和认知之间的关系以及人类认知机制的可能性。这种研究方法和解释角度为文本计量分析开辟了新的路径，并推进了"跨语言复杂度和效能的研究"（Hawkins，2014），但我们也应该看到，基于文本的研究，除了本节研究的句长因素之外，也可能与文本的类型（即语体）有关，这是下一节的研究主题。

第二节 语 体

一、引言

在第一章中，我们探究了基于依存树库将依存距离、依存方向分别作为语言理解难度和语序类型计量指标的可能性，在本章第一节中我们也专门探讨了句长对这两个指标的影响。综合来看，尽管前人已经从多个角度对依存距离和依存方向进行过研究，包括语言类型（Hiranuma，1999；Eppler，2005；Liu & Xu，2012；Yadav et al.，2020）、句长（Oya，2011；Ferrer-i-Cancho & Liu，2014；Jiang & Liu，2015）、组块（Lu et al.，2016）、标注方式（刘海涛，2008；Liu et al.，2009b）、语体（Liu et al.，2009b；Oya，2013）和语法（Liu，2008a；Gildea & Temperley，2010），但这些研究并没有特别关注同一种语言中不同语体之间的比较。以句长为例，我们尚不知句长是否对语体和 MDD 的关系有影响。其次，就语体影响而言，Hiranuma（1999）发现在日语中，正式程度较高的语体的依存距离较大，反之亦然。Liu 等（2009b）发现汉语口语对话和书面语的依存方向存在差异，口语对话树库中支配词居后的依存关系占比小于书面语中的占比，但该研究并未进一步调查这种差异能否作为语体分类的有效标准。Oya（2013）计算了英语的不同语体依存树的度中心性（degree centrality）和接近中心性（closeness centrality）。结果表明，在控制句长的前提下，不同语体的这两种指标的分布不同。Oya 也提到了不同语体的依存距离，但他没有按照调查其他两个指标的方法去调查该变量。因此，他的研究仍然没有解决语体是否以及如何影响依存距离和依存方向的问题。

在此背景下，本节将基于更大规模的语料，采取量化方法，在控制句长的情况下调查不同语体依存关系的特点。研究结果有利于了解句法复杂性和语体特点，也有助于我们更好地理解这两个计量指标的优势与局限。此外，我们采用了比此前研究更大的语料库来提高统计结果的鲁棒性。

本节采用英国国家语料库（British National Corpus，BNC）（Burnard，2000）的十个不同书面语体作为研究语料，具体的研究问题如下：①不同语体在不同句长下的依存距离概率分布是怎样的？②不同语体在不同句长中的相邻依存关系分布是否不同？③不同语体的 MDD 在不同句长中是否不同？④依存方向在不同语体和不同句长中的关系是什么？

第一个研究问题旨在探求十种语体的共同特征，其他三个问题主要调查语体的区别性特征。

二、研究所用语料

本节研究中使用的语料来自 BNC 语料库。这是一个大约 1 亿词的当代英语口语和书面语语料库。它是当今英国英语的缩影，包括各种文本类型或语体（Burnard，2000）。其中，书面文本包含两类：想象类（下称“小说”）和信息类（下称“新闻”）。新闻语体继而分为八个子类：应用科学、艺术、宗教信仰、商业、休闲、自然科学、社会科学和世界时事。

在选择语料时，我们舍弃了 BNC 的口语部分，这是因为目前大多数自然语言处理分析程序针对的都是书面语的分析，对口语语料的分析结果很不理想。为了弥补这个缺憾，我们选择了一个替代语体，即书面口语语体，由电视节目脚本和戏剧脚本组成（Burnard，2000）。这一语体可能和口语特征相似，当然，更具口语特征的语料值得未来进一步研究。

与前人研究（Oya，2011；Jiang & Liu，2015）不同的是，我们扩大了句子的长度范围，并选择了从 5 到 40 的句长；然后从每个语体的每个句长中提取 100 个句子，共 36 000 个句子。因此，我们有 360 个句子集，其中每个语体的句子集中都有 100 个长度相同的句子。

本节使用斯坦福句法分析器（3.4 版本）来对语料进行处理，生成句子的依存关系及类型。斯坦福句法分析器是一系列宾州树库分析器的代表。作为统计分析器，它偶尔会犯一些错误，但通常效果较好（de Marneffe et al.，2006；de Marneffe & Manning，2008）。2008 年以后，句法分析器的性能有所提高，依存类型的数量也有所增加（de Marneffe et al.，2013）。

以英语句子“The boy eats red meat.”为例，斯坦福句法分析器的句法分析结果如下：

det（boy-2, The-1）
nsubj（eats-3, boy-2）
root（ROOT-0, eats-3）
amod（meat-5, red-4）
dobj（eats-3, meat-5）

这种形式与我们在第一章中的表格形式（参照表 1-1）有所不同，但二者所含的信息基本一致。以第一个依存关系为例，它表明句中第二个单词 boy 为支配词，其从属词为第一个单词 the，依存类型为限定词（*det*）。同样，例句中其他依存关系也以这种形式呈现。需要注意的是依存关系 *root*（ROOT-0，eats-3）中，ROOT-0 是充当支配词的虚拟节点，可以被解读为这个句子的第三个词 eats 是本句的中心词。可以看出，这一行与计算该句的依存距离无关，因此在计算时，该依存关系将被排除在外。就该例句而言，*det* 的依存距离为 2−1=1，*nsubj* 的依存距离为 3−2=1，*amod* 的依存距离为 5−4=1，*dobj* 的依存距离为 3−5=−2。根据第一章第一节给出的 MDD 的计算公式（1-1），例句的 MDD 为（1+1+1+2）/4=1.25。

综上，我们首先使用斯坦福句法分析器对所有句子进行了依存分析，建立了依存树库，并对依存分析结果进行了人工校正，然后我们计算并分析依存距离和依存方向与语体的关系。

三、不同语体的依存距离概率分布

已有研究发现，依存距离的概率分布在英语和其他语言中都具有一定规律（Liu，2007b；Ferrer-i-Cancho & Liu，2014；Jiang & Liu，2015）。鲜有研究涉及一种语言内不同语体的依存距离的概率分布规律。因此，我们首先研究不同语体和不同句长中依存距离的概率分布。

我们使用计量语言学软件 Altmann-Fitter（2013）进行依存距离的分布模型拟合。表 2-2 的第二、第三列展示了两种分布模型拟合 360 个句子集的 R^2 平均值，分别为右截尾 Waring 模型和右截尾 Zeta 模型①。Waring 模型和 Zeta 模型都是重要的词频分布模型（Baayen，2001），Waring 模型已被验证可用来拟合句法单位的分布（Köhler & Altmann，2000）。Liu（2007b）提出，右截尾 Zeta 模型可以很好地拟合依存距离的概率分布。因此，本节选择了这两个模型来拟合依存距离分布。

---

① 当只能知道在指定范围内的值的情况时，一般会选择使用截尾模型。在本研究中，右截尾分布 Waring 模型和 Waring 模型拟合结果相似，而右截尾分布 Zeta 模型拟合结果优于 Zeta 模型。为了保持一致，我们都选择了右截尾模型的拟合结果，更多详细信息可见 Wimmer 和 Altmann（1999）、Altmann-Fitter（2013）。

如表 2-2 所示，右截尾 Waring 分布的拟合效果都很好（R^2>0.99）；右截尾 Zeta 分布的效果虽然不如前者，但也尚可接受（R^2>0.9）。这组结果表明，不同语体依存距离的分布为同一参数族（幂律）分布。Ferrer-i-Cancho（2004）与 Jiang 和 Liu（2015）的研究都发现在控制句长的情况下，依存距离也可遵循指数分布。因此，本研究也使用指数分布对数据进行拟合。我们可以发现所有语体和所有句长的依存距离均符合指数分布（R^2>0.8），但拟合效果不如前两个概率分布模型。

表 2-2　不同语体不同句长的概率分布结果（R^2 的平均值）

语体	右截尾 Waring	右截尾 Zeta	指数分布
APP	0.995	0.965	0.913
ART	0.996	0.962	0.910
BEL	0.996	0.970	0.924
COM	0.996	0.940	0.918
IMA	0.994	0.940	0.902
LEI	0.994	0.934	0.898
NAT	0.995	0.970	0.908
SOC	0.995	0.969	0.908
WOR	0.995	0.944	0.908
WSP	0.996	0.968	0.902

注：APP：应用科学；ART：艺术；BEL：宗教信仰；COM：商业；IMA：小说；LEI：休闲；NAT：自然科学；SOC：社会科学；WOR：世界时事；WSP：书面口语。下文图表中的语体名称均由字母代替

为了更好地理解依存距离的概率分布，我们以句长为 20 的句子为例，绘制了所有 10 种语体与右截尾 Zeta 模型拟合的观测值和理论值，如图 2-9 所示。可以看出，所有语体的依存距离分布都展现出了长尾效应。短依存距离（如相邻依存）占比很大，依存距离越大，出现的频次越低，越少见。结合表 2-2，可以发现所有句长和语体的依存距离分布均具有一定的规律性，这反映了不论在何种语体和何种句长中，人类在说话时都倾向于将依存距离最小化。这应该和人类有限的工作记忆容量有关，因为依存距离越短的句子，所需要的解码成本就越小，理解起来就越简单。

但值得注意的是，右截尾 Zeta 分布的参数在不同语体间有差异，这表明不同语体的依存距离分布存在差异。其中，艺术（ART）语体的参数较小（平均值为 1.6852），表明其依存距离较长；书面口语（WSP）语体的参数较大（平均值为 1.7766），表明其依存距离较短。

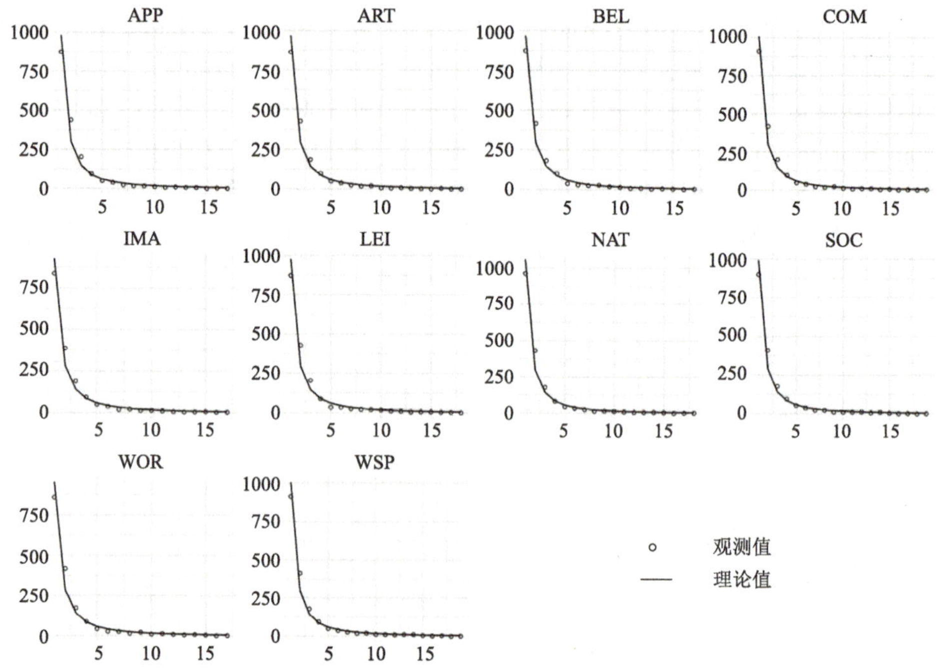

图 2-9 所有语体的依存距离与右截尾 Zeta 模型的拟合结果（句长：20）

注：横轴为依存距离，纵轴为频次

如图 2-9 所示，所有语体中相邻依存距离的占比都最高。相邻依存关系占比是影响句子和文本 MDD 的重要因素之一（Liu，2008a）。因此，在讨论 MDD 之前，我们将首先讨论不同语体在不同句长中的相邻依存关系占比情况。

四、语体、相邻依存关系和句长的关系

从第一章和本章上一节的讨论中，我们已经清楚地知道，尽管依存距离和依存方向受到多种因素的影响，但相邻依存关系对长尾依存距离分布的形成起着重要的作用。

如图 2-10 所示，通常随着句长的增加，相邻依存关系的占比会降低。具体来看，在所有句长中，艺术（ART）和休闲（LEI）语体的相邻依存关系占比低于跨语体的平均水平；而世界时事（WOR）和书面口语（WSP）语体的相邻依存关系占比则高于这个水平。表 2-3 所示的占比也支持了这一观点。其中艺术（ART）和休闲语体（LEI）的平均占比分别为 48.55%和 49.63%，世界时事（WOR）和书面口语（WSP）的平均占比为 51.41%和 51.77%，这与 Liu（2008a）的结果是一致的。

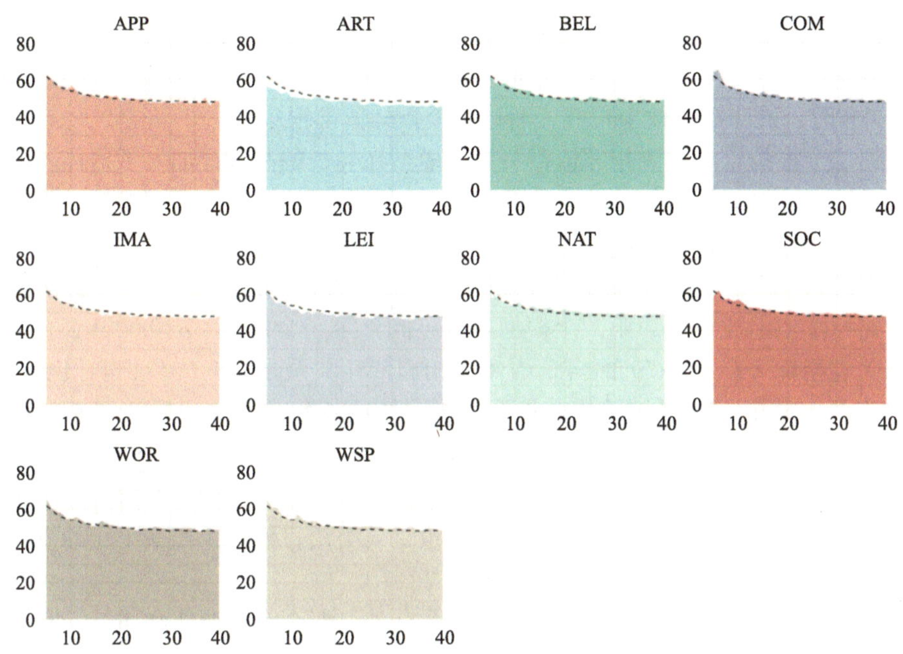

图 2-10　不同语体中随句长变化相邻依存关系占比的变化情况

注：横轴为句长，纵轴为相邻依存关系占比；虚线代表不同句长下所有语体的相邻依存关系占比的均值

表 2-3　不同语体的相邻依存关系占比

语体	相邻依存关系占比/%
APP	50.62
ART	48.55
BEL	51.16
COM	51.27
IMA	50.11
LEI	49.63
NAT	51.56
SOC	51.23
WOR	51.41
WSP	51.77

为了调查差异的显著性，我们使用似然比检验方法。首先，我们使用逻辑回归模型预测依存关系（相邻依存或非相邻依存）和句长之间的关系，以相邻依存关系为因变量，以句长为自变量。结果显示，相邻依存关系和句长之间具有显著性差异，但相关性很小（G=934.79，df=1，p<0.0001，Nagelkerke's R^2=0.002，

C=0.518）。Nagelkerke's R^2（取值范围为 0～1）和 C（取值范围为 0.5～1）是表示逻辑回归模型显著性的两个指标。根据 Gries（2013），当这两个数的数值都大于 0.8 时，说明拟合效果很好，而这两个指标值都很小。

第二个根据句长预测相邻依存关系的模型在句长的基础上加入了语体，因变量保持不变，自变量为句长和语体的交互作用。结果与第一个模型相似，相邻依存关系和不同语体交互作用下的句长之间具有显著性差异，但相关性很小（G=1184.9，df=19，p<0.0001，Nagelkerke's R^2=0.002，C=0.521）。我们对两个模型进行了似然比检验，第二个模型显著不同于第一个模型（p<0.0001）。就两个相关性指标（R^2 和 C）而言，语体和相邻依存关系之间的关系影响很小。交互效应图也显示，随着句长的增长，不同语体的相邻依存关系预测概率较为相似。这一发现呼应了前面的结论，即所有语体中，相邻依存关系占比均在 50% 左右。这一现象表明人类认知是影响依存距离分布的重要因素。有限的工作记忆容量导致相邻依存关系占比相对更高，这也是人类语言依存距离最小化的重要动因（Liu，2008a；Ferrer-i-Cancho，2004，2013）。

上文已经提到，MDD 与相邻依存关系有关，那么它与语体和句长又有什么样的关系呢？下面我们对不同语体和不同句长的 MDD 进行调查。

五、语体、MDD 和句长之间的关系

前人研究表明，一方面，越正式的文本 MDD 越大（Hiranuma，1999；Liu et al.，2009b）；另一方面，MDD 又和句长密切相关（Oya，2011；Ferrer-i-Cancho & Arias，2013；Jiang & Liu，2015）。因此，我们有必要在研究语体和 MDD 的关系时，将句长这一变量加进来。

如图 2-11 所示，随着句长增长，MDD 也在增长。结合图 2-10，我们可以总结为，随着句长的增长，相邻依存关系比例逐渐下降，MDD 缓慢增长。这表明较长的句子的相邻依存关系比例较小，因此 MDD 较大，但 MDD 随句长而增长的增幅很小，这再次强化了依存距离最小化倾向和人类有限的工作记忆容量之间的关系（Liu，2008a；Futrell et al.，2015）。

具体而言，在所有句长中，艺术（ART）、小说（IMA）、休闲语体（LEI）语体的 MDD 总是大于跨语体的平均水平。有一些语体，即书面口语（WSP）、宗教信仰（BEL）和世界时事（WOR）语体的 MDD 通常较小。这一现象和上文中提到的右截尾 Zeta 模型参数保持一致。例如，艺术（ART）语体的相邻依存关系比例最小，其 MDD 在所有语体中是最大的，而它的右截断 Zeta 模型的参数值（1.6852）较其他语体而言更小。

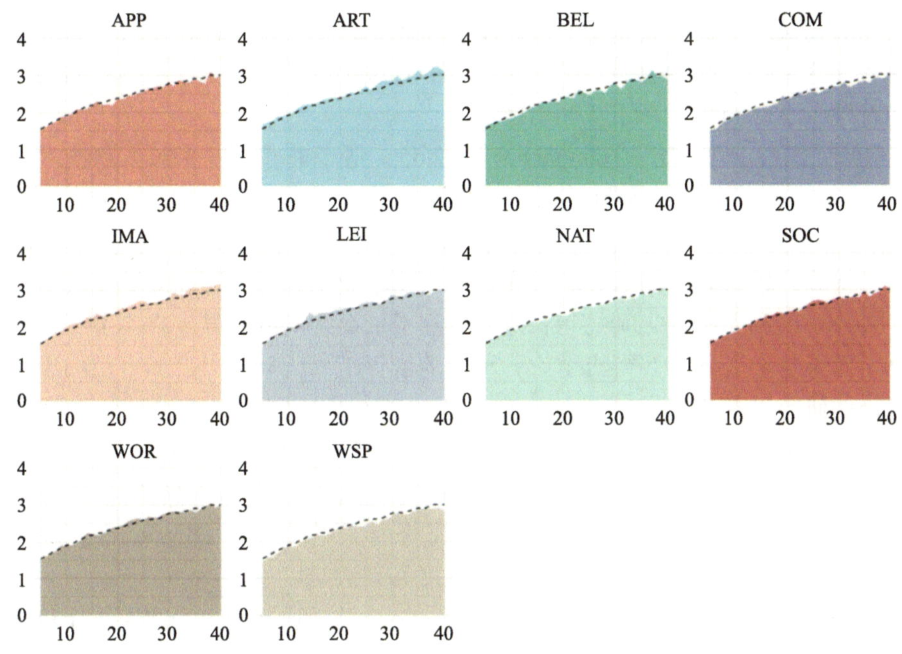

图 2-11　所有语体在不同句长下的 MDD 分布

注：横轴为句长，纵轴为 MDD；虚线代表不同句长下所有语体的 MDD 的均值

另外，图 2-11 中有两个有趣的现象值得进一步探讨。其一，人们通常会认为小说语体比新闻语体更容易处理，但本节数据却显示出相反的结论。如表 2-4 所示，当句长为 5～10 时，小说（IMA）的 MDD 接近于科学类语体（APP、NAT 和 SOC），甚至比科学类语体更高；而当句长大于 10 时，小说（IMA）的 MDD 则通常比科学类语体更大。

表 2-4　不同语体在不同句长范围内的 MDD 均值

句长	APP	ART	BEL	COM	LEI	NAT	SOC	WOR	WSP	INF	IMA
5	1.53	1.66	1.61	1.50	1.48	1.63	1.64	1.51	1.46	1.57	1.52
6～10	1.72	1.81	1.73	1.69	1.75	1.77	1.73	1.73	1.68	1.74	1.77
11～20	2.17	2.25	2.16	2.14	2.29	2.15	2.21	2.19	2.15	2.19	2.26
21～30	2.58	2.67	2.54	2.55	2.64	2.54	2.62	2.64	2.51	2.60	2.65
31～40	2.87	3.05	2.87	2.83	2.92	2.88	2.88	2.90	2.85	2.90	3.04

我们在前面已经指出，BNC 的书面语部分包括小说和新闻语体，其中新闻语体包括了 8 个子类，因此我们也计算了新闻语体的 MDD 均值，如表 2-4 中 INF 所示。可以看出，当句长等于 5 时，大多数新闻语体的 MDD 要大于小说语

体；随着句长的增长（大于等于 6 时），小说语体的 MDD 保持了大于新闻语体的趋势。这反映了在较短的句子中，小说的句法难度接近或低于新闻；而在大多数句长中，小说的难度高于新闻语体。

Oya（2013）发现小说的 MDD 为 2.65，低于非小说（3.20）和技术英语（3.37），但他的研究并未剔除句长因素的影响。在他的研究中，小说的平均句长为 14.22，非小说和技术英语的平均句长分别为 20.68 和 23.98（Oya，2013）。上文已提到，较长句子的 MDD 较大，这表明小说中大量的短句导致了较低的依存距离，小说和非小说之间的句长差异引起了依存距离的差异。在本节中，我们控制了句长这一变量，并得出结论：小说的依存距离比新闻大。其背后的原因值得未来的研究进一步调查。

其二，书面口语的所有句长下的依存距离都比新闻和小说的依存距离小。这是因为书面口语语体的文本以“说”为目的，为了使听话人付出更少的加工努力，文本的句式难度较低。这一发现与前人的研究（Hiranuma，1999；Liu et al.，2009b）一致，即文本的正式程度和句法难度呈正比。

目前，我们已经观察了可视化数据显示的差异，但还有一个问题悬而未决——不同语体的 MDD 之间是否有显著性差异呢？

为了回答这个问题，我们对 MDD（因变量）和句长（自变量）进行线性回归模型的拟合，发现该模型具有高度显著性，但相关程度较低（F=22 690，df_1=1，df_2=35 998，p<0.0001，Adjusted R^2=0.3866[①]）。此后，我们在模型的自变量中加入语体的交互效应，第二个预测模型同样具有显著性（F=1224，df_1=19，df_2=35 980，p<0.0001，Adjusted R^2=0.3924）。似然比检验显示，第二个模型显著不同于第一个模型（p<0.0001），这表明 MDD 和语体的关系具有显著性。我们也发现，随着句长的增长，不同语体的 MDD 呈现出差异。例如，当句长为 5 时，应用科学（APP）的预测 MDD 和艺术（ART）相似。当句长增长到 40 时，两种语体的差异有所扩大，但语体和句长的交互效应程度适中（R^2=0.3924）。

上文已提到，依存方向和依存距离联系紧密。前人研究已发现，依存方向可作为语言分类（类型）的计量指标（Liu，2010；Liu & Xu，2012；Jiang & Liu，2015）（参照本书第一章第三节）。Jiang 和 Liu（2015）认为依存方向或许也可用于语体分类的工作中（参照本书第二章第一节），接下来我们对这个假设进行验证。

---

① Adjusted R^2 是衡量回归模型优度的参数。欲了解更多信息，可见 Gries（2013）。

六、语体、依存方向和句长的关系

如图 2-12 所示，应用科学（APP）、艺术（ART）以及书面口语（WSP）语体的支配词居前依存关系占比较小；而小说（IMA）、世界时事（WOR）语体的支配词居前依存关系占比较大。

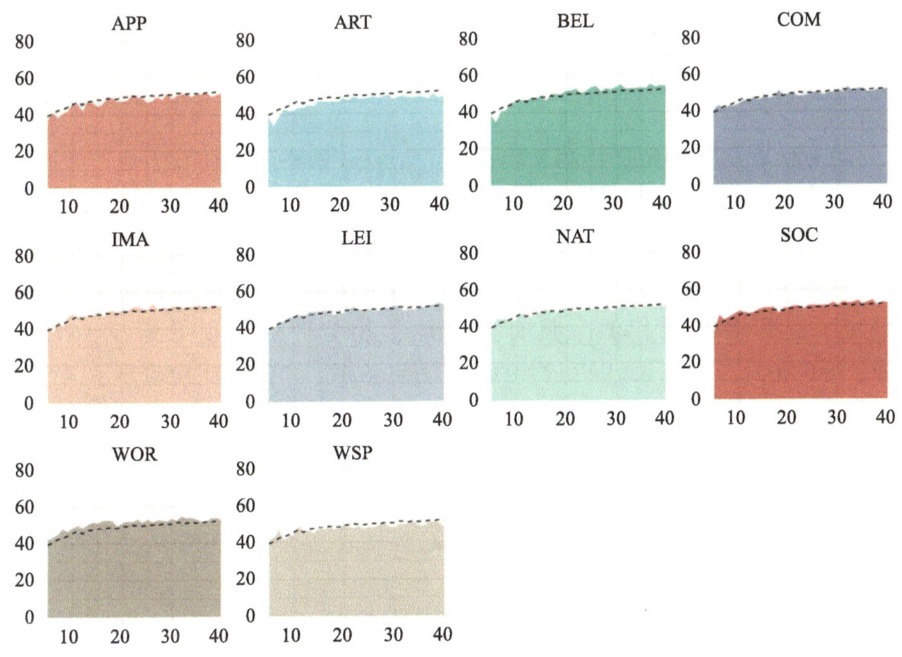

图 2-12 所有语体在不同句长下的支配词居前依存关系占比

注：横轴为句长，纵轴为支配词居前依存关系比例；虚线代表不同句长下所有语体的支配词居前依存关系比例的均值

表 2-5 显示了不同语体的依存方向分布情况，与图 2-12 的结果保持一致。例如，艺术（ART）语体的支配词居前关系占比为 46.35%，世界时事（WOR）语体的占比为 51.12%，但可以看出，语体间的差异幅度较小。那么不同语体间的依存方向存在显著差异吗？

表 2-5 不同语体支配词居前的依存关系占比

语体	支配词居前的依存关系占比/%
APP	47.33
ART	46.35
BEL	49.66
COM	48.42

续表

语体	支配词居前的依存关系占比/%
IMA	49.50
LEI	48.76
NAT	48.35
SOC	49.71
WOR	51.12
WSP	47.74

与相邻依存关系的统计检验相似，我们拟合了两个预测依存方向（支配词居前或居后）的逻辑回归模型。第一个模型以依存方向为因变量，以句长为自变量，第二个模型在自变量中加入了语体的交互效应。前者具有统计意义上的显著性，但相关性非常低（G=1091.42，df=1，p<0.0001，Nagelkerke's R^2=0.002，C=0.520）；后者结果相似，具有显著性，相关性仍然很低（G=1637.15，df=19，p<0.0001，Nagelkerke's R^2=0.003，C=0.526）。似然比检验显示两个模型具有显著差异，但第二个模型的 R^2 值非常低，这表明自变量（句长和语体的交互作用）仅仅解释了因变量（依存方向）0.3%的变化性，还表明语体对依存方向的影响程度非常小。此外，交互效应研究表明，支配词居后的预测概率在不同句长和不同语体中都较为相似，这一变化趋势和表 2-5 中的较小的变化幅度是一致的。

以上结果表明，不同语体的支配词居后和居前关系占比均为 50%左右，与前人研究（Hudson，2003；Liu，2010）的发现保持一致——英语的从属词倾向于分布在支配词两旁。换言之，依存方向是一个语言敏感的计量指标，不是一个语体敏感的计量指标。

七、本节小结

不同语体和不同句长中的依存距离分布都展示了规律性，这表明不论何种语体和句长，人类语言都展现了依存距离最小化的倾向，这可能和人类有限的工作记忆容量有关。

相邻依存关系和依存距离分布的长尾效应紧密相关，且相邻依存关系在英语的不同语体中均占 50%左右。以相邻依存关系为因变量，以句长与语体的交互效应为自变量的逻辑回归模型具有显著性，但相关性很小，说明语体对相邻依存关系的频率影响甚小。

就 MDD 而言，更为正式的语体（如书面语）比正式程度较低的语体（如书面口语）句法难度大。另外，在英语书面语体中，小说语体短句的 MDD 与科学语体和所有新闻语体的依存距离接近或比其稍小。但是小说语体长句（句长大于等于 6）的 MDD 比新闻语体的更大。似然比检验显示，考虑语体交互作用的线性回归模型和不考虑这一因素的模型有显著差异。这表明，不同语体的 MDD 具有显著差异，但模型的相关性适中。

与相邻依存关系一样，依存方向在语体间的差异程度较小。逻辑回归模型显示语体对依存方向的差异影响显著，但相关性很小，这反映了语体对依存方向的影响程度很小。

依存距离主要受到人类普遍认知机制的制约，但也受到句长、语体和标注方式等因素的影响。本节研究显示，不同语体的依存距离分布虽有不同，但所有语体均呈现出依存距离最小化的倾向，这对理解人类认知机制和语言间的关系有一定启示。

根据此前的讨论，影响依存距离和依存方向的主要因素除了我们已经讨论过的句长、语体之外，还有标注方式。接下来，我们通过考察两种主流的依存标注方式来研究一下标注方式对这两种计量指标的影响。

第三节　标 注 方 式

一、引言

在第一章中，我们研究了基于依存树库采用依存距离作为语言理解难度、依存方向作为语序类型计量指标的可能性，在本章前两节我们也专门探讨了句长和语体对这两个指标的影响。相关领域的学者也从多种角度，通过这两个计量指标探索人类语言，并试图解释人类语言的普遍性和多样性（Futrell et al.，2015；Hudson，1995；Liu et al.，2017；Temperley & Gildea，2018）。值得注意的是，所有这些研究与发现都离不开采用依存句法标注的语料库，即树库（Abeillé，2003）。

此前我们也已经或多或少提到过，语料库的标注方式会影响这些依存计量指标的测量结果。这是因为我们必须基于某一特定的标注方式对原始语料进行标注才能构建树库，而树库的标注方式规定了各语言单位所扮演的角色以及它们之间的相互关系（Ide & Pustejovsky，2017），这样我们才得以进行句法、语义和语篇的多层级标注。以依存树库为例，句子内部词的功能（支配词和从属词）以及词间的相互关系（依存关系）必须依据标注方式来确定。Maranduc 等（2017）发现依存树库的标注方式存在语义驱动和句法驱动的差异。目前，UD（Nivre，2015）和表层句法通用依存关系标注（Surface-Syntactic Universal Dependencies，SUD）（Gerdes et al.，2018）是最具有代表性的标注方式。UD 强调语义角色，重点关注句子内部实词之间的关系，通过具有一致性的标注方式，旨在实现“跨语言的平行性”（de Marneffe & Nivre，2019；Gerdes et al.，2018；Nivre，2015；Osborne & Gerdes，2019）；SUD 强调句法角色，仅用句法标准来定义依存关系，突出句子内部各元素之间的句法关系（Osborne & Gerdes，2019），使树库更接近于依存句法的传统（刘海涛，2009），如意义文本理论（Meaning Text Theory）（Mel'čuk，1988）和词语法（word grammar）（Hudson，1984）等。图 2-13 为例句“You swallow on a dry throat.”基于 UD 语义标注与 SUD 句法标注的依存结构图。

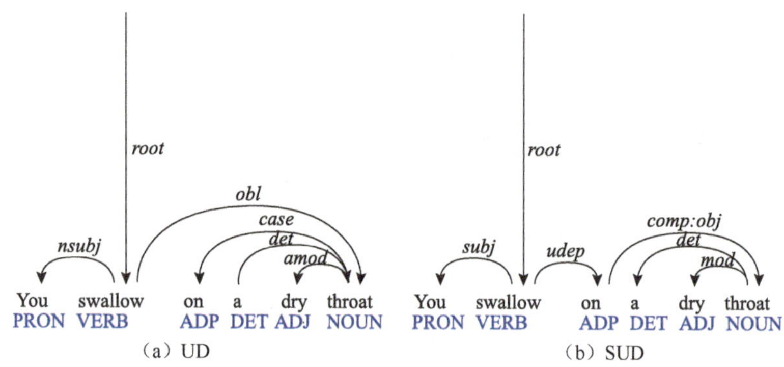

图 2-13 例句“You swallow on a dry throat.”基于 UD 和 SUD 的依存结构图

Gerdes 等（2018）指出，UD 语义标注和 SUD 句法标注最大的差别在于虚词和实词之间依存关系的表示。在图 2-13 中，二者的差异体现在与虚词 on 相关的依存关系上。在图 2-13（a）中，虚词 on 由实词 throat 支配；与此相反，在图 2-13（b）中，虚词 on 支配实词 throat。这种依存方向上的变化导致了句中各依存关系的依存距离的变化。因此，相同的语料使用不同的标注体系会引起支配词与从属词之间相对位置和线性距离的变化，最终导致整个句子或整个树库依存指标测量结果的差异。

然而，鲜有研究把标注方式作为主要的研究对象。一部分研究采用的是多种标注方式下的多语言树库。例如，Liu（2008a，2010）（即本书第一章第二节和第三节的研究）所使用的 20 种语言的 20 个树库标注方式不完全相同。Liu 和 Xu（2012）研究了拉丁语到罗曼语族语言的历时变化以及多种罗曼语族语言的共时特征，但是该研究所使用的 15 个树库的标注方式也不一致。还有一些研究采用了同一种标注方式下的树库，但并未将标注方式作为可能影响实验结果的因素进行分析。例如，Chen 和 Gerdes（2018）基于同一种标注方式的树库使用“有向依存距离”这一全新的指标对 50 种语言进行了分类，但未考虑标注方式的影响。此外，还有些研究将标注方式作为实验设计的一部分，但关于标注方式对依存指标的影响讨论得较少且不充分。以 Liu 等（2009b）为例（详见本书第四章第一节），该文使用了不同标注方式下的五个汉语树库，但其目的是减小语料库差异对研究结果的影响，并未将标注方式作为研究重点。此外，Passarotti（2016）评估了斯坦福树库和布拉格树库的差异，但该研究主要关注的是语言网络的拓扑性质和四个概率依存分析器的表现，至于标注方式对依存指标的影响，并无相关讨论。

当然，确有少量文献提供了一些关于语义标注和句法标注之间差异的理论研究和定性分析。Groß 和 Osborne（2015）通过分析虚词在依存结构中的作用来比较语义标注树库和句法标注树库之间的差异；Osborne 和 Maxwell（2015）从历时角度考察了虚词在依存语法中的地位；Ide 和 Pustejovsky（2017）系统地介绍了语言标注的科学方法，以及涉及句法、语义和语篇标注的大量项目，包括标注模型、方法和工具等；Osborne 和 Gerdes（2019）讨论了 UD 将虚词作为实词的从属词的动因，并提供了少量关于依存指标的实证数据。总之，上述研究主要关注的是部分依存关系的某些方面，尤其是与虚词相关的依存关系；方法以理论和定性为主，鲜有研究从实证和定量的角度去探讨标注方式对依存指标的影响。

因此，本节采用定量方法研究标注方式对三个依存指标的影响，即依存距离的分布、支配词居后依存关系的占比，以及 MDD。研究的目标是考察哪种标注方式更适用于涉及依存关系计量指标的语言学研究。

本节主要关注以下四个问题：①语义标注和句法标注之间有何差异？②标注方式是否会影响依存距离的分布特征？③标注方式是否会影响依存方向作为语言类型学指标的可行性？④标注方式是否会影响依存距离作为句法复杂度指标的可行性？

问题①关注的是两种具有代表性的标注方式的计量特征；问题②～④旨在全方位考察标注方式对广泛使用的依存指标的影响。

二、语料

首先，我们从 UD_V2.2 和 SUD_V2.2 版本的树库集中选取了乔治城大学英文多层树库（Georgetown University Multilayer，GUM）（Zeldes，2017）进行语言内部各语体间的比较，从微观角度探究两种标注方式对依存指标的影响。这两种标注方式下的 GUM 树库是对应的，形成一个树库对（treebank pair），内部均可划分为七种语体，分别为学术写作、传记、虚构写作、采访、新闻、旅游指南和操作指南，共计 95 个文本。采用树库对的形式比较各语体之间的差异有利于排除其他干扰因素的影响，如句长、组块、语言类型、语法等，它们是除了标注方式外影响依存指标的因素。同时，前人研究（Jiang & Liu，2015；Wang & Liu，2017；Wang & Yan，2018）表明，语体是影响依存距离和依存方向指标测量结果的一个重要因素，尽管该影响因素的效应量不大。因此，我们希望验证的是当原始语料采用不同的标注方式时，在各标注方式下，语体之间是否依然存在显著差异，且效应量不大。同时，我们希望考察在两种标注体系下的语料之间是否存在显著差异。表 2-6 为 GUM 树库中各语体的基本情况。

表 2-6　GUM 树库中各语体的构成情况

语体	字符
学术写作	5 210
传记	4 105
虚构写作	4 698
采访	17 796
新闻	14 093
旅游指南	14 820
操作指南	16 920

此外，为了便于和本书第一章第二、第三节的结果进行比较（详见表 1-2 和表 1-6），我们也从 UD_V2.2 和 SUD_V2.2 版本的树库集中选取了那两节所研究的 20 种语言的 40 个树库，形成 20 个树库对，旨在进行跨语言比较，从宏观角度探究两种标注方式对依存指标的影响。这 20 种语言分属于的语系见表 1-6。当 UD 和 SUD 树库集中的同一种语言拥有多个树库时，我们选择该语言中字符数最大的树库，使其具有代表性。本研究最终所选定的树库的字符数为 7264～138 283。

在此基础上，我们采用本书第一章中给出的方法，计算了这些语言的依存距离、依存方向等，结果及分析讨论如下。

三、标注方式、依存类型与计量差异

我们以 GUM 树库中的树库对为例，研究 UD 和 SUD 两种标注方式差异背后的原因。

如前文所述，UD 和 SUD 标注方式之间最大的差异在于与虚词相关的依存类型，而其他的依存类型基本一致（Gerdes et al.，2019a）。因此，我们从 Gerdes 等（2018：72）的研究中提取了 UD 语义标注和 SUD 句法标注中与虚词相关的依存类型，如表 2-7 所示。

表 2-7　区分 UD 和 SUD 标注方式的依存类型

依存类型		全称	例句
UD	*aux*	助动词	It had nearly stopped raining. *aux* （stopped, had）
	aux：pass	助动词被动式	They were sold at eighth-grade basketball games on Friday nights. *aux：pass* （sold, were）
	cop	系动词	The rustling might have been mice. *cop* （mice, been）
	mark	标记词	I wanted to go home. *mark* （go, to）
	case	格标记	My father cleared his throat, looking out the door. *case* （door, out）
SUD	*comp：aux*	补语：助动词	It had nearly stopped raining. *comp：aux* （had, stopped）
	comp：pass	补语：助动词被动式	They were sold at eighth-grade basketball games on Friday nights. *comp：pass* （were, sold）
	comp：cop	补语：系动词	The rustling might have been mice. *comp：cop* （been, mice）
	comp	补语：从属连词	I wanted to go home. *comp* （to, go）
		补语：介词	My father cleared his throat, looking out the door. *comp* （out, door）

注：表中的例句取自 GUM 树库中的虚构写作部分（GUM_fiction），其中的依存类型格式为“依存类型（支配词，从属词）”

如表 2-7 所示，四组依存类型与虚词相关，它们分别是：*aux* 和 *comp：aux*；*aux：pass* 和 *comp：pass*；*cop* 和 *comp：cop*；以及 *mark* & *case* 和 *comp*。为了厘清它们之间的对应关系，我们计算了这四组依存类型在 GUM 树库对中出现的频次，如表 2-8 所示。

表 2-8　在基于 UD 和 SUD 标注的英语树库中四组依存类型在七个语体中的频次

依存类型	学术写作	传记	虚构写作	采访	新闻	旅游指南	操作指南
aux vs. *comp：aux*	61	26	111	509	239	212	480
aux：pass vs. *comp：pass*	59	54	17	123	164	149	97
cop vs. *comp：cop*	50	39	98	417	171	274	339
mark & *case* vs. *comp*	749	655	505	2143	1973	1944	2082

如表 2-8 所示，在基于 UD 和 SUD 的 GUM 树库对中，每组依存类型出现的频次一致。以“学术写作”为例，基于 UD 标注方式的 GUM 树库中，依存类

型 *aux* 出现的频次与基于 SUD 标注方式的 GUM 树库中依存类型 *comp: aux* 出现的频次相同（61 次）。同样地，*aux: pass* 和 *comp: pass* 出现的频次均为 59 次，*cop* 和 *comp: cop* 出现的频次均为 50 次，以及 *mark & case* 和 *comp* 出现的频次均为 749 次。此外，尽管各语体中各依存类型出现的频次不一，但 *mark & case* 和 *comp* 的出现频次总是远高于其他的依存类型。具体来说，*mark & case* 和 *comp* 对应的是从属连词/介词与名词之间的关系。这表明从属连词/介词与名词之间依存关系的表示方式是导致 UD 语义标注和 SUD 句法标注差异的主要原因之一。

另外，图 2-13 和表 2-7 均表明，基于 UD 和 SUD 标注的四组依存类型的依存方向刚好相反。例如，在基于 UD 标注的图 2-13（a）中，依存类型 *case*（介词和名词之间的格标记）从 throat 指向 on，而在基于 SUD 标注的图 2-13（b）中，该依存类型从 on 指向 throat，并被定义为 *comp*（补语）。这表明在 UD 语义标注中，实词或语义元素（如名词 throat）支配虚词（如介词 on），强调语义角色；相反地，在 SUD 句法标注中，虚词或句法元素（如介词 on）支配实词（如名词 throat），突出句法功能。这种依存方向相反的情形同样适用于表 2-7 中其他三组依存类型。这说明 UD 和 SUD 标注方式的不同可以归结为支配词选择的不同（head designation）。事实上，支配词的选择一直是现代语法学关注的一个重要问题，尤其是当句子结构当中出现虚词时（de Marneffe & Nivre，2019）。换言之，UD 语义标注削弱了虚词在句子结构中的地位（Osborne & Gerdes，2019），通过将实词作为支配词来最大限度实现跨语言的相似性（de Marneffe & Nivre，2019；Nivre，2015）；相反地，SUD 句法标注充分调用了虚词在句子结构中的句法功能（Groß & Osborne，2015；Osborne & Maxwell，2015），通过将虚词作为实词的支配词使之与依存语法的大多数句法传统保持一致（Eroms，2000；Hudson，1984；Mel'čuk，1988；Starosta，1988）。

接下来，我们将重点关注 UD 和 SUD 树库中以上四组依存类型的计量特征，从而探究支配词选择差异产生的影响。根据第一章给出的依存距离计算公式，我们计算了四组依存类型的 MDD，如图 2-14 所示。其中，数值的正负表示各依存关系的依存方向。

如图 2-14 所示，在基于 UD 和 SUD 标注的英语树库中四组依存类型在七个语体中的依存方向和依存距离具有一定的相似性。其一，在基于 UD 语义标注的英语树库中，四组依存类型在七个语体中的依存方向均为正数，即所有 *aux*、*aux: pass*、*cop* 和 *mark & case* 均为支配词居后；相反地，在基于 SUD 句法标注的英语树库中，与之对应的依存类型 *comp: aux*、*comp: pass*、*comp: cop* 和 *comp* 均为支配词居前。这在很大程度上可能导致 SUD 树库中支配词居前依存关系的比例高于 UD 树库中的这一比例。其二，在基于 UD 语义标注的英语树库中，

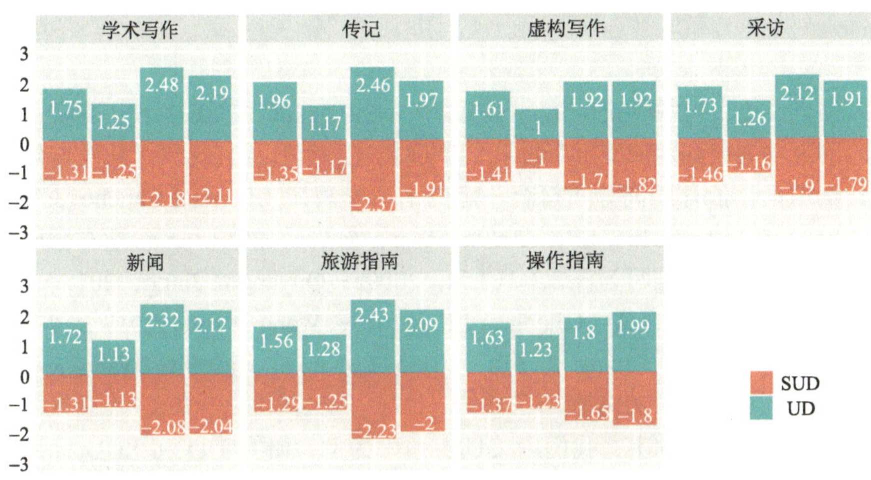

图 2-14　英语树库中四组依存类型在七个语体中的 MDD 和依存方向

注：各图中纵轴表示 MDD 和依存方向，横轴表示四组依存类型（各分图中，绿色分别对应 UD 标注下 *aux*、*aux：pass*、*cop* 和 *mark & case* 这四种依存类型，红色分别对应 SUD 标注下 *comp：aux*、*comp：pass*、*comp：cop* 和 *comp* 这四种依存类型

四组依存类型在七个语体中的 MDD（绝对值）均不小于基于 SUD 句法标注的英语树库中的结果。以“学术写作”为例，基于 UD 标注的树库中四个依存类型 *aux*、*aux：pass*、*cop* 和 *mark & case* 的 MDD 分别为 1.75、1.25、2.48 和 2.19，与之对应的基于 SUD 标注树库的四个依存类型 *comp：aux*、*comp：pass*、*comp：cop* 和 *comp* 的 MDD 分别为 1.31、1.25、2.18 和 2.11。没有任何一个 SUD 树库的 MDD 的数值大于 UD 树库的结果。这很可能使得 UD 树库的 MDD 大于 SUD。事实上，除了某些特定的情形（Nivre，2015），UD 树库中的虚词一般都没有从属词。因此，在取消了虚词的过渡作用之后，虚词和实词之间（如介词和名词之间）修饰实词的修饰词越多（如形容词），*root* 根节点与实词之间（如动词与名词之间）的依存距离越大。例如，图 2-13（a）中，如果名词 throat 之前的形容词修饰成分越多，那么 swallow 和 throat 的距离就越远。因此，我们的量化结果表明，UD 语义标注会使得英语树库中支配词居后依存关系的比例增高以及树库的 MDD 扩大，而其原因可以归结为 UD 标注方式在支配词选择过程中对语义元素的强调。

综上，支配词选择机制的不同导致了语义标注和句法标注之间的差异，从而改变了依存指标的测量结果。测量结果的不同可能导致语言学家对相同的语言现象产生不同的语言学解释。接下来，我们将重点关注标注方式对三个依存指标的影响。这三个指标分别为依存距离分布特征、支配词居后依存关系的占比和 MDD。以下讨论旨在调查哪种标注方式更加适用于语言学研究。

四、标注方式、依存距离分布与相邻依存关系

人类自然语言遵循特定的语言学规律（Köhler et al.，2005）。从真实语料所发现的语言学规律和定律能够帮助我们准确描述和解释语言现象，从而构建完整的语言学理论。依存距离分布符合一定的语言学规律（Ferrer-i-Cancho & Liu，2014；Jiang & Liu，2015；Liu，2009a；Wang & Liu，2017），包括右截尾修正 Zipf-Alekseev 分布（缩写为 MZA）（Liu，2009a；Ouyang & Jiang，2018）、右截尾 Waring 分布（缩写为 W）（Jiang & Liu，2015；Wang & Liu，2017）和右截尾 Zeta 分布（缩写为 Z）（Jiang & Liu，2015；Liu et al.，2009b；Wang & Liu，2017；陆前、刘海涛，2016）。

在以上研究的基础上，我们以 GUM 树库为例，研究 UD 和 SUD 标注下七个语体的依存距离分布是否遵循某些普适的语言学规律。我们使用 Altmann-Fitter 拟合器将 GUM 树库中的 95 个文本的依存距离分别与上述三个概率分布模型进行拟合。表 2-9 为拟合结果的决定系数 R^2 的平均值，用以说明拟合优度。

表 2-9　GUM 树库中依存距离拟合概率分布模型的 R^2 均值

树库	语体	MZA	W	Z
UD	学术写作	0.9880	0.9844	0.8847
	传记	0.9891	0.9859	0.8980
	虚构写作	0.9924	0.9909	0.9119
	采访	0.9938	0.9912	0.9011
	新闻	0.9904	0.9899	0.9149
	旅游指南	0.9928	0.9906	0.8999
	操作指南	0.9930	0.9881	0.8996
	均值	0.9914	0.9887	0.9014
SUD	学术写作	0.9931	0.9964	0.9769
	传记	0.9915	0.9953	0.9808
	虚构写作	0.9918	0.9949	0.9770
	采访	0.9944	0.9974	0.9802
	新闻	0.9957	0.9974	0.9833
	旅游指南	0.9945	0.9974	0.9787
	操作指南	0.9909	0.9954	0.9728
	均值	0.9931	0.9963	0.9785

如表 2-9 所示，基于 UD 和 SUD 标注的各英语语体的依存距离分布都能够很好地拟合右截尾修正 Zipf-Alekseev 分布（R^2>0.98）、右截尾 Waring 分布（R^2>0.98）和右截尾 Zeta 分布（R^2>0.88）。尽管 UD 语料的拟合优度低于 SUD 语料的拟合优度，但两者的拟合优度均在可接受范围之内（R^2>0.80）。

为了更清楚地显示拟合效果，我们以右截尾 Zeta 分布为例，绘制了七个随机选择的文本的依存距离分布与右截尾 Zeta 分布拟合的理论频次和实际频次。结果如图 2-15 所示。

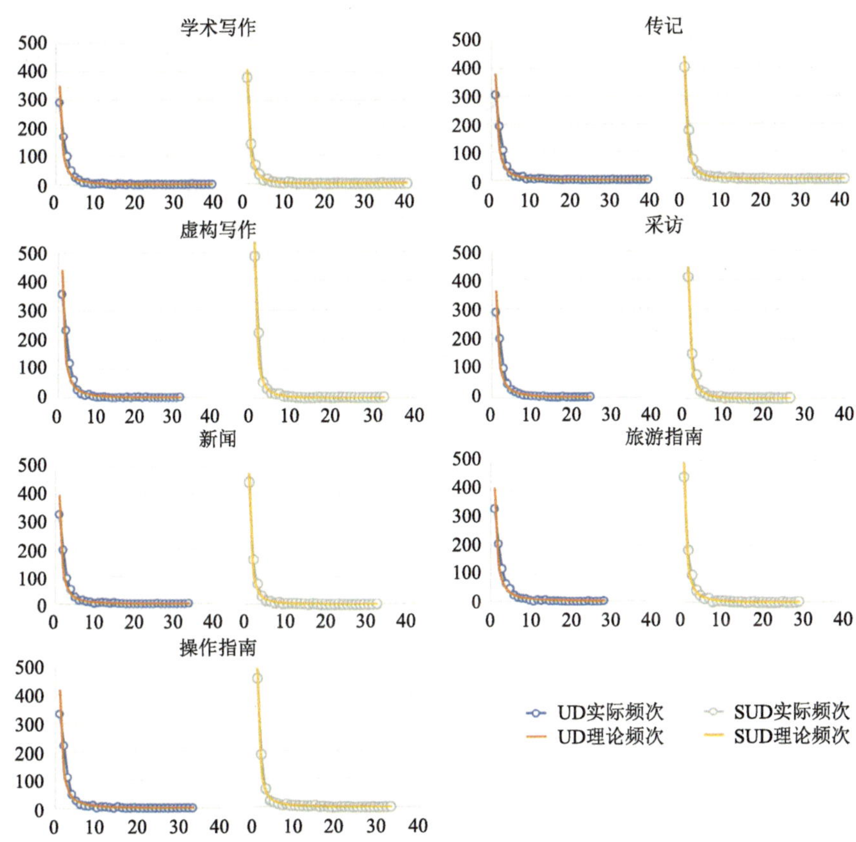

图 2-15　七个文本的依存距离分布与右截尾 Zeta 分布的拟合结果

注：图中的横轴表示依存距离，纵轴表示依存距离对应的频次

如图 2-15 所示，尽管七个文本的依存距离分布拟合右截尾 Zeta 分布的决定系数 R^2 低于它们拟合其他两个分布模型的结果，但是无论是基于 UD 还是基于 SUD，它们的依存距离分布都能够很好地拟合右截尾 Zeta 分布。具体而言，在所有语体下，相邻依存关系（依存距离为 1）在所有依存距离中占比最高，并且随着依存距离的增大，对应出现的频次递减，形成一种长尾分布特征。这种特征

说明自然语言的依存距离分布符合一定的分布规律，而这种规律与标注方式无关。实际上，由于人类工作记忆的限制，支配词与从属词之间的依存距离越大，处理该语言结构的难度就越大（Gibson，2000；Lewis & Vasishth，2005）；相应地，语言结构的依存距离越小，处理难度也就越小。因此，人类语言倾向于通过最小化依存距离来减轻工作记忆负担。这与省力原则（Least Effort Principle）（Zipf，1949）以及依存距离最小化倾向（Dependency Distance Minimization）（Ferrer-i-Cancho，2004，2013；Liu，2008a；Liu et al.，2017；Temperley & Gildea，2018）相一致。

此外，图 2-15 中值得注意的是 SUD 树库中相邻依存关系的频次总是明显高于 UD 树库。在前人研究中，英语中相邻依存关系的占比分别为 74.2%（Collins，1996：187）、50%左右（Liu，2008a：181）、48.55%～51.77%（Wang & Liu，2017：141）等。各研究在相邻依存关系占比方面的差异可能是受到了树库的大小以及标注方式的影响。因此，作为依存距离分布的一个重要特征，相邻依存关系的占比值得我们进一步研究。接下来，我们将重点关注相邻依存关系的占比是否受到标注方式的影响。表 2-10 列出了在 UD 和 SUD 标注方式下各英语语体中相邻依存关系的占比。

表 2-10　英语树库中各英语语体相邻依存关系的占比　　单位：%

语体	UD	SUD
学术写作	39.85	54.55
传记	40.21	54.48
虚构写作	42.94	57.46
采访	41.22	56.29
新闻	40.55	54.84
旅游指南	39.42	53.57
操作指南	41.34	55.05
均值	40.79	55.18

如表 2-10 所示，两种标注方式下的七个语体之间的相邻依存关系占比都分别存在差异，即在同一标注方式下，各语体间相邻依存关系占比不同；另外，两种标注方式之间各语体的相邻依存关系的占比同样存在差异。具体而言，基于 UD 标注的七个语体的相邻依存关系占比在 40%左右，而基于 SUD 标注的占比在 55%左右。因此，这就引出了两个问题：①在同一种标注方式下，各语体之间的差异是否显著？②两种标注方式间的差异是否导致了两组数据显著的差异？

对于第一个问题，我们以 UD 标注下的相邻依存关系为因变量，以 UD 标注下的语体为自变量，构建逻辑回归模型。该模型显著但相关系数很小（G=21.43，df=6，p<0.0015，Nagelkerke's R^2=0.000，C=0.510）。然后，我们以 SUD 标注下的相邻依存关系为因变量，以 SUD 标注下的语体为自变量，构建另一个逻辑回归模型。该模型同样显著但相关系数很小（G=29.57，df=6，p<0.0001，Nagelkerke's R^2=0.001，C=0.512）。这两个逻辑回归模型的结果与 Wang 和 Liu（2017）的结果相一致。因此，虽然相邻依存关系的占比在各语体中存在差异，但是不论采用哪种标注方式，语体与相邻依存关系的效应值都不大。

对于第二个问题，我们构建了另外两个逻辑回归模型。第一个模型以相邻依存为因变量，以语体为自变量。该模型显著但相关系数很小（G=4714，df=6，p<0.0001，Nagelkerke's R^2=0.000，C=0.511）。第二个模型以语体、标注方式及其交互作用作为自变量，以相邻依存为因变量。该模型显著但相关系数不大（G=2694.75，df=13，p<0.0001，Nagelkerke's R^2=0.028，C=0.577）。我们对两个模型进行了似然比检验，两个模型存在显著差异（p<0.0001）。该结果表明不同标注方式下的相邻依存关系存在显著差异，但相邻依存关系与语体、标注方式及其交互作用之间的效应量较小（Nagelkerke's R^2=0.028，C=0.577）。

以上两个问题的结果表明语体和标注方式都是影响相邻依存关系占比的重要因素，但语体和标注方式的效应量都不大。实际上，尽管相邻依存关系的占比因标注方式的不同而有所差别，但是无论基于哪种标注方式，自然语言中相邻依存关系在所有依存关系中的占比都是最高的。

这再次说明，影响依存距离分布和相邻依存关系占比的一个重要原因是人类的认知机制限制而非语言结构的具体表现形式（如标注方式）。人类有限的工作记忆导致相邻依存关系是占比最高的依存关系，进而导致了依存距离分布的长尾特征。接下来，我们考察一下标注方式对依存方向和依存距离的影响。

五、标注方式、依存方向与语言类型

语言类型学关注的是各语言在结构和功能特征上的异同（Caffarel et al.，2004；Haspelmath et al.，2005），其中语序是语言类型学的重要指标（Dryer，1997；Hawkins，1983；Hiranuma，1999；Liu，2010；Liu & Xu，2012；Nathan & Scobell，2012）。一般而言，传统语言类型学主要依赖于各语言的形态特征，而现代语言类型学（语序类型学）更加关注句子内部各成分之间的相互关系。现代语言类型学的开端可以追溯至 Greenberg（1963）的研究。随后，大量具有现代类型学特征的类型学研究开始涌现（Dryer，1992，1997；Hawkins，1983）。然而，早在 Greenberg 之前，Tesnière（1959）就提出了一种基于支配词和从属词相对位置来进行语言分类的方法。这种支配词与从属词之间的相对线性位置被定义为依存方向。Liu（2010）基于 20 种语言的树库验证了使用依存方向指标进行语言聚类的可行性（参照本书第一章第三节）。之后，这种方法被大量应用于基于树库的语言学研究当中（Chen & Gerdes，2017，2018；Futrell et al.，2015；Gerdes et al.，2019b；Liu &Xu，2012）。同时，使用计量方法来探究人类语言类型普遍性已经成为一个重要趋势（Levshina，2019；Merlo & Ouwayda，2018）。

在依存语法框架下，前人研究发现一些语言倾向于支配词居后，一些语言倾向于支配词居前，也有的语言为支配词均衡分布语言（也有人称之为支配词中置语言，即支配词居前和支配词居后的依存关系数量相近）（Liu，2010；Osborne & Gerdes，2019）。根据支配词居前或居后的倾向，不同的语言可以分布在一个类型学连续统上，这为进一步进行语言分类提供了基础（参照本书第一章第三节）。具体到英语来看，前人研究发现英语属于支配词均衡分布语言（Hiranuma，1999；Liu，2010）。根据本节此前的考察，我们假设 UD 英语树库中支配词居后依存关系的占比大于 SUD 英语树库中的结果。为了验证该假设，我们计算了在两种标注方式下各英语语体的支配词居后依存关系的占比，见表 2-11。

表 2-11　不同标注体系下各英语语体支配词居后依存关系的占比　　单位：%

语体	UD	SUD
学术写作	64.72	43.31
传记	64.07	41.40
虚构写作	66.51	45.31
采访	67.00	43.93
新闻	65.95	45.25
旅游指南	68.08	47.06
操作指南	64.43	41.05
均值	66.12	44.06

如表 2-11 所示，支配词居后依存关系的占比在不同语体和不同标注方式之间均存在差异。一方面，在同一标注方式下各语体之间的支配词居后依存关系占比存在差异。具体而言，基于 UD 标注下的七种语体之间存在差异。同样，基于 SUD 标注的七种语体之间也存在差异。另一方面，同一语体在不同标注体系下的支配词居后依存关系占比也存在显著差异。例如，“学术写作”语体在基于 UD 标注下的支配词居后依存关系占比为 64.72%，而同样的语体在基于 SUD 标

注下的占比为 43.31%。事实上，各语体基于 SUD 标注的支配词居后依存关系的占比都低于基于 UD 标注的占比，这一结果与本节第三部分的发现一致。相比之下，前人研究发现，支配词居后依存关系的占比为 51.2%（Liu，2010）；各语体支配词居后依存关系的占比为 48.88%～53.65%（Wang & Liu，2017），基于 UD 语义标注的支配词居后的依存关系占比略高，而基于 SUD 句法标注的占比则略低。换言之，语料中支配词居后依存关系的占比受到了语体和标注方式的影响。那么，这种影响在语体内部以及标注方式之间是否存在显著差异？我们通过构建逻辑回归模型来进行变量的预测与检验。

首先，我们以 UD 支配词居后依存关系与 UD 语体为因变量和自变量构建逻辑回归模型，然后以 SUD 支配词居后依存关系与 SUD 语体为因变量和自变量构建逻辑回归模型，结果分别为 G=54.26，df=6，p<0.0001，Nagelkerke's R^2=0.001，C=0.517，以及 G=114.98，df=6，p<0.002，Nagelkerke's R^2=0.002，C=0.524，即两个模型均有显著差异，但相关系数很小。该结果说明，在同一标注方式下，英语语体存在显著差异，但支配词居后依存关系与语体之间关系的效应量很小。

此外，我们又构建了另外两个模型用以预测不同标注方式下各语体的支配词居后依存关系是否存在显著差异。首先，我们以支配词居后依存关系为因变量，以语体为自变量建立逻辑回归模型，该模型显著但相关系数较小（G=147.72，df=6，p<0.0001，Nagelkerke's R^2=0.002，C=0.519）。然后，我们以语体、标注方式及它们的交互效应去预测支配词居后的依存关系，该逻辑回归模型显著但相关系数依然不大（G=6496.45，df=13，p<0.0001，Nagelkerke's R^2=0.066，C=0.621）。随后的似然比检验结果显示，两个模型差异显著（p<0.0001）。该结果表明不同标注方式下的支配词居后依存关系存在显著差异，但支配词居后依存关系与语体、标注方式以及它们交互作用的效应量较小（Nagelkerke's R^2=0.066，C=0.621）。

对以上两个问题的研究说明，标注方式是影响支配词居后依存关系的因素，但其效应量不大。那么，这种支配词居后影响是否会导致各语言在 Tesnière（1959）提出的语言类型学连续统上的排序发生变化？根据 Croft（2002）的观点，语言类型学最基本的特征是跨语言比较。同时，在语言类型学领域内，通过语法的多样性来推断语言学共性已成为一种常用方法（Croft，2002；Keenan & Comrie，1977；Nathan & Scobell，2012；Stassen，1985）。因此，我们使用前人的方法（Liu，2010；Liu & Xu，2012；Wang & Liu，2017）计算了支配词居后依存关系在 20 种语言的 20 个树库对中的占比，结果如表 2-12 所示。同时，基于两方面原因，我们将该结果与 Liu（2010）的结果进行比较（参照本书第一章第三节）后发现：①Liu（2010）用计量的方法验证了 Tesnière（1959）提出的采用依存方向作为语言类型学指标的可行性；②该研究在使用树库进行语言分类的研究中得到了广泛认可（Futrell et al.，2015；Gerdes et al.，2019b；Liu & Xu，2012），具有很高的实践意义。

表 2-12　20 种语言在 UD 和 SUD 标注方式下的支配词居后依存关系占比　单位：%

语言	UD	语言	SUD
阿拉伯语（ara）	27.85	阿拉伯语（ara）	7.95
罗马尼亚语（rum）	50.11	罗马尼亚语（rum）	27.60
日语（jpn）	57.34	加泰罗尼亚语（cat）	33.47
巴斯克语（eus）	57.74	西班牙语（spa）	34.69
西班牙语（spa）	57.85	葡萄牙语（por）	35.61
加泰罗尼亚语（cat）	57.89	保加利亚语（bul）	35.69
捷克语（cze）	58.34	丹麦语（dan）	36.20
葡萄牙语（por）	58.56	意大利语（ita）	37.51
保加利亚语（bul）	60.85	斯洛文尼亚语（slv）	38.23
丹麦语（dan）	60.88	瑞典语（swe）	38.94
意大利语（ita）	61.32	捷克语（cze）	40.38
希腊语（ell）	62.68	英语（eng）	42.68
瑞典语（swe）	62.79	希腊语（ell）	45.73
斯洛文尼亚语（slv）	64.79	荷兰语（dut）	47.01
英语（eng）	65.81	德语（ger）	49.68
德语（ger）	67.79	汉语（chi）	65.65
荷兰语（dut）	68.38	巴斯克语（eus）	70.74
土耳其语（tur）	69.30	匈牙利语（hun）	73.33
匈牙利语（hun）	72.88	土耳其语（tur）	76.23
汉语（chi）	73.70	日语（jpn）	93.28

注：表中的数据按照支配词居后依存关系的占比升序排列

Altmann 和 Lehfeldt（1973）认为，用于语言分类的系统必须建立在各语言间相似性的基础之上。如表 2-12（左）所示，基于 UD 标注的 20 个树库在语言分类过程中的整体表现不错。具体而言，在七大语系中，亚非语系、汉藏语系、阿尔泰语系和乌拉尔语系的分类准确，但有两种语言（巴斯克语和日语）的分类不恰当。在所有 20 种语言当中，理论上不属于印欧语系的巴斯克语（eus）和日语（jpn）被错误地与其他印欧语系的语言归为一类，打破了各种语言在语言类型连续统上的分布。此外，表 2-2 中对印欧语系的语言分类也不准确，罗曼语族、斯拉夫语族、日耳曼语族与希腊语族混在了一起。另外，值得注意的是，不同于前人的研究（Liu，2010；Tesnière，1959；Wang & Liu，2017），在 UD 标注下，英语（eng）并不在类型学连续统的中间位置。相反地，它位于整个连续统的末端（在 20 种语言中位列第 15 位）。这说明标注方式会影响各种语言在类型学连续统上的分布。因此，根据 UD 语义标注下的依存方向对语言进行分类，总体效果不错，但在语系和语族的细分方面表现不足。这一结果与 Chen 和 Gerdes（2018）的结论基本一致。

至于表 2-12（右），基于 SUD 标注的七个语系均正确分布于类型学连续统上。该结果与 Liu（2010）的结果非常接近（参照图 1-14）。此外，在语族的分类方面，我们也发现了一些有意思的细节。例如，在 Liu（2010）的研究中被错误归类的丹麦语（dan）在本节中得到了纠正。事实上，如 Liu（2010）所述，正是特定的标注方式导致了丹麦语（dan）在类型学连续统上位置的改变，也导致了它的"形容词—名词"线性特征与 WALS（Haspelmath et al.，2005）相悖。在本节中，SUD 句法树库在标注方式上具有跨语言的统一性，这在某种程度上弥补了之前研究（Liu，2010）的不足。此外，保加利亚语（bul）在类型学连续统上离罗曼语族的罗马尼亚语（rum）、加泰罗尼亚语（cat）、西班牙语（spa）和葡萄牙语（por）更近，而离斯拉夫语族的斯洛文尼亚语（slv）、捷克语（cze）更远。这验证了 Liu（2010）的观察结果，即保加利亚语（bul）并非典型的斯拉夫语族语言，相反，由于地处巴尔干半岛，其语言（序）特征更加接近罗曼语族。当然，表中对罗曼语族的归类效果并不如 Liu（2010）。具体来说，罗曼语族的意大利语（ita）混杂到了日耳曼语族的丹麦语（dan）和斯拉夫语族的斯洛文尼亚语（slv）之中。这在一定程度上可能是受到树库大小、语体特征、句长等因素的影响，值得进一步讨论。另外，英语（eng）在所有 20 种语言中位列第 12 位，也就是在连续统的中部。这在一定程度上表明，尽管 SUD 标注方式改变了各语言的支配词居后依存关系的占比，但每种语言在整个类型学连续统上的相对位置与前人的假设（Tesnière，1959；Liu，2010）更为接近。

此外，表 2-12（右）剔除异常值（阿拉伯语，7.95%）之后，基于 SUD 标注的支配词居后依存关系的占比值域为 27.60%～93.28%，远大于基于 UD 标注的这一值域（27.85%～73.70%）。这表明，以 SUD 标注下的依存方向为指标，各语言能够均衡地分布在类型学连续统上。另外，有趣的是表 2-12（右）中，基于 SUD 标注的巴斯克语（eus）、匈牙利语（hun）、土耳其语（tur）、日语（jpn）聚集在连续统的一端。这四种语言理论上属于黏着语（Liu & Li，2010；Oh et al.，2013），这可能是它们集中分布的原因。综上，以上结果说明了使用 SUD 句法标注的依存树库在语言类型学研究中的可行性，同时弥补了前人研究由于树库标注方式引起的问题。

正如 Levshina（2019，2022）所述，语料库在类型学研究中扮演着越来越重要的角色。随着带标注语料库（树库）的使用和统计工具的大量涌现，类型学家与语料库语言学家的合作能够为语言类型学领域注入新的活力与创造力。

六、标注方式、依存距离与句法复杂度

除了关注将依存方向作为语言类型学指标的可能性外，我们也需要基于不同标注体系，对 MDD 作为衡量句法复杂度的指标的有效性进行考察（Gibson，2000；Hudson，1995；Liu，2008a）。

从认知角度看，人类语言句法结构的复杂度受限于人类的工作记忆容量，因而有被简化的趋势（Levy et al.，2013）。最初，Hudson（1995）基于记忆衰退和短期记忆（Brown，1958）提出了依存距离的定义。此后，句法复杂度就与支配词和从属词之间的线性距离联系在了一起（Gibson，2000；Hawkins，2004）。MDD，即句子或树库中所有依存关系的平均值，成为测量语言句法复杂度的重要指标（Hudson，1995）。Liu（2008a）使用树库，通过实证方法，验证了使用 MDD 测量句法复杂度的可行性。之后，各语言学领域出现了大量的探讨 MDD 与句法复杂度关系的研究。这些领域包括一语习得（Ninio，2011，2014）、二语习得（Jiang & Ouyang，2018；Ouyang & Jiang，2018）以及聋哑儿童的语言发展（Yan，2018）等等。

基于本节此前的研究结果，我们提出了一个假设——UD 标注体系下的七个英语语体的 MDD 大于 SUD 标注体系下的 MDD。为了验证该假设，我们先计算了两种标注方式下不同英语语体的 MDD，考察了其在不同语体和标注方式下是否有差异；我们还使用了 20 种语言，从宏观上对标注方式对句法复杂度的影响进行了研究。根据第一章第一节中的依存距离计算公式，我们算出了基于 UD 和 SUD 标注的七个语体的 MDD，结果如表 2-13 所示。

表 2-13 UD 和 SUD 标注方式下英语树库中各英语语体的 MDD

语体	UD	SUD
学术写作	2.89	2.38
传记	2.85	2.42
虚构写作	2.53	2.07
采访	2.65	2.20
新闻	2.81	2.32
旅游指南	2.89	2.34
操作指南	2.61	2.20
均值	2.75	2.28

如表 2-13 所示，各语体的 MDD 在同一标注体系下与不同标注体系间均存在差异。除了在同一标注体系下各语体之间的差别外，最值得注意的是，基于 UD 标注的 MDD 确实总是大于基于 SUD 标注的 MDD。这与我们此前提出的假设是一致的。当然，为了检验不同语体与不同标注体系之间 MDD 的差异是否显著，我们也采用线性回归模型进行了预测与检验。

对于各语体之间的差异，我们首先用 UD 标注下的 MDD 作为因变量，用 UD 标注下的语体作为自变量构建线性回归模型。该模型显著但相关系数小（F=5.26，df_1=6，df_2=88，p<0.001，Adjusted R^2=0.2138）。随后，我们又以 SUD 标注下的 MDD 作为因变量，以 SUD 标注下的语体作为自变量构建线性回归模型。该模型同样显著但相关系数不大（F=5.866，df_1=6，df_2=88，p<0.0001，Adjusted R^2=0.237）。该结果说明，在两种不同的标注方式下，不同英语语体的 MDD 存在显著差异，但 MDD 与语体之间关系的效应量不大。这与我们的假设以及 Wang 和 Liu（2017）的结果一致。

另外，对于两种不同标注方式下 MDD 的差异，我们采用了另外两个线性回归模型来进行预测。首先，我们将 MDD 作为因变量，语体作为自变量构建回归模型。该模型结果显著，但相关系数小（F=3.86，df_1=6，df_2=183，p<0.05，Adjusted R^2=0.08325）。然后，我们用语体、标注方式以及它们的交互作用来预测 MDD。该模型显著且相关系数中等（F=29.13，df_1=13，df_2=176，p<0.0001，Adjusted R^2=0.6593）。之后的似然比检验显示两个模型存在显著差异（p<0.0001）。这一结果表明，不同标注方式下的 MDD 存在显著差异，并且 MDD 与语体、标注方式及其交互作用之间关系的效应量中等（Adjusted R^2=0.6593）。

因此，尽管在同一标注方式下各语体的 MDD 存在差异，但是不同标注方式下的 MDD 的差异更大。具体来说，基于 UD 标注的各语体的 MDD（M=2.75，SD=0.15）显著大于基于 SUD 标注的各语体的 MDD（M=2.28，SD=0.12）。正如 Osborne 和 Gerdes（2019）所述，理论上 UD 标注方式的树结构比传统树结构层级更少、更扁平，因此 MDD 也更大。那么这种变化是否仅仅局限于英语这一种语言呢？我们计算了 20 种语言基于 UD 和 SUD 标注的 20 个树库对的 MDD，并将计算结果与 Liu（2008a）（即本书第一章第二节图 1-7）的数据相比较，结果如图 2-16 所示。

如图 2-16 所示，基于 UD 标注的 20 种语言的 MDD 总是大于 SUD 标注下的结果，这证实了我们关于 UD 标注的假设。当与 Liu（2008a）的结果相比较时发现，有部分语言的 MDD 非常小，包括意大利语（ita）、罗马尼亚语（rum）、丹麦语（dan）、土耳其语（tur）、荷兰语（dut）、日语（jpn）和阿拉伯语（ara）；另外一部分语言的 MDD 很大，包括巴斯克语（eus）、匈牙利

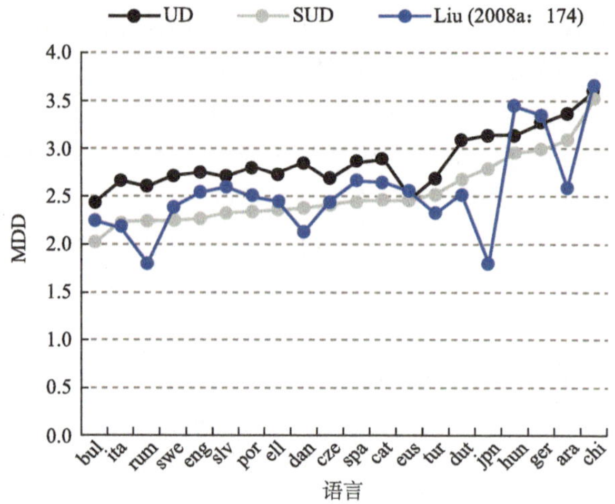

图 2-16 20 种语言的 MDD 及其与 Liu（2008a）的比较

语（hun）、德语（ger）和汉语（chi）。这可能是因为，尽管 Liu（2008a）（即本书第一章第二节）使用的也是经过句法标注的树库，但 20 种语言所采用的标注方式各有不同。另外，虽然 UD 树库、SUD 树库与 Liu（2008a）分别采用了统一的语义标注、统一的句法标注和未统一的句法标注，但是所有树库的平均依存离都小于"魔法数字 7"±2（Miller，1956）或 4（Cowan，2001），即人类工作记忆容量的限度。有限的工作记忆容量在以认知为基础的句法难度测量中被广泛接受（Hawkins，2004；Yngve，1960）。图 2-16 的结果也表明决定句子处理难度上限的是人类工作记忆，而非句法关系的表现方式。该结果与此前的结果相互呼应，进一步佐证了依存距离最小化倾向是一种普适的人类语言系统的运作规律。

然而，20 种语言的 MDD 在不同标注方式下是否存在显著差异呢？我们以 MDD 为因变量，以标注方式为自变量构建了一个线性回归模型。该模型显著但相关系数不大（F=5.033，df_1=2，df_2=57，p<0.05，Adjusted R^2=0.1203）。之后的图基事后检验结果说明，基于 SUD 标注的 MDD 与 Liu（2008a）的结果无显著差异（p>0.05）；而基于 SUD 标注的及 Liu（2008a）的 MDD 均显著小于基于 UD 标注的 MDD（p<0.05）。因此，尽管 SUD 标注与 UD 标注是同源异构的两种标注方式，但是 SUD 句法标注与传统的强调句法关系的标注方式更加接近。

因此，句法标注的树库之间具有一种内在的统一性，使其与语义标注的树库有所区分。理论上来说，Gerdes 和 Kahane（2016）发现 UD 标注体系下的一些基本标注选择与普遍的标注原则并不一致，其根本原因是 UD 在标注过程中更加强调语义角色。Osborne 和 Gerdes（2019）同样评价道，UD 标注在支配词的选择上并不适用于语言学研究；同时，他们指出，由于人类倾向于简化句法复杂度来减轻工作记忆负担，因此就跨语言比较的角度而言，能够得到更小的 MDD 的标注方式在语言学研究中更适用一些。本节的实证研究结果表明，相同的语料在 UD 标注下计算出的 MDD 会被解读为更加复杂的句法结构，同时，基于 SUD 标注的 MDD 与遵循依存语法传统的前述研究更加相似。这在一定程度上说明，SUD 句法标注树库更适用于基于依存距离的句法复杂度研究。

七、本节小结

作为语言研究的重要资源，依存树库必须基于特定的标注方式，而标注方式中支配词的选择，尤其是对语义角色或者句法功能的强调，会影响语言研究的结果，最终导致对语言现象不同的解读。本节以 UD 和 SUD 两种标注方式为例，研究了语义标注与句法标注的区别，探讨了二者在依存句法分析和标注中的可行性。

我们的结果显示，依存距离的分布具有规律性，而与语体、标注方式无关。这表明人类语言倾向于使用更小的依存距离来减少人类工作记忆负担。同时，依存距离的长尾分布特征与相邻依存关系的占比密切相关。我们发现基于 SUD 标注的相邻依存关系的占比高于基于 UD 标注的结果，且似然比检验表明添加了标注方式交互作用的逻辑回归模型与未添加的模型有显著差异，但该模型的相关系数不大，说明标注方式对相邻依存关系的占比影响有限。

在依存方向方面，UD 标注体系下支配词居后依存关系的占比高于 SUD 标注树库的占比，且使用语体、标注方式及其交互作用预测支配词居后依存关系的逻辑回归模型具有显著性，但相关系数不大。此外，20 个 SUD 树库的支配词居后的依存关系占比在语言分类中的表现优于 UD 树库的结果。基于 UD 的结果改变了各语言在 Tesnière（1959）所提出的类型学连续统上的分布，而基于 SUD 的结果在验证 Tesnière 的假设的同时弥补了 Liu（2010）在标注方式上的不统一带来的不足。以上结果验证了将经过统一句法标注的树库中的依存方向作为语言类型学指标的可行性。

从 MDD 看，基于 UD 标注的英语树库中，不同语体的 MDD 均显著大于基于 SUD 标注的结果；且使用语体、标注方式及其交互作用预测 MDD 的线性回归模型具有显著性，相关性中等。宏观上，基于 SUD 标注的 20 种语言的 MDD 与 Liu（2008a）的结果在统计上无显著差异，同时显著小于基于 UD 标注的结果。该结果表明句法标注的依存树库内部具有一致性，也证明了使用 SUD 句法树库进行基于依存距离的句法复杂度测量的可能性。

本节的研究表明，标注方式的不同会导致依存指标测量结果的差异。强调句法功能的标注方式（这里指 SUD）遵循依存语法传统，在较大程度上比强调语义角色的标注方式（这里指 UD）更适用于依存句法分析。该结果说明了使用句法标注树库探索人类语言普遍性与特殊性的可能。

综上所述，本章我们研究了句长、语体和标注方式对依存距离和依存方向这两个计量指标的影响。结果表明，尽管这三个因素对这两个指标有着不同程度的影响，但有一个规律总是有效的，那就是依存距离最小化。在下一章中，我们将从依存距离的概率分布、非投影依存关系、组块等角度，探讨依存距离最小化这一人类语言普遍规律的成因。

第三章

依存距离最小化及其形成机理

第一节　汉语依存距离的概率分布

一、引言

依存距离指的是支配词与从属词之间的线性距离。在前两章中，我们已经从多个角度讨论了依存距离衡量语言理解难度或句法复杂性的可能性，以及影响这一指标的三个主要因素。本节我们将从计量语言学的角度探究依存距离的概率分布规律，旨在从数理的角度加深对依存距离最小化机理的理解。

概率分布规律是计量语言学中最重要的一种定律，用于描述语言结构（或单位）在语言系统和语言使用中的定量特征（刘海涛，2017）。现代计量语言学最重要的基础——齐普夫定律就是一种分布定律。

按照本书第一章第一节中所给的定义，相邻的两个词之间的依存距离为 1。例如，图 1-1 中的汉语句子“他有三本书”中含有四个依存关系，除动词“有”之外，每个词都有一个支配词，按照表 1-1，我们依次用支配词序号减去从属词序号，便得到这个句子的依存距离序列“1、1、1、3”，即该例中有三个依存距离为 1 和一个依存距离为 3 的依存关系。采用相同的方法，我们也可以获得整个文本（或树库）的依存距离序列。有了一个文本的依存距离序列之后，我们就可以计算该序列的概率分布。

本节使用的汉语依存树库是基于中央电视台的《新闻联播》。该树库包含 711 个句子和 17 809 个词，平均句长为 25。为保持文本的同质性，我们从树库中随机抽取了六个文本。每个文本都是一个相对独立的事件。为了比对，我们也按照第一章中提到的随机依存语言的生成方法，为这六个文本构建了两个随机依存标注文本。

二、六个汉语文本的依存距离分布

尽管距离可以用不同的方式来测量，但我们希望我们的结果更具普遍意义，所以采用了连续方式来推导距离分布的模型。我们从简单的假设开始，即频率的相对变化率[$f(x)$]与距离的相对变化率（x）成反比，那么：

$$\frac{\mathrm{d}f(x)}{f(x)} = -\frac{a}{x}\mathrm{d}x \tag{3-1}$$

解这个在语言学中常用的微分方程，可得到：

$$f(x)=\frac{K}{x^a} \tag{3-2}$$

由于采用的是离散方式测量距离，且文本是有限的，因此我们将式（3-2）转换为离散分布并计算归一化常数 K，即假定：

$$P_x = \frac{K}{x^a}, x = 1, 2, \cdots, R \tag{3-3}$$

其中 R 为右截尾点。定义函数如下：

$$\Phi(b,c,a) = \sum_{j=1}^{\infty}\frac{b^j}{(c+j)^a}$$

因为在式（3-3）中，b=1，c=0，R 为最大距离，通过简单的运算即可得到 $K=[\Phi(1,0,a)-\Phi(1,R,a)]^{-1}$，最终得到：

$$P_x = \frac{1}{x^a\left[\Phi(1,0,a)-\Phi(1,R,a)\right]}, x = 1, 2, \cdots, R \tag{3-4}$$

即右截尾 Zeta 分布（或 Zipf 分布）。归一化常数可以简记为：

$$K^{-1} = \sum_{j=1}^{R} j^{-a}$$

接下来，我们使用计量语言学软件 Altmann-Fitter 对从六个文本中获得的依存距离序列进行拟合，检验它们是否符合右截尾 Zeta 分布，拟合结果见表 3-1。可以看出，我们的假设与数据保持一致。

表 3-1　六个文本依存距离的右截尾 Zeta 分布拟合

No.	X^2	*df*	*P*	*a*	*R*	*N*
1	22.72	18	0.202	1.625	21	389
2	32.50	24	0.115	1.561	28	385
3	22.26	23	0.505	1.602	37	233
4	22.69	17	0.160	1.631	20	346
5	24.57	21	0.266	1.650	27	361
6	15.30	18	0.641	1.634	23	295

注：No.：文本序号；X^2：卡方值；*df*：自由度；*P*：卡方概率；*a*/*R*：右截尾 Zeta 分布参数；*N*：文本词数

为节省篇幅，我们在这里只列出一个文本的拟合图，如图 3-1 所示。

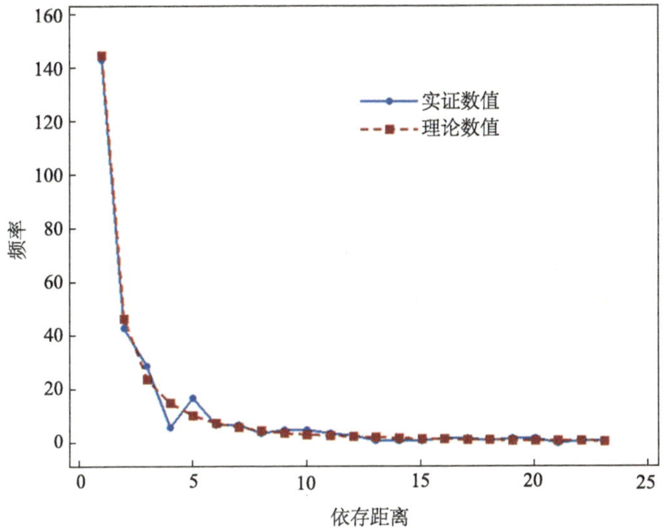

图 3-1　文本 6 依存距离的 Zeta 分布拟合

三、两个随机树库的依存距离分布

如果右截尾 Zeta 分布适宜于描述自然语言依存距离的分布，那么，接下来的问题是：句法在这种分布中起什么作用呢？在同样的文本中，如果我们通过随机连接词的方式形成依存关系，那么还会满足右截尾 Zeta 分布吗？或者说，Zeta 分布是句法依存结构的一般属性或规律吗？

为了回答这些问题，我们使用本书第一章第一节中提到的两种方法为这六个文本分别构建了两组随机树库。在理想情况下，我们可以使用随机生成的词库和句子来产生一种语言，但很难或几乎不可能对其进行句法分析。也就是说，随机语言是不符合人类语言的语法的。因此，通过为文本中存在依存关系的所有词随机指派支配词，我们可以构建随机依存树库，作为对随机语言进行依存分析的样本。

在我们生成的两组随机依存树库中，第一组随机树库（RL1）是我们在不考虑句法和语义的情况下，从每个句子里随机选一个词作为句子的中心，然后在同一句子里随机选择另外一个词作为它的支配词，以此类推构建的；第二组随机树库（RL2）则是具有投影性和联通性，即没有交叉弧的随机依存树库。

先来看 RL1，在为六个文本中所有的词随机分配支配词后，我们计算了它们的依存距离。鉴于目前尚无理论假设可作为起点，我们用 Altmann-Fitter 探索可能的经验模型。值得注意的是，此时的分布不再是右截尾 Zeta 分布。不过，我们发现随机生成的 RL1 结构服从超泊松（hyper-Poisson）分布，结果见表 3-2。

表 3-2　六个文本依存距离的超泊松拟合结果（RL1）

No.	X^2	*df*	*P*	*N*	*a*	*b*
1	39.99	41	0.515	52	1121.21	1204.19
2	44.31	58	0.907	75	787.60	802.59
3	38.69	39	0.484	49	705.72	741.09
4	32.48	36	0.637	44	881.37	956.53
5	26.32	37	0.904	48	367.02	368.77
6	39.28	56	0.956	56	7193.47	7612.17

注：No.：文本序号，X^2：卡方值，*df*：自由度，*P*：卡方概率，*N*：文本词数，*a*、*b*：超泊松分布参数

同样，我们以其中一个文本的拟合图为例（图 3-2），以便更好地观察这些拟合结果。通过图 3-2 中的曲线，我们不难发现，观测数据存在极大的不规则性，甚至都不是单调递减的。换言之，图 3-2 所显示的观测数据并不是一个具有语言学意义的概率分布。

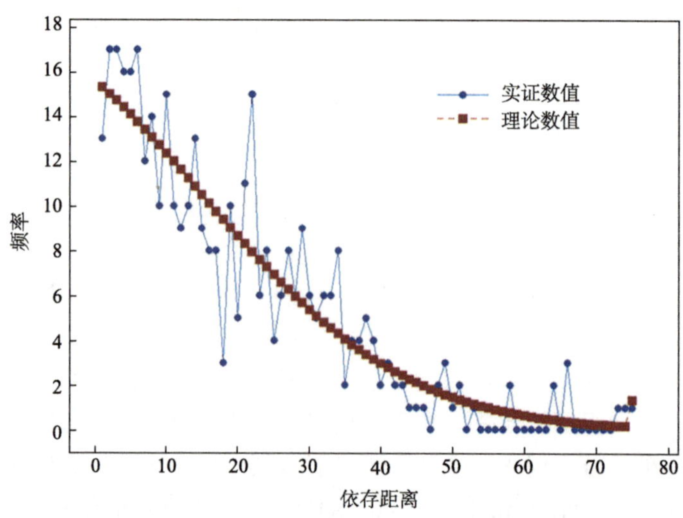

图 3-2　文本 2 的依存距离超泊松分布拟合（RL1）

对照第一章中给出的依存结构图的四个形式合格条件，RL1 只满足了其中的两个，所以据此生成的依存图不符合句法。在 RL1 不满足的条件中，有一条是投影性，也就是依存关系的交叉问题。尽管某些人类语言中存在非投影性结构，但投影性是自然语言中大多数依存图（树）的特性。因此，为探究投影性对依存距离分布的影响，我们在随机生成依存图时增加了投影性的约束（无交叉边），即 RL2。表 3-3 为所研究的六个文本的 RL2 依存距离的右截尾 Zeta 分布的拟合结果。

表 3-3　六个文本的依存距离右截尾 Zeta 分布拟合（RL2）

No.	X^2	*df*	*P*	*a*	*R*
1	21.92	38	0.983	1.389	48
2	38.06	45	0.759	1.394	65
3	31.29	30	0.401	1.408	46
4	29.83	34	0.672	1.388	43
5	35.44	33	0.824	1.334	36
6	29.70	36	0.761	1.388	52

注：No.：文本序号；X^2：卡方值；*df*：自由度；*P*：卡方概率；*a*/*R*：右截尾 Zeta 分布参数

图 3-3 为一个 RL2 文本的 Zeta 拟合图。有趣的是，RL2 的右截尾 Zeta 分布拟合结果与自然语言（图 3-1）的拟合结果一样好。显然，投影性在其中起到了关键性的作用，但这是否意味着投影性就等于句法呢？

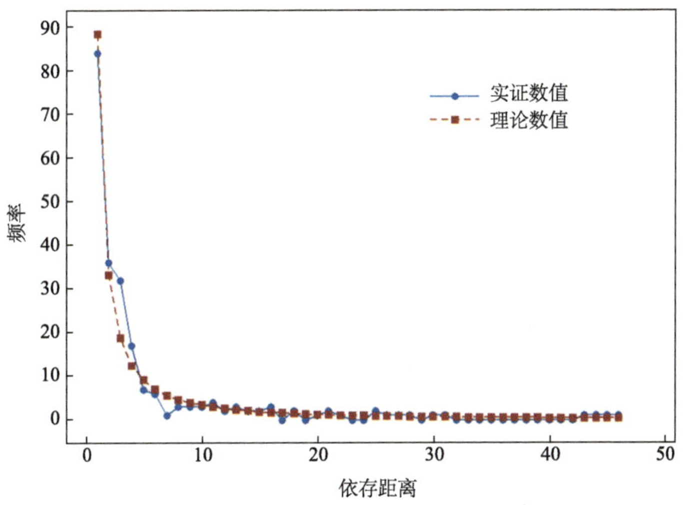

图 3-3　文本 3 的依存距离右截尾 Zeta 分布拟合（RL2）

四、依存距离的时序图和 MDD

从上面的研究结果可以看出，依存距离分布可能并不是区分句法和非句法数据的充足条件或唯一标准，因为 RL2 不符合句法，但也遵循 Zeta 分布。Ferrer-i-Cancho（2006）指出，依存图中不太常见的交叉现象，可能是句法相关词之间距离最小化的附加产物。换言之，不交叉可能与符合句法有关。这就要求我们对这三组研究文本（NL、RL1 和 RL2）的（平均）依存距离进行对比分析。

为直观比较三组样本的依存距离分布情况，我们以文本 1 为例绘制了 NL、RL1 和 RL2 的依存距离时序图，如图 3-4 所示。

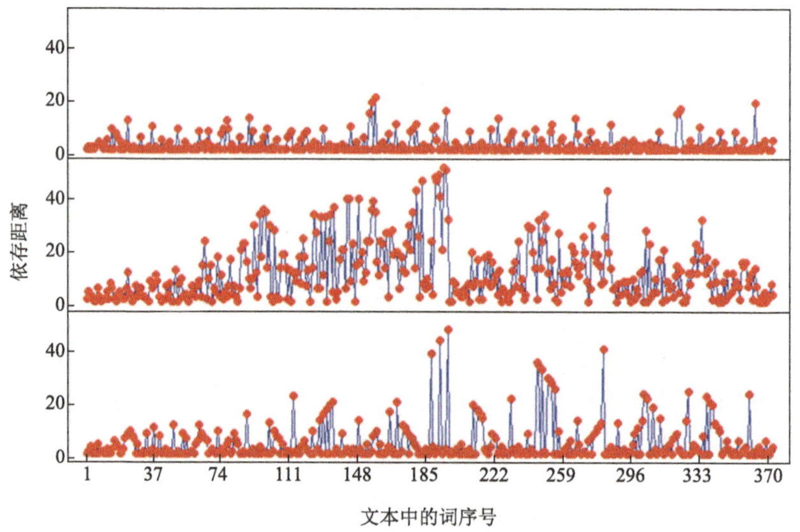

图 3-4 文本 1 的依存距离序列图

注：图中上、中、下三幅小图分别对应 NL、RL1 和 RL2

图 3-4 表明，RL1 的依存距离波动幅度最大，而“无交叉弧”（投影）的制约大大减少了 RL2 中依存距离的波动。此外，句法在减小句子或文本依存距离方面的作用也很明显。对比图 3-4 中的三种时序图后，不难发现，除了投影性之外，NL（句法）文本中存在另外一种机制，该机制使得依存距离趋于最小化。虽然随机生成的 RL2 的分形维数（fractal dimension）更大，并且有可能通过非常复杂的傅里叶分析（Fourier Analysis）来解释这种波动，但在对其他语言进行验证前，我们还不能得出具有普遍意义的结论。

使用第一章中给出的 MDD 计算公式，我们可以得到这六个文本的三种 MDD，结果如表 3-4 所示。

表 3-4 六个文本的三种 MDD

No.	NL	RL1	RL2
1	2.971	12.040	5.421
2	3.427	18.575	5.925

续表

No.	NL	RL1	RL2
3	3.636	12.693	5.253
4	3.027	10.015	4.834
5	3.360	11.209	4.969
6	3.387	17.080	5.770
均值	3.3	13.6	5.4

图 3-5 更直观地显示了三种模式下六个文本的 MDD 的变化及其分布。

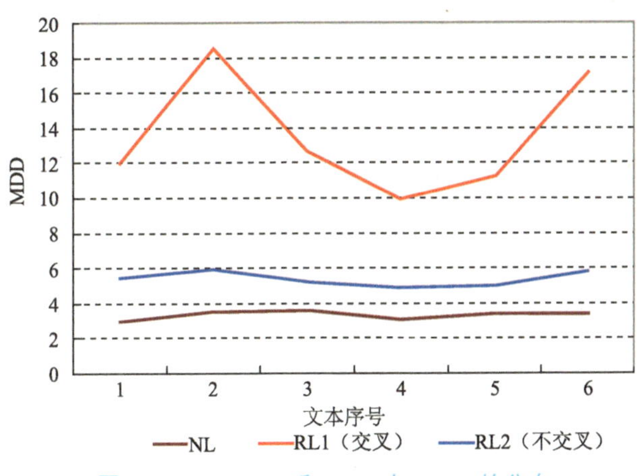

图 3-5 NL、RL1 和 RL2 中 MDD 的分布

RL2 的 MDD 小于 RL1，因此我们的实验说明投影性可以限制依存距离（Ferrer-i-Cancho，2006）。但值得注意的是，我们无法仅从这个角度解释为什么 NL 的 MDD 最小。图 3-5 表明，NL 的 MDD 要小于 RL2，这就意味着句法在人类的依存距离最小化方面也起到了一定作用。图 3-5 也提供了一种句法语序限制的功能视角，即它们的（许多）用处之一是减少句子或者文本的 MDD。也许我们可以说，投影性和句法的共同作用允许我们在使用长句子的同时将 MDD 限定在一个可接受的范围内。

五、本节小结

本节首先研究了六个汉语文本的依存距离概率分布。结果发现，六个汉语文本均服从右截尾 Zeta 分布。为进一步探讨这一结论是否只适用于自然语言，我们基于六个汉语文本构建了两组随机语言。第一组随机语言不受句法与语义的限制，因此在解释其依存距离概率分布时需要添加一个额外的参数，而第二组随机语言具有投影性（无交叉弧），其依存距离概率分布同样服从右截尾 Zeta 分布。该结果说明，投影性是大多数自然语言的重要特征，并与依存距离最小化密切相关，但投影性并不等于句法。

此外，我们也分析了这三组语言（自然语言和两组随机语言）的时序图以及它们的 MDD。结果显示，句法在依存距离最小化中起到了重要作用，也相应减轻了解码方面的负担——依存距离越小，解码句子所需的努力就越少（参照本书第一章第二节）。

鉴于依存距离对基于依存关系的语言应用的重要性，本节研究有助于从数理角度理解依存句法和依存距离最小化的形成机理。但是，仍有许多问题值得更深入的探究，比如：如何增加研究的语言和语料的数量？短句与长句的依存距离分布是否相同？投影性影响依存距离的深层机理是什么？处理长句时，人类是否使用了其他方法来降低可能的长距离依存？在本章的其他小节，我们将研究这些问题。

第二节　30 种语言的依存距离分布规律

一、引言

探索语言的普遍特征一直是传统语言学研究的重要内容（Hudson，1984；Mel’čuk，1988；Chomsky，1993），并日渐呈现出多学科交叉与多方法融合的研究态势（刘海涛，2011；刘海涛、黄伟，2012）。针对大规模跨语言材料的实证研究已表明，人类语言存在依存距离最小化的倾向（Liu，2008a；Ferrer-i-Cancho，2004，2006；梁君英、刘海涛，2016）。这种倾向性说明，人类语言尽管在语音、词汇和语法等方面千差万别，但句法结构模式可能受相同认知机制的约束，会呈现出某些普遍的特征。事实上，依存距离最小化思想已被应用于构建高效的自然语言处理系统（Klein & Manning，2004；Smith & Eisner，2006），但依存距离为什么会有最小化的倾向以及依存距离最小化的倾向受什么机制影响等问题还有待探讨。因此，深入挖掘依存距离最小化现象背后所隐藏的动因，将有助于我们进一步阐释语言的普遍特征。

本书此前的章节中曾提及，依存距离越大意味着词被存储的时间越长。由于人类的工作记忆容量有限，当存储的词的数量超过记忆容量时，就会造成理解困难。与之相反，较小的依存距离能在一定程度上降低句法复杂性。也就是说，依存距离最小化的倾向与人类认知机制的运作方式密不可分，它可能是降低语言理解难度的重要手段之一（Liu，2008a；Lu et al.，2016）。

依存距离最小化的倾向还与人类行为所遵循的“省力原则”（Zipf，1949）有关。这一点可从本书第三章第一节中汉语依存距离的分布符合齐普夫定律看出。正是出于对“省力”的考虑，在语言运用中，人们会尽量避免使用可能增加认知成本的长距离依存关系。已有研究认为，省力原则是语言单位的频率、长度等计量特征呈幂律分布的内在机制（Ferrer-i-Cancho & Solé，2003）。从复杂网络的角度来看，幂律分布可能是系统中某一对象或变量的增长和择优过程（preferential attachment process，PAP）的数理表达方式（Barabási & Albert，1999）。语言也是一种复杂网络（刘海涛，2011）（参照本书第二部分“语言复杂网络研究”），依存距离则是其句法关系在线性距离上的量化单位，因此，我们会很自然地想到幂律可能是导致依存距离最小化的动因。换言之，如果我们确定了真实语言的依存距离分布源于一种概率分布模型，那么这种分布模型就可能在人类认知机制约束句法关系的显现中发挥关键作用。

然而，当前关于依存距离分布模型的研究却有不同的意见。Liu（2007b）认为，句子中依存距离的大小与其出现频率的关系遵从一个简单假设，即变量频率与变量的相对变化率之间呈反比，并由此推导出依存距离的概率分布是一种右截尾的 Zeta 分布（参照本书第三章第一节）。这表明依存距离分布符合齐普夫定律，是一种离散型的幂律分布。但是，Ferrer-i-Cancho（2004）将依存距离的先验分布和 MDD 受限作为约束条件，通过最大熵原则推导出依存距离分布是一种指数分布。针对这一争议，我们曾用六种幂律类分布和指数分布分别对英汉平行语料进行了拟合优度检验（参照本书第二章第一节），发现这些拟合结果在统计学意义上均可被接受。为了搞清楚依存距离究竟更符合哪一种分布，我们认为，应该对下列问题进行研究：依存距离分布有没有规律？依存距离分布的规律是否符合一定的分布模型？依存距离分布模型是否会因语言而异？导致上面两种分布模型分歧的主要原因是什么？

为了回答上述问题，本节拟对 30 种语言的真实语料进行依存距离分布研究。采用大规模多语种语料是出于以下两方面的考虑：①尽量避免依存距离受句长、文本类型和标注方式的影响（参照本书第二章），这些因素可能会导致数据拟合偏差与错误结论；②依存距离最小化是人类语言的普遍规律，已在几十种语言中被证实（Liu，2008a；Ferrer-i-Cancho，2004，2006；梁君英、刘海涛，2016；Liu et al.，2017），那么确定依存距离分布是否有规律可能也需要更多的语言来验证，这样才能使结论更具客观性和普遍性。

二、概率分布模型拟合方法和语料

数学上，如果观测数据符合幂律分布，那么它的概率分布为：

$$p(x) \propto x^{-\alpha} \tag{3-5}$$

其中 α 为幂指数。当观测数据为离散型时，其幂律分布密度函数为：

$$p(x) = \Pr(X = x) = Cx^{-\alpha} \tag{3-6}$$

公式中常数 C 一般用黎曼函数 ζ 进行归一化。因此，式（3-6）可以改写成：

$$p(x) = \frac{x^{-\alpha}}{\zeta(\alpha)} \tag{3-7}$$

如果对式（3-7）等式两边取对数，那么变换后的函数在双对数坐标上为一条直线。若观测数据符合指数分布，那么它具有如下的概率密度函数：

$$p(x) = \Pr(X = x) = l\mathrm{e}^{-lx} \tag{3-8}$$

在线性坐标下，指数分布函数曲线与幂律分布类似，都是具有“长尾”特征的内凹曲线。在双对数坐标下，指数分布呈外凸的曲线，而幂律分布则为一条直线，这个函数性质通常被用来检验数据是否服从幂律关系。然而，由于数据采样数量不足，往往会产生统计波动，表现为依存距离分布图形在尾部逐渐变宽。为了减少这种拟合误差，一般用互补累积分布函数（complementary cumulative distribution function，CCDF）来平滑数据（Newman，2005b；Alstott et al.，2014；Adamic & Huberman，2002；Clauset et al.，2009），这是因为幂律分布的累积分布仍然服从幂律（Adamic & Huberman，2002），只不过幂指数会减 1。但是，在基于最小二乘法的拟合优度检验中，非幂律分布容易得到较高的决定系数（R^2），所以高 R^2 很难成为一种判断幂律分布假设的有力依据（Clauset et al.，2009）。

事实上，在现实中很少有观测数据能够完全契合幂律分布。Clauset 等（2009）认为数据中往往是大于某个数值 $x_{\min}$ 的部分才符合幂律分布。因此，式（3-7）中黎曼函数可以用赫尔维茨函数 $\zeta(\alpha，x_{\min})$ 来替代：

$$p(x) = \frac{x^{-\alpha}}{\zeta(\alpha, x_{\min})} \tag{3-9}$$

其中，x_{min} 可以通过计算理论拟合模型与原始数据之间的最小 Kolmogorov-Smirnov（K-S）距离获得，该方法也能用于拟合优度检验；而模型参数 α 的计算则可用极大似然估计法，该法优于最小二乘法（Zeman et al.，2014）。与此相对应，指数分布可以由下列公式进行定义：

$$p(x)=\left(1-e^{-\lambda x}\right)e^{\lambda x_{min}}\cdot e^{-\lambda x} \tag{3-10}$$

幂律分布不仅与指数分布近似，还与众多其他概率分布模型相近，如对数正态分布（logarithmic normal distribution，LND）、指数截断的幂律分布（truncated power-law distribution，TPLD）、广延指数分布（stretched exponential distribution，SED）等等。在本节中，上面三种“长尾”分布的定义如表 3-5 所示。它们之间的拟合效果差异可以用似然比检验进行判断（Alstott et al.，2014；Clauset et al.，2009）。本节将用 R 表示两种模型之间的似然比，正值（$+R$）表示前一个模型更契合数据，而负值（$-R$）则相反，且当 $p<0.05$ 时，对比结果具有统计学意义上的显著性。

表 3-5　用于模型对比的其他三种“长尾”分布定义

分布	概率密度函数
LND	$p(x)=\sqrt{\frac{2}{\pi\sigma^2}}\left[\operatorname{erfc}\left(\frac{\ln x_{min}-\mu}{\sqrt{2}\sigma}\right)\right]^{-1}\cdot\frac{1}{x}\exp\left[-\frac{(\ln x-\mu)^2}{2\sigma^2}\right]$
TPLD	$p(x)=\frac{\lambda^{1-\alpha}}{\Gamma(1-\alpha,\lambda x_{min})}\cdot x^{-\alpha}e^{-\lambda x}$
SED	$p(x)=\beta\lambda e^{\lambda x_{min}^{\beta}}\cdot x^{\beta-1}e^{-\lambda x^{\beta}}$

本节研究的语料为 HamleDT 2.0 依存树库（Zeman et al.，2014）。该树库是专为研制与评测依存句法分析系统而构建的大规模、多语种的语料库。其中，每种语言的树库分别用布拉格标注体系（Hajič et al.，2006）和通用斯坦福标注体系（de Marneffe et al.，2014）进行标注。为了避免不同标注法对数据拟合产生不利影响，本节选用了布拉格标注体系所标注的语料。除此之外，与斯坦福标注体系相比，布拉格标注法也更接近于传统依存语法（Mel’čuk，1988；刘海涛，2009）。HamleDT 2.0 依存树库的相关统计数据如表 3-6 所示。

表 3-6 HamleDT 2.0 依存树库中 30 种语言的相关数据统计

语言	词次	句子数	平均句长	语体	结构
阿拉伯语（ara）	277 423	7 547	36.76	新闻	依存结构
保加利亚语（bul）	196 151	13 221	14.84	混合	短语结构
孟加拉语（ben）	7 252	1 129	6.42	—	依存结构
加泰罗尼亚语（cat）	443 317	14 924	29.70	新闻	短语结构
捷克语（cze）	1 503 738	87 913	17.10	新闻	依存结构
丹麦语（dan）	100 238	5 512	18.19	会话	依存结构
德语（ger）	680 710	38 020	17.90	新闻	短语结构
希腊语（ell）	70 223	2 902	24.20	混合	依存结构
英语（eng）	451 576	18 791	24.03	新闻	短语结构
西班牙语（spa）	477 810	15 984	29.89	新闻	短语结构
爱沙尼亚语（est）	9 491	1 315	7.22	小说	短语结构
巴斯克语（eus）	151 604	11 226	13.50	混合	依存结构
波斯语（fas）	189 572	12 455	15.22	新闻	依存结构
芬兰语（fin）	58 576	4 307	13.60	混合	依存结构
古希腊语（grc）	308 882	21 160	14.60	混合	依存结构
印地语（hin）	294 509	13 274	22.19	—	依存结构
匈牙利语（hun）	139 143	6 424	21.66	混合	短语结构
意大利语（ita）	76 295	3 359	22.71	混合	依存结构
日语（jpn）	157 172	17 753	8.85	会话	依存结构
拉丁语（lat）	53 143	3 473	15.30	混合	依存结构
荷兰语（dut）	200 654	13 735	14.61	新闻	短语结构
葡萄牙语（por）	212 545	9 359	22.71	新闻	短语结构
罗马尼亚语（rum）	36 150	4 042	8.94	新闻	依存结构
俄语（rus）	497 465	34 895	14.26	混合	依存结构
斯洛伐克语（slk）	901 298	57 435	15.69	混合	依存结构
斯洛文尼亚语（slv）	35 140	1 936	18.15	小说	依存结构
瑞典语（swe）	197 123	11 431	17.24	混合	短语结构
泰米尔语（tam）	9 581	600	15.97	新闻	依存结构
泰卢固语（tel）	5 722	1 450	3.95	—	依存结构
土耳其语（tur）	69 695	5 935	11.74	混合	依存结构

注：表中“结构”一栏指树库在转换为依存树库（布拉格标注）之前的句法标注形式；此外，孟加拉语、印地语、泰卢固语未注明语体

在分析依存距离分布规律之前，我们对依存树库进行了预处理，主要操作有：①将树库中的训练集和测试集合并为一个语料集；②处理标点符号，删除只作为从属节点的标点，保留作为其他词支配节点的标点，并将依存距离归一化为1；③处理空元素（null elements），它们主要出现在孟加拉语、印地语和泰卢固语等几种语言树库中，处理方式如操作②；④将树库中全部句子中词的序号进行无间隔的编排，以减少统计误差。

本节依存距离的计算仍然采用第一章给出的方法。

三、依存距离分布规律

我们分别统计了30种语言中句长为20的句子的依存距离累积分布情况，结果如图3-6所示。其中每一条线表示一种语言，泰卢固语语料较少，因此只抽取了句长为11的句子。

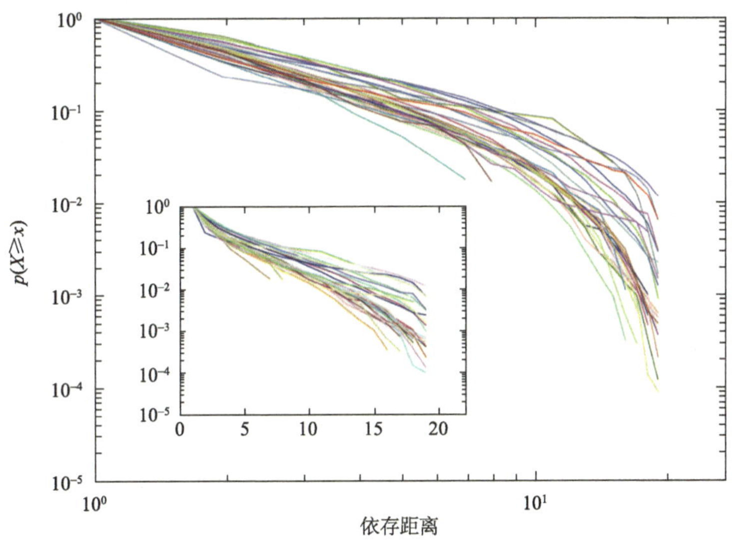

图3-6　30种语言句长为20的依存距离累积分布图

图3-6中，主图是依存距离分布在双对数坐标下的情况，插入图显示的是在线性-对数坐标下的情况。在双对数坐标下，当依存距离的值小于10时，其分布近似直线；大于10后，则变成下弯的曲线。在线性-对数坐标下，当依存距离为1～10时，其分布呈由上而下的曲线，然后逐渐近似于直线。该图中30种语言的依存距离分布趋势有迹可循，说明依存距离分布具有一定的规律性。

四、依存距离分布模型

图 3-6 揭示了依存距离分布的规律性，但并不能说明其符合哪种分布模型。另外，理论上，在双对数坐标下幂律分布是一条直线，指数分布是一条曲线；而在线性-对数坐标下，两者图形正好相反。由图 3-6 来看，依存距离分布也不符合前文中提到的具有争议性的两类模型。我们认为，可以将极大似然估计和似然比检验引入模型分析中来。Ferrer-i-Cancho 和 Liu（2014）指出，不能用不同句长混杂的句子集来研究依存距离的分布，因为拟合所得出的分布模型可能只是不同句长的分布模型的叠加，尽管也有研究表明所有句长下的依存距离均可符合同样的分布（参照本书第二章第一节）。另有研究表明，系统中个体模式（特定句长的句子集）和整体模型（不同句长的混合句子集）也可能存在差异（Hidalgo，2006）。因此，我们接下来按句长对 HamleDT 2.0 依存树库中 30 种语言的语料进行归类，然后做升序排列，再对特定句长句子集的依存距离数据进行多模型拟合。为了保证分析结果的有效性，我们统计的语料范围是按句长划分的数量超过 30 个的句子集合，分析结果如图 3-7 所示。

图 3-7 给出了两种拟合方案的结果：①被拟合数据起始值 x_{min} 为 KS 检验所得最优值；②设 x_{min} 为 1，考察依存距离分布整体拟合状况。图 3-7 中主要展示了幂律分布（PLD）和指数分布（ED）、指数截断的幂律分布（TPLD）和广延指数分布（SED）的对比结果。可以看出，从某个句长开始，在进行比较的两对模型中，幂律分布和指数截断的幂律分布拟合数据的效果更好。这说明每种语言在不同句长的情况下，句集所适用的分布模型是有差别的。

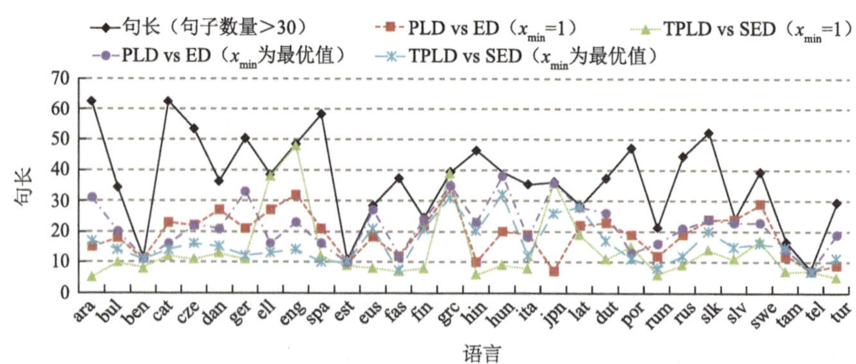

图 3-7 30 种语言的拟合模型与句长的关系

图 3-7 对依存距离数据进行两组分布模型拟合，其结果可被粗略地划分为四类，如表 3-7 所示。

表 3-7　多模型拟合依存距离分布结果分类统计表

类别	语料	x_{min} 为最优值 PLD vs. ED	语言（x_{min} 为最优值）	PLD vs. TPLD/SED/LND	x_{min} =1 TPLD vs. SED	语言（x_{min} =1）
C1	前端 后端	−*R* +*R*	阿拉伯语、保加利亚语、加泰罗尼亚语、捷克语、丹麦语、德语、希腊语、英语、西班牙语、波斯语、印地语、意大利语、罗马尼亚语、俄语、斯洛伐克语、瑞典语、泰米尔语、土耳其语	−*R*，p≈0 −*R*，p≈0	−*R* +*R*	阿拉伯语、保加利亚语、加泰罗尼亚语、捷克语、丹麦语、德语、西班牙语、巴斯克语、波斯语、芬兰语、印地语、意大利语、荷兰语、罗马尼亚语、俄语、斯洛伐克语、瑞典语、泰米尔语、土耳其语
C2	前端 后端	−*R* −*R* 或+*R*	荷兰语、葡萄牙语	−*R*，p≈0 −*R*，p≈0	−*R* −*R* 或+*R*	斯洛文尼亚语、瑞典语、拉丁语、匈牙利语、波斯语、丹麦语
C3	前端 后端	−*R* −*R*	巴斯克语、芬兰语、古希腊语、匈牙利语、日语、拉丁语、斯洛文尼亚语	−*R*，p≈0 −*R*，p≈0	−*R* −*R*	希腊语、英语、古希腊语、日语
C4	前端 后端	−*R* −*R*	爱沙尼亚语、孟加拉语、泰卢固语	−*R*，p≈0 −*R*，p≈0	−*R* −*R*	爱沙尼亚语、孟加拉语、泰卢固语

图 3-7 和表 3-7 中的统计数据揭示了以下几点。

（1）对大多数语言而言，现有的单一模型无法很好地描述不同句长的依存距离分布。语料前端（较短句的句集）依存距离分布倾向于指数分布；而随着句长的增加，语料后端（较长句的句集）则倾向于幂律分布。

（2）对大多数语言而言，在幂律分布与其他模型的对比中，在 x_{min} 为最优值和 x_{min} 为 1 两种情况下，似然比 R 绝大多数为负值，并且 p 值近似为 0。这说明指数截断的幂律分布、广延指数分布和对数正态分布等模型都比幂律分布拟合效果好。

（3）大多数语言的拟合结果表明，指数截断的幂律分布非常适合较长句的句集依存距离分布，而较短句的句集则更适合用广延指数分布进行拟合。

（4）当 x_{min} 为最优值时，与幂律分布相比，有七种语言完全倾向于指数分布，但若以指数截断的幂律分布与广延指数分布拟合数据，则仅有芬兰语、拉丁语近似完全倾向于广延指数分布；而当 x_{min} 为 1 时，有四种语言符合广延指数分布。产生这种情况的原因是 x_{min} 取值不同，导致模型拟合依存距离的效果各不相同。

（5）孟加拉语、爱沙尼亚语和泰卢固语这三种语言的五个相关指标几乎重叠，这表明适合用指数分布或广延指数分布对它们进行描述。但由于这几种语言语料本身较少，当我们截取每种句长句子数量大于 30 个的句子集时，最大句长仅约为 10，因此无法判断较长句子适合哪种分布模型。

综合来看，依存距离分布模型介于指数分布和幂律分布之间，并且与指数分布和幂律分布相比，广延指数分布和指数截断的幂律分布更适合拟合“短句”与“长句”的依存距离分布。尤其是当 x_{min} 为 1，且大多数语言的句长约小于 10 时，广延指数分布拟合较好；而当句长大于 10 后，指数截断的幂律分布拟合较好。

五、不同语言依存距离分布模式的分析

从上文的研究中，我们发现不同语言的依存距离分布规律存在差异，主要表现在大多数语言中不同句长的句子并不适用单一模型，需要用广延指数分布和指数截断的幂律分布这两种分布模型来描述，且两者描述的句长区间也往往不同。此外，一些语言的拟合结果完全倾向于广延指数分布。表面看来，上述情况似乎说明不同语言系统可能具有不同的依存距离分布模型，但事实并非如此。实际上，无论是广延指数分布还是指数截断的幂律分布，都能够较好地拟合类似幂律行为的混合分布模型。

首先，我们考虑这两个模型的数学定义。指数截断的幂律分布概率密度函数是在幂律分布函数后面简单地加上指数衰减因子，因此在分布前端的有限区域内近似于幂律行为，分布的尾部呈指数下降趋势；在广延指数分布函数公式中，参数 $\beta=1$ 时，函数变为指数分布，而当参数 $\beta<1$ 时，则变为指数幂律函数混合分布，尤其是参数 β 越小，整个分布函数就越接近于幂律分布。由于这两种分布都具有两个参数，因此能够比幂律分布更好地对一些类似幂律行为的现象进行描述。下面，我们以表 3-7 中当 x_{min} 为 1 时依存距离分布倾向于广延指数分布的四种语言来说明广延指数分布与指数分布和幂律分布的关系。

我们统计了英语、日语、希腊语和古希腊语四种语言的依存距离分布。当以广延指数分布拟合时，其参数 β 随句长变化的趋势如图 3-8 所示。图 3-8 表明，当英语、希腊语和古希腊语句长为 6～15，日语为 4 时，参数 β 接近于 1，即此时广延指数分布表现了依存距离分布近似指数分布的情况；随着句长的增加，参数 β 逐渐减小，广延指数分布表现为指数幂律混合的分布。这充分说明，尽管表面看来，不同语言满足不同分布模型，甚至有的满足混合分布模型，但其背后隐藏的规律是相同的，即依存距离分布随句长增加由类指数分布逐渐向类幂律分布过渡。从图 3-8 中，我们还发现随着句长的增大，日语与另外三种语言参数 β 的变化趋势差异较大。这种表现可能与语言的平均句长有关（日语平均句长约为 9，英语、希腊语、古希腊语平均句长分别为 24、24、15）。

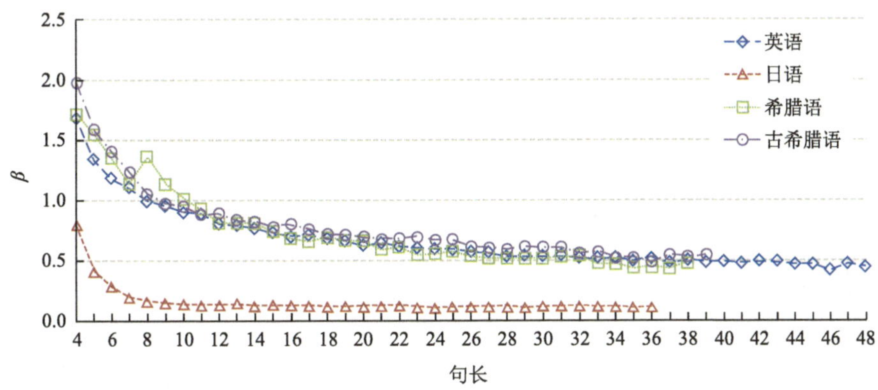

图 3-8　英语、日语、希腊语和古希腊语广延指数分布中参数 β 随句长变化趋势

其次，我们再考虑语言系统的运作方式。本节研究表明，大多数语言较短句句集的依存距离分布是一种近似指数分布，这一点可以用最大熵原则进行验证（Ferrer-i-Cancho，2004）。但随着句长增加，长距离依存关系出现的概率不断增大，语言系统面临句法复杂性的压力不断增大（Liu，2008a；Ferrer-i-Cancho，2014；Lu et al.，2016；Jiang & Liu，2015）。这时，如果长句依然表现为指数分布，那么根据指数分布收敛速度快于幂律分布这一性质，可以推断，长句中较小依存距离的占比相近，而较大依存距离的占比急剧下降。这可能会使语言系统依存距离趋向最小化，进而降低句法复杂性。与此同时，较小依存距离的聚集规模并不明显，并且系统中严重缺乏长依存关系。实际上，语言使用的省力原则一方面要求依存距离为 1 的比例趋向于占绝大多数；另一方面，为了保证含有复杂内容的交流顺利进行，也必须依赖一定数量的长依存关系来增加句式的多样性和精确性。因此，作为一种人驱复杂适应系统（刘海涛，2011；Lu et al.，2016；Liu，2018），语言在长句上采取的调节举措是：一方面，使依存距离分布的前端表现为幂律，即不同依存距离的占比相差悬殊；另一方面，最大限度地减小那些几乎等于句长的长依存关系的占比。这就导致了在长句中依存距离分布的前端呈一条逐渐下降的直线，而尾部表现为指数下降的趋势，这恰恰可以用指数截断的幂律分布较好地描述，也充分说明了长句的依存距离最小化可能更能体现语言作为一种复杂适应系统的特点。

因此，我们有理由认为 30 种语言的依存距离分布都可以用幂律与指数混合的分布模型来描述。

六、分布模型产生分歧的原因

根据本节的研究，我们发现造成当前依存距离分布研究分歧的主要原因有三点。首先，由于幂律行为可能出现在分布的局部位置，故相关拟合手段都不太精确，很难区分幂律分布和其他相近分布之间的差异。例如，本章第一节用幂律分布拟合汉语的依存距离分布（Liu，2007b），本书第二章第一节使用幂律分布和指数分布拟合英汉两种语言（10≤SL≤30）（Jiang & Liu，2015），拟合结果都具有较高的决定系数，但利用最小二乘法对比幂律分布和其他模型之间的差异是比较困难的（Clauset et al.，2009）；而 Ferrer-i-Cancho（2004）则是在线性-对数坐标下通过观察分布曲线的形状来判断模型类别的。其次，不同语言、句长和文本量都对分布模型的确定有着至关重要的影响。Ferrer-i-Cancho（2004）使用的语料是罗马尼亚语（SL=6，9）和捷克语（SL=12，18）两种语言树库中特定句长的句子。本研究表明，罗马尼亚语在 3～11 的句长区间内，捷克语在 3～21 的句长区间内，表现为类指数分布，而在其他句长上则表现为类幂律分布。这说明在依存距离分布研究中，句长在一定程度上限制了幂律分布规律的隐现。最后，由于依存距离分布是一种指数和幂律混合的模型，因此指数分布和幂律分布在一定程度上都仅对依存距离分布的部分特点进行了描述，这就需要我们从模型拟合效果和依存距离分布生成机制两个方面进行分析，才能最大限度地避免这种分歧。

此外，Liu 等（2009b）以 5 个汉语依存树库为基础探讨了相邻与非相邻依存关系分布（参照本书第三章第一节），发现在汉语依存树库中依存距离为 1 的依存关系比例较大，约为 47.9%～56.6%。但他们在文中并没有深入考察非相邻依存关系中不同依存距离的分布情况，因此也就无法精确地得出依存距离的概率分布模型。本节在此基础上，将依存距离分布研究进一步精确化，有助于更科学地揭示依存距离最小化的动因。

还需要注意的是，本节并没有展开对幂律分布拟合优度（p 值）的讨论。Clauset 等（2009）提出可以采用自举法（bootstrapping）和 KS 检验来计算幂律分布拟合优度，但该方法不适合评估特定句长的依存距离分布模型的拟合优度，因为依存距离的取值范围较小（本节研究的句子最大句长为 62），在句子数非常庞大的情况下，依存距离仍然分布在那些固定的数值区域内，这相当于放大了理论值和观测值之间的距离，自然会扭曲实际的 p 值大小。因此，通过计算多模型之间的似然比，获取拟合效果较佳的模型，可能是当前在依存距离分布研究中判断幂律行为的一种较为合理的方法。

七、加泰罗尼亚语的依存距离分布

为了更好地帮助读者理解本节的研究，下面我们以表 3-7 中 C1 类的加泰罗尼亚语作为个案，试详细解读本节有关依存距离分布的结论。加泰罗尼亚语依存距离的幂律分布与指数分布及其他模型的统计指标，如表 3-8 所示。

表 3-8 加泰罗尼亚语依存距离的多模型拟合结果对比表（x_{min} 为最优值）

句长	x_{min}	PLD vs ED		PLD vs SED		PLD vs TPLD		PLD vs LND		TPLD vs SED	
		R	p	R	p	R	p	R	p	R	p
3	1	−10.74	**0.00**	−26.88	**0.00**	−8.92	**0.00**	−26.88	**0.00**	−2.37	**0.02**
4	2	−9.67	**0.00**	−12.39	**0.00**	−7.20	**0.00**	−12.39	**0.00**	−2.78	**0.01**
5	3	−5.95	**0.00**	−6.23	**0.00**	−4.72	**0.01**	−6.23	**0.00**	−2.23	**0.03**
6	2	−7.51	**0.00**	−6.56	**0.00**	−7.54	**0.00**	−6.12	**0.00**	−0.95	0.34
7	4	−4.20	**0.00**	−3.25	**0.00**	−3.70	**0.04**	−3.03	**0.00**	−0.89	0.37
8	5	−1.54	0.12	−1.69	0.09	−1.42	0.12	−1.47	0.14	−0.20	0.84
9	2	−8.41	**0.00**	−8.93	**0.00**	−12.53	**0.00**	−8.47	**0.00**	−0.81	0.42
10	8	−0.97	0.33	−5.50	**0.00**	—	—	−5.50	**0.00**	—	—
11	8	−1.42	0.16	−1.68	0.09	—	—	−1.56	0.12	—	—
12	9	−2.26	**0.02**	−2.55	**0.01**	—	—	−2.55	**0.01**	—	—
13	10	−0.95	0.34	−2.57	**0.01**	—	—	−2.57	**0.01**	—	—
14	2	−2.28	**0.02**	−11.14	**0.00**	−12.78	**0.00**	−10.69	**0.00**	8.60	**0.00**
15	10	−4.05	**0.00**	−1.51	0.13	−3.97	0.14	−1.52	0.13	−1.01	0.31
16～19	2	0.95	0.36	−11.58	**0.00**	−13.52	**0.00**	−11.09	**0.00**	10.04	**0.00**
20～28	2	6.57	**0.00**	−12.10	**0.00**	−12.60	**0.00**	13.84	**0.00**	13.83	**0.00**
29	15	−0.83	**0.00**	−0.95	0.34	−1.05	0.19	−0.92	0.36	0.28	0.78
30～62	2	10.63	**0.00**	−7.21	**0.00**	−9.91	**0.00**	−7.01	**0.00**	10.97	**0.00**

注：“—”表示由于数据太少，模型无法成功拟合；数值加粗表示对比结果具有显著性；与句长区间在一列的数值都是平均值

表 3-8 中的拟合数据起始值 x_{min} 为 KS 检验所得最优值。结果显示，当句长为 3～15 和 29 时，幂律分布与指数分布之间的似然比 R 为负值，而其他情况下 R 都为正值。尤其是当句长大于 19 时，p 值大多数等于 0。这表明较短句子的依存距离分布不服从幂律分布，而长句则相反，但较短句子是否服从指数分布是值得商榷的。这是因为当句长为 3～15 和 29 时，x_{min} 的估计值较大，这导致这些集合中进行拟合的依存距离仅为尾部的几个数据，可能会造成拟合对比结果的扭曲。

幂律分布与其他分布模型的对比结果表明，广延指数分布、指数截断的幂律分布和对数正态分布都可更好地拟合依存距离分布数据。从表 3-8 中第 5、9 列可以看出，广延指数分布和对数正态分布比较相近，而第 11 列则表明指数截断的幂律分布更好地拟合了句长较长的句集（14≤SL≤62，除 15 外）。其他语言

也表现出类似结果，这就是图 3-8 中只展示了指数截断的幂律分布与广延指数分布对比结果的原因。

表 3-9 是设置 x_{min} 为 1 的拟合情况。表中第 3 列显示，句长为 3～23 时，指数分布比幂律分布拟合的效果好（*R* 是负值）；当句长为 24～62 时，幂律分布则拟合得更好一些（*R* 是正值）。然而，表中第 5 列显示其他分布模型比上面的两者更适合描述依存距离分布（*R* 都是负值）。表中第 8 列是对比指数截断的幂律分布与广延指数分布的拟合结果。可发现，当句长为 3～11 时，后者较好地拟合了依存距离分布；而当句长为 12～62 时，前者则更加契合依存距离分布，其中具有统计显著性的占 72%。

表 3-9 加泰罗尼亚语依存距离多模型拟合结果对比表

句长	x_{min}	PLD vs. ED		PLD vs. SED/TPLD/LND		句长	TPLD vs. SED	
		R	*p*	*R*	*p*		*R*	*p*
3～20	1	−13.01	**0.00**	−*R*	**0.00**	3~9	−2.79	**0.00**
21	1	−9.67	0.16	−*R*	**0.00**	10~11	−0.85	0.46
22	1	−5.95	0.55	−*R*	**0.00**	12~15	1.35	0.28
23	1	−7.51	0.86	−*R*	**0.00**	16	−0.12	0.90
24～62	1	9.32	**0.00**	−*R*	**0.00**	17~62	3.06	**0.00**（72%）

综合以上统计数据与讨论，我们可以认为，加泰罗尼亚语中句长为 3～11 的句子中依存距离分布适合用广延指数分布进行刻画，而其他句长的句子则更适合用指数截断的幂律分布进行描述。

七、本节小结

本节利用大规模、多语种的依存树库对 30 种语言的依存距离分布进行了详细分析，提出了利用不同模型拟合对比来探讨依存距离分布的方法和路径，并较合理地得出以下几点结论：①从依存距离累积分布趋势上看，人类语言依存距离分布模式具有一定的规律性；②多数语言符合一定的分布模型，广延指数分布和指数截断的幂律分布分别较适合拟合“短句”与“长句”的依存距离分布；③尽管不同语言依存距离分布规律表现出一些特性，但在本质上，其分布都是一种指数和幂律混合的分布模型；④当前研究中出现两种分布模型的分歧可能主要是受拟合方法、语言类型、句长和文本大小等方面的影响。

本节的研究有助于我们更深刻地理解依存距离最小化的本质，并进一步揭示人类语言的依存距离可能遵循的一种普遍性的分布模式。语言中依存距离倾向于最小化，表明在实际的构句过程中，依存相关的支配词和从属词之间不能离得太远，它们更常在句子中相邻地依次出现。在短句中，类幂律行为表现并不十分显著；但随着句长增加，依存关系的组配逐渐复杂，依存距离分布也渐渐表现为幂律行为，这反映了省力原则在依存句法结构层面所起的作用。这种原则会约束长依存关系的出现，增加短依存关系所占的比例，在会话双方的博弈下，最终使依存距离的分布达到一种平衡。在数学上，这种平衡可以用指数和幂律混合的函数来表达。

作为依存句法计量研究的重要内容，依存距离分布研究也是构建基于依存语法的句法协同子系统不可或缺的一部分（刘海涛、黄伟，2012；Köhler，2012），本节在这方面做了一些探索。但是，在 HamleDT 2.0 依存树库中，一些语言所包含的句子数量较少，导致我们难以判断这些语言依存距离分布拟合结果是否准确。此外，尽管本节采用的幂律分布拟合方法是当前该领域的常用方法，与传统方法（基于最小二乘法）相比，能够更加精确地拟合幂律分布模型（Clauset et al.，2009），但对幂律行为的判断和拟合还需要考察与借鉴更多的数据拟合与检验方法。

从本书第一章讨论依存结构的形式化描述开始，直到本章第一节讨论依存距离分布规律为止，始终有一个问题摆在我们的面前，即依存结构图中的交叉弧问题或依存结构树中的投影性问题。联系依存距离最小化来看，不交叉或非投影结构有助于降低依存结构的 MDD，但不交叉又不能等同于符合句法。那么，依存结构中的交叉与依存距离到底有什么关系呢？这是下一节的主要论题。

第三节　交叉依存与依存距离的关系

一、引言

用依存句法来分析句子的结构，就是在词间建立句法关系，从而形成句子的依存树（图）。如果我们用弧线把句中具有依存关系的词连接起来，一些弧线可能会发生交叉。20 世纪 60 年代，Lecerf（1960）和 Hays（1964）认为当句子的依存树被准确地分析出来后，词与词之间的依存关系一般不会交叉。进一步的研究显示，尽管多种语言中包含交叉依存的句子所占比例为 15%～25%，但交叉依存只占 1%～2%（Nivre & Nilsson，2005）。此外，研究还发现，不含交叉依存的句法分析系统更高效（Nivre & Nilsson，2005）。我们不禁要问，人类语言中的依存关系为什么倾向于不交叉？交叉依存的存在是否直接影响语言的理解难度？

在人类语言中，依存距离的大小与交叉依存的数量往往趋向最小。Ferrer-i-Cancho（2006，2013，2014，2015）认为后者可能只是前者的副产品，与语法关系不大。Liu（2008a）认为减小依存距离可以减少交叉依存的产生，反过来，避免交叉依存的产生也可以减小依存距离；他进一步提出句子（或语言）的依存距离平均值受到句长、不交叉依存、语法和近邻依存等因素的影响。这些研究说明包含交叉依存的依存树（交叉依存树）和不包含交叉依存的依存树（不交叉依存树）可能具有不同的依存距离平均值。目前，基于随机算法构造的依存树能从一定程度上反映交叉依存和不交叉依存的概率分布特征（Ferrer-i-Cancho，2006；Liu，2007b，2008b），但不便于精确考察交叉依存与依存距离的定量关系。本节将采用枚举的方法以一种确定性的策略来考察交叉与距离对依存结构的约束作用。

本节关注的主要问题是：理论上，人类语言中究竟包含多少结构相异的依存树？在真实语言中，交叉依存的发生是否为一种偶然现象？依存距离能否反映交叉依存和不交叉依存？通过削减依存距离平均值能否减小交叉依存的比例？依存距离最小化与交叉依存之间是什么关系？人类语言为什么偏爱不交叉的依存结构？

二、交叉与距离的有关概念

依存语法研究者大多认为结构良好的依存树应具有四个性质（Hudson，1984；Mel'čuk，1988；刘海涛，2009）（参照本书第一章第一节），即单支配词、单根、连通性和投影性（或连续性）。投影性指依存结构图中的依存弧之间不存在交叉，且依存弧不能跨越根节点，即依存弧中支配词节点的根节点。为行文方便，本节称依存弧之间的交叉为 I 型交叉，依存弧与根节点之间的交叉为Ⅱ型交叉。

根据上述定义，汉语句子“我喜欢红苹果”的依存分析如图 3-9（a）所示，其中词为节点，依存关系为弧，词串下方为词性标注。图 3-9（b）所示的依存树中依存弧 *subj* 和 *atr* 发生 I 型交叉，并且 *atr* 越过了根节点“喜欢”发生 II 型交叉。显然，图 3-9（b）中的依存树违反了投影性质，并且句子也不合语法。

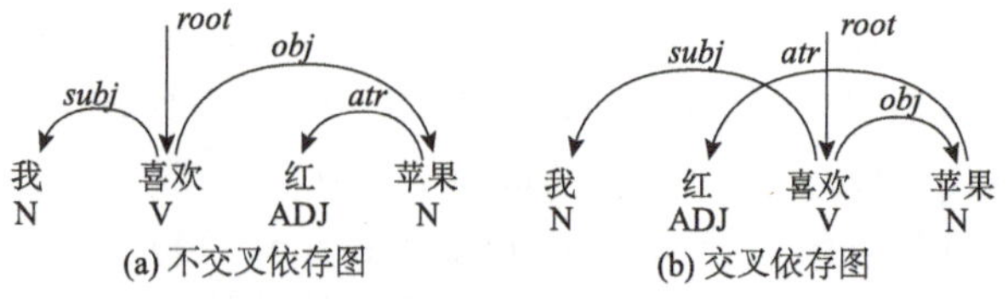

图 3-9 “我喜欢红苹果”的不交叉依存图和交叉依存图

交叉依存还可利用如下的方法进行精确定义。设长度为 n 的句子 S_n 是由一串词 w_1，$w_2,\cdots$，w_n 所构成的，那么词在句中的位置可表示为 $\pi(w_i), i\in[1,\cdots,n]$。因此，弧 $w_u w_v$ 和弧 $w_x w_y$ [假设 $\pi(w_u)<\pi(w_v)$，$\pi(w_x)<\pi(w_y)$]发生 I 型交叉的条件可以表示为：

$$\pi(w_u)<\pi(w_x)<\pi(w_v)<\pi(w_y) \text{ 或 } \pi(w_x)<\pi(w_u)<\pi(w_y)<\pi(w_v) \quad (3\text{-}11)$$

若弧 $w_x w_y$ 和弧 $w_y w_z$ 拥有相同的词 w_y，则两条弧发生 II 型交叉的条件为：

$$\pi(w_y)<\pi(w_x)<\pi(w_z) \text{ 或 } \pi(w_z)<\pi(w_x)<\pi(w_y) \quad (3\text{-}12)$$

在句子中词 w_u 与其从属词 w_v 的依存距离计算公式为：

$$\mathrm{DD}(w_u,w_v)=\pi(w_u)-\pi(w_v) \quad (3\text{-}13)$$

根据式（3-13），图 3-9（a）中“苹果”和“红”之间的依存距离 DD（“苹果”，“红”）=π（“苹果”）−π（“红”）=4−3=1。

按照第一章中给出的计算 MDD 的方法，我们也可以得出图 3-9 中例句的两个 MDD：图 3-9（a）的 $\mathrm{MDD}=(1+1+2)\div 3\approx 1.33$，而图 3-9（b）的 $\mathrm{MDD}=(1+2+2)\div 3\approx 1.67$。

从上面的计算结果可以看出，包含交叉弧结构的 MDD 较大，有可能增加句子的理解难度，那么，这一结果是否具有普遍性？是否可以根据 MDD 来区分交叉依存树和不交叉依存树？而依存距离最小化又会对句法结构产生怎样的影响？为了更好地回答这些问题，我们先介绍本节将采用的依存树枚举方法。

三、枚举方法与计数公式

由图论可知，依存树是有向完全图的生成树（Moon，1970）。因此，我们可以对 n 阶有向完全图的生成树进行枚举以得到整个依存树集。另外，不考虑依存方向将简化枚举过程，这样只需设定根的位置就可以获得有方向的依存树。具体方法如下。

（1）根据 Prüfer 证明 Caylay 定理的结论可知，n^{n-2} 个标记树和从自然数中取出 n−2 个数所构成的数组存在一一对应的双射关系（Pemmaraju & Skiena，2003），那么利用 Prüfer 序列就能对不同句长的无向依存树进行编码和枚举。

（2）上一步完成后，再依据词的位置设定无向依存树的根节点，就可以获得有向依存树。

根据上述方法，每棵依存树可被编码为数组[R, S]，其中 R 为根节点在依存树中的位置序号，S 为依存树对应的 Prüfer 序列。例如，图 3-9（a）中依存树可以表示为数组[2，2，4]，而图 3-9（b）可以表示为数组[3，3，4]，其中左起第一位数表示根的位置，其余为依存树的 Prüfer 序列编码。

由此，我们可以推导出人类语言可能包含依存树的理论总数为：$\sum_{n=1}^{m} n^{n-1}$，其中 n 表示句长变量，m 为可能的最大句长。

此外，通过随机生成某个自然数（包括 0）就可以得到所对应的 Prüfer 序列值，即唯一的依存树编码。因此，枚举方法也可以转换为一种随机生成依存树的方法。

实际上，当忽略依存方向和节点名称标记后，图 3-9（a）和图 3-9（b）是同一种图结构，即线性树。如图 3-10（a）所示，在连通性和无环回的约束下，四个节点（词）形成的依存关系结构（未标记树）仅有两种，能反映句子的深层句法结构，详细概念请参考 Mel'čuk（1988）的相关定义。其中线性树经过排列节点位置可以生成图 3-10 中的两种依存树。图 3-10（b）则表明五个节点可以构成三种依存关系结构，其中中间的结构在对节点进行适当的线性排列后，就可以变换成句子“我很喜欢红苹果”的依存树。

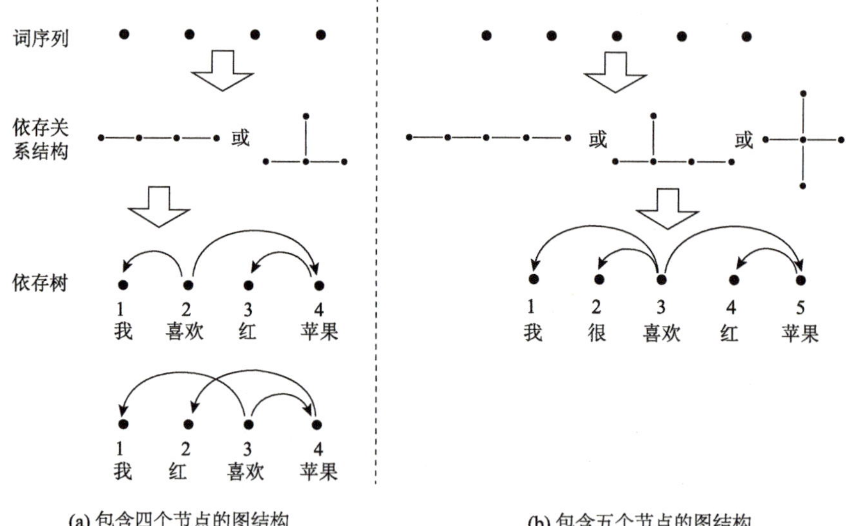

图 3-10 “我喜欢红苹果”和“我很喜欢红苹果”的依存树图

图 3-10 反映了依存关系、线性句子和句法结构树之间的复杂关系。另外，我们还发现依存关系交叉现象发生在句子的线性组配阶段。因为真实语言中交叉

现象较少（Nivre & Nilsson，2005），所以我们有必要从理论上考证交叉依存是不是一种偶然现象。我们可以利用表 3-10 中的计数公式考察不同依存树在数量级上的变化情况，进而分析交叉依存发生的概率。表 3-10 中不交叉依存树的计数方法可以用递归公式推导出来（胡凤国等，2009），我们在表 3-10 中给出了另一种更简便的计数公式（Havelka，2007）。

表 3-10　依存树及相关树的计数公式

项目	未标记树	无向依存树	依存树	不交叉依存树	交叉依存树
计数公式	生成函数推导	$a(n)=n^{n-2}$	$a(n)=n^{n-1}$	$a(n)=\frac{\binom{3n-2}{n-1}}{n}$	$a(n)=n^{n-1}-\frac{\binom{3n-2}{n-1}}{n}$

四、依存树计数与比例

根据表 3-10 中依存树及相关树的计数方法，我们对句长为 1～12 的依存树进行计数，结果如表 3-11 所示。

表 3-11　依存树及相关树的计数结果

句长	未标记树	无向依存树	依存树	不交叉依存树	交叉依存树
1	1	1	1	1	0
2	1	1	2	2	0
3	1	3	9	7	2
4	2	16	64	30	34
5	3	125	625	143	482
6	6	1 296	7 776	728	7 048
7	11	16 807	117 649	3 876	113 773
8	23	262 144	2 097 152	21 318	2 075 834
9	47	4 782 969	43 046 721	120 175	42 926 546
10	106	100 000 000	1 000 000 000	690 690	999 309 310
11	235	2 357 947 691	25 937 424 601	4 032 015	25 933 392 586
12	551	61 917 364 224	743 008 370 688	23 841 480	74 298 4529 208

从表 3-11 的数据中，我们可以发现以下结论。

（1）未标记树的差异性结构较少。当句长为 12 时，未标记树仅为 551 个。这表明深层句法结构中表达句法语义依存关系的结构数量相对有限。

（2）当未标记树表达为线性句子后，差异性结构（依存树）急剧增多。当句长为 12 时，无向依存树的数量已达百亿量级的规模。这表明，在深层结构向表层结构的转换过程中，语言符号能指的线条性发挥了重要的作用。

（3）不交叉依存树和交叉依存树之间的数量差异极大，而且交叉依存树的数量增速远大于不交叉依存树。

以上发现表明，根据图论中的同构理论（Pemmaraju & Skiena，2003），构成依存关系的图结构数量不多，但是当依存关系结构转换成线性词序列后，它所包含的依存树数量就剧增。同时，我们还可以用表 3-11 中的数据计算交叉依存树的比例，发现当句长大于 9 时该比例接近 100%。然而，我们知道，在真实语言中交叉依存树比例仅为 15%～25%，交叉依存为 1%～2%（Nivre & Nilsson，2005），而且这个比例并不会随句长的增加而发生大的变化。这充分说明，不交叉的依存关系可以极大地降低句法结构的数量级，换言之，能够减少句法分析机制的计算代价，从而使语言系统更具经济性。另外，不同结构计数结果的巨大差异也表明，语言中的交叉现象并非是随机产生的，而是必然受到某些因素的制约。

五、交叉、句长与依存距离的关系

在已有的对交叉与距离关系的探讨中，Ferrer-i-Cancho（2006，2013，2014，2015）的研究主要侧重于 I 型交叉依存，而忽略了 II 型交叉依存。造成这一结果的主要原因有两点：①理论上大量 II 型交叉依存与 I 型交叉依存同时发生，如图 3-9（b）；②当不考虑依存方向时，II 型交叉依存与正常句子的句法结构没有实质的差异，它们的依存距离大小也不存在明显的不同。因此，我们可以认为 I 型交叉依存是依存句法结构计量研究的重点。为了简化依存树的枚举与统计分析，本节也主要探讨在依存方向不作为影响依存句法结构的一个要素的情况下，交叉依存与依存距离之间的关系，以及其与依存距离最小化之间的关系。下文中如不做特殊说明，交叉依存仅指 I 型交叉依存。

我们以 MDD 与其出现的频次作为对应关系，分别按交叉依存和不交叉依存对依存树进行枚举和统计，结果如图 3-11 所示。

图 3-11 中第一、第三列是交叉依存树和不交叉依存树混合分布图，第二、第四列是其左边混合图中不交叉依存树的单独枚举结果。从图 3-11 中可以发现如下结果。

（1）当句长大于 4 时，交叉依存树和不交叉依存树出现大量 MDD 重叠现象；

（2）在特定句长下，随着 MDD 减小，交叉依存树和不交叉依存树的数量都在递减，当 MDD 接近最小值时，两者的比例近似；

（3）当句长大于 5 时，交叉依存树和不交叉依存树 MDD 的频次分布在图形上存在一个明显的波峰，这也是 MDD 均值的取值区域，而且交叉依存树的 MDD 均值大于不交叉依存树。

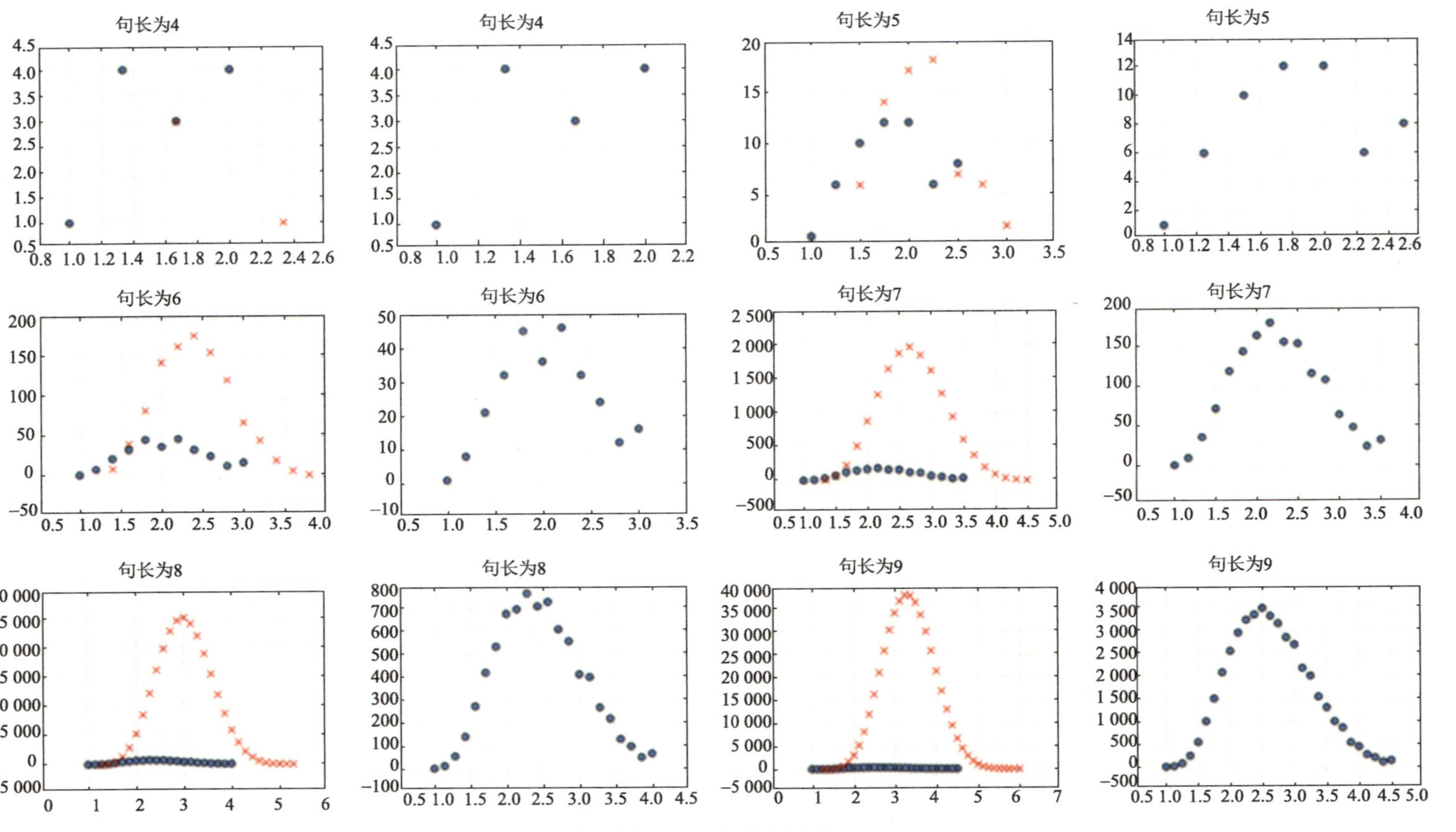

图 3-11 MDD 与其出现频次的关系

注：图中横轴表示MDD，纵轴表示出现频次

从以上分析中我们可以看出，数量庞大的依存树映射于取值范围有限的MDD上，导致许多交叉依存树和不交叉依存树具有相同的MDD，这说明依存距离并不能完全区分交叉依存和不交叉依存。然而，减小MDD在一定程度上会降低交叉依存的比例，这验证了文献对MDD和交叉依存之间关系的论断（Ferrer-i-Cancho，2006，2013，2014，2015；Liu，2008a），如果我们减少语言中的交叉依存，那么可以预计依存距离取更小的值，即依存关系不交叉有利于降低语言的句法复杂性。

尽管图3-11表明交叉依存树的MDD均值大于不交叉依存树，但它们之间的差值并不大，句长为9时，两者的差值仅为0.7。这就需要我们进一步分析两种依存树的MDD增长趋势，从而推测其可能对语言结构造成的影响。图3-12是句长为4～13的依存树的MDD均值变化情况，其中句长为10～13的取值是统计1000万个样本（随机生成）所得到的结果。

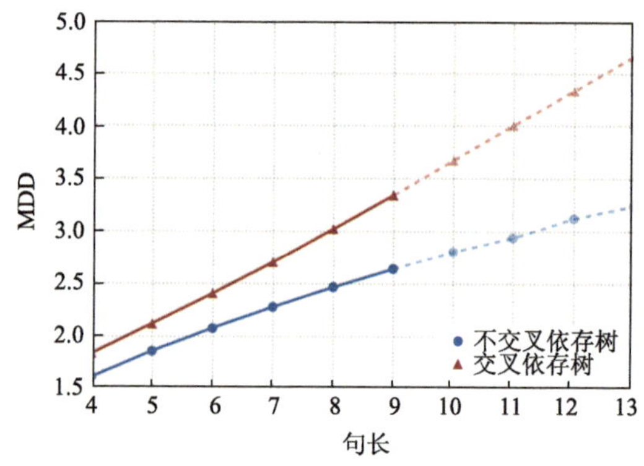

图3-12 句长与MDD的关系

图3-12显示，当句长为9时，交叉与不交叉依存树的MDD均值都小于3.5，也小于真实语言的MDD①；而当句长为13时，不交叉依存树的MDD均值仍然小于3.5，而交叉依存树的MDD大于4.5，已经超出了真实语言的统计数据范围。

一般认为人类语言偏好不交叉的依存结构，是因为在相同句长下，不交叉依存树可能具有比交叉依存树更小的MDD（Liu，2008a），图3-11验证了这一推断，而图3-12进一步显示出，不交叉依存树的MDD均值增长速度更加缓慢。由此可见，随着句长的增加，交叉依存树所对应的句子不仅依存距离越来越大，而且它们与不交叉依存树的MDD差值也逐渐扩大。换言之，随着句长增大，交叉依存树在增大句法复杂度的可能性方面比不交叉依存树要大得多。因此，对于

① 根据Liu（2008a）的统计，真实语言的MDD大约在1.798~3.662。

语言系统来说，自然是从整体趋势上选择不交叉依存结构更加有利于语言的理解与交流。

另外，图 3-12 中交叉依存树的 MDD 呈线性增长，其结果近似等于 Ferrer-i-Cancho（2013）推导的随机树 MDD 公式[（句长+1）/3]的计算结果，这也证明了我们提出的枚举方法的正确性。

六、交叉依存与依存距离最小化的关系

大规模语料实证研究表明，依存距离趋向最小化可能是人类语言中的普遍现象（Liu，2008a；Ferrer-i-Cancho，2004）。更深入地来讲，这种语言结构的演化模式是人类普遍认知机制在线性维度上约束依存关系排列方式的结果（Jiang & Liu，2015）。根据上文所揭示的交叉依存与依存距离之间的关系，如果我们模拟依存距离逐渐趋向最小化的过程，那么交叉依存树比例势必将不断减少，最终获得的交叉依存与依存距离之间的定量关系可能近似真实语言中的情况。这就说明依存距离最小化能够较好地解释交叉依存较少的现象。

为了验证这一假设，根据 Liu（2008a）的研究中罗马尼亚语、日语和土耳其语等几种语言平均句长约为 7～9 的这一统计结果，我们选取平均句长约为 9 的句子集合进行分析。鉴于其中不交叉依存树 MDD 的最大值为 4.5，我们将其设为目标值，然后从 MDD 为 1.0 开始，每次递增 0.02，结果如图 3-13 所示。

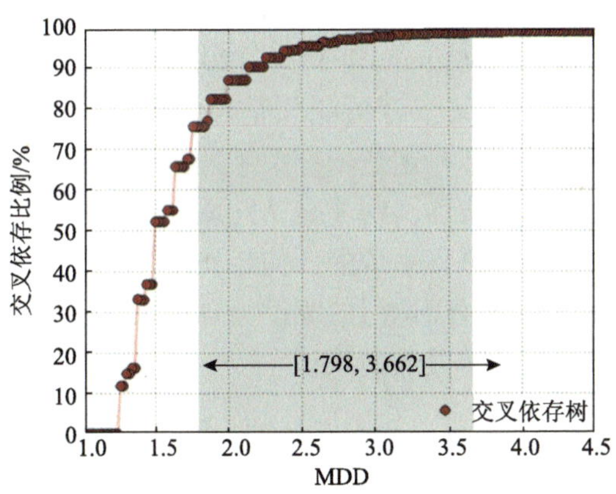

图 3-13　MDD 与交叉依存比例的关系

图 3-13 表明，随着 MDD 不断增大，交叉依存的比例也逐渐递增。当 MDD 小于 1.36 时，交叉依存树比例约为 16.4%，交叉依存比例约为 4.1%，该比例接近真实语言。这证明 MDD 对依存交叉起到了明显的约束作用，并且能够将交叉依存的比例控制在较小的范围内。这说明，依存距离最小化能够将交叉依存比例

降低至真实语言中的情况。

图 3-13 还显示，当 MDD 处在 1.798～3.662 时，交叉依存树比例为 76%～99%，这表明大量交叉依存是满足人类认知机制对句法复杂性的约束条件。认知科学和心理语言学的研究已经揭示，依存距离和句法复杂性之间是一种正相关的关系（Liu，2008a；Ferrer-i-Cancho，2004；Jiang & Liu，2015），人类句法分析机制在剖析这些带交叉依存的句子时，并不需要耗费更多的计算资源，这与前文中提到的真实语言中交叉依存较少的情况相互矛盾。这一方面说明交叉依存可能更加难以处理，例如，罗马尼亚语和汉语依存树库中不存在交叉依存，而存在一些长距离依存（Liu，2008a，2010），这两种语言中依存关系倾向于不交叉是不是为了降低句法分析过程中的认知成本？另一方面，这也提醒我们，语言本质上是一个多层级的自适应复杂系统（刘海涛，2011），影响依存距离最小化的因素有很多，这些因素也可能间接地约束了交叉依存的产生。因此，除了认知机制之外，我们需要进一步探讨其他可能缩减依存距离的因素，例如，Gildea 和 Temperley（2010）认为英语语法规则比德语语法规则更能有效地促使依存距离最小化，而我们知道德语中交叉依存较多，那么语序、语块中根位置和语法结构的层次属性等语法因素是否也影响着两种语言的交叉依存比例呢？这些问题都值得我们进一步探索。

值得注意的是，本节对依存距离最小化与交叉依存之间关系的探讨和 Ferrer-i-Cancho（2014，2015）的相关研究不同。我们是站在整个句子的角度发现交叉依存与依存距离之间的定量关系，而后者更加注重探索两两依存弧之间发生交叉的概率特性。Ferrer-i-Cancho（2014，2015）认为，依存距离最小化是交叉依存稀少的根本原因，交叉依存可能只是句中出现长距离依存而带来的副产品。交叉依存的认知成本并不一定是依存关系发生交叉的直接后果，而长距离依存增大了交叉依存发生的可能性，这才是认知成本增加的始作俑者。语言是一种人驱系统，这意味着在解释语言系统的任何运作规律时，不能只从数理的角度来进行，因为人才是语言系统得以运行的驱动力。如果这种假设正确，那么将进一步扩展我们对交叉与距离之间关系的认识。

七、本节小结

本节采用计量方法对依存结构图中的交叉与依存距离的关系进行了较详细的计量分析，并得出以下结论。

（1）人类语言可能包含依存树的理论总数为 $\sum_{n=1}^{m} n^{n-1}$，其中 n 表示句长变量，m 为可能的最大句长；交叉依存是一种非随机现象，从理论上看，所占的比例远高于真实语言树库的统计数据。

（2）MDD 不能完全区分交叉依存树和不交叉依存树；降低交叉依存比例能够减小依存距离，反过来，缩减依存距离也能够降低交叉依存的比例，并最终达到与真实语言中相近的比例值，但是此时 MDD 小于真实语言中的值。

（3）依存距离最小化是导致交叉依存稀少的重要因素，人类语言倾向于不交叉的依存结构主要是为了减少句法复杂性；还存在其他使交叉依存减少的机制，它们与依存距离最小化原则相结合，共同限制了大多数交叉依存的出现，从而令人类语言更倾向于不交叉的依存结构。

本节的部分结论和其他学者分析随机树库所得到的结果类似。随机方法可以探查依存树的概率特点，而枚举方法能够帮助我们更精准地把握依存树的整体和个体特征。这两种方法可以彼此互补，兼顾两个方面就能得到较完整的依存树结构信息。但是，枚举方法的缺点在于依存树的理论数量庞大，对其进行分析所需要的计算量也非常大，因此，针对依存树的编码数组进行细致分析将是未来的探索方向。

最后需要补充说明的是，本节的结论还需用真实语料进一步验证，以便继续厘清以下问题：句中出现交叉依存是受长距离依存影响的结果吗？为什么一些语言（如德语）中存在着较多的交叉依存现象，而某些语言中却很少出现交叉？语法是否会影响交叉依存的产生？这些问题都需要我们结合大规模的依存树库做进一步的对比研究。

接下来，我们先处理另一个有趣的问题。根据本书此前的内容，我们知道句子越长，产生长距离依存的可能性也就越大，而且长句的依存距离分布与短句的也不一样，长句偏爱类似幂律的分布规律，而幂律一般又是自适应系统的一种特点。那么，这是否意味着人类在处理长句时会启动某种自适应的调节机制？如果答案是肯定的，那这种机制又是什么呢？

第四节 组块在降低自然语言句法复杂度中的作用

一、引言

自然语言是一个人驱复杂适应系统（Liu，2018），具备多层级性，包括语音层、形态层、句法层等（Hudson，2007；Solé et al.，2010；Liu & Cong，2014），其复杂性在每个层面都有体现（Maddieson，2007；Shosted，2006；Febres et al.，2015；Čech et al.，2011）。由于人类认知能力有限，语言系统的复

杂性必须通过语言的自我适应和调节机制控制在合适的范围内（Köhler，2012；Gong et al.，2014），从而不超出人类的认知负荷。换言之，语言作为一个动态系统，处于不断的自我适应和自我调节的状态，以确保每一层级的语言组织架构的复杂度都不超出人类认知加工的能力范围。

目前已有多项研究表明，为适应人类认知能力，自然语言线性序列存在两种机制，即依存距离最小化（Liu，2007b，2008b；Jiang & Liu，2015；Ferrer-i-Cancho，2006，2013，2014，2015）和交叉依存关系最少化（Liu，2008a；Ferrer-i-Cancho，2006，2013，2014，2015；Lecerf，1960；Hays，1964）。

如前文所述，依存距离关注的是句子中两个有句法关系的词之间的线性距离（Heringer et al.，1980；Hudson，1995）。我们可以通过支配词的词序减去从属词的词序得到依存距离，即相邻依存关系的依存距离为 1（Liu，2008a）（参照本书第一章第二节）。在依存关系句法分析（Hudson，2010；Mel'čuk，1988；刘海涛，2009）中，对一个词的认知加工要求将该词与存储在记忆中的某一先前的词建立句法上的联系。因此，长依存距离意味着更高的句法复杂度，随着插入的词项增多，认知加工的时间变长，对先前某个词的记忆干扰加大，由此导致对该词的记忆逐渐减弱，将该词从记忆中提取出来与后出现的词建立句法联系的难度也随之加大。总之，依存距离与句子理解难度或其句法复杂度密切相关（Liu，2008a）。Liu（2008a）将 20 种自然语言的依存距离与两种随机语言（非自然语言）相比较，指出依存距离最小化是人类语言的普遍现象，且 MDD 可以作为衡量句法复杂度的指标。事实上，依存距离最小化很可能反映出人类认知的一种普遍倾向，即通过降低句法复杂度来减少加工成本。更准确地说，依存距离最小化是普遍的省力原则在句子线性规律中的体现。至于交叉依存稀少现象，可能是语言加工中依存距离及认知成本最小化作用的结果（Ferrer-i-Cancho，2006，2013，2014，2015）。同样地，一些研究发现，如果允许交叉依存出现，依存距离就会显著增大，这也表明减少交叉依存的数量可能是限制依存距离的重要方式之一（Liu，2007b，2008a）。

因此，MDD 在某种程度上可作为检测和衡量句子复杂度的合适指标，它能反映一种语言线性序列的句法复杂度。此外，依存距离与交叉依存密切相关，在人类语言中，二者均体现出最小化倾向。在依存距离足够短的情况下，两条边的长度缩短，产生交叉关系的可能性也随之变小（Ferrer-i-Cancho，2014，2015）。然而，无任何交叉依存的非自然语言的 MDD 仍显著大于自然语言（Liu，2007b，2008b）。因此，我们认为除交叉依存最少化外，一定存在其他手段可以降低自然语言的句法复杂度（即缩短 MDD）。

前人针对此类问题的研究主要关注句法上相关联节点间的线性距离（Liu，2007b，2008b；Jiang & Liu，2015）或交叉依存关系（Ferrer-i-Cancho，2006，

2013，2014，2015；Lecerf，1960；Hays，1964），忽略了句法结构的层级性。我们认为，句法结构的层级性对句中词的线性顺序有很大影响；更重要的是，这种层级结构反映出人类认知的另一种基本操作过程——组块化。

事实上，人类语言的一个根本特点是模式双层性（Langacker，1987；Christiansen & Chater，2015），即处于低层级的较小单位结合成为高层级的较大单位。换句话说，组块是语言的一个基本机制；词与词之间结合形成组块，该组块随后与其他组块结合形成更大的组块，最终形成一个完整的句子。从句法角度来看，一些从属词依存于一个支配词，从而形成一个组块。当这个组块作为一个整体与其他组块发生句法联系时，不同组块中的两个节点之间就会发生依存连接。通过这种方式，组块就能够继续形成更大的组块。因为依存句法树具有层次结构性质，所以组块化可以自下而上发生在由词到小句的任何层级。因此，在多数情况下，语言的层次结构实际上体现了一串词聚集成为组块的过程。

组块也可作为层级性依存树与其线性化的一个接口。实际上，已有研究表明，组块在人类信息加工中发挥着重要作用（Miller & Selfridge，1950），它有助于减少信息加工成本（Christiansen & Chater，2015），降低语言理解难度（Zipf，1949；Flesch，1948），被广泛应用于自动句法分析系统的构建中（Abney，1991）。许多研究发现，组块是一种普遍的认知现象，它能够有效提升工作记忆能力，强化认知操作（Christiansen & Chater，2015；Miller，Selfridge，1950；Cowan，2001；Jones，2012）。有趣的是，上文我们提到，自然语言中依存距离最小化在很大程度上是由于人类的记忆会随时间而衰退；此外，新加工的词项会对已有的词项的记忆造成干扰，而这两种现象均会导致句法复杂度增加。那么，我们不禁要问，作为一种普遍认知机制和一种基本语言属性，组块是否有助于依存距离最小化和交叉依存最少化？或者更确切地说，组块是否有助于减轻记忆衰退或记忆干扰现象？探究这个问题，一方面有助于我们更好地理解语言结构模式是怎样受语言的自适应性和人类的认知机制约束的，另一方面也有助于我们了解组块化对句法复杂性的影响。因此，本节将采用多层随机游走算法来模拟依存结构树在线性语序维度的组块化，并结合汉语依存树库的相关统计数据，对结果做进一步对比，最终揭示组块化对缩减依存距离和交叉依存的作用。

二、基于组块的随机树算法

本节将句子的依存结构模拟为一个有根树（Hudson，2010；Mel'čuk，1988；刘海涛，2009）。组块是对依存树中节点的切割，具有以下性质：每个组块有且仅有一个中心词；一个组块为一个有向的有根树，根即句子的中心词；每个组块的节点集互不相容；组块间的关系遵循二元不对称性，即支配组块与从属组块间的依存关系。图 3-14 为一个英文例句的依存关系、组块、依存距离的分析。

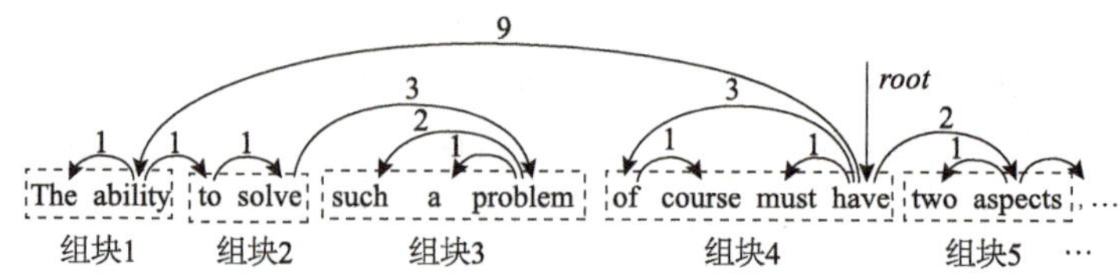

图 3-14 一个英文句子的依存关系、组块、依存距离

在图 3-14 中，ability 和 have 分别为组块 1 和组块 4 的中心词；组块 1 为从属组块，组块 4 为支配组块，两个组块的词项各自组成一个有向的有根树，并通过 ability 和 have 两个中心词产生联系，形成更大的依存树。组块与句法结构相适应，在某种程度上能够反映出韵律模式。树库由许多如图 3-14 中所示的句子组成，并经过人工标注，明确标记出句子的依存结构和组块结构。

根据本节对组块的定义，一个由 n 个词组成的句子的 MDD 可以用如下公式计算：

$$\mathrm{MDD}_S = \frac{1}{n-1}\sum_{i=1}^{k}\left(\left|\mathrm{ccd}_i\right| + \left|\mathrm{ldd}_i\right|\right) \tag{3-14}$$

其中，k 表示一个句子中组块的数量；cdd_i 表示第 i 个组块中内部依存距离的总和；ldd_i 表示组块间的依存距离，可被定义为第 i 个组块中根词与该根词的支配词之间的距离。例如，在图 3-14 中，组块 4 的内部依存距离 cdd_4=1+1+3=5；组块 4 与组块 1 的依存距离 ldd_4=9。图 3-14 所示的句子部分的 MDD 为（1+9+1+1+3+3+5+1+2）/12≈2.17。另外，这个公式也清楚地揭示了 MDD 受到依存树线性语序和组块之间层次结构这两个方面的约束。

已有研究表明，MDD 与句长呈正相关（Ferrer-i-Cancho，2013，2014，2015）（参照本书第二章第一节）。此外，组块化不可避免地导致组块之间发生依存连接，而且这种依存连接很可能会跨越更多的词或组块，那么这将在句子中产生较长的依存距离，也就是说，一个句子的 MDD 对组块之间的依存距离更加敏感。因此，我们有理由认为，对于任何一个句子，它的 MDD 取决于特定句长下句子中各个组块的大小。

为了探究不同长度的组块对依存距离及交叉依存的影响，我们利用以下算法生成人工依存树，将线性有序排列的节点分割为某一长度的组块，随后利用有向树生成算法（directed tree generating algorithm，DTGA）建立组块内及组块间依存关系。

算法：

（1）对于一串线性字符，S=word$_1$，word$_2$，…，word$_n$，存在对应的节点集，V={word$_1$，word$_2$，…，word$_n$}；一个依存树（图）在生成时的初始状态

为，图的顶点集 G_C={}和图的边集 E_C={}。

（2）对生成的线性结构进行组块。组块长度的最大值设为 MAX（≤句长），最小值设为 MIN（≥1），线性节点集 S 被分割为 k 个组块：C_1，…，C_k。

（3）生成组块内依存关系。每个组块的子依存树由 DTGA 生成，共得到 k 个子依存树（G_1，…，G_k）；每个子依存树的根节点为对应组块的中心词（$Head_1$，…，$Head_k$），随机选择其中一个中心词作为整个线性结构的根节点；随后将子依存树的节点及边添加至 G_C 和 E_C。

（4）生成组块间依存关系。k 个组块共生成 k–1 个有向边（edge）$<C_i, C_j>$，$i \neq j \in [1, k]$，根据 DTGA 设定，C_i 支配 C_j；在 C_i 中，随机选择节点 m 作为支配节点，与 C_j 的中心节点发生联系；随后将边 $<m, Head_j>$ 添加至 E_C。

（5）当 k–1 个边全部生成后，输出 G_C 和 E_C，算法结束。

上述算法的步骤（3）、（4）中，我们利用 DTGA 来生成依存关系（Liu & Hu，2008；Wilson，1996）。DTGA 分为两种（Liu & Hu，2008），即限制交叉弧的（NC-DTGA）和不限制交叉弧的（C-DTGA）。本节中，两种算法均有使用。

组块的大小随机设为[MIN，MAX]区间内的某一个值。根据研究目的，我们可对该区间进行设置以探究组块大小与依存距离间的关系。例如，当句长为 20 时，如果目的是探究随机生成的组块的大小对 MDD 有何影响，那么将[MIN，MAX]设为[1，m]，m 的最大值为 20；如果目的是探究不同固定大小的组块对 MDD 的影响，那么 MIN=MAX∈[1，20]，而当 MIN=MAX 时，组块大小固定。

根据是否具备投影性（交叉弧）和是否有组块，我们可将句法依存树分为四种。

（1）无投影性、无组块的句法依存树。该类树由 C-DTGA 生成，允许生成交叉依存，如图 3-15（a）所示，以下用 RL1 表示。

（2）有投影性、无组块的句法依存树。该类树由 NC-DTGA 生成，不允许生成交叉依存，如图 3-15（b）所示，以下用 RL2 表示。

（3）无投影性、有组块的句法依存树。该类树由算法 1、C-DTGA 生成，允许生成交叉依存，如图 3-15（c）所示，以下用 RL3 表示。

（4）有投影性、有组块的句法依存树。该类树由算法 1、NC-DTGA 生成，不允许生成交叉依存，如图 3-15（d）所示，以下用 RL4 表示。

据此原则，我们构建了四种非自然语言（树库）RL1、RL2、RL3、RL4，每种树库仅由一种对应的人工依存树组成。其中的前两种我们并不陌生，因为已在本书此前的章节中多次使用过。

这四个随机树库中每个树库所包含的句子数量为 5000 个，句长跨度为 2～100。通过比较它们在 MDD 上的差异，就能够揭示出在组块参与下，各类随机树库 MDD 大小的变化情况。

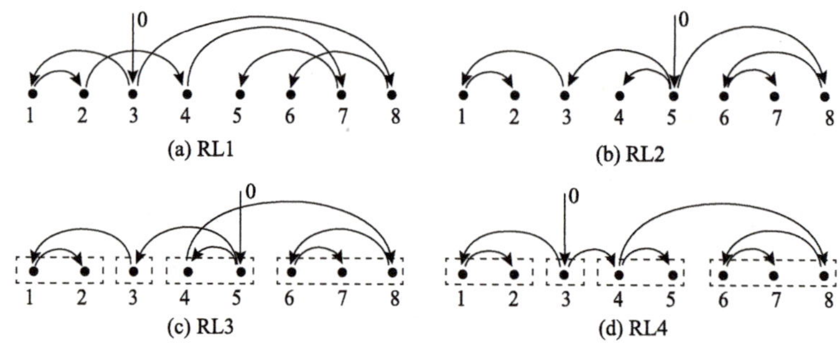

图 3-15 四种句法依存树

为了与自然语言进行对比分析，我们也统计分析了汉语依存树库（Qiu et al.，2014）的依存距离情况，该树库包含了 1998 年从 1 月 1 日到 1 月 10 日的《人民日报》中的所有文章，其中共有 14 463 个句子和 336 138 个词，这些句子都经过了人工的依存关系标注处理。需要说明的是，本节主要关注组块化对依存距离的影响，并粗略地对比了真实语言中的情况，因此并没有对依存树库中的标点符号进行预处理。

方法上，本节以计算机模拟（仿真）为主，这一方法已被广泛用来探究多种语言现象和语言结构（Gong et al.，2014）。对于本节的研究而言，以人工生成的依存树为研究对象，有助于排除其他因素的影响，更客观地探求组块对依存距离和交叉依存的影响。

三、组块和依存距离

根据前文阐述的基于组块的随机树生成方法，我们得到了不同树库中句子的 MDD 与句长的关系，如图 3-16 所示。图 3-16 中的 MC 为汉语依存树库，四个随机树库分别用 RL1、RL2、RL3、RL4 表示。其中横轴上的虚线参照线表示汉

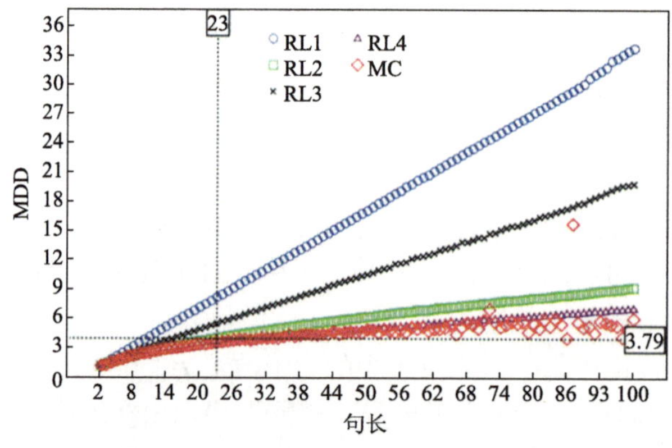

图 3-16 五个树库中 MDD 与句长的关系

语自然语言（普通话）（MC）的平均句长，为 23；纵轴上的虚线参照线表示自然语言（普通话）的 MDD，为 3.79。

从图 3-16 可以看出，RL3 的 MDD 大于 RL2。这说明相比于投影，组块对降低句法复杂度的作用较弱。尽管如此，可以明确的是，二者均对缩减非自然语言的 MDD 起到了一定作用，因为 RL2 和 RL3 的 MDD 均低于 RL1。因此，组块间的依存关系从总体上看并不会增加树库的 MDD。

对多种语言的统计分析结果表明，在自然语言中，交叉依存关系是极少的（Liu，2008a；Ferrer-i-Cancho，2006）。在本节研究的普通话树库中不存在交叉依存。这可能说明，自然语言交叉依存的稀少现象很可能是依存距离最小化作用的结果。图 3-16 也显示，RL2 的 MDD 与普通话的十分接近，然而，当句长超过 20 时，RL2 与普通话的 MDD 的差值稳步增大。由此可推断，交叉依存关系的稀少现象不仅仅是依存距离最小化导致的，很可能存在其他作用因素，尤其对于长句子而言，组块可能同样有助于依存距离最小化。如图 3-16 所示，当句长超过 20 时，连续的、组块的非自然语言 RL4 的 MDD 与普通话的 MDD 大致相同。

上述结果表明，在组块化作用下，词序列被分割成多个组块，然后在组块间生成依存关系，从而进一步降低了句子的句法理解难度（降低 MDD）。组块化作为一种小单位构成更大单位的行为，可能是语言中各类语法单位（词、短语、小句、句子）形成的基本因素，因此，简单的线性序列组块化机制可能是语言系统在演化过程中实现依存距离最小化倾向的基本手段之一。

此外，统计检验显示，句长和 MDD 显著相关（普通话树库中句长范围为 2～67，皮尔逊相关系数 r=0.94，$p\approx 0$）。也就是说，句子越长，MDD 就越大，这也为学界所称的句长与 MDD 之间的关系提供了新的证明（Jiang & Liu，2015；Ferrer-i-Cancho，2014，2015）。因此，较长的句子，尤其是句长超过 100 的句子，会造成人的理解困难。这也再次说明，较长的句子会在一定程度上导致句法理解难度增加（增大 MDD），并将引发严重的交际困难。因此，作为自适应系统的人类语言必须通过某些手段优化调节依存距离的大小，以达到尽量减小句法复杂性的目的，而组块化可能就是有效的手段之一。

以上的讨论指出了组块对降低句法复杂度（降低 MDD）的重要作用。然而，另一个问题仍有待解答，即在不对投影性进行限制的情况下，组块能否将非自然语言的句法复杂度降至自然语言的水平？

我们通过两种方法控制组块大小，探究其与句法复杂度之间的关系。我们用算法 1 生成人工依存树，用 DTGA 生成依存关系，并允许交叉依存存在。图 3-17（a）显示了控制组块长度的最大值时 MDD 与组块大小的关系，即组块大小在区间[1，m]（m 为句长）内均匀变化，且控制最大值 m 以便观察组块的最大长度是如何影响句法复杂度的；图 3-17（b）展示了当控制组块大小时 MDD 与组块大小的关系，即组块大小固定，且所有组块大小相同。

图 3-17 中，我们选取了六种句长为 2 的幂次的句子，即 2、4、8、16、32、64，分别用 SL2、SL4、SL8、SL16、SL32、SL64 表示句长。从图 3-17 中可以看出，当组块大小由 1 逐渐增加至 64 时，不同长度句子的 MDD 均发生相应的变化。图 3-17 表明，MDD 存在一个临界值，在未达到这个值之前，MDD 随组块的增大而减小，而当超过这个值后，MDD 随组块的增大而增大。

图 3-17（a）中，对于句长为 2、4、8、16、32、64 的句子，组块最大值（m）分别为 1、3、5、6、10、14 时，MDD 达到最小值；图 3-17（b）中，当组块大小分别为 1、2、3、4、7、8 时，MDD 达到最小值。以上发现表明，组块越多，依存距离不一定越短。从语言学上讲，这意味着增加一个句法树的层级并不一定能降低其理解难度。

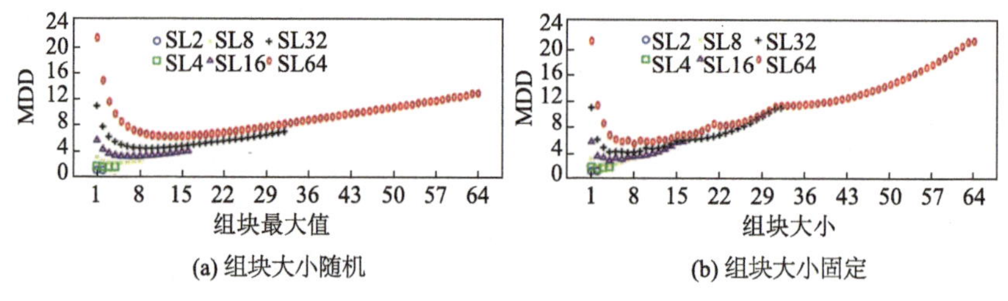

图 3-17 MDD 与组块大小的关系

显然，适当的组块大小能够缩减线性序列的 MDD。在一个组块中，一个节点只能支配或依存于该组块中的其他节点，这限制了线性序列中长依存距离的数量，因为组块间有且仅有一种依存关系。正常情况下，对于长度为 23 的句子，当组块大小为 4～7 时，长依存距离更易出现在组块间，而非组块内。由于合适的组块能产生许多组块内的短距离依存，再加上少量潜在的组块间长距离依存，相较于未进行组块化的序列，组块可以限制长距离依存，以此缩减序列的 MDD。

如果将一串线性序列视作一个句子，那么组块便可被看作介于词与句子间的某种句法结构，它可以是短语、多字序列、固定搭配，也可以是小句。有趣的是，Buk 和 Rovenchak（2008）发现小句的平均长度为 4～8，我们的研究同样发现小句的平均长度为 4～7 时，组块对降低句法复杂度的作用最为显著（此时句长为 16～32）。然而，Buk 和 Rovenchak（2008）指出一个句子中平均有两个小句，而我们的研究表明一个句子的最佳组块数量为 1～8（句长不超过 64），为何自然语言的句子中存在少量较长的小句仍有待研究。

现有的数据已证明，即使没有句法规则的限制，组块仍能够将非自然语言的句法复杂度降至接近自然语言的水平，但是还有一个尚待解决的问题：作为依存距离最小化的产物，组块能否减少交叉依存的数量？

我们仍利用以上算法生成人工依存树，利用 DTGA 生成依存关系，并允许交叉依存存在。图 3-18 展示了组块对交叉依存数量的作用效果。其中，句长为 23，组块大小随机，介于 1～*m*（*m*=1，…，23）。横轴上的参照线（*x*=1 和 *x*=23）作为比较的基线，表示当 *m* 分别为 1 和 23 时对应的交叉依存数量。从图 3-18 可看出，当没有组块时，线性序列平均有 67 个 I 型交叉依存和 34 个 II 型交叉依存。此时，这些人工依存树均可被看作随机标记树。因此，I 型交叉依存的数量与利用 Ferrer-i-Cancho（2014）一文中的公式（11）或 Ferrer-i-Cancho（2015）一文中的公式（7）得出的理论值接近。当组块大小在区间[1，23]内随机变化时，每个句子平均有 38 个 I 型交叉依存和 22 个 II 型交叉依存。

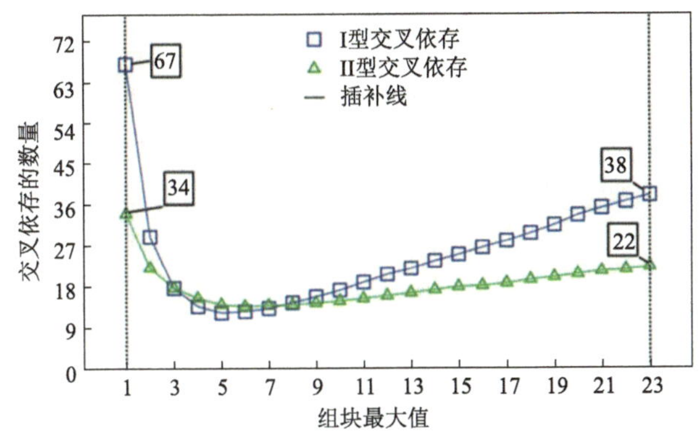

图 3-18　交叉依存的数量与组块大小的关系（句长为 23）

当组块最大值设为 5 时，I 型交叉依存数量达到最小值 12.19，此时 II 型交叉依存的数量为 13.98。当组块最大值设为 6 时，II 型交叉依存数量达到最小值 13.58，此时 I 型交叉依存的数量为 12.48。图 3-18 显示，当句长为 23（句长介于 16～32），组块大小设为 4～7 的某个值时，可得出很小的 MDD。因此，我们可以推断，依存距离与交叉依存，尤其与 I 型交叉依存之间存在某种关系。

我们的研究表明，组块能够减少交叉依存。直觉上，一个组块的节点越少，组块内交叉就越容易发生；当一个组块的节点数量少于 4 时，组块内不可能出现 I 型交叉依存。然而，组块的节点过少会导致组块的数量过多，这反过来又增加了组块间出现 I 型交叉依存的可能性。当组块的节点数量少于 3 时，不可能出现 II 型交叉依存。与 I 型交叉依存相似，II 型交叉依存也与依存距离密切相关。在这一点上，我们的结果与 Ferrer-i-Cancho（2008）用数理方法得出的结论类似，即 II 型交叉依存是由于支配词连同其从属词的位置发生变化产生的，由此增加了语言加工的认知成本。当依存距离较短时，依存关系不易穿过根节点。既然组块能够缩减依存距离，那么其同样能降低 II 型交叉依存出现的可能性。因此，对于有 23 个节点的序列，组块大小的最佳值可能为 6，此时达到组块长度和组块数量的平衡，也能最大限度减少交叉依存数量。

很显然，交叉依存的稀少现象可能是依存距离最小化作用的结果，而组块又对依存距离最小化有显著作用。本节的计算机模拟结果表明，对于一个节点数为 23 的序列而言，即使有交叉依存，组块仍能将 MDD 降至 5.34，仅比无交叉依存时的值（3.84）高出一点。当组块长度被限制在一定范围内时，MDD 大多在 4 以下，这与多数自然语言的 MDD 相同（Liu，2008a）。现有的研究表明，由于人类认知能力有限，依存距离最小化可能是人类语言的普遍现象（Liu，2007b，2008b；Jiang & Liu，2015；Ferrer-i-Cancho，2006，2013，2014，2015），而我们的研究发现，组块作为语言加工过程中的一项基本操作（Christiansen & Chater，2015），很可能是促进人类语言依存距离最小化的重要机制。换句话说，语言本身的自适应过程衍生出了组块这一重要机制来降低语言系统的句法复杂度。我们的研究再次证实了 Christiansen 和 Chatter（2015）的理论，尽管记忆转瞬即逝，但大脑在处理大量的语言输入时，能够通过将已有的词与最先出现的新词进行组块（chunk-and-pass processing）的方式，克服句法加工过程中的“非即时即无时”（now-or-never）的瓶颈。说到这里，有一个有趣的话题值得我们进一步研究，那就是组块与认知的关系，如果组块能够降低句法复杂度（降低 MDD），那么它是否也会对人类认知产生影响？不过，组块并不能保证将交叉依存的数量降至自然语言的水平。也就是说，尽管交叉依存的稀少现象与短依存距离高度相关，但后者并不是导致前者的唯一作用因素。除短依存距离外，自然语言中可能存在其他的作用因素致使交叉依存最少化。

值得注意的是，本节所研究的线性节点集的组块仅有一层，而自然语言的组块是发生在多个层级上的，一个组块可以进一步分割为更小的子组块，也可与其他组块结合形成更大的组块。因此，我们有理由推断，子组块的存在很可能会进一步减少组块内的交叉依存关系，而上层组块的存在很可能进一步减少组块间的交叉依存关系，最后在整体上减少交叉依存关系。从这个角度来看，本节研究中的组块之所以无法将交叉依存数量降至自然语言的水平，很可能是由于我们采用了单一层级的组块，没有完全模拟自然语言的多层级组块。

四、本节小结

本节采用多层随机游走算法模拟依存树的线性组块，探究其对句法复杂度的影响。词是句子的基本单位，然而，如果语言系统只由词组成，那么句法复杂度会随着句长的增加而无限提升，最终超过人类认知负荷。因此，语言作为一个自适应系统，衍生出组块——一种关于比词更大的单位间关系的机制。它能降低长句子的句法复杂度，保证沟通效率。换言之，在语言的自适应过程中，组块机制被用于降低语言中长句子的句法复杂度。

本节研究发现，适当的组块化能够明显降低句法复杂性。对于长度较大的句子（>20），仅依靠投影性不能将句法复杂性降低至自然语言的水平。在同时受投影性和组块化的约束后，长句的句法复杂性非常接近于真实语言。但是，如果不能严格约束组块的大小，仅仅依靠组块化机制并不能促成依存距离的最小化。本节研究还发现，组块大小在某个范围内进行取值可以使随机语言的句法复杂性（MDD）达到较小的值。然而，上述结果有待我们在真实语言中进一步观察和分析。

组块化能够明显减少交叉依存的数量，但与此同时，组块化并不能将交叉依存的数量完全降至真实语言的水平。我们认为，这可能与本节采用的单层组块定义有关。

交叉依存稀少现象不仅与依存距离最小化有关，而且也与某些语言的基本属性有关。我们认为，组块化有助于降低人类语言的句法复杂性，而 MDD 与交叉依存稀少现象直接相关。因此，我们推测组块化也可能在其中扮演重要的角色。对于自然语言来说，交叉依存现象更可能是多种因素共同作用的结果。

组块与人类语言的根本特性及依存树的层级结构密切相关，它在一定程度上反映了人在语言符号线性化时的一种自适应机制。人脑中的语言网络会将网络关系转化为层级关系，并最终在线性表达中以组块的形式体现。从这个意义上讲，组块可能是语言线性化的基本原理之一，也就是说，它本身就是句法的一部分。我们的大脑会将相邻的事物组块，形成线性邻域。一方面，这限制了关联项之间的线性距离；另一方面，这降低了交叉依存发生的可能性。二者均对语言加工有积极作用。

尽管本章的探索还有不少缺憾，距离我们完全搞清楚依存距离最小化背后的机制还有很长的路要走，但我们相信本章的研究发现有助于理解通用认知机制在语言结构形成中的作用，有益于理解交叉、组块在语言统计模式中的作用，进而推进构拟基于真实语言的语言学理论架构。

下一章，我们将首先采用依存距离、依存方向等计量指标来研究一些语言学中的具体问题，然后基于真实语料探讨依存结构树的几个计量特征。

第四章

依存结构的计量特征及其应用

第一节　汉语句法及类型特征

一、引言

作为一门采用精确和实证方法研究人类语言的学科，计量语言学或数据驱动的语言学在近些年来有了较大的发展（刘海涛，2017；Köhler et al.，2005；Best，2006；Bod et al.，2003；Gries，2009）。目前，除了传统的词频统计，计量语言学家们逐渐涉足语言学的其他领域，比如句法学（Köhler，2012；刘海涛，2008）（参照本书前三章）、语用学（Myhill，2005）、类型学（Liu，2010；Liu & Xu，2012；Gerdes et al.，2021；Levshina，2019；Yan & Liu，2021）、二语习得（Ninio，2011；Jiang et al.，2019）和语言演化（Chen et al.，2015）。为了对这些领域的问题进行计量分析，树库是不可或缺的。然而，构建包含句法和其他语言信息的树库是非常费时费力的。因此，我们需将目光投向其他语言学领域，在这些有着共同研究需求的领域中寻找语言资源共享的可能性。

自从基于语料库的方法在计算语言学中兴起以来，产生了大量具有语法标注的语料库。这类语料库即我们此前说过的树库（Abeillé，2003），也是本书所有研究最重要的语言资源。1993 年，宾夕法尼亚大学建立了第一个英语短语结构树库（Marcus et al.，1993）。之后，不同语言的树库接连出现，并且树库构建的趋势发生了变化。比如，标注体系逐渐由基于短语结构变成了基于依存结构（Kakkonen，2005）；树库的标注方式与语言学理论的结合也更加紧密（de Smedt et al.，2007）。这些变化都使得树库不再仅仅是计算语言学领域的一个用于训练和评估句法分析器的工具，而且也成了定量和实证语言研究的资源，有效地推动了数据驱动语言研究范式的形成与发展。

Köhler 和 Altmann（2000）基于一个短语树库（苏珊娜语料库）定量分析了英语句法特征。该研究奠定了句法定量研究的基础。与传统的对词频、词长、句长等的计量研究不同的是，该研究使得对句法的定量研究与句法理论间的联系更加紧密。为了更好地探知人类句法结构的属性，仅使用基于短语结构的句法理论是远远不够的。此外，一个句法树库的结构会受到语体和标注方式的影响。因此仅基于一个树库对一种语言进行定量分析，甚至只是采用同样的句法模型，也很难得到一个令人信服的结论。为了更准确地找到自然语言的概率性句法特征，我们在研究特定语言的某个语言现象时，需要选取多个树库去研究。

除了短语结构（或成分分析），依存分析是另外一种有效的句法分析方法。因此，基于多个依存树库来量化探索语言的句法特征是非常有必要的。这类研究有助于发现一些短语结构树库难以发现的语言特征。Liu（2009b）基于一个汉语依存树库探索了依存关系的概率分布，并且发现最受大家关注的依存关系分布很好地符合修正右截断 Zipf-Alekseev 分布。这一研究是基于依存树库进行计量句法研究的良好开端。

本节使用本书第一章提及的依存距离、依存方向等计量指标，通过五个语体、标注方式、规模都不一样的汉语依存树库考察汉语句法及类型特征。

二、五个汉语依存树库的依存距离和依存方向

树库是含有句法标注的语料库。基于树库的计量语言学研究有可能会被很多因素影响，如句法标注方式、树库的规模、语料库中的语体等（参照本书第二章），因而为了更精准地捕捉一种语言的句法特征，仅使用一个树库是远远不够的。

本节选取了中国台湾“中央研究院”的树库（简称 sinica）（Chen et al., 2003）、宾州汉语树库（简称 pct）（Xue et al., 2005）、哈尔滨工业大学信息技术实验室设计的汉语树库（简称 hit）（马金山，2007），以及两个由本书作者团队自建的树库（简称 cucc 和 cucn）（Liu，2010）。在这五个树库中，hit、cucc 和 cucn 为依存树库；sinica 原标注格式为格语法，本节采用的是由 CoNLL-X 共享任务组织者转换后的依存形式（Kübler et al.，2009）；pct 原标注为短语结构，本节采用的是由亚克·尼维拉（Joakim Nivre）提供的一种依存形式。

有了五个树库后，我们按照第一章中给出的计算方法，得到了这五个树库的有关数据，如表 4-1 所示。

表 4-1 五个汉语依存树库的数据结果

项目	sinica	cucc	hit	cucn	pct
size	280 205	19 060	168 470	16 654	412 191
MSL	4.9	20.6	17	24	22.9
Pdd/%	70.2（196 790）	59.4（11 317）	66.6（112 123）	68.5（11 411）	75（309 291）
Ndd/%	29.8（83 415）	40.6（7 743）	33.4（56 347）	31.5（5 243）	25（102 900）
1dd/%	56.6（158 574）	53.7（10 234）	50.8（85 568）	56.3（9 378）	47.9（197 290）
2dd/%	43.4（121 631）	46.3（8 826）	49.2（82 902）	43.7（7 276）	52.1（214 901）
Pmdd	1.849	1.94	2.34	2.25	3.385
Nmdd	2.423	3.96	3.99	4.3	4.49
MDD	2.02	2.76	2.89	2.89	3.66
95%	5	9	9	10	12
语体	混杂	对话	新闻	新闻	新闻
类型	CF	D	D	D	C

表 4-1 中 size 指该树库里依存关系的数量；MSL 指平均句长；Pdd 指支配词居后的依存关系占比；Ndd 指支配词居前的依存关系占比；1dd 指相邻依存关系的占比；2dd 指非相邻依存关系的占比；Pmdd 指所有支配词居后关系的 MDD；Nmdd 指所有支配词居前关系的 MDD；MDD 指每个树库的平均依存距离；95%指依存关系数量达到 95%时的 MDD；语体指树库中语料的类型；类型表明树库的原始标注方式，其中 D 为依存结构，C 为短语结构，CF 为短语结构和依存结构的混合结构。

接下来，我们结合表 4-1 中的数据，对汉语的相关特征进行讨论分析。

三、汉语的句法和类型特征分析

图 4-1 为五个树库的 MDD 与 MSL 的关系。

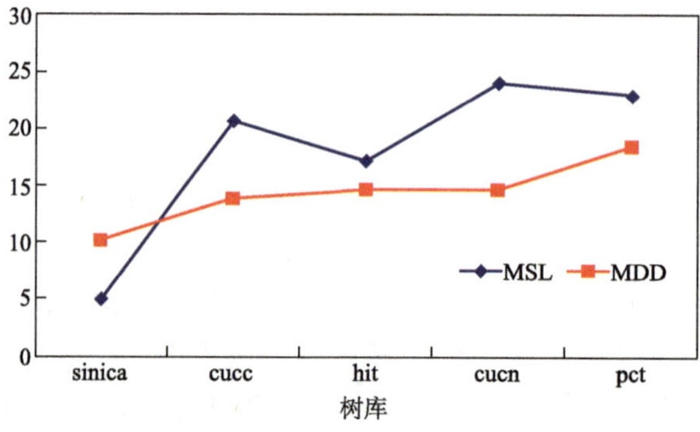

图 4-1 MDD 和 MSL 的关系

注：为便于观察，图中 MDD 的值为乘以 5 之后的结果

图 4-1 表明五个树库的 MDD 有差别，从 2.02 到 3.66 不等。换言之，汉语依存关系中的支配词和从属词之间的依存距离是 1～2.5 个词。由该图可以得出 MSL 与 MDD 之间的关系。sinica 中的 MSL 和 MDD 最短；其他四个树库的依存距离表明，MSL 是影响 MDD 的主要因素，但不是唯一因素。我们还可以看到，这五个树库的 MDD 在受到众多因素影响时，变化范围很小，但是这个值并未超出人类工作记忆容量范围 7±2（Miller，1956）或者 4（Cowan，2005），这暗示人类语言具有依存距离最小化的倾向（Liu，2007b，2008b；Liu et al.，2017）。

除此之外，我们探究了表 4-1 中 MDD 和其他因素之间的相关程度，结果如图 4-2 所示。

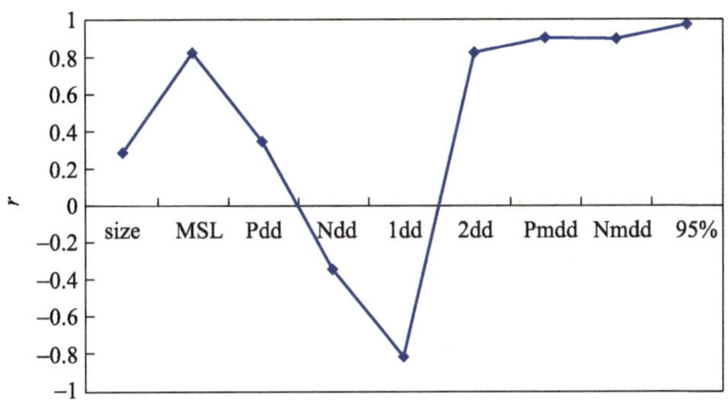

图 4-2　MDD 与其他因素的相关性

注：图中横轴各因素代表含义详见表 4-1

由图 4-2 可知，与 MDD 呈显著正相关的因素有 MSL、2dd、Pmdd、Nmdd 和 95%，呈显著负相关的因素为 1dd。由于 Pmdd、Nmdd、95%和 MDD 之间的正相关关系很容易理解，我们在这里不再讨论它们。值得注意的是，树库的大小（size）与 MDD 之间并没有密切的关系，这意味着我们可以使用不同大小的树库来统计研究语言的特征。虽然图 4-2 直观地呈现了 MDD 与其他因素之间的关系，但在统计学上，它们的显著性并不一样。经统计检验，其 p 值分别为：95%（0.005）、Nmdd（0.037）、Pmdd（0.036）、1dd 和 2dd（0.085）、Pdd 和 Ndd（0.569）、MSL（0.088）、size（0.644）。

在这五个树库中，pct 的 MDD 是最大的。该结果并不能用 MSL 和文本类型来解释，因为 cucc 和 cucn 与 pct 的 MSL 差不多，cucn 和 hit 也与 pct 的语体相似。pct 的 MDD 最大的唯一原因是，它是由短语结构树库自动转换而来的依存树库。这表明一个树库的标注方式会对其 MDD 产生影响（相关研究可参照本书第二章第三节）。cucc、cucn 和 hit 的语体各不相同，cucc 为对话，cucn 为电视新闻，hit 为报纸，但它们都是根据依存语法构建的，因此它们的 MDD 比较接近。因此，我们有理由认为，由短语结构树库自动转换而来的依存树库可能并不适合作为语言研究的语料资源。为了使树库适合语言研究，我们需要对树库进行人工校对。这个结论和 Liu（2007a）的发现一致，他也认为这类树库并不适合语言研究。另外，在五个树库中，除 sinica 外，其余树库的 MSL 大致相当。sinica 的平均句长较短是因为该树库的原始语料库中删去了句中的所有标点符号。这个操作会使标注更简单，但却失去了原文的信息，不能反映汉语句子的真实情况。因此，我们可以将 sinica 的 MDD 较小归因于其特殊的标注方式。这样，如果我们在分析依存距离时忽略 pct 和 sinica 这两个树库，我们将得到一个更准确的汉语的 MDD，大约是 2.84。

相邻依存关系的占比（1dd）和 MDD 的关系十分密切。相邻依存关系建立在句中两个相邻词之间，且依存距离为 1。显然，一种语言的相邻依存关系越多，它的 MDD 就越小，二者呈显著的负相关。

图 4-3 表明，汉语中 40%～50%的依存关系都存在于非相邻词之间。为什么会这样？或许需要到人类认知结构的普遍性中去找寻答案。我们发现，即使一个树库使用了不同的语体和标注方法，其相邻词之间依存关系的比重也基本相同。统计分析表明，五个树库中相邻依存关系的占比之间无明显差异（$p>0.39$）。

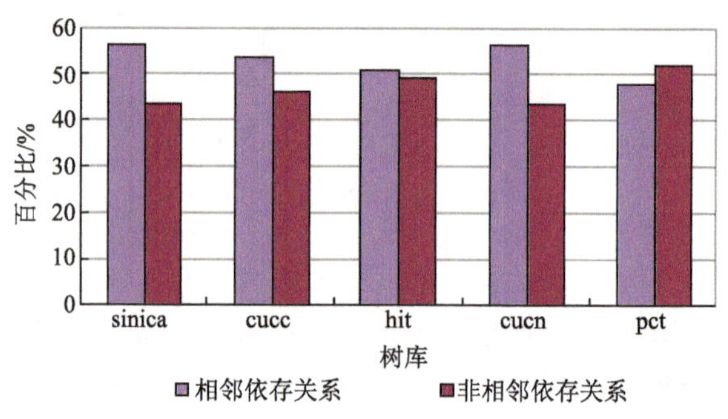

图 4-3　相邻依存关系和非相邻依存关系的占比

本书第一章中提出的测量依存距离的方法可以帮助我们识别一种语言是倾向于支配词居后、支配词居前，还是支配词居中。本书第一章第三节对 20 种语言的依存方向进行了统计分析，证明基于树库的依存方向可以作为研究语言分类和类型学的一种手段。如果依存方向可以作为语言分类的一种手段，那么当采用不同的树库去研究同一种语言时，支配词居后和支配词居前的依存关系的占比就不会有太大的差别。图 4-4 大致验证了这个观点。

图 4-4 表明，汉语是一种倾向于支配词居后的语言。五个树库都展现出这一趋势，且无显著差异。在本书第一章第三节中，汉语、日语、土耳其语和匈牙利语倾向于支配词居后。与其他三个语言相比，汉语的趋向性更弱一些；但与其他一些典型的支配词居中语言相比，如英语、荷兰语或者斯洛文尼亚语，汉语的趋

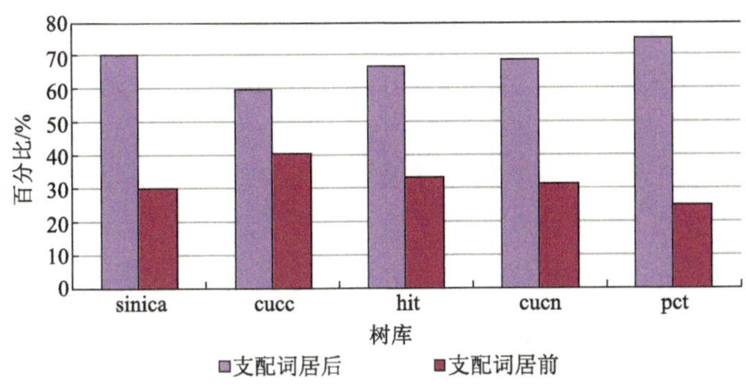

图 4-4 汉语依存方向的分布

向性就强得多。此外，使用对话语体的 cucc 和其他使用书面语体的树库间有一些差异，尽管句法特征是对话语体和新闻语体的树库之间最明显的区别，但这些差异是否可以作为判断文本语体的标准，值得进一步探讨。统计检验表明，本节中五个树库的依存方向占比之间的差异并不显著（p>0.17）。更多有关依存方向与语体的讨论，详见本书第二章第二节。

Dryer（1997）认为，对于类型研究而言，采用 SV 与 VS、OV 与 VO 的二元关系可能更有效。本书第一章第三节的研究表明，计算语言学资源的树库也可以作为语言（类型）研究的资源，因此，我们选择了四个树库（sinica 除外）进行汉语类型的进一步研究。排除 sinica 树库的原因是在 sinica 树库中我们很难找到所需要的类型学特征。

基于 cucc、hit、cucn 和 pct 树库，我们选取了主语、宾语、形容词和名词之间的语法关系。根据本书第一章第三节中的定义和依存方向计算方法，我们可以轻松获得四个树库中的语序信息，如表 4-2 所示。

表 4-2 特定类型特征的百分比

树库	VS	SV	VO	OV	NAdj	AdjN
cucc	0.7	99.3	99.6	0.6	0	100
hit	0	100	99.9	0.1	0	100
cucn	1.3	98.7	98	2	0.4	99.6
pct	0.1	99.9	100	0	0	100

注：VS 指动词在主语之前的占比；SV 指动词在主语之后的占比；VO 指宾语在动词之后的占比；OV 指宾语在动词之前的占比；NAdj 指形容词在名词之后的占比；AdjN 指形容词在名词之前的占比

表 4-2 表明，汉语是一个倾向于 SV-VO-AdjN 结构的语言。这个结论和使用其他数据库的类型学家得出的结论是一致的（Haspelmath et al.，2005）。

我们感兴趣的另外一个问题是，支配词居后和支配词居前依存关系的 MDD 有何不同。从语义上讲，支配词一般被认为是中心词，而从属词被看作是补充成分，那么，在句子分析过程中，相对于从属词，中心词出来的先后可能会影响到MDD。

图 4-5 表明，在汉语中，支配词居前的依存关系的 MDD 大于支配词居后的依存关系的 MDD。这是否可以说明，在汉语里一个中心词一旦出现，它的补语成分就可以晚一点出现。这个现象是汉语特有的，还是人类语言的一种普遍现象？为此，我们在 20 种语言中考察了这个问题，图 4-6 为 20 种语言的支配词居后和支配词居前的依存距离①。

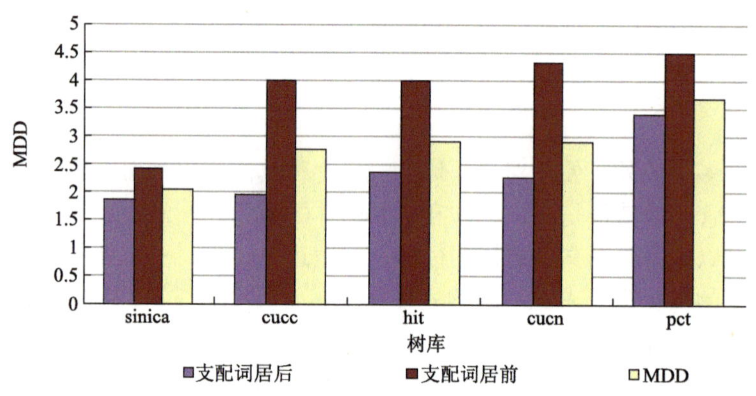

图 4-5 支配词居后和支配词居前依存关系的 MDD 分布

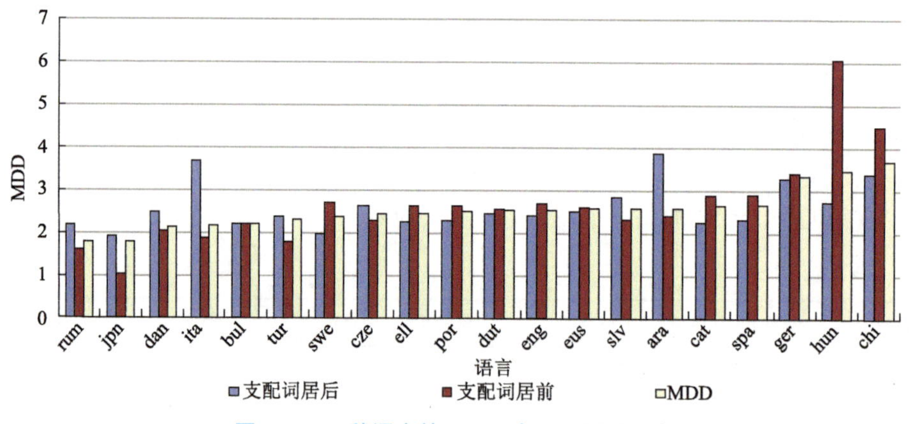

图 4-6 20 种语言的 MDD 支配词居后分布

从图 4-6 中，我们可以看到匈牙利语和汉语十分接近，两者都拥有较大的支配词居前的 MDD（绝对值）。在日语和阿拉伯语中，支配词居后的 MDD 比支配词居前的 MDD 要大很多。但是，其他语言的两种 MDD 都十分相近。有趣的是，两种 MDD 最接近的语言中有巴斯克语，而这种语言难以被理解是出了名

① 这 20 种语言的语言代码信息可参考本书第一章第二节。

的，如果这样的话，这种前后平衡的语言学意义体现在哪一方面呢？

当然，我们可以认为依存方向是一种因语言而异的属性，但图 4-6 所展现的差异，也提出了一个有趣的心理语言学问题，即处理语言的机制是否应该因语言不同而不同？从语言学的角度看，什么样的句法或语言手段会导致这些差异，仍需进一步的研究。

四、本节小结

基于五个汉语依存树库，本节使用计量的方法探索了汉语结构与类型。研究表明，汉语的 MDD 为 2.84；40%～50%的依存关系存在于非相邻词中；汉语是一个支配词混合型语言，并倾向于支配词居后和 SV-VO-AdjN 结构，该观点和类型学家通过其他方法得出的结论一致；支配词居前依存关系的 MDD 大于支配词居后的 MDD。这些发现不仅有助于在依存语法架构下研究汉语的句法特征，而且有助于发现人类语言的普遍性。

在方法方面，本节选取五个具有不同的语体和标注方式的树库研究了一种语言的句法特征。这一方法避免了语料库对结果的影响，以保证结论的可靠性，并且还有助于通过对某一语言的研究来发现不同句法特征之间的关系以及人类语言的普遍特征。如果有相关的树库，把我们的方法应用于其他语言的研究就不是一件难事。换句话说，这种方法具有广阔的理论基础和跨语言应用前景。

此外，我们也发现，采用源于计算语言学界的树库，虽有利于资源共享，但如果我们直接使用自动转换的树库作为语言研究的资源，会导致不太可靠的结论。

下一节，我们将从依存距离最小化的角度探究一个比较经典的汉语歧义结构，也就是在听到“咬死猎人的狗”这句话时，为什么大多数人认为死的是“猎人”，而不是“狗”。

第二节 依存距离最小化与汉语的“VP+N1+的+N2”结构

一、引言

言语工作记忆在句子理解中的作用是认知心理学研究的重要论题。其中，歧义结构的理解又是言语工作记忆中的焦点问题之一。

从计算语言学角度来看，歧义作为任何语言中普遍存在的现象是自然语言处理中的难点。计算语言学发展的历史就是与歧义做斗争的历史（刘海涛，2009）。冯志伟（1995）提出的“潜在歧义理论”明示了汉语中存在潜在歧义结构，潜在歧义结构可以产生两种以上的合理解释，消除歧义往往需要联系上下文来辅助理解。传统语言学和基于规则的计算语言学方法试图通过句法规则和上下文约束来限制合理句法结构的生成，以实现计算机对自然语言的理解。

心理学研究则关注人在言语理解过程中句法结构选择的过程和机制。张亚旭等（2000）从心理学实验角度对潜在歧义结构进行了研究，注意到了均衡歧义结构的存在，这种结构被分析成歧义结构中的任何一种都是合理的。他们以歧义结构“VP+N1+的+N2”为例（如“关心学校的老师”），发现在实时阅读过程中，人们往往按偏正（而非述宾）结构来分析均衡的偏正/述宾歧义短语，而以往的针对花园小径句的解释原则，即最小附加原则（Minimal Attachment Principle）和迟关闭原则，并不能对这一现象进行很好的解释。该文猜测潜在歧义结构“VP+N1+的+N2”多被分析为偏正结构的分布很可能是某种机制的结果，而这种机制也是被试者实时阅读中按偏正结构分析均衡型歧义短语的原因。

那么，这种言语理解过程中的机制是什么？它如何运作？又是否存在合理的计算认知科学依据呢？

我们认为张亚旭等（2000）所猜测的机制可能是本书此前多次提到的人类语言的“依存距离最小化”倾向。为此，本节利用心理语言学已有的实验材料与结果对这一假设进行验证与讨论。

二、“关心学校的老师”的依存分析

用依存句法分析潜在歧义结构的实例“关心学校的老师”，我们得到两个结构不同的依存图（图 4-7）。图 4-7（a）的最终支配词是“老师”，表示该结构被分析成以名词为中心词的偏正结构，即潜在歧义结构实例“关心学校的老师”被实现为偏正结构的分析；图 4-7（b）的最终支配词是“关心”，表示该结构被分析成以动词为中心词的述宾短语，即潜在歧义结构实例“关心学校的老师”被实现为述宾结构的分析。

图 4-7　歧义句“关心学校的老师”的两种依存分析

按照第一章给出的计算依存距离的方法，我们可以算出图 4-7 中两种结构的 MDD。当该结构被分析成偏正结构时，MDD 为 1.33；而被分析成述宾结构时，MDD 为 1.66。由于 1.66>1.33，所以我们的假设——“潜在歧义结构‘VP+N1+的+N2’多被分析为偏正结构”——可用依存距离最小化倾向来解释。同理，我们也不难理解在“咬死猎人的狗”这句话里面，“猎人”死的概率更大。

为了进一步证实这个假设，我们从张亚旭等（2000）的研究中收集了 20 组经过心理学测试的句子。这些句子是由 16 名本科生在 7 点量表中对部分取自真实文本语料、部分取自有关汉语语言学的公开出版物的 170 条偏正/述宾型歧义短语进行评分筛选得到。7 点量表旨在分析歧义短语实例为偏正或述宾两种结构的合理性（张亚旭，1998）。评分接近 1 说明该歧义结构更倾向于实例为偏正结构；接近 7 说明该歧义结构更倾向于实例为述宾结构；评分接近 4 说明该歧义结构实例为偏正结构或述宾结构等同合理。

本节研究所用语料为 20 条均衡型歧义结构补足语境后的 20 组偏正结构和述宾结构对照的句子。这些句子中的歧义结构被心理学实验证实为均衡型歧义结构，即两个可能的结构在语义或语用方面的比较是相当的，而且这些歧义短语的不同结构所对应的意义在日常生活中是典型合理的。相关心理实验已证明（张亚旭等，2000），被试者在理解这些包含均衡歧义结构的句子时，歧义结构部分倾向于按照偏正结构来解析，按照述宾结构来解析容易出现加工困难。

三、“VP+N1+的+N2”的依存分析

我们对这 20 组含有均衡型歧义结构的句子进行了依存分析，并在此基础上计算了句子的 MDD。以其中一组句子为例，我们首先进行依存分析（图 4-8），在计算依存距离时去掉了句末和句中标点，以减少句子非必要成分对依存距离的影响。在图 4-8（b）的例句“保护小徐的战马不成，孙刚感到非常内疚”中，前后两分句各自表达了完整的意思，在依存句法中两分句的支配词“不成”和“感到”由承接关系连接，即“感到”在句法上的支配词是上一分句的“不成”，依存距离为 2。

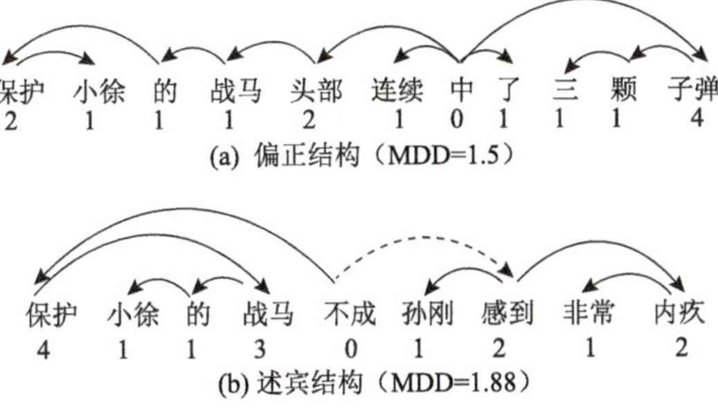

图 4-8　含均衡型歧义结构的句子的 MDD

经依存标注和计算之后，我们得到了 20 组句子的 MDD（表 4-3）。在这 20 组句子中，所有均衡型歧义结构实例为偏正结构句的 MDD 均小于实例为述宾结构句的 MDD。表 4-3 中，20 组句子被分析为“偏正结构”的 MDD 均值为 1.51，被分析为“述宾结构”的 MDD 均值为 1.99。

表 4-3 20 组句子的 MDD

No.	偏正结构	述宾结构
1	1.50	1.88
2	1.44	1.88
3	1.56	2.12
4	1.67	2.11
5	1.63	1.80
6	1.10	2.08
7	1.67	1.98
8	**1.67**	**1.88**
9	1.43	1.98
10	1.80	2.08
11	1.57	1.89
12	1.50	1.90
13	1.60	2.20
14	1.63	2.50
15	**1.50**	**1.75**
16	1.50	2.00
17	1.44	1.88
18	1.40	1.89
19	1.22	1.89
20	1.33	2.20
均值	1.51	1.99

为便于观察，我们将表 4-3 中的数据转换为图 4-9。

从图 4-9 中不难看出，“偏正结构”的 MDD 要低于“述宾结构”的 MDD。这也意味着，人类偏好于依存距离最小化的线性结构。这一点已在本书此前的章节中有过许多分析与讨论。换言之，偏好“偏正结构”只不过是“依存距离最小化”这一人类语言普遍倾向在处理“咬死猎人的狗”此类歧义结构时的一种正常反应。

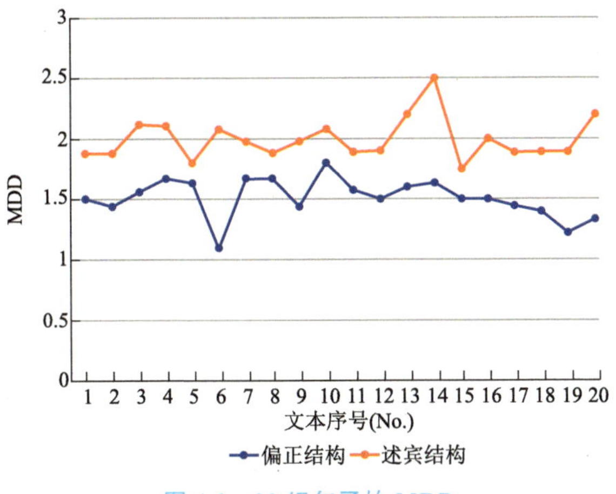

图 4-9　20 组句子的 MDD

从语言学角度来看，我们发现在 20 组实验材料中，述宾结构句的表达形式多为两个分句，位于第一分句的均衡歧义结构后接时间指示词“之前”“之后”实例为述宾结构，作事件型时间状语，如“护理丽丽的养父之前”“接触小陈的医生之后”。这种语言现象在实际语料库中的数量有限，这说明在现实言语交际中，此类语言现象的使用率并不高。这类语料的低使用率说明，潜在歧义结构“VP+N1+的+N2”实例为述宾结构相对于实例为偏正结构而言，MDD 较大，导致句法复杂性增加，容易产生加工困难，不利于理解。

Frazier（1987）为解决花园小径句的句法分析问题，提出了两种句法分析策略，即迟关闭原则和最小附加原则。它们较好地解决了花园小径句句法分析常常需要回溯的难题，目的是实现花园小径句的有效分析。但是，用这两条句法分析原则来解释歧义结构“VP+N1+的+N2”分析过程中为什么会偏好“偏正结构”，则不太有效。

我们认为，这些仅从形式的角度分析语言理解过程模型或原则的最大问题在于，忽视了语言是一个人驱复杂适应系统（Liu，2018），忽视了语言的一个基本属性——概率性，而依存距离最小化倾向不仅有其认知基础，也是通过数十种语言的大量真实语料得出的统计规律，这可能正是它可以更好地解释本节讨论的歧义结构“VP+N1+的+N2”倾向于被理解为偏正结构的原因之一。

四、本节小结

本节采用依存距离作为计量指标，结合心理学的实验结果和材料，对汉语中常见的歧义结构“VP+N1+的+N2”进行了分析，为心理学实验检测到的被试者在均衡型歧义结构“VP+N1+的+N2”理解时偏好以偏正结构进行句法处理提供了一种合理的解释。尽管本节的研究无论是在材料的数量上还是在分析的深度上均有待加强，但至少在一定程度上表明依存距离是一个有效的计算认知科学指标。

第三节　罗曼语族语言的类型特征

一、引言

长期以来，罗曼语族在语言演变的历时研究中扮演着重要的角色。这是因为，一方面，人们普遍认为罗曼语族有一种易于追踪的源语言——拉丁语；另一方面，丰富的语言资源也为此类演化研究提供了便利，“对于罗曼语族来说，它的大部分发展历程都能通过现有文献了解”（Agard，1984）。正如安东尼·梅耶（Antoine Meillet）所指出的那样，罗曼语族语言有助于推动普通语言学的发展，因为在这些语言中可以观察到持续的语言变化的细节——从拉丁语到法语的发展很可能是从原始印欧语到拉丁语发展的延续（Bauer，1995）。Bauer（2009）注意到，从原始印欧语系到拉丁语系，再到罗曼语族的发展，通常被视为一个不断缺失格系统和所谓出现固定语序的过程。Pinkster（1990）认为，罗曼语族的演变类似于从印欧语到拉丁语发展的延续，换言之，对罗曼语族的研究或许能给语言演进的整体图景带来一些启示。

到目前为止，拉丁语和罗曼语族之间的历时差异已经得到了较多的阐述，这些研究通常涉及三个方面：格系统的缺失、分析手段的使用（助动词和介词），以及语序的固定（Herman，1990；Ledgeway，2011；Solodow，2010；Magni，2008）。简言之，罗曼语族的演变史似乎经历了从综合结构到分析结构的逐渐变化（Harris，1978；Schwegler，1990）。

然而，虽然语言学家普遍认为罗曼语族经历了上述的历时变化，但却在下面这个问题上没有达成一致：“罗曼语族有什么特别之处使它们可以被视为一个独立的整体呢？”（Posner，1996：1）尽管 Posner（1996）对这个问题持肯定的态度，但他同样指出，正如一些语言学家所认为的，从共时角度来看，罗曼语族同其他任意的语言集合一样存在内部差异。

任何语言都或多或少地不同于其他语言，所以当我们研究不同的语言时，总是能同时发现相似性和差异性。Ledgeway（2011）指出，个体结构可以表现出不同程度的综合性和分析性。在这方面，计量方法也许可以做出一些独特的贡献。一方面，计量方法将语言视为一个连续统，允许逐渐过渡和模糊的边界线，这适用于真实语言的研究；另一方面，计量方法可以呈现所研究语言的全貌，使我们不会陷入细节的泥潭之中。

鉴于此，本节我们将采用计量方法研究下面两个问题：①从历时的角度看，基于真实语料的研究能否为我们提供一种计量方法或指标，不仅可以观察拉丁语与罗曼语族语言之间的差异，也可以揭示拉丁语向罗曼语族语言演变过程中的句法变化？②从共时的角度看，这些计量方法或指标能否证明罗曼语族各语言之间具有相似的句法特征，使其被划定为一个独立的语族？

二、研究方法和语料

传统的语言类型学，又称为形态类型学，主要研究基于屈折变化的语言分类。现代语言（序）类型学（Croft，2002；Song，2001）是由 Greenberg（1963）开创的，它虽然依赖于语言分类中的各种语言学指标，但通常比较强调句法顺序（即语序）（Haspelmath et al.，2005）。语言类型学关注不同语言之间的相似性和差异性，为我们提供了大量文献。这些文献中的研究发现对我们解决本节引言中提出的两个问题大有裨益。

根据 Robins（1989）的说法，缺乏形态学标记的语言必须更多地依赖位置顺序来实现其句法功能，这意味着，尽管存在明显的差异，但传统类型学和现代类型学在很大程度上都是以语言的句法为基础的，因为标示句法关系是大多数形态变化和语序的重要功能。语言中更丰富的形态变化通常涉及更自由的语序（Yan & Liu，2021），因为是屈折变化而不是语序决定主语和宾语，所以说话者可以自由地按照他们想要的任何顺序排列单词（Solodow，2010）。拉丁语格系统的缺失可能需要更多的固定语序，反之亦然（Vennemann，1974；Bourciez，1956），这可能导致介词的广泛使用（Bauer，1995；Vänänen，1966）。也就是说，形态变化较小的语言似乎更倾向于依赖功能词和严格的语序来规定句法功能。然而，正如任何归纳一样，这种倾向似乎也无法摆脱一些特例。例如，部分克里奥尔语的形态变化可能比罗曼语族语言小，但这些克里奥尔语的语序并没有比罗曼语族语言更固定。

尽管现在已经有一些基于未标注语料库的类型学研究（Kelih，2010；Bane，2008；Popescu & Altmann，2008；Popescu et al.，2010），但鉴于上述事实，本节研究选择经过依存句法标注的树库作为研究对象，其原因是树库可以为类型学研究提供丰富的句法信息和全面的类型参数。

此前说过，树库的标注方案通常采用短语结构语法或依存结构语法，前者侧重于句子句法结构中整体与部分之间的关系，后者则是建立在句子中单词之间的依存关系之上。由于类型学研究主要关注词的句法或形态信息，因此依存语法对于我们的研究来说是更好的方案。此外，依存语法已被广泛应用于罗曼语族（Tesnière，1959；Koch & Krefeld，1991；Madray-Lesihne & Richard-Zappella，1995）和拉丁语（Happ，1976）的研究，这也说明我们选择依存语法是合适的。

本节研究所用指标为本书第一章中介绍过的依存方向与依存距离。根据此前的讨论，我们知道，一个有向依存关系标志着这个关系中两个语言单元的线性顺序。事实上，语序一直是类型学研究中的一个重要参数（Schmidt，1926；Tesnière，1959；Greenberg，1963），而本书第一章第三节基于 20 种语言依存树库的研究，也表明了真实语料在语言类型研究领域的可行性与有效性。

本节研究以 15 种语言的树库作为研究资源，其中法语（fre）、意大利语（ita）、西班牙语（spa）、葡萄牙语（por）、罗马尼亚语（rum）和加泰罗尼亚语（cat）属于罗曼语族，还包括其他七种现代语言——阿拉伯语（ara）、汉语（chi）、英语（eng）、希腊语（ell）、巴斯克语（eus）、捷克语（cze）和土耳其语（tur），以及两种古代语言——拉丁语（lat）和古希腊语（grc），以便进行历时和共时的比较。拉丁语和古希腊语的树库是建立在古典文学文本的基础上的，其他的大多是新闻报道文本。也就是说，本节研究所使用的语言资源都是正式的书面语，这有一个优势，即在正式的书面语中，地区、性别、年龄等差异可能会大大减少，进而有可能为比较研究提供更可靠的依据。这些树库都用依存语法进行了标注。由于树库资源有限，本研究选用的语言多为印欧语系，不适合大规模的类型学研究。然而，考虑到本研究主要关注的是罗曼语族的计量句法特征，这样的语言选择是可接受的。

本研究使用的树库主要来自 CoNLL-X“多语言依存分析共享任务”（CoNLL-X’06 和 CoNLL-X’07）训练集（Buchholz & Marsi，2006；Nivre et al.，2007）。因此，所有树库都经过了预处理，根据统一方法进行分词并去掉所有标点符号，以确保一致性。语言材料预处理的目的是使这些语言资源尽可能统一，这是确保语言类型学计量比较研究可靠和客观的基础，因为该研究的重点是不同语言之间的系统性差异和相似性。

三、罗曼语族语言的依存方向与依存距离

表 4-4 给出了从依存树库中提取的 15 种语言的句法参数。在表 4-4 中，size 是每个树库中依存树的数量；MSL 是每个树库的平均句长；Pdd 是树库中的支配词居后依存关系的百分比；Ndd 是支配词居前依存关系的百分比；1dd 是树库中相邻词之间依存关系的百分比；2dd 是非相邻词之间依存关系的百分比；

Pmdd 为每个树库中所有支配词居后依存关系的 MDD；Nmdd 为所有支配词居前依存关系的 MDD；MDD 为每个树库中所有依存关系的平均依存距离。

表 4-4　15 种语言的句法参数

语言	size	MSL	Pdd/%	Ndd/%	1dd/%	2dd/%	Pmdd	Nmdd	MDD
古希腊语（grc）	40 637	13.0	59.4	40.6	33.1	61.9	3.5	2.6	3.1
拉丁语（lat）	44 423	15.0	54.1	45.9	45.0	55.0	3.5	2.0	3.1
英语（eng）	152 882	20.9	52.7	47.3	51.3	48.7	2.4	2.7	2.5
希腊语（ell）	55 953	24.2	50.5	49.5	51.9	48.1	2.25	2.7	2.4
捷克语（cze）	992 651	14.8	45.5	54.5	53.0	47.0	2.64	2.3	2.4
西班牙语（spa）	75 571	24.0	36.4	63.6	55.2	44.8	2.33	2.9	2.7
加泰罗尼亚语（cat）	365 530	28.8	38.7	61.3	55.2	44.8	2.26	2.9	2.6
葡萄牙语（por）	168 522	19.6	36.5	63.5	55.3	44.7	2.28	2.6	2.5
巴斯克语（eus）	47 498	15.8	60.8	39.2	55.5	44.5	2.51	2.6	2.6
汉语（chi）	16 654	24.0	68.5	31.5	56.3	43.7	2.25	4.3	2.9
法语（fre）	292 221	28.4	35.5	64.5	58.0	42.0	2.57	2.6	2.6
意大利语（ita）	56 822	22.9	35.2	64.8	59.3	40.7	2.28	2.5	2.4
土耳其语（tur）	38 706	9.3	94.1	5.9	64.2	35.8	2.36	1.8	2.3
阿拉伯语（ara）	50 097	35.3	13.3	86.7	64.5	35.5	3.87	2.4	2.6
罗马尼亚语（rum）	32 108	8.9	33.5	66.5	67.5	32.5	2.17	1.6	1.8

我们首先考察这 15 种语言的依存方向，结果如图 4-10 所示。可以看到，这六种罗曼语族语言都是支配词居前的情况显著居多（在所有六种语言中 p=0.000），并且在支配词居前和支配词居后的比例上基本一致，这表明依存方向可能是共时类型分类中可靠的参数。换句话说，罗曼语族在一般语序上确实表现出了共性，这种共性似乎有理由将它们视为一个语族。同时，拉丁语的依存方向分布与这六种罗曼语显然不同（p=0.000）。如图 4-10 所示，拉丁语似乎更像是一种支配词居后的语言。这也许意味着从拉丁语向罗曼语的历时演变过程中语序发生了较大改变。Bauer（1995）认为拉丁语是左分支结构（支配词居后），而现代法语是右分支结构（支配词居前）。也就是说，在拉丁语中，从属词先于支配词，而在法语中，是支配词先于从属词。然而，有趣的是，至少如图 4-10 中所示，拉丁语左分支结构要少于现代法语右分支结构的数量，因为在法语中，支配词居前的依存关系远远多于支配词居后的依存关系，而在拉丁语中，支配词居前的依存关系仅略少于支配词居后的依存关系。实际上，拉丁语中的反向依存关系出现的比例几乎与英语相同。Liu（2010）指出，由于依存方向的均衡分布，英语既不是支配词居后的语言，也不是支配词居前的语言，而是支配词居中

的语言，即它既有左分支结构，也有右分支结构。因此，现在似乎不能简单地说拉丁语是一种支配词居后或左分支结构的语言。图 4-10 还揭示了古希腊语和拉丁语之间某种程度的亲缘关系和相似性，这也是语言学家长期以来所关注的问题（Palmer，1997）。古希腊语和希腊语在支配词居前和支配词居后的依存关系分布上存在显著差异（p=0.000），这可能表明历时演变对语言的句法模式确实有着重要的影响。

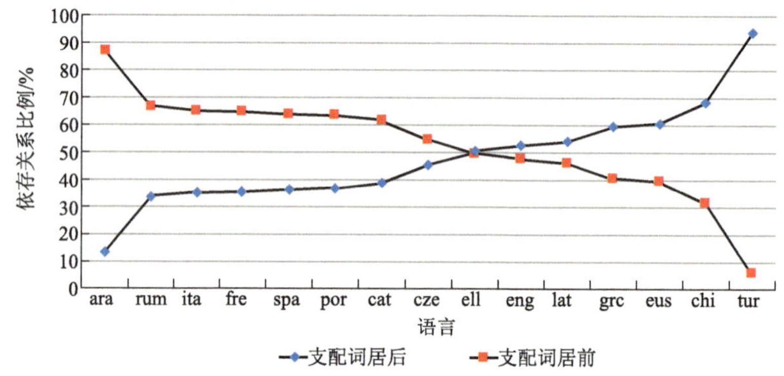

图 4-10 15 种语言的依存方向分布

某些对拉丁语历时演变的研究强调了从 SOV 语序到 SVO 语序的逐渐变化，认为这是语言演变的一种趋势（Magni，2008；Bauer，1995，2009）。同时，也有学者认为拉丁语从最早的文本开始基本上是 VO 型的。NA 是基本的顺序，AN 是有标记的变体（Adams，1976）。尽管如此，Pinkster（1991）似乎有不同的观点，他认为没有理由猜测古典拉丁语是 SOV 语序的，也没有理由猜测公元 400 年的拉丁语就是 SVO 语序的。这些学者所关注的这几个特定句法语序也是现代语序类型学的主要关切点，但他们却得出了不同的结论。为了解决这个问题，我们从依存树库中提取了三种语序的分布，即 VS、VO 和 NA，如图 4-11 所示。

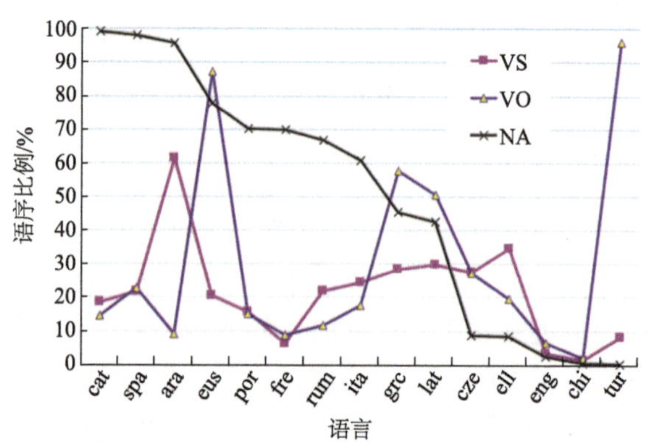

图 4-11 15 种语言中三种主要语序的分布

根据图 4-11，很明显，本研究抽取的拉丁语既不是 OV 语言，也不是 VO 语言——语序之间的比率是 5∶5。这个结果似乎支持了 Pinkster（1991）的观点。但需要指出的是，由于历时变化，不同历史时期的拉丁语样本可能具有不同的 OV/VO 比值。此外，图 4-11 还显示，拉丁语中 NA 的百分比非常接近 50%。在拉丁语中，VS 所占的比例仅为 30%左右，但与几种罗曼语族语言相比，这一比例仍最接近于 50%。综合考虑这三种语序，拉丁语似乎可以归为一种自由语序语言。从图 4-11 可以看出，在所有六种罗曼语族语言中，OV 的百分比都显著高于 50%（$p<0.05$）。事实上，罗曼语中其他两种语序的百分比也比拉丁语更偏离 50%。换句话说，在进化过程中，语序似乎变得更加固定。我们的统计研究支持了 Magni（2008）、Bauer（2009）、Harris 和 Vincent（1988）的观点。

然而，图 4-11 也表明，六种罗曼语族语言在任何特定的语序方面都没有这样明显的一致性或连续性。换言之，这三种语序中没有哪一种语序可以从共时的角度把罗曼语族语言和其他现代语言分开，但更整体性的语序指标（即依存方向或“刘-有向性”）却可以做到这一点，如图 4-10 所示。因此，依存方向是一个更好的宏观类型指标，而更细微的基于某个特定语序的分类可能导致相互矛盾的结论。这也许可以为本节引言中的有关说法提供部分解释，即从共时的角度看，罗曼语族内部同任何随意选择的语言集合一样没有共同点。

依存距离是依存树库的另一个重要参数。依存距离与人类的工作记忆密切相关，相比于依存方向，一般认为它是跨语言差异更小的一个变量（Liu，2008a）（参考本书第一章第二节）。这 15 种语言的 MDD 见图 4-12。

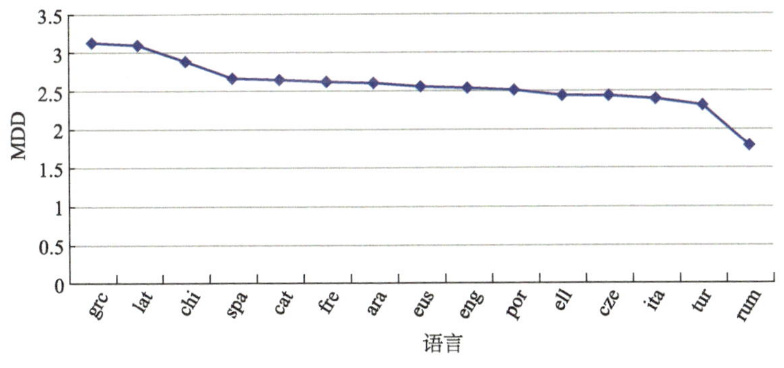

图 4-12 15 种语言的 MDD

如图 4-12 所示，MDD 在不同语言间的变化很小，这可能是由人类共同的认知机制所致，这也意味着 MDD 并不是一个令人满意的语言类型分类指标。古希腊语、拉丁语和汉语是 15 种语言中 MDD 较大的语言。其他语言的正式书面文本至少在一定程度上仍然可以在这些语言的口语和日常使用中被发现，但拉丁语和古希腊语是在日常使用中几乎绝迹的书面语言，这可能是它们 MDD 较大的原因，因为在这种情况下，依存距离可能较少受到认知机制和工作记忆的限制[①]。此外，拉丁语和古希腊语的 MDD 较大可能也反映了语言演化中缩减依存距离的倾向，因为这符合省力原则。现代汉语的 MDD 较大在以往的研究中已经得到了关注（Liu，2008b；Liu et al.，2009b），但仍有待进一步探索和解释。

与依存距离相关的另一个参数是相邻依存关系（两个相邻词之间的依存关系）的比例。这个比例越大，这种语言的 MDD 可能就越小。图 4-13 给出了 15 种语言中相邻依存关系和非相邻依存关系的分布情况。

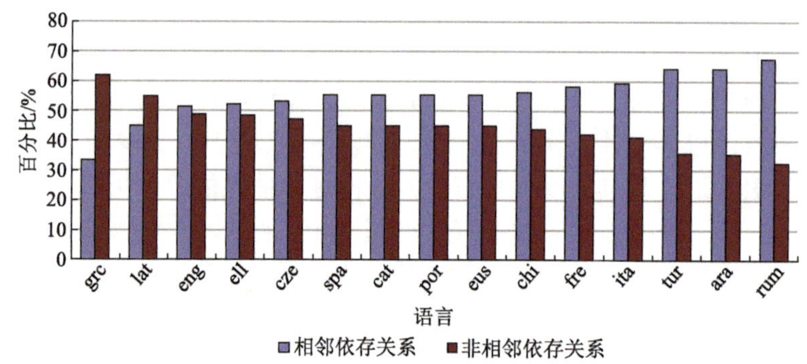

图 4-13 相邻依存关系和非相邻依存关系在 15 种语言中的分布

图 4-13 可以部分解释拉丁语和古希腊语的 MDD 较大和罗马尼亚语的 MDD 较小现象，即古希腊语和拉丁语是仅有的两种非相邻依存关系明显多于相邻依存关系（$p<0.05$）的语言，而罗马尼亚语中相邻依存关系的百分比最高。我们的研究似乎支持了 Bauer（2009）的观点，即在从原始印欧语系到拉丁语再到现代罗曼语族的语法发展过程中，一个日益增长的趋势是将那些存在句法关系的词在句子中放得更近。从拉丁语到罗曼语族的演变似乎也增加了相邻依存关系的比例，这对减小 MDD 起了作用，这显然也是简化语言处理所需要的。然而，这个参数对共时类型学研究的贡献很小——六种罗曼语族语言在这个指标中的表现各不相同。图 4-13 和图 4-12 之间的比较还表明，不同语言之间的 MDD 差异很难用每种语言中相邻依存关系的比例来单独解释。也就是说，至少对于现代语言来说，相邻依存关系的比例只是影响一种语言 MDD 的众多因素之一。简言之，虽然 MDD 和相邻依存关系的比例可能会对语言的历时演化有所启示，但它们并不能作为共时类型学研究的指标。图 4-13 还揭示了这样一个事实，即在每一个树库中，非相邻依存关系的数量都很大，基本不低于每种语言所有依存关系的

① 这种现象也见于世界语，即一种先有书面语，后有口语的国际计划语言（Liu，2011a）。

30%。这也意味着，基于词共现的双随机马尔可夫模型或其他统计方法很难捕捉到完整的语言句法模式。

依存距离是可正可负的，这取决于依存关系的方向，或更精确地说，取决于支配词与从属词的相对位置。在本章第一节中，我们认为，统计这种从属词位于支配词前或后的依存距离，可能有助于理解一种语言处理策略的特殊性。因此，我们计算了这 15 种语言的两种相反方向（支配词居后或支配词居前）的依存关系的 MDD，如图 4-14 所示。

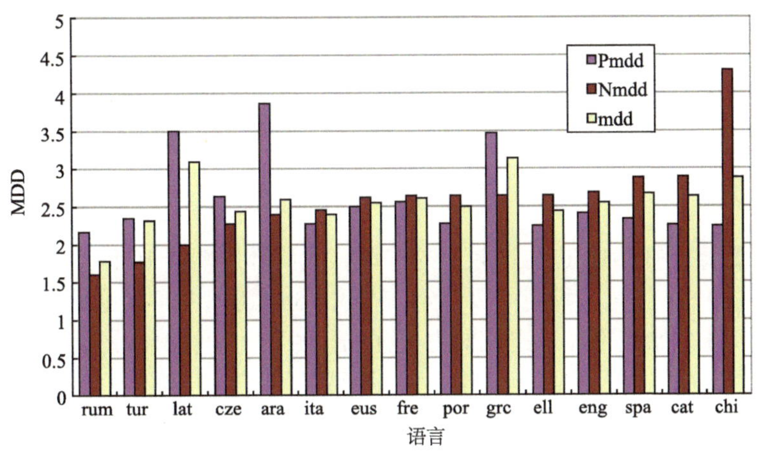

图 4-14　三种依存类型的 MDD

在图 4-14 中，Pmdd 是支配词居后依存关系的 MDD；Nmdd 是支配词居前依存关系的 MDD；mdd 是所有依存关系的 MDD。

如图 4-14 所示，这两种依存关系的 MDD 是因语言而异的。依存距离和依存方向可以反映一组依存关系的线性拓展和信息的可预测性之间的关系。一个高度可预测的输入单词很容易被获取和处理，因为根据语言网络理论（Hudson，2007，2010），一个与当前正在处理的词高度相关即预测性高的词，在进入分析器之前，其激活水平就已经达到了相当高的水平。已有研究大多认为依存距离可以反映工作记忆的需求，依存距离越长，需求就越大，因此句法分析就越困难（Hudson，1995；Liu，2008a；Temperley，2008）。考虑到这两个因素，我们可以合理地假设一个更容易被激活的输入单词允许更长的依存距离，因为它的高激活水平降低了对工作记忆的需求。也就是说，更易于预测的单词允许更长的依存距离，反之亦然。在依存语法中，支配词和从属词之间并不平等，前者支配后者，后者依附于前者。这种不平等是否意味着不同的预测能力？或者一类词总是比另一类词更有预测力吗？我们可以进一步研究不同的语族在这方面的表现是否不同，或者它是否可以作为语言类型学中的一个参数。因此，正反方向的依存关系在 MDD 上的差异也许可以被用来衡量语言的预测能力。我们的调查结果如图 4-15 所示。

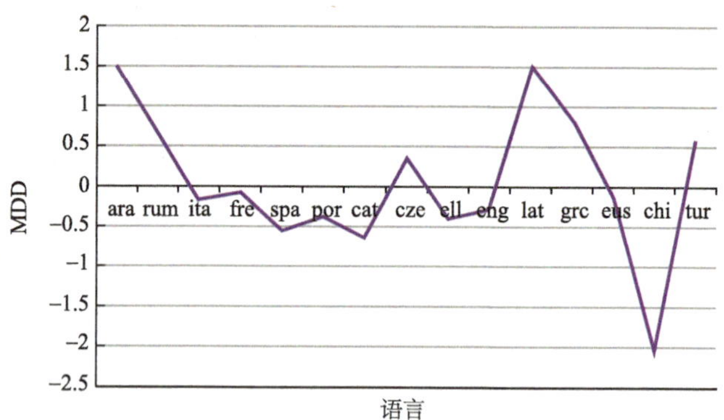

图 4-15 正反方向依存关系的 MDD 差异比较

为了便于与图 4-10 进行比较，这些语言代码都按图 4-10 的顺序沿水平轴排列在图 4-15 中。首先，我们可以看到，在这 15 个树库中，无论是支配词还是从属词，都没能自始至终显示出比对方更强的预测能力，在某些语言中，支配词更具有预测力，而在其他一些语言中，从属词的预测能力更强。这一事实表明，这种差异与普遍的认知机制无关。其次，这个参数也没有语言分类的作用，罗曼语族在这方面没有明显的共性，它更像是一种反映语言结构特征的指标，如果可能的话，是特定语言的特定心理过程的指标，而不是一个语言类型或人类普遍认知机制的指标。然而，这里可能会产生一个新的问题：在人类的普遍认知框架内，个别语言是否引发了与语言处理有关的稍有不同的认知机制？这可能是一个需要语言学、心理学和认知科学共同努力的新的研究领域。

四、本节小结

经过对 15 种语言的依存树库的统计分析，本节发现语序的计量指标（依存方向）不仅可以作为判断拉丁语和罗曼语族历时演化的有效指标，而且可以用来区分罗曼语族语言和其他语言的共时特征。我们的研究表明，不同的语序总是在一种语言中同时存在，这意味着语言类型更像是一种连续统，而不是一种离散的分类系统。此外，整体语序在类型学研究中是比任何单一的语序（如 VO、OV 或 NA 等）都更好的语言分类参项。简言之，基于真实语料的实证研究方法有助于从历时和共时两个角度对罗曼语族进行全面的计量分析。

我们的统计调查也表明，拉丁语可能与英语一样，既不是支配词居后，也不是支配词居前，而是一种支配词中置的语言。这个问题当然需要进一步的研究来加以明确。此外，统计结果还表明，MDD 并不是区分语言类型的有效指标。

在刘海涛（2009：23）的书中第二章的开篇，作者说过这样一段话：“词是构成句子的基本单位。在我们的依存句法结构树里，占据每一个节点的也是词。为什么在一个句法合格的句子里，一个位置可以允许某个词出现，却不允许另一种词出现？落实到句子的依存句法树表示上，我们也会好奇：为什么一个词和另一个词在一起时，它就会处于从属地位，而这个支配它的词却又有可能受到另外一个词的支配呢？建立这种词与词之间关系的依据是什么？……我们认为，语言中的绝大多数词都有一种潜在的与其他词结合的能力，尽管这种能力的大小因词而异，但这种语言单位的组合潜力是一种普遍存在的现象。词的这种潜在的能力在语言运用时被激活，于是就形成了与具体语境相关的词间句法关系，就形成了一定的句法结构模式……”从依存语法的角度看，词的这种潜在能力被称为“配价”。毫不夸张地说，配价也许是打开语言分析之门的一把钥匙。如果依存关系是实例后的配价关系，那么反映依存关系线性特征的依存距离也许会与配价有着千丝万缕的关系，因此，下一节的任务就是挖掘这种关系。

第四节　依存距离和动态配价

一、引言

分析真实语言材料，探究其中所蕴含的语言特征，已成为揭示人类语言规律的最重要的方式之一。基于树库的统计研究和采用数学理论的推导研究等均已经揭示，句法相关词之间在线性语序上的依存距离倾向于最小化（Liu，2007b，2008b；Temperley，2008；Ferrer-i-Cancho，2004，2006，2013，2014；Futrell et al.，2015；Liu et al.，2017）。依存距离最小化倾向在一定程度上塑造了人类语言的句法模式（Liu et al.，2017）。那么，句法结构的一些特征在依存距离最小化倾向中扮演了什么角色呢？它们能否反映人类语言之间存在的种种差异和共性？这些问题已经成为计量语言学、心理语言学、认知科学努力探索的热点问题（Liu et al.，2017）。

人类语言偏好依存距离最小化的倾向可能与人类认知机制的共性有关（Ferrer-i-Cancho，2004；Liu，2008a；Jiang & Liu，2015）。基于大规模语料库的研究表明，人类语言的 MDD 可能被约束于某一个阈值范围之内（Liu，2008a），而该阈值与人类认知容量相关（Ferrer-i-Cancho，2004，2006，2013，2014；Liu，2008a；Jiang & Liu，2015）。也就是说，人类的工作记忆在容量方面具有相似的估计值（约为 4）（Miller，1956；Cowan，2001），而人类的句法处理机制是一种基于增量式策略的机制（Liu，2008a；Jiang & Liu，2015）。工作记忆容量或认知机制制约了句中线性语序词间 MDD 的大小，令其期望值小于 4（Liu，2008a；Jiang & Liu，2015）。因此，如果一种语言的句法结构中的 MDD 大于 4，那么从理论上看这就违背了省力原则（Zipf，1949），大脑在对句子进行处理的过程中将耗费更多的计算成本，导致理解困难。然而，有趣的是，人类语言在具有依存距离最小化倾向等普遍特征的同时，又具有结构多样性的特点。探究这些依存树的结构特征及其形成的动因，揭示它们在不同语言中所呈现出的模式，可能有助于我们进一步了解人类的认知机制是如何影响人类语言的。

通过真实语言树库，学者们研究了众多与依存距离相关的结构特征。早期研究者认为投影性对依存关系具有较大的影响（Lecerf，1960；Hays，1964），即非投影结构可以显著增大一种语言的 MDD。进一步研究却发现，投影结构更可能是依存距离在倾向最小化过程中产生的副产品（Ferrer-i-Cancho，2006，2013，2014），而不是投影性导致了依存距离的缩减。另有研究发现，句子结构中的组块能够对依存距离的缩减起到重要的作用。投影性质和组块化能够将随机语言的 MDD 减小到自然语言的情况（Lu et al.，2016）（参照本书第三章第四节）。从语序和依存距离之间的关系看，尽管语言千差万别，但是语言总会发展出能够降低 MDD 的语序模式，进而有助于解决长距离依存可能带来的依存距离增大的现象（Gildea & Temperley，2010；Liu et al.，2017）。这些研究表明依存距离与句法依存结构之间的联系是非常复杂的，多种结构特征在语言系统中处于一种相互竞争、共存的平衡状态。

上述语言依存树中表现出的结构特征，可能都与词的配价有一定的关系。狭义上，配价一般指的是动词在特定的句法环境中开辟一定位置的能力，这些位置由必选或可选补足语来填充（Herbst，2007）；广义上，配价是指一个词与其他词之间的潜在结合能力（Liu，2011b；刘海涛，2009）。在句子结构中，词的配价由词典中潜在的静态价转变为句子中显性的动态价（刘海涛，2009；Liu，2009a）。词的动态价可以粗略地用词之间发生的连接数（度）来衡量（Liu，2008b；Zhang & Liu，2017）。因此，动态价可能与 MDD 有一定的联系，主要原因有三点：①句法树的度（动态价）的二阶矩大小[可记为$\langle k^2 \rangle$，其中k为节点（词）的度（动态价）]决定着 MDD 的最小值（Ferrer-i-Cancho，2013）；换言之，必须想办法降低$\langle k^2 \rangle$，这样才能避免依存树中动态价较高的节点，句子的 MDD 才可能趋于较小的值。②依存交叉结构出现的数量受$\langle k^2 \rangle$的约束，当$\langle k^2 \rangle$最大时，交叉结构将不存在；进一步研究发现，$\langle k^2 \rangle$的期望值只与句长有关（Ferrer-i-Cancho，2014），但是真实语言可能需要更深入的分析。③假定多个依存树具有相似的词的动态价分布（即$\langle k^2 \rangle$相等），那么在语言中组块化结构的大小和位置必然影响它们 MDD 的大小（Lu et al.，2016）。

以上这些理论假设大多针对的是随机依存树中度与依存距离的关系，本节将在两种真实语言（汉语、英语）树库的基础上，尝试探究词的动态配价在依存关系的形成中所扮演的角色，即动态配价作为句中依存关系形成的潜在动因，在自然语言中，它是否与依存距离存在一定的关系。为了回答这一问题，我们将从下列三个方面对汉英语言的依存树库进行研究。

（1）在两种语言中，不同句长的汉语与英语句子的 MDD 大小是否存在差异，以及是否会随句长的变化而变化？

（2）在两种语言中，不同句长的汉语与英语句子中的动态价偏离程度是否存在差异，以及是否随句长的变化而发生变化？如果存在差异，原因是什么？

（3）在两种语言中，汉语与英语句子中的动态价偏离程度与 MDD 的关系是否存在差异？如果存在差异，原因是什么？

第一个问题是验证我们基于两种依存树库得到的关于依存距离的统计结果是否符合前人的研究结论，而后两个问题将探讨英汉两种语言系统中词的动态价在依存距离最小化趋向中可能发挥的作用，以及表现出的异同。

二、研究方法与语料

本节主要探讨依存距离和句法结构中词的动态价之间的关系。然而，在计算依存距离方面，前人的方法略有差别。具体而言，Liu（2007b，2008b）和本书此前章节大多计算的是 MDD，而 Temperley（2007）和 Futrell 等（2015）则将所有句子的依存长度（dependency length）之和的平均值作为衡量指标。这两种方法之间的差异主要在于是否考虑了句长对依存距离的影响。前者消除了句长对依存距离的影响，在不同语言的比较分析中更受欢迎，因此在本研究中，我们采用前者的计算方法。此外，为了方便计算 MDD，我们将句长为 1 的句子的依存距离统一归一化为 1。

在图 4-16 中，句子的根节点 like 受到虚拟节点 *root* 的支配；弧线连接一对句法相关词并表示依存关系，弧上方的标记表示依存关系的类型[即主语（*subj*）、宾语（*obj*）和定语（*atr*）]，弧下方的数字表示依存距离。因此“I like red apples.”（我喜欢红苹果）这句话的 MDD=（1+2+1）/3≈1.33。这种计算单个句子的 MDD 公式，也可以推广到对单个文本或整个语料库的计算中（Liu，2007b，2008b）（参照本书第一章第一节）。

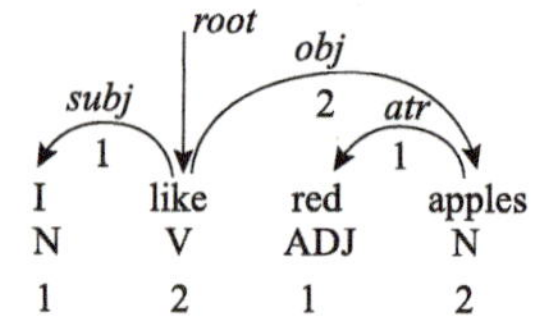

图 4-16 "I like red apples."的依存结构图

当一个句子生成后，句中词的配价由隐性转为显性，并通过依存关系的连接表现出来（刘海涛，2009；Liu，2009a）。换言之，在词典中隐性的静态价在序列线性化的过程中变成了动态价。一个词的动态价以它所在依存树中的节点的度进行计量，包含入度（被支配）和出度（支配）（Liu，2008b）。度是指在一个图（或树）结构中某个节点和其他节点之间相互关联的边的数目（Rosen，2012）。

图 4-16 中最后一行为各个词节点的动态价，其中根节点 like 的动态价为 2，指向它的 *root*（入度）不计入内。动态价的方差（$V[k]$）可以通过计算$\langle k\rangle$和$\langle k^2\rangle$（k为词的动态价）得到。动态价（度）的$\langle k\rangle$和$\langle k^2\rangle$可以根据以下公式计算出来（Rosen，2012；Ferrer-i-Cancho，2013）：

$$\langle k\rangle=\left(2-\frac{2}{n}\right) \tag{4-1}$$

$$\langle k^2\rangle=\sum_{i=1}^{n}k_i^2/n,\quad i=1,\cdots,n \tag{4-2}$$

其中，n 为句长。相应地，对于句子"I like red apples."，$\langle k\rangle=\left(2-\frac{2}{4}\right)=1.5$，$\langle k^2\rangle=\left(1^2+2^2+1^2+2^2\right)/4=2.5$。

单个句子中的$V[k]$是通过$\langle k\rangle^2$与$\langle k^2\rangle$相减得到的。对于多个句子或单个文本，则需要取所有句子$V[k]$的均值。

$$V[k]=\langle k^2\rangle-\langle k\rangle^2 \tag{4-3}$$

$$V[k]=\sum V[k]/sn=\sum\left(\langle k^2\rangle-\langle k\rangle^2\right)/sn \tag{4-4}$$

在式（4-3）和式（4-4）中，sn为句子数量。根据式（4-3），对于图 4-16 中的句子，$V[k]=0.25$。本节需要对比的整个语言和不同句长的句子集的$V[k]$平均值，可由式（4-4）计算得到。

根据式（4-1）～式（4-4），可见$\langle k\rangle^2$只与句长 n 有关，因此在特定句长下，$V[k]$ 和 $\langle V[k]\rangle$ 的大小只和 $\langle k^2\rangle$ 有关。因此，考察 $\langle k^2\rangle$ 就可以分析不同句子的 $V[k]$ 。但是，由于我们还需对比考察不同句长情况下度与依存距离的关系，因此，需要先计算一种语言的 $\langle k\rangle^2$ ，再计算 $V[k]$ 。此外，随机依存树的 $\langle V[k]\rangle$ 可以由相关文献的数学公式推导获得（Ferrer-i-Cancho，2013，2014），即随机依存树 $\langle k^2\rangle$ 期望值的计算公式如下：

$$E\left[\left\langle k^2\right\rangle\right]=(1-1/n)(5-6/n) \tag{4-5}$$

然后，又因为 $\langle k\rangle$ 只与句长有关，因此随机依存树的 $\langle V[k]\rangle$ 的期望值计算公式为：

$$E\left[\langle V[k]\rangle\right]=E\left[V[k]\right]=(n-1)(n-2)/n^2=1-3/n+2/n^2 \tag{4-6}$$

本节采用了英汉两种语言的依存树库来研究句长、依存距离、动态价和特定句法结构之间的关系。采用两种语言的原因是：一些分析指标可能只与特定语言有关，只有考察多种语言才能判别该指标的普遍适用性。因此，同时采用英汉两种语言的依存树库，将有助于我们更客观地分析句长、依存距离、动态价、特定句法结构之间的联系。

本节研究采用的汉语依存树库是经过依存语法标注的语料库（Qiu et al.，2014），包括从 1998 年 1 月 1 日到 1998 年 1 月 10 日《人民日报》中的所有文章。这些文章属于新闻类语体，其中共有 14 463 个句子和 336 138 个词（包含标点符号）。英语依存树库采用了由宾州树库转换而来的依存树库（Kato et al.，2016），该树库的研制是为了完成自然语言处理中多词表达（multiword expressions）识别任务，在转换过程中建库者避免了一些违反依存语法基本规则的错误，如多支配词问题和回环问题，其语料来源于《华尔街日报》第 00-24 栏目内容（Section 00-24 of *The Wall Street Journal*），同样属于新闻类语体，其中共有 37 015 个句子和 901 673 个词（包含标点符号）。

由于依存关系反映的是词之间的句法关系，如果不能恰当处理好标点符号问题，将会扭曲 MDD 的实际值，因为标点符号将增加两种语言的 MDD，因此需做如下所述的预处理。

（1）如果标点只作为从属节点，那么删除该标点；如果标点是其他词的支配节点，那么保留该节点，并将依存距离归一化为 1。

（2）如按上一步所述删除标点符号，则将单词连续重新编号，然后修改其对应支配词的序号。

此外，为了保证每种句长的句子拥有足够的样本数，我们确保每个句子的长度在 1～50，句子的最少数量为 38 个。图 4-17 是经过处理标点后英语、汉语依存树库的句长分布情况，其中当句长大于 50 时，某些句长中的句子数量开始逐渐小于 38。为了更清楚地展现句长和频次之间的关系，图 4-17 中纵轴的坐标轴被设置为对数坐标。

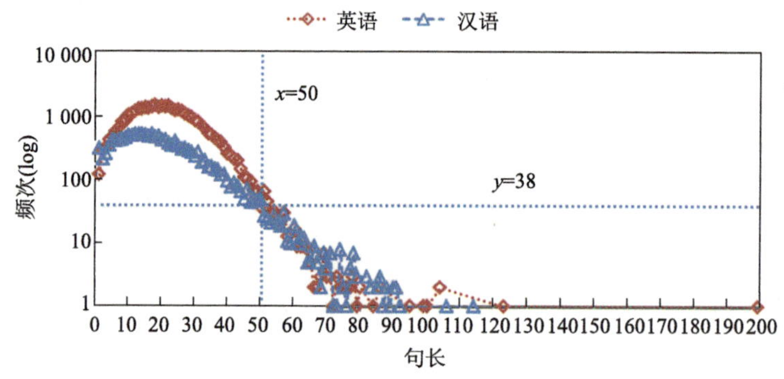

图 4-17　英汉依存树库的句长分布情况（经过处理后）

三、英汉依存树库中 MDD 的统计分析

初步统计结果显示，整个汉语依存树库的 MDD 约为 3.79，其中包含标点符号的依存关系约占总量的 16.28%（原始树库共包含 14 463 个句子），这些依存结构的 MDD 约为 5.91，远大于整个依存树库的 MDD。整个英语依存树库（原始树库包含 37 015 个句子）的 MDD 约为 3.62，包含标点符号的依存关系约占总量的 13.09%，这些依存结构的 MDD 约为 8.45，也远远大于整个依存树库的 MDD。

经过上节所述的处理后，整个汉语依存树库包含的句子数目为 14 457 个，其中不再包含标点符号，而在此情形下 MDD 约为 3.06，平均句长约为 19.63。英语依存树库在处理之后，所包含的句子数量没有发生变化，其 MDD 约为 2.69，平均句长约为 21.3。我们发现，无论是包含标点符号还是去除标点符号，汉语的 MDD 都大于英语。

我们在上文计算 MDD 所用的语言材料是由混合了不同句长的句子构成的，一些研究（Ferrer-i-Cancho & Liu，2014）认为，混合句长可能会导致 MDD 计算错误；另一些研究认为，尽管如此，混合句长对不同语言的 MDD 的对比分析还不至于有实质性影响（Jiang & Liu，2015）（参照本书第二章第一节）。后者的观点在本节中得到再次印证。我们对中英文树库中不同句长（1～50）的 MDD 进行了统计分析，结果参照图 4-18。

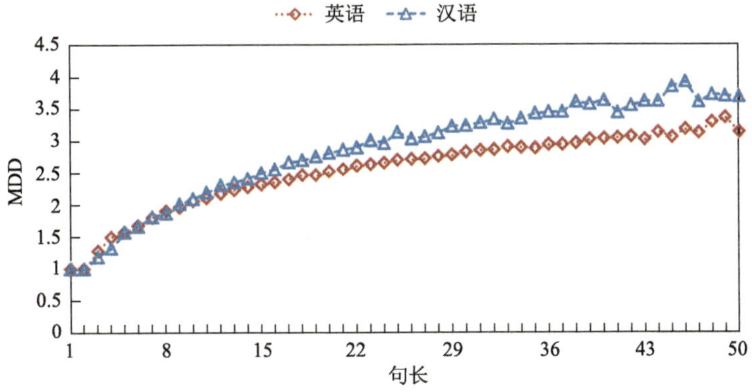

图 4-18 两种语言中句长和 MDD 的关系

如图 4-18 所示，当不考虑句长大于 50 的句子时，汉英两种语言的 MDD 平稳上升。在句长为 1～8 时，两种语言的 MDD 几乎相等；但是当句长大于 8 之后，汉语依存树库的 MDD 逐渐大于英语的 MDD。主要原因是英汉不同句长的相邻依存关系比例尽管仍然在特定范围内浮动（Jiang & Liu，2015），但在句长有变化时，不足以引起 MDD 的剧烈波动。此外，长句子更容易出现长距离依存，但由于受到人类认知机制的约束，MDD 随句长变化增加得十分缓慢。两种语言中，树库 MDD 的差异（混合句长）同样体现在具有不同句长的句子集合上。

那么，这就引出一个问题，为什么汉语的 MDD 总是大于英语？研究表明，语言的 MDD 与人类认知机制有关，人类句法处理机制更容易处理依存距离较小的句子。根据省力原则（Zipf，1949），句子的依存距离越小，其计算成本也越小（Liu，2008a；Temperley，2008；Ferrer-i-Cancho，2004；Jiang & Liu，2015）。那么我们是否可以据此认为，在句法结构层面上汉语句子的处理难度比英语大呢？Liu（2008a）（参照本书第一章第二节）提出了这个问题，并在相邻依存关系占比、句法结构等几个方面阐述了汉语句子的 MDD 较大的原因。另有研究采用平行语料库对句长与相邻依存关系占比、MDD、依存方向等结构特征之间的关系进行了研究，认为汉语 MDD 较大有可能表明讲汉语的人可能具有更强的处理长依存结构的能力（Jiang & Liu，2015）（参照本书第二章第一节）。

已有研究表明，在 20 种语言中，相邻依存关系占比较高，特别是依存距离为 1 和 2 的依存关系占了 50%以上（Liu，2008a；Jiang & Liu，2015）。这是依存距离最小化倾向和其他因素（语法、依存树层级结构等）共同作用的结果。在发现了不同语言中相邻依存关系占比所表现出的差异性之后，我们接下来需要关注在依存距离最小化倾向的约束下，哪些因素会对人类语言的句法结构模式产生影响。

与依存距离相关的因素中很可能包含着语言系统所运用的一些特殊的句法结构（参照本书第一章第二节）（Liu，2008b；Xu & Liu，2015）。在英语中，介词短语一般放置在所修饰名词之后，而在汉语中它们往往会被前置，因此在汉语中前置词的补语会拉长名词和其从属词之间的依存距离。此外，汉语和英语中的一些句法功能在实现方式上有所区别。例如，在表达完成体时，汉语中需要在动词后附加功能词，这样的句法结构也导致了汉语 MDD 的增大，如图 4-19 所示。

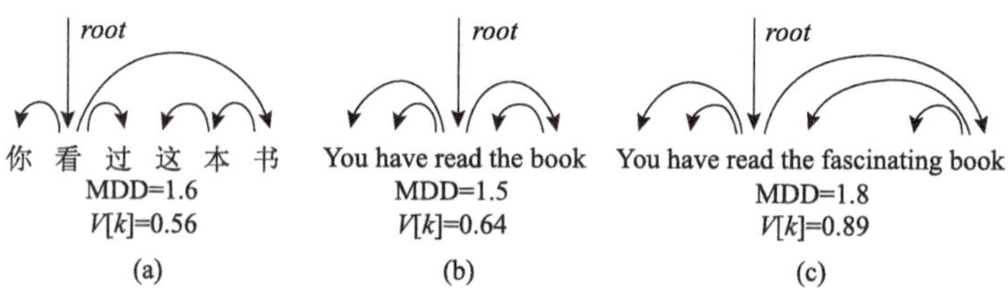

图 4-19 三个例句的依存树（$V[k]$为各句的词的动态价的偏离程度）

对于图 4-19 中的汉语句子（a）“你看过这本书”，句中的“过”表示完成体，“这”是代词，“本”是量词，那么由于“过”和“本”，整个句子的 MDD 增加到了 1.6。在相对应的英语同义句（b）“You have read the book.”中，完成体通过助动词和动词的过去分词来实现，并且不存在汉语中的量词，这些原因导致该句的 MDD 缩减到了 1.5，小于汉语句子。当然，上述推断是否在语言中具有普遍性，尚需用数据来进一步证实。

有趣的是，如果增加图 4-19 例句（b）中 book 所支配的词数（动态价），变成例句（c），那么 book 一词的动态价由 2 变为 3，整个例句的动态价的方差也随之增加，同时 MDD 由 1.5 增长到 1.8。那么，这是否表明词的配价的动态显现造成了 MDD 的增加呢？或者 MDD 的增加仅仅是句长导致的呢？此外，图 4-19 中的句子（a）和（c）表明汉语句子的 MDD 和$V[k]$更小一些，但似乎不能用$V[k]$值来解释为什么句长相同时汉语的 MDD 大于英语。那么，动态配价在两种语言中究竟扮演什么角色呢？为了回答这个问题，我们将通过统计分析，从以下三方面探讨动态配价与 MDD 之间的关系：①探析两种语言中动态配价的方差（$V[k]$）；②探析动态价和依存结构之间的关系；③探索在特定句长时$V[k]$和 MDD 之间的关系。

四、英汉语的动态价分析

利用此前所提出的计算公式，我们得到汉语中词的动态价偏离程度的平均值

（$\langle V[k]\rangle$）约为 1.15，英语约为 1.64。可见就整个语言系统而言，汉语具有比英语更小的$\langle V[k]\rangle$，即句子中高动态价的词出现的可能性较小。

动态价（度）的大小可能反映了一个词节点在句法结构中的重要性（Liu et al.，2017）。目前对度与语言结构之间关系的探讨主要集中在语言网络的研究领域（Liu，2008b）（有关语言网络的内容可参照本书第二部分）。为了探索度、依存距离和依存关系交叉三者之间的关系，Ferrer-i-Cancho（2013）从数学理论方面提出度与最小 MDD 之间可能存在着密切联系，并推导出最小 MDD 受到度的方差的制约，即度的方差越大，最小 MDD 的取值越大。

既然人类语言的依存距离是倾向于最小化的，那么$\langle k^2\rangle$必须被减小，也就是说，句法结构树中必须尽量避免较高动态价的出现。这是因为，如果一个句子具有较大的$\langle k^2\rangle$，那么该句依存结构树中可能存在一些动态价较大的词节点，而这些动态价较大的词将会拥有更多依存距离大于 1 的依存关系，从而造成相邻依存关系的比例降低，而 MDD 将会增加。

然而，基于整个树库计算的数据与前面提到的初步假设“汉语具有比英语更大的 MDD 和更多的高动态价词”的结论相互矛盾，也与先前关于$V[k]$和 MDD 之间关系的数学推论相矛盾（Ferrer-i-Cancho，2013；Liu et al.，2017）。

类似地，为了避免混合句长可能产生的对词的动态价偏离程度平均值（$\langle V[k]\rangle$）的影响，我们分别计算出两种语言中不同句长的句子的$\langle V[k]\rangle$，如图 4-20 所示。图中我们加入了随机依存树$\langle V[k]\rangle$的计算结果，以便与真实语言做对比。

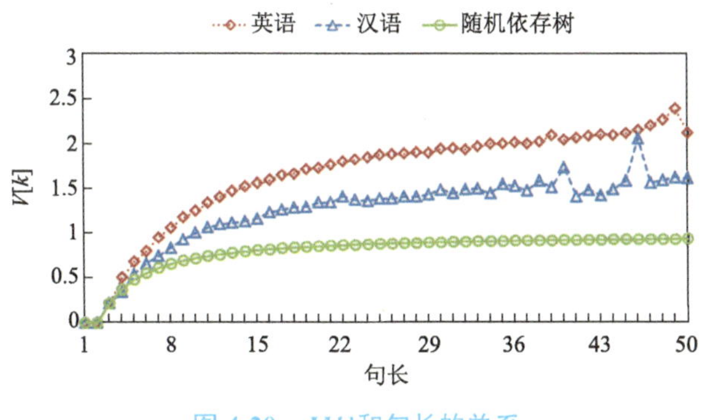

图 4-20　$V[k]$和句长的关系

从图 4-20 中不难发现，随着句长的增大，两种语言的词的动态价偏离程度均值（$\langle V[k]\rangle$）都逐渐增大，这表明句子越长，MDD 和$V[k]$就越大。上述结果符合一些文献中的相关推断（Ferrer-i-Cancho，2013；Liu et al.，2017）。此外，我们还发现，随机依存树的$V[k]$随着句长增大越来越接近 1，这一特性也可以通过式（4-6）右边取极限值得到。然而，值得注意的是，当句长大于 3 后，汉语依存结构树的$\langle V[k]\rangle$开始小于英语，可见更大的 MDD 并没有导致更大的$\langle V[k]\rangle$的产生。

已有研究表明，随机依存树库具有比自然语言树库更大的 MDD（Ferrer-i-Cancho，2004，2006；Liu，2007b，2008b；Futrell et al.，2015；Lu et al.，2016）。然而，本节数据表明随机依存树库的$V[k]$却是最小的。主要原因是随机语言和真实语言两者之间存在本质的区别，自然语言是人驱动的复杂适应系统（Liu，2014），受人类认知机制和省力原则的约束，因此依存距离最小化倾向塑造了自然语言的句法模式（Liu et al.，2017），然而随机语言中词之间的连接则是均匀的，不存在人为因素。因此，基于随机依存树来推测$V[k]$与 MDD 之间的关系可能并没有意义，再根据随机依存树具有最大 MDD 和最小$V[k]$的现象，我们可能难以得出"汉语具有较小$V[k]$就意味着具有较大 MDD"这样的结论。

那么，为什么汉语依存树的$\langle V[k]\rangle$总是低于英语？导致这一结果的原因是不是汉语语言系统中具有大量独特的句法结构，使得尽管汉语句子结构中词的动态价较小，但是其 MDD 较大呢？

五、动态价与依存结构之间的关系

为了进一步探讨上一小节的问题，我们统计分析了$V[k]$，以观察两种语言在句法结构方面是否有差别。我们从英汉树库中分别选取句子作为材料，如图 4-21 所示，汉语句子共有 478 个，英语句子有 1375 个。我们只分析了句长为 19 的情况，因为在这一句长下两种语言树库中的句子数量更充足。

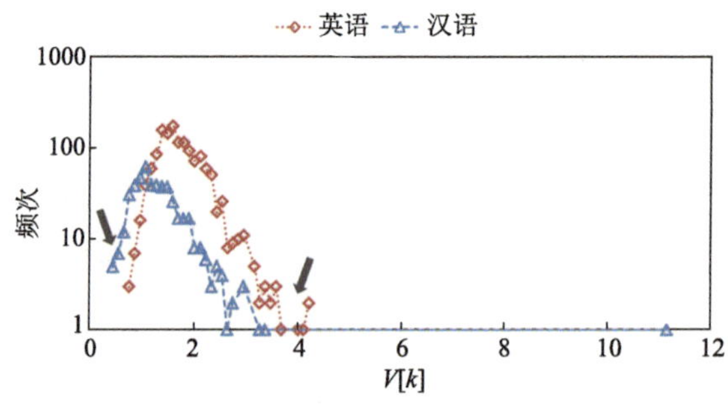

图 4-21　$V[k]$与频次的关系（句长=19）

图 4-21 数据表明，在句长为 19 时，汉语和英语的$V[k]$（动态价的方差）有很多相同之处，但二者也有两处不同：一处在图 4-21 左边的箭头所指区域，

表明汉语具有最小的$V[k]$；另一处在图 4-21 右边的箭头所指区域，表明英语的$V[k]$较大。

我们对两种语言在句长为 19 时各自独有的$V[k]$的情况进行了统计，如表 4-5 所示。可以看出，英语中独有的$V[k]$数值较大，出现频率大多较低，而汉语中独有的$V[k]$数值较小，出现频率大多较高。对比图 4-21，我们可以发现，如果汉语树库的句子数量与英语一样多，根据频次分布，英语可能会失去表 4-5 中那些特殊的$V[k]$值。然而，在我们的研究中，当英语句子数量接近汉语句子数量的 3 倍时，汉语中仍然存在一些英语中不存在的$V[k]$值。因此，汉语中$V[k]$较小的依存树是唯一的。换句话说，汉语可能有独特的句法结构。

为了验证这一结论，我们还统计了两种语言中句长为 13～21 的句子，发现在这些句长上，汉语和英语都存在与上述统计结果类似的情况。

表 4-5 汉语英语各自独有的 $V[k]$及其出现频率（句长=19）

汉语		英语	
$V[k]$	频率	$V[k]$	频率
0.409 972	5	2.831 025	10
0.515 235	7	3.146 814	5
0.620 499	12	3.462 604	2
11.146 81	1	3.567 867	3
—	—	3.673 13	1
—	—	3.988 92	1
—	—	4.094 183	1
—	—	4.199 446	2

我们进一步分析了一些汉语独有的句子（即具有较低动态价的句子），如图 4-22（a）所示，发现它们具有以下两个共同特点：①句子中只有主句或小句中的主语、谓语和宾语成分的中心词具有小于等于 2 的度，其他词的度一般为 1，极少数为 2；②句中宾语成分中心词一般被放置在句子或小句成分的最后，而且宾语或主语成分中心词的修饰词较长。如果依存结构包括多个嵌套结构，MDD 将迅速增大。小句中的结构与主句类似。

由此可见，汉语句子中名词前的修饰词较长，而英语的句子更倾向于在句子中较为均匀地分布多个动态价较大的词（度大于等于 3 个节点），也就是说，支配词直接支配着更多平行的从属词，如图 4-22（b）。已有研究发现当句长为 16～32，组块大小为 4～7 时，MDD 较小（Lu et al.，2016）（参照本书第三章第二节）。这说明英语句子中尽管存在比汉语中更多或更大的较大动态价的词，然而，这些较大动态价的词很可能将句子分割为多个区域性组块，反而减小了MDD，这可能是英语中MDD仍然较小的原因。从图4-21和图4-22可以看出，上述特殊句型在汉语中可能导致较小的$V[k]$以及较大的MDD。这也是英语和汉语在$V[k]$上差异如此之大的原因。

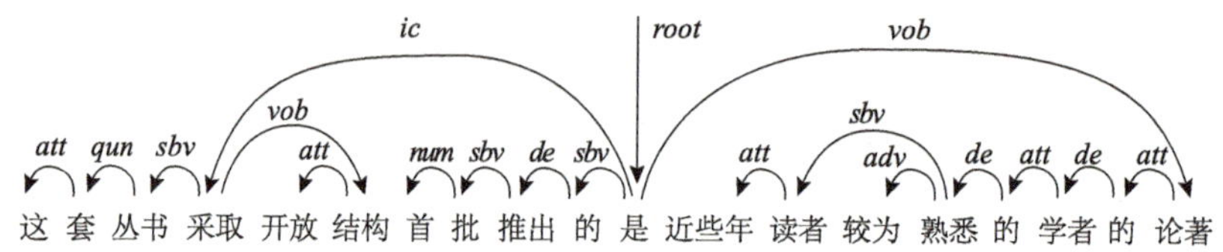

(a) 汉语独有句，$V[k]\approx 0.41$, MDD ≈ 1.83

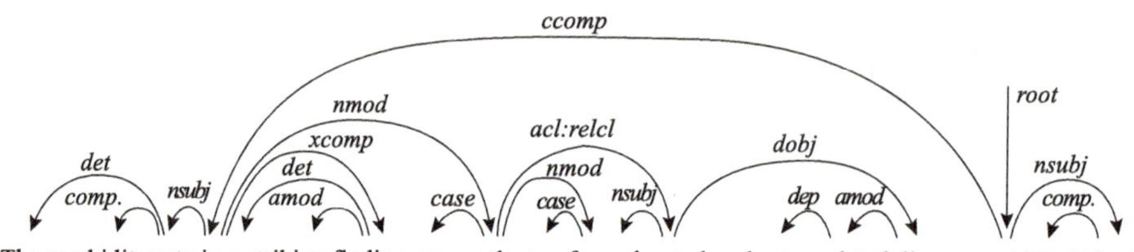

(b) 英语句，$V[k]\approx 1.04$, MDD ≈ 2.50

图 4-22 汉语独有句和英语句的 $V[k]$

注：句长均为19

六、动态价与MDD之间的关系

上文中，我们发现随机树库的$V[k]$与$\langle k^2\rangle$均与句长相关，因此，根据相关文献中的推导公式（Ferrer-i-Cancho，2013，2014），可推知$\langle d\rangle_{\min}$（MDD可达到的最小值）也只与句长相关。然而，我们认为，仅从随机语言的角度去探究MDD与$V[k]$之间的关系，可能难以解释自然语言的情况。下面，我们基于树库对两者的关系进行分析。

按照$\langle d\rangle_{\min}$的公式（Ferrer-i-Cancho，2013），如果自然语言中MDD与$\langle k^2\rangle$具有一定的关系，那么它们之间可能是递增关系。同时，$V[k]$的计算与$\langle k^2\rangle$有关，再根据$V[k]$与MDD对应关系散点图（如图4-23所示），我们假设MDD与$V[k]$（动态价的偏离程度）呈线性相关，即$\text{MDD}=aV[k]+b$；再由上文得到的数据，去掉汉语中$V[k]$波动最大的数据（$V[k]$=11.146 81）；最终，我们对MDD与$V[k]$之间的关系进行了回归分析，结果如图4-23所示。

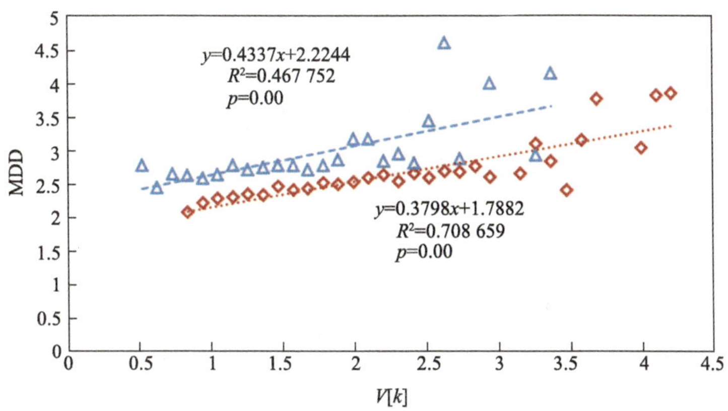

图 4-23　英汉树库 $V[k]$ 与 MDD 之间关系的线性回归分析（句长=19）

图 4-23 显示，随着 $V[k]$ 不断增大，英语和汉语的 MDD 也逐渐增大，两种语言的动态价的偏离程度（$V[k]$）和 MDD 之间的关系是非常相似的。通过逐个比较每个 $V[k]$ 对应的 MDD，可以发现，汉语在每个 $V[k]$ 数值上可能获得的 MDD 几乎都比英语大。在对两组计量指标之间的关系进行线性回归分析后，我们不难看出，汉语和英语在参数 a 和 b 上的区别很小，即汉语的 MDD 与 $V[k]$ 的线性回归公式为 $y = 0.4337x + 2.2244$（R^2=0.467 752，p=0.00），而英语为 $y = 0.3798x + 1.7882$（R^2=0.708 659，p=0.00）。然而，如果去掉数据尾部的波动区域，我们发现当 $V[k] \leqslant 2.5$ 时，汉语 $V[k]$ 与 MDD 之间的函数关系似乎更倾向于在水平方向上延展，而英语的回归方程更加贴合原数据，R^2 也反映了这一点。因此，尽管汉语树库中包含的句子数量可能导致我们的回归分析有一定的误差，但是从图 4-23 中，我们仍然可以得出结论，即汉语和英语的 MDD 都随着 $V[k]$（动态价的方差）的增大而逐渐增大，并呈现出一定的线性关系。

为什么在 $V[k]$ 较小的情况下汉语却具有较大的 MDD？我们在前文中已经做了一定的分析。实际上，词的动态价（$V[k]$）较低意味着句子中缺少核心词（出度较大的词），如果在两个依存关系中插入较多的词，那么将造成 MDD 的增大，而词的动态价（$V[k]$）较高说明核心词的度较大且核心词的数量较多，那么如果受核心词支配的词按一定的规律分布在周围，或者多个核心词将句子分割为多个组块，则可能会产生较低的 MDD，从而抑制了 $V[k]$ 增大所导致的 MDD 增大。

因此，尽管人类语言倾向于依存距离最小化，但是这种依存距离的优化在各种人类语言中并不能达到其极限（Ferrer-i-Cancho，2006），其根本的原因在于语言是多种因素博弈后所形成的复杂适应系统，不同因素在认知机制约束下的作用有所区别，再加上语言使用习惯的不同，导致了人类语言在利于我们生成和理解的同时也存在差异。然而，汉语独特的句法结构造成了较大的 MDD，即名词性成分前常常附加较长的修饰语，且中心词被置于尾部，这导致其他成分与之连接时将跨过更多的词，从而产生较多的长依存，这就导致汉语拥有低 $V[k]$，却不具有低 MDD 这一特殊依存句法结构。因此，我们的研究说明，除非产生一致的右分支或左分支结构，否则低 $V[k]$ 的结构（表示较高的句法树，即具有更大层次深度的树）并不意味着它的 MDD 一定会较低。

线性回归分析表明，句中词的动态价的方差（$V[k]$）与 MDD 之间存在递增关系。汉语中存在最小 $V[k]$ 是否能使汉语 MDD 逐渐增大的趋势有所降低，有待进一步研究。然而，单凭汉语具有较高 MDD 这一点，可能并不足以说明汉语的理解难度比英语大。在频繁的语言使用过程中，语法规则和模式已经嵌入人类大脑的长时记忆中，因此我们在理解句子时，其实在心理上对此已有了一定的预期（Liu et al.，2017）。英语的情况也基本类似，尽管句中可能存在动态价较高的词，但在线性语序上，基于已有的先验知识，我们可能在心理上对这些词的潜在配价进行了预判，因此，稍长的依存距离可能并没有造成句子理解困难。这种在线性语序上的定式可能有益于长距离依存的处理，在德语的破框上也有所体现。李媛等（2021）基于德语依存树库研究了德语的破框问题，结果发现，对于同一个句子，其破框后的依存距离比有框时小。这可能说明，定式结构有助于降低理解的难度，一般定式被打破，使用者便又启动了依存距离最小化的机制。综上可知，MDD 可能只是在整体上较粗略地估计句法结构难度，具体问题还有待具体分析。本节研讨的相关问题和推论也有待心理认知实验的进一步验证。

七、本节小结

本节基于汉英两种依存树库，对词的动态价与依存距离之间的关系进行了研究。已有研究从随机语言的角度发现随机依存树中节点的动态价的方差与 MDD 之间存在着此增彼涨的关系（Ferrer-i-Cancho，2013）；而且我们发现，随机语言中词的动态价偏离程度（$V[k]$）只与句长存在一定的联系，且随着句长增加，$V[k]$ 也非常缓慢地增加。本节基于真实语料的研究表明，词的动态价在英汉语言的句法结构中所起的作用明显不同。根据对不同句长的汉英句子的词的动态价偏离程度与 MDD 之间关系的分析，我们发现汉语中存在与英语不同的依存句法结构，这些结构具有较少的高动态价的词，但是却并没有表现出较低的 MDD。本节研究回答了引言部分所提出的问题，具体如下。

（1）不同句长的汉英句子的依存距离大小存在差异，并且随句长变化而发生变化，这一结果符合前人的研究结论。

（2）与相关文献不同的是，我们发现，汉语中的$V[k]$值并不高于英语。这表明自然语言中较小的$V[k]$不一定意味着较小的 MDD，即扁平的树不一定意味着更高的 MDD。汉语中存在特殊的依存句法结构，其特点是句子中所包含的高动态价词较少，即具有较小$V[k]$，而且在名词性成分中心词前具有较长的修饰词，且中心词常被置于尾部，导致产生更多的长依存关系。

（3）根据对特定句长的汉英句子的统计分析，我们发现词的动态价偏离程度（方差$V[k]$）与 MDD 呈正相关关系，$V[k]$的增加能够使 MDD 增大。具体而言，英汉两种语言的$V[k]$与 MDD 之间的关系都可以用相似的线性方程来描述。然而，两种语言方程的截距呈现出一些差别，这是由于它们共享了很多$V[k]$，而英语的 MDD 小于汉语。再结合（1）和（2）的发现，我们认为根据依存距离来判断句法理解难度，可能要考虑除了依存距离之外的诸多影响因素（如句法结构、配价等）。本节研究表明，句中存在较多高动态价的词对 MDD 的确有一定的促增作用，然而该作用可能被其他语法因素（如语序、成分长短、层级深度等）抑制住了。

本节研究揭示了人类语言中动态配价和依存距离之间的关系，尤其是在结构方面呈现的多样性和普遍性。当然，本节的所有发现在未来可能需要包括更多语言的大规模平行依存树库来进行进一步验证，以便发现更具普遍意义的语言结构规律。

如果配价是形成依存关系的动能，那么依存关系的非对称性则催生了句子，乃至人类语言的另一个本质属性——层级结构。因为句中的一个词可以支配和被支配，且每一个句子都是一个整体，所以句子可以被表示成本书重点关注的树形结构。既然句子是由依存关系构成的树形层级结构，那么探求依存关系的规律时，可能也需要适当关注句子的层级规律，这也是以下章节的由来。

第五节　依存结构层级的分布规律

一、引言

句子是由词组成的。一个句子中的词，对于句子所表达的意义的重要性是不一样的。这一点可通过删除句子中的词来得到验证。有些词被删除后，对句子所表达的意义或句子结构的完整性影响有限，而有些词的消失却会使句子成为不知所云的词的堆砌。这说明，词在句中的重要性是分层次（级）的。层次性是人类语言系统的基本属性之一，这种层次性在句子结构方面表现得尤为明显（冯志伟，2011）。句子的层级结构也是句子复杂度的一种反映（Culicover，2013）。句子的层级一般用树形图来表示，这种用树形结构表示层级的方法也被广泛应用于自然与社会科学的众多领域（Pumain，2006；刘海涛，2009）。

我们可将人理解句子的过程视为一个把线性的句子转换为二维层级（树）结构的过程。法国语言学家 Tesnière（1959）认为，句子的层级结构是一种比线性顺序更本质的语言属性，句法的主要任务是探究两者的转换规律。从句法的角度看，句子的层级结构一般分为三类，即成分、依存与配价（Blidschun，2011）。成分结构反映的是句中部分与整体的关系，依存关注的是词间的支配与被支配关系，而配价则重视的是某些词类的逻辑语义需要。在这三类层级关系中，只有依存是一种纯粹的词与词之间的关系，而其所关注的词间支配关系，不仅确定了一个词在句中的层级位置，也反映了词在句子结构中的重要性（Eroms，2000）。这也是本节采用依存语法来研究句子层级结构规律的一个主要原因。图 4-24 是英文句子“The student has an interesting book.”的依存句法结构树。

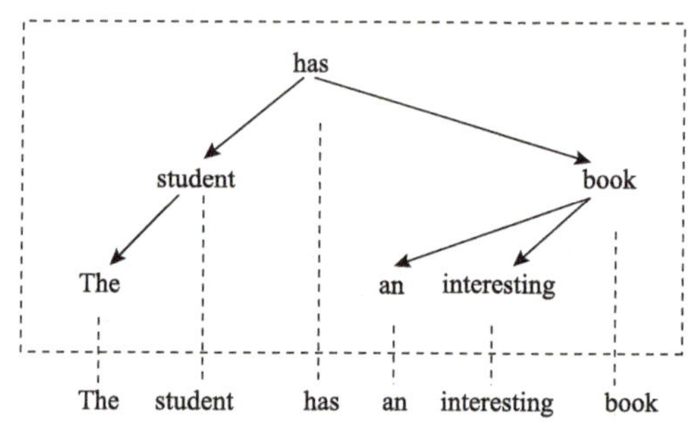

图 4-24 “The student has an interesting book.”的依存句法结构树

图 4-24 中，句子的中心词位于句法树的顶端；实线表示依存联结，且位置低的词从属于位置高的词。如果我们用“1”来表示树结构的顶点（最高层），用“2”来表示第二层的节点，用“3”来表示第三层的节点，就可以得到这个句子依存结构的层级数列：3-2-1-3-3-2。这个数列不仅可以区分所描写句子的句法结构差异，也反映了句中各个词的重要程度。在图 4-24 中，student 位于 has 的下层以及 the 的上层，并且与 book 处于同一层级。这种节点间的上下级与同级关系正是构成一个普遍的层级结构的基础。

图 4-24 中的垂直虚线为投影线。如果在结构树图中存在虚实线的交叉，那么这棵树就是非投影树。非投影结构会导致分析句子的难度增加，因此在人类语言中非投影结构出现的很少。图 4-24 上方方框内表示的是句子的二维结构，方框下方为句子的线性结构。句子的理解与生成就是这两种结构之间的转换活动。

单从数学的角度看，图 4-24 所示句子中的 6 个词可以形成 7776 种树结构，这其中投影结构只有 728 种，非投影结构却达 7048 种，后者占所有理论可能结构数量的 90.6%（Marcus，1967）。值得注意的是，任何人类语言都不可能在现实中使用如此之多的结构，大多只使用其中几种。语言作为一种纯符号系统的形式组合可能性，在实际使用中会受到人类认知、语境等许多因素的约束。寻求理论与实际之间的种种约束因素，正是语言学家的主要任务之一。就句法结构树的层级而言，可以想象七千多种理论上的句法树会有许多不同的层级结构，但如果我们通过对足够多的人类语言的句法结构树层级进行统计分析，就有可能发现人类语言层级的规律，这种规律不仅有助于在一定程度上减少结构树的理论数量，更有助于发现人类语言句子结构的统计规律。具体而言，本节拟探讨的问题是：人类语言句子中的词语在各个层级上的出现频率是否符合某种规律？这样的规律与语言的类型有关吗？词语所处层级是否会影响词语支配下一层词语的能力？

如果层级是人类语言句子结构的基本属性，那么这几个问题可以算是关于人类语言句子结构规律的基本问题。然而，由于研究资源与手段的缺乏，我们对于语言在这方面的统计特征知之甚少。Köhler（2012）详细介绍了迄今为止各国学者在句法计量方面的成果，但其中没有与我们以上提及的几个问题的相关研究。刘海涛此前基于依存句法标注语料库研究过依存关系、支配词与从属词、动词作为支配词、名词作为从属词等的概率分布，发现它们大多符合 Zipf-Alekseev 分布（Liu，2009a）；Jing 和 Liu（2015）提出过把平均层级距离（mean hierarchical distance，MHD）作为衡量语言句法复杂性的指标，并对比分析了英语与捷克语的相关数据；陈蕊娜等人提出了一种新的平均层级距离指标，并用这一指标和 MDD 分析了不同文本类型的句法复杂度（Chen et al.，2021）。但是，这三项研究均没有对以上问题进行研究。

本节采用几种语言的大规模自然语言依存句法标注文本，旨在探索这些语言的词语在各个层级的分布规律以及各层级之间的关系。句子层级结构规律的探求，不仅对语言教学等方面有着重要的实用价值，也有益于发现人类语言句法结构的结构模式与演化规律。

二、语料与方法

本节研究的语言为汉语、英语与捷克语。汉语采用北京大学计算语言学研究所发布的“北京大学多视图中文树库”（PMT 1.0），该树库包含 14 463 个句子、33.6 万词，所用原始语料为 1998 年 1 月份《人民日报》前十天的语料（Qiu et al.，2014）。英语、捷克语采用布拉格捷克语-英语依存平行树库 2.0 版（PCEDT 2.0），该库含有 49 208 个句子，其中包括英语 117.4 万词、捷克语 117.3 万词，英语原始语料来自宾州树库的《华尔街日报》语料（Hajič et al.，2012）。英语与捷克语的数据来自平行树库这一点对于我们分析最终结果是否受语体、语义、标注方式等因素的影响，是很有帮助的。为了便于统计分析，我们将以上三个树库转换为表 4-6 所示的格式。

表 4-6　依存树库格式示例

从属词序号	从属词	从属词词性	支配词序号	支配词	依存关系	层级
1	the	*det*	2	student	*atr*	3
2	student	*n*	3	has	*subj*	2
3	has	*v*	0	0	*root*	1
4	an	*det*	6	book	*atr*	3
5	interesting	*adj*	6	book	*atr*	3
6	book	*n*	3	has	*obj*	2

本研究所需的信息为表 4-6 中最后一列层级的信息，如图 4-24 所示，我们将依存句法结构树的根节点的层级定为 1，根节点下一层定为 2，以此类推，就得到了一个句子层级结构序列。在表 4-6 所示的句子里，有 1 个层级为 1 的词，2 个层级为 2 的词，3 个层级为 3 的词。我们采用计量语言学中常用的 Altmann-Fitter 作为研究层级频率分布规律的工具，统计分析了三种语言树库中的层级结构数据，得到如下结果。

三、汉语、英语和捷克语的层级规律

按照前一小节给出的方法，我们从三种语言的树库中得到了如图 4-25 所示的汉语、英语与捷克语的层级与频次的分布关系。

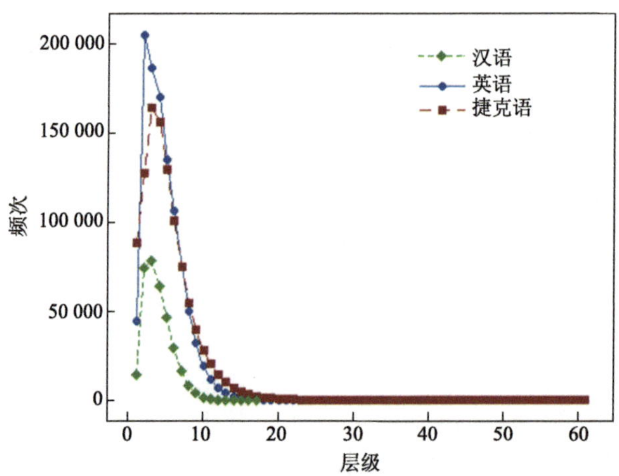

图 4-25　汉语、英语、捷克语的层级分布

从图 4-25 来看，不同语言的层级分布似乎存在一个共同的规律，即所研究的三种语言都呈现出类似的分布模式，都是从层级 1 开始上升，在历经一两个层级后，开始从最高点下降。然而，也应该看到三种语言也有一些较明显的区别：汉语与捷克语均是在层级 3 达到顶点，而英语是在层级 2 达到曲线的峰值；汉语层级的最大值为 14，英语的为 25，而捷克语的为 61。我们很难将这种差异归结为语言之外的因素，因为英语与捷克语是一个平行树库，二者采用了相同的标注体系，这样的差异可能反映了语言结构的不同或语言类型的特征。Jing 和 Liu（2015）此前也通过平均层级距离的指标发现了这两种语言在层级方面的差异。由于汉语树库的词数远小于其他两种语言，为了更好地比较这三种语言，我们又将图 4-25 纵轴的频次改为如图 4-26 所示的百分比。

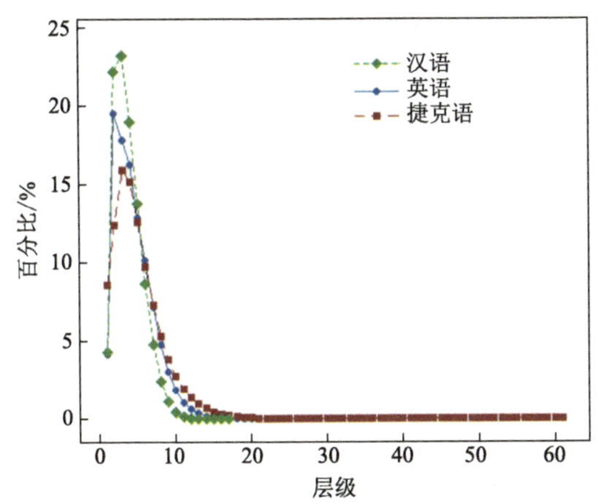

图 4-26　汉语、英语、捷克语的层级所占百分比分布

从图 4-26 可以看出，英语与汉语在层级 1 上的词数比例大致相当，而捷克语在这一层级的词数比例几乎是英语与汉语的两倍。从树结构的角度看，英语句子中处于树结构层级 2 的节点最多，而汉语和捷克语则是层级 3 的节点最多。这三种语言中数量最多层级的词数百分比也有不同，英语为 20%（层级 2），汉语为 23%（层级 3），捷克语为 16%（层级 3）；汉语层级 2 的比例（22%）与层级 3（23%）的比例相差不大；捷克语层级 3 的比例（16%）与层级 4（15%）的比例相差不大。

如果我们将构成句子依存结构树的依存关系视为是词的配价关系的实现（刘海涛，2009），那么我们可以大致得出不同层级词在语言使用上的一种动态组合关系，即一个层级的词支配下一个层级词的数量关系。这种关系在一定程度上可以反映配价作为词的一种潜在能力，即当其处于句中不同层级时与其他词相关联的动态能力。

图 4-27 纵轴表示的是一种语言中下一层级与上一层级词（节点）数量之比，它反映了一种语言依存树结构中上一层级的词支配下一层级的词的一种动态能力。捷克语的层级要远远多于其他两种语言，因此，图 4-27 中表示捷克语的曲线在超过层级 30 之后，由于数据稀疏问题，呈现出一种不规则的波动。这种尾部波动在其他两种语言中也清晰可见。然而，如果我们忽略这种尾部的不规则波动，则三种语言均展现出了一种随着层级数增大，上一层词支配下一层词的数量逐渐降低的趋势。与英语、汉语相比，捷克语在层级 20 之前展现出一种更缓慢变化的态势。由此可以看出，配价作为一个词可与其他词相结合的潜在能力，在具体的语言使用中，随着自身所处层级的不同，其被发挥的可能性也会有所不同，且所在层级越低，支配其他词的可能性也就越小。尽管从依存句法的理论上讲，一个支配词可以有多个从属词，但三种语言的数据表明，除层级 1、2 外，处于其他层级之上的词平均只有不到一个从属词。从树结构看，自然语言中的句子结构树从树根开始，每一个树枝生出新树枝的能力在逐渐减退。

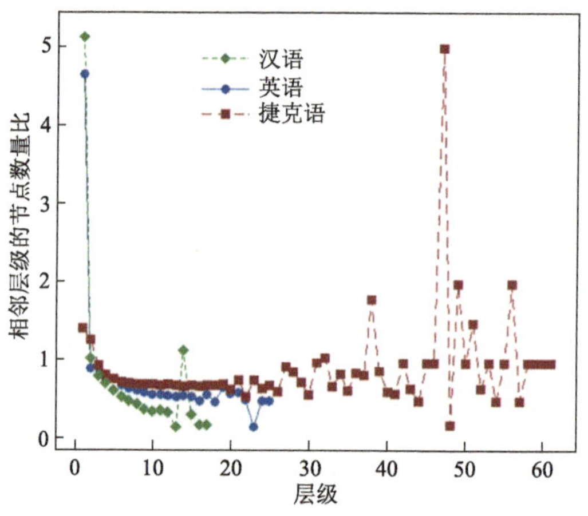

图 4-27 汉语、英语、捷克语相邻层级关系

为了寻找更精确的层级概率分布函数，我们用计量语言学软件 Altmann-Fitter 对三种语言的数据进行了分析考察。由于涉及的数据量大，不适合采用卡方检验来选择适宜的分布函数，故采用了决定系数 R^2。我们首先提取了三种语言中 R^2 大于 0.9 的分布，考虑到图 4-25 所示层级分布关系的情况，这三种语言中高 R^2 值分布大多属于二项式类的分布（binomial distribution），然后对比这些分布在三种语言中的拟合情况，再结合自由度（*df*）的情况，结果发现，决定系数 R^2 达到 0.9，而且对三种语言均适合的分布只有两种，即混合负二项分布（mixed negative binomial distribution）与波利亚分布（Polya distribution）。表 4-7 为这三种语言与这两种分布拟合的情况。

表 4-7　汉语、英语、捷克语拟合参数

语言	混合负二项分布					波利亚分布			
	k	$p1$	$p2$	α	R^2	s	p	n	R^2
汉语	14.197	0.834	0.255	1	0.972	0.027	0.166	17	0.967
英语	3.813	0.182	0.526	0.0001	0.962	0.046	0.140	25	0.956
捷克语	2.736	0.404	0.126	0.998	0.996	0.031	0.067	61	0.991

除了表 4-7 所示的信息之外，我们也发现，英语有 7 种分布的 R^2 超过 0.9，但 R^2 达到 0.99 的只有一种分布，即扩展正负二项分布（extended positive negative binomial distribution）；汉语有 35 种分布的 R^2 超过 0.9，R^2 达到 0.99 的有 4 种分布，最优的分布为正科恩负二项分布（positive Cohen-negative binomial distribution）；捷克语有 20 种分布的 R^2 超过 0.9，R^2 达到 0.99 的有 12 种分布，最优的分布为林阿帕亚-泊松分布（Lingappaiah-Poisson distribution）。值得一提的是，拟合英语数据的最优分布在捷克语中的 R^2 值也达到了 0.994。我们认为三种语言在适合分布数量方面的差异，可能与语言的结构类型有关，适合英语的分布数量少，可能与其在第二层就达到分布曲线的峰值有关；汉语 R^2 超过 0.9 的分布数量最多，可能与其层级少以及词语数量最多的三个层级的分布有关；捷克语 R^2 超过 0.99 的分布数量最多，可能与其层级多以及三个核心层级的分布有关。图 4-28 为三种语言拟合最好的分布。

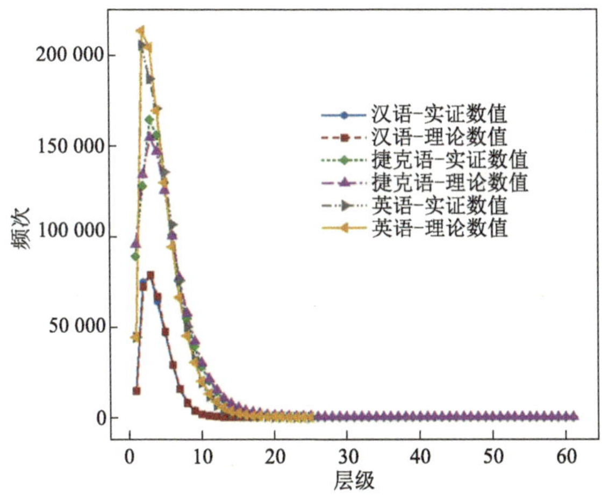

图 4-28　三种语言拟合最好的分布

从表 4-7、图 4-28 数据及以上分析讨论来看，我们有理由认为人类语言中的词在句中的层级分布是有规律的，但也应该看到，即使不同语言都符合同一种分布函数，它们所对应的相关参数也有差异。理论上，这些参数值的不同可能反映了语言类型结构的差异。在这些分布中，每个具体的参数所代表的是何种语言类型特征，可能还需要我们研究分析更多的语言样本及语体种类，才可以逐渐理清。

四、本节小结

层级性是人类语言句子结构的重要特征。通过考察经过依存句法标注的大规模真实语料，我们发现，人类语言句子中各个层级的词语的出现频率是符合分布规律的；这些分布函数的参数可能有助于反映人类语言结构或类型的差别；随着层级数增大，上一层词支配下一层词的数量存在逐渐降低的趋势。这些针对句子层级结构规律的探索，不仅有益于发现人类语言句法结构的结构模式与演化规律，也有助于我们采用科学的方法构建基于语言事实的语言学理论。

我们知道依存距离反映的是人类语言线性结构与句法关系的一种计量指标，如果层级是人类语言结构的一种根本属性，那么是否有可能将依存距离的思想扩展到层级规律的寻求上呢？换言之，我们是否也可以构拟一种平均层级距离来研究句子结构的复杂度呢？这是下一节的任务。

第六节　依存距离与层级距离

一、引言

人类语言的句法结构通常被描述为二维结构，许多结构主义语言学家采用树形图对此做出表征。例如，Tesnière（1959）利用“图式”（stemma）（类似于句法树的依存图）来描述句子的结构，并对线性顺序和层级顺序也做了区分。本节依照 Tesnière 的两个维度，借助 PCEDT 2.0 调查两个维度的关系，采用不同的方法量化处理每一个维度中句法结构的复杂度。

线性顺序和层级顺序的关系是所有结构主义句法中的中心议题。Tesnière（1959）指出，说话人头脑中结构顺序（层级顺序）先于线性顺序出现。语言生成是将结构顺序转换为线性顺序，而语言理解是将线性顺序转换为结构顺序。需要指出的是，Tesnière 的“图式”不能反映词序在句子中的实际情况，而是一种层级顺序。区分这两种顺序对依存语法和语序类型学有着重要影响，也被认为是依存语法的一种优势（刘海涛，2009；Osborne，2014）。

依存语法界定投影性或者连续性原则时，层级顺序和词序之间的关联尤为明

显（Lecerf，1960；Hays，1964；Robinson，1970；Mel'čuk，1988；Nivre，2006）。根据 Hudson（1984）的定义，如果 A 依存于 B，成分 C 位于 A 和 B 之间（依照线性词串顺序），那么 C 直接与 A、B 或其他插入成分存在依存关系。

依存树能够直接显示出句子的投影性。如图 4-29 所示，投影性的依存树没有交叉线。但必须指出的是，投影性不是依存树自身的特征，而是只与线性词串有关系（Nivre，2003；刘海涛，2009）。一些语言，如德语、俄语和捷克语，具有相对自由的语序，较之语序相对固定的语言，它们可能会拥有更多的交叉线（Liu，2010）。

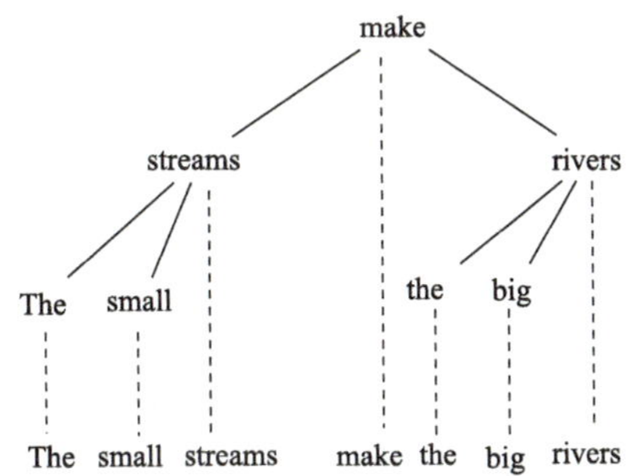

图 4-29　"The small streams make the big rivers." 的依存树

本节研究将采用本书此前提出的 MDD 以及新引入的平均层级距离两种指标来探究英语和捷克语的层级规律。为评估这两个指标（特别是新引入的层级指标）的有效性，我们使用了一个双语平行树库作为研究资源。

二、捷克语-英语依存平行树库（PCEDT 2.0）

本节研究使用的语料选自 PCEDT 2.0，这是一个人工标注的捷克语-英语依存平行语料库，每种语言语料容量都超过 120 万词，约 5 万句（Hajič et al.，2012）。语料库的英语部分取自宾州树库的《华尔街日报》语料（Marcus et al.，1999），捷克语部分是上述英语树库的捷克语翻译版本。语料库采用 1∶1 句子对齐形式。两种语言中的平行句经由自动形态标注，根据布拉格依存树库 2.0 标注方案被分析为表层句法依存树。该标注方案采用语料库中的分析层（a-layer，表层句法）和构造语法层（t-layer，深层句法）（Hajič et al.，2012）。本节的研究仅使用分析层。

PCEDT 2.0 是一个严格对齐的语料库，以*.treex 格式存储，该格式采用基于可扩展标记语言（extensible markup language，XML）的布拉格标注语言（Prague markup language），借助依存树编辑器（Tree Editor，TrEd）很容易实现语料库的可视化。

具体操作如下，我们使用 R 软件 3.0.2 版本从原始的 treex 文本中提取数据，该软件支持 XML 包，可分析树库的每一个节点，并将其转换成如表 1-1 的数据库格式。转换后的分析层包含 1 173 766 个英语词和 1 172 626 个捷克语词，共 49 208 个句子。剔除少于三个词的句子或一些特殊的四字句，最终形成的树库规模为：英语共 1 172 244 词，48 647 句，平均句长为 24.1，非投影比例为 0.01%；捷克语共 1 149 630 词，48 647 句，平均句长为 23.63，非投影比例为 3.11%。

三、平均层级距离

在本书此前的章节中，我们已经对依存距离进行了许多讨论。因此，这里只关注层级方面的问题。图 4-30 为一个英语句子的依存结构树。在这棵树中，我们不仅像此前章节那样关注句子结构与线性序列（x 轴）的关系，而且也关注句子结构与层级结构（y 轴）的关系。

具体说来，我们把句法树中的根词当作参照点，其投影位置计为 0。按照依存语法，根词是句子的中心节点，提供句法成分的关键信息（Boland et al.，1990；Trueswell et al.，1993）。节点和根词之间的纵向距离，或沿着依存线的边从根词到某一节点的路径长度，被界定为层级距离（hierarchical distance，HD）。例如，图 4-30 中单词 China 的层级距离是 3，表示节点和根词之间的纵向距离或路径长度。

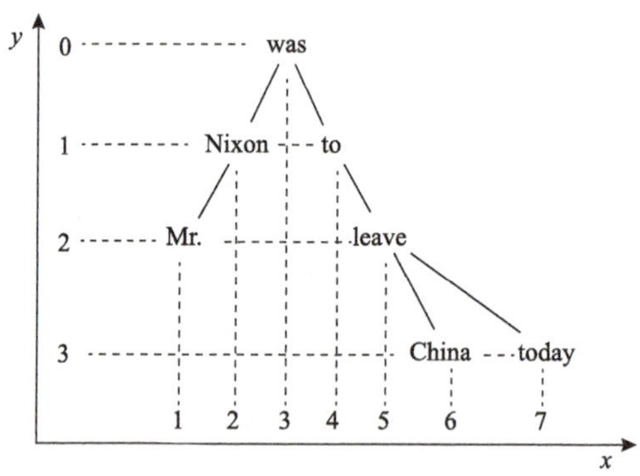

图 4-30　两个维度中依存树的投影

句子中所有层级距离的平均值就是平均层级距离。我们可以将其作为测度句法纵向复杂度的一个指标，计算公式如下：

$$\mathrm{MHD}=\frac{1}{n}\sum_{i=1}^{n}\mathrm{HD}i \tag{4-7}$$

根据依存距离和层级距离的公式，我们可以计算图 4-30 中句子的 MDD 和 MHD。其中，MDD 为 1.17，MHD 为 2。值得注意的是，在计算这两个距离时，标点符号需要排除在外。

正如我们在第一章讨论依存距离的计算时所说的那样，平均层级距离的计算可以扩展到文本或树库。下文中，我们用 MDD_2 和 MHD_2 表示文本（或树库）层面的依存距离与层级距离。

我们认为，虽然这两个计量指标针对的都是依存句子结构，但是它们各有侧重：MDD 是以理解为导向的指标，用于计算线性结构转换为层级树的句法难度；MHD 是以语言产出为导向的指标，用于计算层级结构转换为线性词汇串的句法复杂度。接下来，我们将用这两个指标统计分析英语和捷克语的 MDD 和 MHD 的情况。

四、MDD 和 MHD 的非对称分布

Hawkins（2003，2009）提出"运用-语法对应假说"（Performance-Grammar Correspondence Hypothesis，PGCH），即语法中约定俗成的句法结构与它们在实际运用中的偏好度是成比例的，其证据见于语料库中的模式选择和心理语言学实验中的处理易度。这一假设认为，实际运用中的数据和语法模式之间存在内在关联。换言之，某一结构 X 的使用倾向性越高，语法化的能产性也就越大，且由于频率效应认知加工也就更容易一些（Harley，1995；Hudson，2010）。

句法变异结构能够反映出潜在的加工效率，因此我们首先聚焦描述树库中每个句子 MDD 和 MHD 的分布情况。图 4-31 说明在每个英语句子句长等于 10（不包括标点符号）的条件下，MDD 和 MHD 呈正向偏态分布，皮尔逊矩偏态系

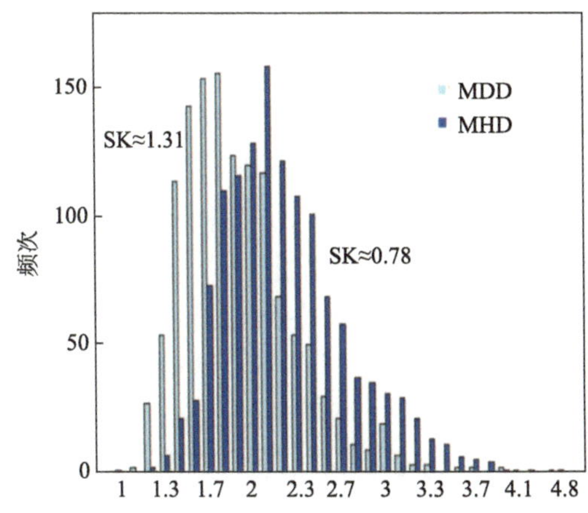

图 4-31　英语句子 MDD 和 MHD 的非对称分布（句长=10）

数（Pearson's moment skewness coefficient，SK）分别为 1.31 和 0.78。这些数值表明句长为 10 时，大多数英语句子的 MDD 和 MHD 低于平均值。

英语和捷克语中其他句长的句子（频率超过 50 次的）MDD 和 MHD 也呈现正向偏态分布，如图 4-32 所示。虽然句长和偏态数值没有显著性关联，但是后者都为正向，围绕数值 1 上下波动。这似乎说明，英语和捷克语的句子，不论句子的长短，MDD 和 MHD 总体都偏低，其原因何在？如果按照语法与加工无关的观点来看（Chomsky，1969），不同语言中两类指标不存在统一的非对称分布才合乎预期。对这种偏态性的一种可能的解释是，句法规则直接体现加工的经济性，句法规则是效率原则在语法层面的具体实现（Hawkins，1994）。我们注意到，英语和捷克语在这两个维度上（MDD 和 MHD）都有最小化的倾向。这些指标的最小化说明人类语言遵循省力原则。

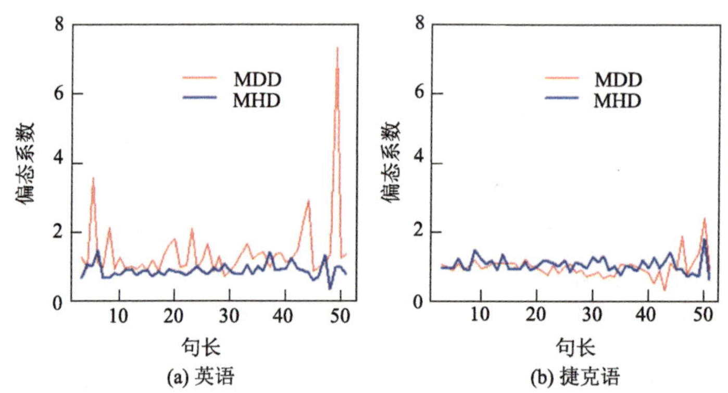

图 4-32 英语、捷克语 MDD 和 MHD 中句长和偏态系数的关系

五、句长、MDD 和 MHD 的相关性

另一个与 MDD 和 MHD 相关的问题是这些指标是否可以预测不同语言中不同句长的句子结构复杂度。表 4-8 说明英语和捷克语中句长、MDD 和 MHD 之间显著正相关，$p<0.01$；英语和捷克语中句长和 MHD 的相关系数最大，都为 0.74，句长和 MDD 的相关系数分别为 0.54 和 0.42，存在中等相关；MDD 和 MHD 相关性最低，但两者之间也有显著性。

为了数据的精确性，我们建立线性回归模型对数据进行拟合。拟合优度（R^2）和斜率（k）可用来评价回归模型，并预测英语、捷克语两种语言的增长速度。句长和 MHD 的 R^2 值都是 0.54，可接受性高；其他各组的 R^2 值偏低。英语中句长和 MHD 拟合线的斜率为 0.09，略低于捷克语，后者的数值为 0.12，这表明较之英语，捷克语中句长的增加更能导致 MHD 的增加。

表 4-8　句长、MDD 和平均层级距离的相关性分析

语言	X-Y	相关系数	p	k	R^2
英语	SL-MDD	0.54	<0.01	0.03	0.3
	SL-MHD	0.74	<0.01	0.09	0.54
	MDD-MHD	0.19	<0.01	0.41	0.04
捷克语	SL-MDD	0.42	<0.01	0.02	0.18
	SL-MHD	0.74	<0.01	0.12	0.54
	MDD-MHD	0.11	<0.01	0.36	0.01

我们采用散点图的形式对英语、捷克语两种语言句子中 MDD 和 MHD 的关系进行可视化表征，结果如图 4-33 所示。尽管 MDD 和 MHD 存在较大交集，但仍可观察到两种语言存在不同的扩展。如果将句长看作是协调性变量，则英语句子随着句长的增加，MDD 随之增加；而捷克语在句长增加的情况下，MHD 随之增加。以上偏向性差异也可从线性模型中得到预测。从语言处理的角度讲，英语句子在句长增加的条件下，偏向于增加理解难度而非语言产出的成本；相反，捷克语句子偏向于增加层级结构复杂度，而这与语言产出的负荷相关。

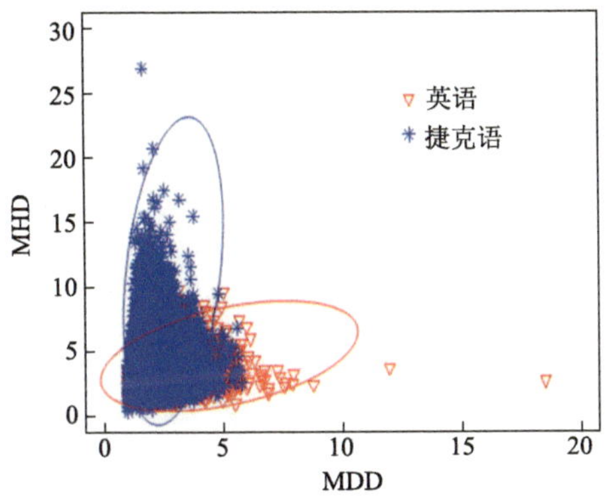

图 4-33　英语、捷克语句子中 MDD 和 MHD 的关系

六、MDD_2 和 MHD_2 之间的相互转换关系

此前我们说过，尽管这两个指标最初是用来处理句子复杂度的，但由于在增量句法分析过程中真正引起问题的都是单个的依存关系，因此，我们也可以将这两个指标扩展到更大范围的语言单位，比如文本或整个树库。

从语序类型的角度看，英语与捷克语都是弱 SVO 语，但捷克语语序相对自由，而英语由于丧失格标记，语序较为固定（Tesnière，1959；Vennemann，

1974；Steel，1981；Liu，2010）。捷克语语序变异度较大，理论上，与英语相比肯定存在更多的非投影性结构。那么捷克语的 MDD_2 会增加吗？MDD_2 和 MHD_2 这两类指标能够区分英语、捷克语的句法复杂度吗？

图 4-34 为英语与捷克语的 MDD_2 和 MHD_2。英语的 MDD_2 为 2.31，捷克语的 MDD_2 为 2.18。Liu（2008a）调查了 20 种语言的 MDD_2，结果与此相似。其中英语与捷克语的 MHD_2 分别为 3.41 和 3.78，所有的数值都低于 4；英语、捷克语的 MDD_2 都低于 MHD_2。虽然捷克语具有较高的非投影性，但是其 MDD_2 略低于英语。投影性普遍被认为是自然语言处理的一个约束条件，但就此看来，违反投影性并没有给线性结构的语言处理造成困难。

不同语言的两类指标看起来存在零和特征（zero-sum property）。与捷克语相比，英语具有较高的 MDD_2，但是 MHD_2 偏低；较之英语，捷克语的 MDD_2 并不高，但是 MHD_2 远高于英语。这种互惠关系在句子层面的体现如图 4-33 所示，语篇层面的表现如图 4-34 所示。两个维度的结构复杂度的折中关系可以部分表明听话人和说话人之间转换的动态平衡性。这也说明在不同类型的语言中指标的权重并不相等。英语倾向于在层级维度降低结构复杂度，而捷克语倾向于在线性维度中降低语言加工的成本。

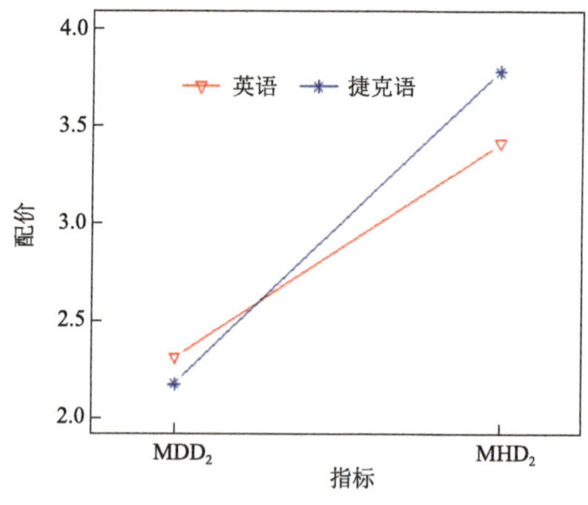

图 4-34　英语、捷克语中的 MDD_2 和 MHD_2

如果 MDD_2 和 MHD_2 两个指标能够区分英语与捷克语的句法复杂度和难度，那它们能反映出不同语言的共同特征吗？Cowan（2001）认为，短时记忆更为精确的容量限制应当是平均四个组块；Liu（2008a）观察了 20 种语言的 MDD_2，其阈值大约是 4。层级距离是否也存在类似的阈值呢？

为了回答这个问题，我们用时间序列图对英语与捷克语的 MDD_2 和 MHD_2 的变化进行了分析，如图 4-35 所示。由于句子数量较多，图 4-35 中的横轴采用对数形式。我们先来看 MDD_2 和 MHD_2 的变异性。随着更多句子（数量大约为 10^2）的加入，两种语言中的累计平均值趋于稳定。尽管捷克语中少量的 MHD_2 值大于 4，但也发现 MDD_2 和 MHD_2 的最大值基本都低于 4。这一偏差主要与句子偏少和存在特殊例子有关。需要指出的是，本节研究中语料的平均句长偏大，每句大概有 24 个词，同时剔除了单词数量偏少的句子。某种程度上这会导致英语与捷克语的两类指标变大，尽管如此，其阈值还是低于 4。因此，我们有理由认为，工作记忆的容量限制体现在语言的理解和产出过程中，阈值为 4 反映出内在的统一性。

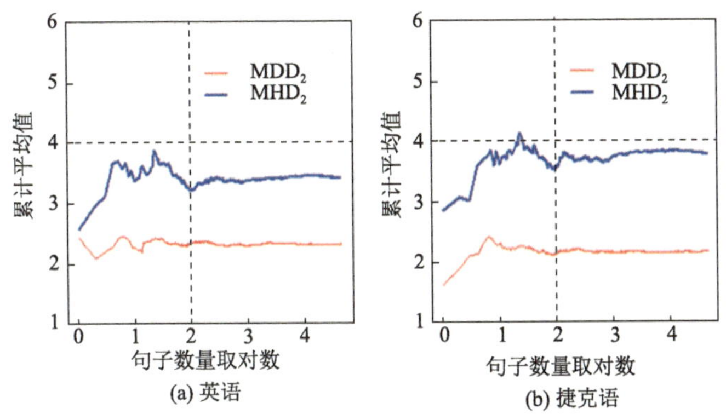

图 4-35　英语、捷克语的 MDD_2 和 MHD_2 的累计平均值

七、本节小结

本节我们引入了平均层级距离这一旨在测量语言产出难度的计量指标。通过对 PCEDT 2.0 的统计分析，我们发现，英语与捷克语中 MDD 和 MHD 均呈正向非对称分布，两种语言都倾向于加工难度的最小化；两种语言的句长、MDD 和 MHD 之间呈显著正相关。对于较长的句子，英语倾向于增加 MDD，捷克语倾向于增加 MHD；两种指标的权重在两种语言中存在差异。英语倾向于降低层级结构的句法复杂度，捷克语倾向于减少线性结构的语言加工负荷；英语与捷克语中 MDD_2 和 MHD_2 的阈值为 4，MDD_2 甚至低于 3。这表明语言理解和产出的过程存在内在一致性。当然，这些基于文本的发现仍有待认知实验来验证。

从本章和此前章节的研究结果看，我们知道，尽管依存距离指的是两个构成依存关系的词语在句中的线性距离，但它与句长、语体、标注方式、配价、层级等都有关系；即使我们将这些影响因素只限制在依存结构树内，句长、树高、树宽、配价等也会影响依存距离。从计量语言学的角度看，如果语言是一个系统，且该系统运作的目标之一是依存距离最小化，那么我们也需要研究这些句内因素之间的关系，只有这样我们才能构拟符合语言系统实际的句法协同子系统，而这也是下一节的目标。

第七节　依存结构树句长、树宽、树高之间的协同关系

一、引言

莱茵哈德·科勒（Reinhard Köhler）和加布里埃尔·阿尔特曼（Gabriel Altmann）研究了短语结构树中内嵌深度、位置、长度和节点复杂程度之间的相互关系，从而建立了第一个基于短语结构语法框架的句法协同模型（Köhler，2012；Köhler & Altmann，2000）。因为短语结构与依存结构分析在诸多方面都不一样，所以我们有必要从协同语言学或计量语言学的角度，对依存句法协同系统进行研究。

构建协同语言学模型的实质就是在所研究的句法框架下，探求构成该句法系统的基本要素之间的关系。对于依存句法而言，依存距离、配价、依存结构树的层级、树高、树宽等都是构成系统的重要元素。

在过去的十年中，已经有了一些在依存语法的框架下探讨句法属性关系的研究。例如，Wang 和 Liu（2014）发现句子中最复杂、最长的结构更可能出现在句尾，而相对较短、较简单的结构则更可能出现在句首。Jing 和 Liu（2015）探究后发现了 MDD 和层级数（即树高）之间的关系。Jiang 和 Liu（2015）分析了句长对依存距离的影响。刘海涛和敬应奇（2016）探究了依存结构树的节点数（即句长）和层级数之间的相互关系。刘海涛（2017）研究了句子结构层级的分布规律。但是这些研究尚未形成一个协同语言学意义上回路图（circuit），也就还谈不上协同模型的构建。

本节将在依存句法框架下寻求句子的一维属性（句长）与依存树的二维属性（树高和树宽）之间的协同关系，并在此基础上建立一个关于属性之间关系的简单的回路。为了使模型更具跨语言的有效性，我们选择英语和汉语作为研究对象。

与其他结构树类似，依存结构树的层级源于句子成分之间的亲缘关系，而这种亲缘关系又由支配关系决定。句法结构由中心词与其从属词之间的关系决定，层级也因此产生。按照刘海涛（2017）的方法，我们定义根节点为位于依存树的第一层，定义依存结构树高度为依存结构树的层级数，定义最宽层级为结构树中节点数最多的层级。如果同时有好几个层级拥有最多的节点数（这种情况很少出

现），我们只将首次出现的节点数最多的层级定义为最宽层级。依存结构树的宽度则为该依存结构树最宽层级的节点数。

根据上述定义，图 4-36（PCEDT 2.0 的第一个句子）所示的依存结构树有 5 层，即树高为 5。最宽层级为第三层，有 5 个节点，因此该依存结构树的树宽也为 5。

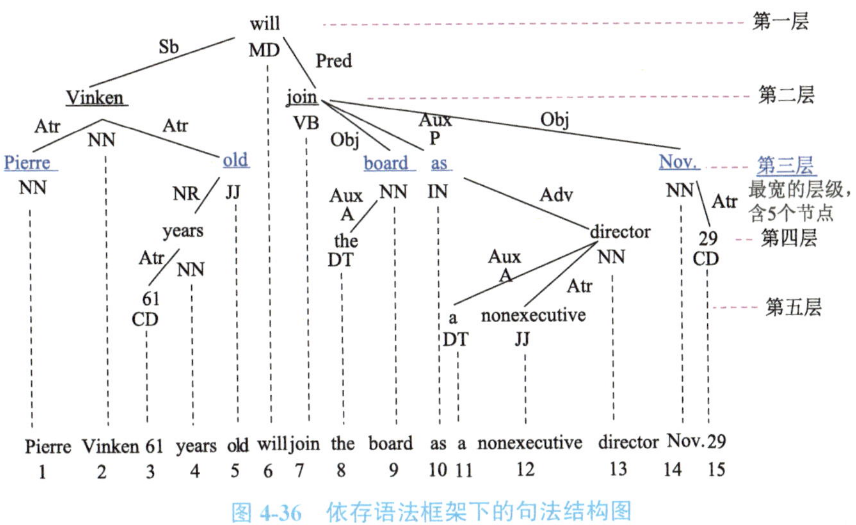

图 4-36　依存语法框架下的句法结构图

本节的研究问题如下：①随着句长的增加，依存树会变高，那么句长和树高之间存在什么样的数量关系？②随着句长的增加，依存树会变宽，那么句长和树宽之间存在什么样的数量关系？

在这两个问题的基础上，我们可以进一步思考以下问题：随着句长的增加，新增的节点更可能是给一个已有从属词的节点增加了节点的（广义）配价（进而可能增加树宽），还是更可能给一个尚未有从属词的节点增加了依存关系（进而可能增加层级、树高），或者是具有自适应性的语言系统将在两种增长方式之间达到一种动态的平衡？此处的配价不是指狭义的动词的必有配价，而是所有能带从属词的词性的所有配价（不区分必要的补语或者可选的说明语），即广义配价（刘海涛，2009）。

这样就引出了我们的第三个问题：依存树的树宽和树高之间存在什么样的数量关系？有意思的是，图 4-36 的依存树中，最宽的层级 3 与位于该层级的节点数 5 之间的乘积刚好是句子的长度，这是一种巧合吗？这也引出了第四个问题：句长、结构树的最宽层级和该层级的节点数之间存在什么关系？能否构建依存句法协同模型的关键在于前三个研究问题，因为这三个变量之间的相互关系可能构成一个回路。

二、研究方法和语料

我们选择了两个新闻句法树库作为研究材料。两个树库的依存关系均为手动标注所得。英语树库取自 PCEDT 2.0 的英语子库（Hajič et al.，2012）。汉语语料来自 PMT 1.0（Qiu et al.，2014）。两个树库的标注体系相似，可用于跨语言的研究。PCEDT 2.0 涵括了语言数据联盟的宾州树库中《华尔街日报》语料的全部内容（Marcus et al.，1999），共 117.4 万字，包含 2499 个故事。PMT 1.0 共 33.6 万字，14 463 个句子，收录了 1998 年 1 月份《人民日报》前十天刊登的所有文章。

我们将汉语树库分为规模相同的 6 个子库（每个子库大约 5 万字），将英语树库分为同等规模的 23 个子库，从中随机选择了 6 个作为研究对象。这样操作可以将规模大小带来的影响最小化。由于本研究不考虑文本中的标点符号，只关注词与词之间的依存关系，因此将标点符号的句法功能归入其支配词。12 个子库中，英语和汉语子库各 6 个，分别用 E1～E6 和 C1～C6 表示，每个子库至少包含 43 200 个词。所有子库的规模、类型都相同，依存句法标注体系也相似，这些同质性有助于我们发现语言本身的规律。

本节采用非线性回归处理 6.3（NLREG 6.3）和阿尔特曼拟合软件 3.1（Altmann-Fitter，1994/2005）进行数据处理，计算出系数值和决定系数（R^2），最终建立数学模型或函数。对于任何一个函数，x 和 y 分别代表自变量和因变量。

在探讨具体的研究问题之前，我们首先列出句长、树宽、树高、MDD 的总体数据（表 4-9）。由表 4-9 可见，中文的平均句长比英文的平均句长小 1.3 左右，中文的依存树比英文的树更扁平一些（即平均树宽更大，平均树高更小）。中文的 MDD（3.12）比英文（2.38）要大，但均小于 4。统计结果与 Liu（2008a）的研究结果基本一致。至少从表 4-9 的数据来看，同一种语言的各个子库之间数据是同质的，随后我们将选用 E1 和 C1 作为代表来进行分析讨论。

表 4-9 中文与英文各子库句长、树宽、树高、MDD 的总体数据

子库	树宽型符	树高型符	例符	平均句长	平均树宽	平均树高	MDD
C1	23	14	2172	19.92	5.77	6.17	3.08
C2	21	14	2154	20.10	5.87	6.09	3.32
C3	20	12	2153	20.09	5.85	6.10	3.08
C4	21	12	2163	20.01	5.90	6.09	3.07
C5	21	13	2138	20.23	5.86	6.20	3.07
C6	20	14	2105	20.55	5.95	6.20	3.07
均值	21	13.2	2147.5	20.14	5.87	6.14	3.12

续表

子库	树宽型符	树高型符	例符	平均句长	平均树宽	平均树高	MDD
E1	19	20	2001	21.62	5.46	7.50	2.35
E2	18	17	1965	22.02	5.48	7.61	2.37
E3	17	17	2024	21.38	5.36	7.51	2.33
E4	18	17	2072	20.88	5.43	7.24	2.35
E5	21	21	2007	21.55	5.55	7.31	2.57
E6	15	17	2068	20.92	5.34	7.34	2.31
均值	18	18.2	2022.8	21.40	5.44	7.42	2.38

三、句长与依存结构树的宽度和高度

以 C1 和 E1 的数据为例。我们先检查句长与另外两个属性之间的相关性，发现 C1 高度与句长之间的相关系数为 0.776（p=0.000），这个结果与刘海涛和敬应奇（2016）的研究结果一致；树宽与句长之间的相关系数为 0.854（p=0.000）。此外，E1 的句长与依存树的树高/树宽的相关系数均为 0.76（p=0.000）。这些数据证明了句长与依存树的树宽/树高之间存在着紧密的关系。

为了更明确相关的关系并用数学方式予以表达，我们分析了给定句长下的依存树的树宽/树高的均值，分析均值之间的关系也是计量语言学中经常采用的方法。图 4-37 为 C1 与 E1 句长与平均树宽/树高的关系，从中不难看出，当句子变长时，依存结构树的平均树宽和树高也会增加。

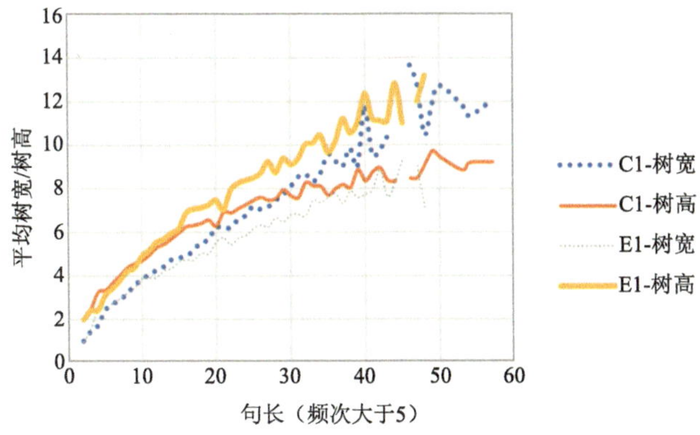

图 4-37　句长与平均树宽/树高的关系（C1 和 E1）

但是，探究变量之间的相关系数并不是最终目标，因为计量语言学研究表明，语言数据并非呈正态分布，语言变量之间的相关性也不是线性函数（Köhler，2012）。比如，刘海涛和敬应奇（2016）探讨了句子的层级数、节点数与平均层级距离之间的相关性，他们用的是线性模型，所以拟合优度不高。典型的相关性一般都可以用幂律函数来表示，因此我们用函数 $y=ax^b$ 拟合数据。其中 x 为句长，y 为平均树宽/树高。

新的节点增加到句子中，将同时改变某个词的广义配价以及整个句子的依存距离。表 4-9 的数据表明，中文的平均句长更短，但是 MDD 更大。通过分析树形，我们发现，中文的依存树更宽，而英文的依存树更高，这是因为树宽的增加对于依存距离的影响更大。新增的节点如果增加树高，则表明了该节点支配词的广义配价从 0 增加到 1，同时，该节点更可能与其支配词相邻；相比而言，新增的节点如果增加树宽，则该节点的支配词可能原来有从属词，也可能没有，这意味着该节点可能与其支配词相邻，也可能与其支配词之间有其他词。

由于语言是一个人驱系统，因此语义、句法以及语用等构成语言的要素在增加一个词的配价的同时，也会受到限制。以依存距离来说，为了表达精确化的需要，所以允许支配词和从属词之间存在一定距离，但这个距离又不能太长，因为距离代表了理解的难度，超过一定距离句子就很难或者无法理解了（Gibson & Pearlmutter，1998；Hiranuma，1999；Liu，2008a）。

中文和英文配价以及依存距离的分布证明了这两种力量的存在。从数据分布来看，两种语言的广义配价分布里面有将近一半的节点都没有从属词（配价为 0），将近 1/3 的节点有一个从属词（配价为 1），而配价为 2 的节点则降到了 10.290%（中文）和 15.191%（英文）。随着配价的增加，其百分比均在下降。数据显示，汉语中配价增加的阻力似乎更大一些。两种语言的依存距离分布情况与 Liu（2007b）所得结论基本一致，即随着依存距离的增加，其百分比依次下降，表明增加的依存距离越大，遇到的阻力也就越大。图 4-38 形象地显示了二者的关系。从图中可见，开始时，依存距离（图中粗线及粗点）下降的速度高于广义配价（图中细线及细点）下降的速度，后来二者的变化均变慢，且速度相仿。

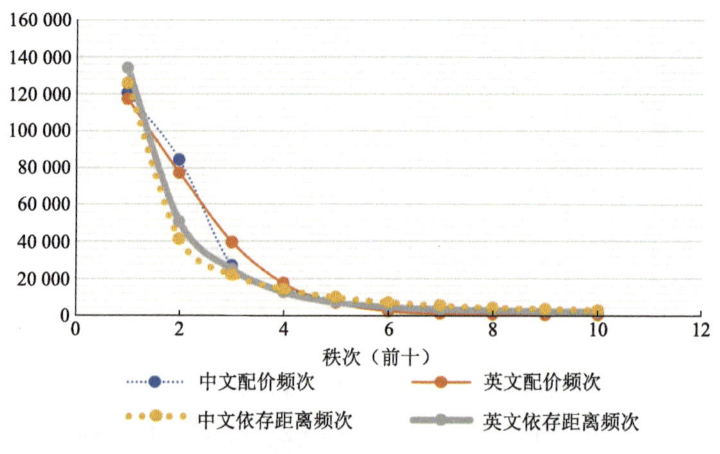

图 4-38 英汉双语的配价频次、依存距离频次分布

在此基础上，我们假设，函数 $y=ax^b$ 中的 a 值代表阻止配价增加的力量，b 值代表阻止依存距离变化的力量。我们也假设，对于同一种语言的子库，在树宽为因变量与树高为因变量的两种情况下取得的参数，其参数之和相等，即对于同一种语言来说，库中的该种力量相对恒定。接下来，我们用各个子库的数据来验证这两个假设，拟合结果如表 4-10 所示。参数 a 在同一种语言中表现比较一致，在不同语言之间有所区别；而参数 b 在两种语言中也有区别，但是没有参数 a 的区别那么显著。a_1+a_2 在中文中接近 2.62，在英文中接近 2.29，两种语言之间稍有区别；b_1+b_2 在中文中接近 1.11，在英文中接近 1.15，两种语言之间没有显著差异。

表 4-10　句长与依存树的树宽/树高数据与幂律的拟合结果

子库	树宽为因变量			树高为因变量			a_1+a_2	b_1+b_2
	R^2	a_1	b_1	R^2	a_2	b_2		
C1	0.9640	0.66	0.74	0.9716	1.97	0.40	2.63	1.14
C2	0.9838	0.74	0.70	0.9694	1.85	0.41	2.59	1.11
C3	0.9836	0.72	0.71	0.9598	1.96	0.39	2.68	1.10
C4	0.9839	0.76	0.70	0.9809	1.86	0.41	2.62	1.11
C5	0.9802	0.79	0.68	0.9766	1.81	0.42	2.60	1.10
C6	0.9761	0.70	0.72	0.9551	1.91	0.40	2.61	1.12
E1	0.9669	1.02	0.55	0.9828	1.22	0.60	2.24	1.15
E2	0.9863	0.96	0.57	0.9855	1.37	0.56	2.33	1.13
E3	0.9824	0.88	0.60	0.9780	1.43	0.55	2.31	1.15
E4	0.9722	0.97	0.57	0.9732	1.33	0.57	2.3	1.14
E5	0.9617	0.84	0.62	0.9686	1.43	0.54	2.27	1.16
E6	0.9800	0.89	0.60	0.9763	1.39	0.56	2.28	1.16

四、依存结构树的树宽和树高

图 4-39（a）和图 4-39（b）展示了 E1 依存树的树宽和树高之间的关系。用 $y=ax^b$ 拟合数据，决定系数为 0.77。这个结果尚可接受，但是似乎仍有进步的空间。

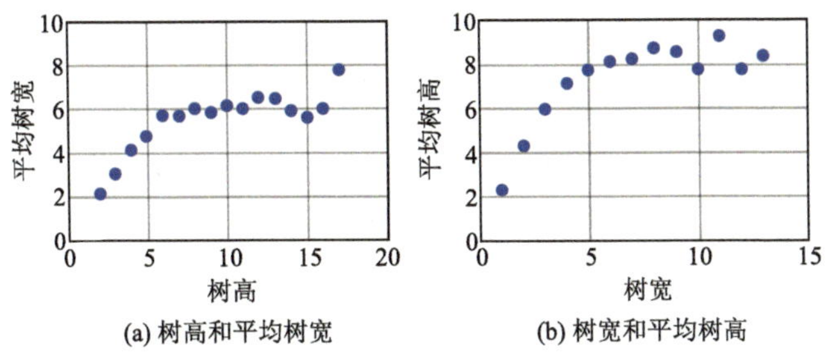

(a) 树高和平均树宽　　(b) 树宽和平均树高

图 4-39　E1 树宽和树高之间的关系

观察图 4-39 中的曲线，我们发现该曲线与幂律函数或者齐普夫分布函数的曲线不一致，但是类似于皮奥特洛夫斯基–阿尔特曼定律（Piotrowski-Altmann Law），该定律的函数形式$c/(1+ae^{-bx})$是一个逻辑斯谛函数（Logistic Function）（刘海涛，2017）。接下来，我们用树库数据来验证这个函数是否也能用于依存树的树宽和树高之间关系的建模，拟合结果如表 4-11 表所示。当树高为自变量时，参数 a 能区分两种语言；类似地，当树宽为自变量时，对应的参数 b 也有一定的区分能力。无论是树高为因变量，还是树宽为因变量，拟合结果都普遍比前面提到的幂函数拟合结果要好很多。

表 4-11 逻辑斯谛函数与树宽和树高的拟合结果

子库	树宽为因变量				树高为因变量			
	R^2	a	b	c	R^2	a	b	c
C1	0.9533	2.25	0.36	8.33	0.9780	11.10	0.57	8.20
C2	0.9742	2.12	0.30	8.64	0.9852	9.55	0.45	9.73
C3	0.9742	2.36	0.38	8.07	0.9758	10.18	0.54	8.54
C4	0.9872	1.97	0.29	8.51	0.9199	9.43	0.49	9.20
C5	0.9639	2.07	0.30	8.73	0.9903	7.61	0.37	10.41
C6	0.9591	2.35	0.41	7.98	0.9948	8.13	0.50	8.62
E1	0.9615	6.00	0.89	8.42	0.8656	6.63	0.62	6.31
E2	0.9653	6.93	0.95	8.52	0.9478	9.07	0.75	5.97
E3	0.9915	5.52	0.95	8.28	0.8912	11.09	0.80	5.81
E4	0.9743	5.72	0.93	8.08	0.9155	11.30	0.87	5.83
E5	0.8031	5.85	1.02	7.91	0.9064	11.05	0.82	6.04
E6	0.9766	7.84	1.04	8.04	0.8433	12.99	0.88	5.79

综合这些数据及因素之间的关系，我们认为，某种程度上，依存距离最小化倾向是依存树宽与树高之间竞争和合作的结果，即阻止依存距离增加和阻止配价增加这两个因素之间的竞争与合作导致了整个依存距离的最小化倾向。表 4-10 中 a_1+a_2 以及 b_1+b_2 均接近常数，表示这两种力相对恒定；因变量为树宽与因变量为树高的数据表明，这两种力在这个常量的范围内竞争和合作，使得句子的依存距离呈现出一种稳定与平衡的状态。

从图 4-37 中，我们也可以发现，当句长小于 16 时，中文与英文的树宽和树高的增加速度相仿，而超过这个值之后，中文树宽的增加速度更快，而英文树高的增加速度更快。导致这种不同增长速率的主要因素是两种语言中的不同词性的配价大小不一样。

五、句长、最宽层级以及树宽的关系

我们现在再回到图 4-36。在这个例句的依存结构分析中，我们发现，3（最宽层级）×5（最宽层级的节点数，即树宽）=15（句长）。那么这一关系（即句长=树宽×最宽层级）是否也存在于各个子库中呢？这也是本小节想探讨的第四个问题。

E1 中，乘积与句长之间的皮尔逊相关系数 r=0.859，表示二者之间关系密切。因此，我们接下来用 $y=ax-b$ 与所有子库的数据进行拟合。其中 x 为句长，y 为树宽与最宽层级之间的乘积。我们用了线性拟合公式，但与我们之前说过的“语言属性之间不是线性关系”这一说法并不矛盾，因为乘积来自两个变量，而三个语言属性之间，其两两关系依然是非线性的。拟合结果如表 4-12 所示，所有的决定系数 R^2 均高于 0.944，拟合结果令人满意。

表 4-12 线性函数与句长、最宽层级与宽度乘积的数据拟合

子库	a	b	R^2	子库	a	b	R^2
C1	1.065	1.342	0.979	E1	1.105	1.158	0.981
C2	1.004	0.715	0.982	E2	1.106	1.716	0.977
C3	1.029	1.003	0.972	E3	1.132	1.935	0.977
C4	1.062	1.475	0.990	E4	1.100	1.359	0.944
C5	1.008	0.493	0.973	E5	1.140	2.263	0.949
C6	1.038	0.851	0.986	E6	1.066	1.051	0.975

表 4-12 中的数据表明，依存结构树中的最宽层级也随着句长的增加而增加，但这种增加到了一定程度就相对稳定了。为何会这样呢？导致这种现象的原因尚不明晰。我们认为，这种特殊关系的形成，可能与树宽与树高之间的竞争与合作相关，即是构成依存结构树的主要要素之间协同的结果。随着句长增加，依存树变宽、变高，在最宽处达到了一种特殊的平衡和稳定，因而体现出这种特性。以广义动态配价来说，它是下面几个因素共同作用的结果：一是词本来的配价能力；二是语义、句法以及语用等语言使用的需要；三是认知的约束，即依存距离的限制。这些因素的共同作用，使得依存树成了我们看到的样子。至此，我们可以得到一个包含本小节研究内容的简单的依存句法协同模型，如图 4-40 所示。

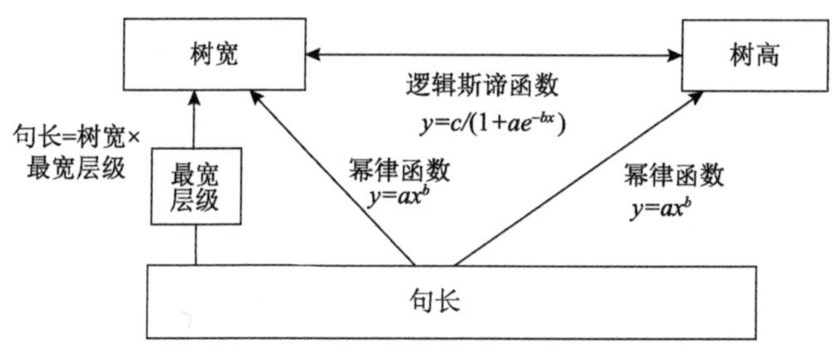

图 4-40　一个简单的依存句法协同模型

六、本节小结

本小节我们采用计量语言学的一般方法，研究了构成依存结构树的几个要素之间的协同关系，目的有两个：①从计量语言学的角度挖掘更多与依存距离有关的因素；②寻求构建依存句法协同子系统的方法和基本关系。结果表明，随着句长的增加，依存树变高，更多的层级产生，树高与句长之间的关系为幂律；类似地，随着句长的增加，依存树变宽，幂律函数也可以反映依存树的树宽和句长之间的相互关系；随着句长的增加，树高和树宽产生变化，树高和树宽之间的关系为逻辑斯谛函数；随着句长的增加，依存树最宽层级也增加，最宽层级与树宽之间的乘积接近句长。

需要指出的是，由于我们只采用了同一种语体的两种语言的树库，因此结论的普适性有待于用更多的语言和语体来验证。

本节研究的另外一个价值与意义在于，我们试着将协同语言学中的方法引入依存结构的研究之中。协同语言学是在协同论的基础上发展起来的一种计量语言学理论架构（科勒，2020），而协同论本身是现代系统科学中一种有代表性的新兴理论（哈肯，2005）。为什么我们要特别重视采用系统科学的方法来研究语言呢？这是因为，我们常说，语言是一个符号系统、一个复杂系统，还是一个人驱复杂适应系统。既然语言是一个系统，它就具有系统的一般特性，加之我们也常说语言学是一门科学，那我们就需要按照研究系统的科学方法去研究语言这个系统。从这个意义上讲，世界上最懂系统的人可能是系统科学家，所以语言学家中至少应该有一部分人采用系统科学家提出来的方法来研究语言，只有这样，我们所发现的语言规律和有关语言的知识才可能成为更可靠的科学知识。

本书第二部分将引入一种当前研究复杂系统常用的复杂网络或网络科学的方法来挖掘人类语言的普遍性与特殊性，来探求这种新方法在语言研究中的可行性以及局限性。对于熟悉《依存语法的理论与实践》（刘海涛，2009）的读者而言，语言复杂网络不是一个完全陌生的话题，因为那本书最后一节的标题就叫

“从句法树到语言网”，这个标题也暗含了本书此前的内容（依存关系计量研究）与接下来的内容（语言复杂网络研究）之间的联系。2009 年那本依存句法书的最后一个脚注是这样说的：“相比其他方法而言，复杂网络是一种更具操作性的研究语言复杂系统的方法。由本书作者主持的国家社科基金项目‘汉语复杂网络研究’（09BYY024），正对汉语多个层面的网络结构进行全面的研究。”（刘海涛，2009：275）接下来介绍的内容，大多是在这个课题的支持下完成的，是我们在相关领域进一步研究的结果。

语言复杂网络研究

第五章

语言网络的整体特征

第一节　语言是一个复杂网络

一、引言

现代语言学的奠基人之一弗尔迪南·德·索绪尔（Ferdinand de Saussure）在其《普通语言学教程》中指出："语言是一个系统，它的任何部分都可以而且应该从它们共时的连带关系方面去加以考虑。…… 语言既是一个系统，它的各项要素都有连带关系，而且其中每项要素的价值都只是因为有其他各项要素同时存在的结果。"（索绪尔，1980：127，160）按照这个说法，从系统的观点研究语言最适宜的方法可能是网络方法，因为只有在网络中，我们才能更好地观察要素之间的联系以及要素在整个系统中的价值。同样，基于深度学习和人工神经网络的自然语言处理的发展，也从另一个角度说明了通过网络的形式表征人类语言的可行性与必要性。在索绪尔之后，丹麦语言学家路易斯·叶尔姆斯列夫（Louis Hjelmslev）进一步强化了语言系统就是"关系"系统的理念（Hjelmslev，1961）。受叶尔姆斯列夫的影响，美国语言学家悉德尼·兰姆（Sydney Lamb）创建了完全基于关系的语言学理论"层次语法"（Lamb，1966），实现了语言是一种关系网络的构想。认知语言学的代表性理论"认知语法"及"构式语法"等均将语言视为一种可用节点及其关系描述的系统（或网络）（Diessel，2019）。英国语言学家理查德·哈德森（Richard Hudson）甚至以《语言网络：新词语法》（*Language Networks: The New Word Grammar*）作为其"词语法"理论新作的标题（Hudson，2007）。这些事例说明，在语言学界，语言是一种网络的思想已相当普遍。那么，语言是一种什么样的系统或网络呢？徐思益（2009：2）认为，"语言系统是由语言的层级关系、类聚关系和组合关系构成的从有限到无限、纵横交错的网络结构体”。由此可以看出，语言网络是一种复杂程度很高的网络，但复杂程度高的网络不一定就是现代网络科学中所指的复杂网络。一般认为，复杂网络是一种无法由其组成部分预测整体行为的网络。认知语言学认为“整体大于部分之和”是语言结构的一种基本特点，因此，按照复杂网络的定义，语言就是一种复杂网络。这也意味着我们可以采用复杂网络技术来对语言进行分析和研究。

如果语言是一个复杂网络，那么采用复杂网络的技术与方法来研究语言是很有必要的，因为我们难以采用传统的语言学研究方法发现语言系统的（整体）特征。由语言构成的信息网络是信息时代的主体，因此，研究语言结构的语言学必定也会成为像物理学一样的非常重要的学科。如同物理学研究的是物质世界的规律一般，语言学研究的则是信息世界的规律（冯志伟，2008）。复杂网络分析方法可以在大规模真实语料的基础上，通过实证的方法，研究语言网络的种种特征，进而加深我们对人类语言结构及复杂性的了解。这种方法也有助于弥补其他语言学方法在发现语言规律时的不足与缺憾，有益于语言的定量及形式化研究。从宏观角度看，采用复杂网络分析技术研究语言有助于理清语言网络与自然界及人类社会其他真实网络的异同，有助于加深对人类知识系统组织结构的认识，有助于构建面向计算机处理的知识体系，有助于提升语言学研究的学术价值。从微观角度看，复杂网络方法有益于我们对以下内容的了解：语言网络的特征、语言不同层面（网络）结构的特征及相互关系、网络作为语言研究手段的可能性、动态和静态语言网络的相互关系、语言网络和信息网络结构的关系、语言网络作为计算机处理语言的知识源、某些特殊词语在语言体系中的用法及地位等。

为了采用复杂网络方法来研究语言网络，我们首先要构造语言网络。在构造网络的过程中，我们是以语言学理论为基础，还是采用更便于实现的随机建网方法呢？语言学理论支持的语言网络与随机语言网络的特征会有很大的不同吗？如何用注重整体特征的网络方法来研究语言的局部特征呢？如果局部的特性不影响网络的整体特性，那么这些整体特征对于语言学研究的价值何在呢？语言网络如何体现语言系统的各种关系呢？不同层面的语言网络具有相同的复杂网络特征吗？语言网络可以改善自然语言处理系统的性能吗？语言网络研究对于计算语言学有何价值呢？语言网络只是一种隐喻，还是语言研究的利器呢？本节首先介绍复杂网络的一般知识，以及国内外现有语言复杂网络的构成原则及存在的主要问题，然后讨论语言复杂网络作为语言研究手段的可能性及适宜的应用领域。本节讨论的重点为汉语相关语言网络。

二、复杂网络的常用统计性质

众多研究表明，人类处于一个充满复杂网络的世界之中（汪小帆等，2006；

Costa et al.，2011）。因此，复杂网络研究不但在数理学科、生命学科和工程学科中起着越来越重要的作用，而且也开始渗透到人文和社会科学领域。据统计，在目前的复杂网络研究中，约有三分之一的研究是与人文社会科学密切相关的，社会科学相关领域的研究数量仅次于生物分子领域（Costa et al.，2011）。

复杂网络科学不仅为我们提供了认识真实世界复杂性的科学视角，而且正在成为改造客观世界的新方法。在这种大背景下，用复杂网络方法来研究和考察对人类具有重要意义的语言，也成为各国学者的一个研究热点。

为了便于理解下文，这一小节介绍复杂网络分析方法的一般概念与常用的分析指标。复杂网络可以分为无向网与有向网，所谓无向指的是连接节点之间的边没有方向，有向指的是节点之间的边具有方向。图 5-1 所示为两个节点数为 10，但边连接不同的无向网络，这意味着图中节点 B 与 C 之间的边既可以被表示为“B-C”，也可被表示为“C-B”。

为了测度一个网络的复杂性，最常用的复杂网络参数是平均路径长度、聚集系数和度分布（Albert & Barabási，2002）。网络中两个节点 i 和 j 之间的距离 d_{ij} 是连接这两个节点的最短路径上的边数。图 5-1（a）中，节点 A 与 C 之间的最短路径为 3（A-E-B-C），而图 5-1（b）中这两个节点中的最短路径为 1（A-C）。

网络中任意两个节点之间距离的最大值称为网络的直径。由此定义可以得到图 5-1（a）的直径为 3，图 5-1（b）的直径为 5。

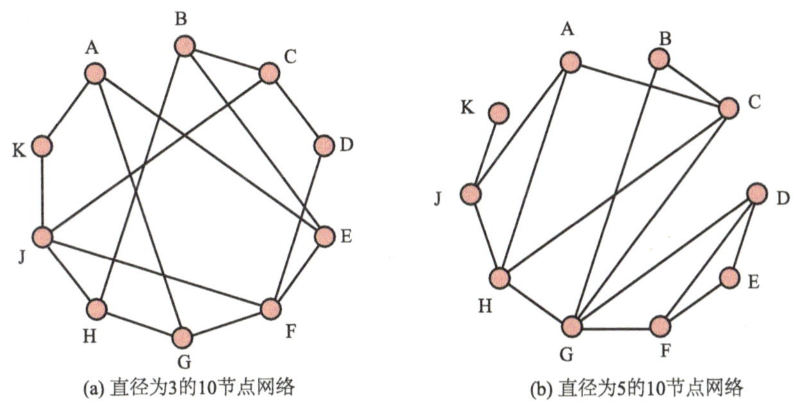

图 5-1　网络示例

资料来源：Steyvers 和 Tenenbaum（2005）

一个无向网络的平均路径长度<d>是任意两个节点之间距离的平均值：

$$<d>=\frac{1}{N(N-1)}\sum_{i\neq j}d_{ij} \tag{5-1}$$

式中 N 为网络的节点数。由此式，我们可以得到图 5-1（a）的 $<d>$ 为 1.8，图 5-1（b）的 $<d>$ 为 2.18。利用网络的平均路径长度，我们可以来衡量网络是否具有小世界特点。小世界概念反映了这样一种事实：尽管大多数网络的规模都很大，但网络中任意两个节点间大多存在一条较短的路径。如果一个网络既有较短的平均路径长度 $<d>$，又有较高的聚集系数，这种网络就是一种小世界网络（Watts，1999）。

所谓聚集系数，是一种用来衡量网络聚类倾向或小集群形态的指标。设网络节点 i 有 k_i 条边与其他节点相连，则该节点就与这 k_i 个节点构成了一个子网络（或集群）。如果将 E_i 视为这 k_i 个节点之间实际存在的边数，那么 E_i 与这 k_i 个节点间最多可有的边数 $k_i(k_i-1)/2$ 就是节点 i 的聚集系数 C_i：

$$C_i = \frac{2E_i}{k_i(k_i-1)} \tag{5-2}$$

从结构特点来看，上式等价于下面这个更直观的公式：

$$C_i = \frac{\text{与节点}i\text{相连的三角形的数量}}{\text{与节点}i\text{相连的三元组的数量}} \tag{5-3}$$

所谓“与节点 i 相连的三元组”是指包括节点 i 的三个节点，并且至少存在从节点 i 到其他两个节点的两条边。由此可以看出，聚集系数反映的是网络中节点的邻节点也互为邻节点的比例，即小集群结构的完美程度。以图 5-1 中的节点 A 来说，在 5-1（a）中，A 有三个三元组（A-E-K，A-G-K，A-E-G），但没有三角形，因此节点 A 的聚集系数 Ca 为 0；在 5-1（b）中，A 同样有三个三元组（A-C-H，A-C-J，A-H-J），并且有两个三角形（A-C-H，A-H-J），因此该网络中的 C_a 为 0.67。

整个网络的聚集系数 C 为所有节点聚集系数 C_i 的平均值，即：

$$C = \frac{1}{N}\sum_{i=1}^{N} C_i \tag{5-4}$$

其中 N 为网络的节点数。由此可以算出，5-1（a）的 C 为 0，5-1（b）的 C 为 0.56。一般来说，如果真实网络和随机网络具有相同的节点和边，那么真实网络的聚集系数要远大于随机网络。

一个网络节点 i 的度 k_i 指的是与该节点相连的其他节点的数目（或边数），它在一定程度上反映了节点在网络中的重要性，体现了节点与其他节点结合的能力。例如，节点 G 在图 5-1（a）中的度为 3，在图 5-1（b）中为 5。因为图 5-1 为无向网，所以我们没有必要对度做进一步的区分。如果是在一个有向网中，我们应该按照边的方向，计算节点的入度与出度，一个节点的度是它的入度与出度之和。所有节点的度 k_i 的平均值称为网络的平均度$\langle k \rangle$。图 5-1（a）与图 5-1（b）的平均度都是 3。节点的度分布通常用分布函数 $P(k)$ 来描述，该函数表示一个随机选定的节点的度恰好为 k 的概率。图 5-2 为图 5-1 中两个网络的度分布示例。图 5-2（a）显示，在图 5-1（a）中含有 2 个度为 2 的节点，6 个度为 3 的节点，2 个度为 4 的节点；图 5-2（b）显示，在图 5-1（b）中度为 1 的节点有 1 个，度为 2 的节点有 2 个，度为 3 的节点有 4 个，度为 4 的节点有 2 个，度为 5 的节点有 1 个。

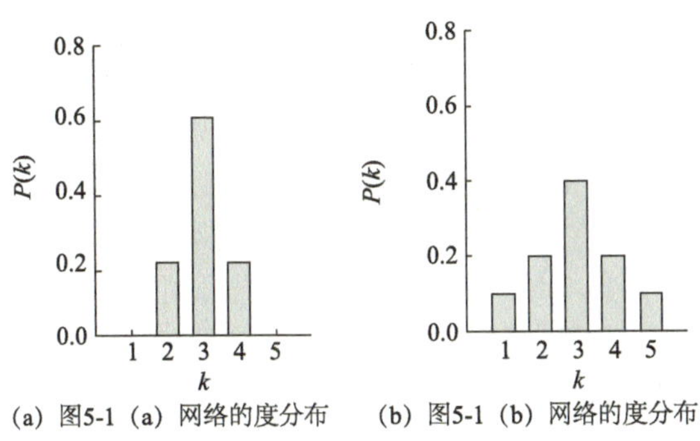

图 5-2　示例网络的度分布

资料来源：Steyvers 和 Tenenbaum（2005）

随机网络的度分布服从泊松分布，而一些真实网络的度分布一般服从幂律分布，人们也把服从幂律分布的网络叫作无尺度（scale-free）网络（Barabási & Albert，1999）。

平均相邻节点度表示的是一个节点的度和它的相邻节点度之间的相关性。在一个网络中，如果度大（小）的节点倾向于连接度大（小）的节点，则该网络是正相关的；如果度大（小）的节点倾向于和度小（大）的节点连接，则这个网络是负相关的。社会网络是正相关网络的典型代表，而生物和技术网络则多为负相关。社会网络与生物网络在这一方面为何会有如此差别的原因仍不清楚。一个可能的原因是，在这两类网络形成的过程中，人类的参与程度是有明显差别的，社会网络受人类影响的程度显然要大于生物网络。

利用以上这些参数，我们一般就可以判断一个网络的性质，如网络是不是小世界网络或无尺度网络。当然，复杂网络的统计描述不仅限于这些参数，其他比较常用的参数还有脆弱性、同类性、紧密中心度、介数中心度等（刘海涛，2017；巴拉巴西，2020）。

三、语言网络的构造与研究

复杂网络的行为主要取决于两个方面：一是连接路径（结构），二是交换和

相互作用（动力学）。从结构方面来看，所有的网络都是由节点与边组成的，但在不同的现实世界网络里，节点与边所代表的事物是不一样的。就语言网络而言，节点可以是各种语言学单位，如汉字的偏旁部首、汉字、词等，边可以是语言中各层级元素间的关系。网络动力学的重点是寻求导致节点之间相互作用与联系的动力源。因此，网络动力学是与应用领域密切相关的。换言之，我们可以通过研究语言网络的结构来发现语言网络与其他网络的共性，通过语言网络动力学的研究来探求语言网络的特殊性。这里主要探讨语言网络的结构。

国内外均有学者对语言网络进行了一定的研究。就构造语言网络的方法而言，一般采用的方法有：①在类属词典的根词与其同义词之间建立关系；②在诸如 WordNet 的词库基础上构建意义间的关系；③利用句子中词的共现形成关系；④利用具有依存句法关系标注的语料库构建语言网络等（Solé，2005）。我们可将①②两种基于词典等语言资源所构建的语言网络称为静态语言网络，而把③④两种根据真实文本构造的语言网络称为动态语言网络。静态语言网络反映的是语言作为一种知识网络的状况，而动态语言网络可以衡量语言作为一种交际系统的某些特质。

同样的语言材料，由于构造方式不同，所形成的语言网络也会有差异。图 5-3 是三个句子“老张在桌子上放了一本书”“老张的学生读过一本有趣的书”“那本书的封面旧了”构成的三种汉语网络。

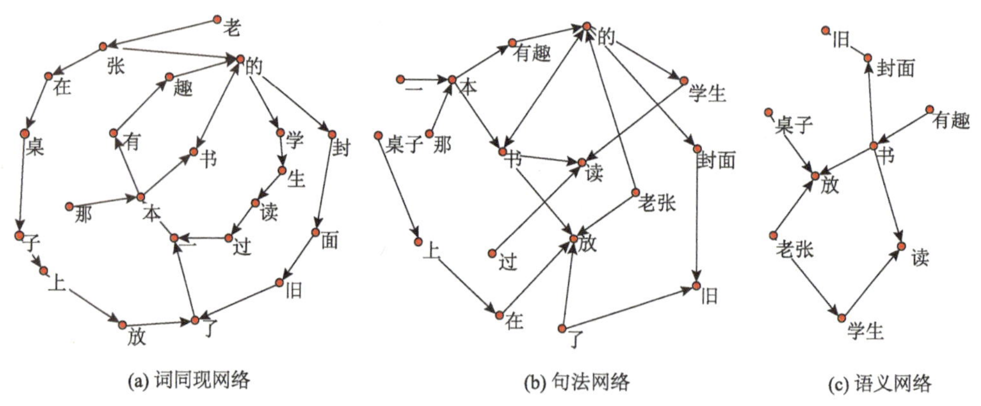

图 5-3　三种汉语网络示例

图 5-3（a）网络中的节点是汉字，节点关系（网络的边）是由句中相邻汉字间形成的，这是一种可用来研究汉语词汇形成机制的汉语网络。图 5-3（b）网络的节点为词，节点关系是一种依存句法关系，即本书第一部分研究的主题，这个网络的语言学理论基础是依存语法（刘海涛，2009），它是由经过依存句法标注的句子集合转换而来的，是一种汉语句法网络。图 5-3（c）网络是由经过

语义角色或论元结构标注的句子集合转换得来的，是一种汉语语义网络。尽管构成这三种网络的节点有限，但我们已经可以看出汉语网络在词汇、句法和语义层面是存在较大差异的。例如，虚词在三个网络中的作用和地位明显不同，在图 5-3（a）的词汇网络中，如果把虚词移走，那么网络中相邻节点间组成词的概率就会大大增加；在图 5-3（b）中，如果将虚词从网络中移走，剩下的节点就不是一个互相联通的网络了，这说明虚词在汉语句法层面占有很重要的地位；图 5-3（c）网络中的节点均是实词，虚词在语义网络中是缺失的，因此语义网络更接近于一种概念网络。三种网络间的差异有可能反映的是概念与语言表达在认知机制上的差异。因此，语言复杂网络的研究有助于加深我们对人类由思维到语言实现过程的认识。当然，为了对汉语网络进行更深入的研究，我们需要采用专门的复杂网络算法和软件程序来统计、计算此前提出的诸如平均路径长度、聚集系数和度分布等网络参数，进而对语言网络的特性有一个整体的把握和了解。

图 5-3 所示网络不但有助于我们了解不同的构造方式对网络结构的影响，也有益于我们树立不同层面上的语言网络有差异的观念，但从图 5-3 的三个网络中，我们很难体会到语言网络的复杂性，主要原因在于图 5-3 的网络所含节点太少，这使得节点之间的联系难以体现真实语言网络的复杂性。图 5-4 为根据中央电视台《新闻联播》文本所构造的一个依存句法网络。虽然这个网络只含有 4000 个节点，但已经可以直观地展示出语言网络所具有的复杂性了。

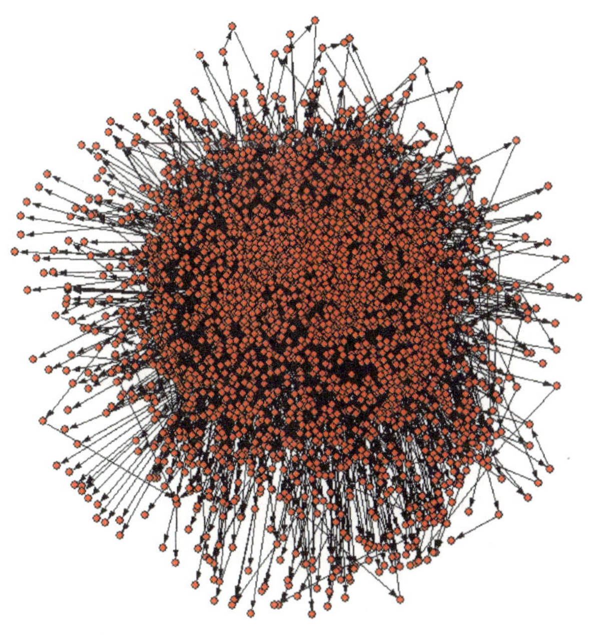

图 5-4　语言网络全景

与大多数其他语言相比，汉语采用的是汉字而非拼音文字，这使得构造汉语网络时有了更多的选择，也为我们研究语言网络提供了更多的素材。

李健瑜和周杰利用可以组成字的部首之间的关系（Li & Zhou，2007），构造了一个节点为汉字部首的网络。例如，部首“女”与部首“己”“又”“氵”可以组成汉字“妃”“奴”“汝”，因此就可以在这些部首节点之间构建连接。

香港中文大学的彭刚等利用词内所含汉字之间的关系（Peng et al.，2008），构造了节点为汉字的普通话和粤语网络。王建伟和荣莉莉（2008）也采用类似的方法构造并研究了一个汉字网络。此种网络中的节点为汉字，如果两个汉字之间可以形成词，则在二者之间建立一个连接。例如，汉字“车”与“火”“货”“汽”“站”“库”等之间有连接。也有学者构造并研究了以字为节点，以同现关系为连接的汉字网络（Shi et al.，2008），如图 5-3（a）所示样例。

李勇等采用词组中是否含有同一汉字的方法，构造了一个汉语词组网络（Li et al.，2005b）。在这个汉语词组网络中，词组为网络中的节点，如果两个词组中含有同一个汉字，则在二者之间建立一条连接。例如，“网络”与“电网”“网球”“联络”等节点都有连接。

刘海涛采用依存语法标注了《新闻联播》与《实话实说》文本，并在此基础上构建了两个汉语的依存句法网络（Liu，2008b）；刘知远等（2008）构造并研究了汉语词同现网络和一个由短语结构树库转换得到的汉语依存句法网络。此种句法网络的示例，可见图 5-3（b）的样例。

刘海涛通过对真实文本进行语义角色标注，构造并研究了汉语的动态语义网络（Liu，2009b）。这是一种节点为实词，连接为语义或论元关系的网络。示例见图 5-3（c）的样例。

值得注意的是，这些建构原则各不相同的语言网络均具有小世界和无尺度特征。换言之，几乎所有的语言网络都具有真实世界复杂网络的基本特征。

毫无疑问，以上这些研究对于认识语言网络的普遍性是有意义的，但也存在如下一些不足和有待进一步研究的问题。

（1）研究者在构造语言网络时，大多采用自动的方式，没有经过深入的语言结构分析，这虽然有助于提高语言网络的构造速度，但所构建的网络可能没有反映语言的真实结构，难以与语言学理论产生密切的联系。

（2）由于构造网络的基础主要是词典等资源，这样所构建的网络大多是一种静态语言网络，不足以反映语言的实际使用情况。

（3）对语言表层的关注过多，几乎没有考虑更深层次的句法、语义和概念网络。

（4）研究的重点一般为网络的整体统计特征，对网络局部及局部和整体之间的关系研究不够。

在对 20 多种语言网络进行考察之后，Mehler（2008）认为，所有的语言网络研究都应该对以下问题做出回答：网络的节点及连接它们的边表示的是什么？为什么要研究这种语言网络？研究了哪些小世界或复杂网络参量？如果网络是小世界的，其产生原因是什么？对网络的增长方式与动力学有何考虑？遗憾的是，现有的大多数语言网络研究都不能很好地回答这些问题。我们认为，问题的根本就是语言学理论与复杂网络研究的脱节。

总的说来，现有的大多数研究过于注重网络的整体特征，而忽视了局部现象和整体特征之间的联系，所得到的结果往往难以用语言学理论来解释。这种缺乏解释的研究，既不利于对复杂网络本身的研究，也无助于我们从网络的角度认识语言。

四、复杂网络作为语言研究的手段

许多中外语言学家都意识到，语言不是一种简单系统，而是一种复杂系统。语言的以下特征使得它足以成为一种复杂系统（Kretzschmar，2009）：语言是开放的与动态的，而不是均衡的；语言含有大量相互联系的成分；语言具有涌现的特点；语言中结构单元的分布是非线性的；语言具有缩放属性。

严格说来，由于缺乏适宜的研究手段，语言学家对于语言复杂性的认识基本还停留在隐喻的层面（Larsen-Freeman & Cameron，2008）。尽管只是比喻的说法，但是语言的系统观与网络观也在一定程度上有助于人们加深对语言的全面理解，这有益于推动语言学在理论方面的根本性改变。王士元（2008）认为，复杂理论的应用使得应用语言学的研究近年来更显精实。复杂网络的迅速发展及在各个领域的应用，产生了大量的研究工具和方法（刘海涛，2017），这些工具与方法使得语言学家通过复杂网络技术研究（语言）复杂系统成为可能。

由于复杂网络研究领域的特殊性与专业性，目前活跃在这一领域的主要研究者大多为理工科背景的学者。他们对语言网络的研究关注更多的是语言网络的整体特点、语言网络与其他网络的共性等问题，而对语言网络作为语言研究手段的问题则鲜有论及。这样的研究当然也有其学术价值，但从语言学的角度看，存在着很多问题。有关这些问题，我们此前已有提及，这里不再赘述。在这一小节，我们主要讨论复杂网络作为语言研究手段的问题、可行性和一些已有的成果。

我们认为，如果要用复杂网络来研究语言，那么在构造语言网络时，应具有语言学理据，应将网络的构造建立在语言学理论之上。非语言学家由于缺乏必要的语言学知识，所构造的网络在语言学家看来几乎没有研究价值。最明显的例子是在构造以词为节点的网络时，人们最常用的方法是采用词共现的方式来生成网络。所谓词共现网络，就是在相邻词之间建立一条连接。从技术上讲，这种网络是非常容易实现的，因此受到了众多研究者的青睐。然而，按照最适宜于构建语言句法网络的依存语法来看，在一个符合句法的句子分析中，词间关系不一定都是在相邻词之间产生的。对 20 种语言的依存关系的统计发现，只有 50%～60% 的依存关系是在相邻词之间产生的（Liu，2008a）。这虽然解释了为什么词同现网络常常会展现出与句法网络大致相同的特点，但这并非意味着词同现网络就等价于依存句法网络。虽然在许多复杂网络研究者眼里，这二者是相同的，如 Brede 和 Newth（2008）在标题中指出句法依存网络实际上只是词同现网络，但是从网络结构上看，词同现网络与依存句法网络的差异也是十分明显的。图 5-5 为两个英文句子“The student has a book.”（那个学生有一本书）与“He reads the interesting book.”（他读那本有趣的书）所构成的词同现网络和依存句法网络。

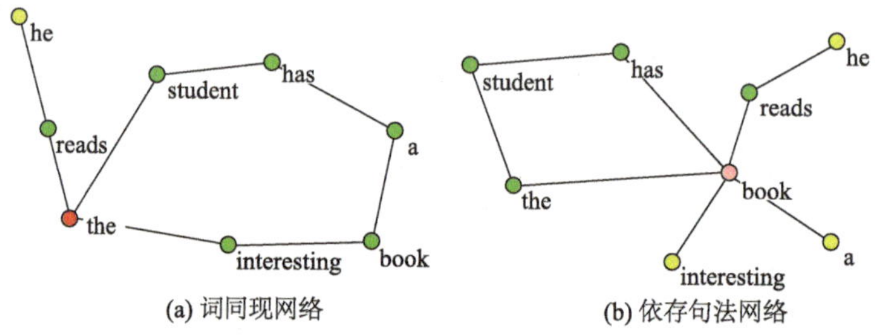

图 5-5　词同现网络与依存句法网络示例

由图 5-5 可见，两种网络的差异是明显的。这也说明在语言复杂网络的研究中，语言学家的参与是非常必要的，否则就有可能出现许多没有语言学价值的语言网络研究。现在的问题是：为什么由两个句子组成的词共现与句法示例网络的差异原本较为明显，而当我们增加了网络的节点之后，网络所展现出的整体统计特征却会如此接近，以致二者难以区分呢？句法在构造句法网络的过程中难道真的没有什么作用吗？

为了研究这个问题，Liu 和 Hu（2008）在同一个经依存句法标注的汉语语料库（树库）的基础上，构建了两种随机依存树库，并将这三个依存树库转换为三种语言网络。他们的研究表明，三种网络均为小世界与无尺度网络。Brede 和 Newth（2008）采用词共现与随机网络也得到了类似的结论。换言之，如果我们要用本节此前介绍的那些统计指标来衡量一个语言网络是否合乎句法的话，可能是没有定论的。对于这个问题，我们似乎可以这样理解：采用整体统计指标的复杂网络方法是不适合研究细微的句法问题的（Liu et al.，2010）。图 5-5 所展现的二者之间的这种差异，在更大的网络中消失了。这种无法用局部来解释整体的特征，也正是复杂网络的一个主要特点，但这不能成为研究者们可以用非句法网络来研究句法网络的理由，而应成为激励研究者寻求更适宜的复杂网络统计指标的动力。

如果有语言学理论支持的语言网络与随机语言网络的特征没有明显的不同，那么我们如何用注重整体特征的网络方法来研究语言的局部特征呢？如果局部的语言特性不会影响网络的整体特性，这些整体特征对于语言学研究的价值何在呢？在这种情况下，复杂网络还能作为语言研究的工具吗？

对于这些问题，我们的理解是：局部与整体之间必然有联系，但问题在于现在的统计指标不能很好地反映这种联系；语言网络整体特征的研究一方面有利于从宏观的角度比较语言系统与人类社会、自然界的其他系统的特点；另一方面也可将此种方法用于语言研究中某些注重整体的领域，如语体研究、语言类型研究等。为了更好地利用网络手段来研究语言，研究者首先要选好适宜的研究领域；其次，要在注重研究共性的基础上，加强对网络个性的研究。对于语言系统的研究，我们不但可通过复杂网络来研究语言系统与其他系统的共性，更应通过社会网络分析等方法来挖掘语言网络的个性。这种局部与整体的结合、共性与个性的统一，有助于我们更好地理解语言结构的本质。

语言是一种分层次的系统，每一层次的基本单位可以组合为更高层次的单位。例如，偏旁部首组成汉字，汉字组成词，词组成句子，句子再组成篇章等。这种由看得见的语言学单元所构成的语言网络，我们可以称之为表层语言网络。通过对表层语言网络的研究，我们可以更好地认识语言单位的组合能力与结合模式。例如，在以部首为节点的字网络中，我们可以研究“氵”的构字能力；在以字为节点的词网络中，可以研究“网”的构词能力；在以词为节点的句法网络中，可以研究“的”的句法地位等。这样的研究不仅是定量的，而且也是全局的，可以在一定程度上弥补其他语言学研究方法的不足。

为了比较研究同一种语言中不同语体的网络特点，刘海涛构造了基于《新闻联播》和《实话实说》的两种不同语体的句法网络（Liu，2008b）。研究表明，尽管两种网络直径相同，但在平均度、平均路径长度、幂律指数和聚集系数方面有明显的差异。对不同语体的字、词同现网络的研究也表明，复杂网络的相关特征是可以反映语体特点的（Shi et al.，2008）。陈芯莹和刘海涛（2014）基于六种汉语语体的依存句法和语义网络，对网络参数与语体的关系进行了分类研究。结果显示，语义网络的一些主要参数组合后可以获得相对合理的聚类结果，但不能很好地区分书面语体和口语语体；通过句法网络的一些主要参数组合，可以很好地区分不同语体的文本，获得较为合理的文本聚类结果。

语言学家关注的另外几个问题是：在不同结构层次上构造的语言网络的网络特征有差别吗？对于汉语而言，同一文本的字、词网络有差别吗？同一类型文本的句法网络与语义网络有明显的不同吗？如果复杂网络可以反映语言结构层次的特点，那么这种方法对于了解语言的结构特点是有用的。研究表明，相同文本的字、词同现网络虽然都是小世界与无尺度的网络，但二者的统计特征还是有明显差别的。通过比较汉语句法网络与语义角色（论元结构）网络的统计特征，可以看出，尽管语义网络也是小世界和无尺度网络，但它与句法网络在层级结构和节点度相关性方面存在明显不同（Liu，2009b）。

网络的层级结构可用网络的聚集系数和节点度的相关性来度量。真实网络一般具有较明显的层级性，即低度节点的相邻节点互连的概率大，而高度节点的相邻节点互连的概率则较小。与句法网络相比，语义网络的层级性较差。研究也表明，语义网络的节点度与其相邻节点度之间的相关性要弱于句法网络（Liu，2009b）。由于句法网络的负相关反映的是实词和虚词之间的联系，因此缺少虚词的语义网络几乎没有明显的相关性也就不难理解了。度相关性也引出了语言是何种系统的老问题，即语言是一种生物网络，还是一种社会网络？从句法网络的角度看，语言是一种生物网络。这一点似乎与乔姆斯基等人所倡导的生物语言学是一致的（Boeckx & Grohmann，2007），但语义网络所展现的弱相关性又告诫我们，不同语言层面的结构特征可能是有差异的。

与字、词、句法等表层语言网络不同，语义网络是一种深层语言网络。语义网络又可以分为两种：一种是通过真实文本进行语义角色或论元结构分析所得到的语义网络，这种网络可以称为动态语义网络。动态语义网络有助于研究与交际过程相关的各种语义问题，有利于研究更好的语义处理策略与系统。另一种是根据词典等语言资源构造的语义网络，这种语义网络是一种静态语义网络，它所反映的是人类存储知识的方式与结构。在这样的网络中，节点一般为概念（或实词），节点之间的关系可以是上位与下位、部分与整体、同义与反义等语义关系（Solé，2005）。静态语义网络对于义类及概念词典的研究及知识库的开发都有用处。

刘海涛（2010a）用《安徒生童话》中的前 20 篇童话，构建了丹麦语、汉语、英语及世界语的四个语言网络，并计算了这些网络的主要复杂网络特征参数。数据显示，内容相同、（语言）形式不同的网络具有相似的复杂网络特征。这在一定的程度上证明了翻译文本整体特征具有可度量性，以及语言之间存在着可译性。该研究也表明，尽管这四种网络都具有小世界与无尺度的特征，但其复杂网络特征参数值之间的差异也体现了语言结构的不同。

复杂网络的特质使得它非常适宜于研究某些词（类）对语言系统整体结构的影响。这一方面最值得研究的问题是汉语虚词在汉语句法体系中的作用。一般认为，由于汉语的实词没有形态变化，虚词便成了汉语的主要句法手段之一。如果虚词是汉语的主要句法手段，那么从汉语句法网络中将虚词移走，可能会导致汉语句法网络的统计特征发生重大的变化。陈芯莹和刘海涛（2011）研究和分析了汉语句法网络中虚词的网络特点（详见本书第七章第二节），结果发现：①“的”是汉语句法网络的全局中心节点。它的被支配能力是网络中最强的，同时它还具备很强的支配能力，而且“的”的这些网络特性受语体影响较小。从网络中剔除

“的”节点，会造成句法网络的平均度下降，平均路径长度增加，直径增加，密度降低，并导致孤立节点的产生。②“了”是网络中的局部中心节点，不是全局中心节点。它具有较强的被支配能力，但不具备支配能力。删除“了”会造成网络的平均度下降，但其对网络的影响比“的”要小；还会造成平均路径长度增加，直径增加，密度降低，其影响均大于“的”；不会使网络产生孤立节点。③介词“在”接近网络的全局中心节点，但它的支配能力与被支配能力受语体影响较大，且在书面语体中的被支配能力强于在口头语体中的被支配能力。剔除“在”后，网络的平均度下降，但其影响比“的”要小；会造成平均路径长度增加，直径增加，密度降低，其影响均大于“的”，与“了”相当；会使网络产生孤立节点。

此种研究用直观、定量的方式，从系统、整体的角度来考察虚词在汉语句法系统中的使用和地位，有助于加深我们对汉语句法网络的全面了解。这也表明，汉语缺乏形态并不意味着它没有句法，更不意味着它就是所谓的“意合语言”。

语言网络对语言的整体概括能力，也使得通过语言网络的复杂网络参数来进行语言的类型学研究成为可能。刘海涛（2010b）构造了 15 个语言的句法复杂网络，并采用复杂网络研究工具对这些语言网络进行了研究。研究结果显示，通过复杂网络的主要参数，即节点的平均度、聚集系数、平均路径长度、网络中心度、直径、节点度幂律分布的幂指数、度分布与幂律拟合的决定系数，可以对人类语言进行分类，其准确性与利用现代语序类型学主要指标进行的语言分类准确性相当（Liu，2010）。这种方法不但克服了类型学研究中语种库语料为非真实语料及参数选择中过于注重微观的问题，所得到的结果更能体现语言的整体类型学特征，也拓展了复杂网络在人文、社会与生命科学等领域的应用。

语言复杂网络也可用于语言学相关领域的计算。例如，同义词的选用、通过网络的统计性质来判定文本的质量、通过比较两种语言的词同现网络评价机器翻译的质量、作家风格的研究、将词网络用于拼写校正软件的开发等（Costa et al.，2011）。此种应用的基础一般是一个以词为节点的语言网络，通过比较网络的各种统计性质来判定文本的质量或对文本进行分类。广义上讲，基于复杂网络的方法与在自然语言处理领域广为应用的基于图的方法差别不大，尽管这两个领域所用的术语与目标有些不同。因此，以复杂网络作为语言资源，可用各种已成熟的图算法来进行一些面向应用的开发与研究。这一方面的可用领域有句法与语义范畴的自动识别、词义消解、信息检索、自动分析、文本摘要及关键词提取等（Choudhury & Mukherjee，2009）。从语言学的角度看，基于真实语料的语言复杂网络研究，有可能成为打开深度学习自然语言处理黑匣子的钥匙之一，因为这个匣子之所以“黑”的原因之一是，我们对于如何将语言知识表示为网络知之甚少。

复杂网络方法也被用于语言习得方面的研究。例如，Ke 和 Yao（2008）采用复杂网络方法考察了儿童语言发展路径与速度问题，结果发现，儿童语言发展路径与成人语言网络具有显著相关性。然而，在习得方面，复杂网络方法的优势在于作为一种研究复杂系统的工具，它有可能揭示用常规方法处理不了的“涌现”现象。儿童语言习得的研究发现，大多数孩子在两三岁时就开始具有连词造句的能力。有趣的是，这种能力似乎是在短时间内突然出现的，具有明显的涌现特征。Corominas-Murtra 等（2009）构拟了不同年龄儿童的多个语言网络，研究结果发现，儿童在 24 个月左右的时候，其句法网络的整体拓扑结构开始从原先的树形模式转为一种无尺度、小世界的模式，而无尺度、小世界正是人类语言句法网络的一种普遍特征。这一研究用系统科学的方法揭示了在个人语言发展的进程中，人大约两岁时会出现一次非线性的动态模式的相变，即句法结构的涌现。

如果母语习得有句法涌现，那二语学习者会出现类似的句法涌现吗？Jiang 等（2019）采用从小学四年级到高中三年级的中国英语学习者的语料和复杂网络分析方法，研究了二语的句法涌现问题。研究表明，无论从小世界，还是无尺度角度看，二语都没有出现与母语类似的句法涌现。这样的结果是可以理解的，母语的习得如同在白纸上画画，而二语是在已有母语的基础上的再创作。这一研究从系统的角度验证了母语与二语的句法形成机制是不一样的。为什么不一样？二语学习为什么会受母语的影响？是语言习得关键期在起作用，还是由于学习者的模仿类比机制更成熟，省力原则开始起作用了？当然，没有涌现并不意味着没有其他变化。通过对学习者复杂网络指标的分析，我们可以发现二语句法网络的发展是动态的、非线性的。不同水平的二语学习者的句法网络所呈现出来的差异，恰好反映了二语的另一个重要特征——过渡性（刘海涛，2021）。随后，郝瑜鑫等又用英美等国的学习者学汉语的语料再次验证了二语习得中不会出现句法涌现的结论（Hao et al.，2021）。

丛进和刘海涛采用网络科学的方法，以汉语二字词的形成为例，研究了“语言结构如何从语言使用中涌现”的问题（Cong & Liu，2021）。结果表明，在以汉字为节点的字同现网络中，汉语的二字词可将自己凸显为一个二节点岛屿（子网络）。这一发现不仅能从基于使用的语言观来更好地解释汉语二字词的形成机理，也有助于解释更广泛的语言结构涌现现象。

在特殊人群语言研究方面，网络方法也开始显现出自己的优势。例如，Borge-Holthoefer 等（2011）通过词汇联想网络研究了阿尔茨海默病患者的非正常启动效应；Wulff 等（2016）对比了年轻人与老年人的语义网络特征；Castro 等（2020）则用多层词汇网络方法考察了失语症患者在词汇提取时的语义和语音等问题。

由此可见，近年来，网络科学已开始与认知科学密切接触，产生了很多有趣的发现（Baronchelli et al.，2013；Medaglia et al.，2015；Bassett & Sporns，2017；Cynthia et al.， 2019）。究其原因，可能在于注重关系的网络反映了人类认知机制的本质属性，加之网络可能也是人类知识最好的表征形式之一。在这种情况下，作为认知科学分支的语言学更有必要加强在这一方面的研究，早日构拟出一套切实可行的基于网络科学的语言学研究范式（Cong & Liu，2014；Mehler et al.，2015）。

五、本节小结

语言是一种（复杂）网络。长久以来，由于缺乏适宜的研究工具，语言的网络观更多的只是一种隐喻。复杂网络研究的盛行，使得我们有可能采用真正的网络分析工具来研究语言网络。遗憾的是，由于目前语言网络的研究者大多是理工科的学者，所以他们的研究一般关注的是语言网络的普遍特征。这种只注重共性、忽视个性的研究方式，既不利于语言网络个性的发现，也无助于我们从复杂网络的角度来探索语言结构的本质规律。

我们认为，网络的构造应建立在语言学理论之上。只有这样，复杂网络才可能作为一种语言研究的工具，语言学家也才有可能走出语言网络的隐喻世界。

研究表明，复杂网络的相关特征不仅可以反映语体特点，作为区分语言各个层面结构的手段，而且适宜于研究某些词（类）对语言系统的影响，但仅有这些是不够的，我们还需要进一步挖掘复杂网络分析技术的潜力。

未来的路很长，但很光明，因为语言网络的研究不但有助于我们更好地理解语言的结构和组织，有益于对语言的普遍性和特殊性的认识，有益于对语言信息网络的认识，有益于研制更好的自然语言处理系统，也有益于提升语言学研究的现代化水平和学术价值。

千里之行，始于足下。接下来，我们会介绍一些更具体的研究工作。

第二节　汉语句法网络的复杂性

一、引言

通过前一节的讨论分析，我们发现，将语言视为由相互关联的成分组成的一种网络或一个系统的观点对于现代语言学来说并不鲜见，但语言学家的这种网络观大多停留在隐喻阶段，很少有人采用现代网络科学的方法来研究语言的成果，而网络科学家研究语言的成果大多又由于缺乏语言学理论的支撑，而难以得到合理的解释。因此，我们认为，对于语言学家来说，网络是手段，而不是目的。这样说的原因有两点：①语言学家应该使用网络科学的方法探求传统语言学方法难以解决的一些语言学问题；②网络科学家也应该尽可能将自己的研究建立在对已有语言学研究成果有所了解的基础之上。只有这样，我们才有可能解决上一节中提到的 Mehler（2008）给出的那几个问题，即节点的意义、网络分析的意义、网络指标的语言学意义、引起小世界属性的原因、网络增长的原因。本节以及这一部分的其他章节将努力从各个方面来试图或多或少地回答这些问题。

本节采用前一节中提到的网络科学方法分析了两个汉语句法依存网络。这两个网络是由两个不同语体的依存树库转换而来的。我们将其与先前的语言复杂网络的研究进行比较，以便发现语言网络的普遍属性以及汉语句法网络的复杂性是否具有特殊性。使用两个不同语体网络的目的是观察复杂网络的参数与指标是否可以用来区分语体，进而探求是否可以将复杂网络参数用作语体或语言类型（分类）的方法。

二、句法网络的构造

网络，特别是现实世界的网络，大多是复杂网络。但是，复杂并不意味着网络的构成要素也很复杂。就语言网络而言，节点可以是人类语言的各种单位，如汉字的偏旁部首、汉字、词等，边可以是语言中各层级元素间的关系。

本节的研究重点是句法网络，其中的节点通常是词，而边是两个词之间的句法关系。研究人员通常在把词（类符）用作句法网络的节点这件事上，没有太多的分歧，但对句法关系的看法则尚未统一。句法学是一门关于如何分析和组织句子的学科。所以，在构建句法网络时，我们应该遵循句法理论。否则，至少在研究以语言为导向的情况下，所构建的网络将不足以令人信服。目前来看，成分（短语结构）分析和依存关系分析是获得句子句法表征的两种主要手段。在成分（短语结构）分析中，句法结构揭示了语言单元如何形成更大的单元。这是一个部分与整体关系的分析。相反，在依存关系分析中，句法结构是由词间二元、不对称的语法关系构成的。考虑到网络的本质也是节点及关系，所以基于依存关系的句子分析方法更具网络友好性。从网络的角度来看，一个依存关系构成了网络的最小单位，即从属词和支配词是节点，它们之间的边是依存关系。关于依存关系、依存结构图（树）、依存树库，我们在本书第一部分已讨论了很多，这里不再赘述。

表 5-1 为两个英文句子“The student has a book.”（那个学生有一本书）与“He reads the interesting book.”（他读那本有趣的书）在依存树库中的表示形式。

表 5-1　两个英语句子的依存句法标注

句子序号	从属词			支配词			依存类型
	词序	词	词性	词序	词	词性	
S1	1	the	*det*	2	student	*n*	*atr*
S1	2	student	*n*	3	has	*v*	*subj*
S1	3	has	*v*				
S1	4	a	*det*	5	book	*n*	*atr*
S1	5	book	*n*	3	has	*v*	*obj*
S2	1	he	*pr*	2	reads	*v*	*subj*
S2	2	reads	*v*				
S2	3	the	*det*	5	book	*n*	*atr*
S2	4	interesting	*adj*	5	book	*n*	*atr*
S2	5	book	*n*	2	reads	*v*	*obj*

上一节中的图 5-5（a）就是表 5-1 转化出的一种无向的网络图。图 5-6 是表 5-1 中两个句子生成的有向网络结构图。

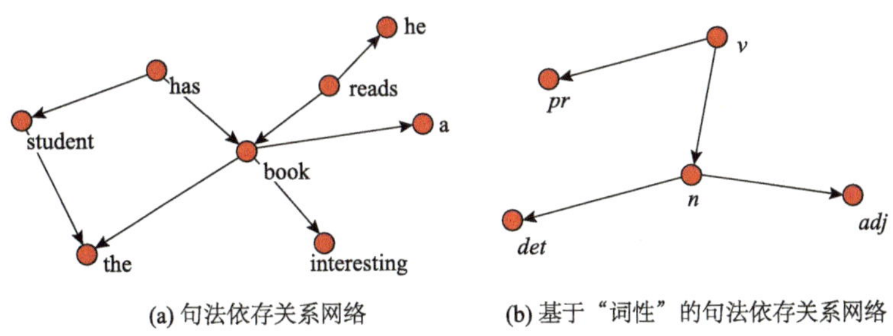

(a) 句法依存关系网络　(b) 基于“词性”的句法依存关系网络

图 5-6　两个英语句子构成的依存句法网络

图 5-6（a）是一个句法依存关系网络，它的节点是基于表 5-1 中的从属词和支配词，而图 5-6（b）是一个基于“词性”的句法依存关系网络，由相应的词类组成。图 5-6（b）的结构可以用作探索语言词类的网络属性的资源。在本节中，我们仅研究图 5-6（a）的句法网络。图 5-6 还表明，句法依存关系网络的节点是词（类符），它们根据句子将分离的网络片段连接到更大的网络中。例如，在树库中，单词 book 作为从属词出现了两次，而作为支配词出现了三次，因此有五条边将节点 book 连接到网络中的其他节点上。显然，这是一种可用于探索句法网络中节点之间连接强度的方法。在句法网络中，所有连接都是合乎语法的依存关系，但是为了与以前的分析进行比较，在本节中我们忽略了这种强度考虑，而是将多个相同的连接转换为单个连接。因此，尽管每个词条都为整个网络贡献了一条单独的连接，但是在稍后的计算中，我们会把很多连接只算作一条连接。

用于构建句法网络的两个树库是中央电视台的《新闻联播》(简称 XWLB)和《实话实说》(简称 SHSS)。树库 XWLB 包含 16 654 个型符，平均句长为 24；树库 SHSS 含有 19 060 个型符，平均句长为 21。为了与前人研究进行比较，我们将这两个树库转换为两个无向网络。

我们使用网络软件 Pajek（de Nooy et al., 2005）和统计软件 Minitab（Ryan et al., 2005）计算并分析讨论两个句法网络的参数。

三、两种语体的汉语依存句法网络分析

表 5-2 为两个网络的主要网络参数。这些参数的计算方法可参考刘海涛（2017）和 de Nooy 等（2005）的研究。

表 5-2 两个句法依存网络的主要参数

网络	N	$\langle k\rangle$	C	C_{rand}	$\langle d\rangle$	$\langle d_{rand}\rangle$	D
XWLB	4 017	6.48	0.128	0.001 35	3.372	4.66	10
SHSS	2 637	8.91	0.260	0.003 62	2.996	3.83	10

注：N：节点数，$\langle k\rangle$：平均度，C：聚集系数，C_{rand}：随机网络的聚集系数，$\langle d\rangle$：平均路径长度，$\langle d_{rand}\rangle$：随机网络的平均路径长度，D：直径

图 5-7 展现的是两个句法依存网络的度分布曲线。从图中可见，度分布曲线尾部的干扰是导致不完美但可接受的幂律拟合度的因素之一；另一个可能的因素是，与 Newman（2003）、Dorogovtsev 和 Mendes（2003）的真实网络相比，本研究中的网络节点较少。正如 Dorogovtsev 和 Mendes（2003）所指出的那样，幂律分布更易在大规模网络中被观察到。

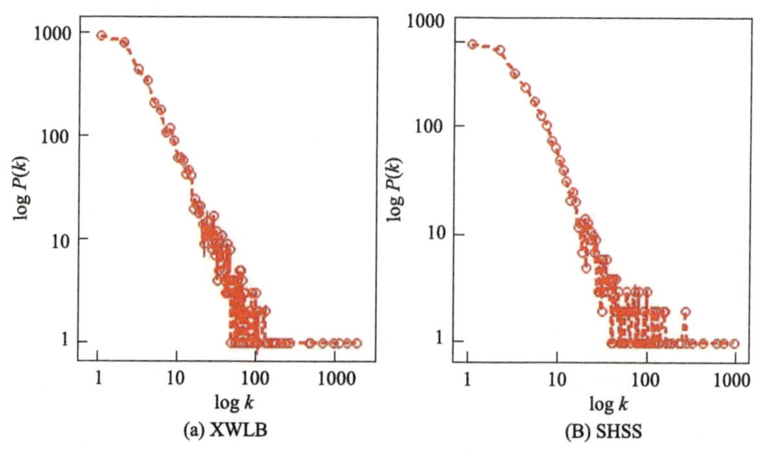

图 5-7 两个句法依存网络的度分布曲线

综合表 5-2 和图 5-7，我们发现，本节所研究的两个句法网络均具有小世界属性和无尺度特征，这与 Ferrer-i-Cancho 等（2004）基于捷克语、罗马尼亚语和德语树库的研究发现相似。这一结果也支撑并巩固了此前多位作者提出的关于这种网络模式在人类语言中具有普遍性的假设（Ferrer-i-Cancho，2005；Mehler，2008；Masucci & Rodgers，2006；Ferrer-i-Cancho et al.，2004）。但是，我们并不能就此认为这种相似性是语言的特有共性，因为我们的研究也表明这两个句法依存网络和 30 多个现实世界网络之间具有相似的性质，而那些网络并非语言网络（Newman，2003；Dorogovtsev & Mendes，2003）。在接下来的讨论中，我们将试着把这些发现和语言学联系起来。

Ferrer-i-Cancho（2004）基于罗马尼亚语和捷克语语料库研究了句子中句法连接词之间的欧几里得距离，发现平均距离非常小，并且随句长的增加，呈极缓慢的增长态势。Liu（2008a）进行了类似的实验，但使用了 20 种语言的语料库，结果表明这 20 种语言的 MDD 均小于 3。因此，人类语言平均距离最小化的趋势可能是产生句法网络的小世界属性的原因之一。

那么，为什么一个语言网络的度分布会符合幂律呢？Masucci 和 Rodgers（2006）认为在一个语言网络中，一个词的度与其词频是相等的，而词频分布一般遵循齐普夫定律（Zipf，1949）或幂律，因此，一个节点的度分布也拥有这样的属性。然而，也有人发现随机文本也遵循齐普夫定律（Li，1992；Ferrer-i-Cancho & Solé，2002），尽管更深入的研究表明，随机文本的频率曲线与人类的词频分布还是很容易被区别开来的（Yu et al.，2018），但仅以此来解释句法在语言网络中的作用，可能是不够的。图 5-8 为两个树库的词频分布曲线。

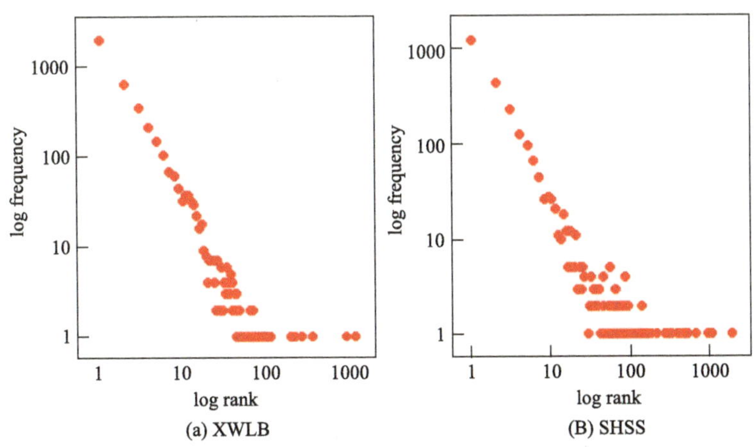

图 5-8 两个树库的词频分布曲线

比较图 5-7 与图 5-8，我们发现，这两个树库的度分布曲线和词频分布曲线尽管有相似之处，但差别也是明显的。因此，句法因素可能在句法网络中起着影响网络度分布的作用。为了发现这种差别背后的原因，我们从度分布和频率分布中提取了出现频次最高的前 15 个词，结果见表 5-3。

表 5-3 出现频次最高的 15 个词（度和词频）

排名	XWLB				SHSS			
	度	词	词	词频	度	词	词	词频
1	935	的	的	930	833	的	的	1061
2	525	和	和	276	614	是	我	946
3	227	在	在	228	387	有	是	638
4	225	是	了	202	310	我	个	517
5	135	了	是	114	264	个	一	494
6	126	为	发展	106	234	了	了	430
7	114	有	中国	104	228	说	这	426
8	113	要	一	94	204	在	们	374
9	100	对	经济	91	165	看	不	322
10	98	个	对	85	161	要	他	295
11	94	进行	中	83	151	想	你	288
12	87	说	工作	80	150	到	有	277
13	84	发展	为	75	142	觉得	就	260
14	80	与	个	70	139	能	说	205
15	77	到	将	69	123	人	在	177

表 5-3 表明一个词的度和词频并非完全相同，尽管二者密切相关。在这 15 个词中，功能词或者虚词在度和频率排序上均占据了重要地位，但值得注意的是，实词的分布还是有区别的：就词频而言，名词是主导，然而就度而言，动词成了主角。这一发现有助于将网络和依存句法联系在一起，因为依存句法实质上是基于词的配价，且以动词为句子中心的一套理论（Tesnière，1959；刘海涛，2009）。刘海涛和冯志伟（2007）发展了 Tesnière（1959）有关配价的观点，提出了“概率配价模式”的理论架构（刘海涛，2009：106-111）。“概率配价模式”认为几乎所有的词（语言学单元）都有潜在的与其他词结合形成更大语言学单元的能力。这种潜在的能力被称为词的配价（模式）。配价包含向心力（输入）与离心力（输出）。向心力是一个词被其他词支配的能力，离心力是该词支

配其他词的能力。一个词的配价模式可用图 5-9 来表示。

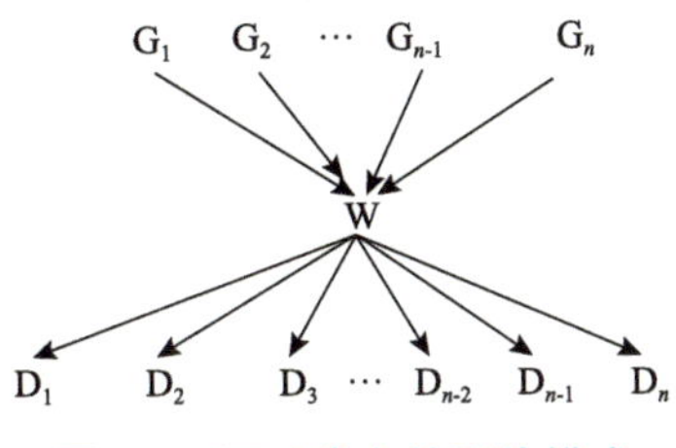

图 5-9　词（类）的配价模式

图 5-9 中，W 是一个词或词类。G_1，G_2，…，G_n 是 W 的支配词；D_1，D_2，…，D_n 是 W 的从属词。词进入句子或文本中后，其潜在能力就会被激活，开始与其他词结合，生成句子中的依存关系。如果我们把这个词视为网络中的一个节点，那么 G 和 D 就可被视为网络中节点的入度和出度，此时，图 5-9 可以被抽象为图 5-10。

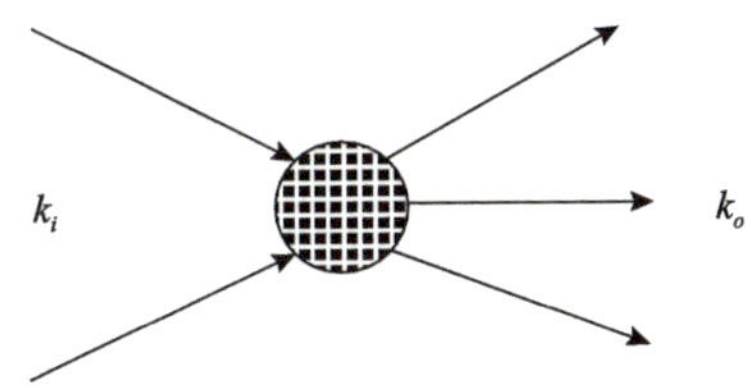

图 5-10　词的抽象配价（k_i 和 k_o 是词的支配和从属的价）

图 5-10 与网络科学中对于节点的描述大致相同（Dorogovtsev & Mendes，2003）。通过这种方式，我们在句法理论和网络科学之间建立了理论联系，并找到了句法网络具有小世界和无尺度属性的某些语言学动因，但仍需建立更多的数学模型以便更好地理解句法网络的本质和动态特征。

四、本节小结

本节使用复杂网络的参数分析了两个不同语体的汉语依存句法网络。结果表明，两个句法网络都是小世界和无尺度网络。我们也从依存距离最小化和概率配价模式的角度讨论了句法网络这两种属性的可能成因，希望这些讨论有助于更深入地理解句法网络的动态特征。

本节也比较了两种语体的句法网络的网络指标。它们具有相似的直径，但平均度、平均路径长度、幂指数和聚集系数均有差异。这一点似乎可以用于语体判别和语言分类（类型），我们会在本书随后的章节中进一步深入探讨这方面的问题。

我们知道人类语言是一个层级系统，如果句法层面展现了本节所述的复杂性特点，那语义层面会有不同吗？这是下一节的主题。

第三节　汉语语义网络的复杂性

一、引言

对各类语言网络的研究表明，尽管构造原理不同，但这些网络均具有小世界和无尺度特征（Solé，2005）。换言之，语言网络的整体统计特征似乎与语言结构和语言类型无关（Solé，2005；Ferrer-i-Cancho et al.，2004；韦洛霞等，2005；Liu，2008b；Liu & Hu，2008）。如果语言网络的整体特征不能反映语言结构和类型的差异，这些统计特征还能作为衡量语言网络复杂性的参数吗？语言结构对语言网络的统计特征有影响吗？具体说来，句法网络与语义或概念网络会有相同的网络特征吗？为了回答这些问题，需要构建和研究不同层面的语言网络。国内外已有一些有关句法网络的研究（Ferrer-i-Cancho et al.，2004；Liu，2008b；Liu & Hu，2008），但仍未见到基于真实文本构造的语义角色网络统计特性研究。

在一个语义网络中，节点为实词，节点之间的关系为语义关系。由于语义网络是一种介于句法和概念网络之间的中间层，因此以真实文本为基础所构建的动态语义网络有助于对以下三个方面的研究：人类语义或概念知识的组织、人的语义处理机制、语义检索过程。句法和语义有着密切的关系，因此从复杂网络的角度观察二者之间的异同，也有助于句法语义接口的研究。

二、语义关系与语义网络的构建

语义分析是一种基于依存的语言结构分析（Hudson，2007），其目的是搞清楚句子的深层语义结构。在句法分析中，句中的每一个词都会出现在最终形成的句法树（图）里，但一个句子的语义分析一般只需关注句中实词之间的关系。本节采用的语义分析方法类似于法国语言学家吕西安·泰尼埃尔（Lucien Tesnière）的结构句法理论（Tesnière，1959；刘海涛，2009）、布拉格依存树库中的语义层标注体系（Hajičová，2000）、意义文本理论中的深层句法结构（Milićević，2006）及数据库语义学中的词库结构（Hausser，2006）。

由图 5-11 可见，句子的语义分析中没有包括虚词。这也意味着由语义分析得到的语义网络是不含虚词的，但虚词在句法网络中却占有非常重要的地位。因此，我们有理由相信，语义网络与句法网络的统计特征应该是有差异的。此外，由于语义分析和概念图之间的相似性（Sowa，1976），通过语义网络的研究也有助于我们发现概念（认知）网络的某些特征。

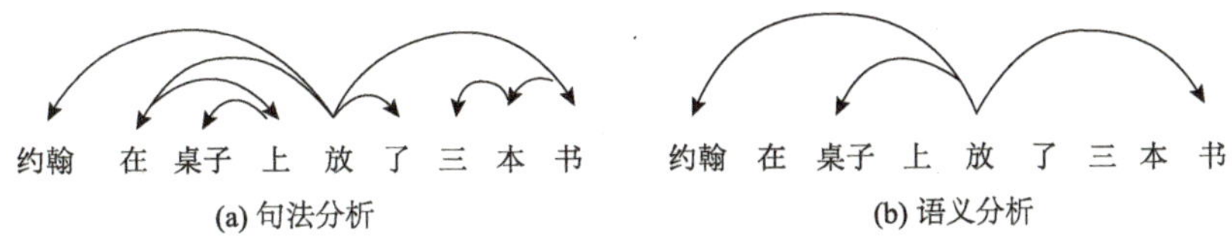

图 5-11　“约翰在桌子上放了三本书”的句法分析和语义分析

图 5-12 所示为三个句子“约翰在桌子上放了本书”“那学生读过一本有趣的书”“那本书的封面旧了”构成的汉语句法网络和语义网络示例。

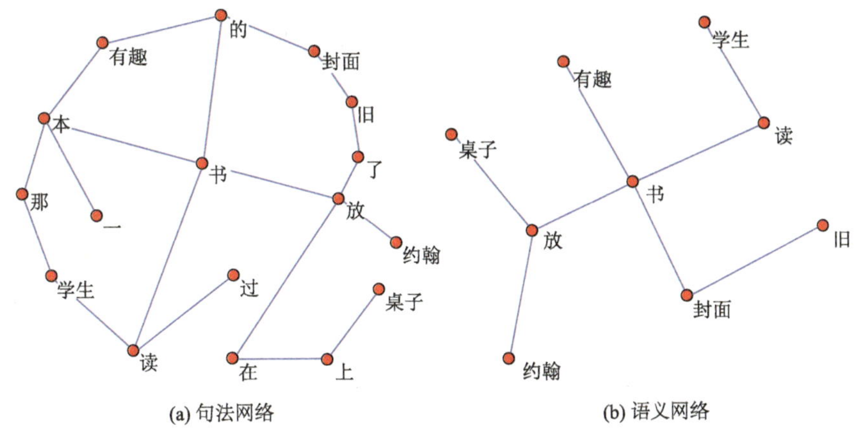

图 5-12　汉语句法网络和语义网络示例

图 5-12（a）的句法网络清楚地显示了虚词在句法网络中的重要地位，而缺少虚词的语义网络[图 5-12（b）]则更简单一些。图 5-12 也显示，难以通过在句法网络中直接将虚词移走的办法，构建相应的语义网络。在本例中，如果我们把“的、本、在、了”等虚词从句法网络中移走，则网络会变成四个互不联通的部分。因此，动态语义网络的构建应建立在句子的语义分析之上。

句法网络和语义网络的中心节点也有所不同。我们采用网络分析软件 Pajek 对图 5-12 所示两个网络的中心节点进行了提取，结果如图 5-13 所示。

图 5-12 和图 5-13 表明，由相同句子构成的句法网络和语义网络，从结构上看是有较大差异的。然而，随着网络规模的增大，这种差别仍会存在吗？这是本节下一部分研讨的主题。

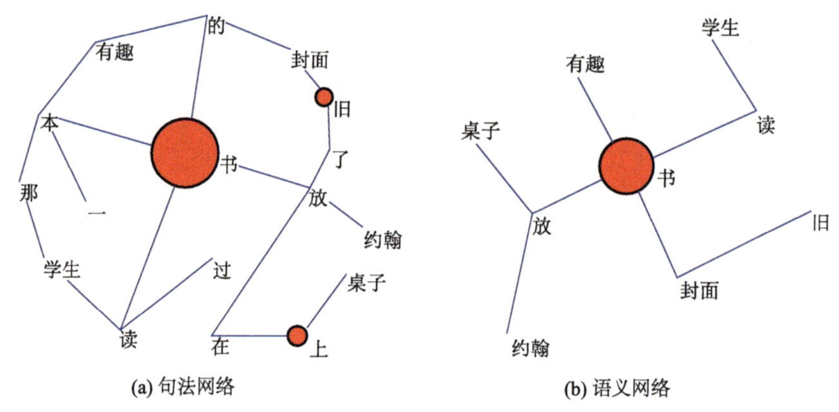

图 5-13 汉语句法网络和语义网络的中心节点

本节所用语料选自中央电视台的《新闻联播》栏目。按照关润池（2008）的语义角色标注规则，我们首先对所选语料进行了人工标注，最后形成的语义标注语料库含有 1486 个句子，共计 34 435 词次。采用 Liu（2008b）（参照本书第五章第二节）的研究中提出的方法，我们可将该语义标注语料库转换为一个含有 5903 个节点的无向汉语语义网络。接下来，我们采用复杂网络方法考察这个语义网络的主要统计特征。

三、汉语语义网络的统计特征

此前说过，为了衡量一个网络的复杂性，最常用的复杂网络参数是平均路径长度、聚集系数和度分布（Albert & Barabási，2002）。在这一部分，我们将围绕这三个参数对语义网络进行考察研究。在随后的讨论中，除特别说明外，有关句法网络的信息均参考自 Liu（2008b）的研究（参照本书第五章第二节）。

语义网络的平均路径长度表示的是网络中任意两个节点之间的平均路径长度，用$\langle d\rangle$表示，其值为 3.952。语义网络中的最短路径最大值（也称直径，D）为 17。图 5-14 表明，语义网络的最短路径分布有一个长尾。语义网络的$\langle d\rangle$和 D 要比句法网络大。

在语义网络中，节点的度 k 指的是与该节点相连的其他节点的数目（或边数），它在一定程度上反映了一个节点在网络中的重要性。全部节点的度的平均值被称为语义网络的平均度$\langle k\rangle$，它反映了语义网络中词与词之间的平均组合能力。语义网络的平均度为 7.546，与句法网络相当。节点的度分布通常用分布函数 $P(k)$ 描述，它表示一个随机选定词的度恰好为 k 的概率。

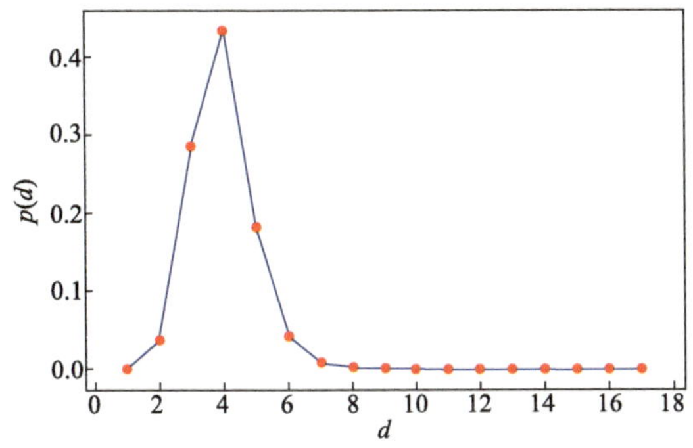

图 5-14　语义网络的最短路径分布

聚集系数 C 是一种用来衡量网络聚集倾向或小集群形态的指标，它度量的是语义网络中一个节点的两个相邻节点间互连的可能性。设 k_i 为节点 i 的度，如果将 E_i 视为这 k_i 个节点之间实际存在的边数，那么 E_i 与这 k_i 个节点间最多可有的边数 $k_i(k_i-1)/2$ 之比就是节点 i 的聚集系数 C_i，即 $2E_i/k_i(k_i-1)$。整个网络的聚集系数 C 为所有节点聚集系数 C_i 的平均值。由此，可得到语义网络的 C 为 0.0794，这一数值小于句法网络的聚集系数。

语义网络和句法网络的主要统计参数如表 5-4 所示，句法网络的数据选自 Liu（2008b）（参考本书第五章第二节）。

表 5-4　语义网络和句法网络的主要统计参数

网络	N	<k>	C	<d>	D	γ	C_{rand}	<d_{rand}>
语义网络	5903	7.46	0.079	3.952	17	2.49	0.0011	4.55
句法网络 1	4017	6.48	0.128	3.372	10	2.40	0.0014	4.66
句法网络 2	2637	8.91	0.260	2.996	10	2.18	0.0036	3.83

注：N：节点数，<k>：平均度，C：聚集系数，<d>：平均路径长度，D：直径，γ：幂律指数，C_{rand}：随机图的聚集系数，<d_{rand}>：随机图的平均路径长度；“句法网络 1”的语料为《新闻联播》，“句法网络 2”的语料为《实话实说》

如果一个网络有较小的<d>（<d> ≈ <d_{rand}>）和较大的聚集系数 C（$C \gg C_{rand}$），这种网络是一种小世界网络（Watts & Strogatz，1998）。据此，尽管语义网络的 C 要略小于两个句法网络的 C，但语义网络仍可算是一种小世界网络。

如果一个网络的度分布服从于幂律，并且幂指数 γ 的值在 2～3，这样的网络也被称为无尺度网络（Barabási & Albert，1999）。由图 5-15 知，语义网络也是一种无尺度网络。

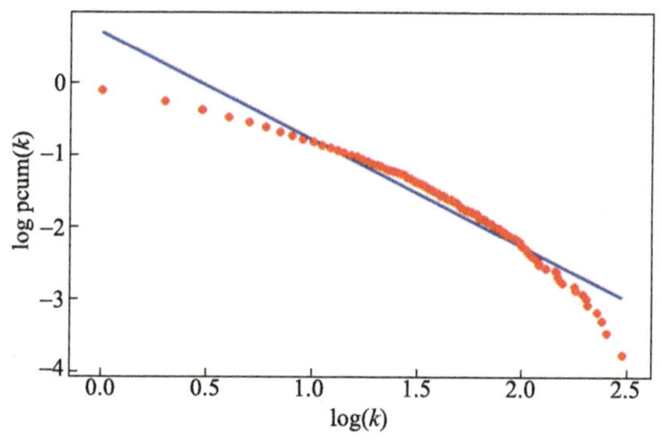

图 5-15 语义网络的累积度分布

从表 5-4 可以看出，语义网络和“句法网络 1”的差别要小于两个句法网络之间的差别。然而，除了所用语料的语体间的差异之外，我们还难以确定引起这一问题的其他原因。这是一个值得进一步研究的有趣问题。

网络的层级结构可用网络的聚集系数和节点度的相关性来度量。这种相关性 *C*（*k*）表示的是度为 *k* 的所有节点的平均聚集系数（Ravasz et al.，2002），可将其定义为：

$$\overline{C}(k)=\frac{1}{N_k}\sum_i C_i\delta_{k_i,k} \tag{5-5}$$

式中 N_k 为具有度 *k* 的节点总数，$\delta_{k_i,k}$ 为克罗内克（Kronecker）函数符号，其值在 $i=j$ 时为 1，在 $i\neq j$ 时为 0。在许多真实网络中，随着 *k* 的增大，*C*（*k*）一般会按照幂律衰减。这说明网络具有明显的层级性，即低度节点的相邻节点互连的概率大，而高度节点的相邻节点互连的可能性则较小（Pastor-Satorras & Vespignani，2004）。

图 5-16 显示语义网络的 *C*（*k*）分布不服从幂律。值得注意的是，语义网络中存在许多度为 1 的节点，这些节点相互之间没有连接。语义网络的这一特点在图 5-3（c）和图 5-12（b）的语义网络示例中也有直观反映。这可能是造成语义网络比句法网络（Ferrer-i-Cancho et al.，2004）的最短路径和直径更大的原因，并进而导致语义网络的层次性较差。

另外一个用来衡量真实网络的参数是平均相邻节点度 k_{NN}（K-Nearest-Neighbor），它所表示的是一个节点的度和它的相邻节点度之间的相关性。

Pastor-Satorras 和 Vespignani（2004）、Pastor-Satorras 等（2001）给出了用条件概率测量这种相关性的数学方法。设 $P(k'|k)$ 为已知一个具有 *k* 度的节点与具有 *k'* 度节点相连的条件概率，则这个网络的 k_{NN} 可用下式得到：

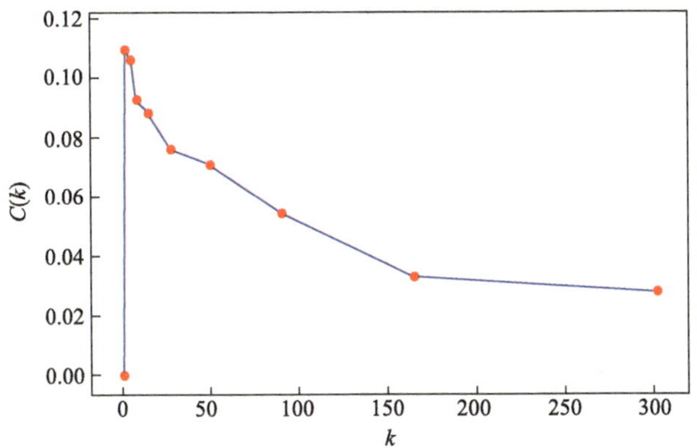

图 5-16　语义网络聚集系数和节点度之间的相关性

$$\overline{k}_{NN}(k)=\sum_{k'}k'P(k'|k) \quad (5\text{-}6)$$

在实际应用中，由于很难得到 $P(k'|k)$，故人们一般采用以下方法来测量网络节点间的相关性（Caldarelli，2007）：选定一个节点 k，计算其相邻节点的平均度 $<k_{NN}>$。一般而言，$<k_{NN}>$的值是节点度的函数，它反映了网络的节点相关性。以 k_{NN}（k）为纵轴，k 为横轴，便可作出网络的相关性分析图。如果 k_{NN} 随 k 的增加而增加，则网络是正相关的；反之，则为负相关的。如果相关回归线的斜率为零，则网络的节点度缺乏相关性。

图 5-17 说明，语义网络的节点度与其相邻节点度之间的相关性要弱于句法网络（Ferrer-i-Cancho et al.，2004）。由于句法网络的负相关大多反映的是实词和虚词之间的联系，因此缺少虚词的语义网络几乎没有明显的相关性也在情理之中。Ferrer-i-Cancho 等（2004）也在缺少介词的捷克语网络中观察到了类似的负相关性消失的情况。

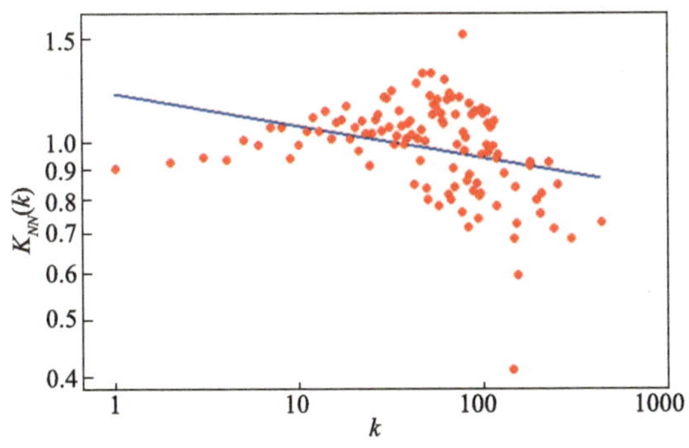

图 5-17　语义网络的平均相邻节点度分布

注：图中回归线的斜率为–0.055

四、讨论与小结

基于前一小节的研究结果，我们可以认为语义网络具有无尺度和小世界特征。与句法网络相比，语义网络的聚集系数略小，直径和平均路径稍大，但二者之间的这些差别不足以说明语义网络不是小世界和无尺度网络。

语义网络与句法网络的差别主要有两点：一是聚集系数和节点度的相关性；二是节点的度与其相邻节点的度之间的相关性。如果我们把这种差别的根源归结为虚词在语义网络中的缺失，那么我们有理由认为语义（或概念）网络与句法网络的结构是有差别的。

本节研究考察的是反映语言实际运用的动态语义网络；另外一些基于词间联想、分类词典、语义网（semantic web）等资源构建的是静态语义网络，这是人类（或世界）知识体系的一种表示。相关研究有 Steyvers 和 Tenenbaum（2005）、Gil 和 García（2006）等的研究。Steyvers 和 Tenenbaum（2005）的研究分析了基于词间联想、WordNet 语义词典及罗杰的分类词典的复杂网络统计特征，他们发现这三种网络均具有小世界和无尺度特征。

语义网是近年来的一个研究热点，通过给万维网（World Wide Web，WWW）上的文档添加能够被计算机所理解的语义信息，可以大大提高现有互联网作为通用信息交换媒介的能力。语义网技术的核心是基于本体论（ontology）的知识表示体系，而本体论的实质是对概念及其关系的描述，这也使得构建基于本体论的复杂网络成为可能。Gil 和 García（2006）证实了基于本体论的静态语义网络也具有小世界和无尺度的特点。

表 5-5 列出了这些静态语义网络的主要统计特征。遗憾的是，从这些研究中找不到我们此前提及的两种相关性的信息，因此也无法推断静态语义网络与动态语义网络以及句法网络在这一方面的异同。尽管许多问题仍有待更深入的研究，但本节的发现对于回答是否所有的语言都有相似的复杂网络统计特征以及引言中提及的其他问题还是有所帮助的。语义网络在结构方面与概念网络的相似性，值得我们进一步从复杂网络角度研究语义网络，以发现更适宜用于描述人类语言和认知普遍性的复杂网络统计模式。

表 5-5 静态语义网络的主要统计特征

网络	N	$\langle k\rangle$	C	$\langle d\rangle$	D	γ	C_{rand}	$\langle d_{rand}\rangle$
语义网	56 592	4.63	0.152	4.37	—	1.48	8.95E-05	7.23
联想网	5 018	22	0.186	3.04	5	3.01	4.35E-03	3.03
WordNet	122 005	1.6	0.027	10.56	27	3.11	1.29E-04	10.61
分类网	29 381	1.7	0.875	5.60	10	3.19	0.613	5.43

注：N：节点数，$\langle k\rangle$：平均度，C：聚集系数，$\langle d\rangle$：平均路径长度，D：直径，γ：幂律指数，C_{rand}：随机图的聚集系数，$\langle d_{rand}\rangle$：随机图的平均路径长度

在本节与前一节中，我们讨论分析了汉语的句法和语义角色网络的整体特征，这对于我们从复杂系统的角度理解人类语言是有帮助的。然而，尽管词及词间关系是构成人类语言系统的要素，但这不意味着语言系统的其他层面就不重要，这也是我们在下一节采用网络科学的方法研究汉语语音系统的动因。

第四节　汉语音素网络的复杂性

一、引言

语音系统是人类最重要的人际通信系统，对其特性的研究有助于了解人类语言的本质，理解语音系统的行为以及其与人脑的其他认知能力之间的联系等问题。通过研究世界各种语言中表现出的人类语言的普遍性与人类语音发音及语音听辨特性（Maddieson，1984；Carré，1994；Diehl，2008；Lindblom et al.，1984），人们发现了语言的两种特性，即面向说者的特性和面向听者的特性。前者是指一个语音系统中的音素可以用最小的发音努力成功实现语音通信，这与人类行为的一般性趋势——省力原则是一致的；而后者是指一个语音系统的音素要使得听者易于听辨。很多语音学理论都致力于语音特性的研究，如区别特征理论（Jakobson et al.，1952）、量子理论（Stevens，1972）、散布理论（Liljencrants & Lindblom，1972；Lindblom，1986）和听觉增强假说（Diehl & Kluender，1989a，1989b）等。

语音系统由规则构成，这些规则规定了组成该系统的音素和音素组合。语音系统中的各个音素构成了一个协调一致的整体，所以各音素的性质更适宜于从整个语音系统的角度加以考察（Lindblom & Engstrand，1989）。此外，语音系统还是一个通信系统，在传递信息的实际运行中制约了音素和音素组合的选择，其运行特性也是语音系统的重要性质。鉴于此，本节将汉语中的全部音素作为一个整体看待，通过比较语音系统的静态规则和动态运行中表现出的特性来研究语音系统的性质。

把语言看作网络，是现代语言学的一个重要观点（Hudson，2007）。目前已经有很多研究采用复杂网络的方法，探讨了人类语言在多个层面的特性，如语音与词汇网络（Mukherjee et al.，2009；Peng et al.，2008；Arbesman et al.，2010；Chan & Vitevitch，2009）、句法网络（Ferrer-i-Cancho et al.，2004；Liu & Hu，2008；Corominas-Murtra et al.，2009，2010；Čech & Macutek，2009）、语义网络（Steyvers & Tenenbaum，2005；Liu，2009b；Borge-Holthoefer &

Arenas，2010；Hills et al.，2009）等。这些研究发现了很多重要的语言性质，但采用全音素网络的方法来研究语音系统的仍不多见。

本节建立了六个汉语全音素网络，即每个网络均包含了汉语中所有的音素；通过测量真实语料网络的赋权参数以及鲁棒性（抵御攻击的能力以及容错的能力），对语音系统的动态特性进行了研究；通过对真实语料网络的度、词典网络的参数进行测量以及对词典进行统计，我们也研究了语音系统的静态特性。

二、音素网络的构造

汉语在语音上按粒度由小到大的组成层级结构是：音素、单音节（汉字）、多音节（词）、句子（多音节）。或者说，在语音上，汉语句子由词组成，词由字组成，字是单音节，由音素组成。汉语的字可以表达一定的意义，事实上很多字本身也是词（单音节词）。我们分别构建了单音节（字）的全音素网络、多音节（词）的全音素网络和句子的全音素网络。这一方面是为了研究语音系统的特性，另一方面也是为了比较各个层面的语音系统的性质。

本节选取了四种语料来构建网络：7290 字的基本汉字字典（单音节）、88 250 词（约 163 500 字）的常用词典、6240 词的旅游新闻（约 40 000 字，3650 小句）、1200 词的日常对话口语（约 6000 字，840 小句）。

节点和边是网络中两个重要的概念。在本节研究中，节点和边的构成如下：构成网络的节点是汉语全部音素，共计 46 个，其中包括 21 个元音音素、2 个半元音、23 个辅音；音素之间的连接关系构成了网络的边，这些边是有向边，如汉字“甘”由三个音素 k、a 和 n 组成，在单音节网络中它们组成了两条有向边，即 k-a 和 a-n。

语料切分粒度不同将产生不同语言层面的网络，也导致这些网络中的节点度以及边的数量各自不同。换言之，网络的特性可能会有不同。对于真实语料，我们分别按句子和词两种方式切分，即针对每个真实语料构建两个音素网络，再加上字典网络和词典网络，因此本节共建立了六个音素网络。我们称这六个网络分别为：切分词典网络（PNW）、常用字典网络（PNUS）、对话句子网络（PNDS）、对话词网络（PNDW）、新闻句子网络（PNNS）和新闻词网络（PNNW）。为了研究语言的实际使用，我们使用两种语体的语料进行研究，以考察语体的不同对于语音系统是否有影响。

图 5-18 是音素网络的样例，（a）是句子“他给我打电话”的句子音素网络，（b）是将该句子切分为词的词音素网络。为了方便计算机处理，我们使用了音标字母评估法（Speech Assessment Methods Phonetic Alphabet，SAMPA）的标记方

式。由图 5-18 可见，两个网络的区别在于，在词音素网络中，词“他”“给”“我”“打”“电话”边界处的音素之间不产生连接关系。图中的边标记有权值。

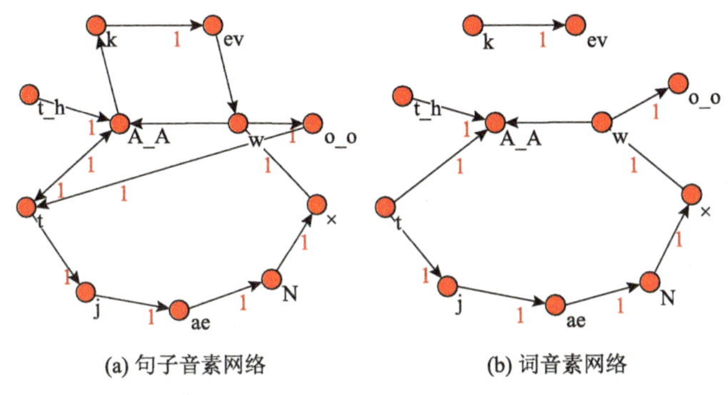

图 5-18　句子“他给我打电话”音素网络样例

三、音素网络的主要统计参数

测量网络统计参数是网络研究的一个基本内容。不同网络之间参数的对比可以揭示不同网络的特性和网络之间的共性，这有利于更好地理解相关网络。表 5-6 是六个音素网络和规模相似的两个随机网络的主要统计参数表。复杂网络主要有两种类型：指数网络和幂律网络。为了便于将音素网络与这两种典型网络相比较，表 5-6 给出了与音素网络具有相同节点数和相近平均度的 E-R 随机网络（Erdös & Rényi，1960）和无尺度模型网络（Barabási & Albert，1999）的统计参数。

表 5-6　六个音素网络和两个随机网络的统计参数

网络	平均距离 L	平均度$\langle k\rangle$	连通率	边数	平均聚集系数 C
切分词典	1.88	26.39	1.00	611	0.19
常用字典	1.54	8.74	0.19	201	0.03
对话句子	1.97	22.61	1.00	520	0.11
对话词	2.10	19.17	1.00	441	0.07
新闻句子	1.89	25.74	1.00	592	0.19
新闻词	1.93	24.13	1.00	555	0.14
E-R 随机模型	1.76	24.04	1.00	553	0.27
无尺度（SF）模型	1.45	24.43	0.47	562	—

Newman（2003）回顾了复杂网络研究的发展，在该文中列出了社会、信息、技术、生物领域的 27 个复杂网络的主要参数。与 Newman（2003）的研究

相比，表 5-6 中的音素网络的平均度在生物领域是最高的，在其他领域也只有少数几个网络的比它高，然而网络平均距离却几乎是最小的。这意味着音素网络的节点有很强的结合能力。换言之，与其他网络相比，同样数量的边（节点之间的连接）在音素网络中涉及的节点数量较少。这说明音素网络的节点使用效率很高。

表 5-6 显示音素网络具有高的平均度。除了平均度之外，度分布是另一个可以揭示网络性质的重要参数。那么，音素网络的度分布有什么特点呢?

四、音素网络的节点度分布

在网络中，一个节点的度是与该节点连接的其他节点的个数。在音素网络中，它表示一个音素在该音素网络结构上的重要性；赋权度是网络运行时一个节点被连接的次数，它表示音素在实际使用中的重要性。因此，度的分布与音素网络的结构特点有关，表示音素之间被允许的连接（组合）关系，由语音规则所决定；而赋权度的分布表示音素网络在运行中对某个音素的依赖程度。

本节计算音素网络的度分布的方法是，将度的存在区间等间隔分为 10 个子区间，计算落入每个区间的节点频数的比例，结果见图 5-19。

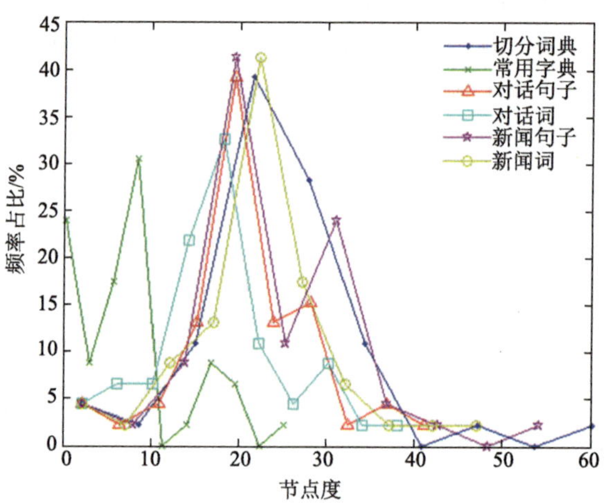

图 5-19 六个网络的节点度分布

由图 5-19 可见，六条度分布曲线大多呈现中间单峰凸起形状。因此，分别对它们做 95%置信度的正态、泊松和指数分布检验后，结果显示，除了常用字典网络之外，其他网络的度均通过了正态分布的检验。这意味着这些网络节点度分布的峰值在其均值附近，随着度的增加，节点度迅速衰减，即每个节点有大致相同的连接数量，具有同质性。然而，常用字典网络中度的分布与其他网络不同，遵循指数分布。

六个网络中赋权度分布的计算采用了与测量度分布相同的方法。由于这些曲线具有迅速递减的形式，因此我们对其累积概率函数进行了幂律函数拟合。根据拟合的决定系数来看，六个网络的赋权度均可被看作服从幂律分布。这与度服从单峰对称形分布相比，有明显不同。从六个网络的幂律拟合的幂指数看，它们的数值很相近，均值为–1.557，变异系数只有–0.14（单位均值上的离散程度）。这说明这六个网络的赋权度有相似的分布规律。关于六个网络的关系后文还有进一步的比较。

对于真实语料的音素网络来说，节点的度表示音素与其他音素的连接（结合）能力，而赋权度则表示该音素在实际使用中被使用的频率。比较以上音素网络度和赋权度的分布可以看到，度分布呈类似正态的单峰对称型，这显示网络的各个节点的连接能力都在均值附近，具有同质性。赋权度服从幂律分布，这意味着少数音素使用较为频繁，而大部分音素的使用次数较少。图 5-20 是六个网络节点的累积排序赋权度图，其中横轴是节点按赋权度降序排列，纵轴是累积赋权度比例。图 5-20 显示，不足 20%的节点的累积赋权度已经超过 50%，即剩余超过 80%的节点只得到不足 50%的应用。我们对节点度做了同样的计算，结果显示累加到 50%需要近 40%的高度数的节点，即节点度基本上是均衡的。这意味着在真实语料中音素的使用是有偏重的。

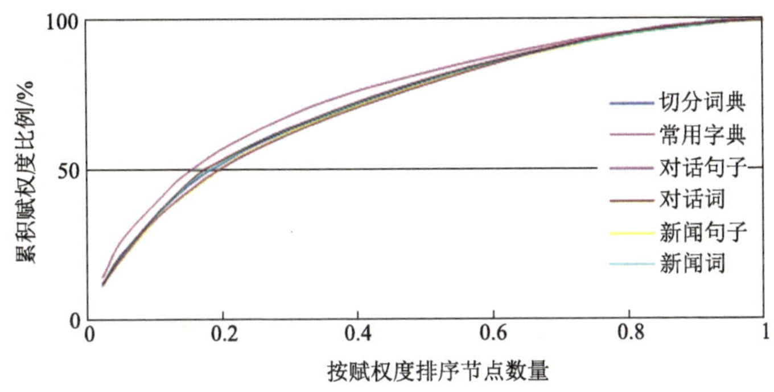

图 5-20 降序赋权度的累积率

图 5-20 也说明，在语音实际运行时，少数音素受到偏重。为了研究赋权度的偏重性的指向，也就是说哪些音素在实际使用中受到了偏重，我们测量了每个网络中各音素的赋权度与度之差，结果表明，六个网络有着相近的变化规律。为了研究语音系统在实际运行时的偏重，我们也统计分析了五个多音节网络的元音和辅音的平均归一化赋权度，结果发现，五个网络中元音的平均归一化赋权度没有显著差异，文本切分粒度对其没有显著影响，而文本规模也对其没有显著影响；辅音的赋权度也是同样。对元音和辅音的平均赋权度进行 T 检验，结果表明，显著性概率远小于 0.05，差值 95%置信区间是 0.3324～0.4436，不包括 0，

故可以认为元音的赋权度显著高于辅音。也就是说，实际使用中元音的使用频率高于辅音，元音得到了偏重。

在连续语音流中，元音比辅音拥有更高的声学能量，且元音是谐波结构，这些都决定了元音有更好的传播能力，同时也易于听辨，所以元音音素在实际使用中得到偏好意味着更利于传播和听辨。但是，从物理上讲，声音的能量越大，发音就越费力。如果元音和辅音的发音能量差别对于人的发音器官能力来说是显著的，那么这种对元音的偏好显然不利于发音省力，违背了省力原则。

以上是网络在正常运行情况下的参数统计。下面将研究音素网络节点在受到干扰时的鲁棒性，研究方法是按一定方式删除网络的部分节点，观察网络的响应，分析响应与系统结构的关系，从而了解语音系统在抗干扰方面的特性。

五、音素网络的鲁棒性

目前，大部分关于语音在传播中抵御噪声能力的研究都是从声学上或者听觉上针对某一些声音进行的。现在，我们从系统的角度去研究当一个或者多个音素不能正常起作用时，对音素网络整体的影响，即当去除音素网络的部分节点时网络特性的变化情况。变化的方式与网络结构有关。

复杂网络有两种典型类型，即节点度呈指数分布的复杂网络以及节点度呈幂律分布的复杂网络。Albert 等（2000）通过测量网络最大子网的相对大小和网络直径，研究了蓄意攻击和随机故障对这两种复杂网络的影响。结果表明，指数网络是同质网络，蓄意攻击和随机故障的影响相近，而幂律网络是异质网络，蓄意攻击比随机故障的影响要大得多。

网络直径度量的是音素之间的直接搭配关系，对于音素网络来说，直径大表示需要多个音素连接才能实现通信，这表示音素网络的效率较低。音素网络的相对最大子网的大小则度量了音素网络在受到破坏后保持原网络规模的能力。这两个参数反映了语音系统的整体通信能力。蓄意攻击可以被看作发音障碍，而随机故障则可被看作语音传播中的随机噪声干扰。图 5-21 显示了我们测量的发音障碍和噪声干扰下最大子网规模和网络直径的变化曲线。

图 5-21 中随机故障情况的数据是通过计算 3000 次随机删除指定数量的节点后得出的平均值。由图 5-21 可见，按度降序删除和随机删除的结果相近，这与 Albert 等（2000）的结论是一致的，也是由于音素网络的节点有相近度的缘故。并且，由于音素网络的连接度很高，这导致了在相当大的范围内（对于 5 个多音节网络是约 40%，对于单音节网络是约 18%）网络的最大子网相对大小几乎没有变化。虽然网络直径在随机故障下几乎没有变化，但在蓄意攻击下上升较快。

这表明随机噪声干扰对音素网络的通信和效率几乎没有影响，而发音障碍只降低了通信效率，并不会影响系统通信能力。

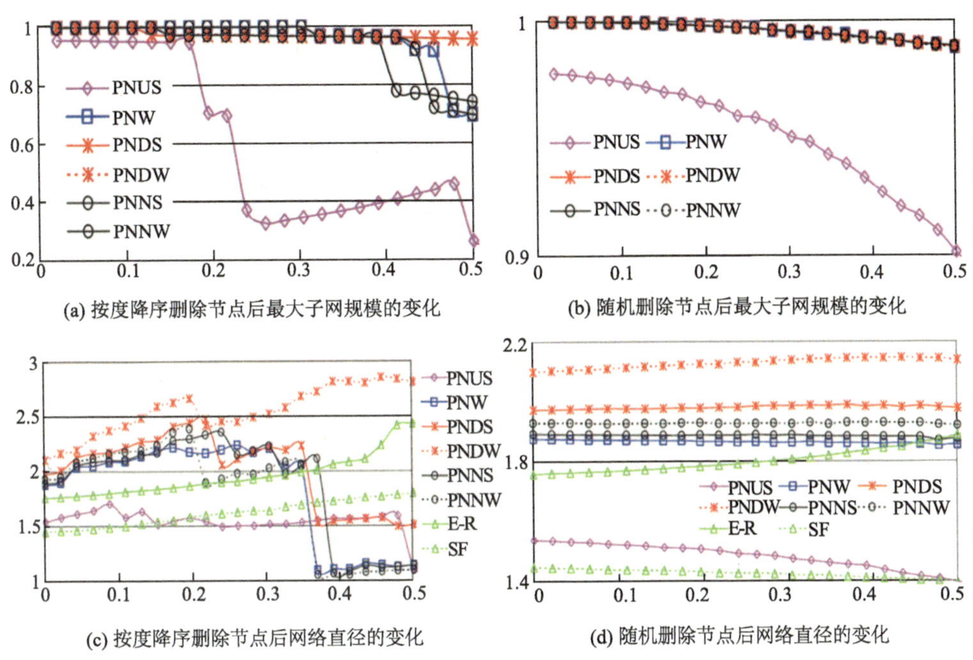

图 5-21　音素网络受到攻击和故障时的变化

注：PNUS 为常用字典，PNW 为切分词典，PNDS 为对话句子，PNDW 为对话词，PNNS 为新闻句子，PNNW 为新闻词，E-R 为 E-R 随机模型，SF 为无尺度模型

语音系统在实际运行时对某些音素有所偏重。那么，这种对少数音素的偏重是否影响了系统抵御干扰的能力？为此，我们依据网络赋权度降序删除节点，同时测量音素网络的最大联通子网的大小和直径。结果显示，这两个参数的变化程度介于按度降序删除和随机删除之间。这就是说，语音系统运行时对少数音素的偏重并没有显著影响语音系统抵抗干扰的能力。此外，图 5-21 中两个随机网络的参数的变化模式相同，这似乎表明音素网络的这种抵抗破坏的能力与网络结构关系不大，而是网络的高节点度导致的。

六、六个网络之间的共性

本节中我们使用四种语料构建了六个音素网络，这六个网络分属不同的语言层面，它们在上述测量的很多统计参数上都表现出了相似性，那么这六个网络是否具有拓扑结构相似性？一般来讲，人们使用节点度分布来表示网络拓扑结构，我们接下来研究六个网络的度分布相似性。

这六个音素网络，除了常用字典网络是单音节网络外，其余都是多音节网络。此前说过，六个音素网络在度分布、归一化赋权度分布、攻击鲁棒性等方面具有类似的特性，但是这六个网络的结构是否相似，还没有定论。从六个网络的度的分布和归一化赋权度的分布（图 5-22）可以看到，除了常用字典网络以外，其余五个网络有相似的分布曲线形状。为此，我们对六个网络的度和归一化赋权度做了两两间线性拟合，结果如表 5-7 所示。

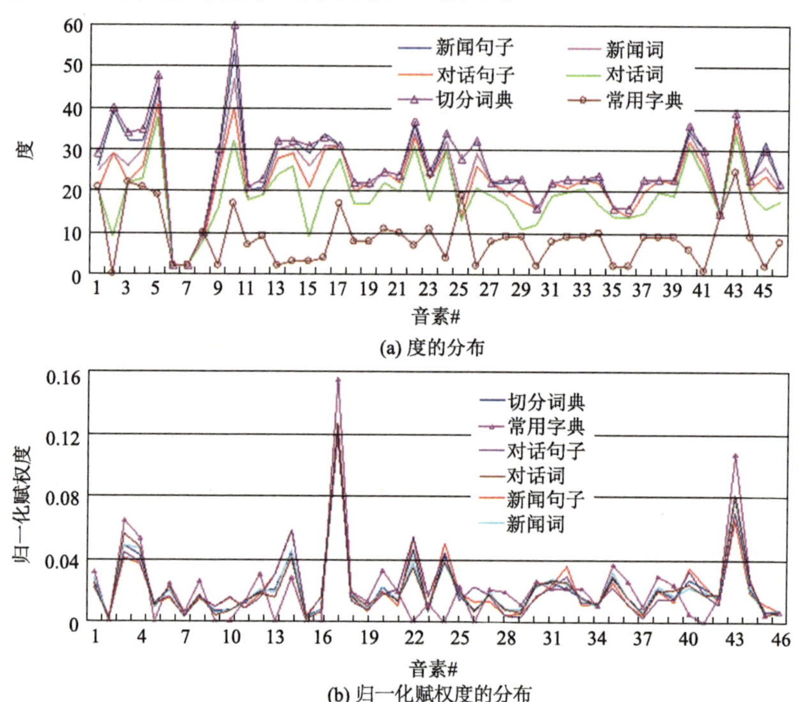

图 5-22　46 个音素在六个网络中的度和归一化赋权度的分布

表 5-7　六个网络的度和赋权度的两两线性拟合的决定系数

网络	度决定系数						赋权度决定系数					
	切分词典	常用字典	对话句子	对话词	新闻句子	新闻词	切分词典	常用字典	对话句子	对话词	新闻句子	新闻词
切分词典	1.00	0.10	0.84	0.57	0.99	0.92	1.00	0.93	0.95	0.99	0.93	0.99
常用字典		1.00	0.05	0.16	0.07	0.08		1.00	0.86	0.94	0.87	0.95
对话句子			1.00	0.78	0.87	0.96			1.00	0.96	0.97	0.95
对话词				1.00	0.59	0.75				1.00	0.94	0.99
新闻句子					1.00	0.93					1.00	0.94
新闻词						1.00						1.00

表 5-7 中，六个网络的度的平均决定系数为 0.577，最大为 0.99，最小为 0.05，而单音节网络与另外五个多音节网络的决定系数最大是 0.16，就是说不能认为它们之间有线性关系。其余五个网络之间的平均决定系数为 0.82，最大为 0.99，最小为 0.57，其中小于 0.75 的两个值都是对话词网络的。

表 5-7 中，六个网络的赋权度的平均决定系数是 0.944，最大 0.99，最小 0.86，即它们之间有很好的线性关系。换言之，尽管由于语体、语料和切分粒度等的不同，音素网络中音素之间的连接关系也不同，但是在实际使用时，音素在六个网络上受到的重视程度是相同的。

概言之，六个音素网络尽管有相似的统计参数，但是拓扑结构可能是不同的。差异最大的是单音节网络，其原因可能是，尽管常用字典中有很多单音节词，但它毕竟与其余语料不属于同一语言学层面。然而，这些网络在实际运作中总是偏重于少数的节点，这似乎表明六个网络的运作模式具有共性。

七、本节小结

本节我们测量了六个音素网络的统计参数，分析了音素网络对抵御节点故障和攻击的鲁棒性，结果发现，音素网络与其他领域的网络比较，具有非常高的节点度和非常小的平均距离，这意味着音素网络具有非常高的节点利用率；音素网络的度服从指数分布，而赋权度服从幂律分布，元音的赋权度高于辅音，这表明，尽管音素网络中每个节点与其他节点的允许连接数量是均匀的，且节点具有同质性，但实际使用中每个节点被使用的频率是不同的，元音音素的使用频率要更高一些；音素网络对于蓄意攻击和随机故障都具有较好的鲁棒性，随机噪声干扰对音素网络的通信能力和通信效率几乎没有影响，而发音障碍只降低了通信效率，并不会影响系统通信能力。

音节、词等的语音构成规则呈现出较高的音素利用率，这同时有利于发音省力和听辨；在实际使用的动态网络中，则呈现出传播可靠和易于听辨的特性。因此，汉语语音系统是一个进化较好的、在多方面综合优化的高效可靠的通信系统。

人类语言是一个多层级系统。按照系统论的观点，研究系统就是研究构成系统的元素以及元素之间的关系。在本章中，我们采用网络科学的方法研究了句法、语义、语音等网络的统计特征，发现这些网络既有共性，也有个性。但是，这些研究采用的语料是不一样的，因此我们还难以将本章的发现归结到语言作为一种多层级系统的普遍特征。在下一章，我们将采用相同的文本构造不同层级的语言网络，希望这种方法有助于我们更好地从网络科学的角度了解人类语言的多层级结构属性。

第六章

现代汉语多层级复杂网络研究

第一节 引 言

"语言是一个系统"的观念是现代语言学的基本假设之一（Kretzschmar，2009：1），但各种语言学理论对于语言作为一个系统的理解并不相同。其中，索绪尔（1980）对于语言系统的定义比较具有代表性。按照索绪尔的观点，语言是一个符号系统，其中任何一个符号本身都无法被直接定义，而必须通过其与系统内其他符号之间的关系（分为句段关系和联想关系两种）来定义。由此可以看出，索绪尔所定义的语言系统包括两种要素，即语言的组成单位及其关系。索绪尔对语言系统的定义与现代系统论的系统定义（Bunge，1998）是基本一致的。继索绪尔之后，包括 Hjelmslev（1961）的语符学、Halliday 的系统功能语法（Halliday & Matthiessen，2004）、Lamb（1966）的层次语法和 Hudson（2010）的词语法在内的诸多语言学理论都直接或间接地体现了索绪尔的这一定义。[①]语言作为一个系统可以在"意义（深层）—形式（浅层）"的维度上进行分层研究。除索绪尔外，以上提到的各种理论都在不同程度上包含了分层的思想。这种分层的思想也体现于诸多语言描写体系之中（Sgall et al.，1986；Mel'čuk，1988；Jackendoff，2002）。心理语言学（Traxler & Gernsbacher，2006）也认为，语言的处理是有层次的。因此，语言可被定义为一个在"意义—形式"维度上的分层系统，这些层面可被视为语言系统的不同子系统。每个子系统都由相应层面上的语言单位及其关系组成。我们认同并在本章采用了这一定义。

---

① Hjelmslev 和 Lamb 的观点较为激进，认为语言是一个纯关系系统。实质上，这与按照语言单位及其关系所定义的语言系统并无二致，因为后者也没有否认语言系统的关系性。另外，承认语言单位的存在可为种种语言现象的建模和研究带来方便。

近年来，已有学者提出语言是一个复杂系统的观点（Larsen-Freeman & Cameron，2008；Beckner et al.，2009）。复杂系统有别于简单系统，其组成单位数量大、种类多，系统层面的表现涌现于系统成员之间复杂多变的关系，但不能通过后者直接预测到（Larsen-Freeman & Cameron，2008）。本章所定义的语言系统也具有复杂系统的特点。这是因为语言在各个层面上的子系统是由众多语言单位及其之间的复杂关系组成的，每个子系统会在系统层面上涌现出复杂的宏观（整体）特征。

如果语言是一个分层系统，那么就有必要采取适当的方法揭示其作为分层系统的性质，否则分层系统的说法只能停留在理论探讨的层面，而无法付诸实证研究。具体来讲，我们可探究语言在"意义—形式"维度上的子系统都具有什么样的宏观组织特征、它们之间在这些特征上的异同与关系，以及这些宏观特征对于语言作为一个分层系统的意义与价值。

前面提到，语言作为一个复杂系统意味着语言在系统层面上涌现出来的宏观特征无法通过研究语言的局部细节来获知。但遗憾的是，长久以来，语言学界主要关注语言的局部细节（Hudson，2010），而对语言在系统层面上的宏观属性鲜有研究。造成这种局面的主要原因是，对语言局部细节的研究较易操作，而对语言系统宏观特征的研究则缺乏有效的且可操作的方法。从方法论的角度看，定量方法对一个系统的研究是必要的（Bunge，1998）。然而在目前的语言学界，采用定量方法研究语言在系统层面上的各种表现的领域似乎只有计量（协同）语言学（Köhler，1986，2012；莱茵哈德·科勒，2020）。该领域通过对不同语言的真实语料的计量研究，以数学手段描述词汇和句法子系统中各种过程之间的关系，从而将涉及这些子系统的零散的语言定律整合为更具解释力的语言理论（刘海涛、黄伟，2012；刘海涛，2017）。协同语言学将语言的子系统视作由不同的过程及其相互关系组成的子系统，它所侧重的并不是语言单位及其关系。因此，按照语言单位及其关系所定义的语言系统或子系统的宏观特征难以通过协同语言学的方法来研究，我们仍需寻求其他可操作的定量方法。

复杂网络方法是解决这一问题的一种潜在方法。通过构拟语言复杂网络，可以对相应的语言子系统进行建模。通过确定这些语言复杂网络模型的拓扑结构（由其复杂网络参数体现），就能够以定量的方式揭示出相应语言子系统的宏观组织特征。本书第五章第一节对复杂网络以及采用复杂网络方法的语言研究进行过全面而详尽的介绍，因此有关复杂网络的基本概念在此不再赘述。另外，本章只涉及基于真实语料所构建的动态语言网络，没有考虑基于非真实语料（如词典等资源）的静态语言网络，这是因为前者能反映出语言在真实的交际环境中的使用情况。因此，若非特别说明，本章所提到的语言复杂网络均是指动态语言网络。复杂网络的方法之所以能用来研究语言在系统层面上的宏观特征，是因为按照语言单位及其关系所定义的语言系统或子系统实质上就是网络。“网络”的概念强调系统在抽象层面上的组织方式（Givón，2009）。在现代语言学中，网络的概念并不陌生。例如，以上所提到的 Lamb 的层次语法和 Hudson 的词语法就强调语言是一个网络；构式语法（Goldberg，2006）认为语言中的构式通过它们之间的继承关系形成一个网络；概率配价模式理论（刘海涛、冯志伟，2007；刘海涛，2009）也隐含着语言的网络观。这些网络在抽象层面上与复杂网络方法所构拟的网络模型是大致相同的。

但是，目前采用复杂网络方法的语言研究也存在着一些明显的问题。一方面，这些研究所构拟的语言复杂网络模型一般都局限于语言的某一个层面。这样就无法对语言在不同层面上的子系统的宏观特征进行比较，也就无法探讨这些子系统之间的关系。另一方面，此类研究的研究者大都不是语言学家，这使得他们的研究往往难以与已有的语言学研究联系在一起。研究者对这些语言复杂网络模型的拓扑结构特征（如小世界和无尺度属性、度相关、层级组织）的讨论往往停留于数理层面，没有充分探讨它们所反映出来的语言子系统的宏观特征的语言学意义与价值。我们认为，要解决这两个问题，需以某一语言的同一语料作为数据源，在不同的语言层面上构拟复杂网络模型，并对其拓扑结构进行描述和比较，进而可以较全面地揭示该语言作为分层系统的宏观特征，探讨这些子系统的宏观特征对于语言的意义以及这些子系统之间的关系。

本章研究采用复杂网络方法研究作为分层系统的现代汉语（以下简称“汉语”）。基于相同的汉语语料，我们在“意义—形式”维度的四个语言层面上构拟了语言复杂网络（即动态语义网络、句法依存网络、词同现网络和汉字同现网络）作为相应汉语子系统的模型。通过对这些语言复杂网络模型的定量分析，我们试图回答以下两个问题：①语义结构、句法结构、句子线性、汉字线性等汉语子系统具有何种宏观特征，这些特征在汉语的各个层面有什么相同与不同之处？②从语言研究的角度看，各子系统的宏观特征对于汉语系统有何意义与价值，以及反映了汉语结构不同层面之间的哪些关系？

第二节　汉语多层级网络的构建

本章研究所用汉语语料转写自中国中央电视台《新闻联播》节目，词数46 685。我们以这一文本作为数据源，在四个不同的语言层面上均构拟了无向和有向的语言复杂网络。每个层面上所构拟的语言复杂网络都是该层面作为汉语子系统的网络模型。这四个层面按照“意义（深层）—形式（浅层）”的顺序分别为语义结构层、句法结构层、句法线性实现层和汉字线性表达层。在这四个层面上所构拟的语言复杂网络分别为：动态语义网络、句法依存网络、词同现网络和汉字同现网络。由于每种网络均包括无向和有向两种，因此本研究构拟了四种共八个语言复杂网络模型。其中的句法线性实现层和汉字线性表达层网络采用自动方式构拟，而语义结构层与句法结构层网络则需首先制定可处理现代汉语的句法关系与语义角色关系标注体系，然后用这两种标注体系标注文本，形成相应的语义与句法树库，再将树库转换为网络结构。

以下使用三个汉语句子来说明如何构拟这四个层面上的语言复杂网络模型。

（1）小王从图书馆借了一本书。

（2）小王在图书馆学习。

（3）小王忘了还书。

动态语义网络是从语义依存树库转换而来，而后者是通过对语料进行逐句的语义依存标注[确定每句中实词之间的语义依存关系，见图 6-1（a）]得到的。

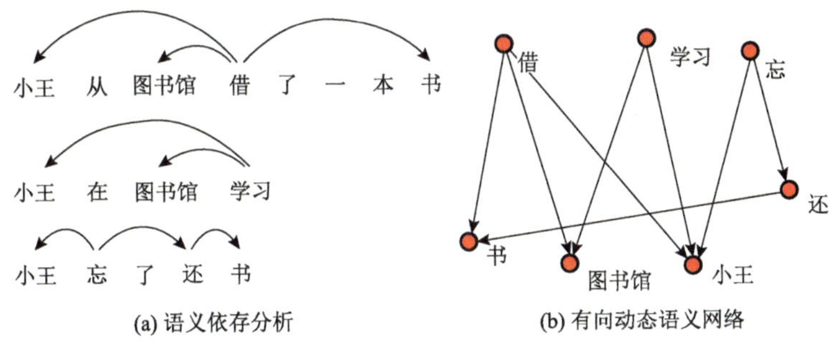

图 6-1　三个汉语句子的语义依存分析和有向动态语义网络

动态语义网络的节点和边分别为实词与它们之间可能的语义依存关系，如图 6-1（b）所示。我们在语义依存标注中采用的依存方向与“意义–文本”理论（Mel’čuk，1988）中深层句法层所采用的依存方向一致。此外，在我们的语义依存标注中支配词能独立存在，而从属词的存在是以前者为条件的。如果不考虑依存方向，这些依存关系基本等同于 Mel’čuk（1988）所定义的语义依存关系，其实质是实词之间的谓项–论元关系。

语义依存关系所描述的是语义结构，类似的概念还有“概念结构”（Jackendoff，1990）、“潜在概念结构”（Moulton & Robinson，1981）和“心智语”（Pinker，1995）等。我们之所以采用语义依存关系作为描述语义结构的形式化手段，是因为语义依存关系是一种二元关系，语义依存树库能方便地转换为动态语义网络。谓项–论元关系（即语义依存关系的实质）作为对事件和情景的表征手段是具有神经学基础的（Hurford，2003）。这种语义网络之所以被称为

"动态语义网络"，是因为它所反映的是实词（或其表达的词汇概念）在真实的语言表达中所形成的语义结构关系，而并非它们之间的同/反义、上/下义或联想关系。在下文中，我们将无向和有向的动态语义网络分别称为 UN1 和 DN1。有向网络模型的边要保留语言单位之间关系的方向。因此，如果两个语言单位之间存在两种不同方向的关系，那么网络中相应的两个节点之间将存在两条方向相反的边（这是少数情况）。无向网络则不同，无论两个语言单位之间关系的方向如何，网络中相应的两个节点之间将只存在一条无向的边。本章在说明各个层面的语言复杂网络的构拟方法时，只展示有向网络的示意图，同一层面的无向网络的示意图则不予展示，因为后者除了边没有方向之外，与前者基本上完全相同。

句法依存网络是从句法依存树库转换而来，而后者是通过对语料进行逐句的句法依存标注[确定每句中词与词之间的句法依存关系，见图 6-2（a）]得到的。

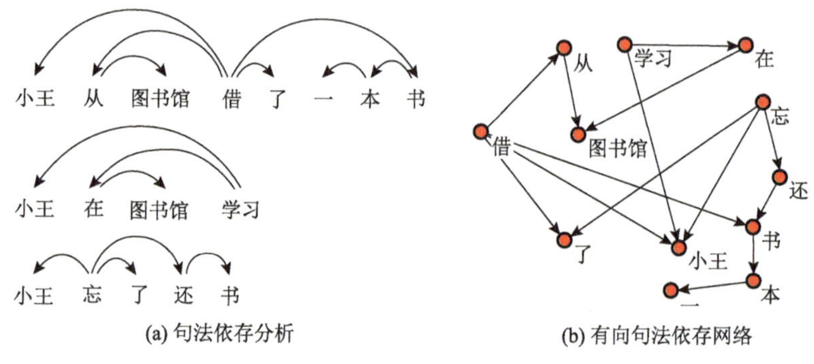

图 6-2 三个汉语句子的句法依存分析和有向句法依存网络

句法依存网络的节点和边分别为从语料中提取的所有不同的词和它们之间可能的句法依存关系，如图 6-2（b）所示。这里所采用的句法依存关系分析法与"意义—文本"理论（Mel'čuk，1988）的浅层句法层以及词语法（Hudson，2010）所采用的句法分析方法基本一致。

句法依存关系的二元性使得句法依存树库能够方便地被转换为句法依存网络。更为重要的是，句法依存关系还具有较好的心理现实性（Hudson，2003）。在下文中，无向和有向的句法依存网络分别被称为 UN2 和 DN2。

词同现网络的节点和边分别为语料中提取的所有不同的词和它们之间可能的同现（即相邻）关系。无向词同现网络（以下称 UN3）的构拟方法是从语料中提取所有不同的二元词同现无序对（不考虑同现对中两个词的左右顺序），并将其转换为 UN3。有向词同现网络（以下称 DN3）的构拟方法是从语料中提取所有不同的二元词同现有序对[须考虑同现对中两个词的左右顺序，本研究规定同现关系的方向为从二元对的左边一项指向右边一项，见图 6-3（a）]，并将其转换为 DN3[图 6-3（b）]。

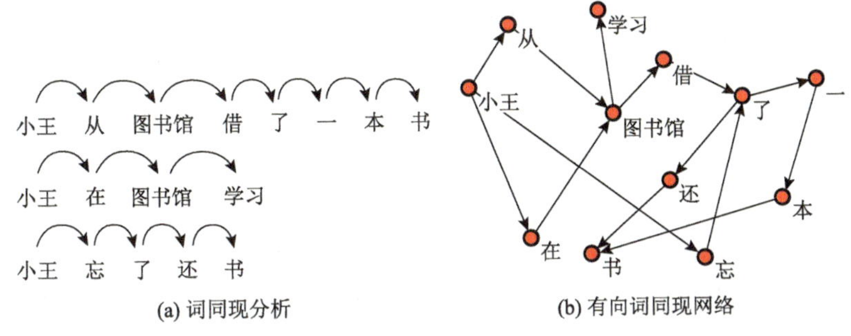

(a) 词同现分析　(b) 有向词同现网络

图 6-3　三个汉语句子的词同现分析和有向词同现网络

词同现网络反映的是词以及它们在句中的同现关系，这种关系是线性的。词与词的线性排列是对它们之间非线性的句法结构关系的实现。在其现代依存语法的奠基性著作中，Tesnière（1959）就明确区分了“线性顺序”（l’ordre linéaire，指语言表达的线性排列）和“结构顺序”（l’ordre structurale，指内在的非线性句法结构关系）这两个不同的层面。这种线性的表达与非线性的内在结构之间的区别也体现在包括意义–文本理论（Mel’čuk，1988）和功能生成描述（Sgall et al.，1986）在内的分层的语言描述体系中，并且在心理语言学中也得到了证实（Ferreira & Engelhardt，2006）。通过比较词同现网络与句法依存网络的拓扑结构的异同，我们能够在宏观上探究两个相应层面在汉语系统中的作用与关系。

汉字同现网络的节点和边分别为语料中提取的所有不同的汉字和它们之间可能存在的同现关系。无向和有向的汉字同现网络（以下分别称 UN4 和 DN4）的构拟方法分别与无向和有向的词同现网络相同，只不过前者构拟过程的操作对象是汉字及其在句中所形成的线性同现关系而已（图 6-4）。

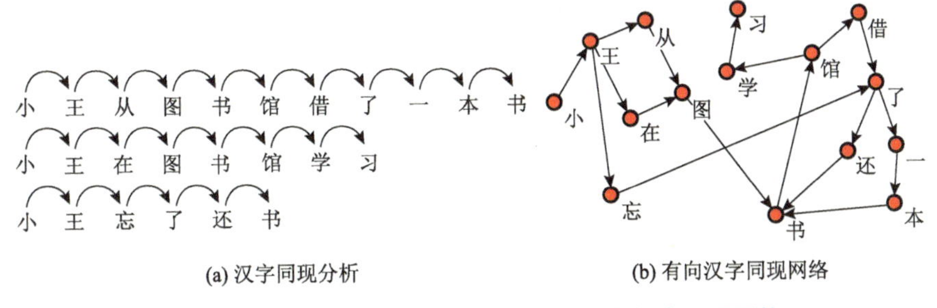

(a) 汉字同现分析　(b) 有向汉字同现网络

图 6-4　三个汉语句子的字同现分析和有向汉字同现网络

汉字同现网络所在的汉字线性表达层是四个层面中的最表层。前述三种网络的构拟过程的前提假设是词是汉语中有效的语言单位。有学者（徐通锵，2005；潘文国，2002）对这一点持怀疑态度，认为字才是汉语表达的基本单位。尽管我们并不完全同意这种观点，但必须承认的是，汉字是一种特殊的语言单位，因为汉字往往既可以独立成词，又可以组成双字词甚至多字词。要考察汉字作为一个子系统的特征，只考虑汉字在构词过程中的关系是不够的，因为汉字最终是使用在更为广阔的语境即真实的语言表达当中。因此，汉字同现网络可能有助于人们了解汉字作为一种特殊的语言单位在真实的语言表达中的表现。

在我们所构拟的四种语言的复杂网络模型当中，动态语义网络（UN1 和 DN1）和句法依存网络（UN2 和 DN2）侧重于语言所表达的内在的、非线性的结构关系，而词同现网络（UN3 和 DN3）和汉字同现网络（UN4 和 DN4）则侧重于语言所表达的浅层线性特征。四种网络的一个共同之处在于，它们所反映的都是不同的语言单位及其在真实的语言使用中所形成的关系。这些关系从本质上说都是索绪尔所提出的句段关系，反映了语言的真实使用情况。

第三节　汉语四个层级网络的复杂性特征

在四种共八个语言复杂网络模型构拟完毕后，我们就可以计算其主要复杂网络参数来确定其拓扑结构特征，它们是相应汉语子系统的宏观特征的反映。我们共计算了十类复杂网络参数：平均度（$<k>$，有向网络则须区分平均出度$<k_{out}>$和平均入度$<k_{in}>$）、平均路径长度$<d>$、聚集系数（C）、度分布的幂律指数（γ）、度分布的幂律决定系数（$R^2{}_1$）、邻近节点平均度分布的幂律指数（β）、邻近节点平均度分布的幂律决定系数（$R^2{}_2$）、邻近节点平均聚集系数分布的幂律指数（α）、邻近节点平均聚集系数分布的幂律决定系数（$R^2{}_3$）和网络中心度（NC）。通过描述和比较四种网络的这些网络参数，可以相对全面地了解汉语作为一个分层的复杂系统的宏观特征。

UN1～UN4 的平均度$<k>$分别为 6.925、6.896、6.497、25.155，而 DN1～DN4 的平均出度$<k_{out}>$和平均入度$<k_{in}>$分别为 3.463、3.448、3.249、12.578。在一个语言复杂网络中，一个节点的度反映着相应的语言单位与其他语言单位结合形成某种关系的潜能，度越高意味着该单位的结合潜能越强。在动态语义网络和句法依存网络中，节点度反映了相应语言单位（实词或词）与其他语言单位相结合形成（语义或句法）依存关系的潜能，即相应语言单位的配价。按照概率配价模式理论（Liu，2006；刘海涛、冯志伟，2007），配价是语言单位（如词）所普遍具有的、与其他语言单位形成某种结构关系的结合能力。以依存句法关系为例，一个词的这种结合能力包括支配其他词的能力及被其他词支配的能力。因此，在 UN1 和 UN2 中，一个节点的度反映的正是相应语言单位的支配能力和被支配能力的总和。在 DN1 和 DN2 中，一个节点的出度反映了相应语言单位的支配能力，其入度则反映了相应语言单位的被支配能力。对于词同现网络来说，约50%的同现词之间是存在句法依存关系的（Liu，2008a；Liu et al.，2009b）（参照本书第一章第二节和第四章第一节）。对于汉字同现网络来说，也有相当数量的同现汉字之间存在着组字成词的关系，这种关系从概率配价模式理论的角度可被视作汉字的配价。因此，两类同现网络的节点度在一定程度上也反映了相应语言单位的配价。对于一个语言复杂网络而言，其平均度大致反映了相应语言子系统中的语言单位的配价。

UN1～UN4 的平均路径长度<*d*>值分别为 4.029、3.360、3.427、2.573，而 DN1～DN4 的<*d*>值分别为 5.369、3.955、4.079、3.111。UN1～UN4 的聚集系数 *C* 值分别为 0.072、0.151、0.131、0.282，而 DN1～DN4 的 *C* 值分别为 0.039、0.090、0.079、0.181[有向网络聚集系数的介绍详见 Bunke 等（2007：149）]。可见，四种网络模型均具有相对较小的<*d*>值和较大的 *C* 值。<*d*>和 *C* 是判定一个网络（一般为无向网络）是否具有小世界属性的两个参数。按照 Watts 和 Strogatz（1998）的定义，四个无向网络模型均属于小世界网络。小世界属性意味着一个网络具有较高的整体与局部的连通性。考虑到这些网络的稀疏性（网络中实际存在的边数与理论上可以存在的最大边数之比很低），这一属性便显得格外重要。这意味着这些网络以较少数量的边获得了较高的整体与局部的连通性。小世界属性在真实世界的各种复杂网络中普遍存在，也被广泛发现于不同类型的语言复杂网络中（Ferrer-i-Cancho & Solé，2001；Ferrer-i-Cancho et al.，2004）（参照本书第五章第一节至第三节）。有学者（Solé et al.，2010）提出，语言复杂网络的小世界属性是一种新型的、基于统计的语言普遍规律，而本节研究基于相同的语料，在汉语系统的不同层面上证实了该属性的存在。值得注意的是，UN1 的小世界属性要弱于其他三个无向网络。因为相比之下，UN1 的<*d*>值偏高而 *C* 值偏低。DN1 的<*d*>值和 *C* 值相对于其他三个有向网络亦是如此。四个无向网络的小世界属性将在讨论部分进一步探讨。

无尺度属性（Barabási & Albert，1999），即符合幂律的度分布，也普遍存在于真实世界的各种复杂网络中。此属性在不同类型的语言复杂网络中被广为发现（Ferrer-i-Cancho & Solé，2001；Ferrer-i-Cancho et al.，2004）（参照本书第五章第一节至第四节），是除了小世界属性之外的另一种新型的、基于统计的语言普遍规律（Solé et al.，2010）。从四个无向语言复杂网络的幂律决定系数 $R^2{}_1$ 值（按 UN1～UN4 的顺序分别为 0.918、0.806、0.800、0.757）来看，它们的度分布都基本符合幂律，换言之，四个无向网络都属于无尺度网络。图 6-5 是 UN1～UN4 度分布的散点图（采用对数坐标），图中的直线是与相应网络的度分度拟合最佳的幂律，其斜率为相应的网络度分布的幂律指数 γ（按 UNI～UN4 的值分别为 1.640、1.367、1.374、1.050）的相反数。四个有向网络的出度和入度的分布也基本符合幂律，具体数据在此不再赘述。符合幂律的度分布意味着网络中极少数的节点的度远大于其他节点的度，这些极少数的节点是网络中的中枢节点（Barrat et al.，2008）。本节研究中的四种语言复杂网络的中枢节点是相应汉语层面中的少数具有极强结合潜能的语言单位。（无向）句法依存网络的中枢节点一般都是虚词（Solé et al.，2010）。陈芯莹和刘海涛（2011）研究了汉语（无向）句法依存网络中的三个较重要的中枢节点，对应汉语句法层面中具有较高结合潜能的三个词，即“的”“了”“在”（作介词）。研究发现，三个节点对整个网络的统计特征（如小世界属性），即相应语言子系统的宏观特征，存在重要影响。考虑到虚词的高频使用，可以推断词同现网络的中枢节点也基本上是由虚词来充当的。由于汉语虚词往往为单字词，因此可以推断它们也是汉字同现网络的中枢节点。

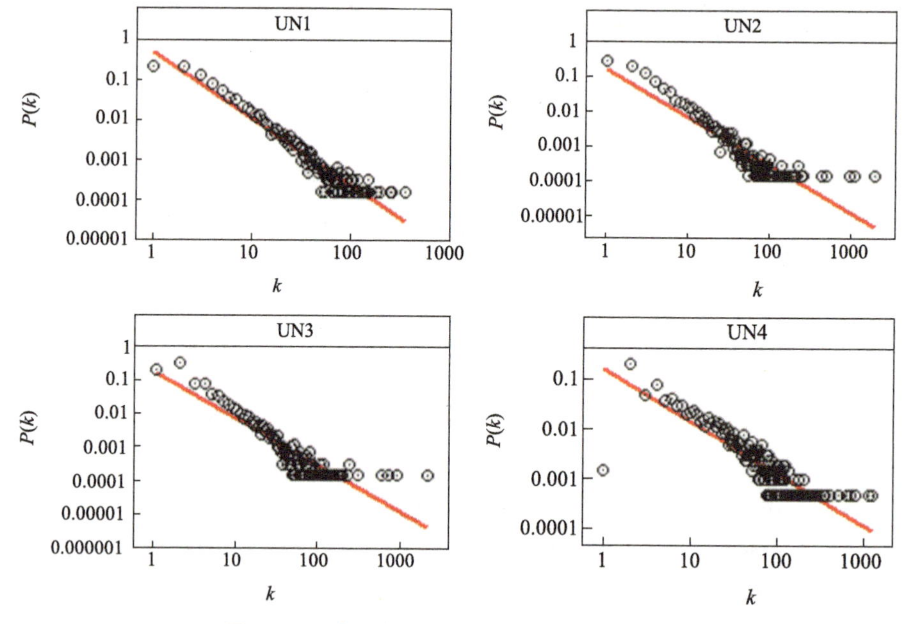

图 6-5　四个无向语言复杂网络模型的度分布

真实世界中的复杂网络往往呈现较为明确的度相关性（正相关或负相关）。在这里，我们采用邻近节点平均度 $k_{NN}(k)$ 在节点度 k 上的分布来考察四种语言复杂网络的度相关性。结果发现，UN2～UN4 以及 DN2～DN4 都呈现出明显的负相关，即 $k_{NN}(k)$ 随着 k 的增大而减小，而 UN1 和 DN1 只呈现出极弱的负相关。负相关意味着相应子系统中结合潜能强的语言单位倾向于与结合潜能弱的语言单位相结合。UN1～UN4 的邻近节点平均度分布的幂律指数（β）分别为 0.058、0.442、0.510、0.205，其幂律决定系数（R^2_2）分别为 0.110、0.855、0.835、0.482。

真实世界复杂网络的邻近节点聚集系数 $C(k)$ 在节点度 k 上的分布往往呈递减的趋势（Serrano et al.，2007）。结果表明，四种语言复杂网络模型的 $C(k)$ 在 k 上的分布均呈较明显的递减趋势。呈递减趋势的 $C(k)$ 说明四种语言复杂网络都呈现层级组织（Serrano et al.，2007）特性。在这种组织方式下，节点度小的节点倾向于组成局部的子网络，而节点度大的节点则倾向于将这些子网络连接起来，从而保证整个网络的连通性。UN1～UN4 的邻近节点平均聚集系数分布的幂律指数（α）分别为 0.338、0.573、0.608、0.319，而其幂律决定系数（R^2_3）分别为 0.539、0.742、0.709、0.716。

网络中心度 NC（Horvath & Dong，2008）（取值区间为 0～1）反映的是一个网络具有一个中心节点（即存在一个节点度极大的节点，而其他节点的度都极小）的趋势。该参数一般只针对无向网络。UN1～UN4 的 NC 值分别为 0.059、0.256、0.285、0.468。UN4 较高的中心度表明该网络的中枢节点的作用要强于其他三个网络的中枢节点，或者说，少数汉字（如某些单字虚词）在汉语表达中的结合潜能远远超过其他汉字，并且这种结合潜能上的差距要明显超过其他三个层面上的语言单位。UN1 较低的中心度则表明该网络中的中枢节点的作用要弱于其他三个网络的中枢节点，换言之，尽管少数实词在构成语义结构过程中的结合潜能远大于其他实词，但这种结合潜能上的差距要明显弱于其他三个层面的语言单位。

我们计算的十类复杂网络参数揭示了在四个汉语语言层面上构拟的四种共八个复杂网络模型的主要拓扑结构特征，它们反映了相应的汉语子系统的宏观特征。由于各子系统的无向和有向网络模型的拓扑结构特征是基本一致的，使用无向网络模型就可以反映各子系统的宏观特征。四个无向网络模型在不同程度上都呈现出小世界、无尺度、负相关和层级组织的特性。这说明相应的四个汉语子系统的宏观特征具有相似性。尽管如此，四个网络模型的拓扑结构也存在着不同程度的差异，而这些差异也体现了四个汉语子系统在宏观特征上的差异。例如，UN1 的小世界属性稍弱于其他三个无向网络模型，而其节点度的负相关性则极弱，而且其中枢节点的相对强度也要弱于其他三个无向网络（由其最低的 NC 值体现）。UN4 则基本相反，其小世界属性和其中枢节点的相对强度都是最强的，这说明中枢节点的表现对网络拓扑结构特征具有重要影响。Soffer 和 Vázquez（2005）指出，有些复杂网络节点度的相关性是由于节点度较大的节点的存在。中枢节点对网络模型拓扑结构特征的重要影响反映了具有极强结合潜能的少数语言单位在系统层面上的重要性。

为了在整体上反映四种语言复杂网络在拓扑结构上的异同，我们采用以上提及的十类复杂网络参数对四个无向复杂网络模型进行了聚类分析，结果见图 6-6。我们没有对四个有向复杂网络模型进行聚类分析的原因有二：①采用无向网络已基本可以反映相应汉语子系统的宏观特征；②有向网络模型由于须区分节点的出度和入度，其网络参数较多，不如无向网络操作简便。如图 6-6 所示，UN2 和 UN3 的拓扑结构最为接近（相似性为 89.88），这表明了现代汉语句法结构和句法的实现在系统层面上的密切联系，而 UN1 的拓扑结构与其他三个网络均有不同，表明了汉语语义结构在系统层面上的独特性。

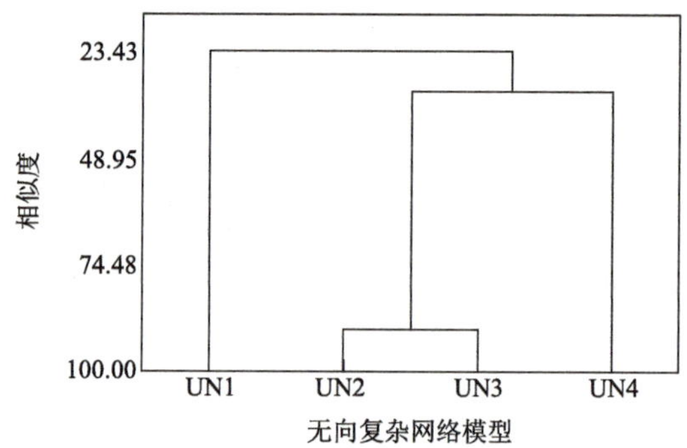

图 6-6　四个无向复杂网络模型的聚类分析结果

第四节　从复杂网络参数看汉语层级结构特点

研究结果表明，采用无向网络已基本能够反映相应汉语子系统的宏观特征，所以，本小节的讨论只涉及无向网络模型。另外，无向网络由于其简便性而在语言复杂网络及其他系统的复杂网络研究中被广泛使用，四个无向语言复杂网络模型的相关数据可以方便地与此前的相关研究进行比较。

本章前文所得到的句法依存网络（即 UN2）的网络参数与以往的研究（Ferrer-i-Cancho et al.，2004；Liu，2008b；刘海涛，2010b）所得到的其他多种语言的句法依存网络的相应参数基本上具有可比性；相比之下，汉字同现网络（即 UN4）的网络参数与这些句法依存网络的差异较为明显。更为重要的是，刘海涛（2010b）基于包括汉语在内的 15 种语言的句法依存网络的主要参数，通过聚类实验基本上反映出了这些语言之间的异同。然而，前述提到，句法依存网络（以及动态语义网络和词同现网络）都是以现代汉语的词为节点的。这就说明，现代汉语的词（而非字）与其他不同语言的词大致具有对等性。这种对等性为现代汉语的词作为一种语言单位的有效性提供了佐证。当然，这只能算作本章研究的“副产品”。

本章更重要的发现在于以定量的方式揭示了汉语不同子系统的宏观特征以及它们在这些特征上的异同。这些宏观特征是汉语在微观尺度上复杂的结构关系在宏观尺度上的涌现。因为这些宏观特征是通过相应的复杂网络模型的拓扑结构特征反映出来的，所以，除了语言学及其相关学科（如认知科学）的相关理论与研究结果之外，针对复杂网络结构和演化的相关研究结果也可以帮助我们对这些特征进行深层解读。

通过解读现代汉语的四个子系统所共同体现的宏观特征，我们可以发现这些宏观特征对于汉语系统的价值和意义。我们认为，这些宏观特征体现了汉语作为一个分层系统的高效组织方式。

前述提到，汉语的四个子系统的复杂网络模型均在不同程度上具有小世界、无尺度、负相关性和层级组织特性。复杂网络研究发现，这些特性也广泛存在于真实世界的诸多其他系统的复杂网络模型当中（Boccaletti et al.，2006）。这说明，汉语（人类语言在较大程度上亦如此）作为一个分层系统的整体特征与真实世界的其他诸多系统存在着共性，尽管它们在具体的组成单位及其关系方面是不同的。复杂网络模型所体现出来的拓扑结构是相应系统演化的结果，并影响着后者的功能（Boccaletti et al.，2006）。相关的复杂网络研究发现，复杂网络的某些拓扑结构特征对于网络中信息的高效传递具有至关重要的作用。例如，Boguñá等（2009）指出，复杂网络节点之间的信息传递过程是不受网络全局观指导的，或者说，这一过程对于整个网络的组织情况一无所知，传递路径的选择具有一定的盲目性。然而，在真实世界的各种自然和人造系统的网络模型中，节点之间的信息传递仍然能够高效地进行。Boguñá 等（2009）发现，真实世界的系统网络模型所体现出来的高聚集系数和无尺度属性能够保证网络的连通性，从而使得缺乏网络全局观指导的信息传递能够有效进行。另外有学者（Latora & Marchiori，2001）提出，真实世界网络模型的小世界属性意味着网络中信息传递的高效性。

汉语作为一个分层系统，在各个层级系统的复杂网络模型中反映出信息传递的高效性对认知科学有着重要的意义。由于本章研究构拟的四种语言复杂网络反映的是汉语在四个不同层面上的语言单位及其在真实的语言使用中所形成的关系，因此它们也可以被作为汉语在这四个语言层面上的语言知识模型。基于使用的语言观（Tomasello，2003；Hudson，2007；Bybee，2010）认为，语言使用者所接触并记忆的语言的具体使用（或者叫作范例表征）（Bybee，2010）是语言知识的基础。从这个意义上讲，四个汉语子系统的宏观特征也就反映了四个层面上的汉语语言知识的整体组织方式。Hudson（2010）认为，语言知识作为一个网络，与真实世界其他系统的网络模型可能存在类似之处，如无尺度属性。

本章研究以定量的方式揭示了现代汉语在不同层面上的知识的组织方式，并印证了 Hudson（2010）的观点。从四种语言复杂网络的拓扑结构来看，汉语在四个层面上的知识的组织方式具有高效性，能够方便不同节点之间的信息传递。在认知心理学、心理语言学和人工智能等领域中所采用的扩散激活过程

（McClelland & Rumelhart，1988；Hudson，2010；Macdonald et al.，1994；Crestani，1997）被认为是在知识的网络表征中进行信息处理的重要机制。然而，扩散激活过程正是一个缺乏网络整体观指导的过程，对网络的整体组织方式一无所知。当一个节点的激活水平超过一定阈值时，便会不加选择地激活其所有的相邻节点。为了保证信息处理能够有效进行，网络本身的组织方式就必须为这种看似无目的的鲁棒处理机制提供方便。由于汉语在四个语言层面上的复杂网络模型均具有较高的聚集系数和无尺度属性，即汉语系统的组织方式具有较好的连通性，从而能够保证扩散激活这种缺乏网络整体观指导的信息处理机制能够有效运作。另外，扩散激活是一个有限的过程，因为激活能量会随着扩散的进行而不断衰减。由于汉语在四个语言层面上的知识的复杂网络模型均具有小世界属性，任何两个节点之间一般都有一条较短的路径，这样就能够有效地减少扩散激活过程中的激活能量衰减，从而保证该过程能够高效进行。相关模拟实验的结果（S. Bordag & D. Bordag，2003）表明，具有小世界属性的词同现网络中的扩散激活过程能够有效地实现语言理解过程中的词义消歧，并能对后续将要出现的词做出预测。以上论述只涉及了四种复杂网络模型的小世界和无尺度属性。相关的复杂网络研究（Ravasz & Barabási，2003）指出，一个复杂网络兼有无尺度属性和高聚集系数是其层级组织的结果。另外有研究（Soffer & Vázquez，2005）指出，复杂网络的层级组织与度相关性联系紧密。由此可见，四个汉语复杂网络的这几种特性是相辅相成的。

以上讨论的汉语的四个子系统的高效组织方式更多涉及心智层面，该层面将大脑的功能抽象为节点及节点之间的连接。然而，心智与大脑之间显然是有联系的（Hudson，2010）。近年来，复杂网络的方法也被用于描述大脑系统的整体组织特征。研究发现，大脑的解剖层面和功能层面的复杂网络模型都具有类似的拓扑结构特征，包括小世界和无尺度特征、明确的度相关性和层级组织（Bullmore & Sporns，2009）。这说明，大脑系统也具有高效的组织方式，并且在这一点上与现代汉语的四个子系统是基本一致的。此前提到，复杂网络的拓扑结构特征是相应系统的演化结果，因此现代汉语的不同子系统与大脑系统在这种有效组织方式上的一致性也必然是两者演化的结果。本章研究并不能解决二者在演化过程中的关系问题，但是考虑到大脑是语言的硬件基础，并且前者的演化要慢于后者（Christiansen & Chater，2008），至少可以说语言系统的组织特征在演化的过程中要受到大脑系统组织特征的约束。

前述提到，中枢节点的表现对于各个子系统复杂网络模型的拓扑结构具有重要影响。这些复杂网络模型的无尺度属性表明，各个子系统都倾向于让少数具有极强的结合潜能的语言单位来充当中枢。这种现象是省力原则（Zipf，1949）在语言中的一种体现。让少量的语言单位具有极强的结合潜能（或者说极其丰富的使用语境）有助于减少语言产出过程对产出者的负担，而大部分语言单位具有较弱的结合潜能意味着它们的适用语境相对较固定，理解起来相对容易，这样可以为语言表达的接受者的理解过程提供方便。因此，无尺度属性反映了语言产出和理解这两方面的省力需求长期博弈所形成的平衡状态。

本章研究所揭示的四个汉语子系统在宏观特征上的共同点反映了汉语系统的高效组织方式，而四个子系统在宏观特征上的差异则在宏观尺度上反映了汉语的四个子系统之间的关系。

聚类分析的结果显示（图 6-6），UN1 的拓扑结构在整体上与其他三个复杂网络模型存在较大区别。从单个的拓扑结构特征来看，UN1 与其他三个复杂网络模型相比具有较弱的小世界属性和极弱的度负相关性。另外，其网络中心度也是四个模型当中最低的，说明它的中枢节点所对应的语言单位的结合能力相对较弱。所有这些事实表明，UN1 所在的汉语语义结构层在系统层面上与汉语的其他三个语言层面相比具有一定的独特性。这种独特性说明汉语语义结构在汉语语言处理的过程中很可能是相对独立的一个层面，是一个更能反映人类语言普遍特点的层级。

本章研究所涉及的四个汉语子系统按照 Givón（2002）的观点可以被划入人类交际系统的两大子系统，其中语义结构层面属于认知表征子系统，而其他三个层面都属于交际编码子系统。Jackendoff（1990）指出，语义结构并非完全属于语言本身，而是作为语言信息和其他信息（与诸如视觉与行动的其他能力有关）的接口。UN1 相比于其他三个网络模型在拓扑结构上的独特性正体现了语义结构子系统的这种特殊的地位。UN1 的这种独特性是语义结构在微观尺度上的独特性在宏观尺度上的涌现。由于语义结构是一种对事件和情景的认知表征手段，它并不涉及这些信息在语言使用者之间的交流，即如何将这些信息进行显式的编码，从而使这些信息能够被其他的语言使用者所理解，因而语义结构主要体现为实词（或它们所表达的词汇概念）之间的关系。Pinker（1995）在探讨心智语的特点时提出，心智语类似于一种简化的自然语言，诸如功能性的语言单位（如虚词）是没有必要存在的。语义结构的情况就与此类似。UN1 在拓扑结构特征上的独特性很大程度上就是因为其所在的语义结构层面缺少像虚词这样的结合潜能极强的语言单位。前述提到，复杂网络的拓扑结构特征是相应系统演化的结果。UN1 对某些拓扑结构特征（如小世界属性和负相关性）体现得较弱表明其所在的汉语语义结构层的演化程度不及汉语的其他三个语言层面。部分语言学家认为语义结构是一种较为原始的结构（Moulton & Robinson，1981；Jackendoff，1990；Hurford，2003），而且有学者（Hurford，2003；Pinker & Jackendoff，2009）提出，语义结构也存在于一些无语言能力的生物（如类人猿、婴儿等）的心智能力中。UN1 相比其他三个复杂网络模型的较低的演化程度是语义结构的这种原始特性在宏观尺度上的体现。

聚类分析结果显示（图 6-6），UN2 和 UN3 的拓扑结构特征的差别程度极低，或者说，二者在拓扑结构方面高度相似。这表明汉语的句法结构及其线性实现在系统层面上具有高度的相似性。这一相似性是二者在微观尺度（即句子层面）上的相似性在宏观尺度上的涌现。前述提到，UN2 和 UN3 的节点完全相同，其不同在于二者的边的类型，前者的边为词与词之间的句法依存关系，后者的边则为词与词之间的同现关系。然而，二者的边存在着高度的重合。对汉语及其他诸多语言的研究结果（Liu，2008a；Liu et al.，2009b）（参照本书第一章第二节和第四章第一节）表明，两个存在句法依存关系的词在较大的概率上（一般在 50%以上）是相邻的词。这就意味着，句法依存关系与词同现关系在较大概率上是重合的，因而一个句法依存网络与相应的词同现网络在拓扑结构特征上的高度相似性也就不足为奇了。尽管本章研究——也包括 Tesnière（1959）和 Mel'čuk（1988）等的研究——将语言的（非线性的）句法结构和其线性实现分为两个不同的层面，但是这两个层面无论是在微观尺度上还是在宏观尺度上的高度相似性都表明二者之间的联系是紧密的，界限比较模糊。这也表明这两个子系统在汉语语言处理的过程中具有十分密切的联系。句法依存关系与词同现关系在较大概率上的重合反映了人类语言句法的一个基本规律，即句法关系密切的（如存在句法依存关系的）语言单位（如词）在句中存在线性距离最小化的趋势（Hawkins，2004；Temperley，2007；Liu，2008a）（参照本书第一章第二节、第三章、第四章第二节）。这种趋势有利于将句法认知处理的难度保持在一个较低的水平，因为相关实证研究的结果表明（King & Just，1991；Ninio，1998；Gibson，2000；Hsiao & Gibson，2003），句法关系密切的语言单位在句中的线性距离越长，其对句子理解和产出所造成的难度就越大。

Köhler（2012）提出，一种语言表达（句子）须让听话人/读者尽量容易地从其语言结构中提取其概念结构，也要尽量减小说话人/作者在表达时所付出的努力。因此，让句法关系密切的语言单位在句中就近组合的趋势显然同时满足了语言表达的产出者和接受者双方的省力需求。人类语言在句法产出与理解方面所体现出的省力特性也意味着它为句法习得提供了便利。以本章研究中所发现的句法结构层与句法结构的线性实现层的高度相似性为例，二者之间的高度重合意味着学习者能够尽可能容易地从语言的线性表达中发现词与词之间的配价模式，从而掌握一种语言的句法知识。汉语句法结构层面及其线性实现层面在宏观尺度上的高度相似性及其所反映的人类语言为句法的接受、产出和习得所带来的便利可被视作语言演化的结果。具体地说，这是人类语言对于人类的认知处理机制长期适应的结果。正如 Hawkins（2004：2）所说的那样，“语法被语言处理深深地塑造”。在语言演化研究领域中也有类似的观点，即语言的演化会适应人类的大脑以便于被处理和学习（Christiansen & Chater，2008）。

聚类分析的结果（图 6-6）也显示 UN4 的拓扑结构在整体上与 UN2 和 UN3 存在较大区别。这种区别在宏观尺度上反映了汉字与汉语的词作为不同的语言单位在汉语的表达中不同的作用，也表明了汉字表达子系统在汉语语言处理中与句法的处理是相对独立的。从单个的拓扑结构特征来看，UN4 最显著的特点是具有在四种复杂网络模型中最强的小世界属性（即最短的平均路径长度和最高的聚集系数）和最高的网络中心度。这说明 UN4 具有极强的中枢节点，也就是说在汉字表达层面上存在着少数结合潜能极高的汉字。根据此前的分析，这些少数的具有极强结合潜能（确切地说是与其他汉字同现的潜能）的汉字是单字的汉语虚词。汉语的表达从其物理表现来看，其实质是线性的汉字流。以汉语书面语为例，如果不考虑标点符号，那么这种汉字流是没有任何间断的，这是汉语书写系统的一个鲜明特点。然而在汉语表达的汉字流当中，汉字与汉字之间的同现关系是不同的。这种同现关系要么是出现在同一个词中，要么是处在两个词的边界上。一个单字成词的汉字可以充当两个词之间的分词符，因为它（假设其不在句首）与左右相邻的两个汉字的同现关系均是处于词与词之间的边界上。单字的汉语虚词由于使用频率极高，其分词符的作用可以得到极大的发挥。相关研究发现，人类语言中的虚词往往能在语言的理解过程中为分词（将话语流分析为一个个的词）提供便利（Hicks，2006；Christophe et al.，1997）。考虑到汉语书写系统没有显式的分词机制（词与词之间没有空格），单字虚词的分词符作用可能尤为重要。从这一点也能够看出，同样的语言单位在不同的语言层面上所起的作用可能是不同的，这也反映了对语言进行分层研究的必要性。

基于相同的汉语语料，我们构建了汉语四个层面的无向和有向的复杂网络模型。研究结果表明，四个无向网络模型可以揭示相应层面作为汉语子系统的主要宏观特征。四个汉语子系统在被建模为无向语言复杂网络后都在不同程度上呈现出小世界、无尺度、负相关和层级组织的特性。同时，四个子系统在宏观特征上也存在着不同程度的差异，如句法结构及其线性实现在系统层面的高度相似，以及语义结构子系统在宏观特征上的独特性。四个汉语子系统的宏观特征及其异同较为全面地展现了汉语作为一个分层系统的整体概观。这些发现也丰富了我们对于语言作为一个层级系统的认识。

得益于复杂网络方法的运用，这些结果可以从更广阔的视角（如语言学、认知科学和网络科学）被解读。一方面，四个层面上的网络模型所体现出的小世界、无尺度等拓扑结构特征反映了相应的汉语子系统高效的组织方式。这种组织方式为汉语知识网络表征中的信息处理过程提供了便利。另一方面，四个层面上的网络模型的拓扑结构特征的差异则反映了相应层面作为汉语子系统之间的关系。例如，动态语义网络拓扑结构特征的独特性反映出汉语语义结构作为认知表征子系统（而非交际编码子系统）的独特性。句法依存网络与词同现网络拓扑结构特征的高度相似性反映了汉语句法结构及其线性实现之间的高度相似性，体现了二者在汉语语言处理中的密切联系。某些语言单位在不同语言层面上的不同作用也得到了体现。例如，汉语中的单字虚词作为一种句法手段也发挥着重要的分词符的作用。值得注意的是，本章研究的结果在诸多方面都体现了汉语作为分层系统的相关特征为语言的认知和处理所提供的便利。这种语言与认知之间的协同关系也说明，语言的演化受到了人类认知机制的约束。

本章研究对现代汉语作为分层系统的研究结果及其解读对于其他的人类语言也具有一定的启示意义。为了得到更具广泛意义的结论，我们需要采用复杂网络方法来研究更多具有不同类型学特征的人类语言。关于语言类型与复杂网络的问题，我们将在本书第八章做进一步的讨论。下一章，我们先从网络科学的角度对人类语言系统中的局部与整体关系进行一点研究。

第七章

语言网络的局部特征

第一节　句法在语言网络中的作用

一、引言

根据本书此前的讨论与分析，我们知道，已有不少学者研究了根据不同原则构建的语言网络，结果发现，这些语言网络和其他真实世界网络一样，都具有小世界和无尺度的特征（Newman，2003）。以至于有的学者认为，句法只是无尺度网络的副产品（Solé，2005）。这也就引出了如下问题：这是所有语言网络的普遍特征吗？句法在句法（语言）网络中扮演了何种角色？如果我们在同样的句子中任意构建依存关系，这样生成的语言网络会与句法（语言）网络有相似的特征吗？句子中的微观句法变化能反映在语言网络的宏观特征中吗？

在本小节中，我们将试着回答上述问题。我们将句法网络作为本小节的研究对象，这是因为如果“没有句法，人类语言就无法发挥其无尽的力量，从非句法性交流到句法性交流的跨越是人类语言演化历史上的关键一步”（Nowak et al.，2000：495）。

我们采用中央电视台的《新闻联播》文本，人工标注了一个小型的依存树库（NL）。为了对比分析，基于这个树库中的词语，我们根据本书第一章第一节中两种随机依存语言的生成原则，构建了两个随机依存树库（RL1 和 RL2），然后将这三个树库转换为三个无向网络。

二、三个依存网络的对比分析

本节仍然采用平均路径长度$\langle d\rangle$、聚集系数 C 和度分布 $P(k)$ 这三个最常见的复杂网络指标来比较这三个网络的异同。它们都是用于衡量网络复杂性的最常见的系数。

先来看平均路径长度。本节所构建的三个网络拥有相同的节点数（4015），但平均路径长度并不相同。NL 的值最大，为 3.372；RL1 的值次之，为 3.147；RL2 的值最小，为 3.129。由此可见，两个随机网络的值比较接近。

网络的直径（diameter）指的是网络中最短路径的最大值。例如，在 NL 中，从节点 821 到节点 3032 就是这样一条路径，因为这条路径中有 10 条边，因此 NL 网络的直径为 10，而 RL1 和 RL2 则拥有相同的直径 9。

在句法网络中，度（k）为某个词（节点）与其他词语连接的边数，大致相当于依存和配价语法中的配价（Liu，2008b）。$<k>$指的是网络的平均度。这三个网络中，NL 的平均度为 6.48，小于 RL1（7.80）和 RL2（7.95）。

聚集系数的概念我们已在本书此前的章节中做过解释，从句法网络的角度看，它反映了与一个词相邻的两个词彼此相邻的概率。图 7-1 可以用来很好地解释这个概念。例如，图 7-1 中句法网络的聚集系数体现了下面的词语之间存在连接的可能性：the 和 has，has 和 a，boy 和 toy。由于英语句法的约束，在图 7-1 的句法网络中，a 和 has 相连的可能性较小，但在两个随机网络中没有这样的约束，因此从理论上来说，二者相连的可能性会大大增加。三个网络中，NL 的聚集系数为 0.128，RL1 为 0.185，RL2 为 0.175。也就是说，随着网络的随机性增加，网络节点之间连接的可能性增大，聚集系数便会增加。

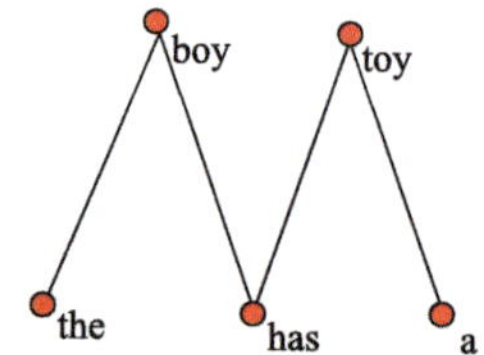

图 7-1 “The boy has a toy.”的依存网络结构

我们知道，如果一个网络具有较高的聚集系数和较小的平均路径长度，则为小世界网络（Watts & Strogatz，1998）。换句话说，小世界网络可以被描述为$<d>\sim<d_{rand}>$和 $C>>C_{rand}$。在本节所研究的网络中，为了将本节关注的三个语言网络（NL、RL1、RL2）与典型的指数网络做比较，我们构建了与这三个网络规模相似（具有相同节点数、相近平均度）的 E-R 随机网络（Erdös & Rényi，1960）。结果发现 E-R 随机网络的 C 和$<d>$分别为 0.001 35 和 4.66。以上数据表明，三个语言网络与 E-R 随机网络相比，具有相似的平均路径长度，但它们的聚集系数远大于 E-R 随机网络。因此，这三个依存网络是小世界网络。

由于三个网络的度分布服从幂律分布（图 7-2），所以它们也是无尺度网络。

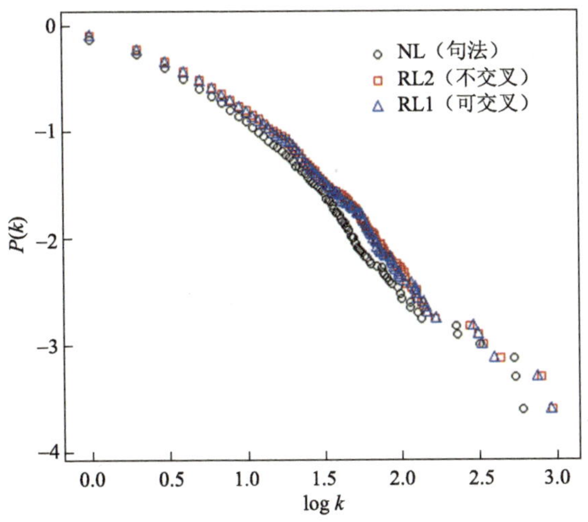

图 7-2　三个网络的累积度分布情况

注：斜率分别为−1.401（NL）、−1.366（RL2）、−1.372（RL1）

基于这些网络指标，我们可以得出三个网络都具有小世界和无尺度的特征。同时，数据也表明句法网络和非句法网络存在差别。相比句法网络，两个随机网络的指标更接近。尽管随机网络和句法网络存在差异，但所有网络都具有真实网络的基本特征，即小世界和无尺度。这说明现有网络指标并不能将句法网络和随机网络区分开来。

此外，还有两个待解决的问题：为什么三个网络都是小世界和无尺度的？句法网络与非句法网络之间的差别为什么会大于两个非句法网络之间的差别？

齐普夫定律（Zipf，1949）或许能解释为什么三个网络在各指标数值方面非常相似。Masucci 和 Rodgers（2006）认为，在语言网络中，一个词的度等于它的频率，其分布服从齐普夫定律或幂律。Liu（2008b）详细比较了两个句法网络，发现句法网络的度分布并不严格等同于它们词频的 Zipf 曲线。齐普夫定律一定程度上有助于解释三个网络指标的相似性，但并不能解释句法网络和随机网络之间的差异性，因为随机文本也服从齐普夫定律（Li，1992），尽管于水源等的研究表明，随机文本的频率曲线与人类的词频分布还是有差别的，是可以区分的（Yu et al.，2018）。

句法告诉我们词在语言中扮演着重要的角色（Hudson，2007）。如果我们忽视词，也就是词（节点）在语言网络中的作用，就很难找出导致句法网络和非句法网络存在差异的具体因素。例如，在句法网络中，一个节点（单词）不能自由连接到其他节点，但在随机网络中，这种限制则消失了。句法网络的平均度 k 小于随机网络，便显示了词的作用。图 7-1 说明，在句法网络中，boy 和 toy 两个节点（词）之间要建立联系，比随机网络中更难，这也可解释为什么句法网络的聚集系数会低于随机网络的聚集系数。数据显示，句法可能会影响复杂网络的相关指标，但难以用网络是否具有小世界或无尺度等特征来解释句法的作用。

本节研究有助于解释为什么基于不同原则构建的语言网络通常是小世界和无尺度的，那是因为现有的网络指标反映的不只是语言的句法特征。Ferrer-i-Cancho（2006）指出句法连接趋向于没有交叉，但在我们的研究中，随机网络所呈现出来的相似性表明，这种差异难以通过复杂网络的指标来判别。如果非句法网络和句法网络都是无尺度的，也许我们就不能简单地认为句法只是无尺度网络的副产品（Solé，2005）。我们的发现很可能不足以推翻 Solé（2005）的说法，但至少可以说明，现有的复杂网络的指标不足以研究人类语言的句法。无尺度只是句法网络的一个特征，难以作为评估网络是句法网络还是非句法网络的唯一手段。

三、本节小结

所有语言网络，如果建立在一定的原则之上，通常都是小世界和无尺度的，但其他现实世界的网络也有类似的特点，这使得我们很难宣称小世界和无尺度是人类语言的基本属性。目前的研究仅仅说明，这些网络指标可以用来探讨人类语言的结构。句法常常被认为是人类语言中可以完美体现“语言是有限手段的无限运用”这一论断的核心部分，因此我们研究了句法网络和与之相关的两个随机网络的复杂性。结果表明，这三个网络均具有小世界和无尺度的特征。句法网络相较两个随机网络，拥有较低的平均度和聚集系数，但这种差异实在太小，不足以将句法网络和随机网络区分开来。

我们的研究也表明，目前的网络科学更关注语言网络的宏观组织和整体特征，还难以反映句子结构的细微差异。另外，一个采用网络科学的方法研究语言系统的路径就是加强对网络中节点的研究。换言之，如果我们忽略节点（词）在语言网络中的作用，可能很难理解语言网络特别是句法网络所呈现出来的宏观整体特征。下一节，我们就来研究汉语句法网络的中心节点问题或寻求汉语的结构中心。

第二节　汉语句法网络的中心节点

一、引言

语言系统是一种复杂的网络结构体（Hudson，2007）。因此，采用复杂网络来研究语言具有必要性。国内外有关语言复杂网络研究的成果已有不少。尽管语言网络的构造原则各有千秋，但大部分研究都偏重于对各种网络共性的探讨，如小世界和无尺度特征等。这种偏重共性的研究，不仅会给人“千网一面”的感觉，也会使语言结构的差异被湮没在语言网络的整体特征当中。为了从语言网络中挖掘出语言结构的个性，我们需要进一步深入网络结构的内部，更多地去考察分析网络中局部结构以及节点的情况。

考察网络局部结构特征的首选切入点是网络的中心节点，因为中心节点的存在是网络表现出小世界和无尺度特征的重要原因。就语言网络而言，什么是它的中心节点？这些节点在语言网络当中又起着什么样的作用呢？

人类目前正在使用的语言有 7000 多种。[①]语言类型多种多样，构建语言网络的方法也有多种选择。但对于语言学家而言，语言网络只是研究语言的手段，而非目标（Liu，2008b）。用网络的方法去发现和解释语言结构与现象，才是语言学家的真正的目的，即要构建有语言理论依据的句法网络和语义网络。由于不同语言在句法层面表现出的区别特征相较于语义层面更明显一些，因此相比语义网络，句法网络是更好的选择。对于汉语句法网络来说，虚词很可能就是网络的中心节点，是我们的研究对象。这是因为汉语是孤立语，实词缺乏表示语法意义的形态变化，于是虚词（和语序）成了表示结构的主要语法手段，因而显得特别重要（黄伯荣、廖旭东，2002）。

本节研究不同于以往关注语言结构共性与整体特性的研究，将目光投向了网络结构的内部，关注网络的中心节点，试图从宏观与微观相结合的角度挖掘更多的网络结构个性。国内外现有的语言网络研究当中还没有对中心节点的相关研究。从语言学的角度来说，本节研究为汉语虚词的研究提供了一种新的方法，有很高的方法论价值。从复杂网络的角度看，由于语言网络的节点具有定义明确、特性便于描述和量化的特点，所以汉语句法网络的中心节点研究可以从理论上较好地解释复杂网络结构的特点及构成。这对于复杂网络节点特性的研究、网络结构动力的研究都有价值。

二、节点的选取与网络统计参数

为了减少语体对研究结果的影响，我们选用了《实话实说》（SHSS，含 17 061 词）和《新闻联播》（XWLB，含 19 963 词）两类语料作为研究资源。我们先通过词频及分布率的统计比较，确定了具体的 3 个虚词作为研究对象；然后考察了这 3 个虚词节点的网络特征值，分析了其在网络结构中的中心节点地位；之后分

---

① 参见 https://www.ethnologue.com/。

别将这 3 个节点从网络中移除，对比分析移除前后网络特征值的变化。结果表明，这 3 个虚词均是网络的中心节点，但地位各有不同，它们对网络整体结构的影响也有较大区别。

我们首先关注的是虚词出现的频率。一般认为，词的频率统计是计量语言学的基础（刘源、梁南元，1986；刘海涛，2017），但频率标准是有局限性的。因为频率统计的准确程度与所选取的语言材料的容量有密切关系，所以频率的准确程度具有相对性（冯志伟，2001）。由于本节研究所使用的两个语料库均不到 2 万词，为保证研究结果的准确性，我们仅将位列前 50 位的虚词作为研究对象。通过统计 SHSS 和 XWLB 中出现频率最高的 50 个词，并整理其中所有虚词的数据，我们得到了表 7-1 所示的结果。

表 7-1 虚词词频列表

XWLB				SHSS			
虚词频序	词频序	频次	词	虚词频序	词频序	频次	词
1	1	930	的 *u*	1	1	1051	的 *u*
2	2	273	和 *c*	2	6	429	了 *u*
3	3	223	在 *p*	3	21	124	在 *p*
4	4	202	了 *u*	4	43	73	着 *u*
5	11	81	对 *p*	5	48	66	把 *p*
6	15	64	等 *u*				
7	26	48	从 *p*				
8	30	45	为 *p*				
9	35	43	并 *c*				

统计结果显示，SHSS 中，词频处于前 50 位的虚词有 5 个，包括 3 个助词（*u*）和 2 个介词（*p*）；XWLB 中，词频处于前 50 位的虚词有 9 个，包括 3 个助词、2 个连词（*c*）和 4 个介词。

时代的不同、地域的不同、语言材料容量的不同，以及语言材料是书面语言还是口头语言，这些差异都会影响到词频，所以我们不能只以词频标准作为选择词汇的唯一标准。一个词在一定篇数的语言材料的样本中出现在多少篇数中，也是衡量该词重要与否的标准。这个标准叫作分布率标准（冯志伟，2001）。根据统计结果，词频在前 50 位的虚词中，在两个树库中均有分布的有 3 个："的""了""在"（作介词）。根据《现代汉语频率词典》的显示，"的""了""在"分列词频榜的第一、第二和第六位，是词频最高的 3 个虚词（北京语言学院语言教学研究所，1986）。因此，我们将研究对象定为“的”“了”“在”（以下简称为A、B、C）3个虚词节点。

为了观察和分析这3个节点的网络特性，我们基于此前提到的两个树库构建了汉语的依存句法网络，并分别统计了3个节点的节点度数（all degree）、点出度（out-degree）、点入度（in-degree）、接近性（all closeness）、内接近性（in-closeness）、外接近性（out-closeness）以及中间度（betweenness）。网络构建方法参照Liu（2008b）（参照本书第五章），这里不再赘述。为了消除统计误差、方便对比，我们将测量结果的最大值设为1，对数据进行了标准化处理。

度数指与一个点直接相连的其他点的个数。一个点的度数就是对其“领域”规模大小的一种数值测度。如果某点度数高，则称该点居于中心，但由于度数的测量仅仅根据与该点直接相连的点数，忽略间接相连的点数，因此，测量出来的度可以被称为“局部中心度”。

一个点的点入度指的是直接指向该点的点数总和，点出度指该点直接指向其他点的总数。

如果一个点到其他许多点的距离都很短，那么这样的点与网络中许多其他点的接近性就较大。一个点的接近性与它到其他各点的距离之和（即距离和）是反向的。一个点与其他点的距离和越大，其接近性就越小。

在语言学中，这个指标可以描述包含特定词（顶点）的语言单位的结构复杂度。这是因为句法网络中的路径可被视为树库中的树分支结构，即句法网络中的路径实际上相当于树的一些分支，它们指的是语言结构的层次。语言结构的层数越多，人类和机器处理起来就越难。由于节点的接近性与路径有一定的联系，所以它们可以用来描述语言单位的结构复杂度。

在一个有向网络中，根据出、入不同方向计算出来的“接近性”也有所不同。这样可以分别测算出一个有向网络的“内接近性”和“外接近性”。

中间度这一概念测量的是一个点在多大程度上位于网络中其他点的“中间”，即一个度数相对比较低的点可能起到重要的“中介”作用，因而处于网络中心。一个点的中间度测量的是该点对应的行动者在多大程度上成为“掮客”或者“中间人”，或者能在多大程度上控制他人。

为了考察中心节点（包括整体中心节点与局部中心节点）在整个网络中所起的作用，我们分别将A、B、C这3个节点从网络中剔除，并统计了原始的XWLB、SHSS网络和3个去节点网络的节点数（the number of vertices）、平均度（average degree）、平均路径长度（average path length）、直径（diameter）、孤立节点数（the number of isolated vertices）、最大范围（domain）以及密度（density）等几个网络特征数据，观察节点删除前后的变化。

这些参数大多在本书此前的章节中已有介绍。这里只简单介绍几个此前没有提及的。孤立节点数指度数为 0 的节点数量；范围指某节点通过链接可达到的节点数目，最大范围指所有节点范围中的最大值；密度描述了一个图中各个节点之间关联的紧密程度。

三、中心节点的网络特征比较

我们使用网络分析软件 Pajek（de Nooy et al., 2005）计算了三个节点的网络参数（表 7-2），以及去掉这三个节点之后的网络整体参数（表 7-3）。

表 7-2　节点 A、B、C 的网络参数

网络特征	A		B		C	
	XWLB	SHSS	XWLB	SHSS	XWLB	SHSS
节点度数	964	830	133	234	222	131
标准化节点度数	1	1	0.137 97	0.281 93	0.230 29	0.157 83
点出度	504	405	0	0	88	61
标准化点出度	1	0.819 84	0	0	0.174 60	0.123 48
点入度	460	425	133	234	134	70
标准化点入度	1	1	0.289 13	0.550 59	0.291 30	0.164 71
接近性	0.501 88	0.557 70	0.351 97	0.439 41	0.409 77	0.441 58
标准化接近性	1	1	0.701 30	0.787 90	0.816 47	0.791 78
外接近性	0.373 75	0.398 85	0	0	0.264 84	0.283 02
标准化外接近性	0.916 00	0.847 31	0	0	0.649 07	0.601 24
内接近性	0.218 71	0.275 86	0.156 82	0.228 87	0.182 54	0.214 86
标准化内接近性	1	1	0.717 05	0.829 63	0.834 65	0.778 87
中间度	0.320 98	0.272 29	0	0	0.027 50	0.013 65
标准化中间度	1	1	0	0	0.085 69	0.050 12

表 7-3　去掉三个节点后的网络数据对比①

网络		节点数	平均度	平均路径长度	直径	孤立节点数	最大范围	密度
XWLB	完整	4 011	6.15	3.58	12	0	4 010	0.001 53
	去 A	4 010	5.67	3.93	12	42	3 928	0.001 41
	去 B	4 010	6.09	4.56	20	0	4 009	0.000 76
	去 C	4 010	6.04	4.59	20	17	3 990	0.000 75

① 去掉 A、C 之后的网络中存在孤立节点，所统计的平均路径长度、直径均指非孤立节点的值。

续表

网络		节点数	平均度	平均路径长度	直径	孤立节点数	最大范围	密度
SHSS	完整	2 601	8.56	3.05	9	0	2 600	0.003 27
	去 A	2 600	7.92	3.25	10	57	2 521	0.003 03
	去 B	2 600	8.38	3.95	13	0	2 599	0.001 61
	去 C	2 600	8.46	3.96	13	5	2 590	0.001 63

对照表 7-2 及表 7-3 中平均度的数据可知，A 无论是在 XWLB 还是 SHSS 网络中，标准化节点度数、标准化点入度、标准化接近性、标准化内接近性和标准化中间度都是 1，即所有节点的最高值。它的高度数、高入度和高出度特性，说明它在网络中是一个局部中心节点；接近性为 1，说明它与其余各点的距离和最小；具有最高的中间度，这说明它的整体中心度最高，是整个网络的最“中心”的节点。

B 在 XWLB 和 SHSS 中均具有高度数特点，说明它是一个局部中心节点。中间度为 0，所以它的整体中心度低，并不是网络的整体中心节点，仅能作为一个局部中心节点存在。B 的一个显著特点是，无论是在 XWLB 还是在 SHSS 网络中，它的点出度和外接近性均为 0。

C 同样具有高度数、高点入度和高点出度的特点，是一个局部中心节点。整体说来，它比 B 更加靠近网络的整体中心。

韦洛霞等（2005）曾提出，按字频选择汉字是导致词组网呈幂律度分布的重要原因，且汉语词组网的组织结构服从自然界普遍存在的省力原则，而 Liu（2008b）则发现，汉语句法网络中，词的度分布也是符合幂律的，汉语的句法结构同样符合省力原则，但词的度与词频并不是一致对应的，不是词频高的词的度数就一定高。对比表 7-1、表 7-2 的数据可发现，词频与节点的网络中心地位也不是一一对应的，并非词频越高的词在网络结构中的中心地位就越高。究竟是什么原因造成了这一现象，值得深入探讨，但就现有数据来推测，这很有可能与节点的接近性和不可替代性有关。虽然 B 只是一个局部中心节点，但它的外接近性大，它与邻居节点间的距离较短。另外，去掉 B 之后，网络的密度降低了，平均路径长度及直径均增加了，而且这些变化都比较明显。这说明 B 在缩短某些部分节点间的距离上有着不可替代的功用。这也是为什么虽然 B 的整体中心度要低于 C，但出于省力原则，它的频率仍比 C 高的原因。为了更加直观地表现出虚词在语言网络中的“链接”作用，我们以节点 C（“在”）为例，将其在 XWLB 网络中的所有链接都直观地表示出来（图 7-3）。

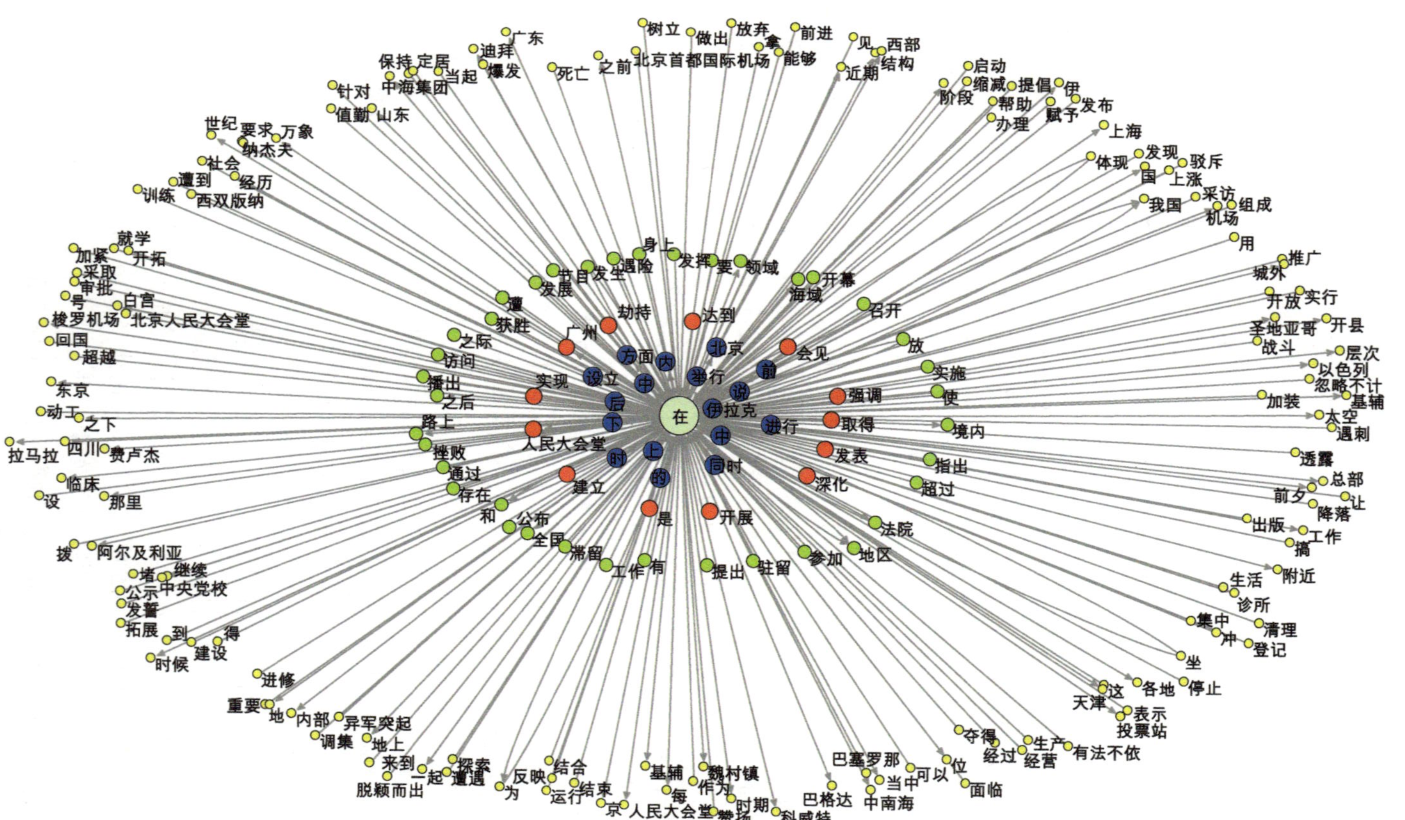

图 7-3 XWLB 中的节点 C 和它所有的邻居节点

在图 7-3 中，我们设法按照与 C 相连的边值来排列单词。最外圈标有黄色顶点的词，离中心顶点 C 较远，在依存树库中只与 C 连接过一次。按照同样的原则，标有绿色顶点的词（从外往里数第二层）在树状数据库中与 C 连接了两次，因此它们离中心顶点更近。由红色顶点标记的词（第三层）在树库中与 C 连接了三次。由蓝色顶点标记的词（第四层）在树库中与 C 连接了三次以上。词和 C 之间的连接越多，代表词的顶点越大，词和 C 之间的距离就越短。图 7-3 清楚地表明，尽管 C 有很多邻居，但大多数邻居似乎只喜欢访问它一次或两次，换句话说，连接的数量在它的邻居之间分布得比较均匀。图 7-3 也显示了数据可视化相对于传统表格的巨大优势。如若将图 7-3 所含信息用表格表示，则需要一个超过 200 行的表格，而且远不如图 7-3 来得直观、易于理解。

表 7-3 显示，无论是 XWLB 还是 SHSS 网络，在去 A 后，网络的平均度、最大范围及密度均降低了，平均路径长度及孤立节点数则增加了。XWLB 网络在去 A 后直径没变，SHSS 网络在去 A 后直径变大。两个网络的平均度降低是因为 A 的度数远大于原始网络的平均度，去 A 后自然会降低网络的平均度。

去 A 之后，那些仅能依靠 A 进入句法网络的节点就变成了孤立节点。A 具有最高的中间度，是网络中最重要的“中间人”。因此，去 A 之后有相当一部分节点被孤立了，这个现象在口头语体的 SHSS 网络中更加明显，有超过 2%的节点由于 A 的缺失而被孤立。

除了部分节点会被完全孤立外，还有些节点会三两成对地游离在大多数节点组成的网络之外。因此，我们需要统计最大范围。根据表 7-3，XWLB 去 A 后的最大范围为 3928，这就是说在去 A 后的网络中，最大的一个子网络是由连通的 3928 个节点组成的，有 82 个节点游离在这个大成分之外，无法链接到大部分节点，其中的 42 个节点更是处于完全孤立的状态，无法与任何其他节点链接。SHSS 去 A 后的最大范围为 2521，有 79 个节点游离在这个大成分之外，无法链接到大部分的节点，其中的 57 个节点成了孤立节点。

去 A 后，两个网络的平均路径长度增加，密度降低，但由于网络节点数是影响这两个参数的要素，因此，我们无法判断 A 本身对数据的影响程度。

SHSS 网络在去 A 后直径变大，这说明通过 A 节点能够缩短网络中部分节点间的距离，而 XWLB 网络在去 A 后直径并没变，我们认为这可能是由语体不同造成的。

无论是 XWLB 还是 SHSS 网络，在去掉 B 后，网络的平均度、最大范围及密度都有所降低，平均路径长度及直径则均有所增加，孤立节点数依然为 0，没有变化。平均度降低是因为 B 的度数远大于原始网络的平均度，去 B 后自然会降低网络的平均度。

B 的中间度为 0，并不是网络的中心节点。在去 B 之后，没有节点因此而被孤立，也没有小的节点游离在大网络之外，整个网络中的所有节点仍然是连通的。

虽然我们仍然无法判断 B 本身对平均路径长度和密度数据的影响有多大，但可将它与 A 做一下对比。通过对比，可以看出，B 对平均路径长度和密度的影响都比 A 大。特别是密度，去掉 B 后的网络密度仅为原始网络密度的一半左右。由于密度概念描述了一个网络中各节点之间关联的紧密程度，因此我们认为 B 具有使网络中部分节点联系得更加紧密的能力，且 B 的这种能力中不可替代的部分比 A 要多。A 作为局部和整体中心节点一定也具备这种能力，去 A 后密度变化较小，可能是因为 A 的这种能力会部分地被一些其他节点所替代。比如，A 能够使 x、y、z 节点联系得更加紧密，但可能同时有其他节点也能使这些节点联系得更加紧密，所以在去 A 后，节点间的紧密程度并没有变化。

去 B 后直径变大了，这说明通过 B 节点能够缩短网络中部分节点间的距离。与 A 相比，去 B 后直径的增加要更加明显。我们认为，这可能也是因为 B 缩短节点间距离的能力中不可替代的部分比 A 要多。

无论是 XWLB 网络还是 SHSS 网络，在去掉 C 后，网络的平均度、最大范围以及密度均降低了，平均路径长度、直径及孤立节点数则增加了。

平均度降低是因为 C 的度数远大于原始网络的平均度，去 C 后自然会降低网络的平均度。C 具有较高的中间度，但 C 受语体影响比较大，它在 XWLB 网络中更加接近整体中心。去 C 之后有一部分节点被孤立了，这个现象在类书面语体的 XWLB 网络中更加明显。因此，我们认为 C 在 XWLB 网络中对其他节点有更强的控制力。

XWLB 去 C 后的最大范围为 3990，有 20 个节点游离在这个子网络之外，无法链接到大部分的节点，其中的 17 个节点更是完全孤立，无法与任何其他节点链接；SHSS 去 C 后的最大范围为 2590，有 10 个节点游离在这个子网络之外，无法链接到大部分的节点，其中的 5 个节点更是完全孤立，无法与任何其他节点链接。

数据也显示，C 对平均路径长度和密度的影响与 B 相当，都比 A 的影响要大。与 B 类似，去掉 C 后的网络密度仅为原始网络密度的一半左右。因此我们认为，C 同样具有使网络中部分节点联系得更加紧密的能力，且 C 的这种能力中不可替代的部分与 B 相当，比 A 要多。

去 C 后两个网络的直径变大，这说明通过 C 节点能够缩短网络中部分节点间的距离。与 A 相比，去 C 后直径的增加更加明显，但与去 B 后的直径是一致的。因此我们认为，C 缩短节点间距离的能力中不可替代的部分与 B 相当，比 A 要多。

A、B、C 三个节点虽然同为中心节点，但其地位有很大差别。A 是整个句法网络的最中心节点；B 是非常明确的局部节点，中间度为 0；C 是局部中心节点，整体中心度介于 A 与 B 之间。数据表明，在分别去除这三个节点后，网络产生了不同的变化。其中，最显著的特点是去除 B 后未出现任何孤立节点。我们认为这与 B 的点出度、外接近性和中间度为 0 相关。其中，点出度是根源。点出度为 0 意味着这一节点没有支配其他节点的能力，它只能依附在其他节点之上，如图 7-4 所示。

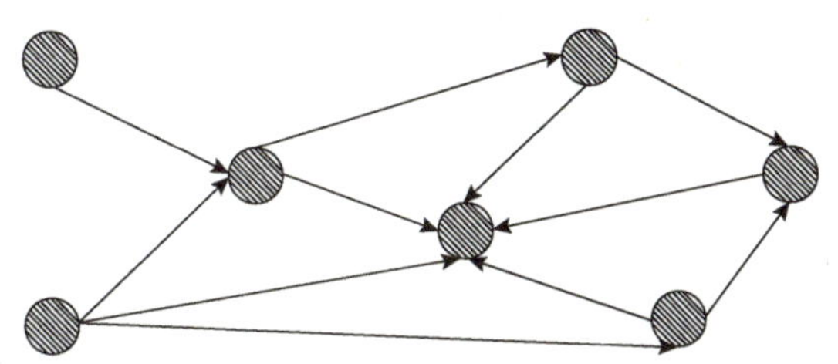

图 7-4　简单的网络节点连接示意图

假设它的某一邻居节点只能通过它和其他节点联系起来，B 就必须具备入度，而这与 B 的真实特性相悖，因此，去 B 后不会有孤立节点的出现；同理可以推断，之所以去 A 和去 C 之后会出现孤立节点，是因为它们的点出度不为 0。至于虚词的点出度是否为 0，则是由词节点本身所具备的配价能力所决定的（刘海涛、冯志伟，2007）。以 XWLB 中的点 B 和点 C 为例，这两个节点的配价能力有明显的区别，而这些区别又反映在了与之相应的节点度特征上。

四、本节小结

本节研究表明，在依存句法中，词的入度（即支配能力）比出度（即被支配能力）在维持句法结构的完整性上更重要。这与传统句法研究中中心词是维持句法结构完整的重要组成部分的观点相符。网络的研究方法为这一观点提供了宏观的、可量化的数据支持。我们的研究也证明，汉语的句法结构具有鲁棒性，即使是在去掉最中心节点的情况下，仍能保持绝大部分节点的连通性。此外从复杂网络的角度来看，研究表明，在网络结构的研究中，我们应重视节点自身的特性。虽然宏观的网络数据很重要，但网络的构建动力以及它们的形成、发展和变化的背后是节点的个性。节点根据自身的不同特性而自发地连接，最终形成了小世界、无尺度的网络。节点的个性才是决定各种网络结构的根源。

此外，我们还发现，三个虚词受语体的影响各不相同。那么，对语体敏感的虚词有哪些呢？它们的网络统计特征能否作为语体研究的一个参数呢？如果我们将不同语体扩展到不同语言，也许虚词是一个用语言网络研究语言类型的切入点。这些问题都值得进一步研究和探讨。

当然，可以反映语言微观特征的不只有词，某些特殊的结构也具有同样的功能。下一节，我们将通过对同一种句法现象采用不同的处理方法来更深入地探求语言网络中局部与整体的关系。

第三节　局部句法结构与网络整体特征的关系

一、引言

研究表明，语言网络均表现出小世界和无尺度特征（Čech & Mačutek，2009；Ferrer-i-Cancho，2005；Ferrer-i-Cancho et al.，2004；Li et al.，2005a；Li & Zhou，2007；Liu，2008b，2009b；Solé，2005）。尽管这些语言网络是根据不同的组织规则而构造，且网络规模不尽相同，但它们都表现出相似的全局特征。语言网络全局特征的这种表现带来了一系列问题：为什么局部的微观结构不相同的网络具有相似的全局特征？语言网络局部结构如何对语言网络的全局特征产生影响？通过对网络中心节点的探讨（参照本书第七章第二节），我们发现，中心节点表现出显著的个性特征（表现在节点度以及平均路径长度等方面），它们在与网络其他节点的连接中往往能聚集特殊的局部现象。这些现象是使得整个网络演变为具有小世界和无尺度特征的重要因素，但是具体考察单个中心节点的各项参数仍属于“以点带面”的考察方式。

为了回答上面的问题，搞清从单个节点到网络局部再到网络全局的演变过程，我们选择了一种在依存分析上存在多种合理性的特殊语言现象——并列结构，以此来考察局部分析方法的不同对于相应的网络全局特征的影响。我们构造了三个主要包含汉语并列结构的语言网络，每个网络都基于依存句法分析，但是对并列结构采用了不同的分析方式。从语言学角度来说，这种做法有助于更好地理解“对于语言学来说，网络只是手段，而不是目的”这句话（Liu，2008b）。

在语言网络中，节点一般代表词（类符），边代表词间关系。词与词连接方式的不同导致了语言网络的不同。本节关注句法网络，其中节点为词（类符），边表示两个词之间的句法关系。在构建句法网络之前，必须有可靠的句法理论作为指导，否则构造的句法网络将缺乏语言学上的可信性，很难被称为语言学导向的网络研究。目前主流的句法分析集中在成分分析和依存分析上。成分分析（或叫短语结构分析）注重句子中部分–整体的关系，依存分析注重词间二元不对称的依存关系。因此，依存句法分析被认为是“网络友好”的句法分析方式。但是这种网络友好的分析方式在处理并列结构时却遇到了很大的争议，因为在任何语言中并列结构都表示前后并列体之间的并列关系，这对二元不对称的依存分析是个挑战（Lobin，1993；Osborne，2003；Temperley，2005）。其实这个问题不仅对依存句法是一个问题，对于任何句法理论，并列结构都是讨论的重点。

我们选择并列结构作为局部句法结构（网络局部）的研究对象，一方面是因为依存句法对并列结构有多种可能的处理方式；另一方面是由于在上一节的讨论中，我们也知道句法功能词节点是汉语中的高频词和汉语句法网络中的中心节点。

二、并列结构的三种依存分析

在本节研究中，我们首先制定了依存句法针对并列结构可行的标注策略，然后对 1000 个汉语句子（其中包括超 2000 个并列结构）进行了标注，最终形成了三个相同规模的、以并列结构为主的语言网络。这三个网络包含了中心节点，即并列连词“和”，以及由它产生的局部连接的变化，可以作为探究网络重要节点到局部结构，再扩展到全局结构的有效资源。

从本书开篇我们就多次强调过依存关系的三要素。在这三要素中，非对称性是构成句子结构层级的关键。所谓非对称性，就是在形成一个依存关系的两个词中，有一个是支配词，另一个是从属词。显然，这种非对称关系很难处理并列结构，原因在于并列结构中的词是平等的。比如在句子“小强吃了苹果和橘子”中，包含并列结构[苹果和橘子]，其中“和”为并列连词，“苹果”和“橘子”为并列体，句法地位是平等的。那么如果用不平等的关系处理它们会有怎样的结果呢？我们基于前人在这方面的研究，制定了三种并列结构的标注方式，其中 cc 表示并列连词；C1、C2 和 C3 表示并列结构中的并列体；X 表示并列结构和结构外其他句法成分的依存关系；W1 表示并列结构外的句法相关词。三种并列结构的标注方式如下。

（1）并列连词作为并列结构的核心。在这个方案中，连词是核心，是对功能词句法地位的肯定，并列连词代表整个并列结构，与外界发生从属关系（刘海涛，2009；Schubert，1987；Liu & Huang，2006）。它兼顾了连词地位和并列结构第二层分析的思想，是相对复杂的一种处理方法。

在含有两个并列体的并列结构中，并列标记分别支配其他并列体。在含有三个及以上并列体的并列结构中，从第一个并列标记开始，每一个并列标记顺次支配后一个并列标记，每一个并列标记同时支配其前面的并列体。图 7-5 给出了两个并列体和三个并列体的处理方式。

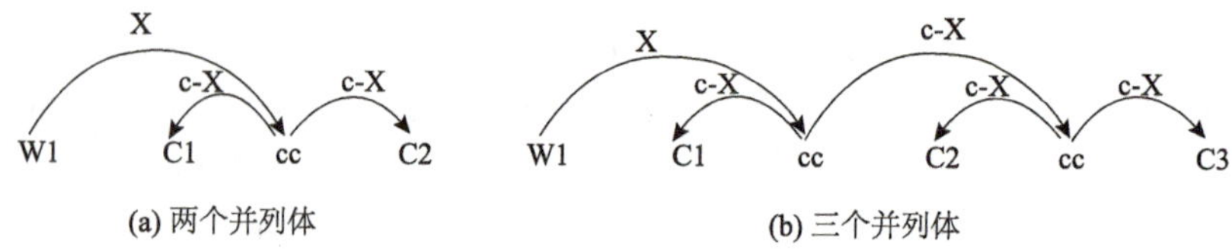

图 7-5 并列连词作为并列结构核心

（2）第一个并列体作为并列结构的核心。在这个方案中，第一个并列体是核心，它代表整个并列体与外部发生关系。这种方法类似于 Mel'čuk（1988）的处理方法。在并列结构内部，如果只有两个并列体，那么第一个并列体支配第二个并列体。

在并列连词的处理上，Mel'čuk 选择了并列结构内部顺次支配的方法，而功能依存语法采用的是使并列连词从属于第一并列体的处理方法。与上述两种方法不同的是，我们使并列连词从属于第二个并列体。这样做主要是考虑这个方案应凸显具有语义信息的并列体的地位，所以并列连词不再充当任何支配词；在通常情况下并列连词是后面并列体出现的标记，故选择并列连词后面的并列体来支配它。图 7-6 给出了两个并列体和三个并列体的处理方式。

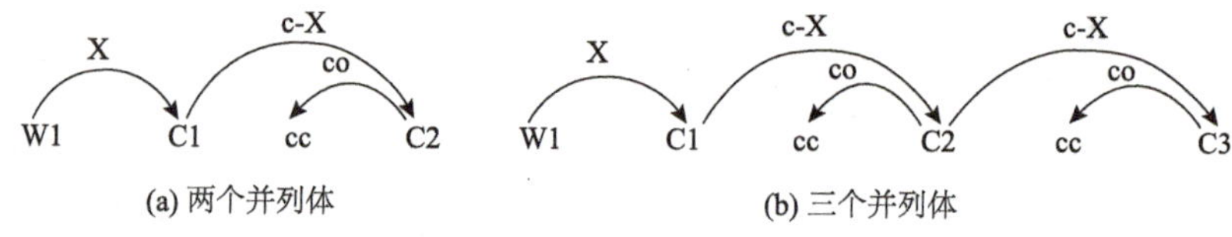

图 7-6 第一个并列体作为并列结构核心

（3）所有并列体的地位平等。第三种标注方案类同于 Tesnière（1959）和 Hudson（1998，2007）的做法，两个并列体分别与外界发生从属关系，这样就不存在并列结构第二层分析的思想，是对每一个并列体句法功能的充分肯定。图 7-7 给出了两个并列体和三个并列体的处理方式。

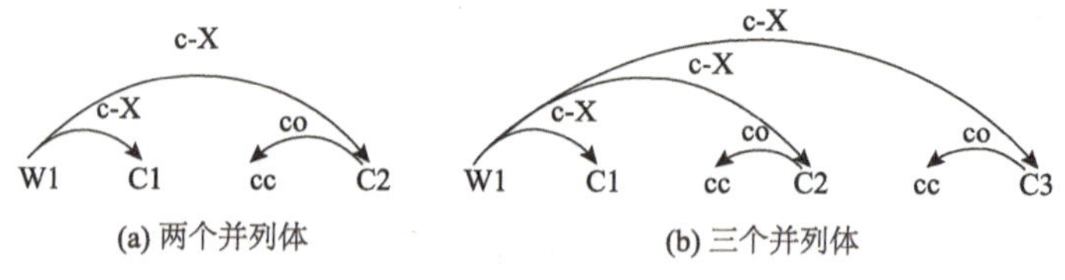

图 7-7 所有并列体的地位平等

为了更好地理解这三种分析方法，我们在图 7-8 中展示了英语句子“John bought an apple and a peach.”（约翰买了一个苹果和一个桃子）的三种依存结构分析。在这个句子中 bought 是 W1，and 是并列连词 cc，apple 是 C1，peach 是 C2。

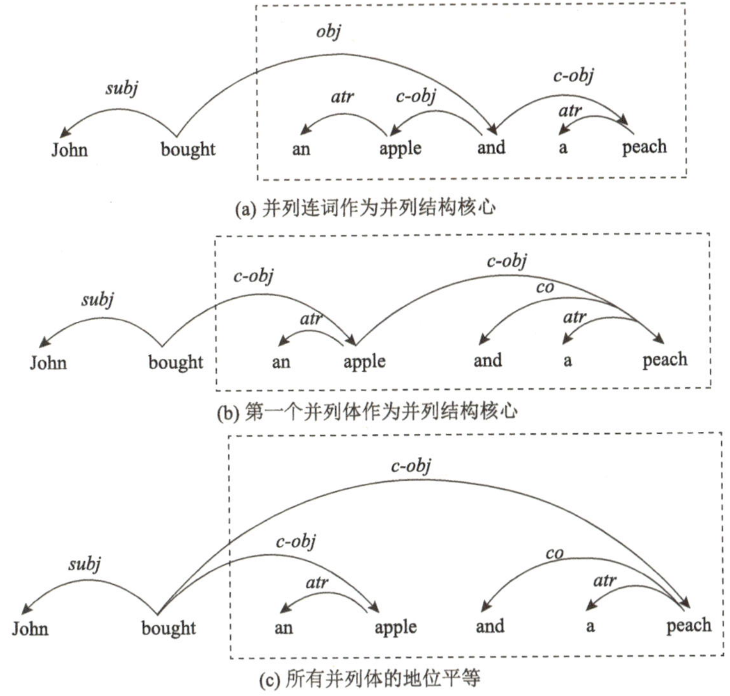

(a) 并列连词作为并列结构核心

(b) 第一个并列体作为并列结构核心

(c) 所有并列体的地位平等

图 7-8　句子"John bought an apple and a peach."的三种依存分析

我们首先选用 2000 年《人民日报》部分语料中含并列结构的 1000 个句子（涉及 2000 多个并列结构）来构建树库；然后采用上述三种方法，对 1000 个句子中的并列结构部分进行标注，非并列结构部分则按照依存句法（Liu & Huang，2006；刘海涛，2009）进行标注；最后得到三个规模相同的并列结构依存树库，均包括 32 049 词次，其中包含 2197 词次的并列连词，平均句长为 33。最高频的并列连词是"和""、""与"。包含并列结构的依存关系比例为 31.4%。按照 Liu（2008b）的方法，我们把三个包含并列结构的依存树库转化为相应网络 Coo1、Coo2 和 Coo3，它们分别对应以上提及的三种并列结构分析方法。图 7-9 以三个英语句子为例，展示了三种标注方式转化成以并列连词为中心的网络后的局部情况。三个句子的文本为："The woman and the child slept.""John bought an apple and a peach.""The child ate a pear and an apple."

图 7-9 中节点灰度越高（颜色越深）表示节点度越高，边的粗细表示节点连接的紧密程度。并列结构的第一种标注方案注重并列连词节点，其他两种方案更关注并列体节点，这反映了三个网络图的对应网络中，并列连词节点和并列体节点的节点度和边权的变化。我们提取了这三个小网络的中心（Pajek：net->vector->centers），如图 7-10 所示。

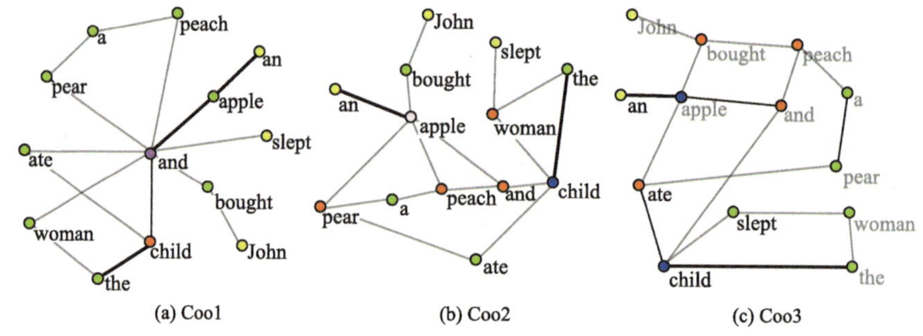

图 7-9　三个英语句子的并列网络

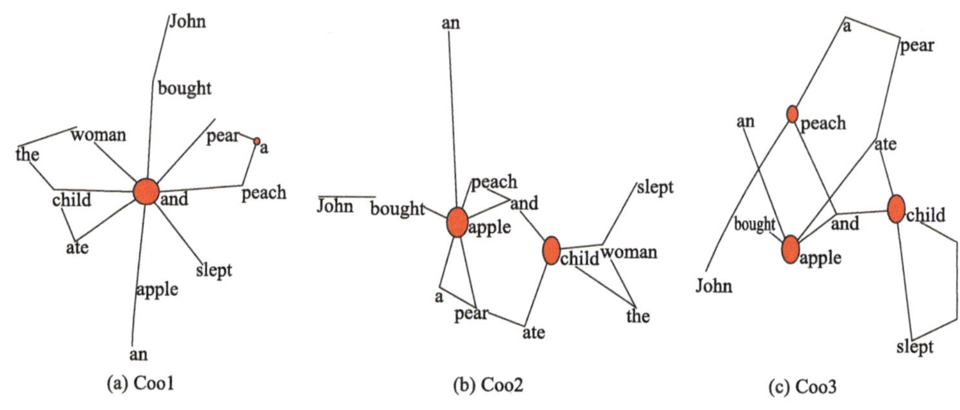

图 7-10　三个英语句子网络的中心

在图 7-10 中，网络 Coo1 的中心节点为 and，Coo2 的中心节点为 apple 和 child，Coo3 的中心节点为 apple、child 和 peach。图 7-9 和图 7-10 表明句法分析的变化是会影响到语言网络局部特征的。那这些变化又对网络全局参数有多少影响呢？

三、三个并列结构网络的参数比较

平均路径长度、聚集系数和度分布是描述复杂网络常用的基本参数（Börner et al.，2007；Brinkmeier & Schank，2005）。Albert 和 Barabási（2002）称它们为网络拓扑的三个标志指标。在句法网络中，平均路径长度<*d*>是网络中任意两个节点的最短距离。我们构造的三个网络具有相同的节点数（4259），但是平均路径长度不尽相同。网络 Coo1、Coo2 和 Coo3 的平均路径长度分别为 3.112、3.292 和 3.272，三个网络的差异并不显著（p=0.997）。网络的直径 D 是网络中最大的最短路径，三个网络的直径差异较小，分别为 8、9 和 9。网络的最短路径分布如图 7-11 所示。

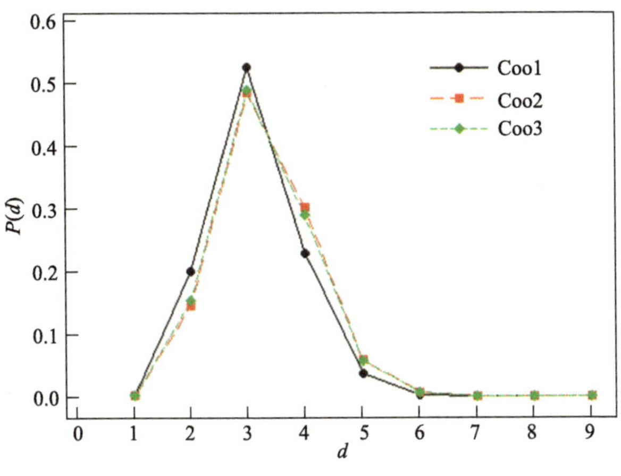

图 7-11 三个网络的最短路径分布

经 K-S 检验，三个网络的最短路径分布没有显著差异：Coo1 和 Coo2 的 D=0.1528，p=0.9993；Coo1 和 Coo3 的 D=0.1528，p=0.9993；Coo2 和 Coo3 的 D=0.1111，p=1。

在语言网络中，词节点连接的边的数量成为节点度 k，这和依存语法中的“配价”具有相似的性质（Liu，2008b）。$<k>$是网络的平均节点度，在语言网络中反映词与词的结合能力。三个并列结构网络的平均节点度$<k>$分别为 7.565（Coo1）、8.303（Coo2）和 8.261（Coo3），差异也不显著（p=0.9789）。度分布 P（k）被定义为节点度为 k 的节点出现的频率，它表示随机选取一个具有度数为 k 的节点的概率。三个网络的节点度服从幂律分布，Coo1、Coo2 和 Coo3 的幂指数为 −1.306（y=674.58x−1.306，R^2=0.789）、−1.358（y=950.8x−1.358，R^2=0.828）和−1.364（y=914.42x−1.364，R^2=0.822），节点度分布如图 7-12 所示。

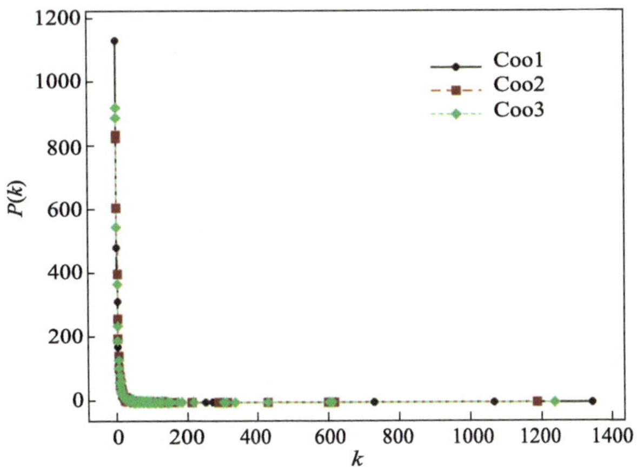

图 7-12 三个网络的度分布

聚集系数 C 测量网络中节点的邻节点互为邻节点的平均概率。假设 k_i 定义为节点 i 的节点度，E_i 表示节点 i 的边数，则节点 i 的聚集系数 C_i 通过 $2E_i/k_i(k_i-1)$ 获得。整个网络的聚集系数 C 是网络所有节点聚集系数的均值。Coo1、Coo2 和 Coo3 这三个网络的聚集系数分别为 0.199、0.154 和 0.149，差异并不显著（p=0.9955）。表 7-4 显示了三个网络的主要网络特征参数。

表 7-4　三个网络的主要网络特征参数

网络	N	E	$\langle k\rangle$	C	$\langle d\rangle$	D	γ	C_{rand}	$\langle d_{rand}\rangle$
Coo1	4259	16 714	7.565	0.199	3.112	8	1.306	0.001 8	4.328
Coo2	4259	18 227	8.303	0.154	3.292	9	1.358	0.002 0	4.204
Coo3	4259	18 007	8.261	0.149	3.272	9	1.364	0.002 1	4.182

注：N：节点数；E：边数；$\langle k\rangle$：平均度；C：聚集系数；$\langle d\rangle$：平均路径长度；D：直径；γ：幂律指数；C_{rand}：随机网络的聚集系数；$\langle d_{rand}\rangle$：随机网络的平均路径长度

如果网络具有较高的聚集系数 C（$C>>C_{rand}$）和较小的平均路径长度$\langle d\rangle$（$\langle d\rangle \sim \langle d_{rand}\rangle$），说明它具有小世界的特征（Watts & Strogatz，1998）。根据这个标准，三个包含并列结构的网络均为小世界网络。如果一个网络的度分布符合幂律分布（$P(k)\sim k-\gamma$），则可以被称为无尺度网络（Barabási & Albert，1999）。从图 7-12 可以看出，三个包含并列结构的网络也是无尺度网络。

句法网络度分布服从幂律分布可以得到语言学的解释。在一个文本中，新信息必须通过新词加入，这些新词作为新节点加入现有的文本中，从句法上来说，其过程就是新词寻找支配词和从属词的过程（每个新词都需要找到一个属于它们的支配词，而且大概率还需要找到一个或多个从属词）①，所以网络中新词的节点度随着其句法功能的变化而变化。又因为句法网络的中枢节点通常为句法功能词，它们连接网络中的大部分新节点，所以句法功能词在语言网络增长过程中起到重要作用。所有这些促成了语言网络的无尺度特征。

Liu（2007b）和 Liu（2009b）假设语言句法网络的无尺度现象和依存距离最小化倾向有关。这个假设把语言句法网络的无尺度特征和语言学、认知科学联系了起来。基于 20 种语言的实验表明，各种语言的 MDD 介于 1.798 和 3.662 之间（Liu，2008a）（参照本书第一章第二节）。这意味着两个具有句法关系的词之间的线性距离在 3 个词以内，所以从人类工作记忆和句法的角度来解释无尺度现象是可靠的。

针对包含并列结构的网络进行研究的另一个重点就是网络层级。为了揭示网络

① 有关依存分析可参考本书第一章第二节和刘海涛（2009）的有关内容，如该书 75 页的句法分析示意图和第五章。

的层级性，我们需要了解聚集系数和节点度的相关性。该相关性是聚集系数 $C(k)$ 的函数，$C(k)$ 表示所有节点度为 k 的节点的平均聚集系数（Ravasz & Barabási，2003）。如果 $C(k)$ 符合幂律分布，则网络层级存在，这意味着大部分低度节点间相互连接，中枢节点和大多数节点并非直接连接（Pastor-Satorras & Vespignani，2004）。

经 K-S 检验，三个网络的 $C(k)$ 分布没有显著差异（Coo1 和 Coo2 的 D=0.3，p=0.787；Coo1 和 Coo3 的 D=0.3，p=0.787；Coo2 和 Coo3 的 D=0.1，p=1）。图 7-13 表示 $C(k)$ 分布不符合幂律分布的特征（Ravasz & Barabási，2003），类似于 Ferrer-i-Cancho 等（2004）依据捷克语、罗马语和德语的依存树库得出的结论。这个结果和 Zhou 等（2008）对两个汉语网络得出的结果不太一致，最可能的原因是他们构造网络的方式是非句法的。三个并列结构网络表现出与其他汉语网络研究不同的情形，却和其他语种基于依存句法的语言网络表现出同样的分布，体现出基于依存句法的分析在语言网络节点度和节点平均聚集系数分布中所产生的重要作用，有待进一步证实。另一个原因可能是我们采用的文本因包含大量的并列结构而导致失真。

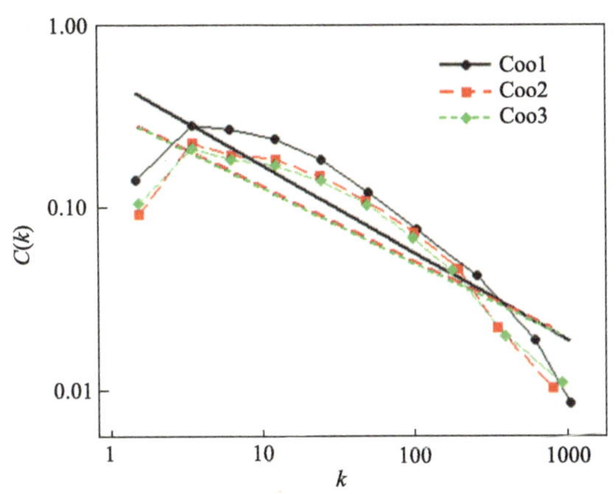

图 7-13　三个网络的聚集系数 $C(k)$ 和节点度分布

另一个刻画真实网络的全局性指标是 K 级邻节点 k_{NN}，它考察一个节点的度和其邻节点度的相关性。在一个网络中，如果节点度大（小）的节点倾向于连接其他节点度大（小）的节点，这个网络为正相关，反之为负相关。社会网络是典型的正相关网络，生物和技术网络是负相关网络的代表。这种区分的一个目的就是探索人类参与者在融入一个社会网络的过程中是否存在目的性，这种人类自发的目的性相比于技术网络和生物网络更为明显和明确。这一点也需要更多基于事实的数据支持。

Pastor-Satorras 和 Vespignani（2004）以及 Caldarelli（2007）给出了用条件概率测量这种相关性的数学算法。设 $P(k'|k)$ 为已知具有 k 度的节点与具有 k' k'度的节点相连的条件，那么一个网络的 k_{NN} 可以通过公式 7-1 算得：

$$k_{NN}(k)=\sum_{k'}k'P(k'|k) \tag{7-1}$$

在实际应用中，我们采用 Pastor-Satorras 等（2001）的方法来测量网络节点的相关性。选定一个节点度为 k 的节点，计算其相邻节点的平均度 k_{NN}。k_{NN} 作为 k 度节点的函数，反映了节点度与其邻节点度的相关性。如果 $k_{NN}(k)$ 随 k 的增加而增加，则网络为正相关；反之，网络为负相关。如果相关回归线斜率为 0，则网络节点间缺乏相关性。

K-S 检验显示，三个网络没有显著差异（Coo1 和 Coo2 的 D=0.182，p=0.069 32；Coo1 和 Coo3 的 D=0.1192，p=0.446；Coo2 和 Coo3 的 D=0.0991，p=0.6786）。

图 7-14 表明，三个网络的节点度和其邻节点平均度均为负相关。语言网络的这种负相关可以这样解释：在语言网络中，节点度较高的句法功能词很少会和其他句法功能词发生连接，句法功能词（汉语虚词）通常连接语言中节点度变化范围较大的实词，因此，语言网络的这种负相关特征反映了汉语语言网络中虚词和实词的连接关系。值得注意的是，语言网络这种节点的负相关和生物网络惊人地相似，这和生物语言学（Boeckx & Grohmann，2007）主张的语言的生物基础和生物功能产生了有趣的联系。

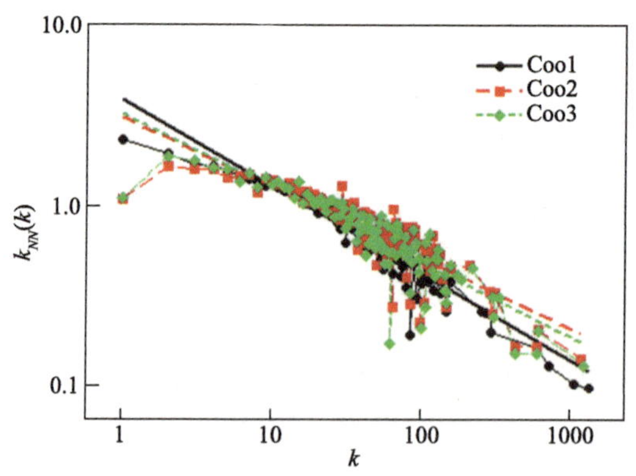

图 7-14　三个网络的平均邻节点度分布

为了进一步分析局部结构在全局网络中的功能，我们分析了树库中 7 个高频词的接近中心性和中介中心性（表 7-5、表 7-6）。其中“和”“与”为并列连词；“在”“对”为介词；“的”为结构助词；“是”为动词；“、”是表示并列关系的标点符号，在功能上相当于并列连词，为了便于统计，我们把它视为词。

表 7-5　七个高频词的接近中心性

网络	和	、	与	的	是	在	对	均值	最大值	最小值
Coo1	0.559	0.498	0.450	0.528	0.457	0.456	0.434	0.329	0.559	0.166
Coo2	0.445	0.415	0.392	0.521	0.433	0.438	0.408	0.310	0.521	0.148
Coo3	0.441	0.412	0.397	0.531	0.442	0.443	0.416	0.312	0.531	0.163

表 7-6　七个高频词的中介中心性

网络	和	、	与	的	是	在	对	均值	最大值	最小值
Coo1	0.368	0.171	0.029	0.248	0.029	0.035	0.010	0.0005	0.368	0
Coo2	0.133	0.095	0.012	0.353	0.037	0.048	0.015	0.0005	0.353	0
Coo3	0.112	0.076	0.012	0.370	0.040	0.050	0.019	0.0005	0.370	0

与节点度相似，接近中心性也反映了网络中节点的连接情况。接近中心性可用来测量指定节点到网络中其他节点的路径（Newman，2005a）。高接近中心性的节点不一定具有高中心性，因为节点可以通过其他节点更快接触到网络中的其他节点。根据 Caldarelli（2007）的定义，节点 i 的接近中心性 $C(i)$ 可通过公式 7-2 得到：

$$C(i)=\frac{1}{\sum_{j=1,n}d_{ij}} \tag{7-2}$$

式中，n 为网络中节点 i 可连通节点的集合，d_{ij} 表示节点 i 与节点 j 之间的距离。

并列连词在网络 Coo1 中具有较高的中心性，但其他四个词“的、是、在、对”在三个网络中的接近中心性却更稳定一些。七个高频词的接近中心性均高于网络接近中心性的均值。在网络 Coo1 中，“和”具有最高的接近中心性，节点“的”在网络 Coo2 和网络 Coo3 中具有最高的接近中心性。句法分析的变化影响了节点词在语言网络中的连通性。

中介中心性是节点在其他节点最短路径上的概率。节点的中介中心性依赖于该节点作为信息传递有效路径上的中介程度。这个程度越高，节点就越能处在网络的中心位置。节点 i 的中介中心性 $B_c(i)$ 可以通过公式 7-3 计算得出（Caldarelli，2007）：

$$B_c(i)=\sum_{j\neq k}\frac{b_{jk}(i)}{b_{jk}} \tag{7-3}$$

其中 b_{jk} 表示网络中任意两个节点 j 和 k 间的最短路径，$b_{jk}(i)$ 表示包含节点 i 的最短路径的数量。

并列连词“和”在网络 Coo1 中有具有中介中心的位置。在网络 Coo2 和 Coo3 中，节点“和”的中心位置被节点“的”取代。一个节点词在句法分析中的功能对网络中介中心性所产生的影响要多于其词频。

我们提取了三个网络的中心（center），节点“和”是网络 Coo1 唯一的中心节点，网络 Coo2 和网络 Coo3 的中心节点为“的”“和”“、”。表 7-5 与表 7-6 表明，句法分析的变化显著影响了相关词局部的网络特征，表现为接近中心性和中介中心性的变化。汉语网络中“的”不是唯一的高频词，但它具有极高的接近中心性和中介中心性，这说明它在网络中位于中心地位。这个现象也值得探究。

基于三个网络的统计数据与 E-R 随机网络的比较，我们看出三个网络均具有小世界特征，三个网络节点度的分布证明它们都符合无尺度模型。K-S 检验证明三个网络的全局特征参数没有显著的差异。这个研究的样本是可靠的，虽然我们只采用提取后的含有并列结构的句子，但是完整的句法成分保证了其他句法关系连接的存在，并且这种只针对并列结构进行局部微调而其他句法关系不变的分析方式可以有效地排除其他干扰，有利于考察网络局部变化对整个网络影响的确定性。

根据第二部分的统计，并列结构相关的句法连接只占到全部连接的 31.4%。于是，问题就变成了是否网络全局的变化不会超过 31.4%。因此，我们以网络 Coo2 为标准，将其与网络 Coo1 和网络 Coo3 进行比较，结果见表 7-7。

表 7-7　三个网络的全局特征　　单位：%

网络	$\langle k\rangle$	C	$\langle d\rangle$	D	γ
Coo2 与 Coo1	8.9	29.2	5.5	11.1	3.8
Coo2 与 Coo3	0.5	3.2	0.6	0	0.4

注：$\langle k\rangle$：平均度；C：聚集系数；$\langle d\rangle$：平均路径长度；D：直径；γ：幂律指数

表 7-7 显示，除了网络 Coo1 和网络 Coo2 的聚集系数有较大差别，其他差别仅占很小的比例；全局特征并没有受到局部变化的影响。这些数据显示，尽管网络 Coo2 和 Coo3 具有比较接近的网络参数，与网络 Coo1 有一定差距，但是三个网络小世界、无尺度的特性并没有反映出局部变化。我们也发现句法标注对节点的接近中心性和中介中心性产生了很大的影响。这表明节点中心性对于分析和理解网络中的重要节点价值很大（Wasserman & Faust，1994）。

四、本节小结

图 7-9、图 7-10 表明局部的网络变化很好地反映了网络形式的变化，但是为

什么这些变化没有在网络的全局特征中显现呢？小世界和无尺度特征能否充分反映语言（句法）网络的特殊性？如果微观（局部）结构的数据统计不能解释宏观（全局）网络的行为，那么复杂网络还能成为语言研究的有力工具么？

我们的语料库里含有 2000 多个并列结构，三种不同的标注方法提供了三种处理微观结构的方法，但是三个网络却表现出相同的全局特征。这样的结果似乎只有用网络的涌现来解释才比较合理。如果真是这样，又是什么因素导致了语言网络的涌现？是语料库的大小还是网络的句法构造方式？“因为网络是一个巨大的系统，所以我们很难用基本的参数去理解它的行为。”（Caldarelli，2007：xi）借助这个判断，难道我们应该认为，我们的实验所采用的 1000 个句子是一个很大的语言系统，它微观的局部变化很难用全局的特征参数来衡量？

小世界和无尺度可以被视为语言网络涌现的基本属性，但是以往的研究显示这些属性并不依赖于语言网络的局部结构，很多真实网络也具备小世界和无尺度特征（Albert & Barabási，2002）。因此，当务之急可能是寻找更为有效的局部特征，以建立从网络微观结构到宏观结构更可靠的桥梁。

本节的这个探索性研究说明，以目前的网络参数测量方法，无法建立语言网络的局部句法结构和网络全局行为间的可信联系，也不能有效地甄别语言网络和非语言网络的特征。我们需要去发掘能区别这种差异的标准，除了要发现新的有价值的全局特征的静态指标外，也有必要采用基于语言理论的复杂网络动态方法来进行语言网络动态研究（Barrat et al.，2008），这将有利于我们打开从语言网络局部变化到语言网络全局结构的认识之门。

当然，虽然有这样或那样的问题，但并不意味着网络科学的方法对语言研究没有用处。网络科学作为一种研究复杂系统的方法，关注的大多是系统的宏观特征以及从微观到宏观的涌现，而这恰好是传统语言学研究方法的一个短板。下一章，我们将围绕语言分类、语体判别和翻译可译性等问题，探讨网络科学方法在相关语言学领域的可用性。

第八章

语言网络应用研究

第一节　基于语言网络的语言分类

一、引言

人类语言系统是一种复杂的网络结构体（Hudson，2007）。这也意味着很难用传统的语言学研究方法来研究语言的整体特征，因此，采用复杂网络来研究语言是很有必要的一项尝试。与此同时，采用复杂网络对人类语言进行全方位的考察，也有助于发现语言系统与人类认知、人类社会以及自然界其他系统的关系。

各国学者已在语言复杂网络研究方面做了不少研究，这些研究涉及了多种人类语言，语言网络的构造原则也异彩纷呈。研究表明，这些语言不同、构建原则不同的语言网络，大多具有小世界与无尺度的特征。这些研究对于认识语言网络的普遍性、语言系统与人类社会及自然界其他系统之间的共性是有意义的，但这种偏重于各种网络共性的研究，对于揭开人类语言结构与演化规律的价值并不大。如果只强调普适性，网络的个性就会迷失在共性中，这显然也不利于复杂网络研究在现实世界中的应用。对于语言学家而言，语言网络只是研究语言的手段，而非目标（Liu，2008b）。因此，在语言复杂网络的研究中，除了研究各层次语言网络的一般特性与构拟复杂网络的各种理论模型外，更重要的是挖掘复杂网络在语言研究中的各种应用可能。

“语言类型学”是一门关于语言分类的学科。Altmann 和 Lehfeldt（1973）将语言分类视为“普通语言类型学”的两大主要任务之一。他们认为，语言分类（Sprachklassifikation）就是构建一种建立在语言整体相似性之上的自然语言分类体系。现代语言类型学不仅研究语言的分类，更重要的是通过跨语言的比较来研究人类语言的共性（Croft，2002；Song，2001）。与传统语言类型学相比，现代语言类型学将其研究的重点转为研究人类语言共性的趋向，这无疑是值得肯定的，但现代语言类型学中也有过于重视个别参数研究的趋向，这种沉溺于细节的研究可能难以准确地从整体的角度对语言进行分类研究，进而影响类型学研究成果对语言分类的效果。另外一个值得注意的问题是类型学研究的资源问题，尽管当前的语种库已有近千种语言，但这些语言的类型数据大多不是来自日常交流中随处可见的自然话语，根据此类数据得到的结论，难以全面反映一种语言的类型学特点。

为了解决这两个问题，在资源方面可采用经过形态、句法等标注的真实语料，以便得到更客观、更可靠的结论；在参数选取及验证方面，可选用一些便于自动从真实文本语料库中提取并且可以反映语言整体概貌的参数，并用聚类（clustering）等现代统计技术定量验证这些参数在语言分类方面的有效性与可靠性。Liu（2008a）采用 20 种语言的依存句法树库作为资源，研究了依存方向作为语序类型研究参数的可行性。结果表明，经过句法标注的真实语料库是可以作为语言类型研究资源的，此种方法不仅得到的语言分类结果与采用类型学语种库得到的结论相似，而且也更适宜于基于大规模真实语料的自动处理，因此被自然语言处理的研究者称为“刘-有向性”（Fisch et al.，2019）。

随着复杂网络研究工具的普及，越来越多的语言学家开始加入语言网络的研究队伍中（Liu，2008b；刘海涛，2009；Liu & Hu，2008；Mehler，2008；Čech & Mačutek，2009；Choudhury & Mukherjee，2009；Ke & Yao，2008；Mukherjee et al.，2009；Peng et al.，2008）。这些研究涉及语音、句法、语义、语体以及语言发展等问题。在语言类型方面，在比较了捷克语的词形网络与词元网络之后，Čech 和 Mačutek（2009）认为二者之间的差异可能反映了一种语言的类型特征；Choudhury 和 Mukherjee（2009）认为印地语拼写网络与英语拼写网络之间的平均度存在较大的差异，这可能反映了语言类型间的差异。除此之外，尚未见到国内外采用复杂网络进行的语言类型的实证性研究。

本节利用 15 种语言的依存句法树库构造了相应语言复杂网络，并采用复杂网络研究工具提取了这些语言网络的主要复杂网络参数。随后，我们比较分析了这些语言网络之间的共性，通过聚类实验研究了复杂网络作为语言类型研究参数的可能性与可靠性。

二、语言复杂网络的构造和测度

从结构方面来看，无论一个网络的规模有多大，结构有多复杂，构成网络的

基本要素却并不复杂。所有的网络都是由节点与边组成的，但在不同的现实世界网络里，节点与边所代表的事物是不一样的。就本节所用的句法网络而言，其节点为词，边为词与词之间的语法功能关系。

为了构造某种语言的句法网络，我们首先需要选取适宜的句法分析方法。短语结构和依存关系是目前最常用的两种句法分析手段。短语结构分析注重的是研究组成句子的各成分之间部分与整体的关系，而依存分析的目的则是搞清楚句中所含词语之间的各种语法关系（Hudson，2007）。依存分析的基础是词间的二元语法关系，因此可以很容易地将句子的依存分析转换为一种网络表示。Liu（2008b）给出了从依存关系到依存句法网络的详细信息，这里不再赘述。

图 8-1 为三个汉语句子及相应的英语句子构成的句法网络示例。所用的三个句子为："John put the book on the table."（约翰在桌子上放了本书）"The student read an interesting book."（那学生读过一本有趣的书）"The cover of the book is old."（那本书的封面旧了）

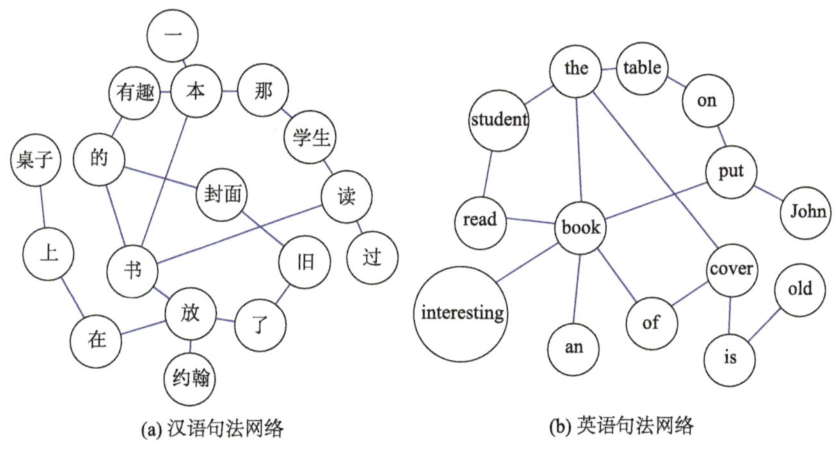

(a) 汉语句法网络　　(b) 英语句法网络

图 8-1　三个句子组成的汉语、英语句法网络示例

如图 8-1 所示，两种语言的句法网络是不一样的，这也为我们采用语言网络来研究语言类型提供了直观的依据。

在有了句法网络之后，我们就可以按照复杂网络指标或参数来研究网络的主要特征。最常用的复杂网络参数是平均路径长度（$<d>$）、聚集系数（C）、平均度（$<k>$）、直径（D）以及度分布[P（k）]等（何大韧等，2009；Albert & Barabási，2002）。根据句法网络的特点，我们也将网络中心度 NC（Dong & Horvath，2007）程度列为一个考察的参数。中心度参数有助于发现句法网络中的中心节点，它可以间接反映一种语言的形态变化程度。

在度分布方面，图 8-1（a）中含有 4 个度为 1 的节点，8 个度为 2 的节点，

1 个度为 3 的节点，2 个度为 4 的节点，1 个度为 5 的节点；在图 8-1（b）中度为 1 的节点有 4 个，度为 2 的节点有 6 个，度为 3 的节点有 2 个，度为 4 的节点有 1 个，度为 6 的节点有 1 个。为了便于比较，我们也算出了图 8-1 中两个示例网络的主要参数（表 8-1）。

表 8-1　汉英句法示例网络的主要参数

语言	E	N	$<k>$	C	$<d>$	NC	D
汉语	20	17	2.235	0	3.074	0.125	6
英语	16	14	2.286	0	2.604	0.333	6

注：E：网络中边的数量，N：节点的数量，$<k>$：节点的平均度，C：聚集系数，$<d>$：平均路径长度，NC：网络中心度，D：直径

表 8-1 中的数值表明，图 8-1（a）与（b）具有不同的复杂网络参数值。然而，示例网络只含有 3 个句子，如果增加所研究语言的句子（词）数量，那么不同语言网络之间的参数还会有区别吗？如果这些差别依然存在，那么它们可以用来作为语言类型研究的参数吗？

为了回答这两个问题，根据可用的树库资源，我们构建了以下 15 种语言的句法网络：阿拉伯语、加泰罗尼亚语、希腊语、古希腊语、英语、巴斯克语、匈牙利语、意大利语、日语、葡萄牙语、罗马尼亚语、西班牙语、土耳其语、拉丁语和汉语。我们使用分子交互网络分析与可视化软件平台 Cytoscape 中的网络分析插件 Network Analyzer 进行所需的复杂网络参数计算（Assenov et al., 2008）。

三、15 种语言网络的复杂性特征

本节受树库资源的限制，所选样本库中的语言大多为印欧语系语言。从语言类型研究的角度看，这种采样方式是欠妥的，但考虑到我们的主要目的在于提出一种新的方法，并实证研究这种方法在语言分类中的可行性，因此这样的选择是可以接受的。

本节所用的绝大多数树库（Aduriz et al., 2003；Afonso et al., 2002；Atalay et al., 2003；Bamman & Crane, 2006；Bamman et al., 2009；Csendes et al., 2005；Torruella et al., 2002；Kawata & Bartels, 2000；Liu, 2007a；Montemagni et al., 2003；Prokopidis et al., 2005）来自 CoNLL-X“多语依存句法分析竞赛项目”（Buchholz & Marsi, 2006；Nivre et al., 2007）的训练语料。为了使研究结果更具可比性，我们随机从可用语料中抽取词数大致相当的语料，并将其转换为相应语言的句法网络，以便复杂网络分析软件使用。

我们用 Network Analyzer 对所有 15 种语言的句法网络进行了分析，主要参数见表 8-2。

表 8-2　15 种语言的句法网络的主要参数

语言	E	N	$<k>$	C	$<d>$	NC	D	γ	R^2
阿拉伯语（ara）	30 164	10 190	5.783	0.165	3.622	0.196	10	1.211	0.723
加泰罗尼亚语（cat）	30 944	8 906	6.816	0.129	3.234	0.235	9	1.165	0.703
汉语（chi）	13 348	4 015	6.478	0.128	3.371	0.231	10	1.330	0.801
希腊语（ell）	27 942	9 229	5.968	0.114	3.445	0.227	11	1.226	0.722
古希腊语（grc）	23 798	8 870	5.291	0.089	3.638	0.146	11	1.343	0.746
英语（eng）	28 229	7 770	7.127	0.122	3.308	0.189	9	1.223	0.803
巴斯克语（eus）	27 895	10 561	5.207	0.115	3.571	0.213	13	1.334	0.750
匈牙利语（hun）	33 146	13 075	5.055	0.029	3.938	0.155	11	1.353	0.734
意大利语（ita）	32 329	9 051	7.059	0.126	3.243	0.194	8	1.185	0.701
日语（jpn）	8 356	1 638	9.716	0.279	2.755	0.319	6	1.123	0.789
葡萄牙语（por）	29 396	8 855	6.444	0.207	3.123	0.312	8	1.125	0.685
罗马尼亚语（rum）	28 032	8 862	6.189	0.108	3.316	0.245	9	1.204	0.720
西班牙语（spa）	25 254	7 939	6.209	0.181	3.146	0.271	9	1.108	0.688
土耳其语（tur）	26 421	11 969	4.250	0.205	2.958	0.514	10	1.161	0.616
拉丁语（lat）	28 945	11 571	4.910	0.107	3.598	0.196	11	1.266	0.721

注：E：网络中边的数量，N：节点数，$<k>$：平均度，C：聚集系数，$<d>$：平均路径长度，NC：网络中心度，D：直径，γ：幂律指数，R^2：度分布与幂律拟合的决定系数

所用树库资源中，阿拉伯语、汉语、英语、匈牙利语、葡萄牙语与罗马尼亚语为新闻语料，日语为会话语料，拉丁语与古希腊语的语料选自相应语言的古典文献，其余语言的语料为混合型。

在原始树库句法标注体系方面，阿拉伯语、汉语、希腊语、古希腊语、巴斯克语、罗马尼亚语、土耳其语与拉丁语采用的是依存句法标注体系，意大利语、日语、葡萄牙语、加泰罗尼亚语与西班牙语采用的是短语结构与依存句法相结合的标注方式，英语与匈牙利语采用的是短语结构的标注方法。对于原本不是依存方式标注的树库，我们采用其经过 CoNLL-X 自动转换后的依存格式。阿拉伯语与希腊语采用的是布拉格依存树库（Hajič et al.，2004）的标注方法。

四、语言复杂网络与语言类型的关系

我们首先分析这些语言网络的整体特征，即它们的小世界特征与无尺度特征。由图 8-2 可见，这 15 种语言的句法网络的平均路径长度的波动范围不大，分布在 2.755 与 3.938 之间。换言之，在所研究的这 15 种语言网络中，任意两个节点之间的平均距离不会超过 3 个节点。Liu（2008b）假设句法语言网络中的这种最短路径现象是与句子的依存距离最小化倾向密切相关的。这一假设将语言网络的小世界特点与语言学及认知科学联系在了一起。

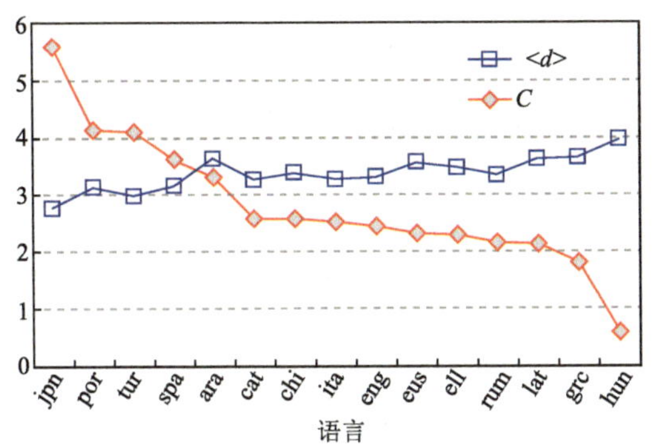

图 8-2 聚集系数（C）与平均路径长度（<d>）对比图

注：图中的 C 扩大了 20 倍

Liu（2008a）对 20 种语言 MDD 的研究表明，所研究语言的 MDD 基本在 1.798～3.662 范围内变化，即在真实语句中，两个存在语法关系的词之间的线性距离平均不会超过 3 个词。依存距离的这种最小化趋向，受人类工作记忆容量与语法的共同约束与限制。在句法网络中，节点就是词，因此我们有理由相信，在句法网络的平均路径长度与一个句子的 MDD 之间存在着一种密切的联系。但如何更好地解释二者之间的关系，仍需要进一步的研究。此种研究将有助于加深人们对复杂网络、人类认知机理、语言处理能力以及三者之间关系的认识。

在句法网络中，聚集系数反映的是与某一个词具有句法关系的两个词之间也存在句法关系的可能性。从图 8-2 可以看出，聚集系数的曲线两端分别为日语与匈牙利语，其中日语的 C 为 0.279，匈牙利语的为 0.029，二者几乎相差了 10 倍。除了这两种语言外，其他 13 种语言的聚集系数基本分布于 0.088 与 0.207 之间。但是，跟与这些网络有相同节点与平均度的随机网络相比，句法网络的聚集系数还是要远远大于随机网络的聚集系数。因此，结合图 8-2 的 C 与<d>，我们可以认为本节所研究的 15 种语言网络均为小世界网络。

我们也注意到，日语与匈牙利语不仅位于聚集系数曲线的两端，而且也位于

平均路径长度曲线的两端。在 15 种语言中，日语具有最大的聚集系数与最小的平均路径长度，而匈牙利语则具有最小的聚集系数与最大的平均路径长度。为什么会这样呢？这是由于语料的问题，还是这是语言类型特点的一种反映呢？从语言形态结构上讲，这两种语言都属于黏着语，但日语语料是受限领域的会话，而匈牙利语语料是一般的新闻语料。在同等规模的语料库中，日语语料在词汇与句法方面都受到了限制，导致它跟同属黏着语的匈牙利语在这两个参数上有了很大的差异。这也说明，复杂网络参数对语体的敏感不仅在一种语言内部有效，也可能具有跨语言的有效性（Liang et al.，2010；Liu，2008b）。此外，这两种语言在这两个参数方面的差别也与匈牙利语多用词缀而日语则多用虚词来表示词的语法功能有关。

度分布服从幂律分布（$P(k) \sim K-\gamma$）的网络叫作无尺度网络。为此，我们根据 Network Analyzer 提供的相应功能，对所研究的 15 种语言网络进行了幂律拟合，得到了每一种语言的幂律指数与决定系数（图 8-3）。

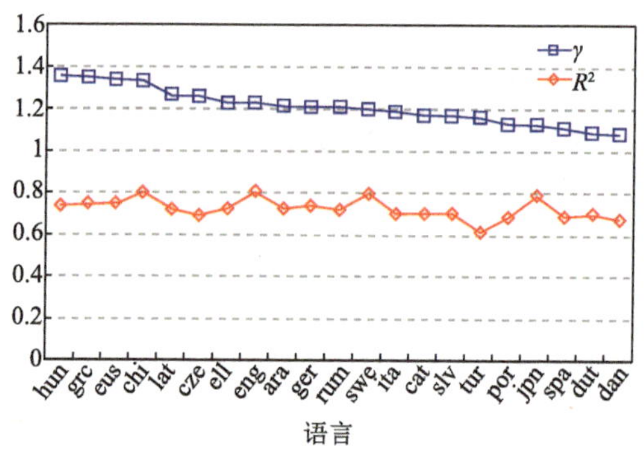

图 8-3 幂律指数（γ）与决定系数（R^2）对比

图 8-3 中的幂律指数变化区间为 1.077～1.353，决定系数为 0.75 以上的语言只有 4 种。我们的研究再次表明，真实网络的度分布数据由于其所具有的长尾特征，使得我们很难从中得到令人信服的幂律拟合结果。为了消除长尾的干扰，人们一般采用分段拟合或累加度分布的方法，也有学者提出了一些新的、更有效果的方法（Clauset et al.，2009）。由于本节的首要目标是挖掘复杂网络与语言类型的关系，属于复杂网络的应用研究，因此，我们只是简单地采用了现有最便捷的方法，而没有对这个问题做深入的研究。图 8-3 显示，这种参数已足以将所研究的语言区分开来，并有可能成为一种对语言进行分类的参数。根据已有的句法网络研究结果来看（Ferrer-i-Cancho et al.，2004；Liu，2008b），如果采用累积度分布或分段截取的办法，本节所研究网络的度分布均接近于一种幂律分布，即这些网络均是无尺度网络。

在简单考察了这些网络的整体特征之后，下面我们来分析一些可能与语言类型有关的参数。

句法网络中节点的度，表示的是在真实的语料中，词与其他词结合的情况（Liu，2008b）。从语言学的角度来看，这些网络的度是词的句法配价的一种反映，是该语言词（词类）的"概率配价模式"（刘海涛、冯志伟，2007；刘海涛，2009）的实例化。图 8-4 显示，一种语言的平均度与其网络中心度没有必然的联系，这是因为中心度指标反映的是网络中节点度之间的差异，反映的是节点的权威性，而不是节点可与其他节点相连的平均能力。从句法上看，NC 大的语言，意味着在其语言网络中，具有一些度数比较突出的节点。这些节点大多为语法功能词或虚词。从这点来看，NC 反映了一种语言形态变化的程度，可作为一种类型学的参数来用。

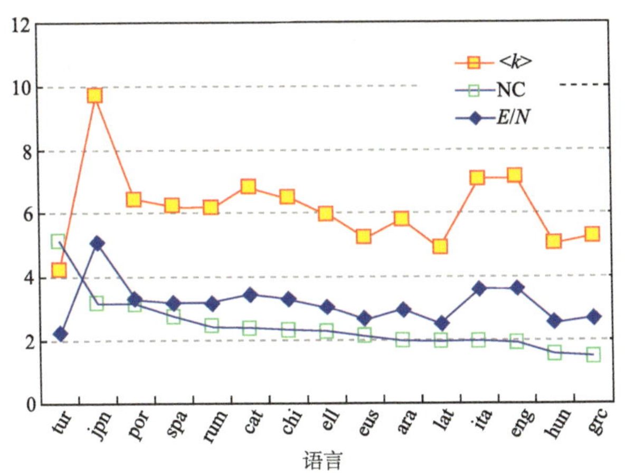

图 8-4　平均度（<k>）、网络中心度（NC）及边点比（E/N）

注：图中的 NC 扩大了 20 倍

理论上讲，网络的平均度与该网络所含的边与节点的数量有关。为此，我们计算了每个网络的边与节点数的比值，如图 8-4 中 *E/N* 曲线所示。网络的节点度与 *E/N* 之间密切正相关（皮尔逊相关系数 r=0.999，p<0.001）。单从这点来看，一个句法网络的平均度可能并不适宜于作为一种类型学的参数使用，因为这是一种受网络规模影响较大的参数。

在进行基于真实语料的语言类型或分类研究时，如果在样本中没有同一语族的语言，则很难确定真正独立于文本长度、标注方式等因素的参数，因为我们难以确定某种结果是语言内部因素影响造成的，还是其他非语言因素导致的。

在我们的样本中，罗马尼亚语、意大利语、葡萄牙语、加泰罗尼亚语和西班牙语同属罗曼语族，而拉丁语又是罗曼语族的始祖，这几种语言可作为我们选择参数时的重要参照语言，按照传统语言类型学的观点，罗曼语族语言的动词具有屈折变化，而名词却有孤立语化的迹象；古希腊语、希腊语和阿拉伯语都是较典型的屈折语；属于日耳曼语族的英语正在孤立语化，只有少量的屈折变化；巴斯克语、匈牙利语、日语和土耳其语为黏着语；汉语为孤立语。其中，拉丁语与古希腊语的屈折变化均要强于现代罗曼语族语言与希腊语。由于一种语言形态的变化程度会影响到这种语言的网络特征，因此，传统语言类型学的分类对于我们随后的分析与讨论具有指导意义。然而，将语言按照形态变化分为几大类不一定准确，因为所谓的屈折、黏着与孤立等特征在每一种语言中都或多或少地存在。这是一种程度的差别，而非绝对的本质不同。因此，说一种语言是黏着语时，确切地说，只是指这种语言的黏着成分比孤立语或屈折语更多一些。Greenberg（1954）以及 Altmann 和 Lehfeldt（1973）对这个问题进行了定量研究与详细的讨论。

采用聚类研究语言类型的方法在 Altmann 和 Lehfeldt（1973）的研究中就有应用。Cysouw（2007）提出了一种基于网络（Bryant & Moulton，2004）的语言类型聚类方法。邓晓华与王士元（2009）采用词源统计分析法及分子人类学方法，对汉藏语系的语言及方言进行了分类，所得到的树形图也可算是一种语言聚类。根据以上分析讨论，我们以 C、$<d>$、NC、γ 和 R^2 为变量，采用欧几里得距离法，对 15 种语言网络进行聚类得到图 8-5 所示的聚类结果。

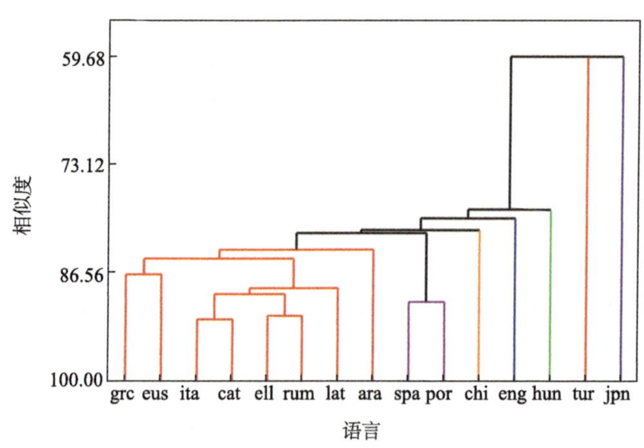

图 8-5　以 C、$<d>$、NC、γ 和 R^2 为变量的聚类

图 8-5 显示，在罗曼语族方面，葡萄牙语与西班牙语的相似性为 90.17，加泰罗尼亚语与意大利语的相似性为 92.39，罗马尼亚语与加泰罗尼亚语及意大利语的相似性为 89.13，后两者与拉丁语的相似性为 88.45。但是，这个聚类也有一些问题，如葡萄牙语与西班牙语与其他几个罗曼语族的语言并没有分在一起。另一个值得注意的高相似性的聚类是古希腊语与巴斯克语（相似性为 86.77）。与

其他语言距离较远的语言为匈牙利语、日语和土耳其语，这基本反映了这几种语言的形态结构或类型特点。

应该承认，图 8-5 虽然在一定程度上反映了样本库中语言之间的异同，但聚类结果仍有一些值得改进与商榷的地方。为此，我们又用多种参数与方法进行了聚类实验。图 8-6 表明，采用$\langle k\rangle$、C、$\langle d\rangle$、NC、γ、D 和 R^2，也就是表 8-2 中除 E 与 N 外的所有参数，所得到的聚类结果最为理想。

相比图 8-5 中的聚类，在图 8-6 中，5 种罗曼语族的语言现在被分在了一类（相似性为 83.71）；汉语与英语的相似性达到了 80.73；土耳其语、日语、巴斯克语和匈牙利语等几种语言，在图 8-6 中均占有比较突出的位置，这在一定程度上反映了这些语言与样本中其他语言的区别；拉丁语、希腊语与古希腊语之间的高相似性（84.54），反映了这几种语言之间存在的千丝万缕的联系；拉丁语与 5 种罗曼语族语言的相似性（83.85）略低于古希腊语与希腊语的相似性（84.54）。这说明在不同时期，同一语言的聚类位置是不一样的，这种不同反映了语言的历时变化。在 Altmann 和 Lehfeldt（1973）进行的 20 种语言的聚类分析中，已经可以看到这一点，尽管他们采用的聚类参数来自 Greenberg（1954）提出的形态分类体系。

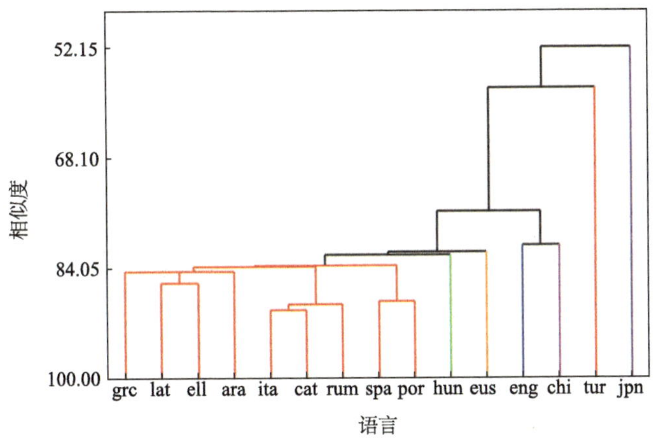

图 8-6 采用 7 种复杂网络主要参数的聚类

将图 8-6 的聚类结果与 Liu（2010）的研究中的语言聚类结果进行比较，总体来看，本节所提出的基于复杂网络进行语言聚类的结果，与 Liu（2010）基于类型学特征的分类结果大致相同，二者都具有区分形态结构特征较明显的语言的能力；两种方法都可以较好地发现样本中罗曼语族语言之间的相似性，在这一点上，本节研究的优势更为突出；在 Liu（2010）的研究中，汉语与英语也被归为一个小聚类，与本节相同，而 Liu（2010）所用的聚类参数为 20 种语言的 SV、OV 和

AdjN 参数值，那是一些现代语序类型学研究常用的参数（Haspelmath et al.，2005）。

通过以上讨论，我们可以看出，尽管用复杂网络的方法来研究语言的类型还存在这样或那样的问题，但通过组合语言网络的主要参数，是可以进行语言分类研究的。

五、本节小结

语言网络是一种基于语言学原则构建起来的网络结构。利用复杂网络分析技术，语言学家可以从这种网络中获得语言的某些整体特征。由于涌现现象的存在，我们目前还不清楚一种语言网络中局部结构对网络整体的影响（Liu et al.，2010），但局部与整体之间必有联系，否则所有的真实网络都将会显示出同一种特征，进而我们也就很难用复杂网络的方法来研究丰富多彩的大千世界了。现代语言类型学研究是通过跨语言比较来研究人类语言共性的一个语言学分支学科，尽管一般意义上的类型学研究参数大多是比较一些微观的语音、形态或句法特征，但进行这种微观比较研究的实质还是为了在宏观上对语言进行分类与研究。因此，从这个意义上讲，利用注重宏观特征的语言复杂网络来进行语言类型学的研究，能更好地反映语言的整体性质。

本节基于 15 种语言的依存句法树库构造了 15 个语言网络，并采用复杂网络研究工具对这些语言网络进行了研究。研究结果显示，通过复杂网络的主要参数，即节点的平均度、聚集系数、平均路径长度、网络中心度、直径、节点度幂律分布的幂指数、度分布与幂律拟合的决定系数，可以对所研究的语言进行聚类，其准确性与利用现代语序类型学主要指标进行的语言分类的准确性相当。从现代语言类型学角度看，本节研究克服了类型学研究中语种库语料为非真实语料，以及参数选择中过于注重结构细节的问题，所得结果更能表示一种语言的类型学整体概观，是一种更具鲁棒性与面向真实语言的语言类型研究方法。与传统（或蕴涵）类型学的研究结果相比，本节提出的方法有助于解决在按照形态变化划分语言时遇到的边界不清以及同一类型语言之间存在差异等问题，有益于建立一种连续的语言类型体系。与此同时，本节也拓展了复杂网络在人文社会科学领域的应用范围，朝着将复杂网络作为语言研究手段的方向又迈进了一步，拓展了复杂网络研究正在经历的从发现网络共性到挖掘网络个性的路子。

但是，作为一种新的语言类型研究方法，本节也存在一定的问题。这些问题可分为两类：一是网络研究的方法问题，现有复杂网络的主要参数大多重视的是语言的整体特征，这难免忽视语言结构的一些细节差异。针对这一问题，我们未来进一步的工作可能包括采用社会网络分析技术、研究挖掘新的网络参数以及构拟加权语言网络等。二是语料方面的问题，应该想办法尽可能保证构造语言网络所用语料的一致性，采用同一种依存标注方式标注同一种语言的不同语体或者不同语言的同一种语体，进而比较研究这些语言网络的共性与个性。

除此之外，我们还有一个问题，即为什么语言复杂网络的参数可以对语言进行分类呢？在本书的第一章第三节，我们引入了依存方向作为语言类型研究的一种指标，依存方向之所以能做到这一点，是因为它反映了人类语言中的语序规律，而句法网络显然不能直接反映语序的规律。那么，它是靠什么来分类人类语言的呢？这是下一节的任务。

第二节 句法网络与语言的形态复杂度

一、引言

语言是一种复杂网络（刘海涛，2013）。由于传统的语言研究方法几乎无法研究语言的网络特性，因此语言学家不得不诉诸从网络角度研究语言的新方法，这一方法着眼于语言的整体而非结构细节。基于经验主义和大规模真实语料库的复杂网络方法，有助于对语言整体特征的探索，强化我们对人类复杂语言结构的理解。此外，复杂网络理论在语言研究中的应用可以进一步将这些理论应用于人文和社会科学领域。

学者们已在语言网络方面做了不少研究。这些研究涉及多种语言，语言网络的构造原则也异彩纷呈。研究表明，这些形式各异的语言网络，大多具有小世界与无尺度的特征。这些研究对于我们理解语言网络的普遍性是有价值的。但到目前为止，面向整体的复杂网络方法很少被用于研究局部和特定的语言问题。

“语言类型学”是一门关于语言分类的学科。传统语言类型学对语言的分类主要取决于形态特征，也被称为形态类型学。在语言分类中将形态特征作为参数是有充分理由的，在大多数情况下，研究者很容易感知到语言的形态变化。过去，由于技术手段相当有限，类型学研究很少使用大规模的真实语料。近年来，随着信息技术的飞速发展和大规模真实文本处理技术的发展，越来越多的学者开始基于真实文本进行有关语言类型学的研究（Kelih，2010；Bane，2008；Popescu & Altmann，2008）。

Čech 和 Mačutek（2009）在研究了捷克语的词元网络和词形网络之后，认为二者之间的差异可能反映了一种语言的类型学特征。Choudhury 和 Mukherjee（2009）发现印地语拼写网络与英语拼写网络的平均度之间存在较大的差异，这一发现可能有助于语言学家建立不同的语言类型学理论。刘海涛（2010b）构建并研究了 15 种语言的复杂句法网络，结果表明，可以根据复杂网络的主要参数对人类语言进行分类，其准确性与利用现代语序类型学进行语言分类的准确性相当。

本书上一节还发现，基于复杂网络参数的语言聚类研究实际上是从总体上对形态变化程度的研究（刘海涛，2010b）。为什么形态变化（如一些微观现象）会导致语言网络之间的整体差异？对于同一种语言，两个分别以词形（word form）和词元（word lemma）为节点的句法网络间会有什么区别？如果复杂网络参数反映了形态变化的程度，那么词形网络和词元网络之间的差异能否更好地反映语言之间的差异？观察和比较同一语言的两个网络是否有助于发现语言网络的新特性？为了解决这些问题，我们构建了 15 种语言的词形网络和词元网络，并提取了它们的网络参数。

二、词形网络和词元网络的构建

从结构上讲，无论多么庞大和复杂的网络，其元素都非常简单——节点和边。在不同的网络中，节点和边代表不同的事物。就句法网络而言，节点是词形或词元，而边则是它们之间的句法依存关系。我们的研究采用依存语法来构建语言网络。依存分析涉及词间的二元语法关系，因此可以很容易地被转换为一种网络来表示（Liu，2008b）（参照本书第五章）。

图 8-7 为三个英语例句构成的句法网络："The professor is writing a book." "Our professors have given us many books." "We wrote a book and gave it to the professor." 这三个句子包含 23 个型符（token），从这些句子中得到的词形网络和词元网络分别有 19 个和 14 个节点。

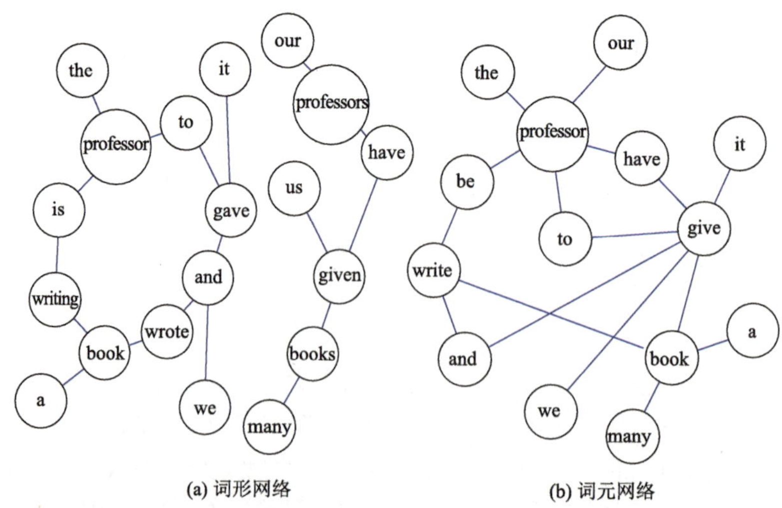

图 8-7　三个英语句子的词形网络和词元网络

在图 8-7 中我们可以看到，we 连接到 and，and 连接到 gave 和 wrote。原因在于，我们在标注并列结构时采用了布拉格依存树库使用的标注方法（关于并列结构，可参照本书第七章第三节）。图 8-7 中的两个网络之间存在明显差异，这也是我们用网络方法研究语言类型学的出发点之一。

构建完句法网络之后，我们可以根据复杂网络参数研究它们的主要特征。平均路径长度（$<d>$）、聚集系数（C）、平均度（$<k>$）、直径（D）和度分布 [P（k）]是确定网络复杂度最常用的参数（Albert & Barabási，2002）。考虑到句法网络的特性，我们也将网络中心度（NC）作为参数（Dong & Horvath，2007）。网络中心度可以帮助我们找到句法网络的中心节点，它可以间接反映形态变化的程度。根据这些参数，我们可以评估一个网络的基本特征（例如它是否为小世界或无尺度网络）。

图 8-7（a）中的网络具有以下参数：E（18）、N（19）、$<k>$（1.895）、C（0）、$<d>$（2.713）、NC（0.069）、D（5）和两个内部连接的组成部分。图 8-7（b）中的网络具有以下参数：E（17）、N（14）、$<k>$（2.429）、C（0.1）、$<d>$（2.462）、NC（0.321）、D（5）和一个内部连接的组成部分。关于节点的分布，图 8-7（a）中有 7 个度数为 1 的节点，7 个度数为 2 的节点，以及 5 个度数为 3 的节点；图 8-7（b）中有 6 个度数为 1 的节点，4 个度数为 2 的节点，1 个度数为 3 的节点，1 个度数为 4 的节点，1 个度数为 5 的节点以及 1 个度数为 6 的节点。

这些数据表明，图 8-7（a）和（b）所示的网络展现了复杂网络的不同特征。由于示例网络仅从三个句子中提取，因此自然会产生两个问题：如果我们将更多的句子（词）放入网络中，这些差异是否仍会存在？如果答案是肯定的，这些差异能否为引言中提出的问题提供答案？

为了回答这两个问题，我们利用树库的可用资源建立了以下 15 种语言的依存句法网络：加泰罗尼亚语、捷克语、希腊语、古希腊语、巴斯克语、匈牙利语、意大利语、葡萄牙语、西班牙语、土耳其语、拉丁语、荷兰语、法语、斯洛文尼亚语和俄语。

我们使用 Cytoscape（Shannon et al.，2003）的网络分析插件 Network Analyzer（Assenov et al.，2008）来计算复杂网络的参数。

三、词形网络和词元网络的复杂度

本节研究使用的大多数树库来自 CoNLL-X“多语依存句法分析竞赛”的训练语料（Buchholz & Marsi，2006；Nivre et al.，2007）。CoNLL-X 的组织者已将所有非依存树库转换为依存树库。这些树库的详细信息可在参考文献中找到（Aduriz et al.，2003；Afonso et al.，2002；Atalay et al.，2003；Bamman &

Crane, 2006; Bamman et al., 2009; Csendes et al., 2005; Torruella et al., 2002; Montemagni et al., 2003; Prokopidis et al., 2005; Boguslavsky et al., 2000; Abeillé et al., 2003; Dzeroski et al., 2006; van der Beek et al., 2002; Hajic, 1998)。我们从每个树库中提取一系列连续的句子作为样本（这些句子的型符数大致相当），并将这些样本转换为可以使用复杂网络分析软件进行分析的词形网络和词元网络。

我们使用 Network Analyzer 分析了 15 种语言的两种句法网络，结果示于表 8-3。

表 8-3　15 种语言的词形网络和词元网络的主要参数

语言		E	N	$\langle k\rangle$	C	$\langle d\rangle$	NC	D	γ	R^2
加泰罗尼亚语（cat）	词形	30 944	8 906	6.816	0.129	3.234	0.235	9	1.165	0.703
	词元	27 484	6 089	8.725	0.236	2.875	0.366	8	1.117	0.738
捷克语（cze）	词形	27 447	10 950	4.945	0.088	3.640	0.145	10	1.254	0.692
	词元	23 527	6 070	7.534	0.157	3.240	0.200	8	1.247	0.764
荷兰语（dut）	词形	28 873	9 025	6.322	0.185	3.155	0.175	8	1.085	0.703
	词元	26 495	7 457	6.966	0.233	3.016	0.201	8	1.068	0.685
希腊语（ell）	词形	27 942	9 229	5.968	0.114	3.445	0.227	11	1.226	0.722
	词元	22 660	5 182	8.485	0.237	2.923	0.386	8	1.195	0.757
法语（fre）	词形	33 169	8 439	7.678	0.121	3.188	0.231	9	1.173	0.717
	词元	27 837	5 939	8.971	0.195	2.913	0.380	8	1.154	0.747
古希腊语（grc）	词形	23 798	8 870	5.291	0.089	3.638	0.146	11	1.343	0.746
	词元	17 984	3 682	9.389	0.187	3.105	0.231	7	1.214	0.812
巴斯克语（eus）	词形	27 895	10 561	5.207	0.115	3.571	0.213	13	1.334	0.750
	词元	21 883	5 124	8.233	0.242	3.054	0.295	9	1.198	0.795
匈牙利语（hun）	词形	33 146	13 075	5.055	0.029	3.938	0.155	11	1.353	0.734
	词元	28 975	8 607	6.672	0.081	3.473	0.199	9	1.379	0.769
意大利语（ita）	词形	32 329	9 051	7.059	0.126	3.243	0.194	8	1.185	0.701
	词元	27 484	6 089	8.725	0.236	2.875	0.366	8	1.117	0.738
拉丁语（lat）	词形	28 945	11 571	4.910	0.107	3.598	0.196	11	1.266	0.721
	词元	23 848	5 305	8.644	0.191	3.114	0.265	8	1.239	0.804
葡萄牙语（por）	词形	29 396	8 855	6.444	0.207	3.123	0.312	8	1.125	0.685
	词元	25 509	6 303	7.792	0.310	2.890	0.382	8	1.120	0.716

续表

语言		E	N	$<k>$	C	$<d>$	NC	D	γ	R^2
俄语（rus）	词形	42 382	16 543	5.088	0.091	3.550	0.176	12	1.203	0.696
	词元	37 309	8 992	8.141	0.164	3.134	0.246	10	1.249	0.745
斯洛文尼亚语（slv）	词形	19 241	7 128	5.309	0.125	3.473	0.171	9	1.164	0.700
	词元	15 832	4 004	7.650	0.228	2.992	0.358	7	1.171	0.759
西班牙语（spa）	词形	25 254	7 939	6.209	0.181	3.146	0.271	9	1.108	0.688
	词元	22 180	5 815	7.320	0.272	2.950	0.326	8	1.101	0.716
土耳其语（tur）	词形	26 421	11 969	4.250	0.205	2.958	0.514	10	1.161	0.616
	词元	16 296	3 995	7.558	0.287	2.721	0.578	8	1.229	0.773

注：E：网络中边的数量，N：节点数，$<k>$：平均度，C：聚集系数，$<d>$：平均路径长度，NC：网络中心度，D：直径，γ：幂律指数，R^2：度分布与幂律拟合的决定系数

四、词形与词元

首先，我们比较了这 30 个网络的整体特征，即小世界和无尺度特征。从表 8-3 可以看出，词形网络的平均路径长度波动幅度不大，范围为 2.958～3.938；词元网络的平均路径长度在更窄的范围内波动，为 2.721～3.473。也就是说，任意两个节点之间的平均距离不超过 3 个节点。

我们的研究显示，词形网络的聚集系数范围是 0.029～0.207，而词元网络的聚集系数在 0.081～0.310 波动。与具有相同节点和平均度的随机网络相比，可以看到上述两种句法网络的聚集系数要高得多。因此，就表 8-3 中的聚集系数和平均路径长度而言，我们可以说，所研究的 15 种语言网络都是小世界网络（Watts & Strogatz，1998）。

当一个网络的度分布符合幂律分布[$P(k) \sim K-\gamma$]时，该网络就是无尺度网络（Barabási & Albert，1999）。在 Network Analyzer 的帮助下，我们对所研究的网络进行了幂律拟合，得出了每种语言的幂指数 γ 和决定系数 R^2，如表 8-3 所示。

词形网络的幂指数范围为 1.085～1.353，只有一种语言（巴斯克语）的决定系数等于 0.75；词元网络的幂指数在 1.068～1.379 范围内波动，有 8 种语言的决定系数高于 0.75。数据表明，尽管这两种网络的幂指数波动非常相似，但词元网络的度分布与幂律分布更吻合。

我们的研究再次表明，令人信服的幂律拟合结果很难获得，因为真实网络的度分布通常具有长尾特征。尽管如此，如表 8-3 所示，该参数足以区分我们所研究的语言，并且有可能成为语言分类的参数。根据已有句法网络的研究结果看

（Ferrer-i-Cancho et al.，2004；Liu，2008b），如果采用分段拟合或累积度分布的方法，我们所研究的网络的度分布均符合幂律分布，即这些网络均为无尺度网络。

在简单考察了这些网络的总体特征之后，我们来分析一些可能与语言分类有关的参数。

节点的度表示词和其他词之间的关系。表 8-3 显示，一种语言的平均度与其网络中心度没有必然的联系，因为网络中心度根据节点度或节点与其他节点结合能力的差异来反映节点间的差异，而不是节点与其他节点结合的平均能力。从句法上讲，具有较高网络中心度的语言，某些节点的度数非常高。研究表明，对真实文本中提取出的网络而言，这些节点绝大多数是功能词或虚词。换句话说，至少对词形网络而言，功能词的连接越多，该语言的综合性就越强。因此我们可以认为，网络中心度反映了形态变化的程度，似乎可以作为语言类型学中一个有用的参数。

理论上讲，平均度与网络中节点和边的数量有关，这促使我们计算每个网络中边和节点数量的比值。在词元网络和词形网络中，平均度与这一比值之间存在很强的相关度。

在基于真实语料库的语言类型学研究中，如果样本中没有同一语族的语言，通常很难搞清楚真正独立于文本长度和标注方式的参数，因为我们很难判断某种结果是语言内部因素影响造成的，还是其他非语言因素导致的。

在我们的样本中，意大利语、葡萄牙语、加泰罗尼亚语、西班牙语和法语同属罗曼语族，而拉丁语又是罗曼语族的始祖。这些语言是我们选择参数时的参考语言。

根据以上讨论，我们将$\langle k\rangle$、C、$\langle d\rangle$、NC、D、γ 和 R^2 作为变量，并使用 MiniTab 提供的聚类功能来获得基于欧几里得距离的语言聚类，如图 8-8 所示。

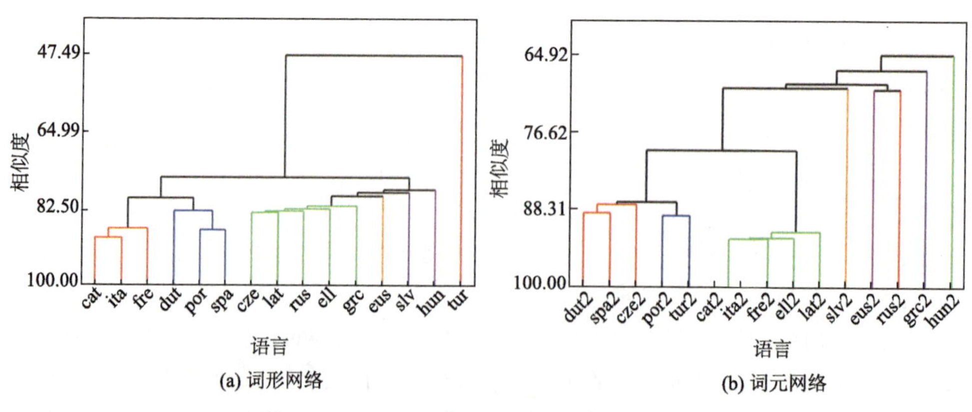

(a) 词形网络

(b) 词元网络

图 8-8 采用 7 种复杂网络参数得到的语言聚类

在词形网络的聚类中，五种罗曼语族语言归为一组（相似性为 79.65），但荷兰语也属于该组。捷克语、俄语、拉丁语、希腊语和古希腊语之间极强的相似性（81.74）展现了它们之间的密切联系，这与它们的共同特征相对应，即丰富的屈折变化。

对比图 8-8 和 Liu（2010）的研究中的图 10，本节研究中基于复杂网络理论的聚类结果与 Liu（2010）基于依存方向的分类非常相似，后者在研究中采用的是语言类型学特征。换句话说，这两种方法都能区分形态上具有差异的语言。

与词形网络相比，词元网络的特征是：边和节点更少，平均度和聚集系数较高，平均路径长度较短。这些差异证明，与从同一文本中提取的词形网络相比，词元网络更小。换句话说，词元网络的小世界性更突出。同时，较高的决定系数意味着词元网络的节点度分布曲线较好地与幂律分布拟合，即 15 种语言中有 8 种语言的决定系数高于 0.75；而对词形网络而言，只有一种语言的决定系数等于 0.75。

通过比较词元网络和词形网络，我们可以看到，仅考虑 5 个参数（不考虑 $\langle k\rangle$和 D）时，词元网络可以获得比词形网络更好的聚类结果。但是，如果考虑 7 个参数，则是词形网络得到的聚类结果更好。这种差异可能是不同语言的参数变化范围不同所致。这个问题值得进一步研究。整体而言，词元网络比词形网络在结构上更密集。不同语言呈现出不同的收缩度，反映出不同的形态特性，尽管正如 Čech 和 Mačutek（2009）所发现的那样，这种关系并不是不同形态特性的直接反映。在这种情况下，用这 15 种语言的词形网络和词元网络之间的主要参数差异来研究这些语言的类型学差异，也许是一个合理的做法。如果两个网络间的参数差异反映了语言的形态变化程度，那么同一语族的语言应表现出相似的形态变化程度。因此，基于这些差异的聚类分析可能会比先前的分析结果更好。为了检验这一假设，我们进行了更多的聚类实验，发现基于参数差值，使用 7 个参数可以达到最佳的聚类结果（图 8-9）。

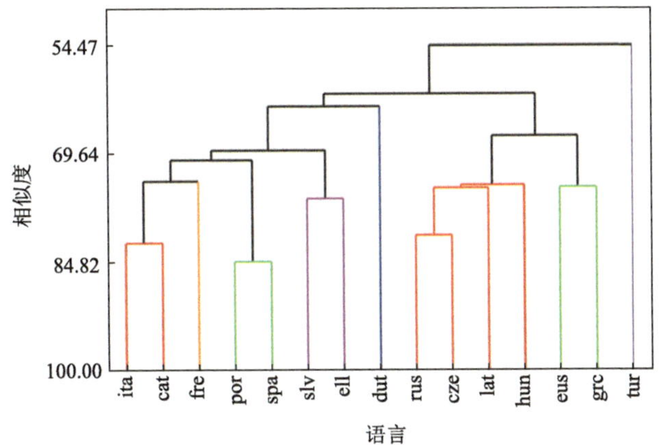

图 8-9　采用七种复杂网络参数得到的语言聚类

如图 8-9 所示，五种罗曼语族语言被归为一类，尽管相似性仅为 70.5。这一结果与通过现代语言类型学方法获得的结果一致（Kelih，2010；Bane，2008；Popescu & Altmann，2008）。

我们还研究了语言分类是否与两种网络之间的平均度差异和聚集系数差异有关。结果发现，尽管不存在高度相关性，但相对于聚集系数，根据平均度差异可以对语言进行更合理的排序，这在一定程度上支持了 Čech 和 Mačutek（2009）的说法。

根据以上讨论，显而易见的是，词形网络可以得到更好的分类，因为词元网络缺乏关于形态变化的信息。聚类实验也表明，词元网络与词形网络之间的差异是语言分类的最佳标准。

五、从网络参数看罗曼语族语言

在本书第四章第三节中，我们基于 15 种语言的依存树库，采用依存方向和依存距离指标研究了罗曼语族类型演化中的两个问题，但依存方向只是类型分类中的一个参数。形态变化或屈折变化是构成传统类型学的另一个标准。因为缺乏资源和手段，从屈折变化（形态变化）的角度对语言进行整体计量比较困难。人们往往通过自己对相关语言知识的了解得出类型学结论。本章前一节和本节的研究（Liu & Li，2010；Liu & Xu，2011）表明，采用句法复杂网络参数的跨语言聚类分析结果，与基于屈折变化的常见类型分类一致，这并不奇怪，因为一般认为句法网络的参数与该语言的句法模式相关（Ferrer-i-Cancho，2005；Liu et al.，2010；Liu & Li，2010；Liu & Xu，2011；Čech et al.，2011；Abramov & Mehler，2011）。由于语言的屈折特性与语言的句法模式密切相关，所以，我们有可能从语言的句法网络参数出发，考察该语言整体的屈折特性，并据此对不同的语言进行聚类分析，从而达到在屈折或形态维度上对不同的语言进行计量比较的目的。

综合本章前一节（详见表 8-2）和本节（详见表 8-3）的网络数据，我们可以从网络科学的角度对本书第四章第三节中的 15 种语言进行一个简单的分析。根据表 8-2 和表 8-3 中的参数，我们对这 15 种语言进行了聚类分析。Cysouw（2007）曾提出一种基于网络的类型学聚类方法（Bryant & Moulton，2004）。在我们的研究中，$<k>$、C、$<d>$、NC、D、R^2 和 γ 是基于欧几里得距离的聚类分析所采用的变量。聚类结果见图 8-10。

如图 8-10 所示，加泰罗尼亚语和意大利语的相似性为 86.62，这两种语言和法语的相似性为 86.18，罗马尼亚语和上述三种语言的相似性为 84.23，拉丁语和这四种语言的相似性为 76.65。葡萄牙语和西班牙语的相似性为 84.74，它们与拉丁语以及其他四种罗曼语族语言之间的相似性为 74.89。这个聚类结果并不

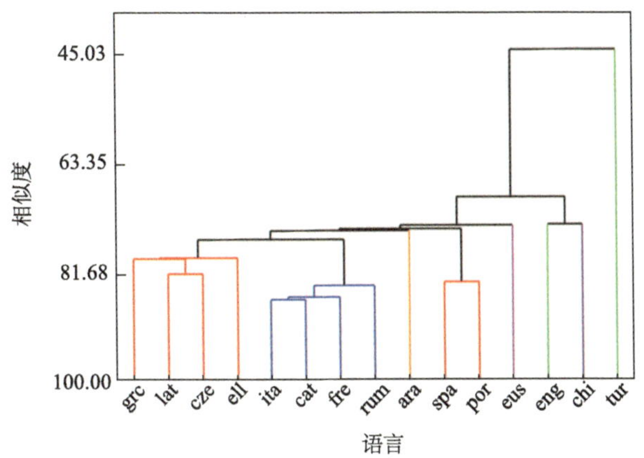

图 8-10 罗曼语族语言的复杂网络参数聚类

完全与基于依存方向的分类一致，这并不奇怪，因为网络参数反映的是语言的屈折或形态复杂性，而不是其词序模式。捷克语、拉丁语、希腊语和古希腊语很相似，它们的共同特点正是屈折变化丰富。这也说明基于复杂网络参数的聚类可以反映语言的历时演变特点。土耳其语、巴斯克语和阿拉伯语在聚类图中展现了自己特立独行的一面，这在一定程度上反映了它们与其他语言之间的差异。总之，句法网络参数聚类分析的结果与传统的基于形态学的分类方法基本一致。根据这种聚类分析，复杂网络参数似乎能够反映语言的类型特征，这至少显示了复杂网络方法在未来类型学研究中的潜力。

如果说依存方向指标反映了从拉丁语到现代罗曼语族的语序演化路径，那么复杂网络参数则反映了罗曼语形态演化的模式。综合二者，可以更好地理解我们在本书第四章第三节所探究的问题：①从历时的角度看，拉丁语与罗曼语族语言是否有差别？②从共时的角度看，能否发现罗曼语族各语言之间的相似句法特征，使其被划定为一个独立的语族？

本节以及本书第四章第三节的结果说明，计量指标和方法不仅有助于从整体上展示语言的历时演变轨迹，也可从共时的角度捕捉同一语族语言的共有特征，而这些结果用传统方法是难以获得的。

六、本节小结

在依存句法树库的基础上，我们研究了 15 个词形网络以及相应的词元网络，发现平均度、聚集系数、平均路径长度、网络中心度、直径、度分布的幂指数和度分布与幂律拟合的决定系数等网络参数，可以对研究的语言进行分类，其准确性与利用现代语言类型学方法进行语言分类的准确性相当。相比词元网络，词形网络能获得更好的分类，这说明用依存句法标注的语言网络可以与其内含的形态变化信息一起从整体上对语言进行分类。

如果语言网络反映了语言的形态复杂程度，那么，我们可能采用语言网络来解决本书第一章第三节中用语序（依存方向）解决不了的斯拉夫语族语言分类的问题。

第三节 词同现语言网络与斯拉夫语族语言分类

一、引言

复杂网络无所不在，几乎渗透到自然界与人类活动的各个方面（Costa et al., 2011）。近年来，复杂网络开始被运用于涉及人类语言的理论与应用的研究中（Choudhury & Mukherjee，2009）。将语言作为一个系统的观念是现代语言学中最重要的假设之一（Kretzschmar，2009）。如果语言是一个系统，那么其在系统层面的组织方式，就无法通过注重语言结构细节的语言学传统方法来得到充分体现与描述，然而，能够以整体观考察各种系统的复杂网络可以弥补语言学在方法上的欠缺。语言的诸多方面及结构层面都能作为语言网络（以相关的语言单位为节点，以它们之间的某种关系为边）来进行建模和描述（Steyvers & Tenenbaum，2005；Ferrer-i-Cancho et al.，2004；刘海涛，2009）。

对语言网络的定量分析可望成为语言学中不同领域的潜在研究方法。语言分类就是一个有代表性的例子。研究表明（刘海涛，2010b；Liu & Xu，2011；Abramov & Mehler，2011），我们可以采用主要的复杂网络参数对句法依存网络（以词形为节点，以它们之间的句法依存关系为边）进行聚类分析，以达到对相应的语言进行分类的目的。分类的结果能大致反映这些语言在语言谱系中的亲缘关系。这种基于复杂网络的语言分类属于侧重语言结构特征的类型学分类（Ruhlen，1991）。Liu 和 Xu（2011）的研究发现，句法依存网络的复杂网络参数是语言的形态与句法特征在系统层面上的体现。因此，基于复杂网络的语言分类是对整体类型学（Shibatani & Bynon，1995）的一个重要贡献。有关研究也表明（刘海涛，2010b；Liu & Xu，2011；Abramov & Mehler，2011），复杂网络的主要参数除了能揭示真实世界中网络的共性（例如，在各种网络中普遍发现的统计特征，包括小世界和无尺度属性）之外，还能反映网络的多样性。同时，复杂网络在语言分类中的使用拓展了复杂网络的应用领域，也拓宽了复杂网络研究的视野。

值得注意的是，此前基于复杂网络的语言分类研究（刘海涛，2010b；Liu & Xu，2011；Abramov & Mehler，2011）一般只满足于将不同的语言大致划入各自的语族（如罗曼语族、日耳曼语族和斯拉夫语族），并没有对各语族中的语言进行细分，即目前尚无研究采用基于复杂网络的方法进行较为精细的语言分类（例如将同一语族的语言划入不同的语支）。如果能证明使用复杂网络可以得出精细的语言分类，那么语言类型学将有可能更多地受益于这种基于复杂网络的方法，复杂网络的应用也能被拓展到人文与社会科学中更为具体的领域中去。

就方法而言，此前这些基于复杂网络的语言分类主要存在两大问题。一方面，在这些研究中，构建句法依存网络所用的语料在语义内容和语体方面的一致性难以保证。基于句法依存网络的语言分类的基本假设是，句法依存网络在拓扑结构上的异同（由其复杂网络参数体现）反映了相应的语言之间的异同（Abramov & Mehler，2011）。所选语料在语义内容和语体上的不一致性虽然与语言之间的异同无关，但其仍然有可能影响相应的句法依存网络在拓扑结构上的异同，进而影响语言分类的结果。基于复杂网络的语言分类更为适宜的语料是平行文本（即语义内容一致但语言不同的文本的集合，如某小说的原本及其不同语言的译本），这种语料在语义内容和语体上是一致的。另一方面，句法依存网络的构建需要耗费大量人力、物力。句法依存网络是由句法依存树库转换而来的，而后者是通过对生语料进行句法依存标注得到的。尽管有自动化的标注方法可供使用，但是如果要获得能够满足语言学研究的标注精度，标注过程仍须以人工的方式逐词逐句完成。因此，即便句法依存网络能成为语言分类的一种有效方法，考虑到其构建过程的困难性，也难以将其运用到涉及较多语言的分类或语言类型研究中去。另外，句法依存标注方法的不同也可能影响句法依存网络的拓扑结构特征，进而影响语言分类的结果。因此，我们需要寻找一种更易获得的语言网络来作为句法依存网络的替代品。在所有其他类型的语言网络中，词同现网络（Ferrer-i-Cancho & Solé，2001）最有可能胜任这一角色。鉴于以上两个问题，我们可以考虑在基于复杂网络的语言分类中采用基于平行文本的词同现网络（以下称“平行词同现网络”）作为对句法依存网络的一种可能的替代品。

本节考察在语言精细分类中使用复杂网络，以及在基于复杂网络的语言分类中使用平行词同现网络替代句法依存网络的可行性。我们在 12 种斯拉夫语言和 2 种非斯拉夫语言平行文本的基础上分别构建了 14 个词同现网络，并通过其主要复杂网络参数的不同组合，对这些网络进行聚类分析。本节对分类效果的评估是通过聚类结果与这些语言（尤其是 12 种斯拉夫语言）在语言谱系中的亲缘关系的比对来进行的。

二、平行词同现网络的构建

词同现网络是由真实语料转换而来的。在本节研究中，我们将“同现”定义为两个词形在句中的相邻关系。例如，在“John kicked the ball.”中有三对相邻的词形，即 John kicked、kicked the 和 the ball。因此一个词同现网络可以表示为一个无向图 $G=(V, E)$，其中 V 是节点的集合，表示语料中所有不同的词形；E 是边的集合，表示词形在组句时形成的所有不同的相邻关系。因此，如果两个词形在至少一个句子中存在相邻关系，那么其对应的节点 $u, v \in V$ 将被一个边 $e \in E$ 所连接。根据这一定义，我们可以从真实语料中提取词形在组句时形成的所有不同的二元组，并将该二元组的集合转换为词同现网络。词同现网络可以通过自动的方式来构造。使用词同现网络的一个主要优势在于它的无歧义性，因为同现关系可以被明确地定义并且能够以理论中立的方式从语料中被提取出来。图 8-11 展示了一个按照以上定义所构建的词同现网络。若无特别说明，本节下文中提到的词同现网络均指按照以上定义所构建的网络类型。

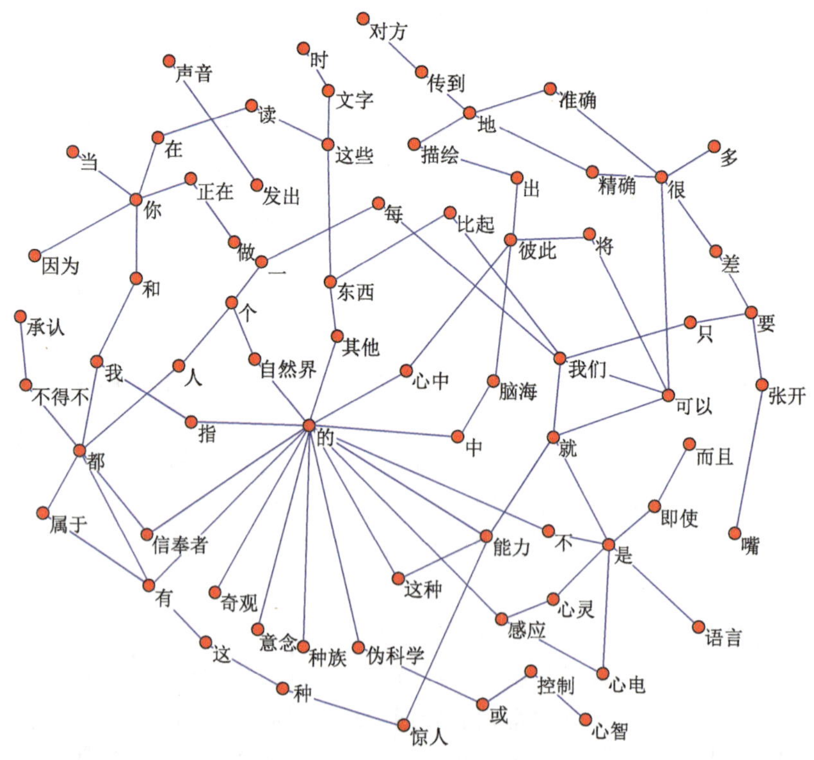

图 8-11　汉语词同现网络示例

资料来源：史迪芬·平克（Steven Pinker）的《语言本能》（Pinker，1995）的第一章

一个词同现网络和一个句法依存网络——假设它们均基于相同的真实语料——仅在边的类型上有所不同。前者的边表示词形在句中的相邻关系，而后者的边表示词形在句中的句法依存关系。对诸多不同语言的研究数据表明（Liu，2008a），一个句法依存关系在较大概率上（一般在 50%以上）存在于两个相邻的词形之间。这意味着词同现网络与基于相同真实语料的句法依存网络在拓扑结构上具有较高的相似性，因为二者的边存在显著的重合。例如，图 8-11 中的词同现网络的中心节点一般为虚词，这与句法依存网络的情况（Solé et al.，2010；陈芯莹、刘海涛，2011）是一致的。因此，词同现网络在语言网络研究中可以作为句法依存网络的一个可能的替代品。一个词同现网络的复杂网络参数可以被用作与之对应的句法依存网络相同参数的一种方便的近似估计，能在系统层面上大致反映一种语言的形态和句法特征。

本节研究构建的词同现网络所基于的平行文本包括 14 种语言：俄语、白俄罗斯语、乌克兰语、捷克语、斯洛伐克语、波兰语、上索布语、塞尔维亚语、克罗地亚语、斯洛文尼亚语、保加利亚语、马其顿语、英语和汉语。14 种语言中有 12 种为斯拉夫语言，分别属于三个语支，即东斯拉夫语支（俄语、白俄罗斯语和乌克兰语）、西斯拉夫语支（捷克语、斯洛伐克语、波兰语和上索布语）和南斯拉夫语支（塞尔维亚语、克罗地亚语、斯洛文尼亚语、保加利亚语和马其顿语）（Katzner，1995）。这些平行文本系小说《钢铁是怎样炼成的》（«Как закалялась сталь»）的俄语原著（尼古拉·奥斯特洛夫斯基著于 1932～1934 年）和其他 13 种语言的译本。其中 12 种斯拉夫语言的文本系来自 Kelih（2010）所建的斯拉夫语平行语料库，而英语和汉语的文本是我们自行从这两种语言的译本中获得的。由于这 14 种语言中有 12 种同属于斯拉夫语族，并分属不同的斯拉夫语支，这为检验使用平行词同现网络进行语言精细分类的效果提供了条件。平行文本也可以在一定程度上弥补本节没有采用本章前两节中所述句法网络所造成的不足，因为毕竟 50%与 100%还是有一定距离的，我们希望平行文本可以缩小这个距离，从而使我们的研究结果更坚实。我们构建的 12 种斯拉夫语族语言的语言网络如图 8-12 所示。

显然，我们用肉眼很难看出图 8-12 中这些网络图的差别，更不要说还要对它们进行分类了。我们采用复杂网络分析平台 Cytoscape 的插件之一 Network Analyzer（Assenov et al.，2008）计算了 14 个词同现网络的 10 个复杂网络参数。这些复杂网络参数是：平均度（$<k>$）、平均路径长度（$<d>$）、聚集系数（C）、网络中心度（NC）、直径（D）、网络异质度（NH）、与 $P(k)$（度分布）拟合最佳的幂律的指数（γ_1）、与 $P(k)$ 拟合最佳的幂律的决定系数（R^2_1）、与 $\overline{k}_{NN}(k)$（相邻节点平均度的分布）拟合最佳的幂律的指数（γ_2）以及与 $\overline{k}_{NN}(k)$ 拟合最佳的幂律的决定系数（R^2_2）。对上述参数及其应用的详细介绍，可参照本书第五章第一节、Abramov 和 Mehler（2011）的研究，以及 Costa 等（2007）的研究。

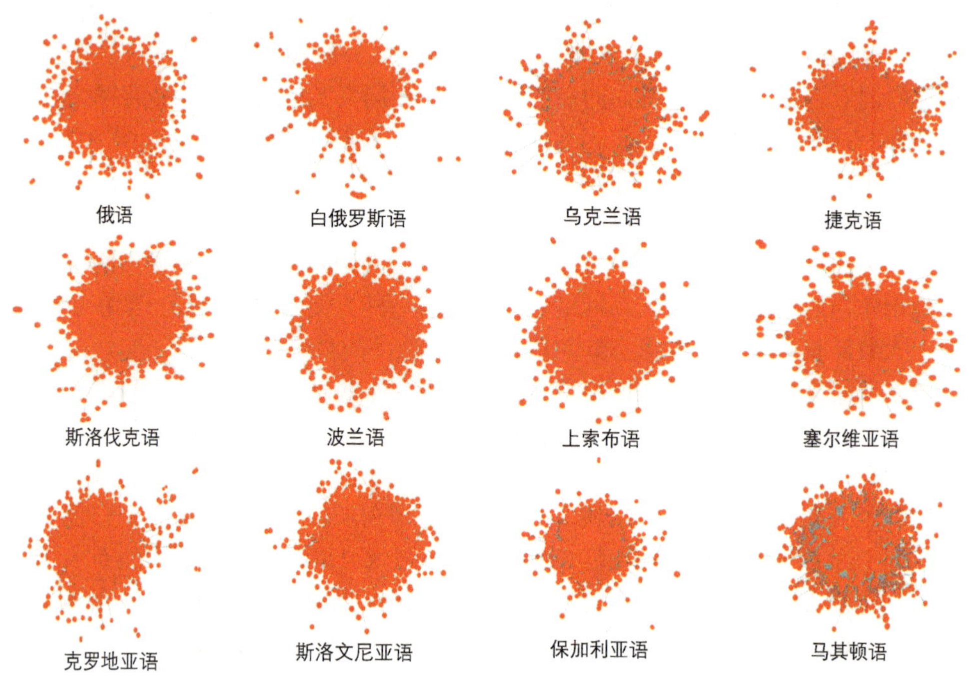

图 8-12　12 种斯拉夫语言的语言网络全景图

以上这些参数足以呈现一个复杂网络拓扑结构特征的概貌，例如它是否为小世界或无尺度网络。聚类分析在语言分类中的使用至少可以追溯到 Altmann 和 Lehfeldt（1973）的研究。基于这些复杂网络参数的不同组合，聚类分析被用于 14 个词同现网络。这些参数在参与聚类之前都经过了标准化处理。聚类分析采用离差平方和法和曼哈顿距离。根据此前基于复杂网络的语言分类研究的经验（刘海涛，2010b；Liu & Xu，2011；Abramov & Mehler，2011），我们选取<*k*>、<*d*>、C 和 NC 的组合作为基准集，其他的参数组合系通过在基准集的基础上添加其他参数得到，共有 64 个参数组合在聚类分析中得到检验。

三、14 种语言的词同现网络的比较与分类

按照前一小节介绍的方法，我们得到了 14 种语言的词同现网络的主要参数，结果见表 8-4。

表 8-4 14 种语言的词同现网络的主要参数

语言	<k>	<d>	C	NC	D	NH	γ_1	R^2_1	γ_2	R^2_2
白俄罗斯语（bel）	4.819	3.797	0.100	0.114	17	5.833	1.232	0.742	0.451	0.794
保加利亚语（bul）	5.690	3.354	0.186	0.144	11	6.767	1.159	0.711	0.525	0.855
汉语（chi）	8.684	2.944	0.283	0.354	9	6.113	1.180	0.755	0.534	0.930
克罗地亚语（hrv）	5.353	3.479	0.151	0.127	13	6.574	1.212	0.712	0.505	0.847
捷克语（cze）	4.945	3.627	0.119	0.157	13	6.696	1.257	0.750	0.500	0.873
英语（eng）	9.043	2.964	0.299	0.297	10	5.499	1.157	0.743	0.533	0.883
马其顿语（mac）	6.206	3.225	0.220	0.170	10	6.698	1.138	0.724	0.546	0.841
波兰语（pol）	4.983	3.628	0.118	0.112	14	6.351	1.229	0.720	0.475	0.824
俄语（rus）	4.504	3.891	0.091	0.109	17	5.972	1.268	0.748	0.444	0.757
塞尔维亚语（srp）	5.348	3.485	0.147	0.126	15	6.543	1.213	0.707	0.515	0.832
斯洛伐克语（slk）	5.166	3.592	0.128	0.137	14	6.255	1.235	0.747	0.477	0.836
斯洛文尼亚语（slv）	5.367	3.406	0.164	0.192	13	7.400	1.192	0.738	0.565	0.787
乌克兰语（ukr）	4.865	3.814	0.096	0.076	16	5.433	1.254	0.764	0.424	0.737
上索布语（hsb）	5.347	3.550	0.131	0.161	14	6.359	1.239	0.741	0.466	0.822

通过比对聚类结果与这些语言在语言谱系中的亲缘关系，我们可以对分类效果进行评估。由于 14 种语言中有 12 种语言为斯拉夫语言，因此我们侧重于考察聚类结果如何反映这 12 种斯拉夫语言之间的亲缘关系。评估分类结果的基本标准是 12 种斯拉夫语言必须首先聚类，其次再与 2 种非斯拉夫语言聚类。换言之，聚类结果必须能将 12 种斯拉夫语言与 2 种非斯拉夫语言区分开来。如果满足这一标准，我们再考察 12 种斯拉夫语言是否被正确地划入各自的语支当中。

在被检验的 64 个复杂网络参数组合中，有 15 个组合的聚类结果能将斯拉夫语言与非斯拉夫语言区分开来，并将 12 种斯拉夫语言正确划入各自的语支中。图 8-13 展示的是这些结果中的一个，是由基准集加 D、R^2_1、γ_1 和 R^2_2 的组合得出的。图 8-13 较好地呈现了斯拉夫语族的细分情况，12 种斯拉夫语言都被准确地划分到了各自的语支中。另外，聚类也能反映某些斯拉夫语言在其语支内部的亲缘关系。例如，尽管塞尔维亚语和克罗地亚语使用不同的书写系统，但一般认为它们是同一种语言（Katzner，1995）。如图 8-13 所示，塞尔维亚语和克罗地亚语在其语支内以 1.70 的距离被聚为一类。保加利亚语和马其顿语之间的亲缘关系也得以反映（距离为 3.57）。对斯拉夫语言分类的这一结果要稍好于 Kelih（2010）基于相同的斯拉夫语平行语料库，通过考察斯拉夫语言中的型例关系而得出的结果。后者仅仅得出了一个 12 种斯拉夫语言的序列，能够反映它们之间亲缘关系的远近，但无法体现它们应如何被分类。该分类结果与采用包括词汇统计学（Novotná & Blažek，2007）在内的其他方法所得到的结果大致具有可比性。

聚类分析也涉及英语和汉语这两种非斯拉夫语言。如图 8-13 所示，英语和汉语作为一个聚类，与 12 种斯拉夫语言作为另一个聚类之间的距离为 39.33，而英语和汉语之间的距离为 3.34。这一结果不仅反映了英语和汉语作为非斯拉夫语言与 12 种斯拉夫语言之间的差异，也反映了英语与汉语之间的相似性。二者的相似性在此前基于真实语料句法标注树库的研究中也有发现（刘海涛，2010b；Liu，2010）。

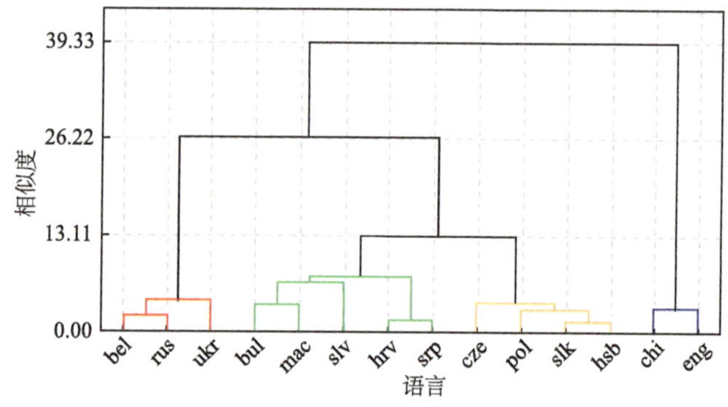

图 8-13　基于 8 个复杂网络参数对 14 个网络的聚类

与此前基于依存树库的研究相比，本节研究所使用方法的自动化程度较高，对人工参与的要求较低。例如，该方法无须考虑不同语言的书写系统，而且还证明书写系统的差异不会影响到语言分类的结果。在 12 种斯拉夫语言当中，俄语、白俄罗斯语、乌克兰语、塞尔维亚语、保加利亚语和马其顿语使用西里尔字母，而其他 6 种语言则使用拉丁字母。然而，如图 8-13 所示，这些语言在书写系统上的差异对其分类并无影响。这也引起了我们对语言类型与书写系统之间关系的思考。例如，汉语从其特殊的书写系统来看，与英语的差异似乎非常大，然而，从本节研究以及其他相关文献（刘海涛，2010b；Liu，2010）中的结果来看，二者的差异实际上比想象中的要小得多。另外值得注意的是，本节研究对斯拉夫语言的分类效果要明显好于 Liu（2010）采用依存方向等语序指标所得到的结果。这是因为本节研究所采用的方法依据的是语言作为一个系统的整体特征，而非一系列难以反映语言整体性质的局部结构细节。这也表明，对于像斯拉夫语言这样具有较丰富的屈折形态变化的语言（Comrie & Corbett，2002）来说，语序显然不是其分类的最佳依据。另外，由于本节研究的方法完全是从定量的角度去进行语言分类的，因此它反映出来的语言之间的异同是连续性的，而非离散的。

四、本节小结

本节考察了在语言精细分类中使用复杂网络，以及在基于复杂网络的语言分类中使用平行词同现网络替代句法依存网络的可行性。我们在 12 种斯拉夫语言和 2 种非斯拉夫语言的平行文本的基础上，分别构建了 14 个词同现网络，并通过其主要复杂网络参数的不同组合对这些网络进行了聚类分析。基于这些参数的恰当组合，聚类分析能够将斯拉夫语言与非斯拉夫语言区分开来，并能将斯拉夫语言正确地划分到各自的语支中去。另外，聚类也能反映某些斯拉夫语言在其语支内部的亲缘关系，因此可以得出以下结论：平行词同现网络能够被用于语言的精细分类，而且在基于复杂网络的语言分类中，可被用作句法依存网络的一种更为便捷的替代品。本节所采用的方法也有助于建立一种注重整体特征的、定量的，以及能反映语言之间连续性差异的语言类型学研究路向。本节研究也进一步证实，使用主要的复杂网络参数能够反映出真实世界中网络的多样性。更为重要的是，由于平行词同现网络被证明能够用于语言的精细分类，复杂网络的应用因此能够被进一步拓展到人文与社会科学中更为具体的领域。

如果句法网络甚至词同现网络都可以作为语言分类的方法与资源，那么，这些各种层面的语言网络是否可以作为一种语言的语体分类的知识源呢？尽管在本书第五章第二节中我们曾经发现复杂网络参数是可以用来区分汉语书面语和口语的，但那一节的研究涉及的语体较少，而且其主题也是探求汉语句法网络的复杂性，因此对语体问题的讨论不深。下一节，我们将专门研究这个问题。

第四节　基于句法网络和语义网络的语体分类

一、引言

语体变异指因情景、话题、说话对象和地点等外界因素的不同而改变的口语或书面语形式，表现在语音、词汇以及句法结构等语言形式的变化上（谷晓娟、张迈曾，2007）。语体的形成是因为随着交际范围、目的和对象的不同，语言材料的使用在功能上出现了分化；尽管各种语体所使用的语言材料基本相同，但是表达方式各有不同，这就使得各种不同的语体有了明确的分界；各个语体本身所特有的表达方式是长期形成的，其本身特有的语言运用规律是比较稳定的（胡裕树，1995）。语体学研究的主要目的和任务是对客观存在的语体（类型）进行如实的描写研究，揭示语体形成和内部组构的规律与原则，并做出认知性解释，在此基础上确定该时代的整个语体系统（李熙宗，2011）。

在早期的语体研究当中，主要被采用的是典型例证法，语体划分的判断更多的是依靠研究人员的主观语感。随着计算机的出现，在较短时间内处理大规模的语言数据成了可能。在这种背景下，语言学界兴起了构建语料库的热潮，也出现了很多基于语料库的语体研究。同时，基于计算机的文本聚类和文本分类研究也得到了快速发展。从计算机科学的角度来说，语言学研究中的语体划分的实质就是文本分类的过程。语体研究和文本分类是同一个语言问题在不同学科研究当中的差异化表述。就语言学来说，和早期的研究相比，基于语料库的语体研究减少了研究者的偏颇，也更适用于描述对抗性和变化中的语篇，其结果也能用多种方法进行印证。就计算机科学而言，语料库为文本聚类和文本分类技术提供了大量的语言数据以及研究基础，使之能够通过抽取和统计字、词、*N* 元结构、语义或者概念等文本特征来优化算法，实现并优化计算机对文本的自动分类（黄伟、刘海涛，2009；刘健、张维明，2008；陈龙等，2008；廖莎莎、江铭虎，2006），但基于语料库的语体研究仍然将语言看作一个词或语言单位的集合，而不是将语言视为一个有机的整体系统。它能较好地描述一些细微的语言现象，但在洞悉整体结构上还比较薄弱，而传统的基于统计和决策算法的文本分类技术则计算过程复杂，且提取的文本特征和分类结构的优劣都很难从语言学角度进行分析和解释（黄伟、刘海涛，2009）。在此背景下，出现了将句法复杂网络特征作为语体分类方法的研究，但仍未有其他语言层面的研究。

语言系统是一种复杂的网络结构体，它在各个语言层面上都表现出高度复杂的网络结构，而新的复杂网络分析方法的出现让构建和分析语言网络成为可能。这种更为注重语言整体特性的新方法被研究人员运用到了语言研究的各个领域，并取得了不少成果。此外，将句法层面的语言复杂网络特征运用到语体研究中，也被证实是行之有效的，但语言网络有不同层级，而现有的计算机文本自动分类算法所抽取的语言特征也都来自不同的语言层面。因此，本节尝试从汉语语义复杂网络中抽取特征参数并用于语体分类研究，与基于汉语句法复杂网络参数和词频的语体分类结果相对比，探讨不同层面的语言网络参数对于语体研究和自动文本分类的有效性差异。

二、语体分类和语料的选用

本节研究依据胡裕树在《现代汉语（重订本）》中的划分体系选择样本语料。该体系先将语体分成口头语体和书面语体两大类，继而又将口头语体分为谈话语体和演说语体两类；书面语体则被分为事务语体、科技语体、政论语体和文艺语体四类。同时，该体系还对不同语体的特点进行了描述（胡裕树，1995）。

谈话语体是人们在日常的交谈活动中形成的。本节所选用的谈话语体语料是《实话实说》节目的转写语料（SHSS）。

演说语体与谈话语体不同。演说语体是一个人独自讲话，对语言环境的依赖不像谈话语体那么强；此外，演说有一个中心，有一个具体的主题，不像谈话语体的话题那么分散。本节所选用的演说语体语料由两篇演讲稿组成，即《就任北京大学校长之演说》（蔡元培）以及《最后一次讲演》（闻一多）。

书面语体和口头语体不同。它没有相互对话的语言环境，也没有谈话时情态和手势的补充；省略以及重复的情况比较少。一般来说，书面语体要求语言合乎规范。它不仅要求用词造句的准确、鲜明和生动，而且还要求句与句之间以及段与段之间的连贯、周详和简练。它讲究成篇的结构布局和层次安排的完整和妥当。

事务语体是国家机关、社会团体以及人民群众之间相互处理事务的一种语体。本节所选用的事务语体语料由两部分组成，即《告台湾同胞书》以及《关于若干历史问题的决议》（节选）。

科技语体对社会现象或自然现象中的某一方面进行分析总结，论证其中的规律性。本节所选用的科技语体语料共包含了两篇文章，即《现代自然科学中的基础学科》（钱学森）以及《中国石拱桥》（茅以升）。

政论语体通过对社会政治生活的各种问题的论述，向群众进行宣传和动员，希望他们为本国和本集团的利益而积极斗争。本节政论语体语料所选用的是《世界人权宣言》。

文艺语体是通过艺术形象来反映客观现实的，因此这种语体极其广泛地运用带有表情色彩和描绘色彩的语言成分。语言的形象性是它最主要的特征。本节的文艺语体语料共包含了一篇散文《春》（朱自清）、一段小说节选《春蚕》（茅盾）、一段话剧剧本节选《雷雨》（曹禺），以及两首诗歌《致橡树》（舒婷）和《回答》（北岛）。

以上所提及语料的选择主要参考了《现代汉语（重订本）》对各语体的示例文本。

刘海涛（2009）曾对其自建的汉语依存树库做了词类与依存关系、依存距离、依存关系构成等统计研究，并与哈尔滨工业大学信息检索研究室的依存树库统计结果进行了对比。其研究结果表明，尽管自建树库规模不大，但其具有典型意义，涵盖了汉语结构的句法特点，可用来进行某些语言的定量分析。加之本节的主要目的在于提出新的研究方法，属于实验性研究，故在构建语料库时仅以有效为目标，规模较小。

有了语料后，我们人工标注了这六个不同语体（各含 1600～1700 词）的句法树库和语义树库，并进一步构建了六个不同语体的有向依存句法网络和语义网络，分别测量了它们的若干主要网络参数值。之后，我们以这些整体特征为变量，采用不同的聚类法，对这六种语体的句法网络和语义网络进行了聚类分析，并对聚类结果进行了对比。

三、不同语体句法网络和语义网络的分类

前文已经提到，对于汉语的语体研究或文本分类可以分成不同的层面，下面的讨论主要集中在句法层面和语义层面的对比上。

我们构建了上述六个不同语体的句法树库和语义树库，并分别测量了它们的若干主要网络参数值。语言网络在描述和解释语言的整体结构上有着独特优势。本节采用语言网络的方法来对汉语语体进行研究，试图从宏观整体的角度来描述不同语体在句法和语义等不同语言层面结构上的差别，以弥补以往基于微观语言结构特点的语体研究和文本分类的不足。

对于网络结构分析研究来说，最常用的网络参数是平均路径长度（<*d*>）、聚集系数（*C*）、平均度（<*k*>）、直径（*D*）以及度分布[*P*（*k*）]等（何大韧等，2009；Albert & Barabási，2002）。刘海涛（2010b）认为网络中心度即中心势（NC）也是句法网络结构的一个重要特点，因此我们也将它列入了待考察的参数。我们分别统计了 6 个依存句法网络和 6 个依存语义网络的 9 个主要网络参数，见表 8-5。

表 8-5　六个语体的句法网络和语义网络的主要参数

语体类型		*E*	*N*	<*k*>	*C*	<*d*>	NC	*D*	*γ*	R^2
谈话语体	语义	1 059	449	4.717 15	0.101 85	3.686 81	0.162 66	8	0.865 82	0.930 93
	句法	1 227	492	4.987 81	0.051 27	5.426 04	0.094 25	15	0.895 58	0.932 86
演说语体	语义	1 146	694	3.302 59	0.057 95	4.906 27	0.072 04	12	0.744 94	0.916 91
	句法	1 361	755	3.605 30	0.050 29	6.252 48	0.041 53	15	0.784 12	0.920 21
事务语体	语义	1 085	584	3.715 75	0.130 90	4.647 64	0.088 46	12	0.781 18	0.907 53
	句法	1 269	628	4.041 40	0.098 38	4.364 95	0.144 85	13	0.813 24	0.927 64
科技语体	语义	1 122	599	3.746 24	0.082 65	4.277 17	0.170 12	11	0.751 14	0.913 20
	句法	1 292	640	4.037 50	0.061 51	4.317 42	0.144 48	12	0.784 11	0.921 90
政论语体	语义	1 109	532	4.169 17	0.260 74	4.202 69	0.075 56	12	0.787 67	0.918 77
	句法	1 248	563	4.433 39	0.121 39	3.869 14	0.141 72	11	0.852 99	0.948 90
文艺语体	语义	1 157	723	3.200 55	0.069 87	4.681 19	0.123 48	13	0.726 52	0.933 05
	句法	1 372	770	3.563 64	0.060 35	4.624 07	0.124 21	18	0.769 40	0.943 32

注：*E*：网络中边的数量，*N*：节点的数量，<*k*>：节点的平均度，*C*：聚集系数，<*d*>：平均路径长度，NC：网络中心度，*D*：直径，*γ*：幂律指数，R^2：度分布与幂律拟合的决定系数

由表 8-5 可知，尽管六个树库的规模相当，但依照其构建出来的语言网络的规模却存在着较为明显的差异。就语义网络中的边数来说，谈话语体网络<事务语体网络<政论语体网络<科技语体网络<演说语体网络<文艺语体网络。这一结果与句法网络的结果基本一致。值得注意的是，事务语体网络与政论语体网络在句法网络和语义网络中的大小换了位置。其原因是，在语义树库的标注中，只有并列结构成分和同位语成分可以造成多个支配者的情况。换句话说，这两种结构会破坏节点与边的一一对应关系，从而导致边数的增加。据此可以推论，政论语体网络在语义网络中的边要比事务语体在语义网络中的边多（而在句法网络中比其少）是因为政论语体树库中含有更多的并列结构和同位语结构。

语义网络中的节点是实词节点，因此节点数表示的是树库中所含有的实词（词型）数量。依据表 8-5 的数据，在节点数上，谈话语体网络<政论语体网络<事务语体网络<科技语体网络<演说语体网络<文艺语体网络。这一结果与句法网络的结果一致。与句法网络一样，语义网络的节点数可以反映语料的词汇丰富程度。除此之外，由于语义网络中的节点均为实词，因此它也可以反映语料所涉及的内容或话题的广泛程度。

这六种语体的语义网络的节点平均度数分布在 3.200 55～4.717 15。也就是说，在所研究的这六种语体的语义网络中，每个节点平均与 3～5 个其他节点有着语义关系。依据表 8-5 的平均度数所获得的对比结果是，文艺语体网络<演说语体网络<事务语体网络<科技语体网络<政论语体网络<谈话语体网络。节点平均度数在一定程度上反映了语义网络中词与词之间的平均组合能力（刘海涛，2009），而这六种语体在句法网络中的每个节点也平均与 3～5 个其他节点有着句法关系。在句法网络中，这一数值其实表示的是某一词型在语料中被重复利用的程度。在词数大致相当的情况下，一个词型被反复利用得越多，则表示词汇丰富程度越低。因此可以认为，节点平均度数越高则相应的语料的词汇丰富程度越低。依据表 8-5 的节点平均度数，在词汇丰富程度上，谈话语体<政论语体<事务语体<科技语体<演说语体<文艺语体。

在语义网络中，聚集系数反映的是与某一个词具有语义关系的两个词之间也存在语义关系的可能性，是一种用来衡量网络聚集倾向或小集群形态的指标。从表 8-5 可知，在聚集系数的大小两端分别为政论语体与演说语体，其中政论语体网络的聚集系数为 0.260 74，演说语体网络的聚集系数为 0.057 95，二者相差 3 倍多。除了这两种语体外，其他 4 种语体网络的聚集系数都在 0.06～0.14。但是，它们的聚集系数还是要远远大于与这些网络有相同节点与平均度的随机网络的聚集系数。因此，可以初步判断说这 6 个语体的语义网络均是小世界网络，且与句法网络相比，尽管在聚集系数的大小排序上保持了一致，但是它们的聚集系数都不同程度地增大了，而且各个语体之间的差异也增大了。因此，在语义网络中，网络的聚集倾向要更加明显。

这 6 种语体的语义网络的平均路径长度分布为 3.686 81～4.906 27。也就是说，在所研究的这 6 种语体的语义网络中，任意 2 个节点之间的平均距离不会超过 5 个节点。结合对聚集系数的考察，可以确定说它们都是小世界网络。与句法网络的相关统计结果相比，它们的平均路径长度都降低了，且差距也缩小了。这有可能是因为没有虚词介入。同时，聚集系数与平均路径长度在句法网络中的对应关系在语义网络中消失了。这很有可能是因为句法关系与语义关系相比更加规律（每一个语言成分都只有一个支配者），聚集系数与平均路径长度的变化也更加规律一致。

网络中心度参数反映的是网络中节点度之间的差异程度，以及超级中心节点存在的概率。从语义的角度来看，网络中心度可能反映了某些关键词或者主要话题的集中程度；依据表 8-5，就网络中心度来说，演说语体网络<政论语体网络<事务语体网络<文艺语体网络<谈话语体网络<科技语体网络。从句法的角度来看，网络的中心度可能反映了某些虚词和实词中心节点的使用情况；依据表 8-5，就网络中心度来说，演说语体<谈话语体<文艺语体<政论语体<科技语体<事务语体。也就是说，依据上述顺序，中心节点在语义网络和句法网络结构中所发挥的作用依次降低。

直径反映了可连接节点间的最大距离。这 6 种语体的语义网络的直径分布在 8～13，也就是说，距离最远的两个节点之间要通过 8～13 个节点才能相互连接；而句法网络的直径分布在 11～18，表示距离最远的两个节点之间要通过 11～18 个节点才能相互连接。网络的直径一般是由其边缘节点决定的。因此，这一数值可能反映了语料中某个或某些低频词的使用情况。

我们对六种语体语义网络的节点度数进行了幂律拟合，得到了每一种语体的幂律指数与决定系数。从表 8-5 可知，语义网络的决定系数均在 0.9 以上，拟合效果比较好；幂律指数变化区间为 0.726 52～0.865 82。句法网络的决定系数也均在 0.9 以上，拟合效果比较好；幂律指数变化区间为 0.769 40～0.895 58。因此可以判定，本节所研究的 6 种语体的语义网络和句法网络的度分布都符合幂律分布，即这些网络均是无尺度网络。

由上面的数据和分析可以知道，不同语体的句法网络和语义网络之间既有相似之处，也有差异。由于对网络节点和边的定义不同，各个网络参数在语义网络中的意义也不尽相同。那语义网络的参数是否也能像句法网络的参数一样成为描述和划分语体系统的有效参数呢？为此，本节研究以它们为变量，分别采用了欧几里得距离、平方欧几里得距离和皮尔逊相关性方法，对这六种语体的句法网络和语义网络进行了聚类分析。采用欧几里得距离和平方欧几里得距离法所获的聚类结果一致，均优于采用皮尔逊相关性方法的结果。在尝试了不同的聚类方法和参数组合之后，分别获取的最佳聚类结果（基于欧几里得距离法）如图 8-14 所示。

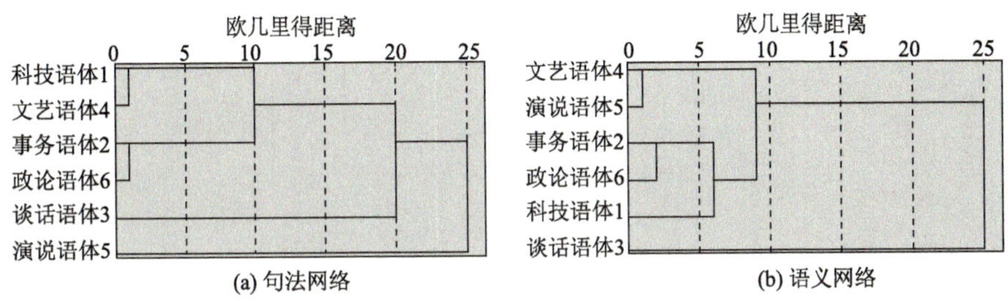

图 8-14 句法网络和语义网络的最佳聚类

图 8-14（b）显示，科技语体、事务语体和政论语体比较相似，文艺语体和演说语体比较相似，谈话语体与其他语体之间的距离较大。这一结果有一定的合理性。事务语体、政论语体和科技语体从交际的角度来说，都是为特定受众传递、普及或者宣传某些信息的。谈话语体是所有语体中唯一与听受众有直接交流的语体。但是，和胡裕树版的聚类体系相比，这一聚类也存在一些问题，比如，演说语体和文艺语体被划分在了一起。它可以很好地区分谈话语体与其他语体，以及描绘出事务语体与政论语体的相似性，但对于演说语体的处理却不太合乎已有的语体划分体系。图 8-14（a）所示的句法网络聚类结果则更为理想，4 种书面语体的网络被分在了一类，而谈话语体和演说语体的网络比较明显地与 4 种书面语体的网络距离较远。将这一结果与《现代汉语（重订本）》的语体划分进行比较，总体来说，其结果是大致相同的。

为了对比聚类效果，我们也以传统的基于词频的方法对上述 6 个树库进行了聚类分析。传统的文本聚类方法一般分为四步，即分词、词频统计及特征词抽取、距离计算、文本聚类（陈炯等，2005）。通过算法的调整，这种基于词频统计和特征词抽取的方法可以较好地应用于文本主题的划分（康恺等，2006）。然而，不同语体的区别虽然也部分表现在词汇使用的不同上，但其主要是由不同的表达方式造成的。因此我们在采用该方法对语体文本进行聚类时，并没有抽取特征词，而是将所有词都纳入了考察计算范围内。在分词和统计了绝对词频 [$f(w)$]之后，为了尽量减少篇幅差异带来的影响，我们分别以 6 个树库的词总数（N）为参照，计算了词的相对词频（tf）。相对词频的公式为：

$$\mathrm{tf} = f(w) / N \tag{8-1}$$

在分别获得了 6 个树库中所有词的相对词频之后，对它们进行两两对比和差异统计，获得的两个树库所有词的相对词频差异总和即为两个树库的差异距离，并以其为基础进行了文本聚类分析，聚类结果如图 8-15 所示。

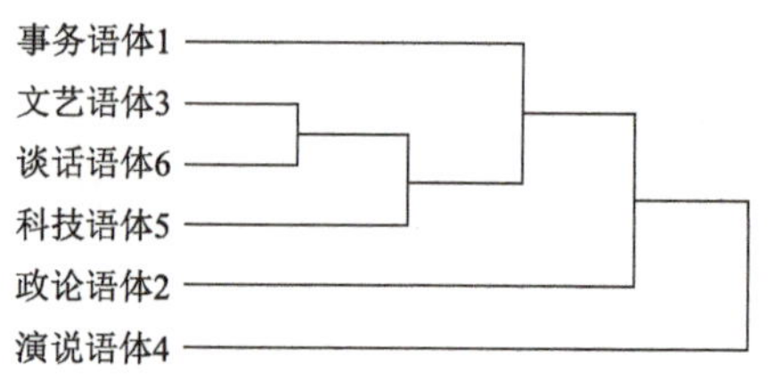

图 8-15 以词频为依据的聚类

在图 8-15 中，文艺语体、谈话语体和科技语体较为相似，事务语体、政论语体和演说语体之间的距离较大。对比图 8-14 的聚类结果可以看出，这一结果与图 8-14（b）有着同样明显的问题且更严重，即没能较好地区分书面语体和口头语体，且口头语体中的谈话语体和演说语体之间的距离要更远。对比三个聚类结果可以看出，采用汉语句法网络的参数所得到的聚类结果最为理想。

四、本节小结

本节基于 6 种语体的句法树库和语义树库分别构建了 6 个依存句法网络和 6 个依存语义网络，并对其进行了分析对比研究。研究结果显示，同样是基于语言学原则构建起来的网络结构，依存句法网络和依存语义网络之间的差异还是比较明显的，其参数的含义不尽相同，依据其各项参数所做的聚类实验的结果也不一样。采用语义网络的一些主要参数组合，可以获得相对合理的聚类结果，但不能很好地区分书面语体和口头语体；通过句法网络的一些主要参数组合，可以很好地区分不同语体的文本，获得较为合理的文本聚类结果。两种基于网络参数的文本分类结果均优于仅以词频为依据所获得的结果。

利用网络分析技术可以从语言网络中获取语言结构的某些整体特征。尽管一般的语体学研究大多是比较一些微观的语音、词汇和句法特征，但是其最终目的还是要落在宏观的语体分类和比较研究上。因此，从某种意义上来说，利用注重整体结构特点的网络方法来研究语体是一种较好的选择。同时，和传统的文本聚类或文本分类技术相比，其研究所获得的文本聚类或分类结果更容易从语言学的角度进行合理的解释。这种研究方法也有助于对交叉语体的描述、研究和分类，有益于建立一种连续的语体类型体系，根据文本分类的不同细度需求获得不同相似性等级的结果。但是，语言系统是一个高度复杂的网络结构，它具有不同层面，研究时应根据不同的研究目的，谨慎地选择某一个层面或某几个层面的语言特征作为参考依据。以本节研究为例，在进行汉语语体分类时，句法网络参数是比语义网络参数更好的选择。

同时，作为新的语体分类研究方法的实验性研究，它也存在一定的局限性。本节研究只利用了小规模的语料来进行方法上的实验，以证明方法的可行性与有效性。结论的可靠程度仍需要通过构建更多、更大、语料样态更丰富的网络来进行反复验证。这也从另一个角度说明，利用网络方法来研究汉语语体分类仍有很大潜力可挖。

如果网络科学的方法更适合研究宏观的语言问题，那么，语言之间的可译性与翻译著作整体特征的可度量性可能是一个比较适合采用复杂网络来研究的问题。

第五节　复杂网络视角的翻译研究

一、引言

语言是人类交流的符号系统。如果把一篇文章看成是一个巨大的符号，那么，翻译就是在保持内容不变的前提下，用另一种符号替代原符号的复杂过程，这一过程可用下面的公式来描述：Fs（Cs）=>Ft（Ct）；Cs≈Ct（刘海涛，1997）。其中，Fs 指源语的形式，Cs 为源语形式中所含的内容，Ft 指目标语的形式，Ct 为目标语形式中所含的内容。Cs≈Ct 是从源语映射到目标语的前提与条件，如果没有这种限制，这里所说的转换就称不上是翻译。从理论上讲，Cs=Ct 最为理想，但现实中，由于语言的模糊性、信息的多样性和语义网的粒散性等，Cs 与 Ct 之间很难有绝对的等值存在。

语言作为一种符号系统，又有着一般系统所共有的基本特性，即构成系统的元素及这些元素之间的关系。当然，语言不同，这些元素与关系也可能不尽相同，甚至差别很大，但由于这些元素和关系是客观存在的，因此从理论上讲是可以描述的。然而，语言的以下特征又决定了语言系统是一种复杂系统（Kretzschmar，2009）。换言之，语言系统是一种难以由其组成部分完全预测其整体行为的系统。

长久以来，由于受研究方法与工具的限制，语言研究大多关注的是语言结构的一些细节。翻译研究的主题也大多是一些语言之间进行转换的具体问题或在哲学层面的一些抽象思辨。这些细节的研究当然是有必要的，但考虑到人类语言本身是一种复杂系统，对细节的把握有时并不等同于对整体的了解，因此，我们有必要寻求新的方法来研究语言系统的整体特征。对于翻译研究而言，注重整体的研究，不但能更好地理解翻译作为一种在保留内容一致前提下的符号替代过程的实质，也有益于采用实证的方法来研究翻译活动涉及的一些基本问题。

本节选用丹麦语、汉语、英语及世界语版《安徒生童话》中的前 20 篇童话，构建了四个文本网络，并比较研究了这些网络的一般指标。本节研究有助于读者了解内容相同但形式不同的网络是否具有相似的复杂网络特征，进而研究语言之间的可译性与翻译著作整体特征的可度量性。除原著语言丹麦语外，研究选用了结构差异较大的三种语言，这种选择有助于我们从翻译的角度研究语言结构差异对于译文整体性能的影响，以及计划语言（世界语）与自然语言的区别。

二、四种语言网络的构建与网络指标

从结构方面来看，无论网络的规模有多大、结构多复杂，构成网络的基本要素却并不复杂。所有的网络都是由节点与边组成的，但在不同的现实世界网络里，节点与边所代表的事物是不一样的。就语言网络而言，节点可以是各种语言学单位，如汉语的偏旁部首、字和词等，边可以是语言中各层级元素间的关系。

本节的研究目的是从翻译的角度比较研究不同译本的整体特征，重点关注的是不同语言文本中的词语是如何有机地组织在一起，并表达同一内容的。因此，我们采用词同现的方式来构造文本网络，这也是目前研究大规模文本网络常用的一种方法。词同现网络中的节点是句子中的词，节点之间的边所表示的是句中相邻词之间的连接。虽然词同现网络不等同于句法网络，但由于目前常用的复杂网络指标对于句法结构的敏感性不高（Liu & Hu，2008），因此，可用词同现网络来代替句法网络研究文本中词语的组织结构。图 8-16 是由三个汉语句子“小李在桌子上放了一本书”“那学生读过一本有趣的书”“那本书的封面旧了”及相应的英语翻译构成的词同现网络示例。

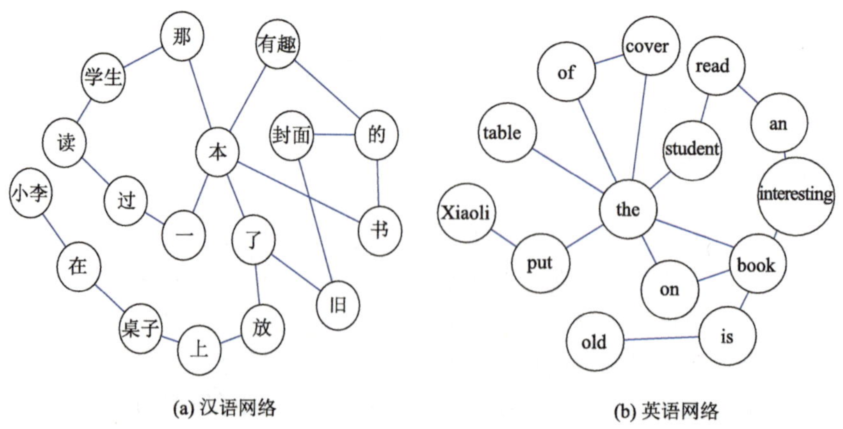

图 8-16　三个句子的词同现网络示例

按照构造图 8-16 所示网络的方法，我们构建了四种语言的文本网络。本节研究所用《安徒生童话》的丹麦文本来自 https://tekster.kb.dk/，英语文本来自 http://www.childrensnursery.org.uk，世界语文本取自 http://tekstaro.com/，汉语文本则采用了叶君健的翻译版本（安徒生，1992）。本节所选的 20 篇童话为：《打火匣》《小克劳斯和大克劳斯》《豌豆上的公主》《小意达的花儿》《拇指姑娘》《顽皮的孩子》《旅伴》《海的女儿》《皇帝的新装》《幸运的套鞋》《雏菊》《坚定的锡兵》《野天鹅》《天国花园》《飞箱》《鹳鸟》《铜猪》《永恒的友情》《荷马墓上的一朵玫瑰》《梦神》。这四个语言网络的大小见表 8-6。

表 8-6　四种语言网络的节点数与边数

项目	丹麦语	汉语	英语	世界语
节点数	6 757	5 825	5 788	8 397
边数	37 164	37 396	34 122	37 882

表 8-6 显示，尽管这几种语言网络所表达的内容大致相当，但不同语言的网络所含的节点数与边数还是有些差异的。有关这些数字的详细讨论，我们将在下一小节进行。有了网络之后，为了衡量网络的整体特点，人们一般需要测量网络的一些参数，最常用的复杂网络参数是平均路径长度、聚集系数和度分布（Albert & Barabási，2002）。

网络中两个节点之间的距离是连接这两个节点的最短路径上的边数。如图 8-16（a）中，节点“的”与“本”之间的最短路径为 2。网络中任意两个节点之间距离的最大值被称为网络的直径。图 8-16（a）的直径为 9，而图 8-16（b）的直径为 5。

一个无向网络的平均路径长度是任意两个节点之间距离的平均值。图 8-16（a）的平均路径长度为 3.632，图 8-16（b）的平均路径长度为 2.538。

聚集系数是一种用来衡量网络聚类倾向或小集群形态的指标。节点的聚集系数可用此节点相连的三角形的数量和与节点相连的三元组之比来计算。所谓与节点相连的三元组是指包括该节点的三个节点，并且至少存在从该节点到其他两个节点的两条边。整个网络的聚集系数为所有节点聚集系数的平均值。图 8-16（a）所示网络的聚集系数为 0，图 8-16（b）所示网络的聚集系数为 0.233。

一个网络节点的度指的是与该节点相连的其他节点的数目（或边数），它在一定程度上反映了节点在网络中的重要性，体现了节点与其他节点结合的能力。所有节点的度的平均值被称为网络的平均度。图 8-16（a）所示网络的平均度为 2.235，图 8-16（b）所示网络的平均度为 2.286。节点的度分布通常用分布函数 $P(k)$ 来描述，表示一个随机选定的节点的度恰好为 k 的概率。图 8-16（a）中含有 1 个度为 1 的节点，12 个度为 2 的节点，2 个度为 3 的节点，1 个度为 4 的节点，以及 1 个度为 5 的节点；图 8-16（b）中含有 3 个度为 1 的节点，9 个度为 2 的节点，1 个度为 4 的节点，以及 1 个度为 7 的节点。

随机网络的度分布服从泊松分布，而真实网络的度分布一般服从幂律分布。人们也把服从幂律分布的网络叫作无尺度网络。

当然，复杂网络的统计描述不仅限于这些参数，其他比较常用的参数还有脆弱性、聚集系数与度的关系、度相关性、同类性、紧密中心度以及介数中心度等。我们将在下一部分给出并讨论四种语言的主要复杂网络参数测量结果。

三、四种语言的主要复杂网络参数及讨论

我们用复杂网络分析工具对此前介绍的四种语言网络进行了平均路径长度、聚集系数和度分布的测量，结果如表 8-7 所示。

表 8-7　四种语言的复杂网络主要参数

语言	$<d>$	C	$<k>$	D	γ
丹麦语	2.893	0.392	10.34	8	1.113
汉语	2.526	0.523	12.02	5	1.093
英语	2.761	0.441	11.238	8	1.111
世界语	2.898	0.389	8.694	8	1.139

注：$<d>$：平均路径长度，C：聚集系数，$<k>$：节点的平均度，D：直径，γ：幂律指数

为了便于比较分析，我们也构造了节点数和平均度与四个语言网络相同的 E-R 随机网络（Erdös & Rényi，1960）。结果表明，四种语言网络与相应的随机网络的平均路径长度和直径大致相当，但语言网络的聚集系数要远远大于随机网络。因此，本节所研究的四种网络都是小世界网络。比较语言网络与随机网络的度分布，并参照语言网络度分布的斜率值，可以看出语言网络的度分布与随机网络的度分布明显不同，四种语言网络的度分布趋向于幂律。因此，这四种语言网络均为小世界和无尺度网络。

我们可以将四种网络的这种相似性归功于人类语言所具有的共性。它们之间的这种相似性也可以说明用不同语言表达相似内容时，文本形式结构具有一定的整体相似性。这种整体相似性或语言间的共性，也在一定程度上反映了不同语言文本之间存在的可译性。

表 8-6 与表 8-7 中的数据说明共性中也蕴含着个性，这主要体现在不同语言网络的特征参数值之间的差异上。除英语网络的边数略少外，其他三种语言网络

所含的边数大致相当，均在 3.7 万左右。这说明，在表达相同的内容时，不同语言所用的词汇数量是大致相当的。在网络的节点数方面，汉语与英语较少，丹麦语居中，世界语最多，因为节点数反映的是文本中的词型（type）数，同一个词的不同形态被视为不同的网络节点，且形态变化丰富的语言，其网络节点自然也会多一些。在形态结构方面，世界语属于一种黏合语，而我们所选用的世界语译本，是由世界语的创始人拉扎鲁·路德维克·柴门霍夫（Zazarz Ludwik Zamenhof）本人在世界语发展的早期翻译的。为了展现这种计划语言所具有的语言表现力，柴门霍夫的译本尽可能多地体现了语言的这种组合与形态变化能力，这使得世界语网络的节点数较其他三种语言有了较大的增加。

Amancio 等（2008）采用复杂网络方法比较研究了人工翻译与机器翻译的文本，结果表明，人工翻译文本与机器翻译文本在节点度、聚集系数以及最短路径方面均有差异。这一研究不但说明采用复杂网络是可以研究翻译问题的，也说明由于我们所采用的文本均为高质量的人工译文，所以表 8-7 所展现的网络参数的差异更多的是由语言结构差异所导致的。

就平均路径长度而言，汉语的最小，英语的居中，丹麦语与世界语的非常接近。四种语言网络的平均路径长度都没有超过 3，也就是说，尽管这四种网络的节点数最少的也接近 6000，但任选两个节点之间的最短路径却在 3 左右。这充分体现了语言网络的小世界性。汉语的网络直径最小，其他三种语言的网络直径相同。从这两个指标来看，汉语网络是一种结构更紧密的网络。

在四个网络里，汉语的聚集系数最高，英语的次之，丹麦语的再次之，且与世界语相当。这表明汉语的聚类能力要大于其他三种语言，即在汉语网络中，一个节点的相邻节点间相连的概率要大于其他三种语言。在平均度方面，汉语的仍然最高，这说明汉语网络中存在一些非常高频的词语。尽管一个词在文本中出现的频度与其在网络中的度不是完全相同的，但二者之间是高度正相关的。我们知道，在其他语言中靠形态变化来实现的句法功能，在汉语中主要是靠虚词与词序来实现的。这不仅导致汉语文本中虚词数量的增加，也强化了虚词在汉语网络中的枢纽地位。由此，我们可将汉语的高聚集系数与高平均度归结为虚词是汉语表现句法功能的主要手段。陈芯莹和刘海涛（2011）的研究也表明汉语虚词在汉语句法网络中扮演着重要的角色，这一点也可从英语的相关指标仅次于汉语而得到进一步的证实。

在度分布方面，丹麦语与英语第一次展示了二者之间的亲缘性，而汉语与世界语在这一参数上的差异可被视为它们在平均度方面差别的延续。

表 8-6 与表 8-7 中的数据也表明，计划语言（世界语）的复杂网络特征与其他三种自然语言没有本质的差异。这不但说明世界语具有足够的表现力，也说明世界语只是一种源起方式不同于自然语言的人类语言，而不是一种怪异的人造符

号体系。更多有关世界语的计量语言学研究也得出了相似的结论，即世界语是一种正常的人类语言（刘海涛，2010a；Liu，2011a，2019）。

四、本节小结

语言是一种人驱复杂适应系统，翻译是跨越两种语言系统的人类复杂行为。传统的语言学方法大多注重的是系统内部结构的研究，这种只见树木不见森林的研究难以从宏观与整体的角度理解语言及翻译活动。

本节用《安徒生童话》中的 20 篇童话，构建了丹麦语、汉语、英语及世界语的四个语言网络，并用现代复杂网络工具测量了它们的主要特征参数。数据显示，内容相同、（语言）形式不同的网络具有相似的复杂网络特征。这在一定的程度上证明了翻译文本整体特征具有可度量性，以及语言之间存在着可译性。本节研究也表明，尽管这四种网络都具有小世界与无尺度特征，但其复杂网络特征参数值之间的差异也体现了语言结构的不同。从这个意义上说，复杂网络不仅是一种可用来研究网络共性的方法，也可用来发现网络的个性。

与许多真实网络相比，本节所用的四个自建网络的规模还比较小。下一步，我们将扩大网络的规模，采用更多的文本类型与其他复杂网络参数进行多语种的对比试验。我们相信，复杂网络注重整体的特质，不仅有助于翻译文本的定量研究，也有益于翻译研究的科学化。

最后，我想引用一段新近发表在《中国社会科学报》上的一篇文章中的文字，结束本书正文（刘海涛，2022）：

> ……数智时代的语言研究需要更关注从真实语料中发现人类语言的规律和模式。具体来说，可以从以下两个维度展开。一是从真实语料中发现语言的线性结构规律。因为“线条性”不仅是语言最重要的本质属性，也是为数不多的可客观测度的语言特征。二是从网络科学的角度探索语言网络的模式与规律。语言规律源于语言使用，语言研究亟须在内省的基础上加入更多的数据驱动的养料。
>
> 在线性与网络规律的探求方面，前者在传统的语言学领域已有不少研究，只需要加进去更多统计的成分便可。而对于后者而言，所谓“主流的语言学”几乎一无所知。因此，在坚守传统的同时，我们可能需要回到鲜活的日常语言使用场景，回到现实的数智世界。只有这样，我们才能发现真正反映语言现实世界的规律，语言学也才能更好地服务于需要语言规律的其他领域。数智时代向语言理论研究提出了严峻挑战，如何将这些挑战转变为机遇，是摆在语言学研究者面前的一项迫切任务。

参考文献

艾伯特-拉斯洛·巴拉巴西. 2020. 巴拉巴西网络科学. 沈华伟, 黄俊铭, 译. 郑州: 河南科学技术出版社.

安徒生. 1992. 安徒生童话故事集. 叶君健, 译. 北京：人民文学出版社.

北京语言学院语言教学研究所. 1986. 现代汉语频率词典. 北京: 北京语言学院出版社.

陈炯, 范卓华, 张虎. 2005. 汉语文本聚类及其算法设计. 山西电子技术, (2): 29-30.

陈龙, 范瑞霞, 高琪. 2008. 基于概念的文本表示模型. 计算机工程与应用, 44(20): 162-164.

陈芯莹, 刘海涛. 2011. 汉语句法网络的中心节点研究. 科学通报, 56(10): 735-740.

陈芯莹, 刘海涛. 2014. 语义、句法网络作为语体分类知识源的对比研究. 计算机工程与应用, 50(2): 10-14+43.

邓晓华, 王士元. 2009. 中国的语言及方言的分类. 北京: 中华书局.

费尔迪南·德·索绪尔. 1980. 普通语言学教程. 高明凯, 译. 北京: 商务印书馆.

冯志伟. 1995. 论歧义结构的潜在性. 中文信息学报, 9(4): 14-24.

冯志伟. 2001. 计算语言学基础. 北京: 商务印书馆.

冯志伟. 2009. 《现代语言学名著导读》序// 黄国政主编. 现代语言学名著导读. 北京: 北京大学出版社.

冯志伟. 2011. 语言与数学. 北京: 世界图书出版公司.

谷晓娟, 张迈曾. 2007. 语体变异的社会语言学研究. 外语与外语教学, (6): 7-9.

关润池. 2008. 汉语语义树库标注及语义自动分析. 中国传媒大学硕士学位论文.

何大韧, 刘宗华, 汪秉宏. 2009. 复杂系统与复杂网络. 北京: 高等教育出版社.

赫尔曼·哈肯. 2005. 协同学: 大自然构成的奥秘. 凌复华, 译. 上海: 上海译文出版社.

胡凤国, 黄伟, 刘海涛. 2009. 依存结构树的计数. 计算机工程与应用, 45(32): 22-24.

胡裕树. 1995. 现代汉语(重订版). 上海: 上海教育出版社.

黄伯荣, 廖序东. 2002. 现代汉语(增订三版). 北京: 高等教育出版社.

黄伟, 刘海涛. 2009. 汉语语体的计量特征在文本聚类中的应用. 计算机工程与应用, 45(29): 25-27.

康恺, 林坤辉, 周昌乐. 2006. 基于主题词频数特征的文本主题划分. 计算机应用, 26(8): 1993-1995.

莱茵哈德·科勒. 2020. 协同语言学: 词汇的结构及其动态性. 王永, 译. 北京: 商务印书馆.

李维, 郭进. 2020. 自然语言处理答问. 北京: 商务印书馆.

李雯雯. 2012. 基于依存树库的英汉句法对比研究. 中国传媒大学博士学位论文.

李媛, 黄含笑, 刘海涛. 2021. 德语书面语破框现象是特例吗? 现代外语, 44(3): 333-345.

李熙宗. 2011. 语体学的研究方法探析. 平顶山学院学报, 26(1): 101-107.

梁君英, 刘海涛. 2016. 语言学的交叉学科研究: 语言普遍性、人类认知、大数据. 浙江大学学报(人文社会科学版), 46(1): 108-118.

廖莎莎, 江铭虎. 2006. 中文文本分类中基于概念屏蔽层的特征提取方法. 中文信息学报, 20(3): 22-28.

刘海涛. 1997. 依存语法和机器翻译. 语言文字应用, (3): 89-93.

刘海涛. 2008. 基于依存树库的汉语句法计量研究. 长江学术, (3): 120-128.

刘海涛. 2009. 依存语法的理论与实践. 北京: 科学出版社.

刘海涛. 2010a. 翻译的复杂网络视角. 北华大学学报(社会科学版), (4): 59-63.

刘海涛. 2010b. 语言复杂网络的聚类研究. 科学通报, 55(27-28): 2667-2674.

刘海涛. 2011. 语言网络: 隐喻, 还是利器? 浙江大学学报(人文社会科学版), 41(2): 169-180.

刘海涛. 2013. 语言是一种复杂网络. 山西大学学报(哲学社会科学版), 36(5): 66-69.

刘海涛. 2017. 计量语言学导论. 北京: 商务印书馆.

刘海涛. 2021. 数据驱动的应用语言学研究. 现代外语, 44(4): 462-469.

刘海涛. 2022. 数智时代语言研究的机遇与挑战. 中国社会科学报. 5 月 17 日 A08 版.

刘海涛, 冯志伟. 2007. 自然语言处理的概率配价模式理论. 语言科学, 6(3): 32-41.

刘海涛, 黄伟. 2012. 计量语言学的现状,理论与方法. 浙江大学学报(人文社会科学版), 42(2): 178-192.

刘海涛, 敬应奇. 2016. 英语句子层级结构计量分析. 外国语(上海外国语大学学报), 39(6): 2-11.

刘健, 张维明. 2008. 基于互信息的文本特征选择方法研究与改进. 计算机工程与应用, 44(10): 135-137.

刘源, 梁南元. 1986. 汉语处理的基础工程——现代汉语词频统计. 中文信息学报, (1): 17-25.

刘知远, 郑亚斌, 孙茂松. 2008. 汉语依存句法网络的复杂网络性质. 复杂系统与复杂性科学, 5(2): 37-45.

陆前, 刘海涛. 2016. 依存距离分布有规律吗? 浙江大学学报(人文社会科学版), 46(4): 63-76.

马金山. 2007. 基于统计方法的汉语依存句法分析研究. 哈尔滨工业大学博士学位论文.

潘文国. 2002. 字本位与汉语研究. 上海: 华东师范大学出版社.

汪小帆, 李翔, 陈关荣. 2006. 复杂网络理论及其应用. 北京: 清华大学出版社.

王建伟, 荣莉莉. 2008. 基于复杂网络理论的中文字字网络的实证研究. 大连海事大学学报, 34(4): 15-18.

王士元编. 2008. 语言涌现: 发展与演化. 林幼菁, 译. 台北: "中央研究院".

韦洛霞, 李勇, 亢世勇, 等. 2005. 汉语词组网的组织结构与无标度特性. 科学通报, 50(15): 1575-1579.

徐思益. 2009. 语言研究探索. 北京: 商务印书馆.

徐通锵. 2005. 汉语结构的基本原理: 字本位和语言研究. 青岛: 中国海洋大学出版社.

张亚旭. 1998. 汉语局部句法歧义句的加工. 北京师范大学博士学位论文.

张亚旭, 张厚粲, 舒华. 2000. 汉语偏正/述宾歧义短语加工初探. 心理学报, 32(1): 13-19.

Abeillé, A. 2003. *Treebanks: Building and Using Parsed Corpora*. Berlin: Springer Science & Business Media.

Abeillé A, Clément L, Toussenel F. 2003. Building a treebank for French//Abeillé A. *Treebanks: Building and Using Parsed Corpora*. Dordrecht: Kluwer Academic Publishers: 165-187.

Abney S. 1991. Parsing by chunks// Berwick R, Abney S, Tenny C. *Principle-Based Parsing: Computation and Psycholinguistics*. Dordrecht: Kluwer Academic Publishers: 257-278.

Abramov O, Mehler A. 2011. Automatic language classification by means of syntactic dependency networks. *Journal of Quantitative Linguistics*, 18(4): 291-336.

Adamic L, Huberman B. 2002. Zipf's law and the Internet. *Glottometrics*, 3(1): 143-150.

Adams J. 1976. A typological approach to Latin word order. *Indogermanische Forschungen*, (81): 70-99.

Aduriz I, Aranzabe M, Arriola J, et al.2003. Construction of a basque dependency treebank. The 2nd Workshop on Treebanks and Linguistic Theories.

Afonso S, Bick E, Haber R, et al. 2002. Floresta Sintá(c)tica: A treebank for Portuguese. The 3rd International Conference on Language Resources and Evaluation.

Agard F. 1984. *A Course in Romance Linguistics: A Synchronic View*. Washington: Georgetown University Press.

Albert R, Barabási A. 2002. Statistical mechanics of complex networks. *Reviews of Modern Physics*, 74(1): 47-97.

Albert R, Jeong H, Barabasi A. 2000. Error and attack tolerance of complex networks. *Nature*, 406: 378-382.

Alstott J, Bullmore E, Plenz D. 2014. Powerlaw: A Python package for analysis of heavy-tailed distributions. *PLos One*, 9(1): e85777.

Altmann G, Lehfeldt W. 1973. *Allgemeine Sprachtypologie: Prinzipien und Messverfahren*. Munich: Fink.

Altmann-Fitter. 1994/2005. *Iterative Fitting of Probability Distributions*. Lüdenscheid: RAM-Verlag.

Altmann-Fitter. 2013. *Altmann-Fitter User Guide*. 3rd edn. Lüdenscheid: RAM-Verlag.

Amancio D, Antiqueira L, Prado T, et al. 2008. Complex networks analysis of manual and machine translation. *International Journal of Modern Physics*, 19(4): 583-598.

Arbesman S, Strogatz S, Vitevitch M. 2010. Comparative analysis of networks of phonologically similar words in English and Spanish. *Entropy*, 12(3): 327-337.

Assenov Y, Ramírez F, Schelhorn S, et al. 2008. Computing topological parameters of biological networks. *Bioinformatics*, 24(2): 282-284.

Atalay N, Oflazer K, Say B. 2003. The annotation process in the Turkish treebank. The 4th International Workshop on Linguistically Interpreted Corpora.

Baayen R. 2001. *Word Frequency Distributions*. Dordrecht: Kluwer Academic Publishers.

Bamman D, Crane G. 2006. The design and use of a Latin dependency tree-bank. The 5th International Workshop on Treebanks and Linguistic Theories.

Bamman D, Mambrini F, Crane G. 2009. An ownership model of annotation: The ancient Greek dependency treebank. The 8th International Workshop on Treebanks and Linguistic Theories.

Bane M. 2008. Quantifying and measuring morphological complexity. The 26th West Coast Conference on Formal Linguistics.

Barabási A, Albert R. 1999. Emergence of scaling in random networks. *Science*, 286(5439): 509-512.

Baronchelli A, Ferrer-i-Cancho R, Pastor-Satorras R, et al. 2013. Networks in cognitive science. *Trends in Cognitive Sciences*, 17(7): 348-360.

Barrat A, Barthelemy M, Vespignani A. 2008. *Dynamical Processes in Complex Networks*. New York: Cambridge University Press.

Bassett D, Sporns O. 2017. Network neuroscience. *Nat Neurosci*, 20(3): 353-364.

Bauer B. 1995. *The Emergence and Development of SVO Patterning in Latin and French: Diachronic and Psycholinguistic Perspectives*. Oxford: Oxford University Press.

Bauer B. 2009. Word order//Baldi P, Cuzzolin P. *New Perspectives on Historical Latin Syntax*. Berlin: Mouton de Gruyter: 241-316.

Beckner C, Blythe R, Bybee J, et al. 2009. Language is a complex adaptive system: Position paper. *Language Learning*, (59): 1-26.

Best K. 2006. *Quantitative Linguistik: Eine Annaeherung*. 3rd edn. Göttingen: Peust & Gutschmidt.

Bickel B. 2007. Typology in the 21st century: Major current developments. *Linguistic Typology*, 11(1): 239-251.

Blidschun C. 2011. *Systemstrukturen des Deutschen*. Wurzburg: Lehrstuhl fur Deutsche Sprachwissenschaft.

Boccalettia S, Latorab V, Morenod Y, et al. 2006. Complex networks: Structure and dynamics. *Physics Reports*, 424(4-5): 175-308.

Bod R, Hay J, Jannedy S. 2003. *Probabilistic Linguistics*. Cambridge, MA: MIT Press.

Boeckx C, Grohmann K. 2007. The biolinguistics manifesto. *Biolinguistics*, (1): 1-8.

Boguñá M, Krioukov D, Claffy K. 2009. Navigability of complex networks. *Nature Physics*, 5(1): 74-80.

Boguslavsky I, Grigorieva S, Grigoriev N, et al. 2000. Dependency treebank for Russian: Concept, tools, types of information. The 18th Conference on Computational Linguistics.

Boland J, Tanenhaus M, Garnsey S. 1990. Evidence for the immediate use of verb control information in sentence processing. *Journal of Memory and Language*, 29(4): 413-432.

Bordag S, Bordag D. 2003. Advances in automatic speech recognition by imitating spreading activation//Matoušek V, Mautner P. *Text, Speech and Dialogue*. Heidelberg: Springer: 158-164.

Borge-Holthoefer J, Arenas A. 2010. Semantic networks: Structure and dynamics. *Entropy*, 12(5): 1264-1302.

Borge-Holthoefer J, Moreno Y, Arenas A. 2011. Modeling abnormal priming in Alzheimer's patients with a free association network. *PLos One*, 6(8): e22651.

Börner K, Sanyal S, Vespignani A. 2007. Network science//Cronin B. *Annual Review of Information Science and Technology*. Medford, NJ: Information Today, Inc./American Society for Information Science and Technology: 537-607.

Bourciez J. 1956. *Éléments de Linguistique Romane*. Paris: Klincksieck.

Brede M, Newth D. 2008. Patterns in syntactic dependency networks from authored and randomised texts. *Complexity International*, 12(msid23).

Brinkmeier M, Schank T. 2005. Network statistics//Brandes U, Erlebach T. *Network Analysis*. Berlin/Heidelberg: Springer-Verlag: 293-317.

Brown J. 1958. Some tests of the decay theory of immediate memory. *Quarterly Journal of Experimental Psychology*, 10(1): 12-21.

Bryant D, Moulton V. 2004. Neighbor-net: An agglomerative method for the construction of phylogenetic networks. *Molecular Biological Evolution*, 21(2): 255-265.

Buchholz S, Marsi E. 2006. CoNLL-X shared task on multilingual dependency parsing. The 10th Conference on Computational Natural Language Learning.

Buk S, Rovenchak A. 2008. Menzerath-Altmann law for syntactic structures in Ukrainian. *Glottotheory*, 1(1): 10-17.

Bullmore E, Sporns O. 2009. Complex brain networks: Graph theoretical analysis of structural and functional systems. *Nature Reviews Neuroscience*, 10(3): 186-198.

Bunge M. 1998. Semiotic systems//Altmann G, Koch W. *Systems: New Paradigms for the Human Sciences*. Berlin: Mouton de Gruyter: 337-349.

Bunke H, Dickinson P, Kraetzl M, et al. 2007. *A Graph-Theoretic Approach to Enterprise Network Dynamics*. Boston: Birkhäuser.

Burnard L. 2000. Reference guide for the British National Corpus (World Edition). Oxford University Computing Services.

Bybee J. 2010. *Language, Usage and Cognition*. New York: Cambridge University Press.

Caffarel A, Martin J, Matthiessen C. 2004. *Language Typology: A Functional Perspective*. Amsterdam: John Benjamins Publishing.

Caldarelli G. 2007. *Scale-free Networks: Complex Webs in Nature and Technology*. Oxford: Oxford University Press.

Carré R. 1994. "Speaker" and "speech" characteristics: A deductive approach. *Phonetica*, (51): 7-16.

Castro N, Stella M, Siew C. 2020. Quantifying the interplay of semantics and phonology during failures of word retrieval by people with aphasia using a multiplex lexical network. *Cognitive Science*, 44(9): e12881.

Čech R, Mačutek J. 2009. Word form and lemma syntactic dependency networks in Czech: A comparative study. *Glottometrics*, (19): 85-98.

Čech R, Mačutek J, Žabokrtský J. 2011. The role of syntax in complex networks: Local and global importance of verbs in a syntactic dependency network. *Physica A: Statistical Mechanics and Its Applications*, 390(20): 3614-3623.

Chan K, Vitevitch M. 2009. The influence of the phonological neighborhood clustering-coefficient on spoken word recognition. *Journal of Experimental Psychology: Human Perception & Performance*, (35): 1934-1949.

Chen H, Liang J, Liu H. 2015. How does word length evolve in written Chinese? *PLos One*, 10(9): e0138567.

Chen K, Luo C, Chang M, et al. 2003. Sinica treebank: Design criteria, representational issues and implementation//Abeillé A. *Treebanks: Building and Using Parsed Corpora*. Berlin: Springer Science & Business Media: 231-248.

Chen R, Deng S, Liu H. 2021. Syntactic complexity of different text types: From the perspective of dependency distance both linearly and hierarchically. *Journal of Quantitative Linguistics*, DOI: 10.1080/09296174.2021.2005960.

Chen X, Gerdes K. 2017. Classifying languages by dependency structure: Typologies of delexicalized universal dependency treebanks. The 4th International Conference on Dependency Linguistics.

Chen X, Gerdes K. 2018. How do universal dependencies distinguish language groups?//Jiang J, Liu H. *Quantitative Analysis of Dependency Structures*. Berlin/Boston: Mouton de Gruyter: 277-294.

Chomsky N. 1969. *Aspects of the theory of Syntax*. Cambridge, MA: MIT Press.

Chomsky N. 1993. *Lectures on Government and Binding: The Pisa Lectures*. Berlin/New York: Walter de Gruyter.

Choudhury M, Mukherjee A. 2009. The structure and dynamics of linguistic networks//Ganguly N, Deutsch A, Mukherjee A. *Dynamics on and of Complex Networks*. Boston: Birkhäuser: 145-166.

Christiansen M, Chater N. 2008. Language as shaped by the brain. *Behavioral and Brain Sciences*, 31(5): 489-508.

Christiansen M, Chater N. 2015. The now-or-never bottleneck: A fundamental constraint on language. *Behavioral and Brain Sciences*, DOI:10.1017/S0140525X1500031X.

Christophe A, Guasti T, Nespor M. 1997. Reflections on phonological bootstrapping: Its role for lexical and syntactic acquisition. *Language & Cognitive Processes*, 12(5): 585-612.

Clauset A, Shalizi C, Newman M. 2009. Power-law distributions in empirical data. *SIAM Review*, 51(3): 661-703.

Collins M. 1996. A new statistical parser based on bigram lexical dependencies. The 34th Annual Meeting of the Association for Computational Linguistics.

Comrie B, Corbett G. 2002. *The Slavonic Languages*. London: Routledge.

Cong J, Liu H. 2014. Approaching human language with complex networks. *Physics of Life Reviews*, 11(4): 598-618.

Cong J, Liu H. 2021. Linguistic emergence from a networks approach: The case of modern Chinese two-character words. *PLoS One*, 16(11): e0259818.

Corominas-Murtra B, Valverde S, Solé R. 2009. The ontogeny of scale-free syntax networks: Phase transitions in early language acquisition. *Advances in Complex Systems*, 12(3): 371-392.

Corominas-Murtra B, Valverde S, Solé R. 2010. Emergence of scale-free syntax networks//Nolfi S, Mirolli M. *Evolution of Communication and Language in Embodied Agents*. Berlin: Springer: 83-101.

Costa L N O, Travieso G, Rodrigues F, et al. 2011. Analyzing and modeling real-world phenomena with complex networks: A survey of applications. *Advances in Physics*, 60(3): 329-412.

Costa L, Rodrigues F, Travieso G, et al. 2007. Characterization of complex networks: A survey of measurements. *Advances in Physics*, 56(1): 167-242.

Courtin M. 2018. *Mesures de Distances Syntaxiques Entre Langues à Partir de Treebanks*. Université Paris III, Sorbonne Nouvelle.

Covington M. 2001. A fundamental algorithm for dependency parsing. The 39th Annual ACM Southeast Conference.

Covington M. 2003. A free-word-order dependency parser in Prolog (Manuscript). Artificial Intelligence Center, The University of Georgia.

Cowan N. 2001. The magical number 4 in short-term memory: A reconsideration of mental storage capacity. *Behavioral and Brain Sciences*, 24(1): 87-114.

Cowan N. 2005. *Working Memory Capacity*. Hove, UK: Psychology Press.

Crestani F. 1997. Application of spreading activation techniques in information retrieval. *Artificial Intelligence Review*, (11): 453-482.

Croft W. 2002. *Typology and Universals*. Cambridge, UK: Cambridge University Press.

Csendes D, Csirik J, Gyimóthy T, et al. 2005. The Szeged Treebank. The 8th International Conference on Text, Speech and Dialogue.

Culicover P. 2013. *Grammar and Complexity: Language at the Intersection of Competence and Performance*. Oxford: Oxford University Press.

Cynthia S, Siew Q, Dirk U. 2019. Cognitive network science: A review of research on cognition through the lens of network representations, processes, and dynamics. *Complexity*. Article ID 2108423.

Cysouw M. 2005. Quantitative methods in typology//Köhler R, Altmann G, Piotrowski R. *Quantitative Linguistik: Ein internationales Handbuch*. Berlin/New York: Mouton de Gruyter: 554-578.

Cysouw M. 2007. New approaches to cluster analysis of typological indices//Köhler R, Grzybek P. *Exact Methods in the Study of Language and Text*. Berlin: Mouton de Gruyter: 61-76.

de Marneffe M, Connor M, Silveira N, et al. 2013. More constructions, more genres: Extending Stanford dependencies. The 2nd International Conference on Dependency Linguistics.

de Marneffe M, Dozat T, Silveira N. 2014. Universal Stanford dependencies: A cross-linguistic typology. The 9th International Conference on Language Resources and Evaluation.

de Marneffe M, MacCartney B, Manning C. 2006. Generating typed dependency parses from phrase structure parses. The 5th International Conference on Language Resources and Evaluation.

de Marneffe M, Manning C. 2008. The Stanford typed dependencies representation. The Workshop on Cross-framework and Cross-domain Parser Evaluation.

de Marneffe M, Nivre J. 2019. Dependency grammar. *Annual Review of Linguistics*, 5(1): 198-218.

de Nooy W, Mrvar A, Batagelj V. 2005. *Exploratory Social Network Analysis with Pajek*. Cambridge, UK: Cambridge University Press.

de Smedt K, Hajič J, Kübler S. 2007. *Proceedings of the Sixth International Workshop on Treebanks and Linguistic Theories*. Norway: Bergen.

Diehl R. 2008. Acoustic and auditory phonetics: The adaptive design of speech sound systems. *Philosophical Transactions of the Royal Society B: Biological Sciences*, 363(1493): 965-978.

Diehl R, Kluender K. 1989a. On the objects of speech perception. *Ecol. Psychol*, (1): 121-144.

Diehl R, Kluender K. 1989b. Reply to commentators. *Ecol. Psychol*, (1): 195-225.

Diessel H. 2019. *The Grammar Network: How Linguistic Structure Is Shaped by Language Use*. Cambridge, UK: Cambridge University Press.

Dong J, Horvath S. 2007. Understanding network concepts in modules. *BMC Systems Biology*, 1(1): 1-20.

Dorogovtsev S, Mendes J. 2003. *Evolution of Networks: From Biological Nets to the Internet and*

WWW. Oxford: Oxford University Press.

Dryer M. 1992. The Greenbergian word order correlations. *Language*, 68(1): 81-138.

Dryer M. 1997. On the 6-way word order typology. *Studies in Language*, 21(1): 69-103.

Dryer M. 1998. Why statistical universals are better than absolute universals. The 33rd Regional Meeting of the Chicago Linguistic Society.

Dryer M. 2008a. Order of degree word and adjective//Haspelmath M, Dryer M, Gil D, et al. *The World Atlas of Language Structures Online*. https://wals.info/.

Dryer M. 2008b. Relationship between the order of object and verb and the order of adjective and noun//Haspelmath M, Dryer M, Gil D, et al. *The World Atlas of Language Structures Online*. https://wals.info/.

Dzeroski S, Erjavec T, Ledinek N, et al. 2006. Towards a slovene dependency treebank. The 5th International Conference on Language Resources and Evaluation.

Eppler E. 2005. The syntax of German-English code-switching. University of London, Doctoral dissertation.

Erdös P, Rényi A. 1960. On the evolution of random graphs. *Publ. Math. Inst*, (5): 17-61.

Eroms H. 2000. *Syntax der Deutschen Sprache*. Berlin: Mouton de Gruyter.

Febres G, Jaffé K, Gershenson C. 2015. Complexity measurement of natural and artificial languages. *Complexity*, 20(6): 25-48.

Fedorenko E, Woodbury R, Gibson E. 2013. Direct evidence of memory retrieval as a source of difficulty in non-local dependencies in language. *Cognitive Science*, 37(2): 378-394.

Ferreira F, Engelhardt P. 2006. Syntax and production// Traxler M J, Gernsbacher M A. *Handbook of Psycholinguistics*. 2nd edn. New York: Elsevier: 61-91.

Ferrer-i-Cancho R. 2004. Euclidean distance between syntactically linked words. *Physical Review E*, 70(5): 056135.

Ferrer-i-Cancho R. 2005. The structure of syntactic dependency networks: Insights from recent advances in network theory//Altmann G, Levickij V, Perebyinis V. *The Problems of Quantitative Linguistics*. Chernivtsi: Ruta: 60-75.

Ferrer-i-Cancho R. 2006. Why do syntactic links not cross? *Europhysics Letters*, 76(6): 1228-1235.

Ferrer-i-Cancho R. 2008. Some word order biases from limited brain resources: A mathematical approach. *Advances in Complex Systems*, 11(3): 421-432.

Ferrer-i-Cancho R. 2013. Hubiness, length, crossings and their relationships in dependency trees. *Glottometrics*, (25): 1-21.

Ferrer-i-Cancho R. 2014. A stronger null hypothesis for crossing dependencies. *Europhysics Letters*, 108(5): 58003.

Ferrer-i-Cancho R. 2015. Non-crossing dependencies: Least effort, not grammar//Mehler A, Lücking A, Banisch S. *Towards a Theoretical Framework for Analyzing Complex Linguistic Networks*. Berlin: Springer: 203-234.

Ferrer-i-Cancho R, Arias M. 2013. Non-linear regression on dependency trees. Lecture on Complex and Social Networks (2013-2014).

Ferrer-i-Cancho R, Liu H. 2014. The risks of mixing dependency lengths from sequences of different length. *Glottotheory*, 5(2): 143-155.

Ferrer-i-Cancho R, Solé R. 2001. The small world of human language. *The Royal Society of London. Series B: Biological Sciences*, 268(1482): 2261-2265.

Ferrer-i-Cancho R, Solé R. 2003. Least effort and the origins of scaling in human language. *PANS*, 100(3): 788-791.

Ferrer-i-Cancho R, Solé R, Köhler R. 2004. Patterns in syntactic dependency networks. *Physical Review E*, 69(1): 51915.

Ferrer-i-Cancho R, Solé R V. 2002. Zipf's law and random texts. *Advances in Complex Systems*, 5(1): 1-6.

Fisch A, Guo J, Barzilay R. 2019. Working hard or hardly working: Challenges of integrating typology into neural dependency parsers. The 2019 Conference on Empirical Methods in Natural Language Processing and the 9th International Joint Conference on Natural Language Processing.

Flesch R. 1948. A new readability yardstick. *The Journal of Applied Psychology*, 32(3): 221-233.

Frazier L. 1978. On comprehending sentences: Syntactic parsing strategies. University of Massachusetts, Doctoral dissertation.

Frazier L. 1985. Syntactic complexity//Dowty D, Karttunen L, Zwicky A. *Natural Language Processing: Psychological, Computational and Theoretical Perspectives*. Cambridge, UK: Cambridge University Press: 129-189.

Frazier L. 1987. Sentence processing: A tutorial review//Coltheart M. *The Psychology of Reading*. Hillsdale, NJ: Lawrence Erlbaum Associates Inc: 559-586.

Futrell R, Mahowald K, Gibson E. 2015. Large-scale evidence of dependency length minimization in 37 languages. *PANS*, 112(33): 10336-10341.

Gerdes K, Guillaume B, Kahane S, et al. 2018. SUD or surface-syntactic universal dependencies: An annotation scheme near-isomorphic to UD. The 2nd Workshop on Universal Dependencies.

Gerdes K, Guillaume B, Kahane S, et al. 2019a. Improving surface-syntactic universal dependencies (SUD): Surface-syntactic relations and deep syntactic features. The 18th International Workshop on Treebanks and Linguistic Theories.

Gerdes K, Kahane S. 2016. Dependency annotation choices: Assessing theoretical and practical issues of universal dependencies. The10th Linguistic Annotation Workshop.

Gerdes K, Kahane S, Chen X. 2019b. Rediscovering Greenberg's word order universals in UD. The 3rd Workshop on Universal Dependencies.

Gerdes K, Kahane S, Chen X. 2021. Typometrics: From implicational to quantitative universals in word order typology from implicational to quantitative universals in word order typology. *Glossa: A Journal of General Linguistics*, 6(1): 17.

Gibson E. 1998. Linguistic complexity: Locality of syntactic dependencies. *Cognition*, 68(1): 1-76.

Gibson E. 2000. The dependency locality theory: A distance-based theory of linguistic complexity//Marantz A, Miyashita Y, O'Neil W. *Image, Language, Brain*. Cambridge, MA: MIT Press: 95-126.

Gibson E, Pearlmutter N. 1998. Constraints on sentence comprehension. *Trends in Cognitive Sciences*, 2(7): 262-268.

Gil R, García R. 2006. Measuring the semantic web. The 1st International Conference on Metadata and Semantics Research.

Gildea D, Temperley D. 2010. Do grammars minimize dependency length? *Cognitive Science*, 34 (2) : 286-310.

Givón T. 2002. *Bio-linguistics: The Santa Barbara Lectures*. Amsterdam/Philadelphia: John Benjamins.

Givón T. 2009. Introduction//Givón T, Shibatani M. *Syntactic Complexity: Diachrony, Acquisition, Neuro-cognition, Evolution*. Amsterdam: John Benjamins: 1-19.

Goldberg A. 2006. *Constructions at Work: The Nature of Generalization in Language*. Oxford: Oxford University Press.

Gong T, Shuai L, Zhang M. 2014. Modelling language evolution: Examples and predictions. *Physics of Life Review*, 11 (2) : 280-302.

Greenberg J. 1954. A quantitative approach to the morphological typology of language//Spencer R. *Method and Perspective in Anthropology*. Minneapolis: University of Minnesota Press: 192-220.

Greenberg J. 1963. Some universals of grammar with particular reference to the order of meaningful elements//Greenberg J. *Universals of Language*. Cambridge, MA: MIT Press: 58-90.

Gries S. 2009. *Quantitative Corpus Linguistics with R: A Practical Introduction*. London: Routledge.

Gries S. 2013. *Statistics for Linguistics with R: A Practical Introduction*. Berlin/New York: Mouton de Gruyter.

Grodner D, Gibson E. 2005. Consequences of the serial nature of linguistic input for sentential complexity. *Cognitive Science*, 29 (2) : 261-290.

Groß T, Osborne T. 2015. The dependency status of function words: Auxiliaries. The 3rd International Conference on Dependency Linguistics.

Hajič J. 1998. Building a syntactically annotated corpus: The Prague dependency treebank//Hajičová E. *Issues of Valency and Meaning*. Praha: Karolinum: 10-132.

Hajič J, Hajičová E, Hlaváčová J, et al. 2006. Prague Dependency Treebank 2.0. CD-ROM. Linguistic Data Consortium.

Hajič J, Hajičová E, Panevová J, et al. 2012. Announcing Prague Czech-English Dependency Treebank 2.0. The 8th International Conference on Language Resources and Evaluation.

Hajič J, Smrž O, Zemánek P, et al. 2004. Prague Arabic Dependency Treebank: Development in data and tools. The NEMLAR 2004 International Conference on Arabic Language Resources and Tools.

Hajičová E. 2000. Dependency-based underlying-structure tagging of a very large Czech corpus. Special issue of TAL journal *Grammaires de Dépendence/Dependency Grammars*. Paris: Hermes: 57-78.

Halliday M, Matthiessen C. 2004. *An Introduction to Functional Grammar*. 3rd edn. London: Hodder Arnold.

Hao Y, Wang X, Wu M, et al. 2021. Syntactic networks of interlanguage across L2 modalities and proficiency levels. *Frontiers in Psychology*, https://doi.org/10.3389/fpsyg.2021.643120.

Happ H. 1976. *Grundfragen einer Dependenz—Grammatik des Lateinischen*. Göttingen: Vandenhoech & Ruprecht.

Harley T. 1995. *The Psychology of Language: From Data to Theory*. Hove: Psychology Press.

Harris M. 1978. *The Evolution of French Syntax: A Comparative Approach*. London: Longman.

Harris M, Vincent N. 1988. *The Romance Languages*. Oxford: Oxford University Press.

Haspelmath M, Dryer M, Gil D, et al. 2005. *The World Atlas of Language Structures*. Oxford: Oxford University Press.

Hausser R. 2006. *A Computational Model of Natural Language Communication*. Berlin/Heidelberg: Springer.

Havelka J. 2007. Mathematical properties of dependency trees and their application to natural language syntax. Charles University, Doctoral dissertation.

Hawkins J. 1983. *Word Order Universals*. New York: Academic Press.

Hawkins J. 1994. *A Performance Theory of Order and Constituency*. Cambridge, UK: Cambridge University Press.

Hawkins J. 2003. Efficiency and complexity in grammars: Three general principles//Moore J, Polinsky M. *The Nature of Explanation in Linguistic Theory*. Stanford, California: CSLI Publications: 121-152.

Hawkins J. 2004. *Efficiency and Complexity in Grammars*. New York: Oxford University Press.

Hawkins J. 2009. Language universals and the performance-grammar correspondence hypothesis//Christiansen M, Collins C, Edelman S. *Language Universals*. Oxford: Oxford University Press: 54-78.

Hawkins J. 2014. *Cross-linguistic Variation and Efficiency*. Oxford: Oxford University Press.

Hays D. 1964. Dependency theory: A formalism and some observations. *Language*, 40(4): 511-525.

Hellwig P. 2006. Parsing with dependency grammars//Ágel V, Eichinger L, Eroms H, et al. *Dependency and Valeny. An International Handbook of Contemporary Research*. Berlin: Mouton de Gruyter: 1081-1108.

Herbst T. 2007. Valency complements or valency patterns?//Herbst T, Götz-Votteler K. *Valency: Theoretical, Descriptive and Cognitive Issues*. Berlin/New York: Mouton de Gruyter: 15-36.

Heringer H, Strecker B, Wimmer R. 1980. *Syntax: Fragen-Lösungen-Alternativen*. München: Wilhelm Fink Verlag.

Herman J, Kiss S. 1990. *Du Latin aux Langues Romanes: Études de Linguistique His-torique*. Tübingen: Niemeyer.

Hicks J. 2006. The impact of function words on the processing and acquisition of syntax. Northwestern University, Doctoral dissertation.

Hidalgo C. 2006. Conditions for the emergence of scaling in the inter-event time of uncorrelated and seasonal systems. *Physica A: Statistical Mechanics and Its Applications*, 369(2): 877-883.

Hills T, Maouene M, Maouene J, et al. 2009. Longitudinal analysis of early semantic networks: Preferential attachment or preferential acquisition? *Psychological Science*, 20(25): 729-739.

Hiranuma S. 1999. Syntactic difficulty in English and Japanese: A textual study. *UCL Working Papers in Linguistics*, (11): 309-322.

Hjelmslev L. 1961. *Prolegomena to a Theory of Language*. Trans. F J Whitfield. Madison: University of Wisconsin Press.

Horvath S, Dong J. 2008. Geometric interpretation of gene coexpression network analysis. *PLoS Computational Biology*, 4(8): 27.

Hsiao F, Gibson E. 2003. Processing relative clauses in Chinese. *Cognition*, 90(1): 3-27.

Hudson R. 1984. *Word Grammar*. Oxford: Blackwell.

Hudson R. 1995. Measuring syntactic difficulty. Manuscript. University College, London.

Hudson R. 1996. The difficulty of (so-called) self-embedded structures. *UCL Working Papers in Linguistics*, (8): 1-33.

Hudson R. 1998. *English Grammar*. London: Routledge.

Hudson R. 2003. The psychological reality of syntactic dependency relations. The 1st International Conference on Meaning-Text Theory.

Hudson R. 2004. Are determiners heads? *Functions of Language*, 11(1): 7-43.

Hudson R. 2007. *Language Networks: The New Word Grammar*. Oxford: Oxford University Press.

Hudson R. 2009. Foreword//Liu H. *Dependency Grammar: From Theory to Practice*. Beijing: Science Press: vii-xiv.

Hudson R. 2010. *An Introduction to Word Grammar*. Cambridge, UK: Cambridge University Press.

Hurford J. 2003. The neural basis of predicate-argument structure. *Behavioral and Brain Sciences*, (26): 261-316.

Ide N, Pustejovsky J. 2017. *Handbook of Linguistic Annotation*. Berlin: Springer.

Jackendoff R. 1990. *Semantic Structures*. Cambridge, MA: MIT Press.

Jackendoff R. 2002. *Foundations of Language: Brain, Meaning, Grammar, Evolution*. New York: Oxford University Press.

Jakobson R, Fant G, Halle M. 1952. *Preliminaries to Speech Analysis*. Cambridge, MA: MIT Press.

Jay T. 2004. *The Psychology of Language*. Beijing: Beijing University Press.

Jiang J, Liu H. 2015. The effects of sentence length on dependency distance, dependency direction and the implications: Based on a parallel English Chinese dependency treebank. *Language Science*, (50): 93-104.

Jiang J, Ouyang J. 2018. Minimization and probability distribution of dependency distance in the process of second language acquisition//Jiang J, Liu H. *Quantitative Analysis of Dependency Structures*. Berlin/Boston: Mouton de Gruyter: 167-190.

Jiang J, Yu W, Liu H. 2019. Does scale-free syntactic network emerge in second language learning? *Frontiers in Psychology*, (10): 925.

Jing Y, Liu H. 2015. Mean hierarchical distance: Augmenting mean dependency distance. The 3rd International Conference on Dependency Linguistics.

Jones G. 2012. Why chunking should be considered as an explanation for developmental change before short-term memory capacity and processing speed? *Frontiers in Psychology*, (3): 167.

Jurafsky D. 2003. Probabilistic modeling in psycholinguistics: Linguistic comprehension and production//Bod R, Hay J, Jannedy S. *Probabilistic Linguistics*. Cambridge, MA: MIT Press: 39-95.

Kakkonen T. 2005. Dependency treebanks: Methods, annotation schemes and tools. The 15th Nordic Conference of Computational Linguistics.

Kato A, Shindo H, Matsumoto Y. 2016. Construction of an English dependency corpus incorporating compound function words. The 10th Edition of the Language Resources and Evaluation Conference.

Katzner K. 1995. *The Languages of the World*. New Edition. London/New York: Routledge.

Kaufman L, Rousseeuw P. 1990. *Finding Groups in Data: An Introduction to Cluster Analysis*. New York: John Wiley & Sons.

Kawata Y, Bartels J. 2000. Stylebook for the Japanese treebank in VERBMOBIL. Verbmobil-Report 240, Seminar für Sprachwissenschaft, Universität Tübingen.

Ke J, Yao Y. 2008. Analyzing language development from a network approach. *Journal of Quantitative Linguistics*, 15(1): 70-99.

Keenan E, Comrie B. 1977. Noun phrase accessibility and universal grammar. *Linguistic Inquiry*, 8(1): 63-99.

Kelih E. 2010. The type-token relationship in Slavic parallel texts. *Glottometrics*, 20(1): 1-11.

Kelih E, Grzybek P, Antić G, et al. 2006. Quantitative text typology: The impact of sentence length//Spiliopoulou M, Borgelt C, Gaul W, et al. *From Data and Information Analysis to Knowledge Engineering*. Berlin: Springer: 382-389.

King J, Just M. 1991. Individual differences in syntactic processing: The role of working memory. *Journal of Memory and Language*, (30): 580-602.

Klein D, Manning C. 2004. Corpus-based induction of syntactic structure: Models of dependency and constituency. The 42nd Annual Meeting of the Association for Computational Linguistics.

Koch P, Krefeld T. 1991. *Connexiones Romanicae: Dependenz und Valenz in Romanischen Sprachen*. Tübingen: Niemeyer.

Köhler R. 1986. *Zur linguistischen Synergetik: Struktur und Dynamik der Lexik*. Bochum: Brockmeyer.

Köhler R. 2012. *Quantitative Syntax Analysis*. Berlin/Boston: Mouton de Gruyter.

Köhler R, Altmann G. 2000. Probability distributions of syntactic units and properties. *Journal of Quantitative Linguistics*, 7(3): 189-200.

Köhler R, Altmann G, Piotrowski R. 2005. *Quantitative Linguistics: An International Handbook*. Berlin/New York: Mouton de Gruyter.

Kretzschmar W. 2009. *The Linguistics of Speech*. New York: Cambridge University Press.

Kromann M. 2006. Discontinuous grammar: A dependency-based model of human parsing and language acquisition. Copenhagen Business School, Doctoral dissertation.

Kübler S, McDonald R, Nivre J. 2009. *Dependency Parsing*. San Rafael, CA: Morgan and Claypool.

Lamb S. 1966. *Outline of Stratificational Grammar*. Washington: Georgetown University Press.

Langacker R. 1987. *Foundations of Cognitive Grammar: Theoretical Prerequisites*. Stanford: Stanford University Press.

Larsen-Freeman D, Cameron L. 2008. *Complex Systems and Applied Linguistics*. Oxford: Oxford University Press.

Latorab V, Marchiori M. 2001. Efficient behavior of small-world networks. *Physical Review Letters*, 87(19): 198701.

Lecerf Y. 1960. Programme des conflits, modele des conflits. *Bulletin bimestriel de l'ATALA*, 1(4): 11-18.

Ledgeway A. 2011. Syntactic and morphosyntactic typology and change//Maiden M, Smith J, Ledgeway A. *The Cambridge History of the Romance Languages*. Cambridge: Cambridge University Press: 382-471.

Levshina N. 2019. Token-based typology and word order entropy: A study based on universal dependencies. *Linguistic Typology*, 23(3): 533-572.

Levshina N. 2022. Corpus-based typology: Applications, challenges and some solutions. *Linguistic Typology*, 26(1): 129-160.

Levy R, Fedorenko E, Gibson E. 2013. The syntactic complexity of Russian relative clauses. *Journal of Memory and Language*, 69(4): 461-495.

Lewis R, Vasishth S. 2005. An activation-based model of sentence processing as skilled memory retrieval. *Cognitive Science*, 29(3): 375-419.

Li J, Zhou J. 2007. Chinese character structure analysis based on complex networks. *Physica A*, (380): 629-638.

Li W. 1992. Random texts exhibit Zipf's-law-like word frequency distribution. *IEEE Transactions on Information Theory*, 38(6): 1842-1845.

Li Y, Wei L, Li W, et al. 2005a. Small-world patterns in Chinese phrase networks. *Chinese Science Bulletin*, 50(3): 287-289.

Li Y, Wei L, Li W, et al. 2005b. Structural organization and scale-free properties in Chinese phrase networks. *Chinese Science Bulletin*, 50(13): 1304-1308.

Liang W, Shi Y, Tse C. 2010. Comparison of co-occurrence networks of the Chinese and English languages. *Physica A*, (388): 4901-4909.

Liljencrants J, Lindblom B. 1972. Numerical simulation of vowel quality systems: The role of perceptual contrast. *Language*, (48): 839-862.

Lin D. 1996. On structural complexity. The Workshop on Cross-Framework and Cross-Domain Parser Evaluation.

Lindblom B. 1986. Phonetic universals in vowel systems//Ohala J, Jaeger J. *Experimental Phonology*. Orlando, FL: Academic Press: 13-44.

Lindblom B, Engstrand O. 1989. In what sense is speech quantal? *Journal of Phonetics*, (17): 107-121.

Lindblom B, MacNeilage P, Studdert-Kennedy M. 1984. Self organizing processes and the explanation of language universals//Butterworth B, Comrie B, Dahl Ö. *Explanations for Language Universals*. Berlin: Walter de Gruyter: 181-203.

Liu H. 2006. Syntactic parsing based on dependency relations. *Grkg/Humankybernetik*, 47(3): 124-135.

Liu H. 2007a. Building and using a Chinese dependency treebank. *Grkg/Humankybernetik*, 48(1): 3-14.

Liu H. 2007b. Probability distribution of dependency distance. *Glottometrics*, (15): 1-12.

Liu H. 2008a. Dependency distance as a metric of language comprehension difficulty. *Journal of Cognitive Science*, 9(2): 159-191.

Liu H. 2008b. The complexity of Chinese syntactic dependency networks. *Physica A: Statistical Mechanics and Its Applications*, 387 (12) : 3048-3058.

Liu H. 2009a. Probability distribution of dependencies based on Chinese dependency treebank. *Journal of Quantitative Linguistics*, 16 (3) : 256-273.

Liu H. 2009b. Statistical properties of Chinese semantic networks. *Chinese Science Bulletin*, 54 (16) : 2781-2785.

Liu H. 2010. Dependency direction as a means of word-order typology: A method based on dependency treebanks. *Lingua*, 120 (6) : 1567-1578.

Liu H. 2011a. Quantitative analysis of Zamenhof's Esenco kaj estonteco. *Language Problems & Language Planning*, 35 (1) : 57-81.

Liu H. 2011b. Quantitative properties of English verb valency. *Journal of Quantitative Linguistics*, 18 (3) : 207-233.

Liu H. 2014. Language is more a human-driven system than a semiotic system. Comment on modeling language evolution: Examples and predictions. *Physics of Life Reviews*, 11 (2), 309-310.

Liu H. 2018. Language as a human-driven complex adaptive system. *Physics of Life Reviews*, 26 (1) : 149-151.

Liu H. 2019. Kiel kvante lokiĝas Esperanto en homaj lingvoj? *La Ondo de Esperanto*, 293 (3) : 28-36.

Liu H, Cong J. 2014. Empirical characterization of modern Chinese as a multi-level system from the complex network approach. *Journal of Chinese Linguistics*, 42 (1) : 1-38.

Liu H, Hu F. 2008. What role does syntax play in a language network? *Europhysics Letters*, 83 (1) : 226-234.

Liu H, Huang W. 2006. A Chinese dependency syntax for treebanking. The 20th Pacific Asia Conference on Language, Information and Computation.

Liu H, Hudson R, Feng Z. 2009a. Using a Chinese treebank to measure dependency distance. *Corpus Linguistics and Linguistic Theory*, 5 (2) : 161-174.

Liu H, Li W. 2010. Language clusters based on linguistic complex networks. *Chinese Science Bulletin*, 55 (30) : 3458-3465.

Liu H, Xu C. 2011. Can syntactic networks indicate morphological complexity of a language? *Europhysics Letters*, 93 (2) : 28005.

Liu H, Xu C. 2012. Quantitative typological analysis of Romance languages. *Poznań Studies in Contemporary Linguistics*, 48 (4) : 597-625.

Liu H, Xu C, Liang J. 2017. Dependency distance: A new perspective on syntactic patterns in natural languages. *Physics of Life Reviews*, (21): 171-193.

Liu H, Zhao Y, Huang W. 2010. How do local syntactic structures influence global properties in language networks? *Glottometrics*, (20): 38-58.

Liu H, Zhao Y, Li W. 2009b. Chinese syntactic and typological properties based on dependency syntactic treebanks. *Poznań Studies in Contemporary Linguistics*, 45 (4) : 509-523.

Lobin H. 1993. *Koordinationssyntax als Prozedurales Phänomen*. Tübingen: Narr.

Lu Q, Xu C, Liu H. 2016. Can chunking reduce syntactic complexity of natural languages? *Complexity*, 21 (S2) : 33-41.

MacDonald M, Pearlmutter N, Seidenberg M. 1994. Lexical nature of syntactic ambiguity resolution. *Psychological Review*, (101): 676-703.

Maddieson I. 1984. *Patterns of Sound*. Cambridge, UK: Cambridge University Press.

Maddieson I. 2007. Issues of phonological complexity: Statistical analysis of the relationship between syllable structures, segment inventories and tone contrasts//Sole M, Beddor P, Ohala M. *Experimental Approaches to Phonology*. New York: Oxford University Press: 93-103.

Madray-Lesihne F, Richard-Zappella J. 1995. *Lucien Tesnière Aujourd'hui: Actes du Colloque International CNRS URA 1164* [SUDLA]-Université de Rouen, 16, 17, 18 novembre 1992. Louvain/Paris: Editions Peeters.

Magni E. 2008. The evolution of Latin word (dis) order//Scalise S, Magni E, Bisetto A. *Universals of Language Today*. Berlin: Springer-Verlag: 225-251.

Maranduc C, Mititelu C, Bobicev V. 2017. Syntactic semantic correspondence in dependency grammar. The 16th International Workshop on Treebanks and Linguistic Theories.

Marcus M, Marcinkiewicz M, Santorini B. 1993. Building a large annotated corpus of English: The Penn treebank. *Computational Linguistics*, 19 (2) : 313-330.

Marcus M, Santorini B, Marcinkiewicz M, et al. 1999. Penn Treebank 3 LDC99T42. Philadelphia: Linguistic Data Consortium, University of Pennsylvania.

Marcus S. 1967. *Algebraic Linguistics: Analytical Models*. New York: Academic Press.

Masucci A, Rodgers G. 2006. Network properties of written human language. *Physical Review E*, 74 (2) : 026102.

McClelland J, Rumelhart D. 1988. *Explorations in Parallel Distributed Processing: A Handbook of Models, Programs, and Exercises*. Cambridge, MA: MIT Press.

Medaglia J, Lynall M, Bassett D. 2015. Cognitive network neuroscience. *Journal of Cognitive Neuroscience*, 27 (8) : 1471-1491.

Mehler A. 2008. Large text networks as an object of corpus linguistic studies//Lüdeling A, Merja K. *Corpus Linguistics: An International Handbook of the Science of Language and Society*. Berlin/New York: Mouton de Gruyter: 328-382.

Mehler A, Lücking A, Banisch S, et al. 2015. *Towards a Theoretical Framework for Analyzing Complex Linguistic Networks*. Berlin/Heidelberg: Springer-Verlag.

Mel'čuk I. 1988. *Dependency Syntax: Theory and Practice*. Albany: State University Press of New York.

Merlo P, Ouwayda S. 2018. Movement and structure effects on universal 20 word order frequencies: A quantitative study. *Glossa: A Journal of General Linguistics*, 3 (1) .

Milićević J. 2006. A short guide to the meaning-text linguistic theory. *J Koralex*, (8): 187-233.

Miller G. 1956. The magical number seven, plus or minus two: Some limits on our capacity for processing information. *Psychological Review*, 63 (2) : 81-97.

Miller G, Chomsky N. 1963. Finitary models of language users//Luce R, Bush R, Galanter E. *Handbook of Mathematical Psychology*. New York: Wiley: 419-491.

Miller G, Selfridge J. 1950. Verbal context and the recall of meaningful material. *The American Journal of Psychology*, 63 (2) : 176-185.

Mithun M. 1987. Is basic word order universal? //Tomlin R. *Grounding and Coherence in Discourse*. Amsterdam: John Benjamins: 281-328.

Montemagni S, Barsotti F, Battista M, et al. 2003. Building the Italian syntactic-semantic treebank//Abeillé A. *Treebanks: Building and Using Parsed Corpora*. Berlin: Springer Science & Business Media: 189-210.

Moon J. 1970. *Counting Labelled Trees*. London and Beccles: Canadian Mathematical Congress.

Moulton J, Robinson G. 1981. *The Organization of Language*. New York: Cambridge University Press.

Mukherjee A, Ganguly N, Basu A, et al. 2009. Self-organization of the sound inventories: Analysis and synthesis of the occurrence and co-occurrence networks of consonants. *Journal of Quantitative Linguistics*, 16(2): 157-184.

Myhill J. 2005. Quantitative methods of discourse analysis//Köhler R, Altmann G, Piotrowski R. *Quantitative Linguistik: Ein Internationales Handbuch*. Berlin/New York: Mouton de Gruyter: 471-798.

Nathan A, Scobell A. 2012. How China sees America. *Foreign Affairs*, 91(5): 73-113.

Newman M. 2003. The structure and function of complex networks. *SIAM Review*, 45(2): 167-256.

Newman M. 2005a. A measure of betweenness centrality based on random walks. *Social Networks*, 27(1): 39-54.

Newman M. 2005b. Power laws, Pareto distributions and Zipf's law. *Contemporary Physics*, 46(5): 323-351.

Ninio A. 1998. Acquiring a dependency grammar: The first three stages in the acquisition of multiword combinations in Hebrew-speaking children//Makiello-Jarza G, Kaiser J, Smolczynska M. *Language Acquisition and Developmental Psychology*. Crakow: Universitas.

Ninio A. 2011. *Syntactic Development, Its Input and Output*. Oxford: Oxford University Press.

Ninio A. 2014. Syntactic development: Dependency grammar perspective//Brooks P, Kempe V. *Encyclopedia of Language Development*. London: Sage Publications.

Nivre J. 2003. An efficient algorithm for projective dependency parsing. The 8th International Workshop on Parsing Technologies.

Nivre J. 2006. *Inductive Dependency Parsing*. Dordrecht: Springer-Verlag.

Nivre J. 2015. Towards a universal grammar for natural language processing. International Conference on Intelligent Text Processing and Computational Linguistics.

Nivre J, de Marneffe M, Ginter F, et al. 2016. Universal dependencies v1: A multilingual treebank collection. The 10th International Conference on Language Resources and Evaluation.

Nivre J, de Marneffe M, Ginter F, et al. 2020. Universal dependencies v2: An evergrowing multilingual treebank collection, arXiv preprint arXiv: 2004.10643.

Nivre J, Hall J, Kübler S, et al. 2007. The CoNLL 2007 shared task on dependency parsing. The 2007 Joint Conference on Empirical Methods in Natural Language Processing and Computational Natural Language Learning.

Nivre J, Nilsson J. 2005. Pseudo-projective dependency parsing. The 43rd Annual Meeting on Association for Computational Linguistics.

Novotná P, Blažek V. 2007. Glottochronolgy and its application to the Balto-Slavic languages. *Baltistica*, 42(2): 185-210.

Nowak M, Plotkin J, Jansen V. 2000. The evolution of syntactic communication. *Nature*, 404: 495-498.

Oh Y-M, Pellegrino F, Marsico E, et al. 2013. A quantitative and typological approach to correlating linguistic complexity. The 5th Conference on Quantitative Investigations in Theoretical Linguistics.

Osborne T. 2003. The third dimension: A dependency grammar theory of coordination for English and German. The Pennsylvania State University, Doctoral dissertation.

Osborne T. 2014. Dependency grammar//Carnie A, Sato Y, Daniel S. *The Routledge Handbook of Syntax*. London: Routledge: 604-626.

Osborne T, Gerdes K. 2019. The status of function words in dependency grammar: A critique of universal dependencies (UD). *Glossa: A Journal of General Linguistics*, 4(1): 17.

Osborne T, Maxwell D. 2015. A historical overview of the status of function words in dependency grammar. The 3rd International Conference on Dependency Linguistics.

Ouyang J, Jiang J. 2018. Can the probability distribution of dependency distance measure language proficiency of second language learners? *Journal of Quantitative Linguistics*, 25(4): 295-313.

Oya M. 2011. Syntactic dependency distance as sentence complexity measure. The 16th International Conference of Pan-Pacific Association of Applied Linguistics.

Oya M. 2013. Degree centralities, closeness centralities, and dependency distances of different genres of texts. The 17th International Conference of Pan-Pacific Association of Applied Linguistics.

Palmer L. 1997. *The Latin Language*. Norman: University of Oklahoma Press.

Passarotti M. 2016. How far is Stanford from Prague (and vice versa)? Comparing two dependency-based annotation schemes by network analysis//Camaiora L, Gobber G, Mor L, et al. *Analisi Linguistica e Letteraria*. Milano: Peschiera Borromeo: 21-46.

Pastor-Satorras R, Vázquez A, Vespignani A. 2001. Dynamical and correlation properties of the Internet. *Physical Review Letters*, 87(25): 258701.

Pastor-Satorras R, Vespignani A. 2004. *Evolution and Structure of the Internet: A statistical Physics Approach*. Cambridge, UK: Cambridge University Press.

Pemmaraju S, Skiena S. 2003. *Computational Discrete Mathematics: Combinatorics and Graph Theory with Mathematica*. Cambridge, UK: Cambridge University Press.

Peng G, Minett J, Wang W. 2008. The networks of syllables and characters in Chinese. *Journal of Quantitative Linguistics*, 15(3): 243-255.

Pinker S. 1995. *The Language Instinct: The New Science of Language and Mind*. London: Penguin.

Pinker S, Jackendoff R. 2009. The components of language: What's specific to language//Christiansen M, Collins C, Edelman S. *Language Universals*. New York: Oxford University Press: 126-151.

Pinkster H. 1990. The development of cases and adpositions in Latin//Genee H, Pinkster I. *Unity in Diversity: Papers Presented to Simon C. Dik on His 50th Birthday*. Dordrecht: Foris: 195-209.

Pinkster H. 1991. Evidence for SVO in Latin?//Wright R. *Latin and the Romance Languages in the*

Early Middle Ages. London: Routledge: 69-82.

Popescu I, Altmann G. 2008. Hapaxlegomena and language typology. *Journal of Quantitative Linguistics*, 15(4): 370-378.

Popescu I, Mačutek J, Kelih E, et al. 2010. *Vectors and Codes of Text*. Lüdenscheid: RAM-Verlag.

Posner R. 1996. *The Romance Languages*. Cambridge, UK: Cambridge University Press.

Prokopidis P, Desipri E, Koutsombogera M, et al. 2005. Theoretical and practical issues in the construction of a Greek dependency treebank. The 4th International Workshop on Treebanks and Linguistic Theories.

Pumain D. 2006. *Hierarchy in Natural and Social Sciences*. Dordrecht: Springer.

Qiu L, Zhang Y, Jin P, et al. 2014. Multi-view Chinese treebanking. The 25th International Conference on Computational Linguistics.

Ravasz E, Barabási A. 2003. Hierarchical organization in complex networks. *Physical Review E*, 67(2): 1-7.

Ravasz E, Somera A, Mongru D. 2002. Hierarchical organization of modularity in metabolic networks. *Science*, 297(5586): 1551-1555.

Robins R. 1989. *General Linguistics*. 4th edn. London: Longman.

Robinson J. 1970. Dependency structures and transformational rules. *Language*, 46(2): 259-285.

Roelcke T. 2002. Efficiency of communication. *Glottometrics*, (4): 27-38.

Roland D, Dick F, Elman J. 2007. Frequency of basic English grammatical structures: A corpus analysis. *Journal of Memory and Language*, 57(3): 348-379.

Rosen K. 2012. *Discrete Mathematics and Its Applications*. 7th edn. New York: McGraw-Hill.

Ruhlen M. 1991. *Guide to the World's Languages 1: Classification*. Stanford: Stanford University Press.

Ryan B F, Joiner B, Cryer J. 2005. *MINITAB Handbook: Updated for Release 14*. 5th edn. Belmont: Duxbury Press.

Schmidt W. 1926. *Die Sprachfamilien und Sprachenkreise der Erde*. Heidelberg: Carl Winter Universitätsverlag.

Schubert K. 1987. *Metataxis: Contrastive Dependency Syntax for Machine Translation*. Dordrecht: Foris.

Schwegler A. 1990. *Analyticity and Syntheticity: A Diachronic Perspective with Special Reference to Romance Languages*. Berlin: Mouton de Gruyter.

Serrano M, Boguñá M, Pastor-Satorras R, et al. 2007. Correlations in complex networks//Caldarelli G, Vespignani A. *Large Scale Structure and Dynamics of Complex Networks: From Information Technology to Finance and Natural Science*. Singapore, Hackensack, NJ: World Scientific: 35-65.

Sgall P, Hajičová E, Panevová J. 1986. *The Meaning of the Sentence in Its Semantic and Pragmatic Aspects*. Dordrecht: Reidel Publishing Company.

Shannon P, Markiel A, Ozier O, et al. 2003. Cytoscape: A software environment for integrated models of biomolecular interaction networks. *Genome Research*, 13(11): 2498-2504.

Sherman L. 1888. Some observations upon the sentence-length in English prose. *University of Ne-*

braska Studies, (2): 119-130.

Shi Y, Liang W, Liu J, et al. 2008. Structural equivalence between co-occurrences of characters and words in the Chinese language. 2008 International Symposium on Nonlinear Theory and Its Applications.

Shibatani M, Bynon T. 1995. Approaches to language typology: A conspectus//Shibatani M, Bynon T. *Approaches to Language Typology*. New York: Oxford University Press: 1-26.

Shosted R. 2006. Correlating complexity: A typological approach. *Linguist Typology*, 10(1): 1-40.

Siewierska A. 1988. *Word Order Rules*. London: Croom Helm.

Siva K, Tao J, Marcolli M. 2017. Syntactic parameters and spin glass models of language change. *Linguistic Analysis*, 41(3-4): 559-608.

Smith N, Eisner J. 2006. Annealing structural bias in multilingual weighted grammar induction. The 44th Annual Meeting of the Association for Computational Linguistics.

Soffer S, Vázquez A. 2005. Network clustering coefficient without degree-correlation biases. *Physical Review E*, 71(5): 057101.

Solé R. 2005. Syntax for free? *Nature*, 434(7031): 289.

Solé R, Corominas-Murtra B, Valverde S, et al. 2010. Language networks: Their structure, function, and evolution. *Complexity*, 15(6): 20-26.

Solodow J. 2010. *Latin Alive: The Survival of Latin in English and the Romance Languages*. Cambridge, UK: Cambridge University Press.

Song J. 2001. *Linguistic Typology: Morphology and Syntax*. Harlow/London: Pearson Education.

Song J. 2012. *Word Order*. New York: Cambridge University Press.

Sowa J. 1976. Conceptual graphs for a data base interface. *IBM Journal of Research and Development*, 20(4): 336-357.

Starosta S. 1988. *The Case for Lexicase: An Outline of Lexicase Grammatical Theory*. New York: Pinter Publishers.

Stassen L. 1985. *Comparison and Universal Grammar*. Oxford, UK: Blackwell.

Steel S. 1981. Word order variation: A typological study//Greenberg J, Ferguson C, Moravcsik E. *Universals of Human Language, Vol.4: Syntax*. Stanford: Stanford University Press: 585-624.

Stevens K. 1972. The quantal nature of speech: Evidence from articulatory-acoustic data//David E, Denes P. *Human Communication: A Unified View*. New York: McGraw-Hill.

Steyvers M, Tenenbaum J. 2005. The large-scale structure of semantic networks: Statistical analyses and a model of semantic growth. *Cognitive Science*, 29(1): 41-78.

Temperley D. 2005. The dependency structure of coordinate phrases: A corpus approach. *Journal of Psycholinguistic Research*, 34(6): 577-601.

Temperley D. 2007. Minimization of dependency length in written English. *Cognition*, 105(2): 300-333.

Temperley D. 2008. Dependency length minimization in natural and artificial languages. *Journal of Quantitative Linguistics*, 15(3): 256-282.

Temperley D, Gildea D. 2018. Minimizing syntactic dependency lengths: Typological/cognitive universal? *Annual Review of Linguistics*, 4(1): 67-80.

Tesnière L. 1959. *Eléments de la Syntaxe Structurale*. Paris: Klincksieck.

Tomasello M. 2003. *Constructing a Language: A Usage-based Theory of Language Acquisition*. Cambridge, MA: Harvard University Press.

Torruella M, Antonia M, Antonin M. 2002. Design principles for a Spanish treebank. The 1st International Workshop on Treebanks and Linguistic Theories.

Traxler M, Gernsbacher M. 2006. *Handbook of Psycholinguistics*. 2nd edn. New York: Elsevier.

Trueswell J, Tanenhaus M, Kello C. 1993. Verb-specific constraints in sentence processing: Separating effects of lexical preference from garden-paths. *Journal of Experimental Psychology: Learning, Memory, and Cognition*, 19 (3) : 528-553.

van der Beek L, Bouma G, Malouf R, et al. 2002. The Alpino dependency treebank. The 12th Computational Linguistics in the Netherlands Meeting.

Vänänen V. 1966. *Le Latin Vulgaire des Inscriptions Pompéennes*. 3rd edn. Berlin: AkademieVerlag.

Vennemann T, 1974. Theoretical word order studies: Results and problems. *Papiere zur Linguistik*, (7): 5-25.

Wang H, Liu H. 2014. The effects of length and complexity on constituent ordering in written English. *Poznań Studies in Contemporary Linguistics*, 50 (4) : 477-494.

Wang Y, Liu H. 2017. The effects of genre on dependency distance and dependency direction. *Language Sciences*, (59): 135-147.

Wang Y, Yan J. 2018. A quantitative analysis on a literary genre essay's syntactic features//Jiang J, Liu H. *Quantitative Analysis of Dependency Structures*. Berlin/Boston: Mouton de Gruyter: 295-314.

Wasserman S, Faust K. 1994. *Social Network Analysis*. Cambridge, UK: Cambridge University Press.

Watts D. 1999. *Small Worlds: The Dynamics of Networks Between Order and Randomness*. Princeton: Princeton University Press.

Watts D, Strogatz S. 1998. Collective dynamics of "small-world" networks. *Nature*, 393 (6684) : 440-442.

Weckerly J, Elman J. 1992. A PDP approach to processing center-embedded sentences. The 14th Annual Conference of the Cognitive Science Society.

Wilson D. 1996. Generating random spanning trees more quickly than the cover time. The 28th Annual ACM Symposium on Theory of Computing.

Wimmer G, Altmann G. 1999. *Thesaurus of Univariate Discrete Probability Distributions*. Essen: Stamm.

Witkam A P M. 2005. *Nova vojo al Aŭtomata Tradukado. Prelegaro de Internacia Kongresa Universitato*. Roterdamo: UEA.

Wulff D, Hills T, Lachman M, et al. 2016. The aging lexicon: Differences in the semantic networks of younger and older adults. The 38th Annual Meeting of the Cognitive Science Society.

Xu C, Liu H. 2015. Can familiarity lessen the effect of locality?: A case study of Mandarin Chinese subjects and the following adverbials. *Poznań Studies in Contemporary Linguistics,* 51(3): 463-485.

Xue N, Xia F, Chiou F, et al. 2005. The Penn Chinese treebank: Phrase structure annotation of a large corpus. *Natural Language Engineering*, 11(2): 207-238.

Yadav H, Vaidya A, Shukla V, et al. 2020. Word order typology interacts with linguistic complexity: A cross-linguistic corpus study. *Cognitive Science*, 44(4): e12822.

Yan J. 2018. Influences of dependency distance on the syntactic development of deaf and hard-of-hearing students//Jiang J, Liu H. *Quantitative Analysis of Dependency Structures*. Berlin/Boston: Mouton de Gruyter: 191-212.

Yan J, Liu H. 2021. Morphology and word order in Slavic languages: Insights from annotated corpora. *Вопросы языкознания* (*Topics in the Study of Language*), (4): 131-159.

Yngve V. 1960. A model and an hypothesis for language structure//*Proceedings of the American Philosophical Society*. The American Philosophical Society: 444-466.

Yngve V. 1996. *From Grammar to Science: New Foundations for General Linguistics*. Amsterdam/Philapdelpia: John Benjamins.

Yu S, Xu C, Liu H. 2018. Zipf's law in 50 languages: Its structural pattern, linguistic interpretation, and cognitive motivation. arXiv preprint arXiv: 1807.01855.

Yule G. 1939. On sentence-length as a statistical characteristic of style in prose: With application to two cases of disputed authorship. *Biometrika*, 30(3/4): 363-390.

Zeldes A. 2017. The GUM corpus: Creating multilayer resources in the classroom. *Language Resources and Evaluation*, 51(3): 581-612.

Zeman D, Dušek O, Mareček D. 2014. HamleDT: Harmonized multi-language dependency treebank. *Language Resources and Evaluation*, 48(4): 601-637.

Zhang H, Liu H. 2017. Motifs of generalized valencies//Liu H, Liang J. *Motifs in Language and Text*. Berlin/Boston: Mouton de Gruyter: 231-260.

Zhou S, Hua G, Zhang Z, et al. 2008. An empirical study of Chinese language networks. *Physica A: Statistical Mechanics and Its Applications*, 387(12): 3039-3047.

Zipf G. 1949. *Human Behavior and the Principle of Least Effort: An Introduction to Human Ecology*. Cambridge, MA: Addison-Wesley Press.

附录一

从依存距离到语言学交叉学科研究[①]

麻省理工学院（Massachusetts Institute of Technology，MIT）学者近期发表在国际顶尖期刊《美国科学院院报》（*Proceedings of the National Academy of Sciences of the United States of America*，*PNAS*）上的一项语言学交叉研究利用已经公开发布的依存树库，对 37 种语言进行了统计分析，指出人类语言存在依存距离最小化这一倾向。此研究被媒体热议，但却存在一些缺陷。依存距离是两个句法相关词之间的线性距离，受工作记忆机制的约束，与句法处理的复杂度密切相关。因此，人类语言具有依存距离最小化的倾向。基于句法标注语料库的依存距离最小化研究表明，大数据研究方法在语言认知研究中具有重要作用。现代语言学具有鲜明的交叉学科色彩，语言研究中不同学科的相互借鉴与融合有助于深入揭示语言系统的运作规律以及语言与认知之间的关系。

梁君英（以下简称为“梁”）：今天我们在这里举行一个有关国家社科基金重大课题“现代汉语的计量语言学研究”的访谈，我想先从一个目前非常热门的话题开始。最近我们听说 MIT 的大脑与认知科学系有一个重大成果，他们发现人类语言中可能存在“依存长度最小化”（dependency length minimization，DLM）这样一个普遍规律。这项研究发表在 *PNAS* 上，8 月初刚刚在线优先发表（early edition）就在学界引起广泛关注，随后美国的许多媒体都对此进行了长篇报道，我想问一下刘老师，您对这个问题是怎么看的？

刘海涛（以下简称为“刘”）：语言研究很少能够引起主流媒体的关注。美国

---

① 访谈时间为 2015 年 9 月 22 日，主要内容以《语言学的交叉学科研究：语言普遍性、人类认知、大数据》为题，发表于《浙江大学学报（人文社会科学版）》2016 年第 1 期。感谢徐春山博士参与访谈题目的讨论、访谈内容的确定、访谈文本的后期整理工作；感谢敬应奇、方圆圆、牛若晨等研究生为本研究所做的文字转写工作。为了保持访谈的原貌，我们没有添加参考文献，如果对相关文献有兴趣的读者，可以参考以这四个访谈为基础发表的文章。

《科学》杂志网站、MIT 新闻网站以及许多其他媒体的主要位置均对 MIT 的这项研究进行了报道，这种情况是不多见的。我们知道，尽管语言学家一再强调他们的研究很重要，认为语言学是一门领先科学（pilot science），但在科学家面前说语言学领先科学是比较尴尬的一件事。但这次 MIT 的研究确实得到了大家的广泛关注，这是因为他们的研究迎合了我们当今时代一些主要的热点：第一，语言研究之所以重要，是因为通过语言研究我们可以了解人的认知。研究认知的方法多种多样，但从人的外在特性来看，人与其他动物的区别在于人有一个比较复杂的语言系统。与其他研究路径相比，语言是人每天都用得到的，研究材料极易获得，因此，通过研究语言来研究人的认知是认知科学里较为热点的内容。MIT 这次研究的主题恰好可以把语言和人的认知联系在一起。第二，这几年有个热词叫“大数据”，在这项研究里也使用了来自多种语言的大量数据。第三，MIT 认为这项研究发现了人类语言的一个普遍特征。这三点加起来刚好符合这个时代科学研究的特征，所以引起关注也并不是特别奇怪的事情。

梁：刘老师提到了我们今天访谈的三个关键词：语言、人类认知、大数据。我也听说在心理学科里有一个共识，认为语言是人类的平均认知规律，现在 MIT 实验室采取了大数据的手段对此进行了研究。刘老师可不可以先为我们介绍下这篇文章的主要内容？

刘：这篇文章的标题是《用 37 种语言来验证依存长度最小化》（“Large-scale Evidence of Dependency Length Minimization in 37 Languages”）。首先，在一项研究中出现 37 种语言不是一件容易的事情，这里关键还有一个依存长度最小化，这是这篇文章的一个核心概念。依存长度是什么呢？我们平时说的句子是一个线性的词串，句子里的每个词之间是有联系的。如果对这个线性词串进行句法分析，把句中有句法关系的词连起来，就能形成一个句子的结构树或结构图。这是人类理解语言的第一步。那么问题就来了，如果句法分析是要把线性的词串变成结构树或图的话，两个相联系的词之间就存在线性的距离。以汉语句子“我吃一个大苹果”的依存分析为例，“我”和“吃”之间有联系，“吃”和“苹果”之间有联系，“大”和“苹果”之间有联系，“个”和“苹果”之间有联系，“一”和“个”之间有联系，这样每个词在句中都被两两的词间关系联系起来。“我”和“吃”是挨着的，但“吃”和“苹果”之间有三个词，分别是“一”“个”“大”。

也就是说，形成依存句法关系的词与词之间的距离有远有近，这篇文章称这个距离为长度，“长度”是美国的叫法。在依存句法的发源地欧洲，一般称之为“距离”。依存距离或者依存长度是依存语法框架下的一个概念，因为依存句法分析方法关注词与词之间的关系，但在生成句法框架里，词与词之间的关系并不重要，更关注部分与整体的关系。

依存距离我们理解了，那最小化是什么呢？大概早在 20 世纪初的时候，人们就注意到自然语句中，有依存关系的词在一个句子中靠得比较近。说得理论化一点，那就是一个句子中词的顺序一般倾向于使这个句子的依存距离尽可能小。过去人们没有计算机，单纯靠手数，数了十几个、几百个句子就觉得有这样一种倾向，但都没能取得突破性的进展。计算机以及语料库的逐渐普及，特别是在 1990 年左右有句法标注的语料库（树库）的出现，为我们真正地采用大规模真实语料研究依存距离最小化提供了可能。2004 年，西班牙学者拉蒙·费雷坎乔（Ramon Ferrer-i-Cancho）在《物理评论 E》（*Physical Review E*）上发表了一篇文章，题为《存在句法联系的词之间的欧几里得距离研究》（“Euclidean Distance Between Syntactically Linked Words”），实际就是依存距离研究。他考察了一个罗马尼亚语的树库，发现在大规模的真实语料中，依存距离趋向于一个比较小的值。这两年，捷克的布拉格大学等机构推出了一些树库项目，加起来涵盖了三四十种语言。这次 MIT 的研究就是利用这些已经公开发布的依存树库，对 37 种语言进行了统计分析，发现人类语言确实存在依存距离最小化的倾向。他们在文章中也承认这个想法早就有了，但强调指出过去的研究总共只做过 7 种语言的依存距离最小化研究，因此，他们的研究是世界上第一个用大规模、跨语言的语料验证依存距离最小化的研究。这是他们这篇文章的一个主要创新点。有关新闻报道也都强调 MIT 是第一个用多种语言来进行依存距离最小化研究的机构，我认为这也是这篇文章能够被 *PNAS* 录用并发表的主要原因。语料是别人的，计算依存距离最小化的方法是别人的，这个想法也是别人的。MIT 只是说，过去只有 7 种语言，但现在他们的研究用了 37 种，当然 7 和 37 还是很不一样的，他们的研究大概就是这样一个情况。

梁：现在国内语言学在宣传报道方面跟进得非常快。前段时间，国内语言学界的各种网络媒体与微信平台都推送了这一研究，并宣称这是对乔姆斯基研究的进一步推进。刘老师，您刚才提到的这些，是不是说 MIT 的研究跟乔姆斯基尤其是他的普遍语法（universal grammar，UG）之间并没有太大关系呢？

刘：将两者联系起来的实际上是国外的一个新闻报道。乔姆斯基说人类语言有一个普遍语法，这种普遍语法隐含于语言表面的多样性。有人便将乔姆斯基与此项研究联系起来，但实际上两者之间可能没什么关系。乔姆斯基认为人的大脑里有一个专门主管语言的东西，是天生的，具有普遍性。至于它到底是什么，目前人们还确定不了，Gibson 实验室的这项研究似乎为乔姆斯基的普遍语法带来了新的曙光。实际上两者的关系可能并不大，依存距离最小化与人的工作记忆有关。依存语法中，依存关系存在于从属词和支配词之间。一个词只有找到它的支配词或者从属词，才能形成一个更复杂或者更明晰的概念。在“我吃一个大苹果”这个句子中，我们听到“吃”的时候，由于不知道后面跟的是什么，就要把这个词记住，同样，我们要把后面出现的“一”“个”“大”等都记住，这样，在听到“苹果”的时候，我们才能把这些词语从记忆中移开。具有依存关系的两个词之间的词越多，短时间内我们需要记住的内容也就越多。因此，依存距离最小化实际上是认知——特别是工作记忆容量——对语言结构的一种约束。工作记忆并非仅仅用于语言处理，而是人的普遍认知机制的一部分。也就是说，依存距离最小化是人类普遍认知机制对语言线性排列约束的结果。换句话说，依存距离最小化实际上和乔姆斯基所说的普遍语法（或者说大脑中专门的语言模块）没有什么直接联系。

梁：我记得不久前看您的微信朋友圈，您转发了“语言学午餐”微信平台推送的这个报道后，同时贴上了你们团队大约在七八年前就发表过的一个类似的研究。如果我的理解是正确的，那么其实你们的研究远远地走在 MIT 之前，您能不能分享一下你们团队研究的主要内容，或者说你们的研究跟他们的有什么区别呢？

刘：我们团队研究依存语法大概开始于 1987 年前后，那是很久之前的事了。我们当时对依存语法进行研究的一个主要原因就是如果要研究语言，首先要寻找一种普适的语言分析方法，先不管后面的机制是什么，至少这种方法应该能够分析尽可能多的语言。像短语结构语法，分析英语这样语序相对固定的语言还比较容易对付，但如果分析像斯拉夫语族的语言，比如捷克语和俄语，就会遇到很大的困难。这时我们发现，还有一种来自欧洲的语法体系叫依存语法，我们就开始对它进行系统的了解。从 1987 年到现在，我们对依存语法的研究持续了很长时间。在这个延续的研究中，我们自然而然地遇到了这个依存距离的问题。大约在 1995 年前后，英国理查德·哈德森（Richard Hudson）教授写过一篇文章，第一次在现代依存句法框架下提出了依存距离的计算方法。当时哈德森和他的几个博士研究生对英语、德语和日语的依存距离进行了分析。因为条件限制，他们在 20 世纪 90 年代的研究中基本没有使用语料库。到了 2003 年、2004 年前后，我们采用依存语法试着建立了一个汉语的树库，即采用依存句法标注的语料库，我们发现汉语的依存距离要比英语大很多。这一结果非常有意思，因为哈德森和他的学生发现日语、英语、德语的依存距离都差不多。哈德森认为我们的这个发现非常重要，因为依存距离和人类认知密切相关，而之前学者们一般认为，无论说哪一种语言，人类的工作记忆容量都是相似的，但我们的结果显示中文的依存距离显著地大于其他语言。在语言与认知领域有一个著名的假说，叫萨丕尔–沃尔夫假说（Sapir-Whorf Hypothesis）。这个假说认为语言会影响思维模式等与认知密切相关的东西，但一直没有找到直接的例证来说明，而汉语的依存距离大也许从另一个角度为这个假说提供了一个佐证。

我们也觉得搞清楚这个问题是非常有趣的，我就让我的几个硕士生和博士生来专门研究这个问题。也就是说，实际上我们对依存距离的研究始于 12 年以前，是自然地通过研究依存语法发现的。既然已经发现汉语的依存距离比其他几种语言要大，我们当然就会想到扩大样本库。在 2004 年左右，我们就开始在世界各地寻找依存树库。大概到了 2005 年底、2006 年初的时候，我们大约收集到了 20 种语言的样本，包括我们自己标注的样本。我们发现在这 20 种语言里，汉语的依存距离仍然是最大的；此外也发现其中大概有十四五种语言基本上是一样的，这表明大部分语言的依存距离都是差不多的，符合依存距离与人类工作记忆密切相关的想法。此外，我们也生成了两种随机语言，与这 20 种真实自然语言的依存距离进行比较。所谓"随机"，就是说这不是人类真正的语言，是不符合语法的。所以不管你采用怎样的随机策略，都只是计算效率的问题，没有语言学意义，因为已经不符合语法了。我们就做了两种随机语言：第一种是完全随机，只需要符合依存句法的普遍规律，不控制句法树的交叉结构；第二种就是保证不交叉。这样就得到了两种随机语言。计算它们的依存距离并与上述 20 种语言的依存距离相比较，我们发现真实语言的依存距离更小。这实际上是在人类历史上第一次用大量真实语料揭示自然语言中的依存距离最小化倾向。在十年前，这是很新的东西，很多人不太理解。这些研究成果写成文章后，几经周折，于 2008 年发表在国际认知科学协会的会刊《认知科学杂志》（*Journal of Cognitive Science*）上。这篇文章提出了明确的假设，即人类语言的句法分析器偏好于依存距离最小化的句子，实际上就是说依存距离最小化是人类语言普遍的特征，这一点我们在该文的摘要里也明确提到了。此外，和 MIT 的研究相比，我们做得更加全面，我们关注的点比他们多，我们的研究和认知的联系也更紧密一些，且和依存句法的联系是水到渠成的，但后来我们没有过多地宣传这个，因为计算依存距离用的是文本，其结果可能受诸多因素影响，比如不同语言的影响、文本大小的影响、文本主题的影响；同样，标注方式也会影响这个结果。在没有弄清这些可能的变量之前，不能简单地得出结论，因为对科学家而言这是不够严谨的。所以 2008 年以后，我们还在不断地完善对依存距离最小化的理解，继续研究有哪些因素在影响依存距离最小化。

梁：这显然是很长的一段历史了。从 1987 年开始，刘老师团队就已经关注欧洲的依存语法体系；在过去的 28 年里，这个团队一直做着孜孜不倦的努力。比较有代表性的成果之一就是刚才提到的 2008 年的那篇文章。通过对 20 种语言进行的大规模跨语言比较研究，并得到一个结论：依存距离最小化倾向可能是人类语言的一个普遍规律。这对之后的研究起到了重要的推动作用。听到这里大家可能会跟我一样感到惊讶，因为刚刚说到 MIT 的这个研究出来之后，许多媒体都不断地推送，有一句话特别引人注目——"这是人类历史上第一次大规模的跨语言的研究发现的普遍规律"，而且还特别强调说前期研究加起来都不超过 7 种语言，很明显这里存在一个错误。我很想知道，刘老师您这个团队针对这个问题有没有做出什么回应？

刘：首先还是要说技术上的一些细节。因为依存距离的算法有两类。第一类是哈德森提出的，从欧洲的依存句法发展来的算法，其语言学的实用意义和价值较大。依存距离可以判别一个句子的理解难度。就是说一个句子的依存距离越大，理解难度越大，这样就会存在不同句子长度之间的比较。比如，有 5 个词的句子、6 个词的句子，还有的句子是 13 个词的。有时 13 个词的句子并不一定比 5 个词的句子难。你要计算依存距离的指标，不同句子之间的难度应该是可以比较的。如果需要进行比较，你就要把句子长度的因素去掉，否则只是简单地把句子里面的依存距离相加，长的句子永远是难的，但实际上它并不一定难。采用平均值就可以消除句子长度带来的影响，也就是说，依存距离加起来再除以句长。句子中的根词是没有词支配它的，要把这个词减掉。这样一来，不同长度的句子的难度就可以进行比较了，这是欧洲学者和我们采用的算法。第二类是两位美国学者在 2007 年左右提出的一套算法，MIT 的研究用的就是这一套算法。他们只是把句子中的依存长度加起来。就刚才说的那个句子“我吃一个大苹果”，按照我们的算法，这个句子的依存距离是 9 ÷ 5=1.8，而 MIT 得到的该句的依存距离为 9。显然，他们这种计算会导致不同长度的句子之间很难比较。在我们 2008 年的文章里，不同语言可以比较依存距离，而 MIT 的研究没有办法做这样的比较，于是就为 37 种语言中的每种语言都画了图表。也就是说，它的最小化实际上只是一个图示化的说明。

MIT 的这篇文章说“这是人类历史上第一次大规模的跨语言的研究发现的普遍规律”，强调先前研究所涵盖的语言不超过 7 种。正如你所说，这些表述不太准确。我们在七八年前就做过了针对 20 种语言的依存距离最小化研究，取得了类似的研究成果。因此，MIT 文章说他们是第一次大规模的跨语言研究，这是失之偏颇的。此外，依存距离可能受到很多因素的影响，这些因素在该文中都没有被提到过，这也是一个问题。另一个问题是，他们在做随机语言时考虑了太多语言学的因素，没有做到完全的随机，这也削弱了该研究的说服力。还有一点，他们说支配词在后面的语言和支配词在前面的语言与依存距离是有相关性的，这个说法也是比较随意的。前人的很多研究表明，说这两者之间有相关性还为时尚早。

针对 MIT 文章中的上述问题，我们写了一篇文章进行了质疑，并把这篇文章放在了 arXiv 预印网站上。MIT 的三位作者看到后，对我们这篇文章做了回应。在他们看来，我们的质疑是有道理的，并分别对这些质疑进行了解释与说明。特别是对文章中“以往的研究没有超过 7 种语言”等表述问题向我们致歉，承认忽视了我们之前的工作是一个错误，并表示将在 *PNAS* 上对这一点进行说明与更正。在 *PNAS* 随后刊登的更正中，MIT 论文的作者认为我们 2008 年的研究是一项从更普遍的角度验证依存距离最小化的研究，而他们自己则更关注语序变化对依存距离最小化的影响。MIT 的作者认为他们的工作是对我们 2008 年的文章等前人研究的一个补充与精细化，并强烈建议阅读他们文章的研究者同时也应该了解我们 2008 年的研究。

梁：这样说来，刘老师您的团队和 MIT 实验室的交锋是卓有成效的。一方面，这充分说明了我们浙江大学计量语言学的研究团队已经真正走到了世界前列；另一方面，也许我们的研究团队与 MIT 团队会有很大的合作空间，当然如果您愿意的话。

刘：你用“交锋”这个词，显得火药味太浓了。应该说，这是一个比较正常的学术讨论。我们也不能通过这一个事情就说我们已经在世界前列了，即使我们在采用依存句法树库的语言研究方面确实比国外的学者早了几年，但仍然需要进一步努力。一时走在前面不难，难的是一直走在前面。MIT 的泰德・吉布森（Ted Gibson）团队在语言认知方面的研究目前处于世界前列，而我们在采用标注语料库以及语言复杂网络方面的研究要更胜一筹，如果我们两家可以合作的话，相信会取得一些有意义的研究成果。MIT 这三位作者在他们的邮件和书面回应中，也表达了想与我们合作的愿望。

梁：回顾过去，我们可以发现从 1987 年开始，刘老师已经付出 20 多年孜孜不倦的努力，成果颇丰，有一系列专著和论文。您可以向大家分享一下过去 20 年内您对依存距离研究做出的贡献吗？

刘：至今为止，依存距离这个领域可供参考的资料都非常少，也很难找得到。为了满足大家的需求，我们从 1987 年开始收集资料，于 2009 年在科学出版社出版了《依存语法的理论与实践》一书。这本书包含了该领域涉及的主要问题，对参考文献和前人所做的研究都有详尽的介绍，覆盖范围很广。2007 年，我们在《语言计量学》（*Glottometrics*）上发表了一篇题为《依存距离的概率分布》（“Probability Distribution of Dependency Distance”）的文章。这篇文章的一个主要发现是，一个句子偏好依存距离最小的排序，主要是因为依存距离的分布是有规律的。MIT 的这几位作者在他们去年的一个 poster 论文里也引用了这篇文章。有趣的是，我们在 2007 年的这篇文章里也研究了依存距离最小化。当时，我们发现真实语言文本的依存距离基本呈一条直线，而且明显小于几种随机语言，这明确表示自然语言中存在依存距离最小化的倾向。

2007 年，我们还利用依存树库研究依存距离和依存关系，在意义文本理论（meaning text theory，MTT）的国际会议上发表过一篇文章，提出了依存距离最小化以及不同类型的依存关系优选的依存方向也不同等观点。2009 年发表在《语料库和语言学理论》（*Corpus Linguistics and Linguistic Theory*）杂志的文章中，我们不但提出了依存距离的计算公式，也明确指出汉语的依存距离是最大的。2009 年我们还利用多个树库研究了语言的依存距离相关计量特征，结果发现语料的规模、语体、标注方式、句长等因素都可能对依存距离及依存方向产生影响。2010 年，我们用依存方向作为指标，从类型学角度研究了语言分类。该成果发表在《语言》(*Lingua*) 上，这是第一个大规模真实语言数据支持的依存方向或语言类型研究。2012 年，我们发表了一篇关于罗曼语族语言特征的文章，主要解决了两个问题：第一，从共时的角度，是否可以找到区分罗曼语族语言和其他语言的客观指标？第二，从历时的角度看，有没有一个可计量的指标能区分现代罗曼语和拉丁语呢？我们用了 15 种语言的依存树库，包括古希腊语、拉丁语以及现代罗曼语族等六种主要语言。这个研究明确显示依存方向（支配词居后或居前）和依存距离关系不大，这可以从一个侧面说明 MIT 文章的最后一个观点有问题。2013 年，我们对语码转换句子中的依存距离进行了研究，成果发表在《语言》上。2015 年初，我们采用双语平行依存树库对句子长度与依存距离及方向的关系以及相邻依存关系数量等进行了研究，成果发表在《语言科学》(*Language Sciences*) 上。在罗曼语族语言的研究中我们还发现，现代语言依存距离较短，因为现代语言考虑到了人们当面交流的需要；而以书面语为主的古典文本，比如拉丁语及古希腊语，依存距离偏大。我们后来从世界语的文本中也发现了这样的特点。这是我们在依存距离方面做的一些主要研究，还有一些其他的相关成果，这里就不一一介绍了。

梁：从刘老师的介绍中我们不难发现三个贯穿始终的关键词——语言的普遍性、人类认知规律和大数据。在这样一个研究背景下，您是如何把这三个热点融合在一起，构建出非常系统的研究框架的？

刘：这可能是因为我初涉语言学领域的经历和别人不同。我最早是学自动化的工科生，对系统的概念理解比较深刻。不过我之前研究的是工业控制系统的运行规律，现在研究的是语言系统的运作规律。语言的规律蕴藏在每天的听说读写中，我们的研究就是从实际发生的自然文本中找规律。为了发掘具有普遍性的语言规律，需要收集大量的语言数据。相比传统的语言学研究方法，这就算是大数据或数据密集型语言研究了，这是我们从十几年前就开始使用的方法。我们大部分人都将语言的普遍性理解成多种语言的普遍规律，所以我们需要用大量的数据来挖掘多种语言存在的规律。语言研究的价值和意义就是发现人类认知机制、社会及文化对语言系统的形成与运作的影响。语言作为由人驱动的符号系统，受到大脑的约束和限制，所以语言学家希望通过自然语言挖掘到认知规律，通过认知规律来解释语言规律。就一个很长的词而言，如果其使用频率突然增加，这个词就会变得很短。这就是语言受认知约束的一个明显例子。如果我们从这个角度来理解语言的话，就不难意识到语言研究的框架中包括了语言的普遍性、人类认知规律以及大数据等内容。

梁：谢谢刘老师。刚才刘老师通过交叉学科的视角分析了语言作为一个系统的概念。英国的《自然》（*Nature*）杂志最近一期的封面上有一句话很醒目："Why scientists have to work together to save the world?" 这句话指出了交叉学科的重要性。请问您对语言学的交叉学科发展有什么建议呢？

刘：学科的划分本身就是人类因为能力所限而做出的一种不合理的做法。人类对人本身、人所处的社会以及大自然的运行规律感兴趣，却又受能力所限，且每人的特长不同，所以才将学科区分开来，如同盲人摸象的过程。随着科学的发展和技术的进步，人类通过辅助工具扩大自己能力的可能性大大提高，原来只有精力与能力研究大象腿为什么动的人现在也可以联系其他部位来做出解释。但从研究本身而言，不存在交叉的问题，因为其本身就是一个系统。既然语言研究也是研究系统的规律，为何我们不与时俱进，借鉴进步迅速、成果丰硕的研究系统的其他方法和工具来促进语言学的学科发展呢？

梁：最近五年，刘老师的团队在学科交叉上做出了显著成绩，为浙江大学的语言学学科发展做出了重要贡献。2011 年，贵团队获得了国家社科基金首批跨学科重大课题，这是浙江大学第一个交叉学科的重大课题。2014 年，刘老师团队的论文发表在《生命物理学评论》（*Physics of Life Reviews*）上，一个高影响因子的学术期刊。在浙江大学积极推进世界一流大学和世界一流学科（简称"双一流"）建设的大环境下，浙江大学外语学院也在制定一流基础骨干学科的建设方案。那么，我很想知道，您对人文学科发展有什么期待和建议呢？

刘：前几天教育部公示的第七届社科奖，我们发表在《科学通报》（*Chinese Science Bulletin*）上采用平行语言网络进行语言分类研究的文章在交叉学科类获得三等奖。从第四届到第七届教育部社科奖的 12 年内，这可能是第一篇获得交叉学科奖的语言学文章。我们也有另外两项语言学的交叉学科研究双双获得了 2015 年浙江省第十八届哲学社会科学优秀成果奖二等奖。2015 年初，我们有两篇文章入选 ESI 的全球百分之一的高被引文章，一篇是刚才提到的发表在《生命物理学评论》的文章，另外一篇是关于语言层级网络的文章，发表在《中国语言学报》（*Journal of Chinese Linguistics*）上。这意味着我们学院或者浙江大学人文学科有两门学科（社会科学类、生物学与生物化学类）进入 ESI。能做出这样的成绩，是因为我们借鉴了其他学科较为成熟的方法来研究人类语言的问题，也就是大家说的交叉学科或跨学科。过去我们常认为，人文学科主要靠人类自己的聪明才智思考人类的过去与未来，而在这个到处都是数据的信息时代，可能应该借鉴一些其他学科的方法与范式来研究人文。我认识的一位荷兰学者任博德（Rens Bod）写过一本书叫《人文新史》（*A New History of the Humanities*），他综述了世界几大文明传统人文领域的发展。这本书的副标题是"从古到今对原则与模式的探索”（*The Search for Principles and Patterns from Antiquity to the Present*），这意味着人文本身也是探索人类模式和规律的，所以语言学可能应该借鉴探索模式和规律的研究方法。如果你使用古人不曾有的工具和方法，你对人本身的认识、对社会的认识、对自然的认识可能就会更深入一些。

梁：在访谈结束之前，刘老师可不可以分享一下在学术研究过程中有什么样的愿景或信念？

刘：我理解的语言学是探索语言结构和演化规律的科学。在来浙江大学的五年里，我着重在两个方向进行了努力：一是中国语言学的国际化，二是语言学研究的科学化。我希望在退休之前还能为这“两化”做一点力所能及的事情。

梁：我非常期待在场的各位老师和同学们牢记我们的理念，为实现语言学研究的“国际化与科学化”做出坚持不懈的努力。感谢刘老师的分享！感谢各位老师和同学们的参与！

附录二

大数据时代的语言研究①

自 20 世纪中叶起，人类社会开始从工业时代逐步迈入信息时代。随着信息化浪潮席卷全球，人们对处理海量信息和知识的需求日渐迫切，计算语言学和自然语言处理应运而生，目前呈现出蓬勃发展的态势。然而在这一颇具发展潜力的语言应用领域中，语言学家的参与却十分有限，究竟有何原因？继“乔姆斯基革命”之后，“语言学是一门科学”的理念虽被大多数语言学家广泛接受，并写入了教科书，但为什么长期以来语言学在科学界却难以获得普遍承认？信息时代的来临为语言研究带来了哪些机遇和挑战？过去的语言研究方法又存在哪些局限？近年来，大数据正在改变人类的社会生活和思维方式，基于数据的研究方法在科学界的应用愈加广泛。那么，在信息时代背景下，这一方法能否为语言学研究带来新的思路？在当前高校“双一流”建设背景下，它又能否推动中国语言研究的科学化和国际化？为此，我们以“大数据时代的语言研究”为主题，对浙江大学刘海涛教授进行了一次深入访谈。

林燕妮（以下简称为“林”）：刘老师您好！非常感谢您接受我们这次专题访谈邀请。当今我们处在一个信息时代，“大数据”浪潮正在悄然改变着人类的生活方式，也促使人们开始关注自己所从事的行业和研究领域的新变化。今天在座大多数都是来自语言学专业的老师们和同学们，对于新时代背景下语言研究的趋向存在不少困惑。我们知道，刘老师很早就开始关注语言自动化处理问题，之后又带领团队开展了一系列语言计量研究。大家非常期待能聆听到您关于“大数据时代的语言研究”的看法。

刘海涛（以下简称为“刘”）：很高兴和大家一起探讨这个话题。

① 访谈时间为 2017 年 3 月 18 日，其主要内容以《大数据时代语言研究的方法和趋向》为题的论文形式，发表于《新疆师范大学学报（哲学社会科学版）》2018 年第 1 期。感谢为本次访谈提供问题的所有同学与老师，你们对语言研究的兴趣是促成本次访谈的主要动力。

林：刘老师，当下人们为什么这么关心如何用计算机处理自然语言这个问题？是有什么现实需求推动吗？

刘：信息化时代面临着信息爆炸的问题，而大部分信息又以语言特别是文字的形式存在。在人类历史上，从来没有遇到过这么多的信息，我们几乎生活在一个被信息所包围的世界里。这是由计算机的出现尤其是互联网的出现带来的。既然这些问题是由计算机和网络带来的，那么它们能不能帮助我们解决一些问题呢？例如信息抽取、自动翻译等等。机器能帮助人类完成一些工作，使人们可以集中精力做更重要的事情，而不是被信息所淹没。因此在这个时代，自然语言处理（natural language processing）成了一个非常重要的领域。

林：可见这是个由应用驱动的领域，而正是在自然语言处理界，我们也听到了一些质疑语言学的声音。例如，坊间曾经流传着这样一句话："每当我解雇一位语言学家，语音识别系统的性能就能提高一些。"近些年来，双方专家还就语言学知识在自然语言处理中的应用价值展开过辩论。您认为出现这些质疑声的主要原因是什么？信息时代背景下，语言学家的作用又该如何体现呢？

刘：这是一个非常有趣的问题。这个时代大家认为应该是语言学家大展宏图的时代。但是目前，在主流的计算语言学或自然语言处理领域中，可以说几乎没有语言学家的参与。按理来讲，这些应用性领域主要的处理对象是语言，作为研究语言的基础学科，语言学应该能够为语言实践与应用提供一些帮助和指导，但现实为什么对语言学家这么残酷呢？

首先我想从一个例子说起。做（形式）语言研究的学者都知道词汇功能语法（Lexical Functional Grammar，LFG），它的提出者之一琼·布列斯南（Joan Bresnan）于 2016 年获得了计算语言学学会（Association for Computational Linguistics）授予的终身成就奖。布列斯南的获奖感言后来发表在《计算语言学》（*Computational Linguistics*）2016 年第 4 期上，标题是《语言学：花园与灌木丛》（"Linguistics: The Garden and the Bush"）。文章中，布列斯南回忆了自己从语言学的"花园"走向"灌木丛"的经历。她认为，目前大多数传统意义上的语言学理论与现实社会所需要的语言学理论存在着本质的区别。包括生成语法在内的传统语言学属于"花园里的语言学"，主要分析的是语言学家通过精挑细选或内省出来的语言现象，并用句法树、短语等符号来进行定性概括；而"灌木丛中的语言学"或"野地里的语言学"研究的是人们日常交流所使用的真实语言，通常借助条件概率、信息量等来进行定量分析。当面对的不再是花园里那些规规整整、完美精致的花儿，而是大片杂芜纷乱的野生灌木丛时，花园里用的那一套工具与方法就极有可能失效了。

布列斯南是乔姆斯基的博士生，她在这篇讲话中还回忆了自己 20 世纪 60 年代在 MIT 跟随乔姆斯基读博士时的情况。那个时期，整个世界都为乔姆斯基的想法所吸引。语言被视为符号模式所组成的集合，通过采用符号逻辑公式，分析人类语言结构，探索人类的语言与心智，这当然是非常激动人心的。布列斯南还说当时被乔姆斯基这个想法所鼓舞的人很多。其中有一位工科博士，比她在 MIT 入学早几年，他听了乔姆斯基的想法后非常激动，甚至一度想从他攻读的信息论专业转到语言学专业去，但由于他导师不同意，他别无选择，只好把信息论专业的博士课程读完。这个人叫弗莱德·贾里尼克（Fred Jelinek），也就是他在后来的 1988 年说出了那句著名的话："每当我解雇一位语言学家，语音识别系统的性能就能提高一些。"这当然也许是开玩笑的，但是这个玩笑也使得我们不禁疑惑，在语言学发展的这几十年间，是什么使得像贾里尼克这样一位热衷于形式语言学的热血青年，转变成一个解雇语言学家的冷面老板？最大的问题可能出在研究对象和方法上，正如前面所说的，自然语言处理需要面对真实的、多样化的语言，如同在大千世界里自然生长的灌木丛。如果像栽培花园里的花朵一样，只把精选好的几个句子拿出来做研究，可能难以发现真实语言的规律。

关于贾里尼克的那句话，后来又有来自新时代的计算语言学家的另一种说法："当雇佣一个受过良好训练的语言学家的时候，树库就会更好。"这又该如何理解呢？在今天，大部分建立在统计机器学习的自然语言处理以及神经网络基础上的深度学习，都需要大量的语言材料来进行训练。如果我们为语言材料赋予了句法或语义信息，机器就能够更好地学到句法或语义知识，从而能更好地处理人类语言。这些标注过句法等信息的语料库被称为树库。树库是机器学习的知识来源。值得一提的是，世界上第一个句法树库正是在贾里尼克的支持下建立起来的。这样一说，我们可能会感觉到语言学家是通过标树库来做贡献的，但遗憾的是，树库不是谁都能标注的。一个"受过良好训练"的语言学家，至少应该知道目前自然语言处理界所采用的主流分析方法是什么。例如，就句法而言，学界目前主要采用的是依存句法理论，即近年出现的基于普遍依存关系的依存句法标注体系，它力图面向全世界的人类语言，2017 年 3 月 1 日发布的 2.0 版本已包括了 50 种语言的 70 个树库。然而，类似这样的内容，我们在语言学教科书上却很少能看到。

这可能是绝大多数语言学家被自然语言处理所抛弃的重要原因之一。当然，我们不能仅以这一个例子来评价语言学存在的意义与价值，但从中不难看出，语言学家只有与时俱进，面对真实自然的语言材料，采用更科学的研究方法，所发现的语言规律以及得出的理论才有可能更好地服务社会。

林：布列斯南从"花园"走向"灌木丛"的经历，说明了信息时代的语言研究与过去相比确实发生了一些转变，那么我们又该如何应对这样的转变呢？刘老师能不能就这一点再详细地谈一谈？

刘：传统的语言学和当今的语言学研究对象都是人类语言。不管语言学家是否准备好了，信息时代都已来临。信息的主要载体之一是语言，信息时代的语言研究可能要同时考虑人和计算机的需要，这可能也是一种信息时代的语言观。刚才提到过，自然语言处理所面对的是真实的语言材料，真实语言最显著的特点是不规整，并且很多时候，语言的合法性介于可能与不可能之间，具有梯度性或概率性，而不是非此即彼的简单二分。我们知道，科学研究一般都涉及一个抽象建模的过程。模型的特征一般对应的是研究对象可观察的属性。理论并不能直接解释现实世界本身，而是要通过抽象之后的模型以及它所对应的现实来进行解释。因此，理论的预测能力取决于模型和现实之间的对应关系。如果在建模的过程中忽略了研究对象最本质的特点，没有反映其真实面貌，那么通过这个模型发现的成果最后就很难被别人使用。毋庸置疑，20 世纪 50 年代起，乔姆斯基所倡导的语言形式化方法与理论为我们带来了一场语言学革命。然而，这几十年语言研究的理论与实践均表明，语言研究可能还需要一些新的转变。如果语言学家想在这个时代有所作为，至少需要在如下几个方面有些改进：第一，在研究对象上，应更多地关注真实的语言材料，关注人与语言系统的关系；第二，在研究方法上，需要根据真实语言材料的特点，采用先进的技术手段与研究方法，以此来弥补内省法或定性手段的不足；第三，在模型选择上，更需要关注模型的跨语言有效性，而不囿于某种特定的语言，因为语言学研究的是人类的语言，语言学家所发现的规律更多应该是人类语言的普遍规律，否则，我们可能会离时代越来越远。

林：既然当今的语言研究需要发生转变，那么“大数据”时代是不是有可能为实现这样的转变提供新的机遇？

刘：无论是“大数据”，还是“厚数据”，说的都是我们正处在一个数据唾手可得的时代。对于语言学家而言，我们应该更看重“数据”这个时代特征，更关心数据驱动的语言研究路向，而不只是数据的多少。换句话说，我们更应该关心的是能拿数据解决什么语言学问题，或者能发现哪些过去我们注意不到或无法研究的语言规律。从这个意义上说，数据为我们提供的是一种研究范式、一种观察研究对象的方法和工具。我曾经看过一个视频，人们从不同的距离和视角观察同一个事物，从宏观到微观，随着观测距离的推近与拉远，人们所看到的世界以及人们的体验是多么的不一样。基于数据的方法为我们提供了感知研究对象的量化维度，令我们对研究对象有一个更清楚、更精确、更细微的认识。有了更多的真实语言材料，有助于更深入而真实地反映语言的概貌。基于数据的方法能反映语言的一些本质特征，其中一个特征是语言的概率性。例如，在以内省法为研究手段的语言学中，打星号（*）标记的句子，按母语者的语感是不符合语法或不能接受的，然而在日常生活中，这些打了星号的句子实际上仍然有相当一部分人在使用。大量研究表明，人们理解或产出的语言，按照规定性语法，并不是“能接受”与“不能接受”的绝对二分，而是介于两者之间。假如有大量语言数据的支撑，那么在很难描述某种说法的合法性时，也就便于更细致地区分语法上可接受的程度。我们过去缺少数据手段，现在有了，就有助于更好地反映语言的真实状态和本质特点。正如伯纳德·科姆里（Bernard Comrie）在《语言共性和语言类型》（*Language Universals and Linguistic Typology: Syntax and Morphology*）一书的前言中最末一句话所说的那样："语言学研究语言，而语言是民众实际所讲的语言。"

此外，数据能更好地帮助我们研究人类的语言规律和认知规律之间的关系。我们知道，语言是一个符号系统。以往的很多研究把人与语言分离开来，只做纯粹的形式分析。但是，语言是由人驱动的符号系统。语言的结构模式和演化规律均受到生理、心理、认知等内部因素，以及自然、社会等外部因素的综合影响。其中，内部因素的普遍性决定了语言的共性，外部因素的差异造就了语言的多样性。一方面，认知普遍性在一定程度上决定了语言的普遍性。例如，递归被认为是人类语言最本质的特点，但实际上递归并非是无穷的，三层以上的递归现象在实际使用中很少出现。人和计算机不同，人是受到认知因素约束的。另一方面，人又生活在一定的自然环境和社会环境中。这些自然、社会、文化等因素可能会对语言有所影响，从而形成了世界上多种多样的语言。因此，从大量数据出发，有助于我们更好地发现或解释人类语言的普遍性和多样性。这可能是建立在数据基础上的研究带给我们的新体验。

林：借用布列斯南的比喻，数据仿佛正指引我们经历灌木丛生的大自然奇幻之旅。我们了解到，计量语言学正是建立在数据基础之上的领域。翻开一篇计量语言学的论文，一个很直观的印象是，文中有大量的数据图表和数学公式。那么，计量语言学与我们常说的"本体语言学"有什么不一样？它研究的还是语言本体问题吗？

刘：首先，应该说作为语言学的一个分支，计量语言学和语言学的其他分支一样，都以探索语言规律为目标。很多情况下，本体语言学是由与某种语言现象有关的具体问题驱动的，例如研究某个句子为什么这样说可以，而那样说却不行。它主要通过具体例子或用法，借助语感来进行分析，试图通过内省的方法，并或多或少借助形式化的手段找到语言结构的规律，以探讨大脑的语言处理机制。关于计量语言学，结合大家目前的看法，我们有一个定义：采用定量的方法，对各种语言现象、语言结构、结构属性以及它们之间的相互关系进行定量分析和动态描写，以揭示各种语言现象的关系、地位、规律和总体面貌，探索语言系统的自适应机制和语言演化的动因，力图提高语言研究的精确化和科学化。由此不难看出，计量语言学在语言观、语言材料和研究方法方面，与本体语言学是有差别的。计量语言学从系统的角度，把语言看作一个复杂适应系统，使用真实的语言材料，以定量方法为主，采用数学的手段来探求语言结构和演化规律。总之，它具有精确、真实、动态的特点。

值得注意的是，计量语言学与大部分的本体语言学相比，在研究对象的抽象程度方面是不一样的。计量语言学希望通过建立语言系统的模型，在更抽象的层面上探讨语言系统及其运作规律。虽然采用的是真实文本，但是很少涉及其中具体的字词句。当然，从具体的语言结构出发也是很有趣的，两种视角很难说谁优于谁，它们都是以探讨语言规律为目标的，只是方法有所不同。人类语言是一个非常复杂的动态系统，为了探求系统的运作机理和演化规律，我们可能需要同时采用不同的方法、结合各自的优势，来对语言系统进行全方位的探索，从而对人类语言系统有一个更全面、更完整、更深入的认识。

林：您在谈到计量语言学的探索目标时提到，“语言是一种复杂适应系统”，这与以往对语言的看法似乎不太一样，它究竟是一种怎样的语言观呢？很想请您为我们介绍一下。

刘：语言作为一种符号系统的观点，很早以前就由以索绪尔为代表的语言学家提出来。长期以来，语言甚至被认为是一种脱离于人而存在的符号系统。约翰·霍兰德（John Holland）在《隐秩序》（*Hidden Order*）一书中提出了复杂适应系统理论。它的核心思想是，个体的适应性导致了系统的复杂性。在这一思潮的影响下，遗传算法、神经网络、演化博弈论等复杂网络方法逐渐被引入对社会系统的研究之中。近年来，一些语言学家基于语言事实，提出语言也是一种复杂适应系统。

“系统”一词，我们在日常生活中经常听说。按照系统科学的定义，系统是组分及其之间的关系所构成的整体。哲学认为运动是绝对的，现实系统总是不可避免地要承受来自环境或系统自身的各种扰动。因此，正常情况下的系统是动态的，为了一个共同的功能目标而运作。如果语言是一种系统，那么它应该具备系统的共性。作为一种动态系统，其运作的主要目标是完成作为人类交流工具这一主要功能。当然，语言还有其他的功能，如文化的容器、身份的象征等。为了实现交际最优化，语言系统的各个组分，受省力原则的支配，需要在词汇、句法和语义等层面上协同起来，以共同完成这个目标。然而，过去很多研究却把语言看成了一个静态系统。系统是动态的还是静态的，研究起来可不一样。

“复杂”可能意味着系统规模大，但主要指的是一个系统的整体行为不等于组分行为之和，即具有涌现性。对于语言，以一个由 5 个词构成的句子为例，把这 5 个词简单加起来，有时候并不一定能得到整个句子的意思，也就是存在部分之和不等于整体的情况，这也是现实世界中复杂系统的主要特点之一。除此之外，复杂系统还具有不确定性、非决定性、随机性等特征。从某种意义上讲，复杂总是与偶然或概率相关的。

“适应”针对的是有目标限定的动态系统。语言系统具有适应性。所谓“适应”是指在一定的外界环境下，系统通过自组织过程适应环境，而出现新的结构、状态或功能。适应系统具有一套自我调节机制，用来维持自身的平衡，语言也是这样。以语言的词汇系统为例，我们从词汇系统中抽象出词的一些属性，包括词的频度、长度、多义度、与其他词的结合能力等，这些属性之间密切相关。在一个平衡的词汇系统中，一个使用频度高的词，长度通常比较小——注意这不是绝对的，而是统计规律；之前也提到过，语言是自然状态下呈现出千姿百态的“灌木丛”。如果一个之前不太常用的词使用频率突然增加了，那么它的词汇协同子系统会做出反应，这个词会自动地、暂时性地缩短长度，以满足交际的需求，这是系统适应能力的具体表现。

作为一种复杂适应系统，语言与人是共同演化的。刚才提到，语言是由人驱动的符号系统。语言系统处在不断的变化发展中，人也处在不断的变化发展之中。语言系统的发展变化由人这个使用者带动，来自人内部（生理、心理等）和外部（自然、社会等）两方面的因素影响了语言的普遍性和多样性，所以我们不能撇开人的因素来孤立地看待语言现象。

如果语言是一个系统，从方法上来讲，应该按照研究一般系统的方法来进行，这是一个很自然的思路。此外，从系统论的角度研究语言，需要通过对各种语言现象的细致观察，对语言系统的组分、结构、过程、行为、功能和环境等方面展开研究，这些同样需要来自真实语言材料或语言行为试验的数据作为支撑。

林：从您刚才对计量语言学的定义和语言观的阐释中，我们不难体会到计量语言学追求严谨的特点，这一点似乎和自然科学很相似。我们常常听说“语言学是一门科学”，如果从研究范式上看，计量语言学的科学性又是如何体现的呢?

刘：在这个时代开展基于数据的语言研究，首先要考虑有哪些问题是需要数据的，或者说有没有需要数据去解决的问题。通常会遇到两种情况：一种情况是假设驱动，即按照科学研究范式，先提出假设，然后收集数据，验证假设并得到结论；另一种情况是数据驱动，即尽管暂时还没有假设，但先掌握了大量的数据，然后分析这些数据所展现出来的模式，发现并解释其中的规律。

刚才提到，计量语言学具有精确、真实、动态的特点。其中，“精确”是指采用数学公式来描写语言；“真实”是指使用真实的语言材料；“动态”是指把语言作为一个变化着的复杂适应系统来研究。因此，计量语言学采用的是接近于自然科学的方法。用定量的方法来研究语言历史悠久，但长期以来没有形成一个系统的学科。对于什么是科学、什么是理论、什么科学研究范式等问题，哲学里有一个分支叫科学哲学，对这些问题有专门的阐释。20 世纪 60 年代，德国学者加布里埃尔·阿尔特曼开始系统地研究语言学和科学哲学的关系。他在分析了大量实例后，完全按照科学哲学的方法，制定了一套比较详细的方案，构拟出现代计量语言学的理论架构。在研究范式上，阿尔特曼总结了计量语言学的研究范式，给出了五个基本研究步骤：①提出与实证相关的并可以进行检验的假设；②用统计的语言来表达这些假设；③寻求合适的统计方法对假设进行统计检验；④根据统计检验的结果，决定能否拒绝假设；⑤解释假设。计量语言学的这一研究范式，就是当今我们所理解的符合科学哲学意义的研究范式。关于这个问题，美国学者戴维·艾丁顿（David Eddington）曾经写过一篇文章，就叫作《语言学与科学方法》（“Linguistics and the Scientific Method”）。文中写到，如果要对真实的语言做出有效的解释，必须采用科学的方法，而且从一定意义上来说，语言学的进步取决于研究者在多大程度上采用了这种科学家所公认的、标准的科学研究方法，即观察现象—提出假设—收集数据—验证假设—得出结论，也就是今天我们所说的实证研究方法。

从研究范式上来看，验证假设也是需要数据的，否则靠什么来验证呢？尽管内省法是目前主流语言学家的选择，但如果我们也可以用科学家公认的方法来验证假设，弥补内省法的不足，得到的结论也许会更令人信服一些。说到基于数据的科学研究范式，我想提一下，李国杰院士曾说过：“数据密集型科学研究已经上升到与科学实验、理论分析、计算模拟并列的科学研究‘第四范式’……大数据对社会科学的变革意义，与伽利略首次将望远镜指向太空对天文学的意义一样重大。”迄今为止，科学家们采用数据密集型范式开展研究，有了很多有趣的发现。

或许有些人会不解，为什么这才是科学？也许今天所认为的科学，在一两百年后被证明不是科学呢？但是在目前阶段，人们对于科学是有共识的。当今科学界一致认为，科学研究必须采用科学的方法进行。或许还有人会问，为什么要遵循科学？因为在今天，大多数语言学家认为自己所从事的研究领域是科学，甚至有人认为是一门领先科学。如果我们认为语言学是科学，但又不遵循科学的方法开展研究，这在逻辑上是说不过去的。

林：如果说我们现在正步入一个“大数据时代”，那么当今的语言定量研究与以往相比发生了哪些新变化？对于语言研究而言，数据的“大”与“小”有什么分别呢？

刘：以往的语言定量研究也是以发现语言规律为目标的。受技术等条件约束，依靠传统的卡片式等收集方法所获得的语例比较有限。但是在今天，只要打开计算机连上网，语言材料随手可得。“大数据”这个提法，尽管大家都这么叫，但实际上不是太严谨。“大数据”除了数据规模大之外，还具有数据种类多、处理速度快、数据价值密度低等特点。对于语言研究来说，数据的“真实性”至关重要。语言大数据是人类实际所讲的语言，和其他大数据一样，必须是真实的。如果从产生方式来说，其他数据可能没有语言大数据大，因为全世界几十亿人，几乎每个人每天都在说话，如果真要全部收集起来，数据必然非常大。

海量数据及操作技术为我们这个时代的语言学家提供了更有利的条件，这有助于反映不同场景下的语言样貌，加深我们对语言的了解和认识。从建模的角度看，以往定量研究中的统计模型是验证驱动的，强调先有设计，再通过数据验证设计模型的合理性；而大数据模型是数据驱动的，强调建模过程以及模型的可更新性。这是一个比较大的区别，但对于语言研究而言并没有本质的差别。因为数据自己是不会说话的，我们需要思考如何在数据的基础上做出更科学的解释，思考如何用数据回答关于语言结构规律和发展规律的问题。

数据大当然有大的好处，但也不是越大越好。当语料库达到一定的规模后，它的功能不一定会随着规模变大而同步增长。对于文科的学者来说，要处理好大量的数据，可能也存在一些技术上的困难。因此，我们首先要回答的问题是：你要研究什么？有什么问题需要用数据来解决？有人可能会说，我不需要用数据，按照原来的方法没什么不妥。那就按原来的做，因为每一个严肃地做自己的研究的人都应该受到尊重。只是现在我们手上有了这么多的数据，又有了操作数据的新方法，不去用它总感觉有些可惜。更重要的是，数据或许还真的能帮助我们发现一些过去发现不了的东西。举个生活中的例子，我在摄影的时候，使用长焦、标准、广角、鱼眼等不同的镜头拍同样的景物，拍出的照片给人的感觉会不一样。那么，是不是当我们掌握了更多的数据之后，对语言的感受和认识可能会不一样？换言之，当你用显微镜去看一个事物和用望远镜去看它，所见所感是很不一样的。没有看过的人可能很难想象这种感觉会给你带来的灵感和启发。过去我们没有类似显微镜和望远镜这样的工具，现在触手可及，为什么不去试一试呢？也许看一看，我们对研究的对象就会有新的想法呢？

林：说到大数据，有一本书曾经在多个平台上推介，叫作《大数据时代》。这本书畅销之后，有人把书中大数据带给我们的思维转变概括成了一句话："要全体，不要抽样；要效率，不要绝对精确；要相关，不要因果。"这三个"不要"似乎与不少人以往的认识很不一样，刘老师您对此是怎么看的呢？

刘：《大数据时代》这本书可能出于宣传目的，把内容压缩成了三句比较简短的口号。口号中说的"不要"并不意味着完全抛弃，只是在强调重点发生了转移，我们的思维和处理方式也需要转变。

关于第一句"要全体，不要抽样"，过去的技术手段难以处理规模过大的数据，需要借助随机抽样，以最少的数据来获取最多的信息。当今天的机器软硬件等技术条件日臻成熟，当机器可以支持处理关于全体的大数据，就不必抽样了。当然如果你仍想用抽样，同样也是可以的，要根据研究问题来决定。

至于第二句"要效率，不要绝对精确"，统计关注的是趋势，追求的不是绝对的精确。用计算机高效快速地处理完数据后，得到数据的模式和趋势就可以了。大数据的核心是预测，例如，气象大数据经过计算机处理得到模式和趋势之后，可以用来提醒人们大约 5 个小时之后某个地区会降雨，预告人们出门记得带伞就行了，无须把降雨时间精确到 5 个小时后的几点几分几秒。大数据模型擅长做预测，但不具有演绎性，这与追求必然性的物理定律不同，但并不意味着它不科学，只是二者各自有其适用的范围，目前还不能过多地苛求其精确性。

前两句口号比较好理解，第三句“要相关，不要因果”引起的争议比较大。我们知道，以理性主义为代表的学术研究追求的是因果关系。有人会问，如果不研究因果，我们的认识论大厦岂不是都坍塌了？如果不研究因果，要数据还有什么用？大数据寻求的是模式，然后在此基础上进行预测，如预测购买行为、天气状况、流行病传播等等，能解决实际的问题就行。但这是不是意味着彻底抛弃了因果呢？事实并非如此。学者当然要探索因果关系。如果两个要素之间的关系非常简单，容易发现因果，那么当然要研究因果。很多时候，涉及人与社会的情况错综复杂，利用大数据有助于我们发现相关性，但进一步厘清因果则非常困难。比如，我们投入了大量的精力与物力才对“吸烟有害健康”有了一个初步的因果认识。大量的行为实验难以重复的事例也说明，涉及人与社会的因果关系是很难一时半会搞清楚的，因为这样的系统大多是非线性系统，而“因果”更多的是线性系统的一种特点。我们认为，因果关系是相关关系的一种，相关的偶然性蕴含着因果的必然性；如果相关关系已经能满足需要，就不一定再追求单一的因果关系了。大数据有助于发现因果关系，至少可以在相关的基础上接近因果。

林：这里由因果关系又引申出来一个小问题：目前基于数据的语言研究，发现的大多是一些可以复现的模式，我们知道，寻求因果的研究大多是由好奇心驱动的，但是如果数据驱动式的研究一开始并没有非常明确具体的研究问题，那这些模式与我们寻求因果的语言研究有什么联系呢？

刘：用大数据做研究的人，我们也不能认为他们没有好奇心。只要是研究，不论是用大数据、小数据甚至是没有使用数据，都是有一点儿好奇心的人才去做的。数据密集型研究范式，正如李国杰院士所说，是一种工具。人们用望远镜去观测星空，探求过去用肉眼难以感受到的宇宙深处的斑斓奇幻，现在感受到了，会不会更加好奇？工具能让我们发现一些从前看不到的模式，而这些模式可能进一步激发我们的好奇心，去思索为什么会形成这样的模式。好奇心是所有学术研究的动力，它也许能更好地促进我们探求这种语言现象背后的原因——这就转到了因果关系的探索上了。

林：在“大数据时代”，关于数据的作用有两种常见的观点：一种观点认为数据自己会说话，不依赖于人，也很少受到人的影响；另一种观点认为数据是没法说话的，是我们在为它说话并赋予它意义。那么，究竟数据自己会不会说话？它的话是完全客观中立的呢，还是不可避免地带有解读者的主观倾向？

刘：数据当然不会说话，是人在用数据说话。比如“1”和“2”在不同场景下代表的意义不一样，只有人才能理解这一点。所谓“数据会说话”是指人使用了数据，话可以说得更有理有据。定量方法或基于数据的方法，能够帮助我们更科学地验证过去的一些假设，或者更好地发现在小数据或没有数据的时代难以发现的一些模式。但是如果你对所要研究的领域一无所知，那么这些数据再多也没有任何用处。所有这些过程都需要人的主动参与，尤其是高级的研究活动，如发现、分析、归纳、解释和预测等，人的主动参与作用目前无法被机器所取代，这一点是毫无疑问的。因此，“大数据”最大的价值并不在于数据本身，而在于如何将数据与知识、社会、文化、行为以及人联系在一起，并通过数理统计方法，更科学地发现数据背后隐藏的有关人类认知、行为的模式，以及人与社会、自然交互的规律。

至于数据的中立性，前面也已经提到过，人对现实世界的观察和抽象是有选择性的，这也是建模的一般问题。拿语料标注来说，标注过程中或离不开人的直觉分析，或受到现有语言理论的影响，这是难以避免的。分析一个句子的句法，需要通过大脑的认知机制和语言系统，识别出主语、宾语或状语等等，然后标注出来。标注过程就反映了人对于这种语言或这个句子的句法的认识，标注的过程实际上是人向机器“传授”语言知识的过程。如果有足够多的这样标注过的句子，机器就可以从中抽象出这种语言的句法知识。当然这里蕴含着一个问题：既然不同的人对同一个句子的分析可能不一样，那么标注体系也就不一样。首先说句法模型，它包括研究词间关系的依存句法、研究句子结构中部分与整体关系的短语结构句法，以及把这两者结合起来的句法框架。不论是哪一种模型，都涉及人类语言中句法的抽象和建模过程，与其他的科学领域一样，都需要将现实世界抽象到一个高度，构建模型之后，再去研究这个模型。当然，从现实到模型的抽象不可能面面俱到，要涉及因素的取舍问题，这是所有科学研究都无法避免的，但只要模型能反映研究对象的主要特点就可以了。建模之后，开始标注语料。标注过程中会有一些语言现象存在争议，因为每个人的语言直觉是不一样的。标注过程中，你当然可以争论哪种标法更合理，但也应该意识到标注过程中能引起争议的部分毕竟很少，在整个系统中占的比例通常也是很小的。

林：如果搁置有争议的那一小部分数据，会对我们研究整体产生影响吗？

刘：一般来说不会。语言是一个动态复杂系统，在正常情况下处于平衡状态。平衡状态意味着我们可以用这种语言来完成基本的交际功能。如果语言中所有的组分及结构都有争议，那么这个语言是不稳定的，我们没法用它来交流，所以，有争议的只是其中极小的一部分，大部分情况下是没有问题的，这是动态系统的特点，它是不断变化发展的，而语言系统的核心具有稳定性，是它能够作为交流工具而存在的基础，使得我们能用科学的方法来研究整个系统的核心。至于受争议的、不稳定的部分，我们可以等到它趋于稳定，成为核心的一部分再去研究。以词性标注为例，10 000 个词中，有 10 个词很难界定词性，那么余下的 9990 个就不管了吗？临时搁置那 10 个词又有什么关系呢？因为规律最大的可能是在这 9990 个词里面，而不是这 10 个词里面。对于同一个有争议的现象，只要统一标注方式，对于规律的发现就不会有什么太大的影响。总之，要把语言看成一个系统，而不是孤立地纠结一两个词，这可能是和传统的分析方法不太一样的地方。除此之外，我们也应该时刻提醒自己，语言是一个复杂适应系统，这意味着绝大多数语言规律可能都是统计规律。

林：关于信息时代的语言研究，刘老师已经从研究对象和方法上做了详细的阐释。接下来，可否请您以计量语言学团队研究中的一些典型成果为例，为我们简单介绍具体如何开展基于数据的语言研究？

刘：我们开展基于数据的语言研究始于十多年前，下面以几个案例来具体说明。首先谈谈依存距离最小化的研究案例。依存语法是建立在词间关系基础上的语法理论。我们知道，一个句子中的词是呈线性排列的，两个有句法关系的词在句子中可能是紧挨着的，也可能不挨在一起。根据依存语法，两个有依存关系的词在句中的线性距离被称为依存距离，那么依存距离有远有近，一般通过间隔词数来计算。通过依存距离，我们分析了过去心理语言学家做过的一些句子，发现心理实验中被认为难的句子，一般依存距离比较大。这说明，依存距离可能与心理、认知因素有关，如工作记忆。这样一来，文本计量指标就可以和人的认知机制联系在一起，或者说有可能用经过依存句法分析的文本来研究人的认知。假设依存距离与工作记忆有关，那么所有语言的依存距离应该都差不多，因为前面提到过，语言具有认知普遍性，受到认知规律的约束。十几年前，我们开始基于 20 种语言的真实语料展开了进一步的研究。这是世界上首次采用大规模、跨语言的真实语言数据来进行的依存距离最小化研究。图表出来之后，非常清楚地展现了至少有十几种语言的依存距离几乎是一样的；而人类语言的依存距离比我们所构拟的非人类随机语言的依存距离小。这就验证了我们的假设，即依存距离最小化有可能是人类语言的普遍规律。依存距离最小化展现了一种我们过去所看不到的模式，这种模式的特征展现了人类语言的普遍特征，这就是（大）数据的作用。在过去的十几年间，我们从不同的角度继续完善对依存距离最小化的理解，比如“为什么汉语的依存距离比较大，我们却感觉不到它难”等等类似这样基于数据的研究。依存距离最小化如果是人类语言的普遍特征，很容易让人感觉这没有什么稀奇的，因为听起来像是对乔姆斯基普遍语法的验证，但实际上两者是不一样的。乔姆斯基认为，普遍语法是人与生俱来的一种大脑机制，它决定了人类语言的普遍性，但我们的研究认为，依存距离最小化实际上是工作记忆容量的约束而导致的，人在线性化造句的时候，依存距离要尽可能小。工作记忆当然不是专司语言的，而是人类普遍认知系统的一部分。换句话说，依存距离最小化的特征是由人的普遍认知机制约束的，这并没有证明也无法证明人脑中存在一个生物学意义的专门负责语言或普遍语法的机制。也就是说，依存距离最小化并没有验证普遍语法存在与否。一些不太了解依存距离最小化原理的学者认为这是一种验证，但实际上很不一样。从这个意义上说，用大规模、多语言的真实语料，可以帮助我们发现一些平常注意不到的语言的普遍特征。这是一个例子。

第二个例子是依存方向与语序类型之间的研究。依存语法分析有三个要素，即支配词、从属词和依存关系。一个句子中，支配词或位于从属词之前，或位于它之后，即存在支配词居前和居后两种不同的依存方向。采用依存方向比例这一指标，我们考察了 20 种语言的依存方向分布。我们基于大规模真实语料的数据发现，依存方向可以作为判定语序类型的指标；语序类型是一个连续统，任何一种语言都可以在这个连续统中找到自己的位置，并根据依存距离的远近来进行聚类分析。例如，我们过去说某一语言是“SOV 语言”或“SVO 语言”，但实际上每种语言可能都有 SOV 的成分，只不过可能另外一些语言中的 SOV 成分的比例更大一些，这加深了我们对语言类型学的认识。这也是数据给我们带来的新发现。

从系统的观点来看，我们也可以做些研究。既然语言是一个复杂自适应系统，当中就会涉及调节的问题。一个句子的依存距离要尽可能最小，人们交流起来才可能更省力。对于一个只有 3 个词的短句，依存距离可能大不到哪里去；但是对于一个有 30 个词的长句，依存距离就有可能会很大。遇到长句时，语言的自适应机制可能被触发，从而使得这个句子的依存距离尽可能地小。我们知道，自适应系统在调节自身的过程中必然要围绕一个目标。如果我们要从系统的角度研究语言，也需要有这样一个明确的设定值。如果依存距离最小化是句子线性化的目标或设定值，当产出一个长句子时，人会怎么做呢？我们通过计算机模拟的手段，采用真实语言标注的语料库对比的方法发现，当我们处理长句时，有可能产生一种动态的语言单位，也就是组块。组块可以大大地减少长句的依存距离，在引入组块之后可以达到依存距离最小化。这是从系统的角度对语言机制做出的探索。

以上都是由我们通过数据去验证或发现的，这些探索加深了我们对语言规律及语言处理机制的认识和理解。由此可见，数据密集型语言研究不但是可以进行的，而且能帮助我们发现过去难以发现的语言模式与规律，解决过去解决不好的问题。

林：谢谢刘老师的详细介绍，在看到通向新世界的大门的同时，我们也留意到您提到的一些理论和方法，包括依存语法理论和计算机模拟方法等等，对于目前不少语言学专业的研究生而言，可以说还是比较陌生的。

刘：正如我们一开始谈到的，在自然语言处理领域，大量实践经验已经证明了主流句法分析方法存在一定的局限，目前该领域中大量使用的是依存语法。但是翻开我们大学的句法学课本，当中哪里有依存语法的影子？自然语言处理界需要大量使用依存句法标注的树库，但学校里学的则很少涉及。因此，从这个意义上说是很难学以致用的。换言之，有多少语言学专业的学生了解自然语言处理领域的现状呢？尽管社会需要“受过良好训练”的语言学家，但我们在大学里学到的东西难以满足实际需求，在一定程度上已经脱离了社会。语言学专业的硕士生导师或博士生导师可能要开设一些课程，使得我们的学生如果有意，可以有一定能力从事具有鲜明时代特征的工作。

总的说来，我们认为，语言学家应该和其他科学家一样，使用科学的方法研究语言，这个语言指的是日常使用的语言，只有这样才能被其他需要语言学的领域所用。如果语言学家的主要任务是创造新的概念，然后又围绕这些人造的概念争论不休，那就可能真的像在讨论一根大头针的针尖上究竟有几个天使能在上面跳舞了。语言学研究更应该探求真实语言材料的规律，并掌握发现这些规律的科学方法。当然，我们不是说在花园里养的花没有价值，因为即使是塑料花、绢花也能为人们的生活增添一些色彩，我只是想说，除了花园，人类也许更得面对真实的世界，因为这万紫千红的大千世界不会由于我们不去看它，就不存在了。

林：多年来，您一直倡导中国语言学的“两化”——国际化与语言研究的科学化。能否请您介绍一下“两化”提出的背景和原因是什么？数据密集型研究范式与“两化”又有什么关系呢？

刘：从 2010 年左右，我开始在各种场合明确提出语言研究的“两化”目标——中国语言学的国际化与语言研究的科学化，为什么要这么做呢？

首先谈谈中国语言学的国际化。按照定义来讲，语言学研究语言系统的规律，它应该是有普遍意义的。记得多年以前，我对语言感兴趣是从学外语开始的。后来一次很偶然的机会，我读到徐烈炯先生的一句话：“学语言是给个人增加新知识，研究语言学是给全人类增加新知识。”这句话对我触动很大。语言学研究应该有普遍价值。我们知道，中国可能拥有世界上最庞大的语言学研究队伍。但是实事求是地讲，改革开放以来或者更早一些，我们中国本土的语言学家对于世界语言学的贡献应该说是比较有限的。这不是说我们自己的研究没有价值，而是世界很少知道我们的研究。当然其中牵涉各种各样的问题，但不论出于什么样的原因，对我们的研究，世界确实知道得很少。这显然和中国整体的经济和科学发展局面不相适应。那么，如何让世界知道中国也有语言学家，也可以研究一些有趣的问题？如何证明中国语言学也能对世界语言学的发展做出贡献呢？中国语言学研究的国际化源自社会的迫切需求，尤其在现在的“双一流”建设背景下，更应该成为我们追求的目标，因为成为世界一流的前提是让世界知道。有人也许会问，外界知不知道又有什么关系呢？我们自己做自己的就行了。但是，一个很简单的逻辑是，我们现在提倡要建设世界一流，但世界都不知道你，又怎么能谈得上一流呢？就像一个人常常说自己是某个体育项目的世界冠军，但他从来不参加奥运会，也不参加世界锦标赛，从不在世界各种体育比赛中露面，但还坚持说自己是世界冠军，恐怕是不符合道理的。当今国家需要、社会发展等各方面因素，要求我们的学科不应该关起门来自己干，而是应该把好的成果拿出来让世界知道。只有让世界知道，站在世界比赛的起跑线上与别人同场竞技，我们才有可能谈得上争取世界一流。

另一方面是语言研究的科学化——这不只是中国语言学家的事情，可能也是全世界语言学家追求的目标。按理说，语言研究的科学化比中国语言学的国际化应该更加简单、更易实现。因为正如我们之前讲的，对于什么是科学，整个科学界是有共识的。那么是不是只要在科学家认可的杂志上发表一些语言研究的文章就好了？问题在于这样的文章很难发表。如果一个学科在科学家认可的期刊上几乎很少有文章发表，那么它如何成为科学，而且是领先科学？这件事之所以很难，一个很重要的原因在于科学的研究需要用科学的方法。反思语言学的发展现状，我们需要采用科学共同体所认可的科学方法来进行研究。

那么，数据密集型研究范式与“两化”有什么关系？有人可能会说，我的文章发不到国际刊物上是因为英语不行，而不是水平不行。如果只是英语不行，还是比较容易解决的。细究起来，除了语言上的障碍之外，很多时候还有其他原因，其中也包括研究问题和研究方法。在研究问题的选择上，如何从汉语中的特殊问题引向更具有普遍意义的语言学问题，是值得我们深思的。在研究方法方面，数据密集型的研究范式，可能比纯粹思辨的、内省的方法更容易获得当今学界的认可，而无论是验证假设还是发现模式，都是需要数据的。我们应该思考，如何在发挥传统优势的基础上，结合学界通用的方法，把中国好的研究推向世界，让世界知道中国人也可以做出好的研究成果。在这一方面，数据密集型研究范式无疑是能促进“两化”具体实现的。

林：这些年来，跨学科研究也是一个比较热的说法。您对语言学的跨学科研究有什么看法？大数据是否也有助于促进语言学的跨学科研究？

刘：我们知道，最早的时候是不存在学科划分的，历史上文理兼通的人实在太多了。后来由于技术的发展，探索的手段层出不穷，趋于复杂多样，而一个人也不可能同时掌握那么多知识和技能，因此分工更加精细，形成了学科划分。经过几十年的精细化研究历程，我们发现精细化的方法近似于采用一种盲人摸象的方法，从整体来说对大象的认识还是需要合起来。因此在探讨同一个研究对象的时候，人们倾向于采用不同的方法和工具。比如在研究语言的时候，能不能借鉴生物学、物理学或数学的方法？这时候就出现了所谓的跨学科或者交叉学科。

今天不少人存在一个误区，以为任意几个不同专业的人一起做一件事就是跨学科。这样做的效果往往并不太理想，主要在于没有厘清并落实研究问题。对于现阶段的语言学跨学科研究，从理论上讲，应该是借用别的学科的方法来研究语言学问题。比方说我对一个语言学问题比较好奇，可用现有的手段没有办法研究这个问题，那么是不是可以借用别的学科的方法？这里再举一个例子。我们知道，大概在两三岁时，儿童的母语句法会有一个飞跃。或者如果把语言看成是个复杂适应系统的话，儿童的母语句法会出现涌现现象，尽管他们掌握的词汇数量不如成人，但在两岁的时候说出的句子可能接近于一个成人的句法模式。过去的心理语言学、儿童语言习得的实例观察都发现了这样的涌现现象，但很难清晰地展现出来。前几年，西班牙的一些学者用复杂网络展示了两岁左右时儿童的母语句法的涌现现象，十分直观形象。这是一个关于跨学科的很好的实例。

可见，“跨学科”并不是漫无边际地“跨”，“跨”的本质在于从别的学科尽量借鉴一些方法来解决本学科的研究问题。我们团队近几年在这方面也取得了一点成果，例如借用复杂网络的方法对斯拉夫语族语言进行了类型学研究。当今语言类型学的主流是语序类型学，而在分析形态变化比较丰富、语序相对自由的斯拉夫语族时，过去的语序类型学方法不太适用。我们从统计物理学中借鉴了复杂网络的方法，基于 12 种斯拉夫语族语言的真实文本，采用复杂网络的指标对这些语言进行了分类研究。跨学科研究本质上是一种“拿来主义”。在前面提到的两个案例中，“跨”并不是跨到物理学中。当然，从物理学的角度来讲，也拓展了复杂网络方法的应用领域，提供了蕴含普遍性的真实网络实例，丰富了复杂网络理论，而对于语言来讲，采用复杂网络帮助我们解决了过去不太容易解决的语言学问题。当然，随着两个学科彼此借用越来越频繁、关系越来越密切，极有可能形成一个交叉的学科，甚至可能形成新的研究范式。交融程度的加深，使得这个新学科不同于原来的任一学科，例如可能有一天可能会分不清究竟是物理语言学，还是语言物理学。但是在目前来讲，跨学科主要解决的是本学科中用传统方法不容易解决或解决不好的问题。这是我对跨学科研究比较初级的认识。大家如果有兴趣，可以参照我们发表在《生命物理学评论》上的两篇有关采用复杂网络研究人类语言规律以及如何采用依存距离来发现人类语言线性化模式的文章，体会跨学科语言学研究的旨趣。这是一个以探求生物系统规律以及复杂现象为使命的高水平自然科学期刊。

另外一个问题是，大数据是否有助于跨学科发展？从实际操作层面来看，语言学的跨学科研究，如跨到神经科学领域，至少要求相关学者对神经领域的仪器有很深入的了解，才有可能设计出更好的解决方案，但这实际上可能是语言学背景的人所不擅长的。当然你也可以提出问题，请其他专业的人去做。神经语言学等跨学科研究，对于探索语言产生和理解的机制都是很有意义的。但是，如果我们把语言学定义为“研究语言结构模式和演化规律”的学科，这当然是很狭义的定义，因为语言学中还涵盖着很多内容，不过归根结底还是要处理语言数据的。在处理语言数据时，要用统计学、数学和计算机科学的知识，如借助生物学中用来研究网络的软件，来研究从语言数据构造出来的网络，这也是语言学的跨学科研究。此外，在语言作为复杂适应系统的视域下，从真实文本材料中得到的规律有可能指导当今最有潜力和发展前景的计算语言学，那么我们实际上还是在和语言数据打交道。因此，基于数据的方法会促进语言学的跨学科研究与发展。

林：在访谈结束之前，我们是不是可以请刘老师面向我们的语言学爱好者，尤其是青年学子，分享一下您个人学术生涯中研究范式转变的历程呢？

刘：我本科学的是自动化，是一个专门研究系统的专业。20 世纪 80 年代初我开始对学习外语，后来对语言研究有了兴趣。1992 年起，我开始发表一些文章。初期的文章很多也是感想式的，看完一些文献觉得有些感想，琢磨一下就动笔写了。后来我逐渐发现，绝大多数语言学研究几乎是没有门槛的，似乎任何一个人只要稍微看一些书，甚至不看什么书，就能发表自己的意见。四十岁后，我转到大学教书，专门从事语言学的教学与研究，我发现这个“门槛”可能是需要严肃对待的问题。一个语言学专业的学生，从本科读到博士一直在接受所谓的专业训练；而一个外人只要想做，也能很快地进入这个领域，几乎没什么门槛，这对我来说冲击比较大。语言学的门槛这么低，却有不少人说他们所研究的东西是科学，而且还是一门领先科学，也让我感到比较疑惑。世界上哪儿有这么好的事儿，你几乎什么也不用学，就成了科学家？我在看了一些科学哲学等方面的文献后，开始思考，既然语言学是科学，那么是不是得按照科学的研究范式来研究语言？慢慢地，我开始采用一些更科学的研究方法，基于真实语言数据去做语言研究。经过十来年的努力，我们发现这样似乎更好一些。语言学是科学，并不能只是我们自己嘴里说的科学，而是应该得到科学共同体的承认。这些年来，我们除了语言学国际刊物外，在物理学等自然科学的刊物上也发表了语言学研究的文章，而在所有自然科学领域之中，物理学是最以研究规律著称的。所以我们体会到，语言学研究可以科学化，但前提是你得采用科学的方法。显然，科学的方法需要我们付出更多的努力去学习与掌握，但从长远来看这样的付出是值得的，对于语言学本身的学科发展与个人的学术发展都是有益的，而且非常必要。要有付出，敢于啃硬骨头，才能有所突破。一个谁都可以轻易入门、指点江山的学科，可能很难与科学挂上钩。我曾看到复旦大学葛兆光教授写的一篇文章，题为《人文学科拿什么来自我拯救》。面对人文学科日渐衰落的境况，葛先生在文中说道：“打铁还需身板儿硬。”在文章最末，他写道：“如果大学人文知识就是这些业余可以模仿习得的东西，那么何必还要这些拥有博士、教授头衔的人在这里坐馆？”人文都需要如此，何况号称科学的语言学呢？

林：谢谢刘老师。在今天的访谈中，刘老师从信息时代语言学家的作用出发，指出了新时代语言研究的变化与契机，一再强调采用科学研究方法的必要性，并且倡导“语言是人驱复杂适应系统”的观点。从刘老师的团队成果简介中，我们对如何开展基于数据的语言研究也有了更多的了解，真是受益匪浅。再次感谢刘老师！

附录三

数智时代的（应用）语言学杂谈[①]

2016 年，商务印书馆开始推出“应用语言学译丛”。该译丛涵盖了除狭义理论语言学之外的所有语言学领域，关注介绍语言学的新理论、新方法与新领域，重视语言学与其他学科的交叉研究，注意引介基于数据与实证的语言学著作，使中国的语言学尽快适应大数据时代语言研究的理论与方法，推进中国语言学的国际化与科学化。今天我们有幸邀请到该译丛的主编刘海涛老师，向他就该译丛以及数智时代的（应用）语言学研究做一个简单的访谈。

王亚蓝（以下简称为“王”）：刘老师，下午好！既然译丛的名称叫作“应用语言学译丛”，那么您能不能给我们介绍下什么是应用语言学？是不是就是传统上的语言教学或者二语习得呢？

刘海涛（以下简称为“刘”）：应用语言学最开始确实是特指语言教学，但后来出现了好多与语言学有关的分支学科，他们的共同特点是为了解决人类所遇到的与语言相关的各种问题。这样的分支越来越多，而且也不太好归类，于是人们就把这些分支都归到应用语言学里头，但应用语言学的发展也有自己的特点：当其分支学科的力量足够强大时，它们又有可能从应用语言学中独立出去。比如最早的机器翻译、自然语言处理等领域，都是属于应用语言学的范畴，后来就独立出去了。再比如社会语言学，最早人们也是把它归类到应用语言学，现在好像也已经独立了。同样地，心理语言学也有独立的倾向。所以，有关应用语言学的定义、归属及范畴问题，还是有各种各样的争论。但就目前来看，凡是不属于研究纯粹理论性语言问题的，而是为了解决人类使用语言的问题或者与语言相关的研究领域，我们都可以叫作应用语言学。人们有时候也把应用语言学比作“杂物

① 访谈时间为 2017 年 12 月 28 日，主要内容以《“应用语言学译丛”主编刘海涛教授访谈录》为题，发表于《语言战略研究》2018 年 2 月 11 日的微信公众号上。访谈内容收入本书时更新了部分文字和数据。

筐”，什么都可以往里面扔，所以它是一个包罗万象的东西，但它最突出的特点是，它是为了解决一个与语言有关的问题。从某个方面说，应用语言学与理论语言学是相对应的。但究竟什么是理论语言学，暂时也不太好去定义，因为“理论”一词在语言学界的使用往往比较随意。从学术的角度（尤其是科学哲学）来看，“理论”有严格的定义，不是什么样的东西都能叫作理论。这样看的话，也不太好把语言学划分为理论语言学和应用语言学。但我们要记住的是，应用语言学的诞生大部分都是为了解决与语言有关的问题。

王：从您对应用语言学的介绍来看，这个译丛是非常有价值的，因为它能解决与语言有关的一些问题。那么，您什么时候萌发了要主编“应用语言学译丛”的想法呢？

刘：这个问题还得从“现代语言学”开始讲起。你知道，“现代语言学”这个术语和学科是起源于国外的，一般认为，我们中国的传统研究中是没有以探求人类语言普遍规律为目的的语言学的。为了跟上国外学术界的发展，这么多年来国内也译介了不少语言学著作，特别是刚才提到的理论语言学方面。但是你看看国外语言学最近三四十年的发展，最大的进展并不是在所谓的理论语言学方面，而是在这些无所不包的、为了解决各式各样的人在不同场景下遇到的语言问题，或者运用先进的手段探索用过去的方法无法解决的语言问题的领域。在这些领域里，我们过去引介的东西比较少，也相对比较零散，但正是它们代表着语言学在过去几十年的发展趋势。所以，我想有必要挑选一些经过实践检验的并且有代表性的著作介绍给国内同仁。这个想法得到了商务印书馆的支持，尤其是时任总编辑周洪波先生的大力支持，随后我们就开始筹划这个事情。首先，我们设立了一个编委会，来决定到底译介哪些著作。这个编委会是由了解所在领域国外发展动态的专家所组成的，比如说二语习得、语料库语言学、计算语言学、社会语言学、心理语言学、依存语法和计量语言学等领域。编委会确定以后，我们又通过各种渠道，来看看哪些著作可能是各自领域有代表性的。我们列出了一个清单，初步挑选出能够反映主要领域最新发展成果的几十本书。但不得不说，应用语言学的研究领域实在太广了，涉及的内容也比较多，所以我们准备逐步地引进介绍。好在译丛也是开放性的，每年都会有一些新书不断地加进来。

王：刘老师，从您上面的介绍来看，是由专家学者组成的编委会来遴选相关的译作原著。那么，原著的选择有没有什么具体的标准？比如说，是更倾向于选择经典著作还是关注新近出版的著作呢？

刘：总体上来看，我们会选择一些反映最新进展的著作，但是这里头也会包含一些经典著作。应用语言学本身就是一个新兴领域，所以我们会注重选择较新或者能够代表该分支领域的著作。有经典著作固然好，如果没有，那我们宁愿选择近几年哪怕是刚出来的著作，这个是与学科本身有关系的。比如说在普通语言学领域，国内之前已经译介的，有索绪尔的《普通语言学教程》和布龙菲尔德的《语言论》（*Language*）这样的经典著作。再比如某个新兴领域，可能出现也就三五年的时间，但它又能解决过去用其他方法解决不了的问题，这样的我们肯定要介绍进来。否则，如果只选一些所谓的经典的话，那么实际上就过于脱离时代的发展，因为这些经典著作都是大家很久以前想过的事情，对于现在人家在做什么，我们并不是很清楚。当然，经典著作也是非常有必要的，但考虑到应用语言学自身的特点，我们更愿意选择一些具有时代精神的著作，它们能够解决一些我们这个时代（尤其是数智时代）所遇到的问题。

王：所以译丛的重点还是关注语言学，尤其是应用语言学的前沿发展。2016年，译丛推出了第一部译著《自然语言交流的计算机模型》，这也是目前译丛里唯一的一本有关自然语言处理的著作。我们都知道，现在自然语言处理和人工智能都是比较热门的研究领域，相关的著作不论是经典的或者比较前沿的都比较多，那么您为什么会选择这本书呢?

刘：自然语言处理和人工智能是密切相关的，而且是人工智能中的一个热点领域。但目前自然语言处理所采用的完全是理工科的方法，没有语言学家的什么事情。我们的译丛主要还是面向文科生和语言研究者，要给他们介绍最流行的自然语言处理著作不太合适，因为读者都看不懂。通俗一点来讲，自然语言处理的最终目的就是用非传统的方式教计算机怎样像人一样有语言能力并且能用语言来进行交流。把这个目的弄清楚以后，作为文科的研究人员，我们首先就要理解整个自然交流的过程。从语言学的角度来讲，整个自然交流的过程到底涉及哪些因素？我们都知道语言里头是分层次的，或者叫子系统也行，比如说有形态、句法、语义和语用等。在日常学习的时候，我们的句法学、语义学和语用学都是分散的，但我们知道在个体身上，这些句法、语义和语用又都是集成一体的。

如果我们真的打算制造一个机器人，让它懂得人类的语言并且用人类的语言来进行自由交流，这时候就会面临着一个问题：我们没有这样的语言学理论和方法，把两个人或者一堆人交流时涉及的所有东西都考虑进来。我们有的都是些零散的东西，没办法把它们合到一起。语言是交流的媒介或者工具，在整个交流的过程中涉及听话人和说话人。因此，要考虑我们之前说的句法、语义、语用到底都是怎样交互，从而达成交流的目的的。不管你用什么样的方法，如果要让计算机理解人类的语言，那么你可能得用形式的方法来实现这个过程，也就是采用计算的方法和模型。罗兰德·豪塞尔（Roland Hausser）的《自然语言交流的计算机模型》（*A Computational Model of Natural Language Communication*）就恰恰介绍了这样一个独一无二的模型。这部专著和目前流行的大多数计算语言学的书不一样，和自然语言处理的书也不一样，因为它是文科人写出来并且已经实现了的模型。它告诉我们如何将之前学到的句法、语义和语用等层面交互在一起，从而实现交流的目的。通过这个模型，我们的语言学研究者就有可能对语言作为交流工具和思维工具有更深刻的体会。所以这本书是非常独特的，我们觉得有必要给大家介绍进来。

王：接着前面提到的自然语言处理。您在浙江大学讲授“计算语言学研究方法”课程时，曾多次强调目前自然语言处理界在句法结构层面大多采用依存语法。我们在译丛里面也看到两本依存语法的著作，分别是伊戈尔·马尔丘克（Igor Mel’čuk）的《语言：从意义到文本》（*Language: From Meaning to Text*）和理查德·哈德森的《词语法导论》（*An Introduction to Word Grammar*）。但是我们知道，依存语法从 20 世纪 50 年代发展到现在也有很多这样的著作，那么译丛里为什么会有这两本书名中不包含“依存语法”的著作呢？

刘：这就是我要说的，我们选书时不能从亚马逊去搜索 dependency 这样的关键词，必须是对于学科有足够的了解以后才能进行选择。就句法分析或者句法结构的表示来讲，目前，自然语言处理界使用的大多是依存结构，但在大学的课堂里头，我们所讲的句法大部分都是基于短语结构的。比方说现在有公司招聘句法学博士，但是我们的句法学博士出去以后呢，都看不懂人家那个东西是干什么的，那人家呢也已经证明你的这个短语结构语法不好用，这个时候怎么办呢？我们需要尽快地——当然这不只是中国存在的问题——在课堂里引进除短语结构语法之外的，像依存语法这样的课程。

依存语法的著作虽然非常多，但你得去看搞自然语言处理或计算语言学的理工科学者，因为他们写相关的文章也要参考依存语法。在他们的文献里头，哈德森和马尔丘克几乎是两个被参考最多的语言学家。这样一来，我们就要选择这两个人的书。但他们的书也有很多，如何选择有代表性的呢？好在这两个人我们都有长期的接触，哈德森还是我们译丛的顾问，我们就征求了他们的意见。最终我们选择了你提到的这两本书，希望通过这两本书，使得国内学术界至少对依存结构和依存句法的一些基本知识有所了解。只有了解了这些，语言学家要参与到人工智能这个大潮里头，才可能具备一点资格吧。否则的话，人家使用的理论体系描写出来的东西，你都看不懂也不知道是怎么回事，这样就没法对话，这也许就是语言学家在数智时代失语的根本原因之一。

王：但是还有一个问题，就是您上课提到的贾里尼克，他就说过每解雇一位语言学家，语言处理系统的性能就会改善一些。要是这样的话，即使我们学了这样的依存语法，是不是也没办法改善之前的状况？换句话说，学习依存语法的语言学博士是不是就能在类似的公司找到一个好工作，不再被解雇了呢？

刘：嗯，是要好一点。因为句法处理是很多自然语言处理的第一步，当然今天也有一些不一定非得要通过句法处理，但它仍然是一个很重要的领域。现在这个领域的学者在做一个叫 UD 的项目，也就是“通用依存关系标注”，用这样的一套体系来描写更多的人类语言。他们收集了用这套体系来标注的语言资源，目前已经上线的在网上可以找到的大概已涉及 100 多种语言的 200 多个树库了。那么标注和整个的过程，就需要语言学家的参与。实际上，UD 本身就是个依存结构，它是特指一种依存语法的变体。你对这个要是了解的话，当然就有可能参与这项工作。至于你参与后做出来的这些语料库、树库最后去干什么，他们会有别的用处，比如说通过机器学习或者其他的一些方法都能来做一些事情。如果你要是不了解这个，就根本没办法参与这个过程了。至于说你能不能找到工作，待遇会不会得到改善，那是由很多因素决定的。有的人虽然懂的很多，但待遇照样很低，你就比如说我吧。所以呢，也不一定，但懂一点要比不懂要好一些，至少你有一个新的机会吧。

王：刘老师，您太幽默了，看来学习依存语法对找工作还是有好处的。提到工作，我们不得不关注起近年来国家提出的"一带一路"倡议。自从有了这个后，中外在交流方面变得日益密切，也提供了很多的就业机会。但我们知道，"一带一路"沿线国家的语言使用情况比较复杂，在交流时往往会带来语言上的问题或者障碍，这就牵涉到应用语言学另外的一个分支学科——语言规划，或者叫作语言政策。目前，语言规划在国内还是比较热门的，商务印书馆和外语教学与研究出版社也相继推出了"语言规划经典译丛"和"语言资源与语言规划丛书"。我们看到，"应用语言学译丛"也与时俱进，主动服务学术界的需求。2016 年推出了《语言政策导论》，接下来《语言规划：从实践到理论》和《语言规划与社会变迁》也会相继出版。那么为什么要在出版市场已经有类似译丛的情况下，还要加入这几本书呢？

刘：说起语言规划，我可能得多讲几句，因为早些年我也搞过这个研究。国内一些著名的学者，比如说已经去世的周有光先生以及现在仍然积极活跃的冯志伟先生，他们曾经都表达过这样的想法：虽然应用语言学有很多领域，但是它有三大支柱，也就是语言教学、语言规划和语言处理（或者叫自然语言处理）。语言规划这个领域在应用语言学里是非常重要的，过去五六十年来已经出版了大量的语言规划和政策的著作。虽然有一些出版社进行过译介，但是这里头还有一些比较经典的著作被遗漏了。

这个领域和刚才我们说的自然语言处理，或者其他发展比较快的领域不一样，它有一些经典的东西还是值得翻译的。语言规划和政策里涉及一些本质的东西，比如它是通过人对语言有意识的干预活动调节语言、人和社会的关系的，这实际上不会随着时代的变化而变化，因为它本身的发展也没有那么快。所以，我们在确定选题的时候，就考虑到哪些经典目前还没有被译过来。刚才你提到的托马斯·李圣托（Thomas Ricento）的《语言政策导论》（*An Introduction to Language Policy*）中译本已经出版了，为什么要选择这本书呢？我们说语言规划不是一个孤立的现象，它实际上是整个宏观社会语言学，就是从宏观层面上研究语言、人与社会关系的一部分。因此，也就不能单纯地来看语言规划或者语言政策这个事情，而要涉及很多因素。李圣托这本书的一个优点在于，它聚集了当时宏观社会语言学里最权威的人士，邀请他们撰写自己研究领域的章节。这对我们了解整个语言规划和政策领域的现状，有非常大的价值和意义，所以我们首先就选择了这一本。

至于其他的两本书呢，罗伯特·库珀（Robert Cooper）的《语言规划与社会变迁》（*Language Planning and Social Change*）是一部经典著作。为什么我们要对语言进行规划，或者我们要制定一些什么样的政策？大部分情况下都是在社会发生一些比较大的变革时，我们才会采取这种措施。社会变革和语言规划本身是密切相关的，就这一点来看，我们现在还没有一本著作的深度和价值能超过库珀的这部经典。所以，这本书也是非常值得翻译过来的。另外，目前国内有的学校在招收语言规划方向的硕士、博士生，但是却没有一本很好的教科书。也有人试图撰写各种教科书，但多年的实践表明，这个领域里最好的一本导论书又带有教科书性质的，实际上就是罗伯特·卡普兰（Robert Kaplan）和理查德·巴尔道夫（Richard Baldauf）他们 20 年前出版的《语言规划：从实践到理论》（*Language Planning: From Practice to Theory*）。这本书刚出版的时候，我就写过相关的书评。我们觉得它的价值很大，现在有这样的一个机会，那我们也很高兴能够把它引进到译丛里来。

王："应用语言学译丛"不仅与时俱进，更重要的是注意引进一些新方法，尤其是基于数据和实证的研究方法，这就需要统计学的支持。我们很高兴在译丛里看到，有一本关于 R 语言统计的著作。目前，R 是世界上比较流行的统计软件，国内也有很多相关的著作或者译著介绍如何使用 R。那么，您为什么会将斯蒂芬·格莱斯（Stefan Gries）的《语言研究中的统计学》（*Statistics for Linguistics with R*）列入选题？

刘：在当今这个时代，大部分语言学家都认为语言学是科学，但我们很难见到没有数据的科学。如果语言学是一门科学，那么它就是一门经验科学，需要用实证的方法去验证假设。这样的话，就必须涉及统计。统计我们当然有方法，用最简单的电子表格也可以做一些事情，但是它的功能毕竟还是很有限的。这实际上就涉及统计软件的选择，我看过很多语言统计的书，它们有的用电子表格，有的用 SPSS 等。但从严格意义上来说，这些毕竟只是泛泛而谈的统计书。这样的统计书和给某个特别领域写的统计书是不一样的。比如说从语言学的角度看，如果语言学是一门经验科学，那通过实证的方法去验证某个假设，必须先从假设的提出开始，然后考虑怎样收集数据，得到数据后又如何进行统计检验，最后得到结论。

从这个意义上来讲，我们可能更需要符合专业的，而且也要是国际上大家都在使用的统计软件和方法。R 就是这样的一个开放式的、集成了统计与作图的软件。当然，国际上已经有好多本用 R 来写有关语言统计的书，但格莱斯的这本书是读者使用较多的，而且他本人就是用统计方法研究语言的著名学者。他的这本书也是循序渐进的，最早用德语出版，后来又有了英文版，2013 年、2021 年分别又出了英文的修订版和第三版。我们觉得相较其他书而言，格莱斯的书作为入门教材可能更为合适。我自己也有很多学生是文科背景的，他们学习统计知识时，也用过格莱斯的书。统计学的东西看起来可能会很难，但实际上今天已经有很多写得非常浅显易懂的统计书。只要你按照这个步骤，踏踏实实地坐在电脑旁边一点一点地来做，这些基本的统计知识，都是能够掌握的，毕竟这又不是什么特别高深的东西。

王：单有工具和方法还不行，还得知道用它们来干什么。我记得前一阵子大概在 10 月份，商务印书馆出版了您主编的国内第一本可能也是世界上第一本《计量语言学导论》。我想看过这本书的人，肯定就会知道自己到底应该干些什么了。但就像您之前提到的，语言研究包括句法、语义和语用等多个层面，那么从计量语言学的角度来看，为什么译丛中只有《句法计量分析》（*Quantitative Syntax Analysis*）呢？

刘：是这样的，我们当然可以从各个层面采用计量的方法来研究语言，当然这也包括句法。今天的语言学家，特别是理论语言学家，实际上就是句法学家。但在传统的句法研究里，我们很少引入量的概念。莱因哈德·科勒（Reinhard Köhler）的这本《句法计量分析》的目的就是希望能够在句法研究中介绍一些目前已经有的有关句法的计量研究。那么这个计量研究的意义在哪里呢？你刚才提到的这个《计量语言学导论》，因为它是导论所以不可能写得复杂，我们更注意的是介绍一些方法或者常用软件的使用。但掌握这些方法以后，究竟能干些什么？根据个人的喜好，可以研究不同的问题，句法可能是很多人都感兴趣的问题。

这时候科勒的这本书就可以弥补或者让你的“段位”升高一些，你会发现在句法方面原来有这么一些具体的指标。这样我们采用计量的方法，就能够研究更多的东西。同时，我们可以采用更符合科学哲学定义的方法、实证的方法来研究句法里面的一些问题。实际上，仅仅研究句法肯定是不够的，未来我们会持续关注语言其他层面的计量研究，如音系、语义和语用等。到时候如果条件允许的话，可以做一个简单的调查，看读者需要哪些方面的著作，我们也可以引进到译丛里来。当然，现在大家可以不用等这些书出来，因为在《计量语言学导论》的参考文献里，我们列出了一些重要的研究问题，其中就包括你刚才说的这些领域。你要是不懂外文，那可能就是另外一回事了。如果有很多人都有这个需要的话，我们可以找一些著作译过来，这个是没有问题的。

王：非常感谢刘老师能考虑到我们广大语言研究者的需求。我们注意到译丛里有一本叫《英语语法论》(*English Grammar*)的著作，这个让大部分人都感到很奇怪。因为市面上的英语语法书实在是太多了，比如世界图书出版公司 2014 年就整套引进了奥托·叶斯柏森（Otto Jespersen）七卷本的《现代英语语法》，国内也有很多人撰写了各式各样的语法书。那么您为什么会将哈德森的《英语语法论》纳入译丛呢？

刘：我们确实有很多英语语法书，但那些大部分是一种参考语法。就是说搞不清楚一个问题时，我们可以去查查，去参考一下。哈德森的书虽然很薄，但它有一个突出的特点，就是它教给你一套方法，让你怎样发现或者构建一种语言的语法。那么它教给你的方法，让你从什么也不知道，比如说为什么这两个词会出现在一起，到一步一步地构拟出一个英语语法来。需要注意的是，你构拟的语法是建立在真实的英语句子之上的。我们一般查一个词，比方说动词，会查它的不规则变化，比如不规则的形式是什么，又或者查这个动词后面紧跟着的介词大概又是什么。但现在我们又要说到人工智能上来，假设你要真是学语言学的，就要求你有这样的一项技能，那就是能够构造一种语法，然后利用你的这个语法分析标注真实的语言材料。在当前的人工智能时代，有一批人会对语言学家提出这样的急切的要求或者需要。哈德森的这本书在一定程度上就能解决这个问题。虽然它是讲英语的，但我们看了他的书后，能不能处理汉语的语法问题呢？再比如，我们能不能构造壮语、藏语和蒙古语的依存语法呢？所以，哈德森的书在方法上具有重要的引领作用，它能教一个一无所知的小白构造出一种语法，而这种语法恰好就是前面提到的依存语法。

王：看来，我们还是回到了依存语法，这可能也是译丛里很多图书的共性吧。抛开共性，我们发现科勒的《协同语言学导论：词汇的结构与动态特征》(*Zur linguistischen Synergetik: Struktur und Dynamik der Lexik*)倒成了一个特例，因为它是目前译丛里唯一的一本德语书。对于“协同语言学”，可能国内大部分研究人员都不太了解。刘老师，您能不能给我们讲一下，什么是“协同语言学”？为什么译丛中会有这本德文著作呢？

刘：“协同语言学”很有意思，这个我们得从系统的概念开始讲起。一般认为，系统都有一个运行的目标，不可能一个系统是在那空运转，没有任何目标。它到底在运转什么呢？你又怎么来调整呢？如果说这个系统出错了，怎么就能说它出错了？如果说它出问题了，怎么就能说它出问题了？二战以后，有关自然界各种系统的理论层出不穷，比如说我们有控制论、系统论、信息论和协同论等。

现在我们也常常听人说，“语言这个东西很复杂，语言是个系统”。比较完整的说法应该是“语言是一个复杂适应系统”，现在我更喜欢把它叫作是由“人驱动的一个动态复杂适应系统”。如果语言是一个系统，那么我们当然要采用研究系统的方法来研究语言，这是一个自然的推理。应用语言学里头有很多学者也提出语言是个复杂系统，然后就开始发感想说语言是这个或是那个的。如果语言是个系统，语言学家就是研究这个系统的，那么理应借鉴那些专门研究系统的人提出来研究系统的方法。但是我们没有这样的著作，应该怎么下手呢？按照科学哲学来讲，理论是什么？理论是由定律组成的一个系统。那定律是什么？定律是经过实证检验的假设。换言之，要想构造理论，先得发现定律。假设在人类语言的词汇子系统里，你发现了十个定律，比如词长与词频，以及词的多义度和词长、词频等的各种关系。这些东西都是相关的，你得有一个办法来把它们联系在一起。所以如果语言是个系统的话，按照系统的方法来看，我们可能要严格地按照某一个系统论的方法来研究语言系统。

科勒的这本书是从计量研究原生的，是现代计量语言学发展出来的一支，属于计量语言学的范畴，但他借用的是“协同论”，也就是德国学者德赫尔曼·哈肯（Hermann Haken）提出来的“协同论”，他把“协同论”的方法用来研究语言系统。更准确地说，他的这本书主要是研究语言的词汇系统。在科勒的协同语言学里，我们可以看到词的各种特征，比如长度、频率、多义度等。它们是怎么样交互、作用，来形成人类词汇子系统的呢？这就是这本书的意义所在，是真正拿一种系统的理论来研究语言这个系统的运作机理的。所以，这本书对于我们认识语言这个“动态复杂适应系统”有很大的帮助，我们也就把它考虑到译丛里面来了。在翻译的时候，我们也费了很大周折，因为英文的译者好找，但德语的译者特别难找。而且，这本书后来还出了一个俄语版。我们就问科勒，到底是按德语版翻译还是按俄语版翻译，结果他说要按俄语版翻译，因为俄语版校正了一些错误。于是我们又寻找懂俄语的人，之后找到了我们浙江大学外语学院的王永教授。等她翻译完后，我自己又按照德语版校对了一遍。所以这本书虽然很薄，但费了不少劲，不过好在最终结果是值得的，因为它确实是一种新的方法和新的思想。

如果今天我们都在说语言是一个复杂适应系统，但你没有按照一个可操作的研究系统的方法去操作，你怎么来进行研究呢？最终可能也就只是说一说而已。这就像我们很多语言学家都在说语言学是科学，但却从来不用科学的方法。现在也是一样的问题，我们都在说语言是一个系统，但却不会使用研究系统的方法。科勒的这本书会提供一些方法，让我们从系统的角度来切入，用研究系统的方法来研究语言。

王：原来协同语言学才是真正从系统角度出发，运用系统学的方法研究语言系统的理论。刘老师，了解您的人都知道，目前复杂系统和复杂网络也是您的重点研究方向之一。您能不能根据个人的研究经历，介绍下复杂系统和复杂网络的方法对我们的语言学研究到底有什么作用呢？语言研究者又为什么要学习这种方法呢？

刘：至于你提到的这个复杂系统的方法，或者说复杂网络的方法，到底能给我们的语言研究带来一些什么样的东西，这个是很难说的。但至少我们知道，世界上的复杂系统不仅仅是语言，还有其他领域的现象也都是复杂系统。好多科学家采用了研究复杂系统的方法，在各自的领域内发现并解决了很多有趣的问题，同时也有很多有趣的发现。如果语言是个复杂系统的话，你用那些专门研究复杂系统的方法来研究语言，就肯定会有一些新的发现。比如说用复杂网络，我们很容易研究一些涌现的现象。这在过去如果用传统的方法，我们就只能是说说而已。我们可以仅仅就一两个句子来说，但我们很难呈现涌现这样的东西。但这是个刚开始的领域，需要很多人一起努力才行，这也是我们为什么要介绍国外的这些新方法、新领域和前沿研究的原因。

只有知道了这样的方法，我们的语言学研究者才能在自己感兴趣的领域得出一些有趣的新发现。如果根本不知道原来有这么一招，那么也就谈不上在这方面再继续做点什么。当然，这些新发现也许是全新的、完全不同的东西，或者是更大规模地验证了我们过去的那些假设。之前大家可能一直就某个问题说一说而已，但没有做出任何有科学价值的发现，实际上也没有办法去做这件事情。你比如说儿童语言的习得，儿童在两岁多的时候就基本上形成了母语中的句法。这是每一对父母可能都经历过的。然而，这毕竟是个体现象，我们可以观察它到底是怎么涌现的，或者在什么时间点上涌现的，但是不是真正地呈现出了这种涌现，我们之前没有办法去做类似的研究。国外的学者用复杂网络的方法，第一次呈现出了在母语习得的过程中这种句法的涌现现象。这个就很好，很直观，让我们能够确确实实体会到，这个年龄段的人的母语句法习得确实会呈现出涌现的现象。当然，我们不但不能排斥传统的方法，而且要使用好这些方法，因为它们也能解决语言学其他领域的一些问题。但我们要意识到，每一种方法都不是灵丹妙药，也就不可能解决所有的问题。在这种情况下，我们最好尽可能地了解各种方法。你了解的方法越多，解决的问题可能就越多。我们这套译丛的目标，就是希望大家能够更深入地了解语言这个复杂适应系统，这估计也是所有语言研究者心里的目标吧。

王：刘老师，刚才您介绍的复杂系统的方法确实是语言学科学化的一种趋势。实际上在各种场合，您也一直在强调我们的语言学要重视新理论和新方法，关注语言学与其他学科的交叉研究，尤其是大数据时代下的实证研究。最后，我想再问几个问题，这可能也是不少语言学研究者都感兴趣的问题：作为译丛主编和语言学博导，您在不同的场合都提出中国的语言学要国际化和科学化，那么究竟什么才是国际化和科学化？如何才能做到国际化和科学化呢？我们都知道，您在国际发表方面做得很好，而且连续多年入选爱思唯尔的“高被引学者”，不知道您能不能给我们介绍一些相关的经验呢？

刘：国际化的目标实际上是很简单的，就是要让我们好的研究成果在国外高水平刊物上发表，并且要让国外的学者阅读并引用。我印象中，徐烈炯先生在《中国语言学在十字路口》一书里也表达过类似的看法。如果语言学是一门科学，那么它的知识体系应该是整个世界乃至整个人类所共享的。我们有好的东西，为什么不拿去与别人共享，反而只是享用别人的成果，而我们自己的发现却不让别人享用呢？国际化在今天这个时代，特别是在中国建设“双一流大学”的时代是非常重要的。国际化的最终目的是要让别人了解我们，但首先我们要了解别人在做什么。你要了解别人的话，要么就直接去读人家的原著，要么就去读一些翻译的著作。在这样的情况下，通过翻译一些著作，引进国外先进的方法和理论，就成了国际化的基础，这也是我们编辑出版这套“应用语言学译丛”的初衷。在今天的知识生产和传播的市场上，中国和世界应该是连成一体的，所以需要国际化。当然，国际化也包括我们自己的东西如何“走出去”的问题。

至于说为什么要科学化，这件事情也很简单。几乎大多数语言学家都认为语言学是一门科学，那么你当然就要采用科学的方法来研究语言，这在前面我们也说过。事实上，科学化的方法也有助于更好地实现国际化。因为你“拍脑袋”谈感想的时候，就会涉及很多只有你自己才能想出来的东西，别人是没法理解的。但是科学的方法是跨越国界的，你按照这些方法一步一步地进行研究，那么你的发现会更容易被别人承认，也就更容易被别人引用和传播。可以这么认为，科学化在一定程度上又会加强和推进国际化。总的说来，国际化与科学化都是构建具有中国特色的哲学社会科学之语言学所必须的。更多这方面的内容，可参考我在2018年第1期的《语言战略研究》上发的专文。

至于国际发表的经验，我觉得不能急躁，不能过度地追求速度。你不能说我今天下午听你说了后，晚上写完论文，明天早上你就要给我发表。研究它有自身的规律，我认为要做一个好的研究，首先你要选一个好的题目，然后采用科学的方法，这是非常重要的两点；还有最重要的一点，就是坚持下去。因为不管是谁投稿，都有可能会被拒稿。有的人被拒稿后就不干了，认为自己这么聪明，写了这么好的东西，怎么就被拒稿了呢？这时候，你一定要有坚持下去的信心和勇气。只要你的题目好，方法是科学的，即便这个杂志拒绝了你，另外的杂志也可能会接收。慢慢地你坚持下来，也积累了一些经验，这样你的路可能就会越走越快、越走越好。你不能遇到一点困难就不走了，那等于是自己断了自己的路。所以，我给大家的建议就是：选好的题目，采用科学的方法，坚持走、一直走、不回头。

王：谢谢刘老师为我们讲清楚了语言学国际化与科学化的内涵，也感谢刘老师抽出宝贵的时间，为我们介绍了译丛的相关情况，我们非常期待后续相关图书的出版，也非常期待看到能有更多的介绍新理论和新方法的书加入译丛当中，希望读者在阅读之后能够有所收获，并结合自己的专长和兴趣开展研究。

附录四

语言学理论研究如何应对智能时代的挑战①

在郑国锋对康奈尔大学（Cornell University）语言学系主任约翰·惠特曼（John Wittman）的访谈中，惠特曼指出，当代语言学理论研究面临的不是内部竞争，而是外部竞争，尤其是来自计算语言学的竞争和挑战。本次访谈从语言研究的形式与语义两方面，聚焦于大数据时代语言学理论研究危机的根源、语言学理论研究的方法与对象、语言学理论研究呈现的“两张皮”现象、语言与言语的区分、依存距离研究、言语平均数、语言人工智能研究等主题。当代的语言学理论研究有必要借助现代化的研究工具，锚定实际语言应用，探求真实语言规律，走语言理论研究科学化与国际化之路，在“百年未有之大变局”中做出自己的贡献。

郑国锋（以下简称为“郑”）：按照康奈尔大学语言学系惠特曼教授的观点，语言学研究目前存在危机，但其根源不是语言学研究内部各个流派之间的竞争，而是源自计算语言学的进步和各种算法的出现。您是否同意目前语言学研究存在危机，以及计算语言学的进步是造成这一危机的根源？

刘海涛（以下简称为“刘”）：如果把语言学看作是一个纯粹的、基础的、理论的、能自圆其说的学科，我觉得不存在危机，但实际上，语言学不只存在于理论层面，除了探究语言系统运作的规律性或理论性问题之外，人类还会遇到很多与语言应用相关的其他问题。在过去，这些问题都是由应用语言学家解决的，而理论语言学家不关心，也不屑于解决这些问题。应用语言学家，如语言教学、语言规划等领域的专家则致力于解决自己领域的问题，其间或许会运用一些语言学的理论，但如果没有这样的理论或理论不适用，他们就

① 访谈时间为 2020 年 12 月 27 日，主要内容以《大数据时代语言学理论研究的路径与意义》为题，发表于《当代外语研究》2021 年第 2 期。

自己想办法来解决遇到的问题。

近些年，由于互联网的普及，操不同语言者之间的交流较过去更快、更密切，这使得古老的语言障碍问题更为突出，这是其一。其二，互联网的出现导致大量的、不同语言的信息涌现出来，网络信息爆炸，更确切地说是多语信息爆炸。此时，人们自然想通过语言学理论与计算机技术的融合解决信息爆炸的问题。这就涉及人工智能，即用计算机处理语言。

自 20 世纪 40 年代计算机出现以后，人们就设法用计算机解决语言问题，比如机器翻译，计算语言学也由此开始。起初，计算语言学家使用语言学理论提供的一些模型，主要是一些形式模型，但收效甚微。这有两个原因：首先，计算机算力本身的发展需要一个过程；其次，语言是一个开放系统，10 条、20 条，甚至 1000 条规则，也只能处理封闭环境下有限的句子，难以面对无限的人类语言。

20 世纪 90 年代以后，计算语言学经历了一次革命，即不再采用语言学家所谓的语言规则，因为他们认为这些规则只能解释一些封闭环境下的句子，不适用于语言的无限性。人们发现，计算机能够设法从人类语言中学习语言知识。当然，如果在机器学习的过程中，能够获得语言学家的帮助，就能够更快、更好地学到这种语言的句法知识。但是，机器要求的不是所谓的离散规则，如 S 可以重写为 NP+VP，因为这样的规则在大规模真实的语言使用过程中被证明效果不是太好。基于此，近几年的人工智能领域改进了机器学习的算法，以及机器学习到的知识的表达方法，然后把学习的结果表示成各种形式的人工神经网络，这便是深度学习。在技术不断突破以后，机器学习的效果比以前改善了很多，比如现在我们要翻译常用的或一般用途上的文字，机器翻译的水平要好于一般的外语学习者。

郑：可以看出，在计算语言学大步向前的时候，语言学理论研究几乎隐形，这个现象值得深思。

刘：基础研究可以忽视研究的用途，但其发现的规律需要验证，而计算语言学或者自然语言处理就是验证这些规律的最好领域。他们发现理论语言学研究出来的规律不好用，而计算语言学者自己摸索出来的东西反而更好用。我们处于最需要语言学理论的时代，但是语言学家却集体失声了。一批像惠特曼教授一样有良知的人就开始反思，认为我们存在危机，而这个危机可能是来自计算语言学的进步和挑战。在这个意义上，危机是存在的。

郑：惠特曼教授还认为以代数计算为特征的形式语言学将会持续繁荣，主要是因为该流派可以更好地对接计算技术的进展，但您在题为《智能时代的语言研究：问题、资源、方法》主旨报告中指出，有代数是不够的。请问为什么？

刘：采用代数的形式研究语言是形式语法的做法。理论上，它比我们采用的其他方式，如在形式语法诞生之前的传统语言学的其他分支，更容易与计算机对接。但是，就像我们前面谈到的，从 20 世纪 50 年代到 90 年代的 40 年间，语言学家基本上是采用形式的方法来研究语言，包括理论语言学和计算语言学，但是结果证明在面向真实的语言应用场景的时候，这种方法是不够的。最有名的例子是 1970 年左右基于系统功能语法搭建的维诺格拉德（T. Winograd）的积木世界，应用场景虽小，但效果非常好，当时震惊了全世界。但是，人不是生活在游戏的空间里，更不是生活在人造的花园里。当人们走出花园，走出人造的小世界时，会发现只有那些是不够的，而且修修补补也不能解决真实世界中更大、更广泛的问题。这也是从 20 世纪 90 年代以后计算语言学家另起炉灶的主要原因，那种方法很难适用于我们真实世界中的语言使用场景。

威廉·冯·洪堡特（Wilhelm von Humboldt）认为语言是有限手段的无限运用，这给人一种错觉，那就是似乎只要搞明白了“有限手段”，我们就能掌握“无限运用”。然而，语言是很复杂的现象，在经过多年实践之后，人们发现，就人类语言而言，理论上的“有限”，实际上是“无限”，而理论上的“无限”，实际上却是“有限”。我们过去总认为机器不能像人一样从已有的文本（语言使用）中学到语言的一切，是因为我们面对的是“无限”，而你的知识是“有限”的，但是人类就是这么学的。语言本身不是非黑即白的二元系统，而更像是一个多阶的灰色概率系统。在采用数理手段研究语言的时候，我们不能忘记语言最根本的属性——动态性和概率特征。

实际上，代数系统、形式方法在描写计算机程序设计语言时取得的成功，要远大于分析人类语言时取得的成功。计算机程序设计语言是人造的、形式化程度极高的形式系统，与人类语言区别明显。从这个意义上讲，我们说形式方法是有用的，不过只有它是不够的。我们现在最大的危机和挑战在于，基于语言使用的计算语言学，在许多应用方面比过去只用形式、规则的方法取得了更好的成果。我们所面对的危机是要解释，我们过去认为行不通的做法却被他们证明是可行的；我们过去认为可行的方法却行不通。如果我们是有良知的语言学家，就要从理论的角度回答这个问题。

郑：语言学研究的对象可以是语言，也可以是语言使用者。人类是语言使用者，萨丕尔–伍尔夫假说认为使用者与语言互相影响，甚至会被语言左右。语言使用者是生理、心理、社会、自然的统一体，这些也是语言表述的主要内容。请问目前的语言学理论研究对这个系统的探讨充分吗？这些研究的主要不足是什么？

刘：如李宇明先生所言，语言学是一个学科群，我们可以从不同的角度研究语言，而语言和人密不可分。如你所言，语言学研究的对象可以是人的语言，也可以是这个人；可以研究人产生语言的过程，也可以研究人产生出来的言语，即语言。《现代汉语词典》对语言学的定义是“研究语言的本质、结构和发展规律的学科”。如果再准确一点，语言学是研究语言结构的模式和演化规律的科学。有趣的是，在《现代汉语词典》的前四版中，确实用的是“科学”，而不是“学科”。如果语言学是科学，其目的是探究语言的结构的组成规律、演化规律，那么语言学家作为最懂语言的人，特别是理论语言学家，其注意力就要放在语言上，而不是放在人身上。这从逻辑上讲是对的，但是语言又和人密不可分，是人的认知机制的产物。学者们提出过各种各样的说法，最早从索绪尔开始，语言成了一个符号系统，研究者从符号学的角度研究语言，但是这种研究把人置身事外。另外，动态性、演变性、概率性是语言的根本属性，也没有体现出来。这样研究出来的成果，只能反映语言系统的一部分特点，因此也不太好解决相关的问题。

郑：语言既然是一个系统，就需要采用系统的方法来研究。王士元先生认为语言是一个复杂适应系统，您近年来更进一步提出语言是一个“人驱的复杂适应系统”。请问这样的考虑是什么？

刘：二战以后，出现了大量系统的、专门的科学理论，人们又借用这些系统的理论和方法研究语言。王士元先生认为语言是一个复杂适应系统，但这个观点没有突出人的作用。所以从前几年开始，我们倡导语言是一个“人驱的复杂适应系统”。人驱系统的意义在于，无论是结构模式也好，还是演化规律也好，驱动语言这个系统存在的、发展的原始动力都是人，而人本身有两个特点：首先，人具有生物学意义上的普遍性，它决定了各种语言间会有一定的共性；其次，人又具有社会属性，这些生理之外的时空的、社会的因素也会影响语言，并成为人类语言多样性的一个源头。因此，当语言被表达为一个人驱复杂适应系统以后，有助于我们更好地解释和理解语言的规律及其认知动因和社会动因。

郑：我们经常提到研究中的“两张皮”现象。当前语言学理论研究要么强调“语言”，要么突出“人”。如果我们想让自己研究的成果或规律（无论是结构的规律，还是演化的规律）能够被那些需要语言规律的研究者使用，或如果要迎接计算语言学的挑战，我们需要做些什么调整？

刘：首先，语言学的研究对象应该与计算语言学所处理的对象一样，只有这样，发现的规律才能够被计算语言学所使用。例如，我们研究怎么把塑料花或木头花做得更漂亮，但即使研究的整个流程看起来很完美，这些研究成果在真正的园丁手里却没有什么用，因为他面对的是经历风吹、日晒、雨淋的真花。因此，如今我们急需的或要反思的是理论语言学要面向大量真实的语言材料，而且我们不要因为不好处理、不好解释或不太符合我们心目中的语法，就忽略这些材料。机器帮我们处理语言工作的时候，它们面对的也是这些材料，因此语言学就不能不去面对它。

其次，在研究方法上，我们现在很多语言学理论研究是靠内省法和语感，而且还要靠母语者的语感，这便催生了另一个问题：例如中国的外语学者不能研究外语，只能研究汉语，因为他们不是外语的母语者，通俗地讲，世界上有任何一个号称科学的学科要研究蚂蚁，那么研究者就要变成蚂蚁吗？不需要。所以只有通过语言的使用来发现语言的规律，才能找到真正的、符合科学意义的规律。我们可能不懂这种语言，但只要有科学的方法，也有可能找到这种语言的结构规律和发展规律，而这可能是真正的语言系统运作的规律。当然，为什么会有这样的规律？我们需要给出解释。只有意识到这种转变，我们才能有资格迎接计算语言学的挑战。搞计算语言学的人做机器翻译并不需要必须懂源语和目的语这两种语言，这在过去是不可思议的一件事，但是现在这些研究者做到了，而我们语言学家还停留在只能由“蚂蚁”研究“蚂蚁”的阶段。

郑：语言形式是语言学研究的重要领域。如您所言，人的生物学意义的普遍性加上社会意义的多样性可能是语言形式普遍性与多样性的源头。在大数据的背景下，这对于语言形式研究有什么启发？

刘：基于这样的认识，我们需要用科学的方法来研究普遍性的源头。例如，由于认知生理意义上的普遍性导致语言的普遍性，我们需要通过认知科学的方法研究那些与语言有关的认知普遍性。认知普遍性不一定都和语言有关，只有和语言密切相关的特征，如工作记忆容量，才会导致语言普遍性的产生，而这种普遍性的产生不是说研究者自己想通就可以了，也不是研究者用一两个例句就解决问题了，而是要用真实的语言材料，而且不能只用主谓宾齐全的简单陈述句做研究。我们要用人类各种真实场景下用于传递信息的语料去研究，从这些语料中挖掘语言的特点，而不是挖空心思地去找自圆其说的普遍性。

郑：传统意义上，语言形式研究是语法研究，主要包括词法和句法。在英语作为事实上的通用语的今天，大量研究以英语形式为对比项，出现了许多牵强的结论。这与研究者过于重视普遍性或多样性有关。请问这样的形式研究偏误如何解决？

刘：普遍性是从多样性中挖掘到的普遍性，或者是从普遍性出发来解释多样性。无论是从多样性抽象出普遍性，还是从普遍性分散出多样性，只研究一种语言都是不够的。世界上 7000 多种语言中，有和英语结构类似的语言，但是大部分语言未必和英语的结构一样。因此，只参照英语研究人类的普遍性与多样性是不够的。

导致多样性的因素可能会有很多，大部分可能是来自语言外的因素。一种不同的语言可能和英语的发展和演化不一样，那么导致它多样性的因素也是不一样的。田野调查很重要，为我们提供了基本材料。但是，当我们有了基本材料以后，我们要使用系统科学的方法来挖掘多样性，或者透过多样性寻找语言的普遍性。无论如何，多样性和普遍性都是人类语言的一个事实。如果语言学是寻找语言结构的模式和演化规律的话，那么就要回到现实的语言使用中，只有这样才能发现真正的规律，以及多样性背后由于认知或其他生物学意义上的普遍性而导致的语言普遍性。否则，那些研究虽不能说是在做无用功，但至少可能不是我们日常使用的语言规律，只是研究者自圆其说的规律。

郑：随着时代的变迁，人们对语言的使用变得日益不同，传统的语言形式研究理论，比如词法理论，不再能够解释当前的语言现象，主要原因是什么？作为理论语言学家，应该如何应对？

刘：首先，语言（形式）是变化的，因为人所处的社会环境是变化的。人处在不同的时空里，而时空是不断变化的，语言（形式）因此也会变化。我们可以用静态的方法研究语言（形式），但是这遗漏了语言作为一个动态系统的最重要的特征——动态性。理论上讲，一个人一生中说的话在不同时期都是变化的；不同的人在不同的时期，或不同的人在同一个时期说的话也都是变化的，所以变化是语言（形式）的根本属性。

其次，语言学理论研究对语言（形式）的各种变化都要持一种开放的态度，但是过去人们很难掌握这种变化以及在这种变化中做研究，研究者只能找一个语言（形式）的横切面来研究。作为一名语言学家，如果想让我们的研究成果有用，一定要在这种变化中寻找那些稳定的部分，因为正是这些稳定的部分形成了语言作为人类交流工具的基础，变化的是语言（形式）外围的一些特征。这要求我们在研究语言规律的时候，首先要把握核心的、基础的、相对不容易变化的特征，然后识别哪些特征是容易变化的。我们要切记不能把那些变化的、相对不稳定的因素当成语言的核心要素来研究，否则研究出来的规律可能很难解释我们遇到的语言问题，也很难被其他领域的需要规律的研究者使用。

郑：100 多年前，索绪尔将语言研究二分为“语言”和“言语”，语言学研究应该怎么应对这对互伴互生的概念似乎成了永恒的话题。在大数据时代，语言形式与语言技术高度发达，我们还要做此区分吗？

刘：100 多年前，索绪尔的《普通语言学教程》（简称《教程》）出版以后，普通语言学的主要任务就是发现语言的普遍规律。索绪尔在《教程》里区分了“语言”和“言语”。后来的很多语言学流派也都进行了区分，只是术语不同。在那个时期，这种区分是可以理解的。语言具有复杂性，限于当时的技术手段，学者们很难从看起来杂乱无章的海量语言材料里发现规律。索绪尔在《教程》里是这样区分语言和言语的：言语就是我们一般的言语活动，和社会密切相关。他同时强调，在大量的言语交互中，人们慢慢地会在大脑里形成一种言语活动的平均数，而个人是言语的主人。如果我们能够全部掌握储存在每个人脑子里的词语形象，也许我们就会接触到构成语言的社会纽带。在索绪尔时期，言语是分散的，每个人大脑里的言语会通过言语的平均数构成语言，但每个人脑子里的语言都是不完备的，只有在集体中它才能够完全存在。我们假设有 100 个人在讲同一种语言，在这 100 个人互相交流的过程中，个人的言语通过频繁的交流会形成一个平均数，即使达不到 100%，也可能会形成 70%～80%的程度。由于这个平均数的存在，这 100 个人才可以用这种语言进行交流。索绪尔虽然区分了“语言”和“言语”，但是他也明确了语言和言语之间的关系，即语言实际上是言语的平均数，语言不是个体的，而是集体的。

100 多年前，他没办法计算平均数，但今天我们可以把这 100 人 20 年内说的话收集在一起，则有可能求得言语的平均数。所以现在当我们重读经典的时候，要理解先驱者过去为什么要做像语言和言语这样的区分。他们想到了这件事，但没有办法这么做，于是选择了另外一条路。100 年后的我们，比 100 年前的先驱更有条件来做好这件事。我们在现代技术的辅助下，通过大量的语言使用求得平均数，而这个平均数可能比我们基于个人语言实践得出来的平均数能更好地把握语言的规律。这就是我们为什么认为今天的人工智能（计算语言学是它的一部分）比以往更好，因为它实现了前辈语言学家的想法，从数以万计的语言使用者产生的真实的语言材料中，获得了语言的规律，然后使用这种规律去分析解决语言问题。但是，我们现在还缺乏这种数据驱动的语言理论研究，这可能也是为什么我们难以解释计算语言学成功的主要原因。

语言和言语已经“分离”了 100 多年，现在是我们要终结这个“悲剧”的时候了。前辈语言学家让它们分离是不得已而为之，尽管实际上它们可能是难以分开的。今天也许是时候让它们合二为一了。因为只有合在一起，我们才能够从具体到抽象，真正抽象出人类语言的规律。也只有用这样基于大规模的、大量语言使用者的数据方法，我们才有可能实现语言研究的转变。从我们关注的像塑料花、木头花、绢花这样的花园里，走到真实的人类语言的灌木丛中，去发现人类语言使用的真正规律。

郑：如果形式是“表”，语义就是“里”。自从建筑学家路易斯·亨利·苏利文（Louis Henri Sullivan）提出“形式遵从于功能”后，功能或者意义就成为表达的主导。语言学研究也一向将语义作为研究的中心，比如语义的产生、语义的磨蚀等。您认为目前的语义研究主要有哪些路径？

刘：形式语法出现后很长一段时间里，很多研究重视语言的形式方面。依照索绪尔的观点，语言是一种符号系统，是形式和内容的统一体。语言既是交流工具，也是思维工具，形式研究的主要意义和价值是通过形式掌握它的内容。因此，任何面向实用的或者面向语言作为一种交流或者思维工具的研究，都避不开内容，也就是语义，这才是语言无论是作为交流工具还是作为思维工具最重要的功能。

目前语义研究的主要方法是语义分解法，也就是为了表达、理解清楚语义，很多时候我们要创造一种元语言。常见的形式语义学是用逻辑语言表达语义，这里的问题是逻辑表达本身，即这些符号，也构成了一种人造语言系统。已经有不少学者认为这套系统的表达能力不如自然语言，不能涵盖我们日常语言表达的所有内容，因此采用形式语义学的方法，就难以表达自然语言表达的所有内容。第二个方法是采用分解的方法表达语义，例如使用义素分析法、语义场分析法等区分词义，实际上又创造出一套人造的体系，这个体系认为意义可以分解，采用的是逻辑方法。它们源于哲学，特别是形式逻辑，认为自然语言中有很多模糊不清的内容，表达的意义也是模糊不清的。因此，学者们尝试寻找或创造一种完美的语言，可以更清楚地表达我们的思想。在 17、18 世纪的欧洲大陆和英国，很多重要的哲学家如勒内·笛卡儿（René Descartes）、戈特弗里德·莱布尼茨（Gottfried Leibniz）等都积极参与这个叫作“寻找完美语言”的运动。他们想找一种普遍语言，像数学般精确，比人类语言能更精确地表达我们的思想，但是失败了。

郑：这些聪明的哲学家和语言学家，为什么会失败呢？

刘：我们可能需要仔细分析人类自然语言表达的语义，因为它可能本质上就是模糊的。从数学的角度看，这个世界是不完美的，但是人类社会的知识仍然在不断增长，人类社会仍然在不断向前发展。我们对于这个世界，对于我们自己的认识也越来越深入。同样，从精确的数学意义上讲，自然语言、日常语言都是比较模糊的，是有缺陷的，但不妨碍我们进行思想交流。我们没有办法用代数的方法来解决一个原本用代数解决不了的问题，可能需要用微积分才能解决。我们可能也需要反思现有的语义研究理论和方法，是不是语义的这种不可分割、不能量化的特点，使得我们需要采用不能分割、不能量化的方法来研究。

郑：既有的语义研究有一个现象值得注意，即很多时候把精力花在了对语义的猜测上。以汉语研究为例，认知语言学家认为汉语使用者经常采用总体扫描的模式生产语义，既抽象又难以操作。请问这样的语义研究问题在哪里？应该如何避免？

刘：关于语义研究的方法，我们以上已经谈及一些，主要的问题是多数建立在自圆其说的基础上和对个别词语的分析上。这种分析的弊端在于如果你采用一种方法分析了一个词，又采取另外一种方法分析另外一个词，刚才的分析又要调整。这样即使分析了 100 个词，可能也发现不了如何更好地掌握某种词义的规律。一个人可能通过研究 100 个词写了一些文章，但这样的规律别人能使用吗？计算语言学家可以在计算机上实现这样的规律吗？

索绪尔在《教程》里还有这样一句著名的话：“语言既是一个系统，它的各项要素都有连带关系，而且其中每项要素的价值都只是因为有其他各项要素同时存在的结果。”这意味着我们研究一个词的意思，还要观察它与同时期的其他词的关系。在研究过程中，在一个共时的横切面的研究里，语言学家很多时候会把很多词语也拉进来。比如，在猜测、分解或区分词义时，语言学家认为使用的10种或更多的知识已经足够，但当我们把这10种知识（如词的搭配特征）告诉或输入一个完全不懂这个词的人或计算机内，就会发现这个人或计算机对这个词的理解不如预期，这是因为人类或计算机实际上没有能力靠内省来完全剥离自己在做一件事时用到的知识。

可以看出，用内省法做出来的研究，只是找到了处理问题所用到的部分知识，但是可能遗漏了关键的或更重要的东西，这导致发现的规律不能被别人使用，或者别人使用的效果不好。以义素分析法为例，它实际上是通过逻辑的思路，使用可量化、可分解的语义方法处理语言材料。研究者认为这样可以弄清语义，但事实上只是可以弄清一部分，而不是全部，当这样的发现放在别的地方时，就不好用了。

路德维希·维特根斯坦（Ludwig Wittgenstein）在《哲学研究》中认为词义是词汇在语言中的用法，符号自身是死的，是在使用中有了生命，注入了生命的气息。要掌握一个词的意思，就要尽量熟悉这个词的用法，观察它的使用。假设A看了一个词的10种用法，B看了100种用法，C看了一万种用法，那么见过这个词一万种用法的那个人，就比其他人能更好地掌握这个词的用法。这意味着一个人对词使用的场景知道得越多，对词义的把握就越准确，这是哲学家关于词义研究的转向。但是很多语言学家似乎还没有意识到这个问题，还在采用分解的方法去切割不能切割的东西。之所以今天从事自然语言处理的研究者、计算语言学家的自然语言处理系统和计算语言学应用能更好、更有效地处理语言，就是因为他们应用了从大规模的真实语料中学习词的用法。可以说今天这些自然语言处理、计算语言学应用的成功之处就在于他们比前人更好地实现了维特根斯坦的用法论，他们的做法使得计算机比人都更懂、更能精确地把握词的用法。从他们的成功中，我们做语义理论研究的人能得到什么启示呢?

郑：提及词义关系，我们谈谈依存距离。它指的是构成依存关系的支配词和从属词之间的线性距离，这是判断词义关系的重要标准。您还提出“依存距离最小化”是人类语言的一种普遍倾向。请问依存距离词义研究与传统词义研究有何不同?能够对我们的语言使用做出更合理的解释吗?

刘：首先，我们如果要更好地掌握一个词的意思，就要把握它和其他词的关系。如上所述，索绪尔说一个语言单位的价值存在于它和其他单位之间的关系。维特根斯坦和索绪尔的说法一脉相承。从句法、句子形式的角度看，需要通过更多它与其他词语之间的形式关系来掌握词语的句法特征。一个词表达的意思是有限的，如果一个人要给别人传递一条复杂的信息，自然就要把更多的词组织在一起，就会出现这些词语的关系问题。例如，我们要传达一条信息的时候，大脑会检索到 8 个或者 10 个词，这实际上是在大脑里构成了一个语义网络结构。由于人类的生理限制，我们要把二维的语义网络结构转换成线性结构，转换出来就是一个句子。句子中的实词从二维结构转变为线性结构时会有先后顺序，这是有规律的，这就是语法或者句法。这个过程中每种语言的手段不一，比如有的语言靠固定的语序，也就是一个实词在这里是一种句法功能，换个位置就是另外一个句法功能，前后不能颠倒。

其次，如果我们要表达的思想比较复杂，就需要很多实词，那么仅靠语序可能会混乱，让接收者难以解码，这时就需要有虚词。虚词表达功能意义，就是连接，在一个二维结构转变为一维线性结构时，实词之间的关系可以因此更清晰。当然也有语言不通过语序变化告诉接收者词在句子中的句法功能，而是通过词本身的变化，如词尾的形态变化。总之，当信息从说话者的大脑里传达出来或者写出来时，由于二维结构要转变成线性结构，要么用语序加虚词，要么用词汇本身的形态变化来告诉接收者这个词的句法功能。我们的问题是，说话者在组合这些词语时，是否遵循某种普遍规律。比如，一个句子中含有 10 个实词，由于语言不同，为了更清楚地表达说话者的信息，10 个词有可能变成 12 个，即增加两个虚词。无论是 10 个词还是 12 个词，不管使用的是虚词加语序的手段实现线性化，还是采用词形变化实现线性化，我们认为背后都有一个普遍规律。因为所有人在将二维语义表达线性化的过程中，都要受到自身认知的约束。假如两个词在我们的大脑中是密切相关的，那么在组合它们的时候，由于受自身约束，我们不可能在两个词之间插入很多词，否则，受工作记忆容量的约束，我们就记不住这些关系。所以在组合这些词时，大部分情况下我们会把它们安排得比较接近，而且看到或听到这个句子的人，也同样受工作记忆的约束和其他认知约束。这种想法早已有之，1909 年德国学者奥拓·巴哈格尔（Otto Behaghel）发表过一篇文章，从德语、拉丁语等几种语言版本中，找到了实际的语例，但因为时代的限制，他主要是从一些真实的文本语料中寻找某些语言的句子进行观察。他发现大概有这样的规律，即语义上比较接近的词语，在句子线性序列里离得也比较近。这符合我们刚才的假设，但是他挑选的是个别的例子，也不是连续的语料，而且涉及的语言也不多。但是他至少在 100 多年前就发现并用多种语言的语例验证了这样的假设。

郑：的确如此，以往受制于技术手段和硬件设备，很多想法无法得到实现。在大数据时代，我们甚至可以计算出语言平均数，这对上一个问题中提及的论题的解决有什么促进吗？

刘：由于大量语料库和计算技术的出现，我们可以通过依存句法标注语料库，采用更多语言、更大规模的真实语料来验证这样的假设。我们的研究结果发表在 2008 年，用了 20 种语言的真实语料，还做了两种随机的、不符合语法的语言，即人造语言，以便比较。我们发现，无论这 20 种人类语言的类型如何，确实有依存距离最小化的倾向。我们称之为“倾向”，没有说是“规律”，是因为语言的特点就是概率性，即大多数的句子都有最小化或者优化的倾向，但是我们不能称其为最优化。最优化是指所有有关的词语都挨着，但多数情况下不可能，比如一个句子有 30 个词，这些词语不可能都挨着，但正是这种不可能，才能够看出这种最小化的倾向，因为虽然词语做不到都挨着，但会想办法尽可能地挨着。依存距离最小化的发现证明认知结构、认知机制在一定程度上决定了语法的结构，而这个语法结构是一种普遍现象。这个研究用真实的数据打通语言的普遍性和语言的认知，可能是人类语言的一个真实的规律。这篇文章发表 12 年来，得到了包括计算语言学界、自然科学界在内的学者们的认可，还被权威语言学杂志《语言》(*Language*) 中的文章引用。这说明语言研究的范式到了要转变的时候。

郑：大数据背景下，社会中流动的语言数据越来越多，这为语言学理论研究提供的既是“沃土”，也是“挑战”。假如我们依旧采用过往的研究范式，语言学理论研究将会面临越来越多的挑战。据我对您官网的统计，您的研究呈现出一个鲜明的特征，即从 2019 年 3 月份以来，您已经完成了 33 场学术报告或座谈，这其中 14 场与大数据或人工智能有关。这是否意味着数据驱动的语言研究或语言人工智能研究的时代已经到来？

刘：根据前面的讨论，我们可以说数据驱动的语言研究或者语言人工智能研究的时代已经到来。重要的是，就像惠特曼教授与你讨论时指出的，有良知的语言学家已经意识到，我们正面临来自计算语言学家的挑战。尽管计算语言学家可能不清楚他们为什么这么做就成功了，但作为这个世界上从理论上讲最懂语言的语言学家，我们有义务、有责任回答计算语言学家的疑惑：为什么我这样可以，但按照你们说的办法却不行？

你提到“沃土”，“沃土”是指人家已经做成了，人家庄稼的长势比用你传授的耕作方法要长得更好。同样一块土地，用你的方法，他发现庄稼长得不好；而用他自己的方法，产量和质量都更好。在这种情况下，语言学家作为本来最懂土壤、最懂种子的“庄稼汉”，不能只说自己的方法好，而说别人的方法有问题。我们不能只挑几颗奇怪的种子，例如用“我一把把把把住”这样的句子来挑刺，因为这是一般情况下正常人不会说的话。当大部分你不熟悉的种子已经长势良好的时候，你不应该找一些奇怪的种子去否认这些进步。我们现在要反思，过去我们采用完全形式、内省的方法，是不是遗漏了语言系统最本质的某些特点，因而发现的规律有可能没有反映或者没有完全反映语言系统的运行规律，而这导致需要使用规律的学者在用到这些规律时做不成事情。对于一个动态自适应的概率系统来说，用定性的、一成不变的标准来检测这些产品，当然会出问题。

郑：为什么要强调数据驱动的语言研究和人工智能的关系？语言学理论研究应该如何适应这样的全新场景？

刘：一本大数据的书里提到，与人工智能有关的学科包括计算机、数学、医学、心理学、工程学、语言学也名列其中。一个研究对象重要，研究这个对象的领域并不一定也重要，领域重要的意义在于它的成果能够被别人使用，但现在理论语言学的成果，别人使用不了。人工智能在20世纪50年代开始出现，但作为一个学科，只是这几年才让大家觉得机器产生的智能行为能够与人类抗衡。比如人类在围棋或其他棋类游戏中已经无法战胜机器，机器从人类那里已经学习不到下围棋的新技能了。

正在进行的人工智能革命不是基于规则的，也不是将通过内省法提取出来的知识再输到计算机里面；让计算机具有这种知识，然后再用这种知识解决问题，这是人工智能领域过去的做法，也是当前主流语言理论研究的做法，目前的人工智能的知识基础是从大量现实世界的数据里提取出来的。

这对语言学理论研究而言意义重大。语言数据就是人使用语言的数据，就是把很多人说的话收集到一起。假如收集10亿说普通话的中国人的语料，我们就能得到有史以来最好的汉语普通话的平均数，那个时候就可以说没有人比机器更懂普通话。但是作为语言学家，我们如果不用真实语言中的语料去发现规律，我们对这个世界的进展将一无所知，也帮助不了别人。我们发现另外一个领域的人对我们最熟悉的对象懂得更多；他可能也懂得不多，但是他做出了更好的产品，他需要我们的解释，但是我们却脱离了时代，无法给出解释。100多年前，索绪尔提出了语言平均数的概念，但是他计算不了。现在已经有计算平均数的可能了，我们可能需要研究的是在这个平均数的计算过程中，语言的规律是怎么涌现出来的。只有这样，当我们的研究对象和别人的研究对象一样的时候，我们发现的语言规律才能够服务于那些想解决真实世界的人类语言问题的领域。这就是今天我们所说的要开展数据驱动研究实际上是大规模基于语言使用的语言理论研究的主要原因。

郑：语言学理论研究曾经为政治、经济、哲学等领域的研究提供了重要的分析思路和研究范式，而如今的语言学理论研究却逐渐边缘化，语言学家们更多的是引用符号学、心理学、计算技术等来打造自己的研究阵地，语言本体研究理论则持续衰减，更不用说输出理论与研究范式，那么造成这一现象的原因是什么呢？

刘：曾经的语言学理论研究影响了很多学科，但是社会是变化的，人对于社会、世界、自身的认识也在变化，而语言学这么多年来的变化并不大。乔姆斯基在20世纪50年代提出了先进的形式语法理论，甚至催生了计算机程序设计语言。那是一个语言学家的时代，但是时代在变化，层出不穷的新方法，特别是计

算机的出现使我们能够处理过去那些我们想都不敢想的问题。我们甚至都可以算出言语平均数来，而这个平均数能更逼近真实的人类语言系统。在这种情况下，主流语言学理论研究依旧从静态的、形式的、符号的、逻辑的角度去研究语言现象，而所研究的对象大多是靠内省法在大脑里培育出来的句子。这样产生出来的规律，我们不能说没有任何价值，但是对于那些需要处理真实语言、需要把握一个语言系统运行的真实规律的学科和学者来讲，这些规律已被实践证明用处有限。在这种情况下，他们不得不自己想办法，像语言教学、语言习得、语言规划等应用语言学研究的主要领域，都开始另起炉灶。这也可能是应用语言学家或其他领域的学者对所谓的理论语言学家敬而远之的原因之一。

贾里尼克说，每解雇一位语言学家后，计算机处理语言的效果就会更好一些，原因是语言学家没有用处。语言学是一个基础学科，语言学家有权在研究的过程中不考虑用处，坚守自己的领地，但那就需要重新定义语言学，就不宜说语言学探求的是人类语言系统的运作规律。通过内省的方法构拟出来的各种规律属于个人，而不是我们所研究的语言作为一个系统的运作规律。因此，我们要反思，要回到我们的初心——语言学是研究语言结构和演化规律的学科。如果我们努力的目标是把“学科”变成“科学”，就应当采用科学家通常使用的科学方法来研究语言。如果想让我们发现的规律被那些需要解决实际语言使用问题的学科或学者使用，我们的研究对象也应该是那些人类实际使用的语言。伯纳德·科姆里（Bernard Comrie）在《语言普遍性和语言类型学》（*Language Universals and Linguistic Typology*）第一版序言中说：“语言学家研究语言，而语言是民众实际所讲的语言。”现实是残酷的，只有像维特根斯坦一样回到我们的日常语言，从大量的语言使用数据中寻找言语的平均数，并采用与时俱进的方法探求这个平均数产生的机理，语言学才有可能成为一个受人尊敬的学科，因为这个平均数可能才是人工智能时代所期待的语言规律。

郑：现在智能化的浪潮席卷了社会的每个角落，面对喷薄而出的语言资源，大数据时代的语言学理论研究，应该如何因应这样的时代机遇，走上科学化与国际化的道路，早日成为一门显学？

刘：讨论至此，这个问题的答案已经呼之欲出。首先，我们应该承认，语言学如果是一门科学，它的研究方法或者研究问题，尤其是研究方法与我们今天公认的其他科学领域，特别是实证科学领域不能有太大的不同。正如我们讨论的，我们不能死守着索绪尔及其之后的主张，比如“语言”和“言语”的区分，然后心安理得地只研究“我一把把把把住”这样的句子。德国人研究德国的“把”，英国人研究英国的“把”，我们最后就能“把住”语言的本质吗？我们应该梳理一下这么多年来语言学取得了哪些进步，以及我们是不是与时俱进地使用了这个时代的资源或者方法。语言是一个符号系统，也是一个复杂系统，还是一个复杂适应系统，更是一个人驱复杂适应系统。无论如何，语言是一个系统，这个世界上最懂系统的是系统科学家，所以我们需要采用系统科学家提出来的方法研究语言，只有这样，发现的语言规律和有关语言的知识才可能是更可靠的科学知识。徐烈炯说学语言是造福自己，学语言学是造福人类。这意味着学语言使自己获得了一种能力，但是语言学研究发现的是知识，这种知识可以造福人类。对于什么是知识，科学家有公认的标准，这要求我们采用一般科学家认可的方法研究语言学，而不是我们自己虽然声称语言学是科学，但采用的方法却如此与众不同。科学家们研究蚂蚁，是通过观察和利用其他技术手段研究蚂蚁，而我们自己呢？则是变成蚂蚁，不仅如此，我们研究上海蚂蚁，还要变成上海蚂蚁，研究纽约蚂蚁，又得变成纽约蚂蚁。只有采用科学的方法，才能产生科学的成果，这种成果才能转化为一种知识。语言学要与时俱进，要想成为一门像约瑟夫·格林伯格（Joseph Greenberg）好多年前期待的领先的或者引领性的科学，首先我们要做的是让它成为科学，而成为科学，就必须采用科学的方法。

其次，我们今天在这里所讨论的语言学是一种普遍的语言学研究或普通语言学的领域，其目的是发现人类语言系统的运作规律，这就决定了它的研究价值和意义不仅仅限于所研究的语种。这意味着中国人在这个领域所取得的研究成果，也有必要让全世界都知道，这就是成果的国际化。关于这个问题，我在 2018 年第 1 期的《语言战略研究》上专门写过文章，讨论中国语言学的国际化和语言研究的科学化。这是相互关联的两个问题，只有用科学的方法研究出来的语言学成果，才有可能更容易被更广泛的读者和同行接受。“百年未有之大变局”，也为语言学理论研究创造了前所未有的机遇。如果我们没有把握好这次机遇，那么在未来的 50 年里，我们在语言学领域将继续落后于世界。现在机会就在面前，我们是继续跟在那些外国人的后面，给他们添加几个汉语的例证，还是回归语言研究者的初心，基于真实的语言材料，发现语言系统真正的运作规律？这是摆在全体中国语言学家面前的紧迫任务，也可能是未来五六十年里，中国语言学唯一一次超越或者引领世界语言学的机会。

写在后面的话

在《依存语法的理论与实践》“后记”开头，我写道：“一个人在社会网络中的位置，是由其与他人的关系决定的。对我而言，如果没有众多国内外友人的帮助和支持，要实现从工科到文科的网络大迁移几无可能。”十多年过去了，我不仅没有发现更适合的开始语，有的只是对这句话的感悟更深。

2018 年 3 月 19 日的《科技日报》上有这样一句话：“在计量语言学、语言复杂网络、依存语法等领域，刘海涛团队的相关研究多年来均处于国际前沿，在探索语言世界的舞台上亮起了一盏来自中国的‘明灯’。”如果真的有这么一盏灯，那么，与我一起点亮并让灯闪闪发光的人，正是我的合作者。可以说，没有这些合作者，也就不会有这本书。常有人说：文科要什么合作者，自己想想不就行了？但语言学是一门科学，而且是实证科学，而对于实证科学来说，没有合作者可能是一件更奇怪的事情。除非我们不再追求语言研究的科学化，否则，合作不仅将成为语言研究的常态，而且也会成为语言研究科学化程度的一个标志。

最近几年，在高校从事教学与研究的文科教师，几乎随时随地都会感受到新文科、数字人文、人工智能、大数据、学科交叉、数据驱动等各种极具时代感的热潮或蓝海。然而，这些潮流与海洋，在像我这样的人眼里，却并不陌生，更不新鲜，因为在过去 20 多年里，或者说从我 40 年前对语言学产生兴趣开始，这些东西就已经是我学术血液的基本构成了。虽然那时它们还没有现在这样华美的名称，而只是一些小小的萌芽和细细的涓流，但是，萌芽也是芽，涓流也是流，芽会开花，流可入海。于是，我产生了把过去十几年发表过的有关依存结构计量研究与语言复杂网络的主要文章整理成书的念头，因为这些文章具有鲜明的智能时代、大数据、交叉学科、数字人文的特质，或多或少都算得上是对人类语言这个人驱复杂适应系统隐秘规律的探索，也许会对今天的赶海人和弄潮儿有些参考价值。

原来想的很容易，把这些东西合起来出一本书就完事了，但具体开始做的时候，就发现问题并没有那么简单，因为我们的文章都是基于数据的实证文章，而且研究问题和领域又比较聚焦，这就难免会有不少重复的地方。这些重复的内容，多是对研究背景和基本概念的介绍，对于每一篇文章都是必要的，但对于一本书来说却实在是有些多余了。

在这种情况下，我们不得不改变原来的计划，围绕依存关系计量研究和语言复杂网络这两个大的主题，从团队近年来发表的上百篇文章中选了 30 篇左右的英文文章，这些文章最早的发表于 2007 年，最晚的发表于 2018 年。在选择文章时，我们特别注意了文章发表的时间、影响力和创新性，所选文章大多已发表了一段时间，这样有助于将同行认可的成果选出来，将已有影响力的成果选出来，而认可与影响力是需要时间的。

选出来的这些文章成了我 2019 年下学期开设的研究生课程“现代语言学理论”的主要内容，数十位参与课程的同学对这些文章进行了翻译、学习和讨论。课后，我的博士生牛若晨负责将同学们的译文校对整理了一遍。这样，我们就有了这本书的基本材料。考虑到多种因素，本书最终选择使用了刘子琦、叶子、牛若晨、王雅琴、阎建玮、王亚蓝、祝赫、戴哲远、戴颖、林燕妮、房战峰、刘静文、宋春雅、戎佳楠、刘洋、杨丛聪等人的部分译文。感谢这些同学，尽管他们翻译的某些语句就连我这个原作者也得琢磨半天才能搞明白到底想说什么。

这些译文加上我们在《科学通报》等中文期刊上发表的一些文章，合计 29 篇，其中原发表语言为英语的有 21 篇，汉语的有 8 篇。按照主题与研究之间的逻辑联系，我将这些原材料修改加工为两大部分，共八章。前四章围绕依存关系展开，后四章的主题是语言复杂网络。在整理过程中，我删除了一些重复的内容，但出于完整与强调等原因，仍保留了少量的重复文字。我也在每个章节最后增加了一些关联性的文字，也尽量通过章节之间的互参来强化各个章节之间的联系，尽管在初期安排各章节的顺序时，已经考虑了前后衔接的逻辑问题。另外一个需要说明的问题是，这些文章发表的时间跨度长达十几年，为了保持实证研究问题为导向的特点，我们尽可能不对原文的内容与结构做大的修改，这样有些章节的参考文献看起来会有一种跟不上时代的感觉，尽管在文章发表时，这些文献是没有问题的。比如，我们在 2010 年的一篇文章中提出了一个新的东西，随后，无论是我们自己的还是别人的研究中都引用了这篇文章，那我们在本书以 2010 年的这篇文章为基础的章节里面提不提后面的研究呢？如果提的话，这个研究的创新性似乎就有些问题了，时间逻辑上也会感觉怪怪的。综合考虑，我们决定只增加一些对领域特别重要的新文献，其他仍基本保持原文章中的引用。因此，在下面各个章节的原文章列表里，也给出了文章发表的年份。除此之外，由于书中的内容最早大多是用英语发表的，加之研究方法与传统的语言研究方法有较大的不同，所以参考文献部分的汉语文献看起来就会少一些。为了便于查考，以下按照章节顺序列出有关章节的原论文的标题、发表时间和合作者。

第一章第二节，“Dependency Distance as a Metric of Language Comprehension Difficulty”，2008。

第一章第三节，“Dependency Direction as a Means of Word-order Typology: A Method Based on Dependency Treebanks”，2009。

第二章第一节，“The Effects of Sentence Length on Dependency Distance, Dependency Direction and the Implications”，2015，合作者：蒋景阳。

第二章第二节，“The Effects of Genre on Dependency Distance and Dependency Direction”，2017，合作者：王雅琴。

第二章第三节，“The Effects of Annotation Scheme on the Results of Dependency Measures”，2018，合作者：阎建玮。

第三章第一节，“Probability Distribution of Dependency Distance”，2007。

第三章第二节，《依存距离分布有规律吗？》，2016，合作者：陆前。

第三章第三节，《人类语言中交叉与距离关系的计量分析》，2016，合作者：陆前。

第三章第四节，“Can Chunking Reduce Syntactic Complexity of Natural Languages?”，2016，合作者：陆前、徐春山。

第四章第一节，“Chinese Syntactic and Typological Properties Based on Dependency Syntactic Treebanks”，2009，合作者：赵怿怡、李雯雯。

第四章第二节，《歧义结构理解中的依存距离最小化倾向》，2014，合作者：赵怿怡。

第四章第三节，“Quantitative Typological Analysis of Romance Languages”，2012，合作者：徐春山。

第四章第四节，“Dynamic Valency and Dependency Distance”，2018，合作者：陆前、林燕妮。

第四章第五节，《句子结构层级的分布规律》，2017。

第四章第六节，“Mean Hierarchical Distance Augmenting Mean Dependency Distance”，2015，合作者：敬应奇。

第四章第七节，“Interrelations Among Dependency Tree Widths, Heights and Sentence Lengths”，2018，合作者：章红新。

第五章第一节，《语言网络：隐喻，还是利器?》，2011。

第五章第二节，“The Complexity of Chinese Syntactic Dependency Networks”，2008。

第五章第三节，“Statistical Properties of Chinese Semantic Networks”，2009。

第五章第四节，“Statistical Properties of Chinese Phonemic Networks”，

2011，合作者：于水源、徐春山。

第六章，“Empirical Characterization of Modern Chinese as a Multi-level System from the Complex Network Approach”，2014，合作者：丛进。

第七章第一节，“What Role Does Syntax Play in a Language Network?”，2008，合作者：胡凤国。

第七章第二节，《汉语句法网络的中心节点研究》，2011，合作者：陈芯莹。

第七章第三节，“How Do Local Syntactic Structures Influence Global Properties in Language Networks?”，2010，合作者：赵怿怡、黄伟。

第八章第一节，“Language Clusters Based on Linguistic Complex Networks”，2010，合作者：李雯雯。

第八章第二节，“Can Syntactic Networks Indicate Morphological Complexity of a Language?”，2011，合作者：徐春山。

第八章第三节，“Language Clustering with Word Co-occurrence Networks Based on Parallel Texts”，2013，合作者：丛进。

第八章第四，《语义、句法网络作为语体分类知识源的对比研究》，2014，合作者：陈芯莹。

第八章第五节，《翻译的复杂网络视角》，2010。

此前，我说过，没有这些合作者，也就不会有这本书。毫无疑问，尽管封面上没有他们的名字，但他们也都是本书的作者。因此，我要再次对以上提及的所有合作者表示衷心的感谢，他们是（按合作成果在本书中的出现顺序）：蒋景阳、王雅琴、阎建玮、陆前、徐春山、赵怿怡、李雯雯、林燕妮、敬应奇、章红新、于水源、丛进、胡凤国、陈芯莹、黄伟。当然，我也要感谢发表这些文章的期刊的编辑、审稿人，没有他们的支持和帮助，这其中那些很难归于某个传统学科的交叉研究可能至今都难见天日。

为了不使读者迷失在由关系构成的复杂网络的细节中，本书也附上了我们从宏观的角度探讨从依存距离到语言学交叉学科研究、大数据时代的语言研究、数智时代的（应用）语言学杂谈，以及语言学理论研究如何应对智能时代的挑战的四个访谈，谢谢四位采访者：梁君英、林燕妮、王亚蓝和郑国锋。这些访谈说明，谈话和思辨这种事，我也是做得来的。换言之，我不只是一位语言科学家，也是一个会使用日常语言的正常人。

在我整理修改的书稿基础上，牛若晨、阎建玮、叶子、戴哲远、钟晓璐、刘子琦、亓达、周晨亮、洪新培、周义凯等同学又进行了认真细致的校改，牛若晨同学也做了不少整合性的工作，谢谢他们。当然，本书中一定还有不少没有发现的问题，但这些都是我的问题，不是他们的。

二十年来，我指导过不少学士、硕士和博士学位论文，但只有赵怿怡同学的学士、硕士、博士论文都是我指导的。她的三篇学位论文的标题分别是《“把”字句的计算机处理》《基于依存语法的汉语并列结构自动分析研究》《语言复杂网络若干问题研究》。在我看来，这三篇论文主题的变化，基本反映了我们在语言研究范式方面的转变轨迹。她是这一转变的见证者，也是参与者。因此，我请她为本书写了一个类似序言的东西。

与思辨研究不同的是，实证研究往往更需要资金的支持，感谢过去十多年里国家社会科学基金一般项目“汉语复杂网络研究”（09BYY024）、国家社会科学基金重大项目“现代汉语计量语言学研究”（11&ZD188）、浙江大学学科建设、求是特聘教授和“长江学者”特聘教授等项目的支持。感谢浙江大学副校长何莲珍教授、北京语言大学校长刘利教授、广东外语外贸大学副校长刘建达教授的支持与帮助。

在“浙大十年”的推文中，我说过：“这些成果的取得，是与家人、师长、同学、同事、编辑、审稿人、评审人、同行、领导、学生的支持与帮助分不开的。没有你们，我将一事无成、寸步难行，谢谢你们”。这句话仍然有效，也将永远有效。就这本书而言，我也要感谢科学出版社张宁副编审和宋丽编辑的高质高效的工作，与她们合作是一件愉快的事情。

三十五年前，在我刚知道依存关系的时候，便与理查德·哈德森教授有了联系。我不会忘记，当我告诉他汉语的依存距离比英语和德语都大的时候，他说这是“一个非常重要的发现”（a really important observation），也不会忘记他在第一时间寄给我的复杂网络新书《链接》（*Linked*）。对我而言，从依存关系到网络世界，哈德森的引领至关重要，祝他健康长寿！

四十年前，在我开始对机器翻译感兴趣的时候，我遇到了冯志伟先生。后来，冯老师又成了我的博士导师。四十年来，冯老师对我的影响已深入血液，感恩之情难以言表。在“蓝皮书”序言的最后，冯老师写道：“希望他不断努力，今后做出更多的创新，出版更多的著作。”我希望这本书又实现了一点老师对我的期待。祝老师身体健康，学术之树长青。

感谢我的妻子莲娣，感谢她 35 年来的陪伴。这些年来，从青藏高原的老爷山下，到首都北京的定福庄里，再到人间天堂的启真湖畔，她都一如既往地支持着我，没有她的理解和帮助，我对语言研究的热情可能持续不了这么长时间。谢谢女儿豆豆、女婿孝辰，他们让莲娣和我有了做父母的种种体验，希望他们小两口快乐幸福。

借此机会，我也想表达对姐姐（丽萍）、妹妹（丽云）和弟弟（海峰）的谢意。感谢他们这些年来对母亲的照顾和陪伴。谢谢我的外甥女嫒嫒，她和她的孩子们带给我母亲四世同堂的幸福感是其他事情无法替代的。

我的母亲今年 80 岁了。我总是记得小时候她背我走在黄土高原的山路上，在她的眩晕发作时，她用绳子把我拴在她身上的情景。我希望以后能有更多的时间陪她看《新闻联播》，给她发更好看的“这一刻”。

20 年前的今天，冬至凌晨，我的父亲去了另一个世界。父亲只是一位上过初小的普通人，但对我看起来不务正业的语言学研究却非常理解和支持。1977年，我初中毕业后，不想再上学了，他及时发现并迅速纠正了我的错误，否则，一定不会有现在这本书。从这个意义上讲，这本书属于我的父亲刘丕仁（1936～2001）。

刘海涛

2021 年 12 月 22 日

于启真湖畔